PRINCIPES

DE

DROIT CIVIL FRANÇAIS.

PRINCIPES

DE

DROIT CIVIL

FRANÇAIS

PAR

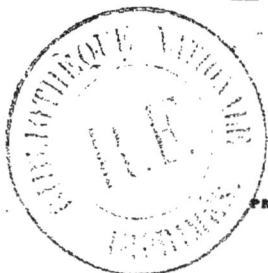 F. LAURENT,

PROFESSEUR A L'UNIVERSITÉ DE GAND.

TOME HUITIÈME.

PARIS.
A. DURAND & PEDONE LAURIEL,
9, RUE CUJAS.

BRUXELLES.
BRUYLANT-CHRISTOPHE & COMP.,
RUE BLAES, 33.

1873

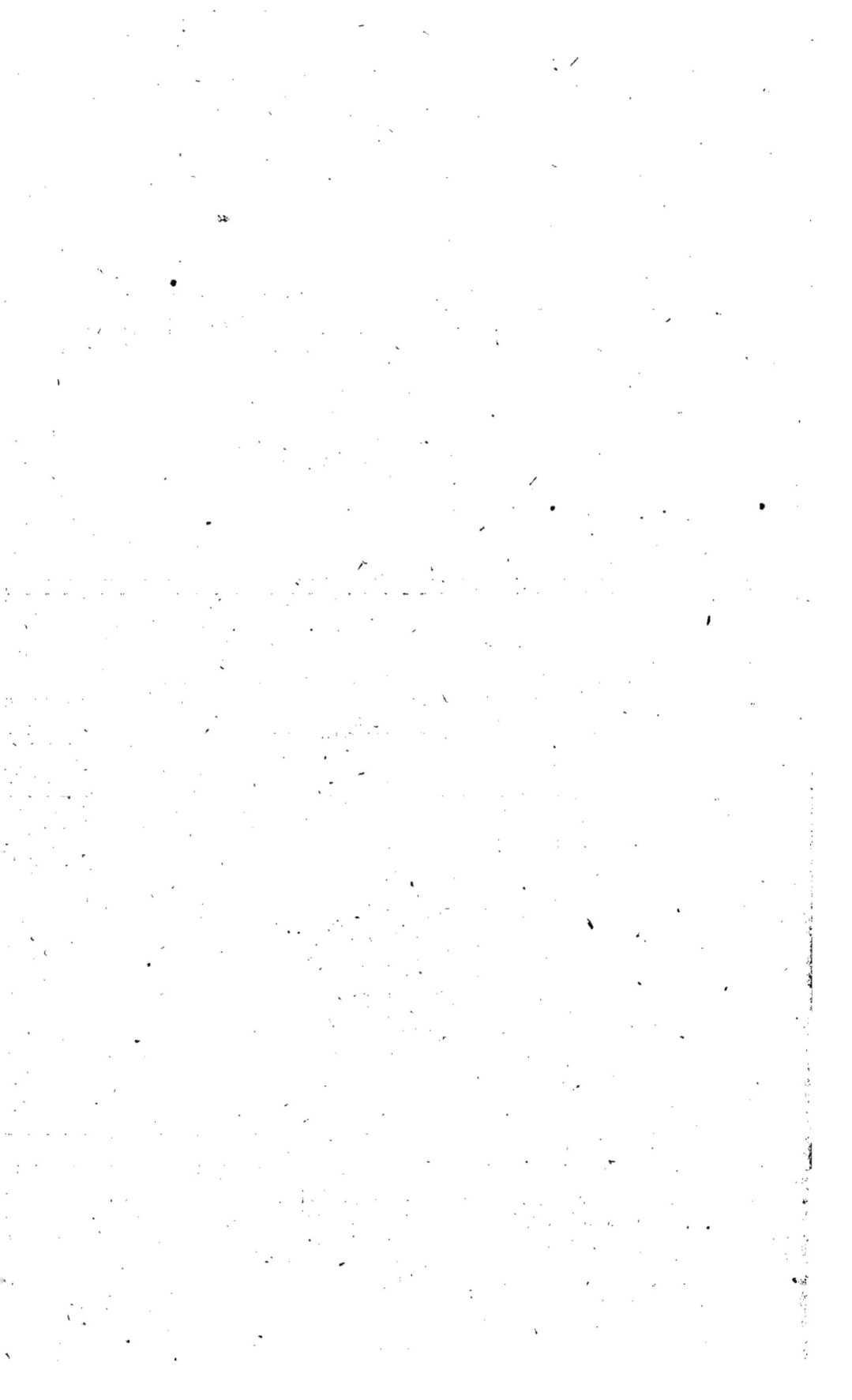

TITRE IV.

CHAPITRE III.

DES SERVITUDES LÉGALES (suite).

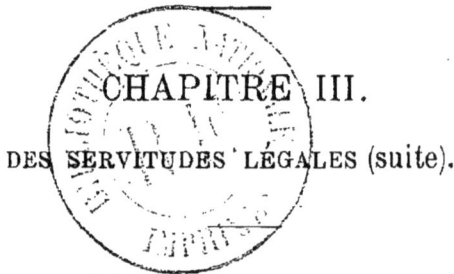

SECTION III. — **Des servitudes légales d'utilité privée (suite).**

§ III. *Des plantations.*

N° 1. DE LA DISTANCE.

1. L'article 671 est ainsi conçu : « Il n'est permis de planter des arbres de haute tige qu'à la distance prescrite par les règlements particuliers actuellement existants, ou par les usages constants et reconnus; et, à défaut de règlements et usages, qu'à la distance de deux mètres de la ligne séparative des deux héritages, pour les arbres à haute tige, et à la distance d'un demi-mètre pour les autres arbres et haies vives. » Pourquoi le propriétaire ne peut-il pas faire de plantation sur la limite précise qui sépare son héritage de celui de son voisin ? Il peut, à la vérité, faire sur son terrain tout ce qu'il veut, mais il ne peut pas empiéter sur le terrain d'autrui. Or, s'il plantait sur la limite de son fonds, l'arbre ou la haie, en grandissant, s'étendrait sur le fonds contigu, le corps de l'arbre et de la haie se trouverait donc en partie sur un fonds qui n'ap-

VIII   1

partiendrait pas à celui qui les a plantés, et les racines pénétreraient dans le sol d'autrui. Pour empêcher cette usurpation, il a fallu régler la distance qui doit séparer les plantations de l'héritage contigu. Cette distance est calculée de façon que, malgré les accroissements que les arbres et les haies prennent, ils n'empiètent pas sur la propriété du voisin.

2. Il a été jugé qu'il résulte de l'article 671 une présomption légale de propriété en faveur de celui des voisins qui a planté la haie, c'est-à-dire qu'il est présumé propriétaire du terrain qui constitue la distance à laquelle il a dû faire les plantations, d'après la loi ou les règlements (1). La jurisprudence s'est prononcée pour l'opinion contraire. Il n'y a pas même le moindre motif de douter. Qu'est-ce qu'une présomption légale ? C'est celle qui est établie par la loi. L'article 1350 énumère les divers cas dans lesquels il y a présomption légale ; aux termes du n° 2, il y a des cas dans lesquels la loi déclare la propriété résulter de certaines circonstances déterminées : telles sont les présomptions de mitoyenneté établies par les articles 653, 666 et 670, et les présomptions de non-mitoyenneté établies par les articles 654 et 667. On n'a qu'à lire l'article 671 pour se convaincre qu'il n'y est pas dit un mot d'une présomption de propriété (2). Sans doute il est probable que le propriétaire a observé les distances légales, et qu'il est, par conséquent, propriétaire des deux mètres ou du demi-mètre de terrain qui séparent sa plantation de l'héritage contigu ; mais le législateur n'a pas fait de cette probabilité une présomption, et avec raison. En effet, il arrive tous les jours que, par tolérance ou bon voisinage, le voisin permet de planter des arbres ou des haies sur la limite séparative des deux héritages ; les présomptions, s'il y en avait, troubleraient ces bons rapports, parce qu'elles obligeraient le voisin à tenir strictement à son droit pour empêcher toute usurpation.

De ce qu'il n'y a pas de présomption légale de propriété,

---

(1) Colmar, 6 avril 1842 (Dalloz, au mot *Servitude*, n° 651) et 18 novembre 1845 (Dalloz, 1846, 2, 224).
(2) Arrêt de rejet du 22 juin 1863 (Dalloz, 1864, 1, 123).

il faut conclure, avec la cour de Bordeaux, que la question de propriété sera décidée d'après les principes généraux, par titre ou par prescription (1). La cour de cassation a jugé qu'il y avait dans l'espèce une de ces présomptions que l'on appelle présomptions de l'homme, parce que la loi les abandonne à la prudence du magistrat (2). C'est même aller trop loin; on ne peut pas dire à priori que dans tel cas il y a présomption de l'homme, puisque tout dépend de l'appréciation des faits de la cause. Et alors même qu'il y a une de ces présomptions, il faut ajouter que le juge ne peut y appuyer sa décision que dans les cas où la loi admet la preuve testimoniale : c'est la disposition formelle de l'article 1353.

3. L'article 671 porte qu'il n'est permis de *planter* des arbres et haies qu'à la distance prescrite par les lois et les règlements. Proudhon dit que cette expression *planter* indique bien formellement qu'il ne s'agit que des arbres plantés à main d'homme, et non de ceux qui croissent par l'effet d'un semis naturel (3). Cette opinion est restée isolée; elle s'attache trop servilement à la lettre de la loi. Si le texte ne parle que d'arbres plantés, c'est qu'il a en vue le cas ordinaire d'arbres fruitiers que l'on plante, et les haies qui, par leur nature même, exigent le travail de l'homme. Mais si un chêne croissait sur la limite séparative de deux héritages, sans avoir été planté, serait-ce une raison pour que le voisin dût souffrir que l'arbre étende son tronc, ses branches et ses racines sur son héritage ? L'usurpation serait légitimée parce qu'elle serait le fait de la nature ! Cela n'est pas sérieux. Celui qui maintient un arbre semé naturellement à une distance moindre que la distance légale s'approprie le fait de la nature, et il répond par suite de ses conséquences (4).

4. C'est une question plus sérieuse de savoir si, dans l'application de l'article 671, il faut distinguer entre les

---

(1) Bordeaux, 6 janvier 1857 (Dalloz, 1859, 5, 348).
(2) Arrêt de rejet du 14 avril 1852 (Dalloz, 1852, 1, 169).
(3) Proudhon, *Traité des droits d'usage*, édition de Curasson, t. Ier, p. 610, n° 571.
(4) Voyez les autorités citées par Aubry et Rau, t. II, p. 24, note 1.

héritages urbains et les héritages ruraux. Dans l'ancien
droit, cette distinction avait des partisans. Pothier en faisait une autre : l'esprit de la disposition étant d'empêcher
que les racines ne portent préjudice au voisin, il en conclut
que si le fonds contigu est une cour ou un autre fonds
auquel les racines ne peuvent pas nuire, le voisin n'a pas
le droit de se plaindre, parce qui est sans intérêt (1).
Le code ne reproduit aucune de ces distinctions, et par
cela même il les rejette. A notre avis, le législateur a eu
raison de s'écarter de la doctrine de Pothier. Ce n'est pas
seulement une question de préjudice, c'est avant tout une
question de droit : l'un des voisins ne peut pas plus empiéter
sur la propriété de son voisin dans les villes que dans les
campagnes, sur une cour que sur un autre héritage. La
disposition devait donc être générale et absolue. Il y a un
arrêt en ce sens (2).

L'application de l'article 671 aux villes soulève d'autres difficultés. Si, dans une ville, il avait toujours été
d'usage de planter à la limite séparative des héritages, faudrait-il en conclure qu'aucune distance ne doit être observée ? Il y a des arrêts en ce sens (3), et, chose singulière,
pour la ville de Paris, les arrêts sont contradictoires en
fait. Dans l'un, on lit que les monuments de la jurisprudence sont d'accord pour établir que, dans l'intérieur de la
ville, aucune distance n'a jamais été imposée aux plantations d'arbres ; que l'usage constant a été, au contraire, de
planter jusqu'à l'extrême limite des jardins, sauf à élaguer
les plantations si le voisin l'exige (4). Un autre arrêt dit
que la distance de trois pieds a été consacrée par l'usage
constant et reconnu pour la ville de Paris (5). La doctrine
est aussi incertaine que la jurisprudence. M. Demolombe
dit très-bien que l'article 671, en ne permettant de planter
les arbres qu'à la distance prescrite par les règlements ou
les usages, implique qu'il y aura toujours une distance ; elle

(1) Pothier, *De la société*, n° 242, et les auteurs cités par Demolombe,
t. XI, p. 548, n° 485.
(2) Nîmes, 14 juin 1833 (Dalloz, au mot *Servitude*, n° 633).
(3) Bordeaux, 13 mars 1860 (Dalloz, 1861, 5, 448).
(4) Paris, 27 août 1858 (Dalloz, 1861, 5, 449).
(5) Paris, 17 février 1862 (Dalloz, 1862, 2, 96).

peut être plus grande ou moindre que la distance déterminée par le code civil à défaut de règlements et usages, mais il faut qu'il y ait une distance quelconque, car s'il n'y a pas de distance, l'empiétement sera inévitable, et par suite le droit de propriété sera violé. Après avoir établi ce principe, M. Demolombe y déroge pour les villes (1). Si, comme nous le croyons, la distinction des héritages urbains et ruraux est repoussée par la loi, et si la loi exige qu'il y ait toujours une distance, il faut décider, et sans hésitation aucune, que, s'il n'y a pas d'usage qui prescrive une distance, l'article 671 doit être appliqué, et que par suite les plantations ne pourront se faire qu'à la distance légale de deux mètres ou d'un demi-mètre. Il n'est pas permis à l'interprète de distinguer là où la loi ne distingue pas, quand la distinction aboutit à une conséquence contraire aux principes; or, dans l'espèce, elle restreindrait le droit de propriété de l'un des voisins au profit de l'autre. La loi aurait pu le faire, nous disons plus, elle aurait dû faire exception pour les villes. Comme le dit très-bien la cour de Paris dans l'arrêt de 1858, les plantations dans l'intérieur des grandes villes seraient impossibles, et elles le deviendraient tous les jours davantage, si l'on devait y observer les distances prescrites par l'article 671 ; or, les plantations ne sont pas seulement une affaire d'agrément, elles intéressent la salubrité. Mais ces considérations sont à l'adresse du législateur.

La question que nous débattons présente encore une autre difficulté. Faut-il appliquer l'article 671 aux terrains clos de murs ? S'il y a des usages qui modifient la loi, il va sans dire qu'on doit les appliquer. Desgodets dit qu'il existe à Paris un usage qui permet de faire des plantations à trois pieds de distance dans les héritages clos de murs (2). Mais s'il n'y a pas d'usage contraire, nous restons dans les termes de la loi. Elle ne distingue pas entre les

(1) Demolombe, t. XI, p. 553, n° 493; Aubry et Rau, t. II, p. 211 et note 2, et p. 213, note 11. Un arrêt de Bourges, du 29 août 1826, décide que l'article 671 a maintenu tous les usages, même ceux qui ne prescrivent aucune distance (Dalloz, au mot *Servitude*, n° 639).

(2) Desgodets, *Lois des bâtiments*, n° 23. Arrêt de Paris du 2 décembre 1820 (Dalloz, au mot *Servitude*, n° 635).

héritages clos et les héritages non clos. Il est vrai que le fait est contraire, mais le fait est de tolérance, et la tolérance ne donne aucun droit. On a proposé de distinguer si les arbres s'élèvent ou non au-dessus du mur qui sépare les deux fonds; distinction très-rationnelle, mais qu'il faut repousser puisque la loi ne la consacre pas (1).

Notre conclusion est que l'article 671 ne permet pas d'admettre une exception pour les villes. C'est le droit strict. Les relations de bon voisinage le modifient. Il conviendrait, nous semble-t-il, que la tolérance introduite par l'usage fût consacrée par la loi à titre de servitude légale. La rigueur du droit est incompatible avec les rapports que le voisinage crée dans les villes, et il importe que le droit se mette d'accord avec la réalité des choses.

5. Les héritages ruraux peuvent être de nature diverse; faut-il tenir compte de la différence de culture? Il a été jugé par la cour de cassation « que l'article 671 étend sa protection à l'héritage voisin, quels qu'en soient la nature et le mode de jouissance, sans aucune distinction. » Cette décision consacre les principes que nous venons d'exposer. On a prétendu, et cela a été jugé, que le voisin n'avait pas le droit de se plaindre quand il n'éprouvait aucun préjudice. A vrai dire, la disposition de l'article 671 est une sanction du droit de propriété, et la propriété doit être respectée, abstraction faite de tout préjudice. Dans l'espèce décidée par la cour de cassation, il existait entre les deux héritages un chemin rural, d'une largeur de plus de deux mètres ; on soutenait que ce chemin était une dépendance de l'héritage du demandeur, sous la simple affectation d'une servitude de passage. Il est évident que s'il en était ainsi, les arbres plantés contre ce chemin ne pouvaient nuire à la culture du demandeur, puisque le terrain grevé de la servitude ne peut être cultivé. Peu importe, dit la cour de cassation; en effet, l'article 671 n'est pas fondé sur le préjudice qui peut résulter des plantations : général et absolu par ses termes, il l'est aussi par son esprit (2).

(1) Sebire et Carteret, *Encyclopédie du droit,* au mot *Arbres,* n° 9. En sens contraire, Demolombe, t. XI, p. 548, n° 486.
(2) Arrêt de cassation du 25 mars 1862 (Dalloz, 1862, 1, 174).

Cela décide la question de savoir si la disposition de l'article 671 est applicable aux bois, quand les deux héritages sont boisés ou quand un seul l'est. D'après les principes établis par le code civil, la question n'est pas douteuse. Comme le dit la cour de cassation, les bois et forêts sont assujettis à toutes les règles du droit commun concernant la propriété et le voisinage. L'article 671 dispose d'une manière générale et ne fait aucune exception en faveur du sol forestier. Il n'y a pas à distinguer si les bois appartiennent à l'Etat, aux communes ou aux particuliers, car les bois font partie du domaine privé de l'Etat et des communes, et ce domaine reste sous l'empire du droit commun. Vainement a-t-on opposé l'usage immémorial où sont les propriétaires de forêts d'avoir des arbres sur la lisière, sans observation d'aucune distance; ce n'est pas là un usage dans le sens de l'article 671. Il faudrait donc qu'il y eût une dérogation au droit commun dans les lois spéciales concernant les bois et forêts. Or, en France, les lois forestières maintiennent la disposition de l'article 671 (1). Il en est de même du code forestier belge (2).

Il y a cependant une difficulté qui n'est pas formellement décidée par les lois forestières. Quand les deux héritages sont boisés, on prétend que l'article 671 n'est plus applicable, parce que, dit-on, il n'y a plus de motifs pour que les arbres ne puissent s'étendre de part et d'autre jusqu'à la ligne séparative des deux héritages; l'intérêt des deux voisins est, au contraire, qu'il en soit ainsi (3). Nous répondrons, avec la cour de cassation, que la prohibition de l'article 671 est absolue, qu'elle ne tient aucun compte de la nature des héritages, ni du préjudice qui peut résulter de la plantation. La cour ajoute qu'il n'est pas même vrai de dire qu'un héritage en nature de bois ne peut recevoir aucun dommage d'une plantation d'arbres à haute tige à moins de deux mètres de distance (4).

(1) Ordonnance royale du 1er août 1827 (art. 176). Arrêt de Rennes du 14 juin 1838 (Dalloz, au mot *Servitude*, n° 636); arrêts de rejet du 13 mars 1850 (Dalloz, 1850, 1, 89) et du 28 novembre 1853 (Dalloz, 1854, 1, 233).
(2) Voyez le tome VII de mes *Principes*, p. 538, n° 470.
(3) Ducaurroy, Bonnier et Roustain, t. II, p. 207, n° 306 ; Demolombe, t. XI, p. 551, n° 489. En sens contraire, Aubry et Rau, t. II, p. 212 et note 7.
(4) Arrêt de cassation du 24 juillet 1860 (Dalloz, 1860, 1, 320).

6. Quelle est la distance légale? L'article 671 veut que
l'on observe à cet égard les règlements particuliers actuellement existants, ou les usages constants et reconnus.
Pourquoi les auteurs du code civil, qui se proposaient pour
but d'établir l'unité du droit, ont-ils maintenu en cette matière les anciens règlements et les usages? C'est que l'uniformité était impossible ; elle aurait non-seulement con-
trarié les habitudes locales, le législateur français ne les
a pas respectées, elle aurait été en opposition avec l'esprit
de la loi. Que veut-elle? Que la distance soit telle que les
plantations n'empiètent pas sur la propriété du voisin ;
cela dépend de l'extension que prennent les haies et les
arbres, et cette extension dépend de la nature du sol et des
plants ; donc que la distance doit varier d'après les localités. C'est ainsi que la coutume d'Orléans ordonnait que
les haies fussent plantées d'épine blanche et non d'épine
noire, parce que cette dernière espèce pousse très-loin ses
racines, ce qui conduit à empiéter sur l'héritage voisin (1).

Le code veut que les règlements actuellement existants
soient observés ; il n'admet donc pas de règlements pos-
térieurs au code et dérogeant à l'article 671 ; la raison en
est simple, c'est que les règlements introduiraient un droit
nouveau ; or, on ne peut admettre que les règlements dérogent à la loi. Quant aux usages, ils doivent être *constants* et *reconnus*. Cela veut-il dire qu'ils doivent être
constatés au moment de la publication du code civil? L'article 671 ne dit pas cela, et il eût été contraire à l'esprit
de la loi de le dire. En effet, les usages sont un droit
vivant, ils se modifient avec les changements qui se font
dans les habitudes, dans la culture ; et d'un autre côté, il
est de principe qu'un usage peut être changé par un usage
nouveau : de là un droit nécessairement variable. En disant que les usages doivent être constants et reconnus, le
code ne fait que rappeler les conditions requises pour qu'il
y ait usage : il doit être constant parce qu'il est l'expression de la volonté générale : il doit être reconnu, à titre

_____

(1) Pothier, *De la société,* n° 242. Demolombe, t. XI, p. 551, n° 491.
Berlier, Exposé des motifs, n° 12 (Locré, t. IV, p. 181).

de droit, afin que l'on ne fasse pas passer pour usage ce qui n'est que simple tolérance. S'il y a contestation sur l'existence de l'usage, celui qui l'allègue devra le prouver. La preuve pourra se faire par témoins ; cela a toujours été admis, par l'excellente raison qu'il n'y a guère d'autre preuve possible, des usages purement locaux relatifs à un objet déterminé ne se constatant pas par écrit (1).

7. La première partie de l'article 671 ne renvoie aux règlements et usages qu'en ce qui concerne les arbres de haute tige, il ne parle pas des arbres de basse tige et des haies vives. C'est un vice de rédaction, mais il ne peut donner lieu au moindre doute, puisque la seconde partie de l'article répète qu'à défaut de règlements et d'usages, la distance est fixée par le code d'après les diverses plantations. La distance légale n'est donc applicable que s'il n'y a ni règlements ni usages sur la matière (2). Nous avons déjà dit (n° 4) que les règlements et usages doivent toujours être appliqués, sans distinguer s'ils prescrivent une distance plus grande ou une distance moindre que celle qui est fixée par le code; mais que si l'usage ne prescrit aucune distance, il faut observer la distance déterminée par l'article 671.

La distance légale varie selon que les arbres sont de haute tige ou de basse tige; les haies sont assimilées à ces derniers. Comme la loi n'énumère pas et ne définit pas les arbres de haute tige, c'est aux tribunaux à décider, en cas de contestation, si un arbre est de haute ou de basse tige. Dès qu'il est reconnu qu'un arbre est de haute tige, il ne peut être planté qu'à la distance de deux mètres, quand même, par suite de l'aménagement du propriétaire, il serait périodiquement recepé et maintenu à la hauteur ordinaire qu'atteignent les arbres de basse tige. Cette question a donné lieu à de longs débats. Dans l'espèce qui s'est présentée à plusieurs reprises devant la cour de cassation, des arbres de haute tige avaient été plantés à une distance

---

(1) Poitiers, 7 janvier 1834 ; Bourges, 16 novembre 1830; rejet, 31 mars 1835 (Dalloz, au mot *Servitude*, n⁰ˢ 638 et 644).

(2) C'est l'opinion générale, sauf le dissentiment de Solon (Aubry et Rau, t. II, p. 212, note 9, et les auteurs qui y sont cités.

moindre que celle qui est fixée par l'article 671 ; mais le propriétaire prit l'engagement formel de les laisser en taillis et s'obligea, en conséquence, à les couper dès qu'ils auraient cinq mètres de hauteur. La cour de Paris se contenta de cette promesse, et décida qu'ainsi restreintes, les plantations étaient réputées ne pas excéder la distance légale. Sur le pourvoi, l'arrêt fut cassé, et il devait l'être (1). En effet, le code fixe la distance, non d'après la hauteur qu'atteignent les arbres, mais d'après leur essence ; le juge n'a donc qu'un point de fait à constater : l'arbre est-il de haute tige, il devra être planté à la distance légale, alors même que son élévation ne serait que de cinq mètres. Sans doute la distinction des arbres de haute et de basse tige implique que les premiers atteignent une plus grande hauteur que les seconds ; mais ce n'est pas d'après la hauteur que la distance est déterminée, ce qui est décisif. Vainement dit-on que le voisin est sans intérêt, quand en réalité un chêne n'est pas plus élevé qu'un arbre de basse tige. Notre réponse est toujours que ce n'est pas une question d'intérêt ; d'ailleurs les racines d'un arbre de haute tige s'étendent plus loin et font plus de mal qu'un arbre de basse tige, quand même on le recèperait. La cour d'Amiens, saisie sur le renvoi, se prononça dans le même sens que la cour de Paris : la question de savoir si des arbres sont de haute tige, dit l'arrêt, doit se décider, non par leur essence, mais par l'aménagement auquel ils sont soumis ; or, les arbres avaient été, dans l'espèce, recepés et mis en état de taillis, et l'engagement contracté par le voisin garantissait que la nature de taillis leur serait toujours conservée ; les arbres rentraient donc la classe de ceux que le code appelle arbres de basse tige. Il est certain que l'équité était en faveur du propriétaire des arbres ; mais le droit devait l'emporter sur l'équité. La loi est absolue, et on ne peut y déroger par aucune considération. C'est la nature qui détermine si un arbre est de haute tige, ce n'est pas le fait de l'homme. Si le législateur avait voulu

(1) Arrêt de cassation du 5 mars 1850 (Dalloz, 1850, 1, 78). Arrêt de cassation du 25 mai 1853, chambres réunies (Dalloz, 1853, 1, 198).

laisser au juge une certaine latitude à raison de la hauteur variable que les arbres peuvent atteindre par l'aménagement, il aurait dû le dire; car ce n'est rien moins qu'une exception à la règle qu'il établit, et une exception demande une disposition expresse; en tout cas, il n'appartient pas au juge de la faire. Cela est décisif : la cour de cassation, chambres réunies, maintint sa jurisprudence.

Il peut y avoir une exception en vertu d'un règlement antérieur au code ou d'un usage constant et reconnu. Dans d'autres espèces, on invoqua un usage contraire devant la cour de cassation; elle décida que l'usage n'existait pas (1). La décision nous paraît trop rigoureuse pour une de ces espèces. On produisait des attestations délivrées par les maires d'un grand nombre de communes, et portant qu'il était d'usage *constant* et *reconnu* de tout temps dans leurs localités que les arbres tenus en taillis, ras de terre et mis en coupes réglées de trois, quatre et cinq ans, tels que les chênes, ormeaux, érables, acacias, frênes, peupliers et aubiers avaient toujours été plantés à une distance moindre de deux mètres; que la distance de deux mètres n'était observée que lorsqu'on laissait venir ces arbres en plein vent, ce qui les mettait alors à haute tige. La cour de cassation rejeta ces usages, parce que, selon elle, ils portaient, non pas sur la distance, comme le veut l'article 671, mais sur la distinction entre les arbres de haute et de basse tige; or, sur ce point, le législateur ne s'en est pas référé aux règlements particuliers ni aux anciens usages (2). Ici, nous semble-t-il, il y a un excès de rigueur : la cour s'est emparée des termes dans lesquels les attestations étaient rédigées. Si les maires avaient constaté qu'il était d'usage de planter à une moindre distance les arbres de haute tige aménagés comme taillis, il eût été difficile de ne pas admettre l'usage. De ce que les maires semblaient dire que les arbres de haute tige, aménagés, devenaient arbres de basse tige, fallait-il conclure que l'usage por-

(1) Arrêt de cassation du 12 février 1861 (Dalloz, 1861, 1, 120). L'arrêt dit que le prétendu usage n'est qu'un acte de tolérance. Mais une tolérance *générale* et *immémoriale* ne constitue-t-elle pas un usage?

(2) Arrêt de rejet du 9 mars 1853 (Dalloz, 1853, 1, 201).

tait, non sur la distance, mais sur l'essence de l'arbre (1)?

On a encore soulevé un autre doute qui n'est pas sérieux. S'il se trouve un arbre de haute tige dans une haie, devra-t-on le considérer comme un arbre de basse tige, s'il est recepé et tenu à la même hauteur que la haie? C'est à peine si l'on peut poser la question. Est-ce qu'un arbre de haute tige cesse d'être de haute tige, s'il est planté dans une haie? Ce n'est pas le lieu où il se trouve qui détermine la distance à laquelle il a dû être planté, c'est l'essence de l'arbre (2).

8. Comment mesure-t-on la distance? est-ce à partir du cœur de l'arbre ou de sa surface extérieure ? Il faut décider la question dans le premier sens ; en effet la distance doit être invariable ; or, elle varierait si on la calculait d'après la surface extérieure de l'arbre, selon qu'il serait plus ou moins gros au moment où il est planté ; ce qui est inadmissible. Il doit donc y avoir entre le cœur de l'arbre et la ligne séparative des deux héritages une distance de deux mètres ou d'un demi-mètre. Si les deux fonds sont séparés par une clôture mitoyenne, il faudra supposer que la ligne de séparation est au milieu du mur, du fossé ou de la haie. S'il existe un chemin public entre les deux héritages, on comprend la largeur du chemin dans la distance. Si c'était un cours d'eau naturel, il faudrait encore l'y comprendre, dans l'opinion générale qui admet que ces eaux n'appartiennent à personne. Dans notre opinion, il faut appliquer la fiction que l'on suit pour la mitoyenneté, c'est-à-dire que la propriété des riverains est censée s'étendre jusqu'au milieu de la rivière (3).

N° 2. SANCTION. PRESCRIPTION.

9. Aux termes de l'article 672, « le voisin peut exiger que les arbres et haies plantés à une moindre distance soient arrachés. » C'est au demandeur à prouver que la

---

(1) Voyez la critique de l'arrêtiste (Dalloz, 1853, 1, p. 200 et note) qui nous paraît très-fondée.

(2) Arrêt précité du 9 mars 1853 et arrêt de cassation du 25 mars 1862 (Dalloz, 1862, 1, 174).

(3) Voyez les diverses opinions dans Aubry et Rau, t. II, p. 213 et suiv., et notes 13-15.

distance légale n'a pas été observée. Dans l'espèce dont nous avons déjà parlé, et qui a donné lieu à de si longs débats, les experts avaient constaté que l'une des bornes était penchée sur la propriété du voisin, de manière à changer le sommet de l'angle de seize centimètres. Si cette borne était droite, dit la cour d'Amiens, les arbres pourraient bien être à la distance voulue par la loi. Or, c'est au demandeur à prouver d'une manière précise que la distance a été dépassée; il ne faisait pas cette preuve, donc il était non recevable (1).

Dans la même affaire, le défendeur soutint que des arbres de haute tige ne dépassant la distance légale que de 1 à 10 centimètres, cette légère différence ne causait aucun préjudice au voisin, que partant il ne pouvait agir, faute d'intérêt. La cour de Paris accueillit cette défense, mais son arrêt fut cassé. C'est la confirmation de la doctrine que nous avons enseignée dans cette matière. Si, comme le dit parfois la cour de cassation, la distance prescrite par le code n'avait d'autre raison d'être que le préjudice que le voisin éprouve quand les plantations dépassent cette distance, elle aurait dû rejeter le pourvoi, alors que l'arrêt de la cour d'appel constatait qu'il n'y avait aucun préjudice. Elle le cassa parce que l'article 672 donne au voisin le droit absolu de faire arracher les arbres, sans lui imposer l'obligation de justifier d'aucun dommage (2). Donc ce n'est pas une question de préjudice; il n'y en aurait aucun que les arbres devraient encore être arrachés, parce que leur plantation viole le droit de propriété du voisin (3).

10. Qui peut intenter l'action ouverte par l'article 672? La loi dit : *Le voisin* peut exiger que les arbres soient arrachés. Cela veut-il dire que tout détenteur du fonds a le droit d'agir? En disant *le voisin*, la loi entend que le voisin est propriétaire, ou du moins qu'il a un droit réel dans le fonds qui lui donne intérêt et droit d'agir. Tel est l'usufruitier. On a prétendu qu'ayant seulement la jouissance,

(1) Amiens, 5 décembre 1850 (Dalloz, 1853, 1, 342).
(2) Arrêt de cassation du 5 mars 1850 (Dalloz, 1850, 1, 78). La doctrine est dans le même sens. Demolombe, t. XI, p. 556, n° 498 ; Aubry et Rau, t. II, p. 214 et note 16).
(3) Arrêt de cassation du 2 juillet 1867 (Dalloz, 1867, 1, 280.

il ne pouvait demander qu'une indemnité de jouissance. La cour de cassation a décidé que l'usufruitier a qualité pour agir, puisqu'il jouit des droits de servitude comme le propriétaire lui-même (1). Légalement on peut considérer la distance prescrite par l'article 671 comme une servitude, puisque le code en parle au chapitre des Servitudes légales. A vrai dire, c'est une sanction du droit de propriété. La question est donc de savoir si l'usufruitier peut intenter les actions réelles. Nous l'avons examinée ailleurs, et décidée en faveur de l'usufruitier (2). Il suit de là que le preneur ne peut pas former l'action établie par l'article 672, car il n'a pas le droit d'intenter les actions qui naissent de la propriété. Le preneur doit s'adresser à son bailleur.

11. Le voisin peut-il encore demander que les arbres soient arrachés quand ils existent depuis plus de trente ans? Toute action s'éteint par la prescription trentenaire; il est donc hors de doute que le voisin ne peut plus agir après trente ans. Mais il y a de grandes difficultés sur la nature et les effets de cette prescription. Est-ce une prescription acquisitive en faveur de celui qui a planté les arbres à une moindre distance? est-ce une prescription extinctive contre celui qui n'a pas agi dans le délai de trente ans? Et si c'est une prescription acquisitive, qu'est-ce que le propriétaire acquiert par cette prescription? est-ce seulement le droit de conserver les arbres qu'il a plantés? ou a-t-il acquis le droit de planter à une distance moindre que la distance légale? Toutes ces questions, ainsi que beaucoup d'autres qui s'y rattachent, sont controversées, et il y a quelque doute. Les auteurs sont divisés sur le principe, ainsi que la jurisprudence. C'est le principe avant tout qu'il faut établir.

Nous venons de dire que la cour de cassation qualifie de servitude la disposition de l'article 671 qui défend au propriétaire d'un héritage de planter à une distance trop rapprochée de l'héritage voisin. Cette opinion a pour elle la terminologie du code, ainsi que la classification qu'il

(1) Même arrêt du 5 mars 1850 (p. 17, note 2).
(2) Voyez le tome VI de mes *Principes*, p. 458, nos 364 et suiv.

suit : l'article 671 se trouve au titre des *Servitudes*, et la défense qu'il établit est classée parmi les servitudes légales. Donc celui qui plante sans observer la distance légale s'affranchit d'une servitude, et partant la prescription est extinctive. Cette manière de considérer les servitudes dites légales est-elle fondée en principe? est-ce la vraie théorie du code? Nous avons déjà rencontré la difficulté, et nous avons enseigné, avec la jurisprudence de notre cour de cassation, que les servitudes légales, loin d'être des servitudes, sont l'état naturel de la propriété dans la société civile (1). Nous reviendrons sur la controverse, en traitant des vues et des jours, parce que c'est là que se trouve le siége de la difficulté et le principal intérêt du débat. Pour le moment, nous maintenons le principe tel que nous l'avons déjà établi. Les servitudes n'étant pas des servitudes, il en résulte que l'article 671 ne crée pas une servitude à charge des héritages dont les propriétaires veulent faire des plantations ; s'ils ne peuvent planter qu'à une certaine distance de l'héritage du voisin, c'est qu'en plantant plus près ils empiéteraient sur sa propriété. Donc celui qui plante à la distance légale ne fait qu'exercer son droit de propriété, avec la limitation qui y est inhérente, personne ne pouvant user de son droit de manière à porter atteinte au droit d'autrui. Que fait-il donc en plantant sans observer la distance légale? Il impose une restriction à la propriété de son voisin; si celui-ci souffre cette restriction pendant trente ans, son héritage est grevé d'une servitude. Donc il y a prescription acquisitive si les arbres restent pendant trente ans sans que le voisin demande qu'ils soient arrachés.

La prescription étant acquisitive, la possession en est la base. De là suit que la possession doit réunir les caractères énumérés par l'article 2229 : elle doit être continue, publique, non équivoque, à titre de propriétaire. La cour d'Amiens a fait, croyons-nous, une juste application de ces principes, en décidant que la possession n'est pas suffisante pour la prescription, aussi longtemps que l'arbre

(1) Voyez le tome VII de mes *Principes,* p. 450-454, nos 473-477.

planté dans une haie ne dépasse pas la haie. En effet, le voisin ne peut pas voir l'arbre aussi longtemps qu'il se confond avec la haie ; bien que l'arbre existe réellement, la possession de l'arbre n'étant pas publique, il ne saurait y avoir de prescription. La prescription ne commencera à courir que lorsque l'arbre aura dépassé la haie et que la possession sera devenue publique (1).

12. Quand la prescription commence-t-elle à courir ? Du jour de la plantation. C'est une conséquence évidente du principe que nous admettons quant à la nature de la prescription. Le propriétaire veut acquérir une servitude à charge de l'héritage voisin, il commence à prescrire du moment qu'il fait un acte de possession ; or, en plantant, il empiète sur le droit de son voisin, donc il possède. Vainement dit-on que la plantation, lorsqu'elle est faite, ne frappe pas l'attention du propriétaire sur le fonds duquel on exerce un droit, et qu'il faut attendre que la plante soit devenue un arbre (2) ; il est de la nature de la plante de grandir incessamment, et dès que le gland sort de terre, il annonce le chêne futur (3). Il faut cependant concilier ce principe avec celui de la publicité, comme nous venons de le dire (n° 11).

Le principe est incontestable, mais l'application n'est pas sans difficulté. S'il s'agit d'arbres forestiers, la prescription court-elle du jour où l'arbre sort de terre, sous la condition de publicité, ou du jour où l'arbre est réservé comme baliveau, lors de la coupe des taillis ? Cette dernière opinion a été soutenue devant les tribunaux ; s'il s'agissait de faire la loi, on pourrait la défendre en disant que le taillis étant destiné à être coupé, l'arbre n'a qu'une existence temporaire, que partant le voisin est sans intérêt et sans droit. On répond, et la réponse est péremptoire, que ce n'est pas une question d'intérêt ; quant au droit, il existe du jour où l'arbre se produit hors du sol ; tout autre

---

(1) Amiens, 21 décembre 1821 (Dalloz, au mot *Servitude*, n° 641) ; Demolombe, t. XI, p. 558, n° 500.

(2) En ce sens, arrêt de Bourges du 16 mars 1830 (Dalloz, au mot *Servitude*, n° 638).

(3) Voyez les autorités citées par Aubry et Rau, t. 11, p. 214, notes 17 et 18.

moment serait arbitraire, et les dispositions arbitraires ne peuvent émaner que du législateur. Cette décision est aussi fondée en raison. La prescription commence dès que l'action est possible, et le voisin peut agir le jour même où la souche, produit naturel du sol, apparaît dans la terre, et non pas seulement du jour où l'arbre qu'elle a produit est réservé dans une exploitation; donc on peut reprocher au voisin d'avoir gardé le silence, alors qu'il savait que les jeunes brins prendraient des développements succesifs qui en feraient des arbres de haute tige; le silence qu'il garde pendant trente ans, malgré les inconvénients progressifs que les brins grandissants lui occasionnent, doit faire supposer qu'il a renoncé au droit qu'il a de faire arracher les arbres ; or, telle est la base de la prescription (1).

On a prétendu, en sens contraire, que s'il s'agit d'arbres excrus de vieilles souches restées en terre, la prescription remonte à l'existence de ces souches, d'où suivrait que les arbres ne pourraient être arrachés bien qu'ils eussent moins de trente ans. La cour de Montpellier avait accueilli ces prétentions (2). Dans l'espèce, il s'agissait de souches plus que séculaires : l'arbre qui en provient, disait-on, est toujours le même arbre qui se renouvelle aussi longtemps que la souche subsiste; c'est donc la souche qui est la plantation dans le sens légal du mot. Ici est l'erreur. Les arbres, rejets des anciennes souches, constituent des arbres nouveaux (3); l'ancien arbre a été coupé, donc il a cessé d'exister, et c'est une pure fiction de dire qu'un arbre coupé existe encore dans le nouveau rejeton que produisent les racines; or, une fiction ne peut être créée que par la loi. Cela est aussi conforme à la raison : comme le dit très-bien la cour de cassation, les rejets produits par les racines ou par la couronne des souches ne sont presque jamais à la place exacte des arbres anciens, ils peuvent être bien plus nombreux, très-souvent ils sont plus rapprochés de la propriété voisine; c'est donc un fait nouveau à charge de

(1) Arrêt de cassation du 13 mars 1850 (Dalloz, 1850, 1, 89).
(2) Arrêt de Montpellier du 1er mai 1860, cassé par arrêt du 25 mars 1862 (Dalloz, 1862, 1, 174).
(3) Arrêt de rejet du 22 décembre 1857 (Dalloz, 1858, 1, 59).

l'héritage contigu, et par suite le propriétaire a le droit de le faire disparaître ; ce n'est pas la souche ravalée rez terre qui le gêne, c'est l'arbre (1). La cour ajoute que ces jeunes arbres, quoique moins dommageables pour la propriété voisine que les arbres de haute tige qu'ils remplacent, parce qu'ils donnent moins d'ombre et d'humidité, sont en réalité plus compromettants pour le propriétaire, par les envahissements successifs dont ils le menacent (2). La jurisprudence est constante en ce sens.

13. Quel est l'effet de la prescription ? Il y a une grande incertitude sur ce point dans la doctrine. Elle tient à l'absence de principes arrêtés sur la nature de la prescription dont il s'agit. Est-elle acquisitive ou extinctive ? Si elle est acquisitive, qu'est-ce qu'elle acquiert ? Nous écartons d'abord l'opinion qui considère la distance prescrite pour les plantations comme une servitude, et qui en induit que la prescription est libératoire, en ce sens que le propriétaire qui plante à une distance moindre que celle qui est établie par la loi, les règlements ou les usages, affranchit son fonds de la servitude qui le grève, de sorte qu'après trente ans il est libre de planter où il veut et ce qu'il veut, sans observer aucune distance. Cette opinion, soutenue par plusieurs auteurs (3), n'a pas trouvé faveur dans la jurisprudence. Quoique beaucoup d'arrêts, même de la cour de cassation, maintiennent la qualification de servitude, que le code donne à la prohibition établie dans l'article 671, ils n'admettent pas la conséquence qui découle de cette théorie. Cela est très-illogique. Mais que nous importe ? Nous rejetons le principe ainsi que la conséquence. Puisque la prescription est acquisitive, à notre avis, il faut nous placer sur ce terrain, et examiner ce que le propriétaire acquiert quand il a possédé pendant trente ans des arbres plantés sans observer les distances légales.

Il y a un point sur lequel tout le monde est d'accord : c'est que les arbres qui existent depuis trente ans, à une

---

(1) Arrêt de rejet du 24 mai 1864 (Dalloz, 1864, 1, 229).
(2) Arrêt de rejet du 31 juillet 1865 (Dalloz, 1865, 1, 350).
(3) Taulier, *Théorie du code civil*, t. II, p. 402. Voyez, en sens contraire, Douai, 14 avril 1845 (Dalloz, 1845, 2, 94).

distance moindre que la distance légale, ne peuvent être arrachés. C'est, en effet, là le moins que le propriétaire des plantations ait pu acquérir par la prescription; s'il n'avait pas acquis le droit de maintenir les arbres qu'il a plantés, il n'aurait rien acquis du tout; ce serait nier la prescription; or, la prescription est admise généralement, et par la doctrine et par la jurisprudence (1). Ne faut-il pas aller plus loin et dire que le propriétaire a acquis le droit de planter des arbres à une distance moindre que la distance légale, en ce sens du moins qn'il peut abattre les arbres existants et les remplacer par de jeunes plants? Tel est, à notre avis, l'effet de la prescription, mais nous avons contre nous la jurisprudence et la plupart des auteurs. C'est dire que la question est douteuse. Nous dirons nos raisons, et nous essayerons de répondre à celles que l'on donne pour l'opinion contraire.

Pourquoi ne peut-on planter qu'à une certaine distance de l'héritage voisin? C'est qu'en plantant contre son fonds, on empiéterait sur sa propriété. Donc quand on plante sur la ligne qui sépare les deux héritages, on restreint le droit de propriété du voisin; cette restriction devient une servitude si elle subsiste pendant trente ans. Donc après une possession trentenaire, on a acquis le droit d'avoir des arbres à une distance moindre que la distance légale. Nous disons *des arbres*, car il est dans la nature des plantations d'être renouvelées; celui qui plante des arbres manifeste l'intention d'avoir une plantation et de la maintenir; or, les arbres meurent, et il est d'un bon père de famille de ne pas les laisser mourir, de les remplacer, de sorte que la plantation se fait dans un esprit de perpétuité. Par conséquent le voisin qui reste trente ans sans exiger que les arbres soient arrachés consent tacitement à ce que la plantation soit maintenue à titre de servitude, donc aussi renouvelée, puisque telle est la loi qui régit les plantations. Cela répond à une objection ou à un motif que l'on donne en faveur de l'opinion contraire. Ce n'est pas le

_____

(1) Arrêts de rejet du 9 juin 1825, du 29 juin 1832 et du 25 mai 1842 (Dalloz, au mot *Servitude*, n° 653, 1°, 2° et 3°).

droit abstrait de planter, dit-on, que l'on acquiert par la prescription, c'est le droit d'avoir tels arbres à une distance moindre que la distance légale; donc dès que ces arbres sont arrachés, l'effet de la prescription cesse (1). L'objection ne tient aucun compte de la nature des plantations; elles sont destinées à être renouvelées; cela est si vrai que les arbres se reproduisent d'eux-mêmes par un semis naturel. La plantation qui se fait de main d'homme imite la nature, elle est aussi perpétuelle. Donc ce n'est pas un droit abstrait qui fait l'objet de la prescription, c'est une chose très-réelle, une plantation; mais cette plantation n'est pas une chose passagère, c'est une chose perpétuelle, et parmi toutes les œuvres humaines, il n'y en a aucune qui ait une plus longue durée; la nature vient en aide à la faiblesse de l'homme, en imprimant le caractère de perpétuité à ce qu'il fait.

On donne encore une autre forme à cette objection. Une vieille maxime dit que la prescription ne peut s'étendre au delà de ce qu'on a possédé, c'est-à-dire que les effets de la prescription sont mesurés par l'étendue de la possession : *tantum præscriptum quantum possessum.* C'est cet argument qui a entraîné la cour de cassation. La possession, dit-elle, a effet seulement à l'égard des arbres pour lesquels elle s'est manifestée pendant le temps et avec les conditions nécessaires. De là, la cour conclut que, lorsque les arbres anciens ont été arrachés ou ont péri de vétusté, le droit commun sur la servitude légale de distance reprend son empire; par suite le voisin peut demander que les jeunes arbres, qui n'existent pas depuis trente ans, soient arrachés (2). Il nous semble que la cour a fait une fausse application de la maxime *tantum præscriptum quantum possessum.* Celui qui possède des vues pendant trente ans sur l'héritage contigu de son voisin acquiert par la prescription une servitude de vue, mais il l'acquiert dans les

_____

(1) Douai, 14 avril 1845 (Dalloz, 1845, 2, 94); Bourges, 8 décembre 1841 (Dalloz, au mot *Servitude*, n° 661, 1°).

(2) Arrêts de rejet du 28 novembre 1853 (Dalloz, 1854, 1, 233), du 2 décembre 1857 (Dalloz, 1858, 1, 59), du 31 juillet 1865 (Dalloz, 1865, 1, 350). Comparez Demolombe, t. XI, p. 560, n° 501 et les auteurs qu'il cite.

limites de la possession, il ne peut pas ouvrir une troisième fenêtre quand il n'en a possédé que deux. Quant aux deux qu'il a possédées, il les peut maintenir à perpétuité. Il en est de même des plantations ; celui qui a possédé pendant trente ans cinquante arbres, à titre de servitude, ne peut pas en planter cinquante nouveaux ; il a prescrit, à la vérité, le droit d'avoir des arbres à une distance moindre que la distance légale, mais il l'a prescrit dans les limites de sa possession. Dans ces limites, son droit est perpétuel, il peut maintenir à perpétuité sa plantation de cinquante arbres. Mais les arbres meurent ou ils doivent être coupés d'après un certain aménagement : c'est la plantation ainsi considérée qui a été l'objet de la possession, donc on peut dire que le propriétaire des arbres ne prescrit réellement que ce qu'il a possédé.

On conteste l'analogie que nous établissons entre les plantations et les vues. A notre avis, elle est décisive à tous égards. Les maisons aussi doivent être renouvelées, elles périssent comme toute chose. Si la maison qui avait un droit de vue s'écroule de vétusté ou est détruite, que devient le droit de vue ? L'article 703 répond que les servitudes cessent lorsque les choses se trouvent en tel état qu'on ne peut plus en user ; mais, ajoute l'article 704, elles revivent si les choses sont rétablies de manière qu'on puisse en user. Ainsi la servitude de vue revivra si les fenêtres sont reconstruites. Pourquoi n'en serait-il pas de même du droit d'avoir des arbres à une distance moindre que la distance légale, lorsque les arbres sont renouvelés ? On fait à ce sujet les plus singulières distinctions. Le droit d'avoir des vues, dit la cour de Bourges, est de sa nature continu et apparent ; il réunit donc les deux conditions requises pour la prescription des servitudes, et une fois qu'il est acquis, il ne peut plus se perdre ; tandis que le droit d'avoir des arbres, sans observation des distances légales, exige le fait actuel de l'homme, et constituerait par conséquent une servitude discontinue (1). Vraiment, cela n'est pas sérieux. Est-ce que par hasard il ne faut pas le fait

_____

(1) Bourges, 8 décembre 1841 (Dalloz, au mot *Servitude*, n° 661, 1°).

de l'homme pour construire et reconstruire une maison ? les plantations ne sont-elles pas faites dans un esprit de perpétuité aussi bien que les bâtiments ? la servitude ne s'exerce-t-elle pas d'elle-même, en ce sens qu'elle consiste à avoir et à conserver des arbres sans observer de distance ? Les auteurs ajoutent à ces distinctions des subtilités tout aussi inadmissibles. La maison, disent-ils, est reconstruite dans des conditions semblables à celles de la maison démolie; elle peut donc être considérée comme étant toujours la même, tandis que les arbres nouveaux sont nécessairement différents des arbres anciens qu'ils remplacent, ils peuvent avoir plus de vigueur et devenir plus nuisibles (1). Faut-il demander si c'est un arbre ayant telle vigueur qui a été prescrit ? ou est-ce un arbre de telle essence, à haute ou à basse tige? La vue restera identique, si les fenêtres ont la même hauteur et la même largeur, bien que le verre nouveau soit plus clair, et partant la servitude plus onéreuse. Il en sera de même des arbres; ils seront les mêmes, s'ils sont de la même essence, quoique l'un devienne vigoureux et que l'autre reste chétif.

L'article 665 vient à l'appui de notre doctrine : lorsqu'on reconstruit un mur mitoyen ou une maison, les servitudes actives et passives se continuent à l'égard du nouveau mur ou de la nouvelle maison. Cette disposition est générale, elle s'applique à toute espèce de servitudes ; on peut donc l'invoquer par analogie quand il s'agit du droit de plantation. C'est encore une raison décisive, à laquelle les arrêts ne parviennent pas à répondre. La cour de cassation de Belgique dit que l'article 665 établit un droit exceptionnel (2). C'est une méprise échappée à notre magistrature suprême; la disposition est si peu une exception, que l'on a dit qu'elle est inutile, puisqu'elle ne fait qu'appliquer le principe général établi par l'article 704. Nous trouvons la même erreur dans un arrêt de la cour de Toulouse (3), lequel se prévaut de ce que le principe ne reçoit pas d'application en matière d'usufruit. Eh ! qu'importe? Il s'agit,

(1) Duranton, t. V, p. 430, n° 491. Demolombe, t. XI, p. 561, n° 501.
(2) Arrêt de rejet du 18 juin 1846 (*Pasicrisie*, 1847, 1, 112).
(3) Toulouse, 1er mars 1855 (Dalloz, 1855, 2, 330).

non d'usufruit, mais de servitudes réelles, et l'article 704 est si explicite que nous croyons inutile d'insister.

Les articles 704 et 665 répondent encore à une autre objection que l'on trouve dans les mêmes arrêts (1). La libération des fonds est favorable, dit-on, et la prescription est de stricte interprétation; deux arguments qui conduisent à la même conséquence, à savoir que les arbres une fois coupés ne peuvent être remplacés par une nouvelle plantation. Sans doute, la liberté des fonds est favorable, ce qui n'empêche pas la loi de favoriser les servitudes, à ce point qu'elle les fait revivre, selon l'expression de l'article 704. Si toutes les servitudes revivent, pourquoi en serait-il autrement des plantations? Il faudrait une exception à l'article 704, et d'exception il n'y en a pas. L'argumentation que l'on nous oppose se retourne donc contre l'opinion que nous combattons : elle crée réellement une exception sans texte et sans motifs suffisants puisés dans la nature même de la servitude (2).

Nous devons ajouter que l'opinion contraire est consacrée non-seulement par la jurisprudence, mais qu'elle a aussi reçu une espèce de sanction législative. En France, l'ordonnance réglementaire du code forestier (1er août 1827) porte que « les plantations ou réserves destinées à remplacer les arbres actuels de lisière seront effectuées en arrière de la ligne de délimitation des forêts, à la distance prescrite par l'article 671 du code civil » (art. 176). Cela n'empêche pas la question de rester entière au point de vue du droit privé, mais c'est une autorité en faveur de l'opinion générale.

14. Il y a encore quelque difficulté concernant la destination du père de famille. Dans la théorie du code civil, elle vaut titre à l'égard des servitudes continues et apparentes, c'est-à-dire que ces servitudes s'acquièrent par destination du père de famille. On demande si le droit de maintenir les arbres à une distance moindre que la distance

---

(1) Comparez Rennes, 19 juin 1838 (Dalloz, au mot *Servitude,* n° 636).
(2) Voyez les sources dans Aubry et Rau, t. II, p. 215, note 20. Le seul auteur qui paraisse se prononcer pour l'opinion que nous avons soutenue, c'est Mourlon, t. Ier, p. 788, note.

légale peut être établi par destination. La décision dépend
de l'opinion que l'on adopte sur la nature de ce droit. Si
l'on considère la prohibition de planter comme une servitude dont on libère son fonds par la prescription de trente
ans, il faut rejeter la destination du père de famille : en
effet, la destination n'est pas un mode d'extinction des servitudes, c'est un mode d'acquérir les servitudes continues
et apparentes (1). Dans notre opinion, la question n'est pas
douteuse. La prohibition de planter établie par l'article 671
n'est pas une servitude, c'est une de ces restrictions que la
propriété reçoit dans l'état de société, donc une condition
générale de la propriété. On peut par prescription acquérir le droit de maintenir les arbres plantés à une distance moindre que la distance légale ; à plus forte raison
peut-on acquérir ce droit par titre. Puisqu'il s'agit d'acquérir une servitude sur le fonds du voisin, il y a lieu
d'appliquer l'article 692, car la servitude est continue et
apparente. Cette doctrine était déjà reçue dans l'ancien
droit (2), ce qui implique que l'on ne considérait pas la prohibition de planter comme une servitude. Elle est aussi
consacrée par la jurisprudence sous l'empire du code Napoléon, ce qui logiquement conduit à l'opinion que nous
avons enseignée sur le caractère des servitudes dites
légales (3).

Autre est la question de savoir si le droit de remplacer
des arbres plantés à une distance moindre que la distance
légale peut s'acquérir par la destination du père de famille.
Dans l'opinion générale, on admet que le titre seul peut
établir ce droit (4). Si l'on peut acquérir ce droit par titre,
pourquoi pas par destination, puisque la destination vaut
titre à l'égard des servitudes continues et apparentes?
A vrai dire, c'est une convention tacite, et pourquoi une
convention tacite n'aurait-elle pas le même effet qu'une convention expresse? Nous cherchons vainement une raison

(1) Il y a un jugement en ce sens du tribunal de Beaune, du 3 juillet 1851
(Dalloz, 1854, 1, 233).
(2) Rennes, 3 juillet 1813 (Dalloz, au mot *Servitude*, n° 659).
(3) Bastia, 3 mars 1856 (Dalloz, 1856, 2, 85); Paris, 15 juin 1865 (Dalloz,
1865, 2, 199). Aubry et Rau, t. II, p. 216, note 21.
(4) Voyez les autorités dans Aubry et Rau, t. II, p. 216, note 22.

juridique de cette différence. On lit dans un arrêt de la cour de cassation que l'article 692, même en l'appliquant à la libération aussi bien qu'à l'acquisition de certaines servitudes, aurait seulement pour effet de donner à l'acquéreur le droit de conserver les arbres existant à la distance prohibée, lors de la séparation des fonds primitivement réunis dans les mains du père de famille qui en a disposé ; mais que ce droit ne saurait s'étendre aux arbres plantés, semés ou accrus depuis cette époque (1). La cour de cassation ne décide que par hypothèse. Dans son opinion sur la nature des servitudes légales, elle ne devait pas hésiter. Puisque la prohibition de l'article 671 est une servitude, il s'agit de libérer le fonds d'une servitude ; or, le code civil ne place pas la destination du père de famille parmi les causes d'extinction des servitudes ; donc il fallait la rejeter d'une manière absolue, au lieu de l'admettre hypothétiquement. Mais une fois qu'on l'admet, elle vaut titre, elle constitue un titre ; pourquoi ce titre ne pourrait-il pas donner le droit de renouveler les plantations ? Telle est la vraie difficulté, et la cour la décide par une simple affirmation : mais affirmer n'est pas prouver. La destination implique une idée de perpétuité ; donc quand le père de famille plante, c'est avec la volonté de maintenir ses plantations ; or, on ne les peut maintenir qu'en les renouvelant. Il y a donc plantation avec intention de remplacer les arbres : cela est décisif.

N° 3. DROIT DU VOISIN QUANT AUX BRANCHES ET AUX RACINES.

15. L'arbre peut empiéter sur le fonds du voisin quand le tronc, les branches ou les racines s'y étendent. Aux termes de l'article 672, celui sur l'héritage duquel avancent les branches peut contraindre le voisin à les couper ; si ce sont des racines, il a le droit de les couper lui-même. Quant au tronc de l'arbre, il peut exiger qu'il soit arraché, s'il n'est pas planté à la distance légale. Si donc l'arbre a été planté à la distance légale, il ne peut être arraché, alors

(1) Arrêt de rejet du 28 novembre 1853 (Dalloz, 1854, 1, 233).

même qu'il s'étendrait jusque sur le fonds du voisin. En effet, la plantation dans ce cas est un fait légal; or, les actes conformes à la loi doivent être maintenus. La loi a tenu compte de l'accroissement que les arbres peuvent prendre; c'est pour empêcher qu'ils n'empiètent sur le fonds du voisin que l'article 671 prescrit la distance à laquelle ils peuvent être plantés. Si, malgré l'observation de cette distance, ils avancent sur l'héritage contigu, c'est un événement extraordinaire, une espèce de cas fortuit qui frappe le propriétaire du fonds, et dont le planteur ne doit plus répondre (1).

Pourquoi le code ne donne-t-il pas au voisin le droit de couper lui-même les branches, comme il a le droit de couper les racines? D'après la rigueur des principes, il devrait avoir ce droit, car, propriétaire du sol, il est propriétaire du dessus et du dessous, et il peut détruire tout ce qui, en dessus ou en dessous, entrave et viole son droit absolu de propriété. La loi sanctionne ce droit, quant aux racines, et elle y déroge quant aux branches. C'est une de ces restrictions que les intérêts du bon voisinage imposent à la propriété. Si l'on avait permis au voisin de couper lui-même les branches, il aurait pu par imprudence ou par malice déshonorer l'arbre et même le faire périr. Ce danger est moins à craindre pour les racines. D'ailleurs l'abstention se conçoit quant aux branches, elle ne se conçoit pas quant aux racines; on ne pouvait pas défendre au propriétaire du sol de le cultiver.

16. L'article 672 s'applique-t-il aux bois? Sous l'empire du code civil, l'administration forestière a vivement soutenu la négative, en invoquant l'intérêt de la conservation des forêts. Ses prétentions furent repoussées par la jurisprudence, et elles devaient l'être. L'article 671 étant applicable aux bois, la sanction établie par l'article 672 devait aussi recevoir son application. Toutefois le code forestier donna satisfaction, dans une certaine mesure, aux exigences de l'administration, en portant que « les propriétaires riverains des bois et forêts ne pouvaient se

___
(1) Duranton, t. V, p. 423, n° 388.

prévaloir de l'article 672 pour l'élagage des lisières desdits bois et forêts, si les arbres des lisières avaient plus de trente ans » (art. 150). Notre code forestier contient une disposition analogue ; mais il maintient le droit commun du code, en déclarant l'article 672 applicable aux arbres de lisière des bois et forêts (1). Il ne s'agit que des bois et forêts appartenant à l'Etat, aux communes et aux établissements publics. Quant aux bois des particuliers, l'application du code civil ne peut pas souffrir de doute.

17. L'article 672, en donnant au propriétaire du fonds sur lequel les branches avancent le droit de les faire couper, suppose que l'arbre a été planté à la distance légale. S'il a été planté à une moindre distance, le voisin a un droit plus rigoureux, il peut exiger que l'arbre soit arraché ; à plus forte raison, s'il consent à le maintenir, peut-il demander que les branches soient coupées. Lors donc que la loi donne le droit au voisin de faire couper les branches, elle suppose que l'arbre, étant planté à la distance légale, doit être maintenu ; elle permet, dans ce cas, de réprimer les empiétements. Le code n'est pas tout à fait logique. Dès que le propriétaire qui a planté s'est conformé à la loi en observant les distances légales, il devrait avoir le droit de maintenir l'arbre dans toute son intégrité ; la loi reconnaît son droit et le sanctionne en ce qui concerne le corps de l'arbre ; elle y déroge quant aux branches et aux racines. De raison juridique de cette différence, il n'y en a pas. C'est une de ces transactions entre le droit et l'équité que le législateur fait pour ne pas troubler les relations de bon voisinage, en les régissant d'après la rigueur du droit (2).

18. Les arbres ont été plantés à une distance moindre que la distance légale, en vertu d'un titre, de la destination du père de famille ou de la prescription. Ces arbres étendront presque toujours leurs branches sur le fonds du voisin ; celui-ci peut-il exiger qu'ils soient coupés ? La jurisprudence et la doctrine s'accordent, sauf le dissentiment de

---

(1) Loi du 19 décembre 1854, art. 110. Duranton, t. V, p. 432, n° 393.
(2) Duranton, t. V, p. 437, n° 397. Demolombe, t. XI, p. 570, n° 506. Aubry et Rau, t. II, p. 216 et note 23.

Duranton, à reconnaître ce droit au voisin. Le droit de planter, dit-on, ne doit pas être confondu avec le droit de faire avancer les branches sur le fonds du voisin ; le propriétaire peut avoir l'un de ces droits et ne pas avoir l'autre. Ce qui le prouve, c'est qu'en plantant à la distance légale, il use de son droit de propriété; la plantation est l'exercice d'un droit, et néanmoins il peut être contraint de couper les branches qui avancent sur le fonds du voisin. Eh bien, quand il plante à une distance moindre, en vertu d'un droit quelconque, sa position reste la même, il exerce aussi le droit de planter, seulement il a le droit de planter à une distance plus rapprochée ; mais ce droit de planter ne lui donne pas le droit de faire avancer les branches sur le fonds du voisin ; celui-ci peut donc exiger qu'elles soient coupées (1).

Si l'article 672 était une disposition de principe, cette argumentation serait irréprochable. Mais nous venons de dire (n° 17) que l'article 672 déroge plutôt à la rigueur des principes. Celui qui a le droit de planter un arbre devrait avoir le droit de le maintenir avec toutes ses branches et toutes ses racines ; car y a-t-il un arbre sans racines et sans branches ? La loi déroge à la rigueur des principes, dans l'intérêt du bon voisinage. C'est donc une exception, ce qui change la thèse. Une exception ne s'étend pas ; l'article 672 règle les relations des parties, aussi longtemps que les voisins eux-mêmes ne les ont pas réglées. Mais du moment qu'il y a titre, destination du père de famille ou prescription, il y a une manifestation de volonté qui change complétement la position des parties. En effet, l'article 672 règle l'exercice du droit de propriété; tandis que le titre, la destination ou la prescription établissent une servitude à charge de l'héritage contigu. La question doit donc se décider, non plus d'après le droit commun de l'article 672, mais d'après les principes qui régissent les servitudes. Eh bien, d'après ces principes, on arrive à une conséquence toute différente.

---

(1) Voyez les autorités citées par Aubry et Rau, t. II, p. 216, note 24. Il faut ajouter un arrêt de Lyon du 14 juin 1862 (Dalloz, 1867, 5, 398).

Le titre donne le droit de planter des arbres à une distance moindre que la distance légale; par cela même, il donne le droit de conserver ces arbres avec leurs branches et leurs racines. Tel est le droit strict; or, le titre nous place sur le terrain du droit strict : l'article 672 est hors de cause. Donc le propriétaire qui plante a le droit de maintenir l'arbre dans toute son intégrité; il faudrait une clause expresse pour lui enlever ce droit. Quant au voisin, il ne peut plus invoquer l'article 672, puisqu'il n'a plus le libre exercice de sa propriété, son fonds est grevé d'une servitude, il en doit supporter les conséquences. Cela est aussi fondé en raison et en équité. Je stipule le droit d'avoir des arbres sur la limite séparative de mon héritage. Il est certain que du moment même où les arbres seront plantés, ils étendront leurs branches sur le fonds du voisin; et cependant mon voisin viendra me sommer de couper les branches! En les coupant, je déshonore les arbres, je les mutile, je les ferai périr; est-ce là ce que j'ai voulu en stipulant le droit de planter?

Les principes sont les mêmes lorsque c'est la destination du père de famille qui me donne le droit de maintenir des arbres à une distance moindre que la distance légale, car la destination n'est autre chose qu'une convention tacite. Seulement il est encore plus évident, dans ce cas, que le père de famille qui a planté les arbres a voulu avoir, non des arbres mutilés, mais des arbres complets, tels que la nature les produit; ces arbres, il les a plantés dans un esprit de perpétuité, ils doivent donc être conservés, après la séparation des fonds, avec leurs branches; donc le voisin sur l'héritage duquel les branches s'étendent ne peut pas exiger qu'elles soient coupées.

Reste la prescription. Ici on pourrait invoquer la maxime *tantum præscriptum quantum possessum.* Nous croyons que ce serait à tort. La prescription suppose, en général du moins, l'existence d'un titre ancien que la partie intéressée ne peut pas prouver. Dans ce cas, il est certain que la prescription doit avoir les mêmes effets que les titres qu'elle implique; nous rentrons donc de fait et de droit dans la première hypothèse. Quand il n'y a pas de titre, la pres-

-cription suppose une renonciation, donc un consentement de celui contre lequel on prescrit. Quelle est, dans l'espèce, la portée de ce consentement? Comme il est tacite, on peut toujours soutenir que le propriétaire qui consent à ce que des arbres existent sur la limite de son fonds n'entend pas renoncer au droit d'en faire couper les branches. Toutefois une pareille intention est peu probable, parce qu'elle est en contradiction avec la nature des choses. Consentir à ce qu'il y ait des arbres plantés si près qu'inévitablement leurs branches avanceront sur l'héritage contigu, n'est-ce pas consentir que les branches soient maintenues? Le bon sens répond que oui, et il ne faut pas que le droit heurte gratuitement le bon sens (1).

19. Le droit de conserver les branches qui avancent sur le fonds du voisin peut être acquis par titre ; cela ne fait pas de doute. Si les arbres ont été plantés à la distance légale, mais qu'ils étendent leurs branches sur l'héritage contigu, le voisin a le droit d'exiger qu'elles soient coupées ; mais il peut aussi consentir à ce qu'elles soient mainte-nues : c'est une servitude que les parties intéressées sont libres de stipuler, puisqu'elle n'a rien de contraire à l'ordre public. Cette servitude peut-elle aussi s'établir par destina-tion du père de famille? La question est controversée ; nous n'hésitons pas à décider l'affirmative. Quand, au moment de la séparation des deux fonds, les arbres étendaient déjà leurs branches sur le fonds contigu, il n'y a guère de doute : la destination n'est autre chose que le maintien du *statu quo* établi par le père de famille ; à moins de la rejeter d'une manière absolue en cette matière, il faut admettre que les plantations subsisteront telles que l'ancien proprié-taire les avait aménagées, non pas avec le pouvoir de les mutiler, mais avec leur parure naturelle, les branches et le feuillage (2). On objecte contre le principe même, que la théorie de la destination ne peut pas recevoir d'application à une plantation, parce qu'elle n'a pas cette fixité qu'exige la destination pour qu'elle implique l'esprit de perpétuité.

---

(1) Mourlon est le seul auteur, à notre connaissance, qui soit de cet avis (*Répétitions*, t. Ier, p. 790).
(2) Demolombe, t. XI, p. 574, no 508. Duranton, t. V, p. 438, no 399.

Tout ce qu'il est permis d'affirmer, dit-on, c'est que le propriétaire a voulu conserver les arbres, mais les maintien-
dra-t-il tels qu'ils existaient quand il a séparé les deux
fonds? Cela dépend de son intérêt ; il les conservera s'ils
ne nuisent pas à la culture, il les ébranchera si la culture
en doit souffrir. Donc les conditions de la destination font
défaut(1). Nous avons d'avance répondu à l'objection. Celui
qui plante, le fait dans un esprit de perpétuité, car on ne
plante pas des arbres aujourd'hui pour les arracher demain ;
et si l'on plante pour conserver les plantations, c'est aussi
pour les conserver entières, et non mutilées, car les mutiler
c'est le plus souvent les faire périr. Donc au moment où
le propriétaire qui a planté vend, il y a sur l'un des deux
fonds une plantation destinée à y rester et à étendre ses
branches sur l'autre fonds ; celui-ci est donc destiné à recevoir ces branches sans que le propriétaire ait le droit de
les faire couper, car ce serait contrevenir à la loi tacite
du contrat. N'est-ce pas là une destination du père de
famille (2) ?

20. La doctrine et la jurisprudence sont à peu près
unanimes à reconnaître que le propriétaire d'un arbre ne
peut acquérir par prescription le droit de conserver les
branches qui s'étendent sur le fonds voisin. On dit que la
prescription est impossible, parce que les conditions requises
pour la prescription ne se rencontrent pas dans l'espèce.
Quelles sont donc les conditions qui font défaut? On lit
dans un arrêt de la cour de cassation « que l'article 672,
qui donne au voisin le droit de faire couper les branches
quand elles avancent sur son fonds, consacre une faculté
dont le non-usage constitue une simple tolérance de bon
voisinage, et n'implique en aucune manière renonciation
de la part du propriétaire au droit de faire cesser, en tout
temps, un état de choses contraire et nuisible à sa propriété (3). » Il est vrai que les actes de simple tolérance ne

---

(1) Aubry et Rau, t. II, p. 217, note 29 et les arrêts qui y sont cités.
(2) Jugement du tribunal d'Auxerre du 17 novembre 1858 (Dalloz, 1858,
3, 80).
(3) Arrêt de rejet du 9 juillet 1867 (Dalloz, 1867, 1, 252). Comparez arrêt
de rejet de la cour de cassation de Belgique du 24 novembre 1849 (*Pasicrisie*,
1850, 1, 47).

peuvent fonder ni possession ni prescription (art. 2232). Mais quand y a-t-il acte de tolérance ? Peut-on établir en principe que tel acte est nécessairement de simple tolérance, comme le fait la cour de cassation ? Ce serait créer une présomption sans texte. La loi établit une présomption pareille pour les servitudes discontinues, telles que le droit de passage ; mais pour les servitudes continues il y a présomption contraire. On ne peut donc pas affirmer *à priori* que l'inaction du voisin qui n'use pas de son droit, est un acte de simple tolérance. C'est même une contradiction dans les termes de dire, d'une part, qu'il y a un empiétement sur la propriété, nuisible au voisin, et de dire, d'autre part, que le voisin le souffre par tolérance. On pourrait dire la même chose de celui qui laisse subsister des vues que son voisin a pratiquées dans un mur contigu : la tolérance ne se présume pas, elle doit se prouver.

On dit encore que la prescription est impossible parce qu'on ne pourrait déterminer son point de départ. Comment savoir le jour où les branches ont dépassé le fonds ? Et en supposant qu'on le sache, il y aurait une nouvelle difficulté : la prescription ne pourrait être invoquée que pour les parties des branches qui avanceraient depuis plus de trente ans sur l'héritage du voisin ; et comme l'accroissement des branches se fait de jour en jour, il faudrait compter autant de petites prescriptions qu'il y aurait de degrés dans la pousse et dans le développement des branches (1). Cette objection ne nous paraît pas sérieuse. Le commencement exact de toute prescription est difficile à établir ; mais qu'importe ? Une difficulté n'est pas une impossibilité. Après tout, c'est à celui qui invoque la prescription à prouver qu'elle existe ; s'il ne parvient pas à faire cette preuve, il n'y aura pas de servitude. Mais est-il juridique de dire : La preuve est difficile, donc elle est impossible, donc il ne peut y avoir de prescription ? Chose remarquable ! La preuve que l'on déclare impossible se trouve marquée par la nature pour certains arbres. Ce que

---

(1) Demolombe, t. XI, p. 575, n° 509. Aubry et Rau, t. II, p. 217, note 27 et les autorités qui y sont citées.

la nature fait pour les uns, les experts sauraient très-bien le constater pour les autres (1).

Dans l'opinion générale, on admet que la prescription peut commencer du jour où le maître des arbres oppose une contradiction au droit que le voisin aurait voulu exercer, d'en faire couper les branches (2). Cela ne peut faire aucun doute. Mais il nous semble que la contradiction est inutile. Le fait seul que les branches avancent sur le fonds du voisin est un empiétement sur sa propriété, tout aussi certain que si le propriétaire y avait bâti; il y a là une contradiction permanente qui met sans cesse le voisin en demeure d'agir pour repousser l'usurpation dont il est menacé. Ne sont-ce pas là les conditions de toute prescription?

21. Quant aux racines, tout le monde est d'avis que le droit de les couper est imprescriptible. Comme tout droit se prescrit, il faut des raisons pour que le droit de couper les racines ne se prescrive pas. Les uns disent que la possession de celui qui invoque la prescription est nécessairement clandestine. C'est encore une fois transformer un point de fait en présomption. Bien que les racines soient sous terre, la possession peut être publique; en effet, la grosseur de l'arbre, la distance à laquelle il est planté, même des marques extérieures peuvent établir d'une manière évidente que les racines s'étendent dans le fonds du voisin. D'autres disent que couper les racines est un droit de pure faculté, et partant imprescriptible. On abuse singulièrement de cette maxime, nous y reviendrons au titre de la *Prescription.* Pour le moment, nous nous contenterons de remarquer que le droit accordé par l'article 672 de couper les racines est la sanction de la prohibition que l'article 671 établit, en ce sens que c'est la répression des empiétements commis par le voisin; or, un empiétement

(1) Troplong, *De la prescription,* t. Iᵉʳ, nᵒ 347. C'est l'opinion enseignée par M. Valette (Mourlon, *Répétitions,* t. Iᵉʳ, p. 791, note). La jurisprudence est contraire. Un jugement du tribunal de Limoges, rendu dans le sens de notre opinion, a été réformé en appel (Dalloz, 1847, 2, 12).

(2) Demolombe, t. XI, p. 577, nᵒ 510, d'après Demante, t. II, p. 620, nᵒ 527 *bis* II.

est une mise en demeure d'agir, dès lors il ne peut plus être question d'un droit de pure faculté (1).

22. Quand les arbres étendent leurs branches sur le fonds du voisin, des difficultés s'élèvent sur la récolte des fruits qui pendent à ces branches. Il y a peu de questions sur lesquelles il y ait une plus grande diversité d'avis (2). Dans le silence du code civil, il faut recourir aux principes généraux. Sur la propriété des fruits, il ne peut guère y avoir de doute. Les fruits pendants par branche, comme ceux qui pendent par racine, appartiennent au propriétaire du sol dans lequel l'arbre est planté. Peu importe que les branches de l'arbre avancent sur le fonds du voisin; cet empiétement donne au voisin le droit d'exiger que les branches soient coupées, mais il ne lui donne aucun droit sur les fruits : les branches mêmes, si elles sont coupées, restent au propriétaire de l'arbre, donc aussi les fruits qui y pendent. Le voisin sur le fonds duquel les fruits avancent n'y a donc aucun droit. Il ne peut les cueillir pour se les approprier. Peut-il les faire siens quand ils tombent ? Duranton dit qu'il peut les prendre comme chose trouvée sur son fonds, comme chose présumée abandonnée, en indemnité du tort que lui cause l'ombrage des arbres (3). Cela s'appelle faire la loi, et il nous semble que c'est la faire très-mal. Celui qui trouve des fruits n'en devient pas propriétaire, pas plus que de toute autre chose trouvée; il doit au contraire les restituer au propriétaire de l'arbre; celui-ci n'est pas présumé en faire l'abandon, parce que personne n'est présumé abdiquer sa propriété. Quant au dommage que le voisin éprouve de l'ombre, il peut employer les moyens légaux, faire arracher l'arbre, s'il n'est pas planté à la distance légale, exiger que les branches qui

(1) Voyez, en sens contraire, Demolombe, t. XI, p. 577, n° 511, et les autorités qu'il cite.
(2) Voyez les diverses opinions dans Dalloz, au mot *Servitude*, n° 678.
(3) Duranton, t. V, p. 441, n° 400.

avancent sur son fonds soient coupées. Là s'arrête son droit, car là s'arrête la loi.

23. Les fruits appartiennent donc toujours au maître de l'arbre. Mais comment les récoltera-t-il? Il y avait dans l'ancien droit des usages qui permettaient au propriétaire de l'arbre de passer par le fonds du voisin pour récolter les fruits. Ces usages sont abolis, cela n'est pas douteux. Il est vrai que le code civil ne traite pas spécialement des fruits des arbres dont les branches avancent sur l'héritage contigu ; mais il suffit que la matière des plantations soit réglée par le code, pour que les anciens usages qui la concernent soient abrogés. Tel est le principe établi par la loi du 30 ventôse an XII (art. 7). La jurisprudence est en ce sens (1).

Les auteurs se sont ingéniés à trouver un moyen légal pour accorder un passage au maître de l'arbre. Toullier se fait la tâche facile, il prononce en législateur. « Le propriétaire de l'arbre, dit-il, a le droit d'aller recueillir ses fruits tombés sur le fonds voisin, et il peut le contraindre à lui donner le passage nécessaire : c'est une *servitude légale* qu'établissent les *lois du bon voisinage*. » Une servitude légale sans loi! car les prétendues *lois du bon voisinage* sont de l'invention de Toullier. Delvincourt permet le passage quand le fonds n'est pas clos, et le refuse en cas de clôture. La distinction est arbitraire; il est défendu de passer par mon héritage, qu'il soit clos ou non, car, passer sans la permission du propriétaire, c'est violer le droit de propriété. Pardessus croit que le propriétaire de l'arbre aurait le droit de réclamer un passage moyennant indemnité, par analogie de ce que l'article 682 dit du propriétaire enclavé. On répond avec raison que les servitudes légales ne s'établissent pas par voie d'analogie, puisqu'elles sont de la plus rigoureuse interprétation. Marcadé tranche la difficulté à sa manière : le voisin qui consent à laisser subsister les branches qu'il pourrait faire couper est obligé de laisser passer le maître de l'arbre pour venir récolter

(1) Arrêt de cassation du 31 décembre 1810 (Dalloz, au mot *Servitude,* n° 670). Bastia, 3 mars 1856 (Dalloz, 1856, 2, 85).

ses fruits. Ainsi un droit se traduit en obligation! Ce qui était une sanction du droit de propriété devient une violation de la propriété (1)!

24. Nous négligeons d'autres opinions : chaque auteur a la sienne. On nous permettra donc d'avoir la nôtre. Si le voisin cueille les fruits ou ramasse ceux qui tombent, il les doit restituer au propriétaire de l'arbre; c'est l'obligation de droit commun qui incombe à ceux qui trouvent une chose dont ils connaissent le propriétaire, comme nous le dirons en traitant des épaves (art. 717). Mais que faire si le voisin ne cueille pas les fruits? Nous ne voyons d'autre solution qu'une action judiciaire; le voisin sera sommé de cueillir les fruits lui-même ou de les laisser cueillir. On demandera sur quoi est fondée l'obligation de cueillir les fruits, si le voisin n'aime mieux donner un passage pour en faire la récolte? C'est qu'il ne peut pas retenir des choses qui ne lui appartiennent pas. Les fruits mûrs sont la propriété du maître de l'arbre; si le voisin les garde, il s'approprie une chose sur laquelle il n'a aucun droit; donc il peut être obligé à les délivrer à celui qui en est le propriétaire.

§ IV. *De la distance et des ouvrages intermédiaires requis pour certaines constructions.*

Nº 1. DES MESURES PRESCRITES DANS L'INTÉRÊT GÉNÉRAL.

25. L'article 674 porte : « Celui qui fait creuser un puits ou une fosse d'aisances près d'un mur mitoyen ou non; celui qui veut y construire cheminée ou âtre, forge, four ou fourneau, y adosser une étable, ou établir contre ce mur un magasin de sel ou amas de matières corrosives, est obligé à laisser la distance prescrite par les règlements et usages particuliers sur ces objets, ou à faire les ouvrages prescrits par les mêmes règlements et usages, pour éviter de nuire au voisin. »

---

(1) Toullier, t. 11, p. 232, nº 517. Delvincourt. t. Ier, p. 162, note 8. Pardessus, t. Ier, p. 442, nº 196. Marcadé, t. II, p. 588, art. 672, nº V.

Cette disposition suppose que la distance que l'on doit observer pour certaines constructions, et les ouvrages intermédiaires que l'on est tenu de faire, ont pour seul but d'éviter que les constructions ne nuisent au voisin. C'est le point de vue du droit privé. Il y a aussi des intérêts généraux de sûreté et de salubrité à sauvegarder. L'intérêt général domine quelquefois; il en est ainsi des établissements dangereux, insalubres ou incommodes; comme la société entière, ou du moins tout le voisinage y est intéressé, les lois et les règlements prescrivent des conditions spéciales : la nécessité d'une autorisation, une instruction préalable, des enquêtes. Nous laissons cette matière de côté, parce qu'elle appartient au droit administratif. Quant aux autres établissements ou constructions, ils restent sous l'empire du droit commun, dont l'article 674 est une application. Ici c'est l'intérêt privé qui domine, mais il s'y mêle parfois un intérêt général. Quand il y a un intérêt social en cause, l'administration a le droit d'y pourvoir; de là les règlements auxquels l'article 674 renvoie et qu'il maintient. Telles sont les mesures de précaution qui doivent être observées dans la construction des cheminées, des âtres, des forges, fours ou fourneaux; elles tendent à prévenir les incendies, ce qui est d'intérêt public tout ensemble et d'intérêt privé. Les fosses d'aisances, les étables intéressent la santé publique; tandis que les magasins de sel ou amas de matières corrosives ne touchent qu'aux intérêts du voisin contre le mur duquel on les établit.

26. La distinction est très-importante, car les principes qui régissent l'intérêt privé diffèrent du tout au tout de ceux qui régissent l'intérêt général. Aux termes de l'article 6 du code Napoléon, on ne peut déroger par des conventions particulières aux lois qui concernent l'ordre public; ce principe reçoit son application à tout ce qui est d'intérêt général. Il en résulte que la renonciation aux mesures de précaution prescrites pour certaines constructions n'est valable que lorsqu'il s'agit d'intérêts privés; l'un des voisins permettrait vainement à son voisin de construire un four ou une fosse d'aisances sans observer les règlements, il peut bien renoncer à ce qui est établi en sa faveur, mais il ne peut renoncer à ce qui est établi dans l'intérêt de la société. On ne prescrit pas davantage contre l'intérêt général : la raison juridique est la même. La prescription implique une renonciation; elle ne se conçoit donc pas quand l'intérêt de la société exige que l'on prenne certaines mesures, nécessaires pour garantir la vie ou la santé des hommes (1).

Cette distinction sert aussi à décider une question qui s'élève sur l'interprétation de l'article 674. La loi dit qu'il faut construire avec certaines précautions quand on fait un puits ou une fosse d'aisances près d'un mur *mitoyen ou non*, ce qui suppose que les règlements et usages sont applicables alors même que le mur est la propriété exclusive de celui qui construit. Il est certain qu'il en est ainsi lorsque l'intérêt public est en cause; car personne ne peut faire de sa chose un usage qui compromette la vie ou la santé des hommes, ou qui menace la conservation des propriétés. Peu importe donc que le mur contre lequel je veux construire une forge m'appartienne, il faudra observer les règlements. Mais si la construction ne peut léser que l'intérêt privé, si elle ne peut nuire qu'au mur contre lequel elle est élevée, l'article 674 n'est pas applicable, le propriétaire du mur est libre d'endommager sa chose, dès qu'il ne lèse pas le droit de son voisin. On rentre, en ce cas, dans le droit commun qui régit l'exercice de la propriété. Cela répond à l'objection tirée du texte. *Mitoyen ou non,* dit l'article 674 (2). Le texte doit être interprété d'après les principes généraux; or, ces principes commandent une distinction, et lorsque les principes exigent que l'on distingue, l'interprète peut et doit distinguer (3).

(1) Demolombe, t. XI, p. 585, n° 515. Aubry et Rau, t. II, p. 220 et notes 7 et 8.

(2) Pardessus, t. Ier, p. 451, n° 200. En sens contraire, Aubry et Rau, t. II, p. 218 et note 2. Comparez arrêt de Bruxelles du 24 octobre 1823 (*Pasicrisie*, 1823, p. 517. La notice est si mal rédigée que l'on ne sait pas ce que l'arrêt décide).

(3) Voyez le tome Ier de mes *Principes*, p. 188, n° 140.

27. Le code maintient en cette matière les règlements et les usages particuliers. Berlier nous en dit la raison : « La loi ne saurait prescrire l'emploi de tels ou tels matériaux qui n'existent pas également partout : ici l'on a la pierre de taille, là il n'y a que de la brique, et pourtant ces éléments sont la vraie, l'unique mesure des obligations ultérieures ; car mon voisin, s'il veut construire une cheminée, une forge ou un fourneau, ne peut néanmoins mettre ma propriété en danger, et elle y sera, selon, qu'il emploiera tels matériaux ou bien tels autres, ou que, selon la nature de mes constructions, il en rapprochera plus ou moins les siennes. Il a donc fallu s'en rapporter sur ce point aux règlements et usages locaux, et renoncer par nécessité au bénéfice de l'uniformité dans une matière qui ne la comportait pas (1). »

L'article 674 s'en réfère aux règlements et aux usages, en ce qui concerne la distance à observer ou les ouvrages à faire. Il ne prévoit pas le cas où il n'y aurait ni règlements ni usages. Est-ce à dire que, dans ce cas, les propriétaires soient libres de construire comme ils l'entendent, sauf à répondre du dommage qu'ils causeront par leurs constructions, s'ils lèsent le droit de leurs voisins ? Il nous semble que c'est là le droit strict. La propriété est le droit de jouir et disposer des choses de la manière la plus absolue, pourvu qu'on n'en fasse pas un usage prohibé par les lois ou par les règlements. C'est la définition de l'article 544. Donc quand il n'y a pas de règlements ni d'usages tenant lieu de loi, qui restreignent le droit du propriétaire, celui-ci peut faire de sa chose ce qu'il veut. On dit qu'il faudra appliquer l'article 662 par analogie, et faire régler par experts les moyens nécessaires pour que le nouvel ouvrage que l'un des voisins veut construire ne soit pas nuisible à l'autre (2). La disposition de l'article 662 sera

---

(1) Berlier, Exposé des motifs, n° 13 (Locré, t. IV, p. 181).
(2) Mourlon, t. Iᵉʳ, p. 792. Comparez Demolombe, t. XI, p. 591, n° 521, et les auteurs qu'il cite.

en effet applicable si le mur est mitoyen, mais on ne peut l'étendre à un mur non mitoyen. C'est l'article 674 qui règle cette hypothèse; or, il ne prescrit rien, à défaut de règlements et d'usages. Donc on rentre dans le droit commun. Et le droit commun, c'est le pouvoir absolu du propriétaire.

Sans doute la propriété reçoit encore une autre restriction qui n'est pas prévue par l'article 544, mais qui résulte de la coexistence des propriétaires dans la société civile. Je ne puis pas faire de ma chose un usage qui lèse le droit de mon voisin. Si, en construisant sur mon fonds, je lèse le droit de mon voisin, je suis responsable(1). Mais quand peut-on dire qu'en construisant je lèse le droit d'un autre propriétaire? Lorsque l'ouvrage est de telle nature qu'il compromet les droits que tout homme ou tout propriétaire a dans la société civile. Or, l'article 674 prévoit précisément des ouvrages qui par leur nature sont dangereux pour le voisin. Donc ceux qui construisent devront prendre les précautions nécessaires pour ne pas nuire au droit de leurs voisins. Seulement on ne peut pas dire *a priori* qu'ils doivent faire régler ces mesures par experts. La prudence le leur commande, afin de se mettre à l'abri d'une action judiciaire; mais la loi ne leur en fait pas une obligation. S'il y a plainte, il va sans dire que les tribunaux auront le droit de prescrire une expertise et d'ordonner les travaux que les experts jugeront nécessaires.

28. Le code ne maintient pas d'une manière absolue les règlements et usages anciens sur les constructions; il ne prévoit qu'un cas spécial, celui où le propriétaire veut construire *près d'un mur mitoyen ou non.* Que faut-il dire des règlements sur des constructions qui ne sont pas faites près d'un mur et qui sont néanmoins de nature à causer un dommage au voisin? Il est certain que ces règlements et usages sont abrogés par la loi du 30 ventôse an XII, puisque le code traite de la matière des constructions dans l'article 674; or, la loi de ventôse abroge tous les anciens règlements et coutumes relatifs à des *matières* traitées par

(1) Voyez le tome VI de mes *Principes,* p. 194, nᵒˢ 143.

le code civil. En l'absence de règlements et d'usages, on rentre de nouveau dans le droit commun. Le propriétaire peut construire, mais il répond du dommage qu'il cause, s'il lèse le droit de ses voisins. La prudence exige qu'il recoure à l'expertise ; mais ce n'est pas une obligation. S'il ne prend aucune mesure de précaution, le voisin menacé peut-il agir en justice ? L'affirmative nous paraît certaine. Il a action, dès que son droit est menacé ; il ne doit pas attendre qu'il y ait un dommage causé, car son action se fonde sur la lésion d'un droit. Le tribunal pourra, en ce cas, consulter les anciens usages ou règlements, comme il consulte les experts, et il pourra ordonner les ouvrages qu'ils prescrivent ; ce n'est pas appliquer des dispositions abrogées, c'est décider en fait (1).

29. Il se présente encore une difficulté analogue dans l'application de l'article 674. On demande si cette disposition est limitative, en ce sens qu'elle ne s'applique pas à des constructions non prévues par la loi, bien qu'elles se fassent contre un mur mitoyen ou non. Faut-il appliquer, en ce cas, les anciens règlements et usages ? Cette hypothèse diffère de celles que nous venons d'examiner. Dès qu'il s'agit d'une construction qui touche à un mur, on est sous l'empire de l'article 674 ; en effet, ce sont ces constructions qu'il a voulu régler ; et ne pouvant le faire d'une manière uniforme, il a renvoyé aux règlements et usages. Peu importe que la construction ne soit pas textuellement prévue par la loi ; en effet, elle pose un principe, pour mieux dire, elle applique le principe général qui régit l'exercice de la propriété aux ouvrages construits contre un mur, quand ces ouvrages sont de nature à léser les droits du voisin. Le code n'a pas pu énumérer toutes ces constructions, celles qu'il cite sont plutôt un exemple qu'une limitation ; c'est donc au juge à appliquer le principe aux constructions analogues. Ainsi l'article 674 parle du *puits* que l'on veut creuser près d'un mur ; il ne dit rien des canaux destinés à la conduite des eaux ; il est cependant certain que les canaux causent la même humi-

(1) Aubry et Rau, t. II, p. 219 et note 4, et les autorités qui y sont citées.

dité que les puits, et qu'ils peuvent occasionner des infiltrations dangereuses pour la propriété du voisin; dès lors
on est dans le texte et dans l'esprit de la loi; s'il y a des
règlements ou des usages, les tribunaux devront les appliquer (1).

Ce n'est pas à dire que toute espèce de construction faite
près d'un mur tombe sous l'application de l'article 674.
C'est aux tribunaux à apprécier, puisqu'il s'agit de l'application analogique de la loi. Ils peuvent donc décider que
l'ouvrage pour lequel on n'a pas observé les règlements et
usages anciens n'est pas de ceux que l'article 674 a en
vue. Ainsi il a été jugé que les tuyaux d'écoulement des
matières fécales ne rentrent pas dans la classe des ouvrages
prévus par cette disposition, bien que les commentateurs
de la coutume de Paris aient mis les tuyaux de descente sur
la même ligne que les fosses d'aisances. Il a semblé à la
cour de cassation que les tuyaux de conduite étaient bien
moins dangereux pour le voisin que les fosses elles-mêmes;
or, dès que par sa nature l'ouvrage ne lèse pas le droit du
voisin, l'article 674 n'est plus applicable (2).

30. L'article 674 s'applique au cas où le mur est mitoyen. On demande si cette disposition déroge à celle de
l'article 662 (3). La question est mal posée, car les deux
articles prévoient des cas différents. Dans l'article 674, il
s'agit de travaux qui par leur nature lèsent les *droits* du
voisin, et qui pour ce motif doivent être faits d'après les
règlements et usages. Le tribunal ne pourrait pas décider
que les constructions mentionnées dans l'article 674 n'étant
pas dangereuses ni compromettantes pour le voisin, il n'y
a pas lieu d'observer les précautions que prescrivent les
usages et les règlements : le juge est lié par la loi. Tandis
que l'article 662 ne parle pas de règlements ni d'usages.
Il veut seulement que le voisin qui pratique un enfonce-
ment dans le mur mitoyen, ou qui y applique un ouvrage,

---

(1) Pardessus, t. Ier, p. 446, no 199; Demolombe, t. XI, p. 589, no 520.
Aubry et Rau, t. II, p. 218 et note 3.
(2) Arrêt de rejet du 7 novembre 1849 (Dalloz, 1849, 1, 295).
(3) Demolombe, t. XI, p. 587, no 518. Comparez le rapport du conseiller
Mesnard, sur l'arrêt de la cour de cassation du 7 novembre 1849 (Dalloz,
1849, 1, 297),

obtienne le consentement du copropriétaire, ou, à son refus, fasse régler par des experts les mesures à prendre. Alors même que le voisin n'aurait pas eu recours à une expertise, si, sur la plainte du copropriétaire, les tribunaux décident, après expertise ou sans expertise, que les ouvrages ne causent aucun préjudice à celui qui se plaint, l'action tombe faute d'intérêt. Il en est autrement dans le cas de l'article 674. Le tribunal doit ordonner l'application des règlements et usages parce qu'ils tiennent lieu de loi; il ne peut pas dispenser de leur observation, en décidant que les constructions ne sont pas préjudiciables, puisque le code les répute tels.

31. Si le propriétaire a construit sans observer les règlements et les usages, le voisin peut demander la destruction des travaux, avec dommages et intérêts, s'il y a lieu, ou du moins que les mesures prescrites soient exécutées, si cela peut se faire sans démolition des ouvrages. Il a été jugé, dans une espèce particulière, qu'à raison de l'épaisseur du mur contre lequel un four avait été établi, il était inutile d'ordonner la construction d'un contre-mur (1). Cette décision paraît, au premier abord, en opposition avec les principes que nous venons de poser; elle peut cependant se justifier. Si la mesure commandée par les règlements et usages consiste dans un contre-mur, il est satisfait d'avance à ses prescriptions, dans le cas où le mur a l'épaisseur qu'aurait un mur ordinaire en y ajoutant un contre-mur. Mais le tribunal ne pourrait pas décider, en principe, que telle construction prévue par la loi n'étant pas dommageable pour le voisin, celui-ci ne peut pas exiger l'observation des dispositions réglementaires.

Si les règlements et usages ont été observés, et si néanmoins il résulte un préjudice pour le voisin des constructions faites légalement, le voisin lésé aura-t-il une action? L'affirmative n'est pas douteuse. En effet, les mesures prescrites par les règlements et usages n'ont d'autre objet que de sauvegarder les droits du voisin. On suppose que

---

(1) Riom, 14 novembre 1842 (Dalloz, au mot *Servitude,* n° 685); Demolombe, t. XI, p. 593, n° 523,

moyennant ces précautions, le voisin ne sera pas lésé ; si néanmoins il éprouve un dommage, il conserve le droit qu'il tient de la loi, il peut demander la réparation du dommage qui lui a été causé, et au besoin la démolition des constructions. Les tribunaux décideront d'après la nécessité des circonstances (1).

N° 3. DES FOSSÉS.

32. Ces principes s'appliquent-ils aux fossés que les propriétaires creusent sur la limite de leurs héritages ? Dans l'ancien droit, celui qui creusait un fossé sur la ligne séparative devait laisser au delà un certain espace que l'on appelait la *répare*. Comme le mot l'indique, la *répare* servait aux travaux de réparation ; le propriétaire du fossé devait les exécuter sur un terrain à lui appartenant. De plus, la répare empêchait les terres du voisin de se détacher du sol et de tomber dans le fossé. Cette obligation tendait donc à garantir la propriété des deux riverains. On en déduisait la conséquence que le propriétaire du fossé était présumé propriétaire de la répare. Cette servitude légale, avec la présomption qui en découle, existe-t-elle encore dans le droit moderne ? L'on est étonné de voir la question posée, plus étonné encore de la voir décidée affirmativement par la jurisprudence, et on regrette que la doctrine plie sous l'autorité des arrêts, alors que les arrêts sont en opposition ouverte avec la loi et avec les principes. M. Demolombe donne des raisons péremptoires contre l'opinion consacrée par la jurisprudence. Défendre au propriétaire de creuser un fossé à la limite de son héritage, c'est restreindre son droit de propriété, c'est lui imposer une servitude, cette servitude ne pourrait être qu'une servitude légale; or, y a-t-il une servitude légale sans loi? Quant à la présomption de propriété concernant la répare, elle suppose d'abord une servitude qui n'existe pas, elle suppose un texte de loi qui n'existe pas davantage,

---

(1) Arrêt de rejet du 29 janvier 1829 (Dalloz, au mot *Responsabilité*, n° 118, 1°); Aubry et Rau, t. II, p. 220 et note 9, et les auteurs qui y sont cités.

car il s'agit d'une présomption légale, et y a-t-il une présomption légale sans loi ?

Il n'y a rien à répondre à ces arguments. Mais la jurisprudence, dit M. Demolombe, paraît définitivement fixée dans le sens contraire. Donc il faut que les principes les plus certains plient devant l'autorité des arrêts. Il y a une autorité plus grande, celle de la loi et des principes fondés sur la loi. C'est cette autorité-là que nous invoquons. Aubry et Rau ont cherché à écarter les arrêts en disant qu'ils décident en fait plutôt qu'en droit. Nous ne voyons pas à quoi sert cette interprétation forcée qui conduit à faire dire aux arrêts le contraire de ce qu'ils disent en réalité. Pourquoi ne pas avouer que la jurisprudence est contraire à la loi, et que la jurisprudence a tort (1)?

33. La cour de Dijon constate qu'il était d'usage général en France, et notamment dans l'ancienne Bourgogne, de laisser un pied au delà du fossé. Elle convient que cette obligation n'est pas inscrite dans le code civil. Mais, dit-elle, on doit tenir pour constant que les usages locaux ou anciens, surtout ceux qui intéressent l'agriculture, n'ont pas été abolis, à moins qu'ils ne soient incompatibles avec les dispositions du code. La cour a oublié la loi du 30 ventôse an XII, qui dit tout le contraire. Puisqu'une cour oublie la disposition fondamentale de l'article 7 de cette loi, nous allons la transcrire : « A compter du jour où le code civil sera exécutoire, les lois romaines, les ordonnances, les *coutumes* générales ou *locales*, les statuts, les *règlements* cesseront d'avoir force de loi générale ou particulière dans les *matières* qui sont l'objet desdites lois composant le présent code. » Donc les anciens usages sont abolis par cela seul que le code traite de la matière sur laquelle ces usages s'étaient établis. Or, le code ne parle-t-il pas des fossés? Et, chose très-significative, le code dit que les haies ne peuvent être plantées qu'à une certaine distance (art. 671), tandis qu'en parlant des fossés, il garde le silence sur la distance à laquelle ils peuvent ou doivent

(1) Demolombe, t. XI, p. 524, n° 464. En sens contraire, Aubry et Rau, t. II, p. 219, note 6.

être creusés (art. 666-669). Inutile d'insister ; il suffit de
lire l'article 7 de la loi du 30 ventôse an XII, les articles 666-669 et l'article 674 pour se convaincre que les
anciens usages sont abrogés.

Il y a un arrêt de la cour de cassation qui paraît conçu
dans le même sens que celui de la cour de Dijon. Nous
disons que tel *paraît* être le sens de la décision rendue
par la cour suprême ; c'est un arrêt de rejet, et l'on sait que
la cour prend souvent toutes sortes de détours pour échapper à la nécessité de casser, sans se mettre en opposition
ouverte avec la loi. L'arrêt constate d'abord que, suivant
l'ancienne coutume de Valois et suivant l'usage constam-
ment observé sur les lieux, les fossés de clôture ou de délimitation d'une propriété doivent être longés d'une berge
ou franc-bord de la largeur de 48 centimètres. Puis l'arrêt décide que cet usage local, dont l'objet est de prévenir
l'éboulement de la terre contiguë au fossé, naît des rapports
naturels du voisinage, et qu'il n'a rien de contraire aux
dispositions du code civil et se concilie avec la définition
que l'article 544 donne de la propriété (1). *N'a rien de contraire !* Or, l'article 544, après avoir dit que la propriété
est le droit de jouir et disposer des choses de la manière
la plus absolue, ajoute : pourvu qu'on n'en fasse pas un
usage prohibé par les lois ou par les règlements. Dans
l'espèce, il n'y a ni loi ni règlement ; il y a d'anciens usages
qui sont abrogés : donc il n'y a aucune limitation à la propriété, et par conséquent le propriétaire a le droit de
creuser un fossé à la limite exacte de son fonds.

Cela est inadmissible, dit-on. Celui qui creuserait un
fossé à fin d'héritage exposerait le fonds de son voisin à
des éboulements, il lèserait donc son droit, et il serait par
conséquent tenu de réparer le dommage qu'il lui causerait.
Nous sommes d'accord ; c'est l'application des principes
qui régissent la propriété. En faut-il conclure que de plein
droit, en vertu des anciens usages, le propriétaire doit
laisser la distance fixée par les usages entre son fonds et

_____

(1) Arrêt de rejet du 11 avril 1848 (Dalloz, 1848, 1, 82). Comparez arrêts
de rejet du 3 juillet 1849 (Dalloz, 1849, 1, 316) et du 3 janvier 1854 (Dalloz,
1854, 1, 61) ; et Caen, 5 novembre 1859 (Dalloz, 1860, 2, 39).

celui de son voisin? Le juge peut le condamner à des dommages-intérêts; il peut même, pour prévenir le dommage
à l'avenir, l'obliger à reculer son fossé; mais autre chose
est de décider en fait, autre chose est de faire revivre les
anciens usages abolis par la loi de ventôse. C'est M. Demolombe lui-même qui fait cette remarque.

34. Les anciens usages étant abolis, et le propriétaire
pouvant, à la rigueur, creuser un fossé à la limite précise
de son fonds, il ne peut être question d'une présomption
légale de propriété concernant la répare. Sans doute le
juge peut décider en fait qu'il y a répare et qu'elle appartient au maître du fossé; il est même probable que le
propriétaire a laissé un espace de terrain au delà de son
fossé pour se mettre à l'abri de l'action en dommages et
intérêts de son voisin; c'est une de ces présomptions de
l'homme que le juge peut invoquer, lorsque la preuve testimoniale est admise (art. 1353). On ne peut pas aller plus
loin sans créer une présomption légale sans loi, ce qui est
une hérésie juridique (1).

§ V. *Des vues et des jours sur la propriété du voisin.*

Nᵒ 1. EST-CE UNE SERVITUDE ET A CHARGE DE QUEL FONDS?

35. La section III commence par dire (art. 675) que
l'un des voisins ne peut, sans le consentement de l'autre,
pratiquer dans le mur mitoyen aucune fenêtre ou ouverture,
en quelque manière que ce soit, même à verre dormant.
Puis les articles 676-679 déterminent quelles ouvertures
peut pratiquer celui qui est propriétaire du mur.

Si le mur joint immédiatement l'héritage d'autrui, le
propriétaire peut pratiquer dans ce mur des jours à fer
maillé et à verre dormant. Le code règle la construction
de ces ouvertures, la distance à partir du plancher à laquelle on peut les pratiquer. Elles ont pour but unique,

_____

(1) L'arrêt de la cour de cassation du 11 avril 1848 maintient implicitement cette présomption (Dalloz, 1848, 1, 82).

comme le dit l'article 677, d'éclairer la chambre où elles
sont établies; elles ne doivent pas procurer de vue sur
l'héritage du voisin, et encore moins permettre au propriétaire de jeter quoi que ce soit sur cet héritage. Voilà pourquoi les jours doivent être à fer maillé et à verre dormant,
c'est-à-dire construits de façon qu'ils ne puissent s'ouvrir
et qu'ils ne donnent pas le moyen de voir sur le fonds
contigu. C'est pour la même raison qu'ils ne peuvent être
établis qu'à six ou huit pieds au-dessus du plancher.

Si le mur ne joint pas immédiatement l'héritage d'autrui,
le propriétaire y peut pratiquer des fenêtres proprement
dites, pourvu qu'il y ait une distance de six pieds entre le
mur et l'héritage du voisin, s'il s'agit d'une vue droite ou
fenêtre d'aspect, et de deux pieds s'il s'agit d'une vue
oblique. On entend par vues droites celles qui sont pratiquées dans un mur parallèle à la ligne séparative des deux
héritages, et par vues obliques celles qui se trouvent dans
un mur perpendiculaire à cette ligne et formant avec elle
un angle droit. Cela explique la différence de distance que
la loi exige pour les vues droites et les vues obliques; les
premières sont bien plus gênantes pour le voisin; la loi les
appelle des fenêtres d'aspect, pour marquer qu'elles servent
essentiellement à regarder sur l'héritage contigu; or, le
voisin a plus à redouter les regards indiscrets de celui qui
voit droit sur sa propriété que de celui qui ne peut y jeter
que des regards obliques. S'il n'y a pas une distance de
six ou de deux pieds entre le mur et le fonds voisin, le
propriétaire n'y peut pas pratiquer de vues, il n'y peut
ouvrir que des jours.

On donne d'ordinaire le nom de *jours* aux ouvertures
construites dans les conditions déterminées par les articles 676 et 677; et on appelle *vues* les fenêtres ouvrantes.
La terminologie du code civil n'est pas aussi précise. Dans
l'intitulé de la section III, le législateur parle des *vues*
sur la propriété du voisin; il y comprend donc les *jours*,
dont il traite dans la même section. Puis l'article 676 qualifie les *jours* de *fenêtres*, tandis que la construction prescrite par la loi pour les jours prouve que ce ne sont pas
des fenêtres, puisque les jours ne s'ouvrent pas et ne per-

mettent pas de voir sur l'héritage contigu. Malgré l'inexactitude des expressions dont le législateur se sert, il n'y a aucun doute sur le fond de sa pensée. Il la fait connaître clairement en disant que les *jours* ont pour objet d'*éclairer* les chambres (art. 677), et que les *vues* sont des *fenêtres d'aspect*, fenêtres par lesquelles on reçoit l'air, et qui servent à voir, plus ou moins commodément, selon qu'elles sont droites ou obliques (art. 678 et 679).

36. Les jours et les vues que le propriétaire peut pratiquer dans le mur qui lui appartient, sous les conditions déterminées par la loi, sont-ils des servitudes et à charge de quel fonds? Cette question est très-controversée; elle divise les auteurs ainsi que les tribunaux. C'est presque un conflit entre le droit romain et le droit français; ceux qui sont attachés au droit romain cherchent à introduire les idées romaines dans le code civil, tandis que les autres, secouant le joug de la tradition, interprètent le code d'après les idées plus justes de nos coutumes sur la propriété et les droits qu'elle confère. Il s'agit de savoir si la propriété est un droit absolu, en vertu duquel le propriétaire peut faire sur son fonds ce qu'il veut, pratiquer telles ouvertures qu'il lui plaît dans son mur, sans s'inquiéter si ces vues gênent ou non son voisin. Presque tous les interprètes du droit romain répondent affirmativement; Cujas et Duarein sont les seuls qui n'aient pas admis ce pouvoir illimité du propriétaire; ils se sont inspirés, sans s'en douter, de l'équité coutumière plutôt que de la rigueur romaine. C'est l'idée de pouvoir, et de pouvoir absolu, qui domine dans le droit romain; elle conduit logiquement à reconnaître au propriétaire le droit de pratiquer des vues dans son mur, bien qu'il touche immédiatement l'héritage d'autrui. Le voisin, de son côté, a le même pouvoir; il ne peut pas empêcher son voisin de faire des ouvertures dans son mur tant qu'il lui plaira; mais il peut bâtir sur son fonds, contre les fenêtres, et les obstruer par conséquent. Tel est le droit de propriété. On voit de suite les conséquences qui en résultent quant à l'interprétation des articles 676-679. Ces dispositions apportent des restrictions au droit du propriétaire; c'est donc une servitude que la loi impose à son fonds ; elle la lui impose dans l'intérêt de l'héritage voisin. Le propriétaire du fonds grevé de la servitude de ne pouvoir pratiquer des ouvertures que sous les conditions déterminées par la loi, peut s'affranchir de ces restrictions par une possession contraire. Si, dans un mur joignant immédiatement l'héritage d'autrui, il pratique des *vues* au lieu de *jours,* s'il les possède pendant trente ans, il aura recouvré la liberté de son héritage, la servitude légale de l'article 676 sera éteinte. Mais il n'aura acquis aucun droit sur l'héritage du voisin ; celui-ci conserve, de son côté, la liberté de son héritage, il peut construire même contre les fenêtres de son voisin, sans être tenu de respecter un prétendu droit de vue qui n'existe pas (1).

37. Les auteurs du code Napoléon ont-ils consacré cette doctrine ? Ici commence le doute. Il est certain que les servitudes légales sont empruntées, non aux lois romaines, mais au droit coutumier ; notamment les dispositions des articles 676 et suivants sont extraites presque textuellement de la coutume de Paris. C'est donc la tradition française qu'il faut consulter et non la tradition romaine. Mais la difficulté est grande de préciser le sens et la portée des principes du droit coutumier. Il ne brille pas par la rigueur, c'est l'équité germanique qui y règne. Ouvrons le commentaire de Ferrière sur la coutume de Paris ; il nous mettra sur la voie d'un principe nouveau qui a pris la place du pouvoir absolu des Romains.

Ferrière pose nettement la question : « Celui à qui un mur appartient entièrement, joignant sans moyen l'héritage d'autrui, peut-il y avoir et faire des *vues?* » Il répond que quelques interprètes étaient d'avis que cela devait être permis ; ils invoquaient la maxime romaine d'après laquelle chacun peut faire sur son fonds ce qu'il veut, pourvu qu'il n'entreprenne pas sur la propriété d'autrui : *dummodo nihil immittatur in alienum.* C'est à la lettre ce

---

(1) Pour ne pas multiplier les citations, nous nous bornons à renvoyer à Voet (lib. VIII, tit. II, c. 9) ; quant au principe, et pour l'application à la servitude de vue, à Cœpolla (*De servit.*, tract. I, c. 72). Dans une note de la *Pasicrisie* (1854, 2, 258), on cite un grand nombre d'interprètes qui soutiennent la doctrine romaine.

que disent aujourd'hui les partisans de la théorie romaine. Est-ce là la doctrine consacrée par la coutume de Paris? Il y avait une autre opinion défendue par Cujas et Duarein. « Nul, selon eux, ne peut avoir des vues dans un mur à lui seul appartenant, joignant sans moyen l'héritage d'autrui; il ne doit pas être permis d'y avoir des vues, parce que c'est une occasion prochaine de querelles et de différends, qu'il est de l'intérêt public d'empêcher (1). » Voilà les deux opinions extrêmes en présence : l'une permettant au propriétaire d'ouvrir toute espèce de vues sur l'héritage voisin, l'autre lui défendant d'en pratiquer aucune. Que fait la coutume de Paris? « Notre coutume, répond Ferrière, a pris un tempérament qui est *avantageux à l'un et n'est point incommode à l'autre* : car il doit être permis de faire *in suo* ce qu'on veut; ainsi elle permet à celui à qui un mur appartient entièrement d'y faire des vues; mais elle empêche que par les vues on ne voie sur l'héritage du voisin, elle les permet seulement pour en tirer la lumière d'en haut, et bornant les vues comme elle le fait, le voisin n'a aucun droit de se plaindre (2). »

Ainsi la coutume de Paris rejette l'absolutisme romain tout ensemble et la doctrine qui ne permet rien au propriétaire; elle adopte un *tempérament* qui concilie les divers intérêts nés du conflit des droits. Ce tempérament n'est rien moins qu'une nouvelle théorie de la propriété. Pourquoi la coutume ne voulait-elle pas du pouvoir absolu que les jurisconsultes romains reconnaissent au propriétaire? Parce qu'elle est incommode au voisin sur l'héritage duquel elle permet de voir. Ferrière rapporte, à ce sujet, une parole de Xénocrate qui disait « qu'avoir fenêtre et vue ouverte et droite sur le voisin, c'est autant que s'il y avait les pieds » (p. 1670, n° 23). La coutume ne voulait pas davantage de la théorie contraire, qui était tout aussi excessive; ne pas permettre à un propriétaire d'ouvrir des jours dans son bâtiment, c'est le rendre inhabitable. Il faut donc

(1) Cujas, *Observat.*, lib. 1, c. 31; Duaren. *Anniversar. disputat.*, lib. II, c. 13.

(2) Ferrière, *Corps et compilation de tous les commentateurs sur la Coutume de Paris*, t. II, p. 1661, n°s 1 et 2.

transiger, en accordant à l'un ce qui ne nuit pas à l'autre. N'est-ce pas dire que les droits du propriétaire n'ont rien d'absolu? L'un des voisins ne peut pas faire dans son mur telles ouvertures qu'il veut, et l'autre ne peut pas l'empêcher d'y pratiquer aucune espèce de vue. Donc le droit de l'un limite et modifie le droit de l'autre. Et il en doit être ainsi, sinon la coexistence des hommes dans la société civile serait impossible. En définitive, la propriété est un droit qui subit des restrictions nécessaires dans l'intérêt de la vie commune. Cette doctrine nouvelle n'a plus la rigueur romaine, mais elle l'emporte par son esprit d'équité et d'humanité.

En répudiant le pouvoir absolu du propriétaire, la coutume de Paris a-t-elle aussi rejeté les conséquences que les interprètes du droit romain en déduisaient? Ici s'élèvent de nouveaux doutes, sur lesquels nous reviendrons. Il nous faut voir avant tout si les auteurs du code civil ont maintenu le principe coutumier, ou s'ils sont revenus à la théorie romaine. Nous disons *revenus*, car la doctrine du pouvoir absolu du propriétaire était décidément abandonnée par la coutume de Paris.

38. La cour de Gand a sanctionné la théorie romaine; elle invoque à l'appui de son opinion l'Exposé des motifs du titre des *Servitudes*. Berlier y déclare que le code civil ne fait que reproduire « tout ce qu'un usage constant et conforme aux règles de la justice a consacré depuis des siècles. » Cela est très-vrai, mais cela veut-il dire que le législateur français a adopté les principes romains? Il y a une raison décisive pour le nier. Ce que le code appelle servitudes légales est étranger au droit romain; les dispositions des articles 676-679 sont extraites textuellement de la coutume de Paris; c'est donc la tradition coutumière qu'il faut interroger, c'est celle-là qui doit servir à interpréter le code civil. Or, nous venons de constater que la coutume avait répudié la doctrine d'un pouvoir absolu appartenant au propriétaire, et qu'elle avait mis à la place la théorie du droit de propriété tempéré par l'équité et les nécessités sociales. Cela est déjà décisif; conçoit-on que le législateur français ait reproduit textuellement les dispositions de la coutume de Paris et qu'il ait néanmoins sanctionné la doctrine contraire du droit romain? Cela serait tellement contradictoire qu'il faudrait une manifestation de volonté bien expresse pour qu'on pût admettre une aussi choquante anomalie.

On invoque encore un autre passage de l'Exposé des motifs. Après avoir dit que l'un des copropriétaires d'un mur mitoyen ne peut prendre des jours ou des vues sur son voisin autrement que par convention expresse, Berlier ajoute : « Mais il s'agit ici plus spécialement de déterminer jusqu'à quel point l'exercice de la propriété peut être gêné même en *mur propre*, et c'est sous ce rapport que l'incapacité d'ouvrir des vues ou des jours sur son voisin peut et doit être considéré comme une servitude établie par la loi. Ainsi l'on ne peut, même dans son propre mur, s'il est immédiatement contigu à l'héritage d'autrui, pratiquer des ouvertures ou prendre des jours sur le propriétaire voisin, que sous les conditions que la loi impose. Cette *modification du droit de propriété* n'a pas besoin d'être justifiée; l'ordre public ne permet pas qu'en usant de sa propriété on puisse alarmer les autres sur la leur (1). » Cela suppose que par lui-même le droit de propriété aurait donné au propriétaire du mur le pouvoir illimité d'y pratiquer des vues; n'est-ce pas là la théorie romaine? Nous répondons que le but de l'orateur du gouvernement n'était pas d'établir une théorie de la propriété, il voulait seulement justifier la qualification de *servitude* que le code donne aux dispositions des articles 676-679. Et que dit-il? Ce que Ferrière avait déjà dit. Il est certain que le code restreint la propriété de celui à qui appartient le mur, en ce sens qu'il ne peut pas faire *in suo* ce qu'il veut. Mais la loi n'impose-t-elle pas aussi une restriction à la propriété de l'autre voisin? Cela est tout aussi certain. Le texte même du code le prouve. D'abord l'intitulé dit : *Des vues sur la propriété de son voisin*. N'est-ce pas dire que la propriété du voisin est grevée d'un droit de vue, donc d'une servitude? En effet, le maître du sol

---

(1) Berlier, Exposé des motifs, n° 2 (Locré, t. IV, p. 179) et n° 14, p. 181. Arrêt de Gand du 11 mai 1854 (*Pasicrisie*, 1854, 2, 263).

avait le droit d'exclûre l'œil du voisin, comme il a le droit d'exclure son pied, pour nous servir de l'expression énergique de Ferrière. Eh bien, il devra souffrir l'œil curieux du voisin, c'est par sa propriété que le voisin recevra le jour et l'air. Aussi la grande préoccupation du législateur est-elle, non de sauvegarder le prétendu droit absolu du propriétaire du mur, mais de garantir le voisin contre la curiosité indiscrète du premier. Pour mieux dire, tout en lui imposant une charge, la loi la circonscrit, l'atténue, de même qu'elle limite le droit absolu, si droit absolu il y a, de celui à qui appartient le mur. Qu'est-ce, en définitive, qu'une servitude légale pour les auteurs du code? Berlier le dit plus loin : « L'usage de sa chose, limité dans l'intérêt de celle d'autrui (1). » Bref, c'est le *tempérament* de Ferrière, ce qui exclut la doctrine romaine.

39. Maintenant il nous sera facile de répondre à la question que nous avons posée : Quelle est la vraie théorie du code? Merlin (2) dit, et après lui la cour de cassation de Belgique (3), que, de droit naturel, chacun a le droit de faire sur son fonds tout ce qu'il lui plaît, alors même qu'il nuirait à son voisin, pourvu qu'il n'empiète pas sur son héritage, qu'il n'y jette rien et n'y envoie rien. C'est la théorie des interprètes du droit romain ; ce n'est pas celle du code civil. Après avoir dit que la propriété est le droit de jouir et disposer des choses de la manière la plus absolue, l'article 544 ajoute : « pourvu qu'on n'en fasse pas un usage prohibé par les lois ou par les règlements. » Parmi les restrictions auxquelles la propriété est soumise se trouvent les servitudes dites légales. Sont-ce de vraies servitudes, c'est-à-dire des exceptions à la prétendue liberté naturelle, invoquée par Merlin et notre cour de cassation? L'exception est, à vrai dire, la règle, car tous les fonds sont grevés de ces servitudes; et elles résultent de la nature même de la propriété telle que le code la définit. Ce n'est donc pas la liberté absolue qui constitue l'état normal, naturel de la propriété, c'est la liberté restreinte par

(1) Exposé des motifs de Berlier, n° 15 (Locré, t. IV, p. 181).
(2) Merlin, *Questions de droit*, au mot *Servitude*, § III (t. XIV, p. 244).
(3) Arrêt de cassation du 19 mai 1853 (*Pasicrisie*, 1853, 1, 326).

des nécessités sociales. Ces restrictions sont de l'essence de la propriété civile, et nous n'en connaissons pas d'autre. La propriété naturelle, absolument libre, telle que l'imaginent les interprètes du droit romain, conduirait à cette conséquence absurde que toutes les propriétés seraient serves, en droit français, puisque toutes sont assujetties aux servitudes établies par la loi. Non, les propriétés sont libres comme les hommes le sont. Dans l'état de société, nous ne connaissons pas de liberté absolue, pas plus pour les choses que pour les personnes; la coexistence des hommes restreint nécessairement la liberté de chacun par la liberté égale des autres; de même, la coexistence des propriétés impose à chacun des restrictions que commande le droit égal des autres propriétaires. C'est ce que notre cour de cassation a reconnu dans la question des indemnités que réclament les propriétaires grevés d'une servitude légale : la cour a rejeté leurs prétentions en décidant que cet asservissement était en réalité la condition générale, donc naturelle de la propriété. La cour a encore consacré la même doctrine en matière de plantation (1). Berlier, dont on invoque l'autorité contre nous, est au fond de notre avis; à propos des plantations, il dit : « Le droit de *tout propriétaire* cesse là où commence un préjudice pour son voisin (2). » C'est le principe sur lequel reposent les servitudes légales; si tous les héritages y sont soumis, il ne peut plus s'agir de servitude, il faut dire, au contraire, que les servitudes légales sont l'état naturel de la propriété (3).

C'est précisément en matière de jours et de vues que l'on voit la nécessité des restrictions que reçoit la propriété dans la société civile. Le propriétaire d'un mur peut-il avoir le droit absolu d'y pratiquer des ouvertures, à la seule condition de ne rien envoyer ni jeter dans l'héritage de son voisin? On le dit : c'est l'application d'une règle de

---

(1) Voyez le tome VII de mes *Principes,* p. 540, n° 474, et plus haut, n° 13, p. 22.
(2) Exposé des motifs, n° 12 (Locré, t. IV, p. 181).
(3) Duranton, t. V, p. 428 et suiv., n° 391; Marcadé, t. II, p. 596, art. 679, n° III, et p. 585, art. 672, n° II.

droit naturel, dit la cour de Gand (1). Fort bien. Mais le voisin peut aussi invoquer le pouvoir absolu du propriétaire que l'on proclame comme un droit naturel. Or, la propriété est un droit exclusif, chaque propriétaire peut exclure de son fonds tous ceux qui y veulent pénétrer ; donc en vertu de ce droit d'exclusion, le voisin de celui qui veut pratiquer des vues dans son mur dira qu'il s'oppose à ce que l'œil de son voisin pénètre dans son fonds, comme il a le droit de s'opposer à ce que son pied y pénètre. Voilà nos deux droits absolus en conflit ; l'un tient si bien l'autre en échec que tous les deux sont neutralisés. La coexistence des hommes devient une lutte permanente : vous ouvrez une vue dans votre mur, en vertu de votre droit absolu : moi je la bouche en vertu de mon droit d'exclusion, qui est tout aussi absolu que le vôtre. A quoi aboutira cette guerre civile de tous contre tous? A rendre la vie commune impossible, de même qu'elle serait impossible si chacun réclamait la liberté absolue qui existait, dit-on, avant la formation des sociétés humaines. Cet état de nature et de liberté absolue, antérieur à la société, est une fiction, tout le monde en convient. Convenons aussi que la liberté absolue du propriétaire est une fiction qui, si on voulait la réaliser, détruirait le droit de l'un par le droit de l'autre. Non, le droit de l'un doit être limité par le droit de l'autre. Le propriétaire du mur a le droit d'y pratiquer des ouvertures, parce que sans cette faculté les maisons deviendraient inhabitables dans les grandes villes, beaucoup de maisons n'ayant ni cour ni jardin. Mais ces ouvertures doivent être construites de manière à ne pas trop incommoder le voisin. Ici intervient le sage tempérament déjà consacré par nos anciennes coutumes et que le code Napoléon reproduit. Alors même qu'il y a une cour ou un jardin, ces terrains ne sont jamais assez étendus, là où il y a une population agglomérée, pour que les vues s'exercent exclusivement sur la propriété de celui qui les pratique dans son mur. De là la nécessité d'un nouveau tempérament : une certaine distance prescrite par la loi devra être obser-

(1) Gand, 11 mai 1854 (*Pasicrisie*, 1854, 2, 261).

vée, pour concilier le droit que l'un des voisins a de voir avec le droit qu'a l'autre de ne pas être vu.

En agissant ainsi, le propriétaire du mur agit en vertu de son droit de propriété. Voilà pourquoi, dans l'ancien droit, on appelait les ouvertures ainsi pratiquées des vues de *coutume*. Ce n'étaient pas des vues de *servitude*, car l'assujettissement qu'elles impliquent est la condition naturelle de toute propriété (1). Il peut cependant y avoir des vues de *servitude*. Quand la vue de *coutume* se transformera-t-elle en vue de *servitude* ? Les jours et les vues pratiqués dans les conditions établies par la loi sont l'exercice du droit de propriété, tel qu'il est tempéré par les nécessités sociales. Mais rien n'empêche les voisins de se soumettre à un assujettissement plus gênant, en grevant leurs fonds d'une véritable servitude de vue. Et ce qui peut se faire par convention peut aussi se faire par prescription. Lors donc qu'une vue de coutume aura été pratiquée, en dehors des conditions légales, d'une manière plus onéreuse, ce ne sera plus tempérament, droit de propriété, ce sera servitude. Grande est la différence entre les jours de coutume et les jours de servitude, comme nous allons le dire.

N° 2. DES JOURS ET VUES DE DROIT.

I. *Principes généraux.*

40. Le propriétaire d'un mur, joignant immédiatement l'héritage d'autrui, y pratique des jours à fer maillé et verre dormant; il les établit à la distance du plancher prescrite par l'article 667. Ces ouvertures, nommées jours, lui donnent-elles un droit de servitude sur l'héritage du voisin? Non, en les construisant, il a usé du droit de propriété, tel qu'il est réglé par la loi; or, celui qui ne fait qu'user d'une faculté que lui donne le droit de propriété ne prétend par là exercer aucun pouvoir sur le fonds qui

_____
(1) Ferrière, *Commentaire sur la Coutume de Paris*, t. II, p. 1667, n° 5; Ducaurroy, Bonnier et Roustain, t. II, p. 215, n° 317,

touche au mur. Le voisin ne pourra pas demander que ces ouvertures soient bouchées, puisqu'elles sont faites en conformité de la loi, et tout acte légal doit être maintenu. Mais, de son côté, le voisin a aussi un droit de propriété dont il peut user; son fonds n'étant pas grevé de servitude, il est libre de bâtir sur son terrain, quand même en bâtissant il obstruerait les jours de son voisin. Pour qu'il fût empêché de bâtir, il faudrait que son héritage fût grevé de la servitude de ne pas bâtir; or, le fait d'ouvrir des jours dans un mur ne donne pas au propriétaire un droit de servitude sur le fonds contigu. Cela décide la question. Vainement le propriétaire du mur invoque-t-il la plus longue possession; quand même les jours subsisteraient depuis plus de trente ans, le propriétaire n'aurait pas acquis une servitude sur le fonds voisin; que la possession soit trentenaire ou annale, c'est toujours l'exercice du droit de propriété; en exerçant son droit de propriété, il n'acquiert jamais une servitude.

Sur ce point, il n'y a aucun doute (1). Il y a une autre conséquence que l'on déduit du principe et qui, à notre avis, est douteuse. Des jours conformes à la loi ont été pratiqués dans un mur par le propriétaire. Le voisin acquiert la mitoyenneté du mur. Peut-il exiger que le mur soit bouché, en se fondant sur l'article 675, aux termes duquel l'un des voisins ne peut pratiquer dans le mur mitoyen aucune ouverture, même à verre dormant? Nous avons examiné la question en traitant de la mitoyenneté (2). A notre avis, l'on doit maintenir le droit commun. Celui qui acquiert la mitoyenneté a le droit de bâtir, et en bâtissant d'obstruer les jours; il a encore le droit de s'opposer à ce que, dans le mur devenu mitoyen, on pratique de nouveaux jours. Mais n'est-ce pas dépasser la loi que de lui permettre de boucher des jours, alors qu'il ne veut pas bâtir? La jurisprudence s'est prononcée, en Belgique comme en France, en faveur de l'opinion contraire (3).

---

(1) Voyez les auteurs cités dans Aubry et Rau, t. II, p. 204, note 16.
(2) Voyez, plus haut, p. 53 et 54, nos 36 et 37.
(3) Liége, 4 mai 1844 (*Pasicrisie*, 1844, 2, 289); Bruxelles, 14 août 1847 (*Pasicrisie*, 1847, 2, 137).

Les mêmes principes s'appliquent aux vues. Si l'un des voisins pratique dans son mur des vues ou fenêtres d'aspect à une distance de six pieds de l'héritage contigu, acquerra-t-il une servitude quelconque sur ledit héritage ? Non certes. Car il n'a fait qu'user de son droit de propriété, et celui qui exerce son droit de propriété n'acquiert pas par là une servitude sur le fonds du voisin. Celui-ci reste donc libre d'user de ses droits de propriétaire comme il l'entend. Il peut par conséquent bâtir sur la limite séparative des deux héritages.

41. La loi ne permet au propriétaire d'un mur d'y pratiquer des jours et des vues que sous certaines conditions. Ces dispositions restrictives sont-elles applicables dans les campagnes? Dans l'ancien droit, elles n'étaient usitées que pour les bâtiments des villes, au moins d'après certaines coutumes ; d'après d'autres, on observait une distance légale dans les campagnes, lorsque le fonds voisin était clos par des murs. Berlier dit dans l'Exposé des motifs que quelques voix avaient réclamé des modifications pour les habitations rurales ; on préféra une règle commune aux campagnes et aux villes, et avec raison ; dès que les habitations sont rapprochées, les mêmes nécessités existent, peu importe où les maisons sont situées (1). Ceci confirme le principe tel que nous l'avons formulé : les restrictions que subit le droit de propriété, en ce qui concerne les jours et les vues, forment le droit commun.

En parlant des vues, l'article 678 dit formellement qu'il n'y a pas à distinguer si l'héritage sur lequel donnent les fenêtres d'aspect est clos ou non. Au premier abord, on pourrait croire que si l'héritage n'est pas clos, les restrictions n'ont plus de raison d'être. Lorsque deux fonds se touchent et qu'aucun d'eux n'est clos, le propriétaire de l'un a pleine vue sur l'autre. On demande pourquoi il perdrait ce droit s'il construit une maison sur la limite séparative de son héritage? C'est que la loi limite le droit de voir sur le fonds du voisin par des ouvertures pratiquées dans un mur, tandis qu'elle ne limite pas le droit

(1) Berlier, Exposé des motifs, n° 14 (Locré, t. IV, p. 181).

de voir entre terrains non bâtis. Et il y a une raison de cette différence. Les vues par une fenêtre sont bien plus gênantes pour le voisin que les vues par un terrain ouvert. Comme le dit Marcadé, une fenêtre est un œil sans cesse ouvert sur ma propriété, je puis être vu par mon voisin à tout instant, sans que je le voie; cette crainte trouble mon repos et ma liberté. Entre deux héritages, au contraire, qui sont ouverts l'un et l'autre, les conditions sont égales; si l'un des voisins voit l'autre, il en est aussi vu (1).

42. L'application du principe n'est pas sans difficulté. On demande si les restrictions légales concernant les distances sont applicables aux murs d'un jardin ou d'un parc qui joindrait immédiatement l'héritage d'autrui, ou qui ne se trouverait pas à la distance prescrite par l'article 678. Les uns répondent que les vues ou fenêtres dont le code parle sont *évidemment* celles qui éclairent les appartements (2). Les autres répondent que cette distinction est *évidemment* erronée (3). Cela prouve, comme nous l'avons dit bien des fois, qu'on devrait trembler de prononcer le mot d'*évidence* dans les questions de droit. Il nous semble que le texte est favorable à la première opinion. L'article 677, qui parle des jours, dit qu'ils ne peuvent être établis qu'à huit pieds au-dessus du plancher ou sol *de la chambre que l'on veut éclairer*. Est-ce une simple énonciation ou est-ce une condition ? Sur cela, on pourra encore disputer sans fin. Toujours est-il que cette disposition nous révèle l'esprit de la loi ; on ne peut plus dire du moins qu'il est *évident* que la loi n'a tenu aucun compte de la nature de l'héritage qui est clos par un mur. Les restrictions établies ont toutes un seul et même but, donner la lumière nécessaire à un héritage pour qu'il puisse être habité, et régler la construction des jours de façon qu'ils ne soient pas incommodes pour le voisin. Cela suppose des habitations et non de simples murs de clôture d'un jardin ou

---

(1) Marcadé, t. II, p. 594, art. 679, n° II, et les autorités citées par Aubry et Rau, t. II, p. 202, notes 7 et 8.

(2) Ducaurroy, Bonnier et Roustain, t. II, p. 216, n° 319.

(3) Aubry et Rau, t. II, p. 203 et note 9, et les auteurs qui y sont cités; c'est l'opinion commune.

d'un parc : a-t-on besoin de jours pour éclairer un terrain ouvert aux rayons du soleil? On dira que peu importe au voisin sur l'héritage duquel on ouvre des fenêtres ; que l'incommodité pour lui sera la même, si la fenêtre est percée dans le mur d'un jardin ou dans le mur d'une maison. Non, l'inconvénient n'est pas aussi grand. On peut se tenir du matin au soir, par toutes les saisons et par tous les temps, derrière la fenêtre d'un appartement; on ne se tient pas jour et nuit, par la pluie et la neige, derrière le mur d'un parc ou d'un jardin. Il y a certes des différences. La seule difficulté est de savoir si le législateur en a tenu compte; or, l'article 677 prouve que la loi suppose un bâtiment. C'est donc en vue des bâtiments que les dispositions restrictives des articles 676-679 ont été portées. Là où il n'y a pas de maison à éclairer, il ne peut être question de jour. Mais cela ne lève pas tout doute. Si les articles ne sont pas applicables aux clôtures d'un jardin, quel sera le droit du propriétaire? Pourra-t-il pratiquer telles vues qu'il veut sans observer aucune distance? S'il le fait, n'empiète-t-il pas sur le droit de son voisin? Il nous semble que non. Mon voisin a le droit de m'exclure de son fonds, mon œil aussi bien que mon pied ; mais le droit d'écarter l'œil n'est pas aussi illimité que le droit d'écarter le pied. Entre deux héritages ouverts, la vue est permise. Elle est défendue ou restreinte quand elle est exercée par les fenêtres d'un bâtiment. L'est-elle aussi par les ouvertures pratiquées dans le mur d'un jardin ou d'un parc? Cette hypothèse n'est pas prévue par le texte, et elle est encore moins dans l'esprit de la loi.

43. On a poussé la rigueur plus loin; on a prétendu qu'il fallait appliquer les dispositions restrictives de la loi aux interstices ou intervalles que présente la clôture, par exemple, lorsqu'elle est à claire-voie ou sous forme de grille. La cour de cassation a repoussé ces exagérations. Dans l'espèce, l'un des voisins avait construit un mur de clôture de deux pieds longeant le jardin de l'autre, et sur ce mur il avait fait placer des piliers de quatre à six pieds de hauteur et de dix à douze pieds de distance; l'intervalle était rempli par des planches, formant, dans le langage du pays, une claire-voie en bois. Les espaces vides entre ces planches donnaient une vue sur le jardin contigu : étaient-ce là des vues droites ou fenêtres d'aspect, dans le sens de l'article 678? Non, dit la cour. Il est certain que ce n'étaient pas des fenêtres. Or, par vues, la loi entend des fenêtres ouvrantes. Cela est décisif. On objecte qu'il faut appliquer la loi dès qu'il y a une vue et qu'une claire-voie peut être une vue. Nous répondons que c'est dépasser la rigueur de la loi. L'article 678 dit qu'on ne peut avoir des *vues droites* ou *fenêtres d'aspect* qu'en observant les distances qu'il prescrit. Il n'est donc pas exact de dire que toute vue sur l'héritage voisin est interdite; elle n'est restreinte que si elle s'exerce par une fenêtre ouvrante (1).

On a prétendu également que la disposition de l'article 678 est applicable aux portes qui servent d'issue. Si c'étaient des portes vitrées, il n'y aurait en effet que le nom de changé, les portes serviraient en même temps de fenêtres. Mais si les portes sont à panneaux pleins et sans vitrages, on ne peut plus dire qu'elles tiennent lieu de fenêtres d'aspect. Il est vrai qu'aussi souvent que la porte s'ouvre, on peut voir sur l'héritage du voisin. Mais nous répétons que toute vue n'est pas prohibée ou soumise à des restrictions; ce n'est pas une vue accidentelle qui incommode le voisin, c'est une vue permanente et, dans l'espèce, elle ne l'est pas. La jurisprudence s'est prononcée pour l'interprétation la moins rigoureuse (2).

44. Autre est la question de savoir s'il y a lieu d'appliquer les dispositions restrictives du code, lorsque la vue donne sur un mur de clôture qui empêche de voir dans l'héritage du voisin. L'affirmative n'est pas douteuse si l'on s'en tient au texte de la loi : l'article 678 dit que l'on ne peut avoir des vues droites sur l'héritage *clos ou non clos* de son voisin. La loi ne permet pas de distinguer si la clôture est plus ou moins haute. Comme le dit la cour de Lyon, le législateur n'a pas pu entrer dans ces circon-

---

(1) Arrêt de rejet du 3 août 1836 (Dalloz, au mot *Servitude*, n° 558); Aubry et Rau, t. II, p. 206 et note 27. Comparez Demolombe (t. XII, p. 33, n° 561 et p. 54, n° 576) qui fait quelques réserves.
(2) Voyez les arrêts cités par Aubry et Rau, t. II, p. 207 et note 28.

stances de fait, parce qu'elles auraient fait varier le droit d'un jour à l'autre. Celui qui se clôt aujourd'hui peut se déclore demain, il peut élever ou abaisser sa clôture, le mur peut périr par accident ou par vétusté : le droit changera-t-il par suite de tous ces changements? Le législateur a posé une règle absolue : il faut s'y tenir (1).

La cour de cassation s'est prononcée en faveur de l'opinion contraire. Dans l'espèce, la vue s'exerçait seulement sur le toit de la maison voisine; la cour a jugé, sans motiver davantage son arrêt, qu'une telle vue n'était pas soumise, quant aux conditions de son existence, aux règles de l'article 678. Le rapporteur, M. Mesnard, donne le motif que Pardessus invoque, c'est qu'il n'y a pas d'action sans intérêt, et où est l'intérêt du voisin qui vient se plaindre de ce qu'on a pratiqué une vue sur son héritage, alors que cette *vue* ne permet pas de *voir* (2)? Dans un autre arrêt, il est dit que le voisin n'aurait intérêt à réclamer que s'il voulait exhausser sa maison (3). C'est faire de la question de droit une question de fait. Dans le système du code civil, des vues ouvertes à une distance moindre que la distance légale sont des vues de servitude. Par cela seul que de pareilles vues sont ouvertes sur son fonds, le voisin peut se plaindre que l'on empiète sur sa propriété. Vainement dirait-on qu'il n'éprouve pour le moment aucun préjudice; faut-il que celui dont la propriété est violée prouve que cette entreprise lui cause un dommage? Il est lésé par cela seul que l'on empiète sur son droit. Le tempérament que la doctrine et la jurisprudence admettent est fondé sur l'équité ; nous comprenons que les parlements aient jugé en ce sens (4); mais sous l'empire de notre législation, les magistrats ne peuvent modifier la rigueur du droit par l'équité que lorsque la loi leur en donne le pouvoir (5).

(1) Lyon, 4 novembre 1864 (Dalloz, 1866, 2, 17). En sens contraire, Pardessus, t. Ier, p. 457 et suiv., no 204; Marcadé, t. II, p. 595, art. 679, no II; Demolombe, t. XII, p. 47, nos 569, 570.
(2) Arrêt de rejet du 7 novembre 1849 (Dalloz, 1849, 1, 297).
(3) Arrêt de rejet du 2 février 1863 (Dalloz, 1863, 1, 145). Voyez, dans le même sens, Toulouse, 23 mai 1863 (Dalloz, 1863, 2, 75); Pau, 2 novembre 1865 (Dalloz, 1866, 2, 235); Paris, 29 juillet 1865 (Dalloz, 1867, 1, 258).
(4) Ferrière, *Commentaire sur la Coutume de Paris*, t. II, p. 1686, no 19.
(5) Massé et Vergé sur Zachariæ, t. II, p. 185, § 329, note 10.

45. Les dispositions du code sur les jours supposent que le mur où ils sont ouverts joint immédiatement l'héritage d'autrui (art. 676). Il n'en est pas de même des articles 678 et suivants concernant les vues. Il peut se trouver un terrain contigu au mur ou au terrain que le propriétaire du mur possède, mais d'une largeur moindre que la distance légale, de sorte que la vue porte tout ensemble sur deux ou trois propriétés. Bien que la dernière ne soit pas contiguë au mur, le propriétaire est tenu d'observer la distance que la loi prescrit pour les vues, alors même que le propriétaire intermédiaire ne se plaindrait pas. Car il est toujours vrai de dire que la vue porte sur un fonds qui ne se trouve pas à la distance légale du mur où elle est pratiquée. On est donc dans le texte et dans l'esprit de la loi (1).

46. Il y a difficulté quand le terrain intermédiaire appartient en commun au propriétaire du mur et au propriétaire du fonds voisin sur lequel la vue donne. Peut-on avoir une vue sur une chose commune sans observer les distances prescrites par la loi? En principe la question doit être décidée négativement, comme l'a fait la cour de cassation dans un premier arrêt. Il résulte, en effet, des articles 678 et suivants, que la distance légale de six pieds prescrite pour les fenêtres d'aspect ne doit jamais être composée, en quelque partie que ce soit, d'un terrain appartenant à celui sur qui la vue est exercée. De là, la cour conclut que, si le terrain formant la distance intermédiaire est la propriété commune des deux voisins, la ligne de séparation doit être placée à la moitié de ce terrain; de cette manière, on assure à chacun des communistes une jouissance égale de leur copropriété (2). En théorie, la cour avait parfaitement raison; seulement elle avait tort d'appliquer ce principe à un cas spécial dans lequel la théorie reçoit exception, c'est-à-dire à la communauté qui implique indivision forcée. Quand une cour ou une ruelle sont laissées en commun par les deux voisins, pour servir aux

---

(1) Demolombe, t. XII, p. 38, n° 564; Aubry et Rau, t. II, p. 207 et note 29.

(2) Arrêt de rejet du 5 mai 1831 (Dalloz, au mot *Servitude*, n° 765).

divers usages auxquels elles sont destinées, il faut voir si, dans l'intention des parties, elles ont affecté le terrain indivis aux jours et vues qu'elles voudraient y pratiquer afin de donner la lumière et l'air à leurs habitations. S'il s'agit d'une cour, l'affirmative n'est pas douteuse ; et le plus souvent il en sera de même des ruelles ou passages. Nous avons déjà examiné la question ; nous renvoyons donc à ce qui a été dit au tome VII (n° 484).

Il y a des auteurs et des arrêts qui, à l'exemple de la cour de cassation, appliquent la règle générale à tous les terrains communs (1). C'est ne tenir aucun compte de la volonté des parties intéressées, et c'est cependant cette volonté qui est décisive. Si elles avaient formellement destiné le terrain commun à procurer l'air et la lumière à leurs héritages, la chose serait évidente. Eh bien, l'intention des parties peut aussi résulter de la nature du terrain laissé en commun : tel est le cas d'une cour ; ou des circonstances qui ont amené l'indivision et qui la maintiennent : tel est le cas d'une ruelle. Toujours est-il que dès que l'on peut connaître cette intention, elle doit l'emporter sur les principes qui régissent la communauté en général, principes qui eux-mêmes sont fondés sur la volonté des copropriétaires.

47. Faut-il appliquer les dispositions du code sur les vues et les jours, lorsque le terrain qui sépare les deux voisins est une voie publique ? La négative est admise par la doctrine et la jurisprudence. Il y a cependant des raisons de douter qui ont entraîné une cour à se prononcer pour l'opinion contraire. D'abord, les dispositions des articles 676 et suivants sont générales : peut-on admettre une exception sans texte ? est-il permis de distinguer là où la loi ne distingue pas ? Lorsque le propriétaire du mur possède un terrain contigu d'une largeur de cinq pieds, il ne peut néanmoins y ouvrir une vue droite ; comment se pourrait-il qu'il eût ce droit alors que le terrain qui le sépare de son voisin appartient à la commune ? Il ne pourrait l'avoir qu'à

---

(1) Pardessus, t. Ier, p. 459, n° 204. Liége, 15 juin 1850 (*Pasicrisie*, 1850, 2, 208). Comparez Bordeaux, 20 juillet 1858 (Dalloz, 1859, 2, 184).

titre de servitude légale; or, y a-t-il une servitude légale
sans loi? On répond qu'il n'y a pas lieu d'appliquer les
articles 676 et suivants lorsque les ouvertures pratiquées
dans un mur donnent sur une voie publique, le code ne
réglant que les rapports d'intérêt privé entre ceux qui sont
propriétaires exclusifs des terrains sur lesquels donnent
les fenêtres. Si ce terrain est une voie publique, l'on n'est
plus dans le texte ni dans l'esprit des dispositions restrictives consacrées par le code. C'est une question de droit
administratif, par conséquent de droit public et non de
droit privé. Or, il est élémentaire que les rues sont destinées à donner aux propriétaires qui y bâtissent des issues
et des vues; veut-on qu'il y ait des maisons sans portes ni
fenêtres (1)? Au point de vue de l'intérêt général, la réponse
n'est certes pas douteuse. Mais le voisin sur le fonds duquel
on ouvre des vues sans observer les distances légales n'aurait-il pas le droit de se plaindre? Que lui importe à lui
que le terrain intermédiaire appartienne à la commune ou
à son voisin? Il a droit et intérêt à s'opposer aux vues de
servitude que l'on veut ouvrir sur son héritage, alors qu'il
n'y a ni titre ni loi qui établisse une servitude. La vraie
difficulté gît donc dans le texte. Il n'est pas douteux que
le législateur ne décidât la question en faveur des riverains, s'il était appelé à faire une loi sur la matière; mais
l'a-t-il décidée? Non, dit la cour de Nancy; dès lors on
reste dans les termes absolus du code civil (2). L'argumentation serait irréfutable si la tradition ne venait à l'appui
de l'opinion générale. Les articles 678 et suivants sont
empruntés à la coutume de Paris, dont l'article 202 était
ainsi conçu : « Aucun ne peut faire vues droites sur son
voisin, ni sur place à lui appartenant, s'il n'y a six pieds
de distance entre ladite vue et l'héritage du voisin, et ne
peut avoir vues de côté, s'il n'y a deux pieds de distance. »
Comment interprétait-on cette disposition? « L'article 202,
dit Ferrière, se doit entendre de deux maisons qui ne sont

---

(1) Voyez le rapport du conseiller Mesnard, sur l'arrêt de la cour de cassation, du 1er mars 1848 (Dalloz, 1848, 1, 158). Comparez les autorités citées
par Aubry et Rau, t. II, p. 207 et note 30.
(2) Nancy, 25 novembre 1816 (Dalloz, au mot *Servitude,* no 760).

point séparées par une rue ou chemin public, encore bien que la rue ait moins de six pieds de largeur, parce que la vue est sur la rue qui est un lieu commun, et non pas sur l'héritage du voisin. » Telle était aussi la jurisprudence du Châtelet (1). Les auteurs du code ont reproduit presque littéralement l'article 202 de la coutume de Paris, et ils ont déclaré qu'ils n'entendaient pas innover en cette matière; il faut donc entendre l'article 678 dans le sens que l'on donnait à l'article 202. Cela nous paraît décisif.

48. Il reste cependant des difficultés. On conçoit que la nécessité publique l'emporte sur le droit du voisin lorsqu'il s'agit de vues droites ou fenêtres d'aspect; l'intérêt général est si évident que l'intérêt privé n'est plus écouté. Mais où est la nécessité d'avoir des vues obliques sur l'héritage du voisin, alors que la vue ne porte pas sur un terrain appartenant au propriétaire du mur? La cour de Dijon a jugé que l'on rentrait, en ce cas, dans le droit commun, par une raison qui paraît décisive; le code établit une règle qui doit recevoir son application, à moins qu'il n'y ait une exception. D'exception écrite dans la loi, il n'y en a pas. Si l'on admet une exception pour les murs parallèles à la rue, c'est par nécessité publique; donc l'exception doit être restreinte dans les limites de la nécessité. La cour de cassation n'a pas admis ce système. Elle a décidé en principe que les terrains affectés à la voie publique sont destinés à tous les genres de services que comporte leur nature; d'où suit que chacun en peut user, à la seule condition de se conformer aux mesures administratives ou de police qui en doivent régler l'usage. Or, de leur destination même naît pour les riverains le droit d'y pratiquer des issues, d'y prendre des vues, d'y établir des balcons ou autres constructions en saillie, sans être soumis à d'autres restrictions que celles qu'il appartient au pouvoir administratif de déterminer. On objecte les dispositions limitatives des articles 678 et 679; la cour répond que ces articles ont seulement pour objet de régler des rapports de voisi-

(1) Ferrière, *Commentaire sur la Coutume de Paris*, t. II, p. 1680, n° 3. Bourjon, *Droit commun de la France*, t. II, p. 28, n° 9. Desgodets, *Lois des bâtiments, sur l'art.* 202 *de la Coutume de Paris*, n°s 15 et 16.

nage entre propriétés privées. Comme le disait le conseiller Mesnard, il n'y a plus de voisinage lorsque deux propriétaires sont séparés par la voie publique, car chacun des héritages confine à la voie publique et non à un héritage du voisin; et la voie publique est destinée à recevoir les vues, sans qu'il y ait à distinguer entre les vues droites et les vues obliques, le droit des riverains de pratiquer les unes et les autres résultant de la nature même des terrains sur lesquels elles s'ouvrent immédiatement (1). L'argumentation ne nous semble pas aussi décisive qu'elle en a l'air. Est-ce que le voisin sur le fonds duquel la vue porte ne pourrait pas répondre qu'il ne conteste pas au riverain le droit d'user de la voie publique, qu'il lui reconnaît même le droit de pratiquer des vues droites, puisque c'est nécessité, mais que la raison de l'exception cessant pour les vues obliques, l'exception aussi doit cesser? La véritable réponse se trouve dans la tradition. Dans l'ancien droit, on admettait que la coutume de Paris ne recevait pas d'application à la voie publique, et on ne faisait pas de distinction entre les vues droites et les vues obliques. Le code civil doit être interprété dans le même sens.

49. La cour de cassation comprend dans l'exception les balcons et autres constructions en saillie. Ceci est plus douteux. Pour les balcons, il n'y a plus une ombre de nécessité de déroger aux dispositions restrictives du code civil. Ces constructions sont de pur agrément; le droit de l'un des voisins ne doit-il pas l'emporter sur le plaisir de l'autre? La cour de Bruxelles répond que c'est moins une question de nécessité qu'une question de droit. En effet, les rues ne sont-elles pas essentiellement destinées à la circulation? et les passants ne sont-ils pas libres de regarder les maisons et même dans l'intérieur des maisons par les fenêtres? Si ce droit appartient à tout passant, pourquoi le refuserait-on à celui qui a un balcon? Il use du droit commun (2). Cela nous paraît plus subtil que vrai.

---

(1) Arrêt de cassation du 27 août 1849 (Dalloz, 1849, 1, 227). Comparez arrêt de cassation du 1er juillet 1861 (Dalloz, 1862, 1, 138).
(2) Bruxelles, 14 août 1848 (Dalloz, 1848, 2, 146 et *Pasicrisie*, 1848, 2,

Celui qui a un balcon peut regarder à son aise sur l'héritage du voisin, du matin au soir. De lui on peut dire que son œil et son pied sont dans le fonds sur lequel il peut exercer incessamment sa curiosité indiscrète. Tandis que celui qui passe dans une rue ne voit qu'à la dérobée, car on ne se plante pas dans une rue du matin au soir. La différence est donc grande (1); si malgré cela on admet que les balcons font exception (2), nous ne voyons d'autre motif juridique d'expliquer cette dérogation au droit commun que la tradition coutumière.

50. Dès que l'on admet le principe, il en faut accepter toutes les conséquences. Il a été jugé que les dispositions restrictives du code concernant les vues ne sont pas applicables aux canaux de dérivation, ces canaux, aussi bien que les rivières, étant destinés à tous les usages que les riverains en veulent faire, donc aussi à recevoir les vues et les jours (3). La cour de cassation a été plus loin. Il s'agissait d'un terrain qui n'était pas affecté au passage du public; il servait à l'écoulement de trois fontaines communales; de plus les eaux pluviales d'une grande partie de la commune s'écoulaient par ce terrain pour se rendre dans un égout souterrain. La cour en conclut que ce terrain, qui appartenait à la commune, était affecté à l'usage et aux besoins généraux des habitants; qu'il avait donc les caractères du domaine public, tel qu'il est défini par l'article 538. Or, l'usage que les habitants peuvent faire du domaine public n'étant pas limité, il en résulte qu'ils peuvent s'en servir pour y ouvrir des vues (4).

II. *Des jours.*

51. L'article 676 porte que le propriétaire d'un mur non mitoyen, joignant *immédiatement* l'héritage d'autrui,

215). Arrêt de rejet de la cour de cassation de Belgique du 8 juillet 1864 (*Pasicrisie*, 1864, 1, 401).

(1) Il y a un arrêt en ce sens de Liége, 28 décembre 1842 (*Pasicrisie*, 1843, 2, 101).

(2) Demolombe, t. XII, p. 42, n° 567; Aubry et Rau, t. II, p. 208 et note 32, et les autorités qui y sont citées.

(3) Liége, 2 avril 1838 (*Pasicrisie*, 1838, 2, 96).

(4) Arrêt de rejet du 18 janvier 1859 (Dalloz, 1859, 1, 65).

peut y pratiquer des jours à fer maillé et à verre dormant. Que faut-il décider si le mur ne joint pas immédiatement l'héritage voisin? S'il y a entre le mur et ledit héritage la distance prescrite par les articles 678 et suivants, le propriétaire pourra ouvrir des vues droites ou obliques. Mais si la distance légale n'existe pas, il n'a pas le droit d'avoir des fenêtres ouvrantes. Pourra-t-il, en ce cas, ouvrir des jours? L'affirmative ne souffre aucun doute. S'il peut ouvrir des jours, alors même que le mur joint immédiatement le fonds du voisin, à plus forte raison pourra-t-il en pratiquer, s'il possède un terrain au delà du mur sur lequel les jours donneront (1).

52. Le code règle le mode de construction des jours; nous avons dit dans quel but (n° 35). Aux termes de l'article 676, les jours doivent être à *fer maillé*, c'est-à-dire, comme l'explique le deuxième alinéa, qu'ils doivent être garnis d'un treillis de fer, dont les mailles ont un décimètre d'ouverture au plus. Ce treillis est assez inutile puisqu'il ne s'agit pas de fenêtres ouvrantes; le législateur a craint sans doute que celui qui habite la chambre éclairée par un jour n'enlève les carreaux pour jeter sur le fonds du voisin ce qu'il n'a pas le droit d'y jeter. L'expérience atteste malheureusement qu'entre voisins, il n'y a pas de malice ni de méchanceté auxquelles il ne faille s'attendre, une fois que les bons rapports sont troublés. De plus, la loi veut que le verre soit *dormant*, c'est-à-dire que le châssis dans lequel il est placé soit fixé au mur de manière qu'on ne puisse pas l'ouvrir; dans les anciennes coutumes, on disait : *scellé à plâtre ou à chaux*, ce qui est la marque de la perpétuelle demeure; d'après l'article 525, l'expression *à verre dormant* implique donc que le verre soit arrêté à perpétuelle demeure. C'est la garantie essentielle pour le voisin. La loi ne dit pas que le verre doit être mat; mais le voisin est empêché de voir par cela seul qu'il ne peut pas ouvrir la fenêtre, et qu'elle est garnie d'un treillis en fer. C'est donc improprement que la loi donne le nom de fenêtre à des jours ainsi construits (2).

(1) Demante, *Cours analytique*, t. II, p. 624, n° 532 *bis* II.
(2) C'est l'explication de Ferrière sur la *Coutume de Paris* (t. II, p. 1676,

53. « Ces fenêtres ou jours, dit l'article 677, ne peuvent être établis qu'à vingt-six décimètres (huit pieds) au-dessus du plancher ou sol de la chambre que l'on veut éclairer, si c'est à rez-de-chaussée, et à dix-neuf décimètres (six pieds) au-dessus du plancher pour les étages supérieurs. » La loi ne limite pas la hauteur ni la largeur des jours; le propriétaire du mur jouit donc à cet égard d'une entière liberté. C'est que l'usage de cette liberté ne peut causer aucun préjudice au voisin, car quelque hautes et larges que soient les fenêtres, elles ne peuvent servir à voir sur le fonds du voisin, et on ne peut en abuser pour y jeter quoi que ce soit. Peu importe après cela qu'elles aient plus ou moins d'étendue; elles donneront un jour plus considérable, ce qui profitera à l'un des voisins sans nuire à l'autre (1).

III. *Des vues.*

54. Les vues sont des fenêtres ouvrantes. Elles sont plus ou moins incommodes pour le voisin, suivant qu'elles sont droites ou obliques (2). De là la distinction faite par les articles 678 et 679 : « On ne peut avoir des vues droites ou fenêtres d'aspect, ni balcons et autres semblables saillies sur l'héritage de son voisin, s'il n'y a dix-neuf décimètres (six pieds) de distance entre le mur où on les pratique et ledit héritage. On ne peut avoir des vues par côté ou obliques sur le même héritage, s'il n'y a six décimètres (deux pieds) de distance. » La loi ne limite pas le mode de construction des vues; elle ne dit pas à quelle distance du plancher elles peuvent être pratiquées. A cet égard, le pro-

---

n° 6). La *Coutume d'Orléans* disait « que l'on ne doit avoir à travers du verre regard pénétratif sur le voisin. » De là, dit Ferrière, quelques-uns ont cru qu'il fallait que ce fût du gros verre, épais et obscur. La *Coutume de Paris* disait, comme le code, verre *dormant*, ce qui signifie verre *arrêté et scellé.* S'il était obscur, il serait peu utile. D'autres coutumes disaient : verre *mort* ou *mourant*, pour marquer qu'il ne peut être remué ni mobile.

(1) Il y a quelques difficultés dans l'application, difficultés techniques plutôt que de droit, pour lesquelles nous renvoyons à Aubry et Rau (t. II, p. 203 et notes 11-13) et à Demolombe, t. XII, p. 10, n°ˢ 534 et suiv.

(2) Nous avons dit ce que l'on entend par vue *droite* et par vue *oblique*. Quant aux difficultés d'application, nous renvoyons aux auteurs précités, à moins qu'elles ne donnent lieu à une question de droit (Aubry et Rau, t. II, p. 202 et notes 2-6, et les autorités qui y sont citées).

priétaire du mur jouit d'une liberté absolue : il n'y avait aucune raison de la restreindre, puisque les vues portent sur un terrain qui lui appartient. Mais si ce terrain était peu considérable, la vue porterait en grande partie sur l'héritage du voisin ; il y aurait donc empiétement sur sa propriété. Pour l'empêcher, le législateur détermine la distance qui doit exister entre le mur et le fonds du voisin. Cette distance est calculée de façon que les vues ne peuvent causer au voisin qu'une de ces incommodités que le voisinage produit nécessairement, et que chacun doit supporter pour que la vie commune devienne possible.

55. La disposition de l'article 678 ne s'applique pas seulement aux fenêtres proprement dites ; elle reçoit aussi son application aux *balcons* et *autres semblables saillies,* dit le texte. Il faut entendre par là des ouvrages quelconques formant une partie intégrante de la construction, par le moyen desquels la vue peut s'exercer sur l'héritage du voisin. On demande si la loi est applicable au toit fait en forme de terrasse. La cour de Metz a décidé la négative. « Les ouvrages dont le voisin se plaint, dit l'arrêt, ne constituent en réalité que la toiture de la maison ; s'il est d'usage d'établir les toits sur un plan plus ou moins incliné, rien ne défend de leur donner une forme plane ou horizontale ; rien ne défend non plus au propriétaire d'une maison ainsi construite de se transporter sur la toiture et d'en faire une sorte de belvédère ou de lieu de repos. » L'arrêt conclut qu'en agissant ainsi, le propriétaire ne fait qu'user de son droit, sans nuire à celui de son voisin, qui peut, si bon lui semble, exhausser sa maison (1). Il est vrai que ce cas ne rentre pas dans la lettre de la loi ; un toit en terrasse n'est ni une *vue droite,* ni un *balcon,* ni une *saillie.* Mais n'est-ce pas s'attacher trop servilement au texte? Le législateur en se servant des expressions les plus générales, et *autres semblables saillies,* a suffisamment manifesté son intention de comprendre tous les ouvrages qui procurent une vue sur l'héritage du voisin. Sans doute chacun est libre de construire ses toits comme il veut et

(1) Metz, 25 mai 1848 (Dalloz, 1849, 1, 296).

d'en user comme il l'entend. Mais je puis aussi bâtir comme je veux; toutefois dès que je bâtis de manière à me procurer une vue sur le fonds voisin, je suis obligé de laisser entre son héritage et le mien la distance prescrite par la loi. Sur le pourvoi en cassation, il intervint un arrêt de rejet, mais on voit par les observations du conseiller rapporteur que la décision aurait été cassée si la cour de cassation n'avait trouvé une justification suffisante dans d'autres motifs. Il y a un arrêt de la cour de Bruxelles dans le sens de notre opinion (1).

Est-ce à dire que tout moyen de voir soit prohibé? Les termes et l'esprit de la loi impliquent qu'il doit y avoir une construction, un ouvrage quelconque qui soit destiné à procurer une vue sur l'héritage du voisin; par conséquent la vue doit s'exercer d'une manière permanente avec une destination perpétuelle. Il a été jugé que des piles de bois à brûler, élevées temporairement dans un chantier, ne tombent pas sous l'application de l'article 678, parce que, par leur nature et leur destination, elles ne procurent pas au propriétaire du chantier ni aux personnes de sa maison une vue droite sur l'héritage du voisin. Il est vrai que, dans l'espèce, les ouvriers chargés de placer et de déplacer les bois pouvaient voir momentanément dans le jardin du voisin; mais ce fait accidentel ne constitue pas une vue dans le sens de la loi qui l'appelle une servitude, ce qui marque une certaine permanence. Tout ce que l'on pouvait soutenir, c'est que les piles de bois, telles qu'elles étaient placées dans le chantier, causaient un dommage au voisin, et qu'il en résultait une action en indemnité (2).

56. Il y a une question plus douteuse : l'article 678 s'applique-t-il aux ouvertures qu'un propriétaire pratique dans son toit et qui ne regardent que le ciel? Les arrêts leur donnent le nom de *lucarnes* ou de *fenêtres tabatières*, et décident, de même que les auteurs, que ce ne sont pas des vues proprement dites, que par suite il n'y a pas lieu

_____

(1) Bruxelles, 23 juillet 1842 (*Pasicrisie*, 1842, 2, 213) et Dalloz, au mot *Servitude*, n° 750. Comparez Demolombe, t. XII, p. 52, n° 573. Aubry et Rau, t. II, p. 205, note 21.
(2) Paris, 6 août 1833 (Dalloz, au mot *Servitude*, n° 752).

d'appliquer les dispositions restrictives du code. Cela n'est-il pas trop absolu? Pardessus dit que le voisin n'a pas le droit de se plaindre faute d'intérêt (1). Cette fin de non-recevoir, comme nous en avons déjà fait la remarque (n° 44), ne nous paraît pas suffisante. Si les lucarnes sont construites de façon à éclairer seulement les combles d'un bâtiment, alors il est certain qu'elles ne constituent pas des vues, car la loi entend par vues des fenêtres qui servent à voir sur l'héritage d'autrui. La question est donc, en réalité, une difficulté de fait. Il a été jugé par la cour de Bordeaux qu'une lucarne existant dans les combles d'une maison, et destinée à éclairer un siége de latrine et à conduire sur la toiture, avait été improprement qualifiée fenêtre de prospect, que c'était un jour plutôt qu'une vue (2); il fallait donc appliquer l'article 676 plutôt que l'article 678. Dans une autre espèce, jugée par la cour de Metz, les ouvertures avaient été pratiquées dans le comble de la toiture, uniquement pour procurer l'air et le jour au corridor du premier étage; elles ne donnaient ni vues droites ni vues obliques sur le jardin et la maison de l'appelant; des tambours placés au-dessous desdites ouvertures empêchaient de s'en approcher. Sans doute ces tambours pouvaient être enlevés. S'ils le sont, dit la cour, les juges statueront; mais à chaque jour suffit sa peine, et les tribunaux ne doivent pas juger par anticipation des difficultés qui ne sont pas encore nées. L'arrêt débouta le plaignant comme étant pour le moment sans intérêt (3). La cour de Colmar a jugé dans le même sens, toujours en fait, en décidant que l'ouverture litigieuse ne pouvait procurer au propriétaire d'autre avantage que de donner du jour à sa maison, et qu'il était impossible de l'utiliser comme fenêtre d'aspect (4). Même décision de la cour de Liége : l'arrêt constate que la fenêtre plate dont il s'agissait au procès était construite dans des conditions telles, qu'elles empêchaient

---

(1) Pardessus, t. Ier, p. 463, n° 207. Comparez Aubry et Rau, t. II, p. 209 et note 34.

(2) Bordeaux, 1er février 1839 (Dalloz, au mot *Servitude*, n° 417).

(3) Metz, 13 avril 1853 (Dalloz, 1854, 5, 704).

(4) Colmar, 2 mai 1855 (Dalloz, 1856, 2, 9).

de diriger la vue sur la propriété du voisin ; prenant jour vers le ciel, elles ne pouvaient qu'éclairer le grenier où travaillaient des ouvriers (1).

57. Comment compte-t-on les distances prescrites par les articles 678 et 679? L'article 680 répond à la question en ces termes : « La distance dont il est parlé dans les deux articles précédents se compte depuis le parement extérieur du mur où l'ouverture se fait, et, s'il y a balcons ou autres semblables saillies, depuis leur ligne extérieure jusqu'à la ligne de séparation des deux propriétés. » Cette disposition s'applique, sans difficulté aucune, aux vues droites. La cour de cassation a posé à cet égard un principe qui résulte du motif même pour lequel une certaine distance doit être observée : « Tout l'espace dont la distance se compose doit être pris sur le terrain de celui qui pratique l'ouverture, de manière que la vue n'atteigne jamais une portion quelconque du fonds voisin qu'après la distance légale (2). » L'article 680 est en harmonie parfaite avec ce principe quand il s'agit de vues droites. Mais les auteurs sont unanimes à dire que cette disposition ne peut recevoir son application littérale aux vues obliques ; il faudrait, d'après le texte, compter la distance depuis le parement extérieur du mur où l'ouverture se fait ; or, si l'on procédait ainsi, on arriverait à ce résultat absurde, que la plupart des vues de côté seraient impossibles, car le mur devrait se trouver séparé de l'héritage voisin par un espace de six décimètres, tandis que le plus souvent le mur est contigu. Mais peu importe la contiguïté du mur, pourvu que les ouvertures soient éloignées de l'héritage voisin à la distance prescrite par la loi ; c'est donc du point où l'ouverture est pratiquée que la distance doit être calculée. D'après cela, on s'accorde à admettre que pour les vues obliques la distance de six décimètres doit se compter à partir de l'arête du jambage de la fenêtre ou croisée (3).

(1) Liége, 10 juillet 1867 (*Pasicrisie*, 1868, 2, 49).
(2) Arrêt de rejet du 1er décembre 1851 (Dalloz, 1852, 1, 30). Demolombe, t. XII, p. 26, n° 552.
(3) Pardessus, t. Ier, p. 461, n° 206.

58. L'application de l'article 680 donne lieu à une difficulté quand les deux héritages sont séparés par un mur mitoyen. Quel est, en ce cas, le point précis où commence l'héritage voisin? est-ce après le mur? est-ce avant le mur? ou la ligne de séparation se trouve-t-elle au milieu? On calcule la distance, d'après l'opinion commune, à partir du point milieu. Il y a cependant une raison de douter, c'est que le mur mitoyen est commun et indivis entre les deux propriétaires dans chacune de ses parties. Si l'on s'en tient à ce principe qui est incontestable, on ne trouvera pas un point milieu qui forme la ligne de séparation, car un point milieu implique la division, tandis que dans la mitoyenneté toute division est impossible. Mais que faire? Ne pas tenir compte du mur? On ne le peut. Placer la ligne de séparation après le mur ou avant le mur? Il n'y a pas de raison pour se décider en faveur de l'un de ces avis plutôt qu'en faveur de l'autre. Forcément on a dû placer la ligne de séparation au milieu. C'est l'opinion générale, sauf le dissentiment de M. Valette (1).

N° 3. DES JOURS ET VUES DE SERVITUDE.

I. *Principe.*

59. Quand les jours et les vues sont pratiqués d'après les conditions et restrictions établies par les articles 676-679, ils ne donnent au propriétaire du mur aucun droit de servitude sur le mur du voisin; c'est l'exercice de la propriété, telle qu'elle est organisée dans la société civile. On peut dire que le propriétaire du mur n'est pas libre, puisqu'il ne peut pas faire dans son mur telles ouvertures que bon lui semble; on peut dire aussi que le voisin n'est pas libre, puisqu'il ne peut pas exclure de son héritage l'œil de celui qui a une vue quelconque sur son fonds. La liberté absolue n'existe pas pour les choses pas plus que pour les personnes. A raison des nécessités de l'état social, la propriété est assujettie à des restrictions que la loi appelle

---

(1) Aubry et Rau, t. II, p. 206 et note 24. Mourlon, t. Iᵉʳ, p. 794, note.

des servitudes, mais qui, en réalité, forment le droit commun de la propriété. Celui qui fait dans son mur des jours et des vues, en se soumettant à ces restrictions, agit donc à titre de propriétaire. En ce sens, on appelle ces vues des vues de droit. Par contre, si le propriétaire ne se soumet pas à ces restrictions, il dépasse le droit que lui donne la propriété, donc il impose au fonds voisin une restriction qui ne résulte pas du droit commun, c'est dire qu'il le grève d'une servitude.

60. Quand peut-on dire que celui qui ouvre un jour ou une vue dans un mur dépasse son droit de propriété? Quand il s'agit d'une vue ou fenêtre d'aspect, il n'y a aucun doute ; la restriction consiste à observer une certaine distance ; celui qui pratique une ouverture sans observer la distance légale n'agit plus comme propriétaire, il agit donc à titre de servitude. Ainsi les vues qui se trouvent à une distance moindre que la distance légale sont des vues de servitude. Pour les jours, il y a quelque difficulté. Le code prescrit plusieurs restrictions; les unes concernent le mode de construire les jours, les autres la distance, à partir du plancher, à laquelle l'ouverture peut être faite. Suffit-il que l'une ou l'autre des conditions prescrites par la loi n'ait pas été remplie pour que le jour devienne un jour de servitude? La négative est admise par la doctrine et consacrée par la jurisprudence. Il s'agit de savoir si des jours établis dans des conditions extralégales, et maintenus pendant trente ans, grèvent le fonds voisin d'une servitude de jour. Pour qu'une servitude soit acquise par prescription, il faut une possession trentenaire, et cette possession doit réunir les conditions générales requises pour que la possession conduise à la prescription. Il faut notamment que la possession ne consiste pas en actes de simple tolérance (art. 2232). La question est donc celle-ci : des jours extralégaux constituent-ils une possession utile pour prescrire, de même que les vues extralégales servent de fondement à la prescription? Il y a une raison de différence entre les vues et les jours. Les premières sont tellement onéreuses au voisin, que l'on ne peut pas admettre qu'il les souffre par tolérance ; c'est un empiétement si direct sur la propriété, que l'on doit supposer qu'il se fait en vertu d'un titre, ou du moins en vertu d'un concours tacite de volontés. Tandis que les jours sont bien moins incommodes; le voisin peut donc tolérer beaucoup sans qu'on puisse en induire qu'il entend accorder un droit. Que lui importe que les mailles aient une ouverture d'un décimètre et demi au lieu d'un décimètre, comme le veut l'article 677? Ce ne sera pas moins un jour de tolérance, donc exclusif de l'idée de servitude. Il suit de là que, pour les jours, la question de savoir si ce sont des actes de tolérance ou des actes de servitude reste une question de fait, qui se décidera en vertu de l'article 2232 plutôt qu'en vertu de l'application rigoureuse des articles 676 et 677.

Il a été jugé, d'après ce principe, qu'une ouverture pratiquée à une distance de cinq pieds du plancher, tandis que la loi prescrit une distance de huit pieds, n'était pas pour cette seule raison un jour de servitude, d'abord parce que l'enseuillement était fort au-dessus de la hauteur d'accoudoir, puis parce qu'elle était grillée et barreaudée; ce sont les termes de l'arrêt. La cour en conclut que le jour a conservé son caractère primitif de précarité (1). On appelle ces jours des jours de tolérance ou de souffrance, parce que le voisin souffre par tolérance qu'ils soient faits contrairement aux prescriptions sévères de la loi. De même, la cour de Paris a décidé que des jours garnis de barreaux et de traverses de fer, et établis à la hauteur prescrite par l'article 677, ne perdaient pas leur caractère de jours de souffrance, parce qu'ils n'étaient pas grillés et ferrés dans les dimensions voulues par la loi; l'arrêt dit que c'était là une tolérance du voisin, que l'on ne devait pas tourner à son préjudice en transformant la tolérance en servitude (2). La cour de cassation a sanctionné cette doctrine; elle est favorable aux propriétaires qui pratiquent des jours dans leurs murs, plutôt que défavorable, car si la moindre inobservation de la loi avait pour conséquence de menacer les voisins d'une servitude, ils exige-

(1) Lyon, 26 juillet 1838 (Dalloz, au mot *Servitude*, n° 474, 3°).
(2) Paris, 29 avril 1839 (Dalloz, au mot *Servitude*, n° 474, 4°).

raient l'exécution rigoureuse de la loi ; les propriétaires en souffriraient, ainsi que les rapports de bon voisinage, qu'il importe tant de ne pas envenimer. Il est donc de jurisprudence que la question de savoir si les jours sont de tolérance ou de servitude est une question de fait, abandonnée à l'appréciation des tribunaux ; les juges pourront sans doute avoir égard à l'inobservation des conditions prescrites par les articles 676 et 677, mais leur décision sera toujours une décision en fait, rendue par application de l'article 2232 (1).

61. Si les jours et les vues pratiqués dans un mur sont des jours et des vues de droit, et s'ils subsistent pendant trente ans, il en résultera une servitude à charge du fonds voisin. Mais en quoi consiste cette servitude? Le propriétaire d'un mur joignant immédiatement l'héritage du voisin y a pratiqué des fenêtres d'aspect, alors qu'il avait seulement le droit d'y ouvrir des jours ; ou il a ouvert, à la vérité, ces vues sur un terrain qui lui appartient, mais qui n'offre pas la largeur voulue par la loi, de sorte que le propriétaire n'avait pas le droit de pratiquer des vues. Celles qu'il a faites, dans l'une et l'autre hypothèse, subsistent pendant trente ans. Quel sera l'effet de cette possession? La question divise la cour de cassation de France et la cour de cassation de Belgique, et les cours d'appel suivent la cour suprême. Les auteurs aussi sont divisés. Constatons d'abord que tout le monde est d'accord sur un point ; c'est que le voisin qui a souffert que le propriétaire du mur y établît des vues, alors qu'il n'avait que le droit d'y ouvrir des jours, ne peut plus, après trente ans, demander que ces vues soient bouchées : tout droit se prescrit par trente ans, donc aussi le droit de demander que des ouvertures extralégales soient supprimées. Mais ne faut-il pas aller plus loin et dire que le propriétaire du mur a acquis la servitude de vue par la prescription trentenaire? C'est l'opinion consacrée par la jurisprudence française, et, à notre avis, c'est la bonne.

(1) Arrêt de rejet du 24 décembre 1838 (Dalloz, au mot *Servitude*, n° 474, 5°). Arrêt de cassation du 18 juillet 1859 (Dalloz, 1859, 1, 400). Comparez Pau, 20 novembre 1865 (Dalloz, 1866, 2, 234) et Aubry et Rau, t. II, p. 204 et suiv.

Le dernier arrêt rendu par la cour de cassation de France pose nettement les principes (1). Il y a une servitude de vue qui consiste à avoir des vues ou des fenêtres d'aspect sur l'héritage d'autrui, et qui a pour effet d'empêcher le propriétaire du fonds servant d'obstruer la vue en bâtissant. Qu'une pareille servitude puisse s'établir par titre, cela n'a jamais fait de doute. D'après le code civil, elle peut aussi s'établir par la prescription. En effet, aux termes de l'article 690, les servitudes continues et apparentes s'acquièrent par la possession de trente ans. Or, la servitude de vue est tout ensemble continue et apparente, les articles 688 et 689 le disent formellement. Il suit de là que le propriétaire d'un mur qui y pratique des fenêtres ouvrantes, donnant immédiatement sur la propriété de son voisin, et qui les possède pendant trente ans, a acquis par la prescription la servitude de vue. La servitude de vue établie par la possession trentenaire a le même effet que si elle était constituée par titre, car la loi met les deux modes d'acquisition sur la même ligne. Il y a mieux. La prescription suppose l'existence d'un titre ancien qui a été perdu, ou du moins le consentement tacite du propriétaire du fonds qui souffre pendant trente ans l'assujettissement de son héritage : c'est ce que l'orateur du gouvernement a dit en exposant les motifs du titre des *Servitudes* (2). Il n'y a donc aucune raison de faire une différence entre les effets de la servitude de vue, selon qu'elle serait acquise par titre ou par prescription. Dans l'un et l'autre cas, on doit appliquer la disposition de l'article 701 qui porte : « Le propriétaire du fonds débiteur de la servitude ne peut rien faire qui tende à en diminuer l'usage ou à le rendre plus incommode. » Donc quand une servitude de vue est acquise par prescription, le propriétaire du fonds assujetti ne peut plus obstruer les vues en bâtissant.

62. Telle est la théorie du code. Qu'est-ce que la cour

---

(1) Arrêt de cassation du 22 août 1853 (Dalloz, 1853, 1, 247). Les autres arrêts sont rapportés ou indiqués dans Dalloz, au mot *Servitude*, n° 781. Comparez Aubry et Rau, t. II, p. 209, note 36, et Demolombe, t. XII, p. 65, n° 580.

(2) Berlier, Exposé des motifs, n° 21 (Locré, t. IV, p. 182).

de cassation de Belgique oppose à cette interprétation? Elle part du principe que le droit naturel de propriété donne au propriétaire du mur le droit d'y ouvrir des fenêtres comme bon lui semble; et en vertu du même droit de propriété, le voisin peut élever sur son fonds telles constructions qu'il juge convenables, alors même qu'elles rendraient inutiles les fenêtres que le propriétaire aurait ouvertes dans son mur. Le code civil a apporté des restrictions au droit naturel de propriété; il ne permet pas au propriétaire d'un mur joignant immédiatement l'héritage d'autrui d'y pratiquer des vues ou fenêtres d'aspect (art. 676 et 678). Ces restrictions constituent des servitudes; c'est le code lui-même qui leur donne ce nom. Que fait donc le propriétaire qui ouvre des vues dans son mur sans observer les distances légales? Il s'affranchit de la servitude que la loi lui avait imposée, il rentre dans son droit naturel de propriété, en ce sens que les fenêtres qu'il pratique dans son mur sont considérées comme l'exercice d'un droit, si elles existent depuis trente ans. Mais la liberté qu'il a reconquise ne porte aucune atteinte à la liberté de son voisin; celui-ci ne peut plus, à la vérité, demander la suppression des vues après trente ans, mais rien ne l'empêche de bâtir sur son fonds, quand même en bâtissant il obstruerait les fenêtres que le propriétaire du mur y a ouvertes. En effet le propriétaire, en possédant des fenêtres pendant trente ans, s'est seulement libéré d'une servitude, il n'a pas acquis de servitude sur l'héritage voisin (1).

Nous avons répondu d'avance à cette argumentation en combattant le principe de la prétendue propriété naturelle, et en exposant la théorie des servitudes légales. Les cours de Belgique ont suivi la doctrine des interprètes du droit romain; mais cette doctrine n'est pas celle du code : le législateur français n'a fait que reproduire la coutume de Paris (n° 37). Il est vrai qu'il donne le nom de servitudes

(1) Arrêt de cassation du 19 mai 1853 (*Pasicrisie*, 1853, 1, 326). Comparez arrêt de Gand sur renvoi du 11 mai 1854 (*Pasicrisie*, 1854, 2, 254). C'est la jurisprudence presque constante des cours de Belgique : Bruxelles, 20 avril 1824 (*Pasicrisie*, 1824, p. 105) et 4 juin 1834 (*Pasicrisie*, 1834, 2, 129); Gand, 29 mars 1839 (*Pasicrisie*, 1839, 2, 65); Liége, 13 juillet 1853 (*Pasicrisie*, 1853, 2, 315).

aux dispositions des articles 676 et suivants, concernant les vues et les jours. Mais on a tort d'attacher quelque importance à cette qualification, puisque le code place ailleurs ces prétendues servitudes parmi les quasi-contrats, et Pothier les dérivait toutes du quasi-contrat de voisinage ; chose remarquable, il traite de ce quasi-contrat et des restrictions à la propriété qui en résultent, en exposant les principes du contrat de société, comme s'il avait voulu marquer que ces restrictions appelées servitudes légales ne sont autre chose que des concessions réciproques que les hommes doivent se faire dans l'état de société. Notre cour de cassation a elle-même proclamé ces principes dans ses arrêts sur la question de savoir si les servitudes dites légales sont une expropriation, et si à ce titre elles donnent droit à une indemnité (1). Dans ces arrêts, elle s'est inspirée des principes nouveaux qui ont conduit nos coutumes à tempérer le droit de propriété en vue des nécessités de la vie sociale. Les servitudes légales ne sont autre chose que ces mêmes tempéraments, comme Ferrière les appelle. Tandis que les cours de Belgique se sont attachées, à tort suivant nous, à la théorie romaine. Répudiant le principe qui sert de point de départ à la jurisprudence, nous devons repousser aussi les conséquences auxquelles elle aboutit. Les vues et les jours autorisés par les articles 676 et suivants étaient jadis appelés des vues de coutume, pour les distinguer des vues de servitude ; c'étaient donc des vues de droit, pratiquées en vertu du domaine de propriété. Si le propriétaire d'un mur joignant immédiatement l'héritage d'autrui y ouvre des fenêtres qu'il n'a pas le droit de faire, il n'agit plus à titre de propriétaire, il agit à titre de servitude ; il ne s'affranchit pas d'une servitude, puisqu'il n'était grevé d'aucune servitude. Si donc il possède ces fenêtres pendant trente ans, il aura acquis un droit qu'il n'avait pas comme propriétaire, il aura acquis une servitude de vue.

La jurisprudence de nos cours est en opposition complète avec ces principes qui sont ceux de la coutume de Paris,

(1) Voyez, plus haut, p. 59, note 1.

principes écrits dans nos textes. Les vues que les commentateurs de la coutume de Paris appelaient des *vues de coutume,* c'est-à-dire des *vues de droit,* deviennent des *vues de servitude;* et les vues que le propriétaire acquiert par la prescription, les *vues de servitude,* deviennent des *vues de propriété* (1). Nous disons que cette théorie est en opposition avec nos textes. Quand le propriétaire d'un mur joignant immédiatement l'héritage d'autrui y pratique des vues, quel est le droit du voisin? Il peut en demander la suppression. Pourquoi? Parce que c'est un empiétement sur sa propriété, parce que, comme le disaient les jurisconsultes de l'école coutumière, celui qui porte l'œil chez le voisin y met le pied. Comment cet empiétement sur la propriété du voisin deviendrait-il, après trente ans, l'exercice de la propriété? Qu'après trente ans le voisin ne puisse plus réclamer la suppression des vues, en résultera-t-il que le propriétaire du mur a fait acte de propriété en empiétant sur l'héritage du voisin? Une atteinte à la propriété peut-elle jamais se transformer en acte de propriété? On conçoit que cet empiétement continué pendant trente ans, souffert pendant trente ans, devienne une servitude, une charge pour l'un des fonds, un droit nouveau pour l'autre; on ne conçoit pas que ce qui était dans son principe une violation de la propriété du voisin devienne par le laps de temps l'exercice du droit de propriété (2).

On fait une objection très-spécieuse contre l'opinion que nous soutenons. Il est de principe que les effets de la prescription sont limités à la possession : *tantum præscriptum quantum possessum.* Or, qu'est-ce que le propriétaire du mur a possédé? Des fenêtres. Eh bien, ces fenêtres, on les lui laisse, il les conserve, on ne peut plus le forcer à les boucher. Voilà la servitude continue et apparente qu'il a acquise. Mais a-t-il aussi acquis la servitude qui consiste à empêcher le voisin de bâtir? C'est une servitude non apparente qui ne s'acquiert pas par la prescription; le

---

(1) C'est ce que dit l'arrêt de la cour de Gand, rendu chambres réunies. Il ne fait, du reste, que répéter ce qu'avait dit Merlin, *Questions de droit,* au mot *Servitude,* § III (t. XIV, p. 245).
(2) Demolombe, t. XII, p. 62, n° 580.

propriétaire du mur n'a pas possédé cette servitude, il n'a donc pas pu la prescrire. Cette objection ne tend à rien moins qu'à supprimer l'article 690, qui permet d'acquérir par la possession de trente ans la servitude de vue que les articles 688 et 689 placent parmi les servitudes continues et apparentes. Qu'est-ce que cette servitude de vue? Etablie par titre, elle aurait certainement pour effet d'empêcher le propriétaire du fonds servant de bâtir, en obstruant les vues. Etablie par prescription, elle doit avoir le même effet. Vainement dit-on que le propriétaire du mur n'a pas possédé la servitude de ne pas bâtir. Celui qui pratique des vues dans son mur, que veut-il? Recevoir la lumière et l'air, avoir la faculté de voir hors de l'appartement où les vues sont ouvertes. Voilà ce qu'il possède pendant trente ans. Et après les trente ans, le voisin viendra bâtir contre le mur, contre les fenêtres, il les obstruera, il empêchera le propriétaire de recevoir la lumière et l'air, et si le propriétaire réclame, il dira : « De quoi vous plaignez-vous? Vous conservez vos fenêtres! » Nous le demandons : est-ce là ce que la loi entend par vues droites ou *fenêtres d'aspect* (1)?

Merlin invoque l'ancien droit (2), et les cours de Belgique font aussi appel à nos coutumes. L'argument serait décisif s'il était fondé. Nous laissons de côté les coutumes de Belgique. C'est la coutume de Paris que les auteurs du code ont suivie; c'est là la tradition du code civil. Eh bien, nous avons rapporté le commentaire de Ferrière, c'est aussi le commentaire du code civil : les termes sont presque identiques, et l'esprit est le même. La doctrine de la coutume de Paris est-elle celle des interprètes du droit romain? Non, c'est celle d'une propriété tempérée par les nécessités sociales. Le principe étant différent, les conséquences aussi doivent être différentes. Qu'est-ce que Merlin oppose à cette interprétation? Il cite un arrêt du parlement de Paris; mais, dans l'espèce, il s'agissait de *vues de coutume,* c'est-à-

(1) Ducaurroy, Bonnier et Roustain, t. II, p. 217, n° 321. Demante, t. II, p. 628, n° 535 *bis* II.
(2) Merlin, *Questions de droit,* au mot *Servitude,* § III (t. XIV, p. 245-247).

dire de vues de propriété, et celles-là évidemment ne
donnent aucun droit sur l'héritage du voisin. Merlin cite
encore un arrêt du parlement d'Aix. C'était un pays de
droit écrit; l'arrêt témoigne donc pour la tradition romaine, il est étranger à la tradition coutumière. Reste le
principe, tel que Ferrière l'a formulé, tel que le code l'a
consacré ; il suffit pour décider la question.

II. *Conséquences du principe.*

63. Le propriétaire qui possède pendant trente ans des
vues de droit acquiert la servitude de vue. Quelle est
l'étendue de cette servitude? Il y a un point qui n'est pas
douteux. Le propriétaire a possédé des fenêtres de telle
hauteur, de telle largeur, en tel nombre : telle est sa possession, telle sera la prescription. Ce n'est pas le droit illimité d'avoir telles fenêtres qu'il veut qu'il a possédé, sa
possession est limitée, la prescription est renfermée dans
les mêmes limites. Il ne pourra donc pas ouvrir de nouvelles fenêtres, ni agrandir celles qui existent. Cela ne
fait aucun doute dans notre opinion (1). Chose singulière!
dans la doctrine de la cour de cassation de Belgique, il
faudrait décider que le propriétaire, étant rentré dans sa
liberté naturelle, en se libérant de la servitude que la loi
lui impose, pourra ouvrir telles fenêtres qu'il voudra, sauf
au voisin à bâtir. Ainsi une doctrine qui invoque la maxime
tantum præscriptum quantum possessum aboutit à donner à celui qui a possédé une fenêtre le droit d'en ouvrir
vingt! Nouvelle preuve que la prétendue liberté naturelle
du propriétaire et la prétendue libération d'une servitude
sont en opposition avec les principes mêmes que l'on invoque.

64. Si le bâtiment, dans lequel les vues acquises par
prescription existent, est démoli et reconstruit, est-ce que
la nouvelle maison jouira du même droit de servitude? En
principe, la question n'est pas douteuse; les articles 703
et 704 la décident. La servitude de vue cesse, d'après l'ar-

(1) Arrêt de cassation du 1er juillet 1861 (Dalloz, 1861, 1, 138).

ticle 703, lorsque, le bâtiment étant détruit, les choses se trouvent en tel état qu'on ne peut plus en user ; mais, aux termes de l'article 704, elle revit quand la maison est reconstruite, de manière qu'on puisse en user. Bien entendu que la nouvelle servitude ne doit être que la continuation de l'ancienne ; il faudra donc appliquer ce que nous venons de dire sur les effets limités de la prescription. Il a été jugé, par application de ces principes, que la servitude ne serait pas maintenue si la maison était reconstruite plus près de l'héritage du voisin : ce serait alors une nouvelle servitude qui, n'ayant pas été possédée, n'a pu être prescrite (1).

65. Il peut s'élever une difficulté de preuve. La maison démolie se trouvait sur la limite séparative des deux héritages. Elle est reconstruite ; le voisin prétend que les ouvertures pratiquées dans l'ancien mur étaient des jours de tolérance, construits dans les conditions prescrites par les articles 677 et 678 ; tandis que le propriétaire du mur soutient que c'étaient des fenêtres d'aspect. Il en résulte que l'existence même de la servitude est contestée. On demande si le propriétaire du mur pourra prouver par témoins que les ouvertures qui se trouvaient dans le mur étaient des vues ou fenêtres d'aspect. Un arrêt de la cour de Caen a admis la preuve testimoniale ; mais les motifs sont si peu précis qu'ils laissent l'esprit dans l'indécision. On pourrait *peut-être,* dit la cour, conclure des termes de l'article 1341 qu'il ne devrait s'appliquer qu'aux obligations et aux contrats ; puis elle ajoute qu'il y aurait *peut-être* lieu d'invoquer l'exception établie par l'article 1348 (2). Nous n'aimons pas les *peut-être* en droit. Il y a des principes certains, incontestables ; il y faut recourir. La preuve testimoniale est admise indéfiniment quand il s'agit de prouver un fait pur et simple, c'est-à-dire un fait matériel, qui par lui-même n'engendre ni droit ni obligation. Et quel est le fait litigieux dans l'espèce ? Le mode de construction d'une fenêtre ; voilà certes un fait matériel : au mo-

---

(1) Dijon, 26 mai 1842 (Dalloz, au mot *Servitude*, n° 754).
(2) Caen, 16 décembre 1848 (Dalloz, 1850, 2, 168).

ment où il se consomme, il n'y a pas lieu d'en dresser un écrit. Donc c'est un fait qui pourra se prouver par témoins, à quelque somme que s'élève le litige.

66. Quelle est l'étendue de la charge qui pèse sur le fonds asservi? Le code ne définit pas la servitude de vue, il se borne à dire qu'elle est continue et apparente (art. 688 et 689). Mais la nature même de cette servitude implique que le propriétaire du fonds servant ne peut pas obstruer les vues par des constructions qu'il ferait sur son héritage ; il ne peut rien faire, d'après l'article 701, qui diminue l'usage de la servitude ou qui le rende plus incommode ; donc il ne peut bâtir de manière à empêcher le propriétaire du fonds dominant d'user de son droit. Mais en quoi consiste précisément ce droit? D'abord à recevoir la lumière et l'air, puis à voir : le propriétaire du fonds servant ne peut pas entraver l'exercice de ces facultés. Est-ce à dire qu'il ne puisse pas bâtir du tout? Non, car la servitude de vue n'est pas la servitude de prospect, elle n'est pas incompatible avec le droit que le voisin a de bâtir sur son fonds. Toutefois cette faculté reçoit une restriction. La difficulté est d'en déterminer les limites précises : à quelle distance du fonds dominant le propriétaire du fonds servant peut-il bâtir? La cour de cassation a décidé que le propriétaire de l'héritage sur lequel une servitude de vue est établie par titre ou par prescription ne peut élever de constructions, balcons ou terrasses, s'il n'y a dix-neuf décimètres de distance entre le mur où ces vues sont pratiquées et lesdits ouvrages (1). La cour dit que c'est une conséquence nécessaire et juridique de l'article 678. Cela nous paraît très-douteux. L'article 678 porte qu'on ne peut avoir des vues droites ou fenêtres d'aspect sur l'héritage de son voisin, s'il n'y a dix-neuf décimètres de distance entre le mur où on les pratique et ledit héritage. Cette disposition règle l'exercice du droit de propriété ; les vues que l'on construit en vertu de l'article 678 sont des vues de droit, elles ont

_____

(1) Arrêt de rejet du 1er décembre 1851 (Dalloz, 1852, 1, 30). Arrêt de cassation du 22 août 1853 (Dalloz, 1853, 1, 247). Arrêt de Montpellier du 15 novembre 1847 (Dalloz, 1848, 2, 65). La doctrine est dans le même sens (Demolombe, t. XII, p. 65, n° 581).

pour objet de mettre le voisin à l'abri de l'indiscrète curiosité de celui qui a des fenêtres donnant sur le fonds du
voisin. Lorsque le propriétaire d'un mur joignant l'héritage contigu y pratique des vues, et acquiert le droit de
vue, la position des parties est tout autre; il ne s'agit plus
de vues de droit, il s'agit de vues de servitude; tout ce à
quoi le propriétaire du fonds servant est tenu, c'est de ne
rien faire qui nuise au propriétaire du fonds dominant.
S'il veut bâtir à une distance moindre que dix-neuf décimètres, de quel droit le propriétaire du fonds dominant
s'y opposerait-il? Nous supposons qu'en bâtissant à une
distance de dix décimètres, il n'ôte ni la lumière, ni la vue
au propriétaire du mur. De quoi donc celui-ci se plaindrait-il? De ce que la maison du voisin est trop rapprochée? Cela regarde le voisin, car c'est lui qui en souffrira;
cela ne regarde pas le propriétaire dominant, car ce n'est
pas dans son intérêt que la distance de dix-neuf décimètres
est prescrite. En définitive, il n'y a pas de loi, l'article 678
ayant un tout autre objet. Reste donc l'article 701, dont
l'application est une question de fait.

§ VI. *De l'égout des toits.*

67. Nous avons exposé ailleurs les principes que le
code civil établit sur l'écoulement des eaux (1). Les fonds
inférieurs sont assujettis à recevoir les eaux qui découlent
naturellement des fonds supérieurs sans que la main de
l'homme y ait contribué. Cette servitude ne pèse que sur
les fonds inférieurs; et elle suppose que l'écoulement des
eaux est l'œuvre de la nature. Elle est donc tout à fait
étrangère à l'égout des toits. Ici nous rentrons dans les
principes généraux qui régissent le droit de propriété.
L'article 681 en est une conséquence; il est ainsi conçu :
« Tout propriétaire doit établir ses toits de manière que
les eaux pluviales s'écoulent sur son terrain ou sur la voie
publique; il ne peut les faire verser sur le fonds de son

(1) Voyez le tome VII de mes *Principes,* nos 357 et suiv.

voisin. » En les versant sur le fonds du voisin, il empiéterait sur son droit de propriété et sur le droit d'exclusion
qui en résulte; il faut donc qu'il construise le toit de manière que les eaux s'écoulent sur un terrain dont il a la
disposition. Il peut les verser sur la voie publique, parce
que tel est l'un des usages que les riverains peuvent faire
des voies de communication; s'il ne les verse pas sur la
voie publique, il doit les verser sur un terrain qui lui appartient.

68. Que faut-il décider si le terrain appartient en commun au propriétaire de la maison et à son voisin? Il faut
voir quelle est la destination de ce terrain. Comme l'a très-
bien dit le conseiller Mesnard dans un rapport fait à la
cour de cassation, le mode de jouissance des communistes
peut être limité ou illimité. Quand il n'est limité ni par
la loi ni par la convention, la jouissance comprend tous
les actes que comportent la nature et la destination de la
chose commune. Le droit de chaque communiste est complet; il le peut exercer dans une étendue qui n'a d'autres
bornes que celles qu'y vient poser le droit égal de l'autre
communiste. Mais pour que celui-ci ait le droit de se plaindre, il faut que son droit soit lésé ou amoindri par un mode
de jouissance ou excessif, ou tendant à faire dégénérer la
chose commune en chose privativement possédée par l'un
des communistes (1). Par application de ces principes, il a
été décidé qu'un terrain servant de passage à deux voisins
avait reçu cette destination spéciale, en vertu de l'intention des communistes. De là, la cour a conclu que l'un des
communistes ne pouvait diriger l'égout de ses toits sur ce
terrain (2). Le principe est incontestable; quant à l'application, elle dépend des faits et circonstances de la cause.

69. Le propriétaire peut acquérir le droit de verser sur
le fonds du voisin les eaux pluviales qui découlent de son
toit. Comme cette servitude est continue (art. 688) et apparente, elle s'acquiert par prescription comme par titre.
Cela prouve que l'obligation imposée par l'article 681 à
tout propriétaire d'établir ses toits de manière que les eaux

(1) Dalloz, 1851, 1, 257. Rapport de Mesnard sur l'arrêt du 31 mars 1851.
(2) Bordeaux, 20 juillet 1858 (Dalloz, 1859, 2, 184).

pluviales ne tombent pas sur le fonds voisin, n'est pas une servitude, bien que le code la range parmi les servitudes légales. C'est une conséquence du principe que le propriétaire ne peut rien faire qui lèse les droits de son voisin; or, il lèse son droit quand il fait arriver sur son fonds des choses qui n'y arriveraient pas naturellement : telles seraient les eaux qui tombent du toit sur l'héritage du voisin (1).

70. Puisque l'article 681 est une conséquence des principes généraux qui régissent la propriété et non une servitude, il s'ensuit qu'il faut l'appliquer alors même que le fonds du voisin, sur lequel le propriétaire de la maison voudrait déverser les eaux, serait inférieur. Il est vrai que les fonds inférieurs sont assujettis envers ceux qui sont plus élevés à recevoir les eaux qui en découlent, mais l'article 640, qui établit cette servitude, ajoute que les eaux doivent découler naturellement sur le fonds inférieur, sans que la main de l'homme y ait contribué : ce qui exclut les eaux pluviales qui tombent d'un toit (2).

Est-ce à dire que le propriétaire inférieur ne soit pas tenu de recevoir les eaux pluviales, une fois qu'elles ont été versées sur un terrain appartenant au propriétaire de la maison, si elles découlent naturellement sur le fonds inférieur? Pardessus répond que si le terrain sur lequel les eaux sont versées est inférieur à celui du voisin, celui-ci ne peut s'opposer à ce que les eaux coulent ensuite sur sa propriété. Cela est trop absolu. Il faut appliquer les principes qui régissent la servitude d'écoulement établie par l'article 640 ; or, aux termes de cette disposition, le propriétaire supérieur ne peut rien faire qui aggrave la servitude du fonds inférieur. Si donc l'écoulement était aggravé par des ouvrages quelconques que le propriétaire supérieur aurait faits sur son fonds, le propriétaire inférieur pourrait réclamer. Partant celui-ci n'est tenu à recevoir les eaux pluviales, dans l'espèce, que si elles n'arrivent pas sur son fonds d'une manière plus incommode qu'elles ne le feraient

---

(1) Ducaurroy, Bonnier et Roustain, t. II, p. 218, n° 322.
(2) Colmar, 5 mai 1819 et arrêt de rejet du 15 mars 1830 (Dalloz, au mot *Servitude*, n° 79, 1° et 2°).

par l'effet de la situation des lieux, en supposant qu'aucun bâtiment n'ait été construit sur le fonds supérieur (1).

Dans l'esprit de la loi, les eaux qui tombent du toit ne doivent être pour le voisin la cause d'aucun préjudice. Il y aurait préjudice si elles tombaient trop près d'un mur qui lui appartient. Déjà dans l'ancien droit, on décidait que, dans ce cas, il convenait d'observer une certaine distance, et de faire un pavage afin d'éviter la dégradation des fondations (2).

71. Le propriétaire peut retenir les eaux pluviales qui découlent de son toit; elles lui appartiennent par droit d'accession. Il peut donc en disposer comme il l'entend. Mais ici revient le principe qui restreint les droits de tout propriétaire. Si, en retenant les eaux, celles-ci s'infiltraient dans le fonds contigu et menaçaient les constructions qui s'y trouvent, le propriétaire serait responsable du dommage qu'il causerait, et il serait tenu de faire les travaux nécessaires pour écarter ce préjudice. Il a été jugé, par application de ces principes, que le propriétaire peut être contraint à paver une cour sur laquelle les eaux pluviales sont déversées, afin d'empêcher les infiltrations qui nuisaient à une cave appartenant au voisin (3).

72. Il résulte de l'article 681 que l'on ne peut avoir sur son voisin d'avancement de toit, puisqu'il porterait les eaux sur son fonds, ce que la loi prohibe. La défense résultait déjà de l'article 552, d'après lequel la propriété du sol emporte la propriété du dessus, ce qui implique que mon voisin ne peut rien avancer ni suspendre au-dessus de mon héritage, car il empiéterait sur ma propriété. Si donc le propriétaire ne peut déverser les eaux sur la voie publique, il doit ou établir des gouttières destinées à les écouler sur un terrain qui lui appartient, ou laisser entre son mur et le fonds voisin un espace suffisant pour recevoir les eaux. S'il fait des gouttières, il doit éviter qu'elles n'avancent sur le fonds du voisin, ce serait un nouvel empiéte-

<hr>

(1) Pardessus, t. Ier, p. 472, n° 213. Comparez Demante, t. II, p. 630, n° 536 *bis* II, et le tome VII de mes *Principes*, n° 362.
(2) Desgodets, *sur la Coutume de Paris*, art. 210, n° 14.
(3) Arrêt de rejet du 13 mars 1827 (Dalloz, au mot *Propriété*, n° 165).

ment sur la propriété, telle qu'elle est définie par l'article 552 (1).

Si le propriétaire laisse au delà de son mur un espace de terrain suffisant pour recevoir les eaux de ses toits, ce terrain étant sa propriété, il en peut faire tel usage que bon lui semble. Le plus souvent il n'en usera pas, tandis que le voisin en profitera s'il a une cour ou un jardin attenant. Des difficultés peuvent s'élever alors sur la propriété du terrain. Si c'est le propriétaire qui, en construisant, l'a réservé pour recevoir les eaux pluviales, il va sans dire qu'il lui appartient, mais comment prouvera-t-il que c'est sa propriété? De titre, il n'en a pas, et la propriété ne s'établit pas par témoins. Il y a des arrêts qui admettent une présomption de propriété en faveur de celui qui déverse les eaux pluviales sur le terrain litigieux. La cour de Bordeaux a jugé qu'il est présumé propriétaire jusqu'à preuve contraire; on ne peut, en effet, supposer, dit l'arrêt, que la maison ait été construite de manière à déverser les eaux sur un terrain qui appartient au voisin, personne n'étant présumé violer la loi, ni usurper la propriété d'autrui; il y a donc présomption que celui qui a construit la maison a laissé au delà du parement extérieur du mur l'espace de terrain nécessaire pour l'écoulement des eaux pluviales (2). D'après la cour, cette présomption ne pourrait être combattue que par un titre contraire. Nous avons bien des fois constaté l'étrange confusion qui règne dans la jurisprudence et dans la doctrine au sujet des présomptions. En voici un nouvel exemple. Il y a des présomptions de propriété : c'est, dit l'article 1350, n° 2, quand la loi déclare la propriété résulter de certaines circonstances déterminées. Il faut donc un texte pour qu'il y ait une présomption de propriété; et le bon sens ne suffit-il pas pour décider qu'il ne saurait y avoir de présomption légale sans loi? Et où est la loi qui présume que le propriétaire d'une maison a la propriété du terrain sur lequel il déverse ses eaux pluviales? Sans doute

---

(1) Pardessus, t. Ier, p. 471, n° 212. Ducaurroy, Bonnier et Roustain, t. II, p. 218, n° 322. Demolombe, t. XII, p. 69, n° 585.
(2) Arrêts de Bordeaux du 20 novembre et du 14 décembre 1833 (Dalloz, au mot *Servitude*, n° 792.

il est probable qu'il n'a pas violé la loi en usurpant la propriété de son voisin, mais une probabilité n'est pas une présomption. Les probabilités de fait ne produisent qu'une de ces présomptions simples que l'on appelle présomptions de l'homme, et dont la loi abandonne l'appréciation à la prudence des magistrats. C'est ce que dit très-bien un arrêt de la cour de cassation (1). La cour ajoute que cette présomption peut être combattue par la présomption contraire de la possession que le voisin aurait du terrain litigieux. Il est certain que les présomptions simples peuvent être combattues par d'autres présomptions; pour mieux dire, quand une probabilité est détruite par une probabilité contraire, il n'y a plus de présomptions, car la loi n'admet comme telles que les présomptions *graves, précises* et *concordantes* (art. 1353). Puis la cour aurait dû faire une réserve. C'est que les présomptions simples sont une preuve exceptionnelle, puisque le code ne les admet que dans les cas où la preuve testimoniale est admise. C'est dans ces limites que le juge peut décider une question de propriété par des présomptions.

La cour de cassation dit que le voisin peut invoquer la possession, c'est-à-dire la prescription. On a objecté qu'il y avait, dans l'espèce, deux possessions contraires, celle du propriétaire qui déverse ses eaux pluviales sur le terrain litigieux et celle du voisin qui profite du terrain. On a conclu de là que le voisin ne pouvait acquérir la propriété du terrain par la prescription aussi longtemps que l'égout subsisterait (2). C'est confondre la question de propriété avec la question de servitude. Il peut y avoir égout à titre de servitude aussi bien qu'à titre de propriété. Donc rien n'empêche que le stillicide coexiste avec la propriété du voisin; celui-ci peut être propriétaire en vertu d'un titre ou de la prescription, et le stillicide peut résulter d'une servitude (3). En fait, ces questions sont souvent très-douteuses; en droit, il n'y a aucun doute.

(1) Arrêt de rejet du 23 juillet 1851 (Dalloz, 1851, 1, 184). Dans le même sens, Demolombe, t. XII, p. 74, nos 592, 593.
(2) Amiens, 20 février 1840 (Dalloz, au mot *Servitude,* nº 794).
(3) Limoges, 26 décembre 1839 (Dalloz, au mot *Servitude,* nº 795, 1º). Ar-

§ VII. *De la servitude d'enclave.*

73. L'article 682 porte : « Le propriétaire dont les fonds
sont enclavés, et qui n'a aucune issue sur la voie publique,
peut réclamer un passage sur les fonds de ses voisins pour
l'exploitation de son héritage. » Cette disposition établit
une vraie servitude de passage, qui ne diffère que par son
origine de la servitude de passage constituée par titre.
Elle existe en vertu de la loi, indépendamment de toute
convention. Il est vrai que la loi dit que le propriétaire
enclavé peut *réclamer* un passage sur les fonds voisins. On
a conclu de là que l'établissement de cette servitude était
une espèce d'expropriation, laquelle n'existe que lorsque
le propriétaire est privé de sa propriété par un jugement
ou par une convention (1). Cette interprétation est en opposition avec le texte et avec l'esprit de la loi. Il y a expropriation, d'après l'article 545, quand un propriétaire est
contraint de céder sa propriété pour cause d'utilité publique, et moyennant une juste et préalable indemnité. Or,
le propriétaire du fonds qui doit fournir le passage en cas
d'enclave conserve la propriété du terrain par lequel le
passage s'exerce ; il n'est donc pas privé de sa propriété.
On lui impose seulement une servitude. Et dans le système
du code, l'établissement d'une servitude n'est pas considéré
comme une expropriation, alors même qu'elle est créée dans
un intérêt public : telles sont les servitudes militaires pour
lesquelles la loi ne donne pas même d'indemnité ; preuve
certaine qu'il n'y a pas d'expropriation dans le sens légal
du mot. En cas d'enclave, il y a aussi une espèce d'utilité
publique. « Il est de droit naturel, dit Domat, qu'un héritage ne demeure pas inutile. » Bourjon dit que le bien public est la loi suprême (2). Mais ce n'est pas à l'Etat ni

rêt de rejet du 28 juillet 1851 (Dalloz, 1851, 1, 184). Pardessus, t. Ier,
p. 476, n° 215.
(1) Valette, d'après Mourlon, t. Ier, p. 800 et suiv. En sens contraire,
Demolombe, t. XII, p. 115, n° 635. Duranton, t. V, p. 467, n° 426.
(2) Domat, *Lois civiles*, livre I, titre XII, section I, n° 10. Bourjon, *le
Droit commun de la France*, t. II, p. 9, livre IV, titre I, partie II, chapitre I, n° 1.

pour des besoins publics que la servitude est accordée (1) ; cela suffit pour exclure l'expropriation qui porte le nom d'expropriation pour cause d'utilité publique. Si la loi veut que le propriétaire grevé du passage reçoive une indemnité, c'est que la servitude est constituée dans l'intérêt d'un particulier et lui profite.

La servitude existe donc en vertu de la loi, c'est-à-dire de plein droit. On a invoqué en faveur de cette opinion les anciennes coutumes. Coquille dit que la coutume permet de *prendre* passage par l'héritage du voisin; et la coutume de Malines porte que le fonds enclavé *doit avoir* une issue (2). Mais Bourjon s'exprime dans un sens tout contraire; d'après lui, le propriétaire enclavé a *action* contre le voisin « pour l'obliger à lui livrer un passage. » Il appelle cela une *vente forcée; ce* qui répond précisément à la théorie que nous avons combattue. La tradition est donc douteuse. Mais l'esprit de la loi ne laisse aucun doute. Berlier dit dans l'exposé des motifs que le propriétaire qui fournit le passage doit être indemnisé, et que celui qui le *prend* doit en user de la manière qui portera le moins de dommage à l'autre (3). C'est l'expression de Coquille; elle suppose l'existence d'une servitude. La servitude est établie par la loi, donc il ne faut pas d'action. Nous reviendrons sur ce point (n⁰ˢ 97 et 106).

N° 1. CONDITIONS.

I. *Qui peut réclamer le passage?*

74. L'article 682 dit que le *propriétaire* enclavé peut réclamer un passage sur les fonds voisins. Est-ce à dire que le propriétaire seul ait ce droit? On pourrait le soutenir en invoquant les principes qui régissent les servitudes conventionnelles. Le propriétaire a seul qualité pour stipuler une servitude, car lui seul est le représentant légal du fonds. Or, en cas d'enclave, il s'agit aussi d'acquérir

(1) Ainsi jugé par la cour de Liége, 12 juin 1839 (*Pasicrisie,* 1839, 2, 108).
(2) Faider, Réquisitoire (*Pasicrisie,* 1859, 1, 310).
(3) Berlier, Exposé des motifs, n° 16 (Locré, t. IV, p. 182).

une servitude; ce qui semble décider la question. Il y a cependant une différence considérable. Le propriétaire enclavé ne stipule rien, il *réclame*, dit le code. C'est la loi qui établit le passage; aussi est-il compris parmi les servitudes légales. L'article 682 ajoute que le passage est accordé pour l'exploitation de l'héritage. Il faut conclure de là que tous ceux qui ont un droit dans le fonds, l'usufruitier, l'emphytéote, le superficiaire, peuvent demander le passage s'ils sont enclavés. Ils ont le droit de réclamer, au nom du fonds, un droit que la loi établit dans l'intérêt de l'exploitation, puisque en vertu du droit réel qui leur appartient, ils ont le même droit de jouissance que le propriétaire (1). Il y a cependant une réserve à faire, comme nous allons le dire.

75. Un arrêt de la cour d'Amiens va plus loin; il décide que le fermier pourrait réclamer le passage en cas d'enclave, pour faire valoir le fonds qu'il exploite (2). Cela est contraire aux principes qui régissent le bail. Le fermier n'a pas de droit dans l'héritage, il n'a aucune qualité pour parler en son nom. Ce n'est pas lui qui devrait payer l'indemnité, ce n'est donc pas lui qui agit; il n'a d'action que contre le bailleur, qui est obligé de le faire jouir. Vainement dirait-on que la servitude existe en vertu de la loi, qu'il n'est pas question de l'établir, mais de l'exercer; nous répondons que pour qu'elle puisse être exercée, il faut que l'on fixe l'endroit par lequel le passage sera pratiqué, ainsi que le montant de l'indemnité. Le fermier n'a aucune qualité pour régler l'exercice d'une servitude, parce qu'il ne peut pas stipuler au nom du fonds; il ne peut pas davantage consentir une indemnité que lui ne doit pas payer. Ceux-là mêmes qui ont un droit réel dans la chose ne peuvent pas, en tout, représenter le propriétaire. L'indemnité est une charge qui pèse tout ensemble sur le nu propriétaire et sur l'usufruitier; il faut donc que le nu propriétaire prenne part au règlement de l'indemnité.

(1) Aubry et Rau, t. III, p. 25 et note 3, et les auteurs qui y sont cités.
(2) Amiens, 25 mai 1813 (Dalloz, au mot *Servitude,* n° 847).

II. *De l'enclave.*

76. Quand y a-t-il enclave? L'article 682 le dit; lorsque
« le propriétaire n'a aucune issue sur la voie publique. »
Il semble résulter du texte de la loi qu'il faut une absolue
nécessité, pour qu'un propriétaire enclavé puisse demander
un passage sur les fonds de ses voisins, c'est-à-dire une
impossibilité absolue de se procurer une issue par ses
propres fonds. Tel paraît aussi être l'esprit de la loi. En
effet, la servitude qu'elle impose aux fonds voisins est une
restriction forcée au droit de propriété, on l'a comparée à
une expropriation partielle; or, l'expropriation, quand elle
est prononcée dans l'intérêt d'un propriétaire, est une
exception, une dérogation au droit commun, donc de la
plus stricte interprétation. Il y a des auteurs et des arrêts
qui se prononcent en ce sens. Pardessus parle d'une nécessité absolue; la cour de Besançon exige une absolue
impossibilité (1). Ce système sévère a été formulé par la
cour de Rouen en ces termes : « D'après la loi, d'accord
avec la raison et l'équité, le passage forcé sur un héritage
contigu ne doit avoir lieu que pour le cas d'*impossibilité
physique* d'arriver au fonds enclavé; dès lors il faut, pour
l'accorder, qu'il y ait nécessité absolue. Quelque pénible,
quelque longue que soit une issue sur la voie publique, elle
fait disparaître l'obligation de passage forcé sur les propriétés voisines (2). »
La cour de cassation a condamné cette interprétation
rigoureuse. Il avait été jugé par la cour de Toulouse « qu'il
suffisait, en droit, pour ne pas rendre la servitude nécessaire, qu'il y eût une issue, quelque étroite et dangereuse
qu'elle pût être. » La décision fut cassée comme contraire à la loi, qui veut que l'issue soit suffisante pour
l'exploitation de l'héritage (3). Ainsi la question devient une
question de fait : c'est au juge à voir, dans chaque espèce,

(1) Pardessus, t. Ier, p. 493, no 218. Besançon, 23 mai 1828 (Dalloz, au
mot *Servitude*, no 819, 1o).
(2) Rouen, 16 juin 1835 (Dalloz, au mot *Servitude*, no 819, 4o).
(3) Arrêt de rejet du 16 février 1835 (Dalloz, au mot *Servitude*, no 886).

si le propriétaire qui réclame le passage a ou non une issue suffisante. Cette interprétation est plus en harmonie avec l'esprit de la loi. Il est vrai que l'expropriation forcée est une atteinte portée au droit de propriété. Mais on a tort de considérer ce droit comme absolu, il reçoit bien des limitations dans un intérêt de bon voisinage, sans que l'on puisse dire que ces restrictions soient fondées sur une nécessité absolue. Alors même qu'il y a expropriation véritable, la loi se contente de l'*utilité publique*; pourquoi serait-on plus sévère pour une simple servitude de passage? Il est vrai qu'elle est établie dans l'intérêt d'un particulier, mais il y a aussi un intérêt général, celui de l'exploitation des fonds. Ce n'est pas à dire que le propriétaire puisse réclamer un passage, à titre d'enclave, pour sa commodité ou son avantage particulier : il y a un intérêt égal pour les voisins à ne pas accorder le passage, et la loi ne sacrifie pas l'intérêt de l'un à l'intérêt de l'autre. Ce serait s'écarter du texte, et s'il ne faut pas l'outrer par une sévérité excessive, il ne faut pas non plus le dépasser par une indulgence qui, pour favoriser le propriétaire enclavé, nuirait à ses voisins. Il y a donc des droits et des intérêts divers à concilier : c'est ce que la jurisprudence a fait avec une sage modération.

76 *bis*. L'article 682 a encore donné lieu à une autre difficulté : Que faut-il entendre par les mots *voie publique?* Si le propriétaire a issue sur un *sentier*, pourra-t-on dire qu'il est enclavé, parce que ce sentier n'est pas une route? Non, certes. La loi n'exige pas que la *voie publique* soit une route de l'Etat, de la province ou de la commune. Il suffit que la voie soit publique, c'est-à-dire qu'elle serve à l'usage des riverains. De là suit aussi que les propriétaires enclavés peuvent réclamer un passage donnant sur un sentier, car ce passage aboutira à une voie publique (1). La chose est si évidente que nous croyons inutile d'insister.

77. Il y a une issue, mais elle n'est pas légale, c'est-à-

_____

(1) Arrêt de cassation de la cour de cassation de Belgique du 8 août 1844 (*Pasicrisie*, 1844, 1, 217).

dire qu'elle ne donne pas au propriétaire enclavé le droit de passer; pourra-t-il demander un passage? Le cas se présente quand le fonds aboutit à un chemin de halage. Il faut décider qu'il y a enclave. En effet, le chemin de halage a une destination spéciale, il est affecté à la navigation; les voisins ne peuvent pas s'en servir à titre de passage; les tribunaux ne pourraient pas même accorder un passage sur le marchepied, qui est destiné exclusivement aux navigateurs, car le service public serait entravé si les voisins y pouvaient passer (1). Il y a plus : l'administration des domaines ne pourrait pas, dans un acte de vente, accorder un passage sur le chemin de halage. La cour de Bruxelles a jugé que cela ne se présumerait pas facilement (2). Ce n'est pas assez dire. L'administration n'a pas le droit de disposer du terrain qui sert de marchepied; en dehors du service de la navigation, ce terrain est une propriété particulière dont le maître seul dispose. Quant à la servitude de marchepied, elle a une destination spéciale; elle ne peut pas être étendue à un autre service que celui de la navigation pour lequel elle est établie.

Que faut-il décider si le propriétaire enclavé a une issue de simple tolérance? Il a été jugé qu'il ne pouvait pas réclamer un passage, aussi longtemps que le passage ne lui était pas contesté. Vainement dirait-il que d'un jour à l'autre, cette tolérance pourrait cesser. La cour de cassation répond que les magistrats n'ont à statuer que sur l'état actuel des choses; c'est quand la faculté de passer sera interdite au propriétaire enclavé que les tribunaux auront à voir lequel des voisins devra accorder le passage (3). Il y a là une fin de non-recevoir fondée sur le défaut d'intérêt.

78. Le propriétaire a une issue légale sur un chemin public; mais ce chemin est détruit, il est envahi par le débordement d'une rivière. Il y a enclave dans ce cas, mais temporaire, et le passage est de droit sur les fonds rive-

---

(1) Bordeaux, 15 janvier 1835 (Dalloz, au mot *Servitude,* n° 822). Aubry et Rau, t. III, p. 26 et note 7.
(2) Bruxelles, 23 décembre 1861 (*Pasicrisie,* 1862, 2, 86).
(3) Arrêt de rejet du 30 avril 1835 (Dalloz, au mot *Servitude,* n° 855).

rains (1). Les propriétaires sur les fonds desquels ce passage de nécessité s'exerce n'ont aucune indemnité à réclamer contre les passants; ils doivent agir contre la commune, s'il s'agit d'un chemin vicinal, ou contre l'Etat, s'il s'agit d'un chemin public. Il peut y avoir faute, négligence de la part de l'administration, donc il y a lieu à responsabilité et à dommages-intérêts. Il suit de là qu'on ne peut pas demander un passage, pour cause d'enclave, s'il y a un chemin, et si ce chemin est en mauvais état. Les propriétaires intéressés doivent s'adresser à la commune ou à l'Etat; il ne saurait être question d'enclave quand il existe un chemin, bien qu'il soit en mauvais état (2).

79. Il y a une issue, mais elle est dangereuse; cela suffit pour que le propriétaire qui n'en a pas d'autre puisse réclamer un passage sur les fonds voisins. La cour de cassation a formulé ce principe dans les termes les plus larges : « Il y a enclave, dit-elle, quand on ne peut avoir accès sur la voie publique sans de graves inconvénients (3). » C'est au juge du fait à décider quand l'inconvénient est grave. La question se présente assez souvent lorsque le propriétaire qui réclame un passage a une issue par eau. S'il s'agit d'un fleuve navigable, et que la navigation est périlleuse, il n'y a guère de doute; une voie pareille ne saurait être considérée comme suffisante. Il a été jugé par la cour de Rouen que la navigation de la Seine présente des dangers tels dans le voisinage de cette ville, que les difficultés de communiquer équivalent en quelque sorte à une impossibilité physique (4). La cour d'Angers a décidé que la Loire n'offre pas une voie d'accession sûre et praticable : ce fleuve, dit l'arrêt, sur lequel il y aurait eu à effectuer dans l'espèce un trajet de 800 mètres, est, de sa nature, très-variable dans son cours, tantôt élevé, impétueux et violent, tantôt réduit aux plus basses eaux, et

(1) Arrêt de rejet du 11 août 1835 (Dalloz, au mot *Servitude*, n° 823). Comparez le tome VII de mes *Principes*, p. 531, n° 465.
(2) Arrêt de rejet du 4 juin 1866 (Dalloz, 1867, 1, 10).
(3) Arrêt de rejet du 1er avril 1857 (Dalloz, 1857, 1, 164).
(4) Rouen, 24 décembre 1841, confirmé sur pourvoi par un arrêt du 31 juillet 1844 (Dalloz, au mot *Servitude*, n° 821, 3°). Comparez Gand, 23 novembre 1838 (*Pasicrisie*, 1838, 2, 237).

entravé par des grèves ; le rétrécissement du lit principal, la suppression de diverses branches par l'effet de nombreux travaux, la marche rapide et agitante des bateaux à vapeur, tout contribue à rendre la navigation difficile et dangereuse ; elle le serait surtout, ajoute la cour, pour les bateaux qui auraient à transporter les bestiaux envoyés à la pâture et à les ramener. L'arrêt conclut, avec raison, que des communications aussi pleines d'écueils et exposées à de funestes naufrages ne pouvaient être considérées comme praticables, qu'il y avait donc nécessité d'accorder un autre passage aux propriétaires intéressés (1).

Quand il ne s'agit pas d'un fleuve navigable, mais d'un canal, la solution de la difficulté dépend avant tout des habitudes nationales. Il a été jugé par la cour de Hollande qu'il n'y avait pas d'enclave si le terrain que l'on prétend enclavé touche à un canal (2). Dans un pays moins aquatique, une pareille décision serait trop absolue, tout en cette matière dépendant des circonstances. La cour de cassation de France a décidé qu'il n'y avait pas enclave, lorsque le propriétaire peut passer par une rivière qui est presque guéable en tout temps (3). Dans les pays de montagne, il peut y avoir enclave, bien qu'il s'agisse d'un simple torrent, si, comme le dit un arrêt, le torrent offre toujours un trajet peu sûr, incommode et même impraticable pendant une partie de l'année (4).

80. Ce que nous venons de dire des cours d'eau prouve que l'on ne peut pas poser en principe qu'un fonds n'est pas enclavé quand il a une issue, quelles que soient les difficultés qu'elle présente (5). La cour de Besançon, tout en répétant, à la suite de Pardessus, que le droit d'exiger un passage est subordonné à l'impossibilité absolue de passer par un autre endroit public, prend soin, en refusant le passage, de constater qu'il existait un chemin de desserte qui n'était pas impraticable, bien qu'il fût difficile

(1) Angers, 14 janvier 1847 (Dalloz, 1847, 2, 47).
(2) Arrêt du 18 novembre 1861 (*Weekblad voor het regt*, nº 2327).
(3) Arrêt de rejet du 30 avril 1855 (Dalloz, 1855, 1, 158).
(4) Bastia, 2 août 1854 (Dalloz, 1856, 2. 281).
(5) Aubry et Rau le disent en termes trop absolus (t. III, p. 26 et note 8).

d'y passer avec une charge complète ; que cet inconvénient pouvait disparaître par une rectification de la pente peu dispendieuse ; de sorte que quelques travaux faciles mettraient le chemin dans un état de viabilité complète (1). Avec ces restrictions, on peut admettre le principe que des difficultés ne suffisent pas pour qu'il y ait enclave. Par contre, si les dépenses qu'il faudrait faire pour rendre un chemin viable étaient excessives, il y aurait enclave, quoiqu'il n'y eût pas impossibilité absolue. Le conseiller Mesnard dit très-bien qu'il y a, dans ce cas, une impossibilité morale qui équivaut à une impossibilité physique ; peut-on exiger qu'un propriétaire dépense dix mille francs pour donner une issue à un terrain qui n'en vaut pas dix mille (2)? Dès que les frais qu'il faudrait faire sont tout à fait hors de proportion avec la valeur de l'héritage, il y a enclave (3). La difficulté se résout donc en un calcul de dépenses : si les travaux sont faciles et peu dispendieux, il n'y a pas d'enclave. Quand donc les frais excèdent de peu de chose l'indemnité que le propriétaire enclavé devrait payer pour obtenir un passage sur les fonds voisins, le principe de conciliation qui domine en cette matière demande que le propriétaire enclavé supporte cette légère dépense plutôt que de faire peser sur les voisins une servitude de passage toujours onéreuse (4).

81. La jurisprudence est encore allée plus loin dans cette voie d'interprétation équitable. Il a été jugé qu'un fonds est enclavé lorsqu'il a une issue, mais insuffisante pour les besoins de l'exploitation (5). Cette décision est

---

(1) Besançon, 23 mai 1828 (Dalloz, au mot *Servitude*, n° 819, 1°). Comparez Bruxelles, 12 avril 1854 (*Pasicrisie*, 1855, 2, 200). Dans l'espèce, les frais ne s'élevaient qu'à 54 francs, et le voisin offrait de les supporter ; cependant le prétendu enclavé réclama !

(2) Le cas s'est présenté. Paris, 24 mai 1844, et arrêt de rejet du 25 novembre 1845 (Dalloz, 1846, 1, 325).

(3) Paris, 24 mai 1844 (Dalloz, au mot *Servitude*, n° 821, 4°) et arrêts de rejet du 25 novembre 1845 (Dalloz, 1846, 1, 326), du 14 avril 1852 (Dalloz, 1852, 1, 154). Caen, 16 mars 1861 (Dalloz, 1861, 2, 167). Bruxelles, 7 février 1854 (*Pasicrisie*, 1854, 2, 194). Arrêt de rejet du 14 avril 1852 (Dalloz, 1852, 1, 164).

(4) Colmar, 26 mars 1831 et Rennes, 22 mars 1826 (Dalloz, au mot *Servitude*, n° 819, 2° et 6°).

(5) Caen, 16 avril 1859 (Dalloz, 1859, 2, 199).

fondée en droit aussi bien qu'en équité. Pourquoi la loi accorde-t-elle un passage forcé au propriétaire enclavé? L'article 682 le dit : « pour l'exploitation de son héritage. » Le législateur veut que le propriétaire ait toujours une issue pour exploiter ses fonds. Un sentier serait-il une issue suffisante, alors que pour l'exploitation il faut passer avec chevaux et chariots? Le propriétaire qui n'aurait qu'un sentier, tandis qu'il lui faudrait un chemin, est réellement enclavé, puisqu'il ne peut pas cultiver son héritage.

82. L'enclave suffit-elle pour qu'il y ait lieu au passage forcé en vertu de l'article 682? Non, il faut voir d'où l'enclave procède. Maleville dit qu'il y a lieu de s'étonner qu'après tant de siècles écoulés depuis que la terre est mise en culture, il y ait encore des fonds enclavés (1). Cependant les enclaves doivent être fréquentes, à en juger par le nombre considérable d'arrêts rendus sur la servitude de passage. Est-ce à dire que toute enclave donne le droit d'exiger un passage forcé par les fonds des voisins? L'enclave implique une idée de nécessité, physique ou morale; et la nécessité suppose que si un propriétaire est enclavé, il l'est sans sa volonté. S'il s'est privé d'une issue en faisant des constructions, il n'y a pas d'enclave (2). De même si l'enclave vient d'un fait volontaire, auquel le propriétaire enclavé a concouru par son consentement, il ne peut pas invoquer le bénéfice de l'article 682. Par suite de l'égalité qui est le principe fondamental de notre système de succession, les fonds de terre vont sans cesse en se morcelant. Il arrive donc tous les jours qu'un héritage étant partagé en un grand nombre de lots, il se trouve des parcelles qui n'ont plus d'issue sur la voie publique. Voilà des fonds enclavés. Est-ce que les propriétaires pourront demander à leurs voisins, étrangers au partage, un passage forcé en vertu de l'article 682? Non, certes, car c'est par leur volonté qu'ils sont enclavés, et ils ne peuvent pas par leur volonté imposer une servitude à leurs voisins. Dira-t-on que les fonds enclavés, quelle que soit la cause

(1) Maleville, *Analyse raisonnée*, t. II, p. 129.
(2) Rejet, 16 mars 1870 (Dalloz, 1870, 1, 421).

de l'enclave, doivent obtenir une issue, sous peine de rester inutiles à ceux qui les possèdent et inutiles à la société? Cela est évident, mais ils doivent demander cette issue à leurs copartageants. Si le partage est fait de bonne foi et avec un peu de prévoyance, il accordera un passage à ceux dont les lots sont enclavés. Que si par négligence ou par dol l'un des copartageants a dans son lot un fonds sans issue, il aura une action contre ses copartageants, pour obtenir un passage par le lot de celui qui aboutit à la voie publique. C'est une conséquence de l'obligation de garantie qui existe entre copartageants; ils doivent se garantir la propriété des immeubles mis dans leurs lots, donc aussi une propriété utile. Or, tant qu'un copartageant a action contre ses cohériters, il ne peut pas agir contre les tiers; il n'est réellement pas enclavé, puisqu'il a droit à une issue (1).

Pardessus suppose que par suite de négligence dans la rédaction des actes ou par le laps de temps, le copartageant enclavé n'ait plus d'action contre ses garants; dans ce cas, dit-il, il pourra agir en vertu de l'article 682. On a critiqué cette opinion (2). En effet, la rédaction de l'acte de partage ne peut pas priver les copartageants de l'action tendante à obtenir une issue. D'ordinaire l'acte sera muet; mais le silence des copartageants n'enlève pas à celui dont le lot est enclavé le recours contre ses garants. Si l'acte portait que les copartageants enclavés n'auraient pas d'action en garantie du chef d'enclave, cela n'empêcherait pas les propriétaires enclavés de réclamer un passage, de préférence contre leurs copartageants, parce que le partage ne peut jamais grever d'une servitude les fonds voisins : la clause de non-garantie n'aurait d'autre effet que d'obliger celui qui demande le passage à le payer, son lot ayant été estimé en conséquence. Il en serait autrement si l'action était prescrite; n'ayant plus d'action en

---

(1) Duranton, t. V, p. 461, n° 420. Demante, t. II, p. 631, n° 537 *bis* I. Ducaurroy, Bonnier et Roustain, t. II, p. 220, n° 325. Aubry et Rau, t. III, p. 28, note 18.

(2) Pardessus, t. Ier, p. 495, n° 219. Duranton, t. V, p. 463, n° 420. Demolombe, t. XII, p. 584, n° 602.

garantie contre ses copartageants, le propriétaire enclavé devra agir en vertu de l'article 682 (1).

83. La jurisprudence est en ce sens. Il a été jugé que le partage d'un fonds donne un droit de passage à la partie la plus éloignée du chemin public, sur les autres parties. L'arrêt dit que cette *présomption de concession* résulte de la nécessité des choses. C'est une mauvaise expression : la servitude ne naît pas d'une présomption, car on n'est jamais présumé grever son fonds d'une servitude. Mais, comme la cour l'explique elle-même, la partie du fonds qui est enclavée n'a pas droit à un passage sur le fonds du voisin, parce que les copartageants ne peuvent créer des servitudes sur le fonds d'un tiers; il est juste de faire supporter au fonds partagé les servitudes qui naissent de sa division (2). Non-seulement cela est juste, mais cela est aussi fondé en droit, comme nous venons de le dire. Si l'acte ne contient aucune stipulation à cet égard, les tribunaux régleront le passage. C'est un cas où, en apparence, le juge établit une servitude; à vrai dire, ce n'est pas le juge, c'est la volonté tacite des parties contractantes. Il ne faut donc pas invoquer, comme le fait la cour de Bastia, l'article 682 qui s'oppose à ce qu'une portion quelconque d'une hoirie demeure inaccessible et soit frappée de stérilité (3). Il ne s'agit pas ici de la servitude d'intérêt public que crée l'article 682; le partage est un contrat, qui oblige les copartageants à se garantir leurs lots, et, par une conséquence nécessaire, à donner accès aux divers lots sur la voie publique. Le juge ne crée jamais de servitude, comme nous le dirons plus loin; si, dans l'espèce, il l'établit, c'est en se fondant sur la volonté des parties contractantes; pour mieux dire, il se borne à en régler l'exercice. Parfois l'acte de partage contient une clause concernant les servitudes, mais conçue en termes tellement généraux, qu'elle semble autoriser les prétentions les plus excessives. Il est dit « que les copar-

(1) Toulouse, 12 mai 1866, et arrêt de rejet du 15 janvier 1868 (Dalloz, 1868, 1, 166).
(2) Riom, 10 juillet 1850 (Dalloz, 1851, 2, 244).
(3) Bastia, 17 décembre 1856 (Dalloz, 1858, 2, 210).

tageants doivent se donner chemin de servitude l'un à l'autre, partout où requis sera, en temps et saison convenables. » La cour de Rennes a décidé que cette clause ne s'appliquait qu'aux passages nécessaires pour desservir les terres labourables qui faisaient l'objet du partage, et qu'elle ne s'entendait pas d'un passage permanent et journalier que l'un des copartageants réclamait pour des magasins établis après le partage (1).

84. Il ne faut pas confondre le passage dû en vertu d'un partage et le passage légal de l'article 682. Plus loin nous dirons que le premier est dû, en général, sans indemnité. Il y a une autre différence. La servitude légale de passage naît de la nécessité, et elle cesse avec la cause qui lui a donné naissance : nous reviendrons sur ce principe. Il en est autrement de la servitude dont sont tenus les copartageants; lors même que celui qui est enclavé acquerrait un fonds riverain d'un chemin public, et que par suite il ne serait plus enclavé, il conserverait le passage qui lui a été accordé par le partage, car c'est une servitude conventionnelle, et une servitude pareille ne s'éteint pas parce qu'elle devient inutile au fonds dominant. Cela est aussi fondé en raison et en équité. Le propriétaire enclavé par suite d'un partage a droit à un passage parce que son fonds aura été estimé en conséquence de l'enclave, c'est donc une servitude acquise à titre onéreux et par un concours de consentement; or, les contrats sont irrévocables. La jurisprudence est en ce sens (2).

85. Les mêmes principes s'appliquent à la vente. Quand un fonds est divisé par une vente et qu'une partie du fonds se trouve enclavée, celle qui a accès à la voie publique est grevée d'une servitude de passage au profit de l'autre. C'est une conséquence logique des obligations qui incombent au vendeur. Il doit délivrer la chose vendue à l'acheteur et il doit la garantir; or, aux termes de l'article 1615, l'obligation de délivrer la chose comprend ses accessoires et tout ce qui a été destiné à son usage perpétuel; certes,

---

(1) Rennes, 18 novembre 1817 (Dalloz, au mot *Servitude,* n° 1002, 2°).
(2) Poitiers, 31 janvier 1832 (Dalloz, au mot *Servitude,* n° 857). Arrêt de rejet du 1er août 1861 (Dalloz, 1862, 1, 162).

le plus indispensable de tous les accessoires, c'est le passage, sans lequel l'acheteur ne peut pas même être mis en possession. Que faut-il décider si c'est le vendeur qui se trouve enclavé? Ici on ne peut plus invoquer d'obligation, car l'acheteur ne doit rien au vendeur que le prix. Est-ce à dire que le vendeur ait le droit de réclamer un passage en vertu de l'article 682? Non, car c'est par sa volonté qu'il est enclavé; or, les parties contractantes n'ont pas le droit d'imposer une servitude aux fonds voisins. Il faut donc décider qu'il y a un engagement tacite en vertu duquel le passage est dû par l'une des parties à l'autre (1). Ce sera toujours un passage conventionnel et non un passage légal.

86. Puisque l'enclave volontaire, par suite de vente ou de partage, ne donne pas lieu au passage forcé, l'article 682 ne recevra son application que dans les cas où l'enclave résultera d'un fait accidentel, tel que l'éboulement d'un terrain, l'invasion des eaux, le changement de lit d'une rivière, l'établissement d'un canal, la suppression d'un chemin (2). Cependant il se peut que le passage, conventionnel à son origine, devienne par la suite légal. Au moment de la vente, les parties stipulent un passage pour le fonds enclavé. Ce passage se trouve insuffisant à raison des besoins nouveaux de l'exploitation. Il a été jugé que le propriétaire enclavé pouvait demander un passage plus étendu, moyennant indemnité (3). Est-ce en vertu de la vente que ce nouveau passage est réclamé? Non, car il a été satisfait aux engagements résultant de la vente par la concession du premier passage. Donc les parties contractantes ne se doivent plus rien. Si un passage plus étendu est devenu nécessaire, il y a réellement enclave dans le sens de l'article 682. Comme le dit la cour de Caen, l'enclave est un état relatif; le propriétaire qui a besoin d'un chemin pour chevaux et charrettes est enclavé quand il

---

(1) Caen, 26 mai 1824 (Dalloz, au mot *Servitude,* n° 851, 1°). Agen, 16 février 1814 (Dalloz, *ibid.,* n° 851, 2°). Douai, 23 novembre 1850 (Dalloz, 1851, 2, 244). Arrêt de rejet du 14 novembre 1859 (Dalloz, 1860, 1, 176).

(2) Demolombe, t. XII, p. 583, n° 602, et tous les auteurs.

(3) Caen, 10 janvier 1861 (Dalloz, 1861, 2, 167).

n'a qu'un passage à pied. Le passage est donc réclamé à cause de l'enclave, par suite, en vertu de l'article 682.

Il y a un cas dans lequel le passage est légal, dès le moment où la vente est passée. Le vendeur avait aliéné la partie de son fonds qui touchait à la voie publique, long-temps avant la vente de l'autre partie du fonds. La vente a donc pour objet un fonds enclavé. On demande si, dans ce cas, l'acheteur a une action contre le vendeur. Si celui-ci s'est engagé à fournir un passage à l'acheteur, il n'y a plus de question ; mais on suppose que le contrat ne contient aucune clause à cet égard. Il n'y a plus d'engagement tacite résultant de la division du fonds, car il n'y a pas de division ; c'est un fonds enclavé qui est vendu. L'acheteur est sans action naissant de la vente. Par suite, il y a en-clave dans le sens de l'article 682 (1).

87. Rentre-t-on aussi dans le cas de l'article 682 lorsque le fonds vendu aboutit à un chemin de desserte, c'est-à-dire à une voie qui n'est pas publique? La difficulté s'est présentée devant la cour de cassation. Dans l'espèce, le propriétaire enclavé réclamait le bénéfice de la servitude légale qui lui procurait un passage plus direct. On lui opposait qu'il ne pouvait pas demander un passage sur les fonds voisins, puisqu'il avait droit à un passage comme acheteur contre son vendeur. Cela serait vrai, répondait le propriétaire enclavé, si le fonds de mon vendeur était riverain d'un chemin public. Mais un chemin de desserte est une servitude ; or, on ne peut transmettre une servitude d'un fonds à un autre, ni établir une servitude sur une servitude. La cour de cassation s'est tirée d'embarras en invoquant le principe consacré par la jurisprudence, que les chemins de desserte sont présumés la propriété commune des propriétaires dont ils desservent les héritages ; or, un propriétaire peut transmettre son droit à l'acheteur (2). Nous n'admettons pas cette prétendue présomption de co-propriété (3). A notre avis, la question n'était pas douteuse, et elle aurait dû être décidée dans le même sens, en sup-

---

(1) Arrêt de rejet du 19 juillet 1843 (Dalloz, au mot *Servitude*, n° 852).
(2) Arrêt de rejet du 27 avril 1868 (Dalloz, 1868, 1, 337).
(3) Voyez le tome VII de mes *Principes*, p. 195, n° 165.

posant que le chemin d'exploitation constituât une servitude. En effet, aux termes de l'article 700, si l'héritage dominant vient à être divisé, la servitude reste due pour chaque portion. Les difficultés que soulève l'application de cette disposition ne se présentaient pas dans l'espèce, puisque la servitude de passage était évidemment due à chaque partie du fonds dominant, et lui restait due après la division.

88. L'acheteur a droit à un passage contre son vendeur. Il n'use pas de ce droit, parce qu'un voisin lui permet de passer sur son fonds par tolérance. Puis il revend son fonds. Le second acheteur pourra-t-il réclamer le passage auquel son auteur avait droit? Non, dit-on, car il a acheté un fonds enclavé, il n'a donc pas d'action en vertu de la vente, il ne peut en avoir qu'à raison de l'enclave. La cour de cassation a jugé en ce sens (1). Il nous semble que l'acheteur avait action contre l'auteur de son vendeur. Sur quoi est fondée l'action de l'acheteur tendant à obtenir un passage? Sur l'obligation de garantie contractée par le vendeur. Or, en cas de ventes successives, le dernier acheteur peut exercer l'action en garantie qui appartenait à son vendeur. C'est ce que nous établirons au titre de la *Vente*. Si l'on admet ce principe, la question est décidée. Le passage est un accessoire nécessaire du fonds; si le vendeur l'avait demandé et obtenu, il est certain que, sans stipulation aucune, il l'aurait transmis à l'acheteur; or, il avait une action pour réclamer le passage, et celui qui a une action est censé avoir la chose même. Si le vendeur transmet le passage à l'acheteur, il lui transmet aussi l'action qui tend à obtenir le passage.

III. *Quel est l'objet du passage légal.*

89. L'article 682 porte que le propriétaire enclavé peut réclamer un passage sur les fonds de ses voisins pour l'*exploitation de son héritage*. Ce mot d'*exploitation* doit-il être pris au pied de la lettre, et faut-il en conclure que la ser-

(1) Arrêt de rejet du 24 avril 1867 (Dalloz, 1867, 1, 227).

vitude légale de passage ne peut être réclamée que pour des fonds ruraux? La cour de Pau a donné ce sens restreint aux termes dont la loi se sert, mais elle a étendu le bénéfice de la servitude à tous les héritages enclavés, en invoquant la raison d'analogie (1). Nous admettons la décision, mais nous rejetons les motifs. Si réellement la servitude de passage était limitée aux héritages ruraux, on ne pourrait pas l'étendre par voie d'analogie ; on n'étend pas les servitudes légales, on n'étend surtout pas celles qui dérogent au droit de propriété. Mais est-il bien vrai que le texte est restrictif? Le mot d'*exploitation* a un sens général ; on dit exploiter une usine, comme on dit exploiter une ferme. C'est en ce sens que s'exprime l'orateur du gouvernement dans l'Exposé des motifs : « L'intérêt général ne permet pas qu'il y ait des *fonds* mis hors du *domaine* des hommes, et frappés d'*inertie* ou condamnés à l'inculture (2). » Ainsi le texte est général de même que l'esprit de la loi. La jurisprudence est en ce sens (3).

90. On fait de nouvelles objections quand la servitude est réclamée pour un fonds industriel. Le passage devient alors bien plus onéreux, à cause du grand nombre d'ouvriers qui le pratiquent, ainsi que des voitures lourdement chargées qui y passent ; ce sera presque un chemin public. N'importe, dit avec raison la cour de Bruxelles, si le passage est plus fréquenté, il sera plus incommode, plus dommageable pour le fonds servant, mais aussi l'indemnité sera d'autant plus considérable, puisque l'article 682 veut qu'elle soit proportionnée au dommage que la servitude peut occasionner (4).

Il s'est cependant présenté une singulière hypothèse, dans laquelle sont intervenues des décisions en sens divers. Le propriétaire d'un fonds y ouvre une carrière ; il demande, pour cause d'enclave, un passage par une carrière déjà ouverte dans un fonds voisin. Il a été jugé qu'il n'y avait

(1) Pau, 14 mars 1831 (Dalloz, au mot *Servitude*, n° 834).
(2) Berlier, Exposé des motifs, n° 16 (Locré, t. IV, p. 182).
(3) Voyez les arrêts rapportés dans Dalloz, au mot *Servitude*, n° 833, et Paris, 7 décembre 1850 (Dalloz, 1854, 5, 701).
(4) Bruxelles, 22 mars 1817 (*Pasicrisie*, 1817, p. 350).

pas lieu à la servitude légale de passage. Cette servitude, dit la cour d'Amiens, ne peut s'exercer qu'à la surface des fonds; quant aux couches inférieures du sol, elles sont toutes enclavées, il faudrait donc dire que tous les fonds sont grevés de la servitude d'enclave. Tel n'est pas le but de l'article 682; il a voulu assurer une exploitation qui se fait à la surface du sol et une issue pour les produits de cette exploitation, au moyen d'un passage sur la voie publique (1). N'est-ce pas introduire dans la loi des distinctions que son texte et son esprit repoussent également? L'article 682 établit une règle générale qui s'applique à tous les genres de propriété foncière, à toute espèce d'exploitation, donc à une carrière aussi bien qu'à toute autre propriété, et sans qu'il y ait à distinguer si elle est exploitée à ciel ouvert ou au moyen de galeries souterraines. Cela décide la question en faveur du propriétaire enclavé. Il y a un arrêt en ce sens (2).

91. Quand il s'agit de servitudes dérivant du fait de l'homme, le propriétaire du fonds dominant ne peut faire, ni dans son fonds, ni dans le fonds assujetti, aucun changement qui aggrave la condition de celui-ci (art. 702). Cette règle ne s'applique pas à la servitude légale de passage. Le propriétaire du fonds enclavé peut faire sur son fonds telle innovation qu'il juge utile; il a le droit d'améliorer et d'étendre son exploitation, et si, pour satisfaire ces besoins nouveaux, il lui faut un passage plus étendu, il peut toujours le réclamer en vertu de l'article 682. On ne peut pas lui objecter qu'il aggrave la condition du fonds servant, car la servitude légale de passage n'est pas limitée par les nécessités qui existent au moment où pour la première fois elle est réclamée; c'est une servitude dont l'étendue dépend des besoins variables du propriétaire enclavé. L'enclave elle-même qui est la cause de la servitude est variable. Il y a enclave non-seulement quand un fonds n'a point d'issue, mais aussi quand il a une issue qui est insuffisante; et quand peut-on dire qu'elle ne suffit pas? Ceci est

(1) Amiens, 2 février 1854 (Dalloz, 1854, 2, 232).
(2) Chambéry, 10 janvier 1863 (Dalloz, 1863, 2, 175).

encore un élément variable. Donc il y a enclave dans le
sens légal du mot, lorsque le propriétaire enclavé n'a pas
un passage qui réponde aux besoins de son exploitation ;
et dès qu'il y a enclave, le propriétaire enclavé peut réclamer un passage.

La jurisprudence est en ce sens. On a cependant proposé
une restriction à cette doctrine. Si le propriétaire d'un terrain enclavé et non bâti y élevait une construction, y créait
un établissement industriel, il ne pourrait pas, dit-on, réclamer un passage plus étendu que celui auquel il avait
droit d'après la nature de son fonds. A l'appui de cette
distinction, on dit que surbâtir un fonds, ce n'est pas l'exploiter, mais le transformer en un immeuble d'une autre
nature ; or, personne ne peut par son fait se créer un droit
à un passage plus étendu que celui qui lui compétait d'après
la nature originaire de son héritage (1). La jurisprudence
repousse cette distinction ; nous croyons aussi qu'elle est
en opposition avec l'esprit et même avec le texte de la loi.
Quel est l'objet de la servitude légale de passage ? L'article 682 dit que le propriétaire enclavé peut la réclamer
pour l'exploitation de son héritage. Cela implique, dit la
cour de cassation, que le passage doit être suffisant pour
le service du fonds et approprié à tous ses besoins. Ces
besoins sont-ils toujours les mêmes ? Cela ne se peut. La servitude, continue la cour, est susceptible de se modifier, si
l'héritage change de nature ou reçoit légitimement une destination nouvelle qui rende cette modification nécessaire (2).
Quand peut-on dire que le fonds reçoit légitimement une
nouvelle destination ? Tout propriétaire est libre d'exploiter
sa chose comme il l'entend ; rien de plus légitime donc que
de bâtir sur un terrain ou d'y créer un établissement industriel. Les besoins du fonds enclavé augmenteront ; pour
mieux dire, il y aura une nouvelle enclave, donc il faut un
passage nouveau ou du moins plus étendu. Vainement dira-
t-on que c'est le propriétaire qui crée cette enclave. Nous
répondons qu'il est dans son droit, et que c'est même son

(1) Aubry et Rau, t. III, p. 28 et note 14.
(2) Arrêt de rejet du 8 juin 1836 (Dalloz, au mot *Servitude*, n° 835, 2°).

devoir, puisque tout bon père de famille doit améliorer sa propriété. Le but de la loi est précisément de favoriser ces efforts. Quand le propriétaire étend une exploitation existante, on convient qu'il a droit à une servitude proportionnée à ses nouveaux besoins, bien que ce soit lui qui crée ces besoins et qui, en ce sens, crée l'enclave. Donc il peut aussi réclamer un passage pour un bâtiment ou une usine qu'il construit. Le législateur, dit la cour d'Agen, a voulu que le propriétaire retirât de son héritage tout l'avantage qu'il peut lui offrir; tandis que, dans l'opinion que nous combattons, le fonds serait condamné à une éternelle immobilité; l'héritage dominant serait en quelque sorte assujetti au profit de l'héritage servant. Est-ce là l'esprit de la loi (1)? Refuser, dans ce cas, dit la cour de Caen, le passage nécessaire, serait maintenir le fonds enclavé dans un état d'infériorité à l'égard des autres héritages et en entraver l'amélioration; ce qui serait contraire non-seulement à l'intérêt du propriétaire que la loi a eu pour but de protéger, mais encore à l'intérêt général qui veut que chacun puisse tirer de sa propriété le produit qu'elle peut procurer (2). La cour de Poitiers a très-bien conclu de là que pour constater l'enclave et pour déterminer quel passage il faut accorder, le juge doit recourir non à une enquête, mais à une expertise. L'enquête lui apprendrait comment la servitude a été exercée, eu égard aux besoins du fonds et de la destination qu'il avait jadis; tandis que c'est l'état actuel du fonds que les experts feront connaître, sa destination et ses besoins (3). Il va sans dire que si le propriétaire enclavé demande un nouveau passage, il devra payer une nouvelle indemnité.

IV. *Sur quels fonds le passage peut-il être réclamé?*

92. L'article 682 dit que le propriétaire enclavé peut réclamer un passage sur *les fonds de ses voisins*. La loi ne distingue pas, comme elle le fait pour les servitudes

(1) Agen, 18 juin 1823, et Bordeaux, 18 juin 1840 (Dalloz, au mot *Servitude*, n° 835, 3° et 5°).
(2) Caen, 16 avril 1859 (Dalloz, 1859, 2, 199).
(3 Poitiers, 19 mars 1861 (Dalloz, 1863, 2, 200).

d'irrigation, si les fonds sont clos ou non, si ce sont des maisons, des parcs ou des jardins (1). Il y a une raison de cette différence. Dans le cas d'enclave, le passage est fondé sur la nécessité, et devant la nécessité toutes les convenances des voisins doivent plier. On ne doit pas considérer non plus quelle est la nature juridique des héritages sur lesquels la servitude est établie. Il y a des immeubles que la loi déclare inaliénables et qui par suite ne peuvent pas être grevés de servitudes conventionnelles : tels sont les fonds dotaux (art. 1554). Ils sont néanmoins grevés de la servitude légale de passage, parce qu'il y a ici un intérêt public qui l'emporte sur l'intérêt particulier. Le principe de l'inaliénabilité du fonds dotal a cependant une conséquence remarquable : c'est que le mari est sans qualité pour reconnaître l'existence de la servitude. Il est seulement administrateur des biens dotaux, et usufruitier; comme tel, il n'a pas qualité pour grever les immeubles dotaux d'un droit réel, alors même qu'ils ne seraient pas inaliénables; l'inaliénabilité étant une garantie pour la femme, c'est une raison de plus pour écarter tout acte du mari concernant la propriété de ses biens. Nous croyons que le règlement de la servitude devrait se faire en justice, comme l'aliénation se fait en justice, quand elle est permise (art. 1558); car la constitution d'une servitude est une aliénation partielle. Peu importe qu'elle soit établie par la loi, il reste toujours à en régler l'exercice; il faut pour cela le concours de la femme propriétaire et du mari usufruitier. Quant au juge, il doit intervenir pour empêcher que la garantie de l'inaliénabilité ne soit éludée. De là suit que toute reconnaissance émanée du mari seul est inopérante (2).

Le domaine de l'Etat n'est pas affranchi de cette servitude. Il ne peut être aliéné, il est vrai, sans loi; mais pour le passage légal il y a une loi. Il a été jugé que les forêts domaniales sont grevées de la servitude légale de

---

(1) Voyez le tome VII de mes *Principes*, p. 465, n° 403.
(2) Arrêt de cassation du 17 juin 1863 (Dalloz, 1864, 1, 140). Comparez arrêt de rejet du 20 janvier 1847 (Dalloz, 1847, 1, 110). Aubry et Rau, t. III, p. 28 et notes 16 et 17.

l'article 682 (1). Cela ne peut faire aucun doute. On excepte les biens qui font partie du domaine public (2). Il nous semble que cela est trop absolu. Si le domaine public est placé hors du commerce, c'est qu'il est affecté à une destination qui est incompatible avec des droits réels que des particuliers y exerceraient. En tant que cette incompatibilité n'existe pas, rien n'empêche que les biens du domaine public ne soient grevés d'une servitude. Celui dont les biens sont enclavés par suite de la construction d'un chemin de fer peut stipuler un passage sur la voie ferrée, bien qu'elle fasse partie du domaine public, et que la circulation y soit interdite. S'il peut y avoir un passage conventionnel, à plus forte raison y aura-t-il passage légal, sauf à régler l'exercice de la servitude de manière à ne pas compromettre le service public.

93. Les articles 683 et 684 règlent l'exercice du passage légal ; ils sont ainsi conçus : « Le passage doit régulièrement être pris du côté où le trajet est le plus court du fonds enclavé à la voie publique. Néanmoins il doit être fixé dans l'endroit le moins dommageable à celui sur le fonds duquel il est accordé. » Ces dispositions sont empruntées à l'ancien droit, mais la tradition donne lieu à une légère difficulté. Quand le passage ne peut être pris que sur un seul fonds, il n'y a aucun doute, les tribunaux décideront en conciliant les intérêts divers (3). Si le passage peut être pris sur plusieurs fonds appartenant à des propriétaires différents, lequel sera grevé de la servitude ? Bourjon répond : « La contestation entre ces voisins, pour savoir qui fournira le passage, se détermine par *la plus petite étendue;* c'est cette étendue qui doit servir de *règle;* elle est convenable entre les intéressés, et conforme même au bien public, puisqu'elle ménage le terrain. » Telle était la jurisprudence du Châtelet. « De là suit, continue

---

(1) Angers, 20 mai 1842 (Dalloz, au mot *Servitude*, n° 858). Caen, 1er décembre 1845 (Dalloz, 1848, 1, 5). Même au temps où le bois est défensable (Liége, 5 février 1839, *Pasicrisie*, 1839, 2, 24).

(2) Aubry et Rau, t. III, p. 28. Comparez le t. VII de mes *Principes*, p. 151, n° 130.

(3) Bruxelles, 19 novembre 1823 (*Pasicrisie*, 1823, p. 534) et 5 juillet 1814 (*Pasicrisie*, 1814, p. 132).

Bourjon, que le passage *doit* se prendre du côté où le trajet est moins grand, à partir de l'héritage entouré jusqu'à la voie publique. Outre ce, le passage doit être limité dans l'endroit le moins incommode à celui qui le livre (1). « Le code paraît avoir consacré cette doctrine traditionnelle; il en résulterait que le passage doit toujours être pris sur celui des fonds par lequel le trajet est le plus court, et que la question de savoir quel est le trajet le moins dommageable ne peut pas s'agiter entre voisins; qu'elle ne peut être débattue que par le propriétaire sur le fonds duquel, comme étant le plus proche de la voie publique, la servitude sera établie. Nous croyons, en effet, qu'en général on procédera ainsi, parce que, comme le dit Bourjon, cela convient à tous les intéressés. Mais ce n'est pas une règle absolue, le texte même du code le dit; l'article 683 ne prescrit pas de prendre *toujours* le passage par le fonds le plus rapproché de la voie publique, il dit que cela doit se faire *régulièrement,* ce qui implique qu'il peut y avoir des exceptions. En effet, l'intérêt de toutes les parties, qui a dicté la règle, peut exiger une exception. Le fonds le plus proche est une habitation, et il y a plus loin un terrain nu : donnera-t-on le passage par la maison, le jardin, le parc, de préférence à un terrain de peu de valeur? Tout le monde y perdrait; il faut donc appliquer le principe d'équité établi par l'article 684, à plusieurs fonds aussi bien qu'aux diverses parties d'un seul et même fonds. L'esprit de la loi le veut ainsi, et le texte le permet. La doctrine (2) et la jurisprudence (3) sont en ce sens.

94. Si le passage est exercé par un fonds, le propriétaire de l'héritage servant pourra-t-il demander que la servitude soit déplacée? Qu'il puisse demander le déplacement de la servitude sur ses fonds, cela ne fait pas de doute, c'est le droit commun (art. 701). Peut-il aussi de-

---

(1) Bourjon, *Droit commun de la France,* livre IV, titre I, partie II, chap. I, nᵒˢ 1-3 (t. II, p. 9).

(2) Ducaurroy, Bonnier et Roustain, t. II, p. 220, nᵒ 324. Demolombe, t. XII, p. 98, nᵒ 618. Duranton, t. V, p. 466, nᵒ 423.

(3) Voyez les arrêts rapportés dans Dalloz (au mot *Servitude,* nᵒ 824), arrêt de rejet du 29 décembre 1847 (Dalloz, 1848, 1, 204) et Bourges, 9 mars 1858 (Dalloz, 1859, 2, 38).

mander que la servitude soit reportée sur le fonds d'un
voisin? La jurisprudence paraît contraire. La cour de Toulouse s'est fondée sur la possession immémoriale pour
rejeter la demande du propriétaire du fonds servant, mais
elle a eu soin d'ajouter et de démontrer qu'alors même qu'il
n'y aurait pas eu possession, le passage aurait été établi
par le fonds qui depuis un temps immémorial était grevé
de la servitude. Ce qui implique que la décision eût pu être
contraire, en supposant que le réclamant aurait eu intérêt
au déplacement du passage (1). Nous avons établi que la
servitude de passage est variable en ce qui concerne le
fonds dominant. Il y a aussi un élément variable quant au
fonds servant. Au moment où la servitude commence, elle
est établie sur tel fonds comme étant moins dommageable
au propriétaire. Mais elle peut lui devenir plus dommageable dans la suite. Il a le droit de changer son exploitation, aussi bien que le propriétaire du fonds dominant ;
s'il bâtit, s'il crée un établissement industriel, la servitude
sera singulièrement aggravée : il est juste qu'elle soit
déplacée, lorsqu'il est prouvé qu'elle n'aurait pas été établie sur ce fonds si dès le principe il avait été dans cette
condition.

V. *De l'indemnité.*

95. Aux termes de l'article 682, le propriétaire qui
réclame un passage pour cause d'enclave doit payer une
indemnité proportionnée au dommage qu'il occasionne. La
loi suppose qu'il s'agit du passage forcé. Si le passage
était réclamé par un copartageant ou par un acheteur, il
ne serait pas dû d'indemnité, en règle générale du moins.
En effet, le passage est établi dans ce cas en vertu d'une
convention, expresse ou tacite, qui oblige les copartageants ou le vendeur à fournir une issue sur la voie
publique au fonds enclavé; le fonds enclavé ayant été
partagé ou vendu comme tel, il aura été estimé à raison
de l'issue qui lui sera donnée ; l'équité, d'accord avec le

(1) Toulouse, 20 mai 1818 (Dalloz, au mot *Servitude,* n° 829, 1°).

droit, demande donc que le passage soit accordé sans indemnité. Il y aurait exception si l'acte de partage ou de vente portait que le fonds enclavé n'aurait pas droit à une servitude de passage ; on doit supposer que, dans ce cas, le propriétaire enclavé se sera procuré un passage par les fonds voisins, et par suite le fonds aura été estimé d'autant moins ; le propriétaire enclavé sera donc indemnisé d'avance, sauf à payer une indemnité au maître du fonds par lequel il a stipulé une issue (1). Ces principes ne s'appliquent pas au vendeur qui, enclavé par suite de la vente, réclame un passage contre l'acheteur ; celui-ci n'est pas tenu de fournir un passage en vertu du contrat ; si donc il en fournit un, il a droit à une indemnité, à moins qu'à raison des circonstances de la cause et du prix stipulé, le juge n'admette une convention tacite qui réserve au vendeur un passage par le fonds vendu (2).

96. Le propriétaire enclavé doit-il une indemnité préalable ? D'après le texte de l'article 682, il est certain que l'indemnité ne doit pas être préalable. Il y a plus. Le code suppose qu'elle n'est pas payée avant le règlement de la servitude. En effet, l'article 685 donne au propriétaire du fonds servant une action en indemnité ; cette action peut être prescrite, ce qui n'empêchera pas, dit la loi, que le passage ne doive être continué. On objecte l'article 545, aux termes duquel nul ne peut être contraint de céder sa propriété, si ce n'est pour cause d'utilité publique, et moyennant une juste et *préalable* indemnité, et on en conclut que l'indemnité doit toujours être préalable (3). La raison est mauvaise. L'article 545 prévoit le cas d'expropriation ; or, l'établissement d'une servitude n'est pas une expropriation dans le système du code civil ; donc il faut écarter l'article 545 et par suite l'article 11 de la Constitution belge. Il n'y a lieu à indemnité en matière de servitude que lorsque la loi le dit ; et quand elle veut qu'elle soit

---

(1) Duranton, t. V, p. 463, n° 421. Demante, t. II, p. 631, n° 537 *bis* I. Demolombe, t. II, p. 86, n° 604.
(2) Comparez arrêt de Caen du 26 mai 1824 (Dalloz, au mot *Servitude*, n° 851, 1°).
(3) Demolombe, t. XII, p. 111, n° 631, d'après Favard et Duranton. En sens contraire, Dalloz, au mot *Servitude*, n° 862.

préalable, elle le dit encore. Telle est la servitude d'irrigation, établie par la loi du 27 avril 1848 (art. 1er). On pourrait dire que, dans l'esprit de notre Constitution, toute indemnité doit être préalable, parce que le respect de la propriété le demande. Cela est vrai ; mais il y a des cas où l'indemnité ne peut pas être préalable. Nous en avons vu un exemple en matière de servitudes d'irrigation (1). L'indemnité pour cause d'enclave est proportionnée au dommage qui résulte du passage ; et le dommage peut varier d'après la culture, le mode d'exploitation ; elle peut donc varier d'une année à l'autre, ce qui exclut le payement préalable.

97. Il y a une autre considération qui tient à l'essence même de la servitude légale de passage. Elle n'est établie ni par convention ni par jugement ; elle existe en vertu de la loi, on peut dire en vertu de la nécessité ; il n'y a qu'une chose à régler par convention ou par jugement, c'est l'exercice de la servitude et le montant de l'indemnité. De là suit que la servitude préexiste à l'indemnité, et partant l'indemnité ne saurait être préalable. Il a été jugé, par application de ces principes, que le droit de passage existant en vertu de la loi, il n'y a pas lieu d'appliquer la disposition du code pénal qui punit le passage sur le terrain d'autrui préparé ou ensemencé ; car il n'y a plus de contravention là où il y a droit de passer (2).

S'il n'y a pas lieu à une action pénale, y aurait-il lieu à une action en dommages-intérêts ? Cela dépend des circonstances. Si le passage a été exercé sur le fonds qui est assigné ensuite à son exercice, il n'est pas dû de dommages-intérêts, puisque le passage a été légal dès le principe ; seulement si l'indemnité était fixée par annuités, elle courrait du moment où le propriétaire enclavé a commencé à pratiquer le passage. Mais si la servitude était établie sur un autre fonds, il y aurait dommage causé et par suite obligation de le réparer.

(1) Voyez le tome VII de mes *Principes*, p. 458, n° 394.
(2) Arrêts de la cour de cassation du 25 avril 1846 (Dalloz, 1846, 4, 149) et du 16 septembre 1853 (Dalloz, 1853, 5, 151). Arrêts conformes de la cour de cassation de Belgique du 17 et du 31 octobre 1859 (*Pasicrisie*, 1859, 1, 316 et 319).

98. D'après quelle base l'indemnité est-elle calculée?
L'article 682 veut qu'elle soit proportionnée au dommage
que le propriétaire enclavé occasionne au fonds sur lequel il
passe. Elle consiste donc dans une réparation du dommage
causé. Le juge peut fixer une somme capitale, qui représente la diminution de valeur qu'éprouve le fonds servant
par l'établissement de la servitude : ce sera le prix de la
vente forcée que le voisin doit consentir. Le juge peut aussi
décider que le propriétaire enclavé payera une somme
annuelle à titre d'indemnité. La cour de cassation l'a jugé
ainsi en disant que la loi n'impose pas au juge l'obligation
de déterminer un capital invariable et une fois payé ; qu'en
abandonnant à son pouvoir discrétionnaire le soin de fixer
l'indemnité, elle lui laisse la faculté de la convertir en une
somme payable chaque année, et proportionnelle au dommage que peut occasionner le passage (1). On a reproché
à la cour d'avoir oublié l'article 545 qui, en prescrivant
une indemnité préalable, veut par cela même qu'elle consiste dans un capital une fois payé (2). S'il s'agissait d'une
expropriation, la critique serait fondée ; mais, comme nous
venons de le dire, l'établissement d'une servitude ne prive
pas le propriétaire du fonds servant de sa chose ; l'article 545 est donc inapplicable. L'indemnité peut même être
variable ; l'arrêt de la cour de cassation le suppose, et
rien de plus naturel, le dommage pouvant varier selon la
culture. En ce sens, une indemnité payable par annuités
et variable répond mieux à l'esprit de la loi qu'une indemnité capitalisée.

Le même arrêt décide que s'il y a plusieurs propriétaires enclavés, auxquels un seul et même passage est
accordé, cela n'empêche pas l'indemnité de se diviser entre
eux. Cela n'est guère douteux : l'indemnité est de sa nature divisible, donc, s'il y a plusieurs débiteurs, elle se
divise entre eux dans la proportion réglée par le juge,
proportion qui dépend du dommage que chacun d'eux cause
en passant sur le fonds assujetti. Si les propriétés domi-

---

(1) Arrêt de rejet du 25 novembre 1845 (Dalloz, 1846, 1, 325).
(2) Demolombe, t. XII, p. 111, n° 632.

nantes sont divisées, il y a autant de servitudes que de fonds ; donc autant d'indemnités différentes.

Il se peut que l'indemnité soit réciproque ; cela arrive quand les divers fonds sont tout ensemble dominants et servants. La cour de Metz a décidé qu'il n'y a pas lieu à indemnité lorsque les propriétaires de prairies enclavées sont dans l'usage de se livrer réciproquement passage pour l'exploitation de leurs héritages. C'était méconnaître la disposition formelle de l'article 682. Dès que l'indemnité est réclamée, le tribunal doit l'adjuger, à moins qu'il n'y ait prescription. L'arrêt a été cassé (1).

Nº 2. DE LA PRESCRIPTION EN MATIÈRE D'ENCLAVE.

99. L'article 685 porte : « L'action en indemnité, dans le cas prévu par l'article 682, est prescriptible ; et le passage doit être continué, quoique l'action en indemnité ne soit plus recevable. » Cette disposition a donné lieu à de nombreux procès, ce qui suppose de grandes difficultés. Si l'on s'en tient au texte et à l'esprit de la loi, les difficultés disparaissent; il faut l'avouer, c'est la jurisprudence qui les a créées. Le langage des arrêts est si inexact, que le vague des expressions réagit sur les principes mêmes et qu'en définitive tout devient incertain. Il faut voir avant tout quel est l'objet de la prescription. L'article 685 ne parle que de la prescription de l'*action en indemnité*; il n'y est pas dit un mot de la prescription de la servitude de passage, et, d'après les principes qui régissent l'enclave, il ne peut être question ni d'acquérir le droit de passage par la prescription acquisitive, ni de le perdre par la prescription extinctive.

La prescription acquisitive a lieu quand une servitude continue et apparente est exercée pendant trente ans (article 690); les servitudes discontinues ne peuvent s'établir que par titre (art. 691). Or, la servitude de passage est discontinue (art. 688), donc il ne peut s'agir de l'acquérir

(1) Arrêt de cassation du 30 novembre 1864 (Dalloz, 1865, 1, 281).

par prescription. L'article 682 déroge-t-il par hasard à ces principes élémentaires? permet-il au propriétaire enclavé de prescrire le passage sur les fonds voisins? Il n'y est pas dit un mot de la prescription du droit de passer. La loi dit que le propriétaire dont les fonds sont enclavés peut *réclamer* un passage sur les fonds de ses voisins. Nous avons dit que l'expression *réclamer* n'est pas exacte, en ce sens que le propriétaire enclavé n'a pas besoin d'agir en justice pour obtenir le passage, le passage existant en vertu de la loi. Nous reviendrons sur ce point; peu importe pour ce qui regarde la prescription acquisitive; il est certain que le propriétaire enclavé, en supposant qu'il doive *réclamer*, ne se fonde pas sur la prescription; il se fonde sur l'enclave, voilà son titre. Pour mieux dire, son titre est dans la loi, qui lui permet de réclamer un passage par cela seul qu'il n'a aucune issue sur la voie publique. Il faut donc écarter toute idée de prescription et de possession. Au moment où le propriétaire enclavé réclame un passage, il ne le possède pas; comment donc pourrait-il invoquer la prescription? Que si, au lieu de *réclamer*, il exerce le passage, et s'il passe pendant trente ans, pourra-t-on dire qu'il a acquis la servitude de passage par la prescription? Mais il y avait droit dès le premier jour où il l'a exercée aussi bien qu'après les trente ans. Acquiert-on par la prescription un droit que l'on a déjà au moment où pour la première fois on l'exerce?

Cependant si l'on s'en tenait au langage des arrêts, y compris ceux de la cour de cassation, on pourrait croire que le passage en cas d'enclave se prescrit. On lit dans un arrêt de la cour de cassation que la servitude de passage nécessaire, quoique discontinue, s'acquiert par la possession (1). Un autre arrêt explique comment cette servitude se prescrit, tout en étant discontinue : c'est que le principe de l'article 691 ne s'applique pas à la servitude légale de passage, parce que dans ce cas la nécessité tient lieu de titre (2). Il fallait dire que la loi tient lieu de titre, car

---

(1) Arrêt de cassation du 10 juillet 1821 (Dalloz, au mot *Servitude*, n° 886).
(2) Arrêt de cassation du 16 février 1835 (Dalloz, *ibid.*, p. 237).

il faut que la nécessité soit reconnue par la loi pour qu'elle donne un droit. Mais que ce soit la loi ou la nécessité, toujours est-il que ce n'est pas la prescription, car là où il y a titre, il n'est plus question du prescrire. Un arrêt postérieur dit encore que l'exercice du passage pendant trente ans fait *acquérir* la servitude même de passage. L'arrêt ajoute, et ici il est dans le vrai : « selon l'assiette qui lui a été donnée par cette longue possession (1). » L'expression manque néanmoins d'exactitude. Ce n'est jamais la *servitude* qui est acquise par la possession trentenaire; la possession ne fait que déterminer le mode de l'exercer; encore, à notre avis (n° 94), n'y a-t-il rien d'irrévocable dans cet exercice, de sorte qu'il n'y a jamais une véritable prescription, pas même en ce qui concerne l'exercice du passage. Nous sommes convaincu que la pensée de la cour est exacte, car il n'y a réellement aucun doute, il n'y a pas même de question. Mais, en droit, il importe que la précision du langage soit en harmonie avec la netteté de la pensée. C'est pour ce motif que nous nous arrêtons sur un point qui par lui-même ne mérite pas ces longs développements.

Les vrais principes ont été exposés devant la cour de cassation par le conseiller Mesnard, et il l'a fait avec sa clarté habituelle. Dans l'espèce, le propriétaire enclavé avait cessé d'exercer son droit pendant dix ans, puis il avait repris sa jouissance. Le demandeur en cassation soutenait qu'il y avait là une interruption de la prescription. Pour qu'il puisse s'agir d'interrompre la prescription, dit le rapporteur, il faut avant tout qu'il y ait lieu à prescrire. Or, quand un propriétaire est enclavé, le droit de passage ne résulte pas de la prescription, il résulte de l'enclave; pour mieux dire, la servitude est établie par la loi; la possession ne peut avoir pour effet que de déterminer l'assiette de la servitude, c'est-à-dire le lieu du passage, et de con-

(1) Arrêt de rejet du 19 janvier 1848 (Dalloz, 1848, 1, 5). Comparez arrêts de Lyon du 1er février 1826 (Dalloz, au mot *Servitude*, n° 886), d'Orléans du 22 juillet 1835, de Poitiers du 28 juin 1825 (Dalloz, *ibid.*, n° 884, 1° et 2°), de Liége du 29 mars 1862 (*Pasicrisie*, 1863, 2, 15), de Gand du 26 janvier 1846 (*Pasicrisie*, 1846, 2, 67).

duire à la prescription de l'indemnité. En aucun cas, la servitude n'est acquise par la prescription, c'est seulement le droit de passer sur tel point de l'héritage servant plutôt que sur tel autre, et le droit d'y passer sans qu'une indemnité puisse être exigée; la prescription fait supposer que le parcours à été fixé d'un commun accord, et que l'indemnité pour le passage a été payée (1). Telle est aussi la doctrine des auteurs (2).

100. Y a-t-il lieu à la prescription extinctive en matière d'enclave? D'après l'article 685, l'action en indemnité se prescrit, mais aucun texte ne parle de la prescription du droit de passage. Une chose est certaine, c'est que le droit de réclamer le passage est imprescriptible. Tout le monde est d'accord sur ce point. On se fonde sur le principe que les droits de pure faculté ne se prescrivent point (3); le principe est vrai, mais très-obscur, et dans notre matière même, il donne lieu à difficulté. Il y a un autre principe qui est d'une évidence incontestable, c'est que l'on ne prescrit pas contre l'intérêt public, car la prescription suppose des intérêts privés auxquels on peut renoncer, dont on dispose ; et on ne renonce pas à ce qui est d'intérêt social, on n'en dispose pas. Or, le passage, en cas d'enclave, est établi dans un intérêt général; dès lors il n'admet aucune prescription; pendant quelque laps de temps que l'on soit resté enclavé sans réclamer le passage, on peut toujours l'exercer, parce que par cette longue inaction le propriétaire enclavé n'a pas pu renoncer à un droit qui est établi dans l'intérêt de la société autant que dans le sien.

Il en serait de même si le propriétaire enclavé avait réclamé le passage, l'avait exercé, et était resté ensuite pendant trente ans sans le pratiquer. C'est l'opinion générale, sauf le dissentiment de Duranton (4) qui invoque les

(1) Rapport du conseiller Mesnard sur l'arrêt du 29 décembre 1847 (Dalloz, 1848, 1, 205).
(2) Marcadé, t. II, p. 601, art. 682, n° II. Demolombe, t. XII, p. 101, n° 624. Aubry et Rau, t. III, p. 31 et note 29.
(3) Aubry et Rau, t. III, p. 30.
(4) Duranton, t. V, p. 475, n° 436. En sens contraire, Pardessus, t. Ier, p. 503, n° 225; Marcadé, t. II, p. 601, art. 682, n° II.

articles 706 et 707. Le premier dit que la servitude est
éteinte par le non-usage pendant trente ans, et le second
ajoute que les trente ans commencent à courir du jour où
l'on a cessé d'en jouir lorsqu'il s'agit de servitudes discontinues. Ces dispositions paraissent formelles, car elles sont
conçues en termes généraux et absolus. Pour les écarter,
on dit qu'il s'agit d'un droit de pure faculté ; mais Duranton
n'a-t-il pas raison de répondre que l'exercice de toute servitude discontinue est un acte de pure faculté, puisqu'elles
exigent le fait de l'homme pour être exercées, et qu'il dépend du propriétaire de faire ou de ne pas faire? Donc
aucune servitude discontinue ne s'éteindrait par la prescription! Il y a une autre réponse à faire à Duranton, et
elle est péremptoire. Le non-usage implique la renonciation ; or, le propriétaire enclavé ne peut pas renoncer à
un droit qui n'est pas établi en sa faveur. Duranton avoue
qu'il peut réclamer un passage tant que l'enclave subsiste,
mais il soutient qu'après trente ans le propriétaire enclavé
doit payer une nouvelle indemnité. Cela est contraire à
tout principe. La servitude n'est pas éteinte après trente
ans de non-usage, donc le fonds servant n'a jamais cessé
d'être assujetti au passage ; il est démembré en vertu de
la loi, et le propriétaire a reçu une indemnité pour cet
assujettissement, une indemnité qui le dédommage pour
toujours : par quel renversement de l'équité et du bon
sens viendrait-il réclamer une nouvelle indemnité, alors
que pendant trente ans il n'a éprouvé aucun dommage,
bien qu'il ait continué à jouir de son indemnité? Autre est
la question de savoir si le mode d'exercice peut se perdre
par la prescription, comme il peut s'acquérir par une possession trentenaire. Nous allons l'examiner.

I. *Effet de la prescription quant au mode d'exercice de la servitude.*

101. La servitude de passage, en cas d'enclave, est
établie par la loi ; mais la loi n'a pas pu déterminer sur
quel fonds elle doit s'exercer, ni l'endroit du fonds servant
par lequel elle s'exercera. Elle se borne à poser à cet

égard des règles générales dans les articles 683 et 684 ; c'est aux parties intéressées à régler l'exercice du passage ; que si elles ne s'entendent pas, le juge statuera. S'il n'y a ni convention ni jugement, la possession trentenaire tiendra-t-elle lieu de règlement ? La doctrine et la jurisprudence sont d'accord pour décider que la prescription a pour effet de déterminer d'une manière irrévocable l'assiette du passage, en ce sens que le propriétaire du fonds sur lequel le passage a été exercé à titre de servitude légale, ne peut plus demander qu'il soit pris sur le fonds de son voisin, ni sur une autre partie de son propre fonds ; et que, de son côté, le propriétaire enclavé ne peut pas réclamer de changement dans l'assiette de la servitude. On invoque en faveur de cette opinion les principes qui régissent la prescription. Elle tient lieu de convention : ou il y a eu une convention qu'il devient impossible de prouver après un si long espace de temps, ou la volonté du propriétaire qui exerce le passage et le consentement tacite de celui qui le souffre équivalent à un titre. Les parties intéressées auraient pu déterminer le fonds et la partie du fonds par lesquels le passage s'exercera ; eh bien, ce que la convention a pu faire, la prescription le fera. Que l'on n'objecte pas que le passage est une servitude discontinue, et qu'une pareille servitude ne peut s'établir par prescription ; il ne s'agit pas de l'établir, elle est établie par la loi, il s'agit uniquement d'en régler l'exercice. D'ailleurs la loi, en consacrant le passage en cas d'enclave, déroge au principe qui défend la prescription des servitudes discontinues ; elle tient lieu de titre, dès lors elle doit admettre la possession pour interpréter le titre ou le compléter.

102. Cette doctrine nous paraît très-douteuse. Elle est pour le moins trop absolue. Il y a un cas dans lequel le propriétaire du fonds servant peut demander le déplacement de la servitude sur son fonds. Si, dit l'article 701, l'assignation primitive était devenue plus onéreuse au propriétaire du fonds assujetti, ou si elle l'empêchait d'y faire des réparations avantageuses, il pourrait offrir au propriétaire de l'héritage dominant un endroit aussi commode, pour l'exercice de ses droits, et celui-ci ne pourrait pas le refuser. Cette disposition prévoit spécialement le cas où la servitude est établie par titre, c'est-à-dire par la volonté de l'homme. A plus forte raison est-elle applicable quand la servitude est établie par la loi, malgré le propriétaire du fonds assujetti, lequel se trouve soumis à une charge onéreuse sans sa volonté. Il est vrai qu'il consent, expressément ou tacitement, à ce que le passage soit exercé par telle partie de son fonds ; mais ce consentement qui est aussi forcé, puisqu'il est la conséquence nécessaire de la servitude légale, ne peut pas avoir plus d'effet qu'un consentement purement volontaire. Voilà une première restriction à faire à l'opinion généralement admise (1).

Ce n'est pas tout. Nous avons enseigné que l'assignation d'un fonds pour l'exercice de la servitude n'a rien d'irrévocable. Le principe fondamental en cette matière est que le passage pour cause d'enclave se fasse par celui des fonds voisins auquel il est le moins dommageable. Or, la condition des fonds peut changer ; le fonds par lequel le trajet serait le plus court était un fonds bâti ; par suite la servitude a été imposée à un fonds non bâti, par lequel le trajet est plus long. Si cet état de choses change, si le bâtiment est démoli, et si le propriétaire du fonds par lequel le passage s'exerce veut bâtir, pourquoi ne pourrait-il pas demander le déplacement de la servitude? Tel est certainement l'esprit de l'article 701, et c'est aussi dans cet esprit qu'il faut interpréter la servitude d'enclave. Elle pèse sur tous les fonds voisins, et c'est toujours le fonds auquel elle est le moins dommageable qui doit la supporter. Si ces changements dans la servitude d'enclave peuvent se faire quand l'exercice de la servitude a été réglé par convention, il faut admettre qu'à plus forte raison ils peuvent se faire lorsque le mode d'exercer la servitude est établi par la prescription ; car la prescription n'est jamais

(1) Voyez les auteurs et les arrêts cités par Aubry et Rau, t. III, p. 31, note 31. Il faut ajouter Liége, 30 avril 1846 (*Pasicrisie*, 1848, 2, 127) et 29 mars 1862 (*Pasicrisie*, 1863, 2, 15); Gand, 18 février 1850 (*Pasicrisie*, 1851, 2, 175), 26 novembre 1870 (*Pasicrisie*, 1871, 2, 198); Bruxelles, 27 décembre 1836 (*Pasicrisie*, 1836, 2, 272); Orléans, 18 juin 1868 (Dalloz, 1868, 2, 67).

qu'un consentement présumé, et un consentement présumé ne peut pas être plus irrévocable qu'un consentement exprès.

Nous allons plus loin. A notre avis, il ne peut pas y avoir de prescription en cette matière. La servitude d'enclave est établie par la loi dans un intérêt public. C'est aussi la loi qui règle le mode de l'exercer, et elle le fait en consultant l'intérêt général aussi bien que l'intérêt des parties. Ainsi elle veut que le passage soit pris du côté où le trajet est le plus court du fonds enclavé à la voie publique ; elle veut qu'il soit fixé à l'endroit le moins dommageable. Il résulte de là que, dans l'intérêt public, cette servitude est essentiellement variable. Un arrêt de la cour de Lyon décide que chaque année le propriétaire du fonds servant peut assigner au propriétaire du fonds dominant un passage tantôt d'un côté, tantôt de l'autre, dans l'endroit le moins dommageable à ses récoltes (1). Tel est le vrai esprit de la loi. De quoi le propriétaire enclavé se plaindrait-il? Il a droit au passage ; on le lui fournit dans les conditions voulues par la loi. Les conditions pouvant varier, la servitude aussi doit varier dans son assiette. Ce qui est vrai d'un fonds est vrai de tous les fonds voisins ; car tous sont tenus de fournir le passage, tous sont grevés de la servitude d'enclave ; si le passage s'exerce d'abord par l'un des fonds, ce n'est pas que celui-là seul soit assujetti, c'est que, à raison de l'état des héritages, la servitude était le moins dommageable à ce fonds. On suppose qu'elle lui devient ensuite plus dommageable, et on maintiendra néanmoins l'assiette primitive (2)! C'est se mettre en opposition avec la volonté formelle du législateur : le passage *doit* être fixé là où il cause le moins de dommage, et en principe là où le trajet est le plus court. Cela est d'intérêt public ; or, on ne déroge pas à l'intérêt public par des conventions, et on ne prescrit jamais contre l'intérêt public.

Les arrêts font des objections. Après trente ans, dit la

(1) Lyon, 28 juin 1833 (Dalloz, au mot *Servitude,* n° 892).
(2) Les arrêts admettent cela (Pau, 14 mars 1831, dans Dalloz, au mot *Servitude,* n° 893).

cour de Grenoble, le propriétaire enclavé ne peut plus demander le passage par d'autres fonds, car il n'est plus
enclavé, puisqu'il jouit d'un passage qui ne peut lui être
enlevé (1). C'est en ce sens, ajoute la cour de Nancy, que
l'article 685 dispose que le passage doit être *continué*, bien
qu'après trente ans l'action en indemnité soit prescrite (2).
Cette argumentation n'est pas sérieuse. Le propriétaire
est enclavé par cela seul qu'il n'a aucune issue à lui sur
la voie publique ; s'il a un passage par le fonds de son voisin, c'est précisément parce qu'il est enclavé ; mais la servitude d'enclave est soumise à des conditions particulières
par la loi ; elle doit être exercée toujours, et à toute
époque, sur le fonds auquel elle est le moins dommageable.
Cela ne l'empêchera pas de *continuer* après trente ans,
quoique l'action en indemnité soit prescrite. Elle *continue*
parce qu'elle est permanente, perpétuelle, en ce sens
qu'aussi longtemps que l'enclave subsiste, le passage doit
être fourni au propriétaire enclavé. Que si le propriétaire
du fonds assujetti demandait et obtenait que le passage
fût exercé sur un autre fonds, il va sans dire qu'il devrait
restituer l'indemnité qu'il aurait touchée, ou indemniser
le propriétaire enclavé, si celui-ci devait une indemnité à
raison de la nouvelle assiette du passage ; car après trente
ans le propriétaire enclavé a droit à un passage sans
indemnité (3).

103. Dans l'opinion générale, le mode d'exercer la servitude d'enclave se prescrit par une possession de trente
ans. Il est difficile de concilier cette doctrine avec le principe formulé par les articles 690 et 691, aux termes desquels les servitudes discontinues ne s'acquièrent pas par
la prescription, ni par conséquent le mode de les exercer.
Il se présente d'autres difficultés dans l'application de
l'opinion admise par les auteurs et la jurisprudence. La
possession est la base de la prescription, et la possession

(1) Grenoble 7 juin 1860 (Dalloz, 1861, 5, 452).
(2) Nancy, 30 mars 1860 (Dalloz, 1861, 5, 453).
(3) Comparez Vazeille, *Des prescriptions*, t. Ier, no 409. Paris, 30 juin
1859. Il y a un arrêt de Paris dans le sens de l'opinion générale, du 5 avril
1861 (Dalloz, 1861, 5, 454).

doit réunir les caractères déterminés par l'article 2229.
Elle doit notamment être continue. Or, comment trouver
la continuité dans une servitude qui peut varier d'assiette
d'une année à l'autre? Il est certain que, dans l'espèce jugée
par la cour de Lyon (n° 102), il ne pouvait y avoir de prescription, puisque chaque année l'assiette de la servitude
changeait. La cour de cassation a décidé que l'action en
indemnité était prescrite après trente ans, bien que le passage eût été exercé sur divers points du fonds assujetti (1).
Cela ne fait aucun doute, puisque la prescription de l'action en indemnité court dès que la servitude est exercée.
Mais il est tout aussi certain que, dans cette espèce, le
mode d'exercer la servitude n'était pas prescrit, puisque
le passage n'avait pas d'assiette fixe ; ce qui exclut la continuité de la possession. Il se peut même que l'action en
indemnité ne puisse se prescrire, quand le passage est
exercé tantôt sur un fonds, tantôt sur un autre appartenant à un propriétaire différent; il a été jugé que dans
cette hypothèse l'action en indemnité n'était pas prescrite,
parce que la possession ne réunissait pas les conditions
voulues par la loi (2) ; il faut en dire autant de l'assiette
de la servitude.

104. Il y a une difficulté très-sérieuse, dans l'opinion
généralement admise, lorsque le fonds par lequel le passage s'exerce est un fonds dotal. On suppose que ce fonds
ne présente pas le trajet le plus court pour arriver à la
voie publique. Est-ce que néanmoins la servitude continuera à s'y exercer après trente ans? La cour de cassation a jugé que dans l'espèce la prescription était impossible, puisqu'elle tendait à grever un fonds inaliénable
d'une servitude légale en dehors des conditions voulues
par la loi. En effet, la servitude, quoique pouvant être constituée sur tous les héritages voisins, *doit*, dit le code,
être prise du côté où le trajet est le plus court du fonds
enclavé à la voie publique (art. 683). Donc le fonds dotal
ne devait pas être grevé de la servitude en vertu de la

(1) Arrêt de rejet du 21 mars 1831 (Dalloz, au mot *Servitude*, n° 894).
Comparez Metz, 19 janvier 1865 (Dalloz, 1865, 2, 52).
(2) Besançon, 17 janvier 1865 (Dalloz, 1865, 2, 31).

loi, et comme il est inaliénable, il ne peut être démembré
qu'en vertu de la loi (1). La décision est très-juridique :
mais ne faut-il pas aller plus loin, et dire qu'une servitude
établie par la loi, dans l'intérêt général, ne peut jamais
être contraire, dans son exercice, aux conditions que la
loi elle-même détermine?

II. *Effet de la prescription quant à l'indemnité.*

105. L'article 685 dit que l'action en indemnité est
prescriptible. Quelle est cette action? Il est certain que ce
n'est pas l'action en payement de l'indemnité; celle-ci se
prescrit d'après le droit commun : cela allait sans dire.
Mais pour qu'il y ait lieu de payer l'indemnité, il faut que
la dette soit arrêtée, ce qui suppose que l'assiette de la
servitude a été fixée, soit par convention, soit par jugement, et que le contrat, volontaire ou judiciaire, a aussi
réglé le montant de l'indemnité. L'article 685 ne parle pas
de ce cas, qu'il était inutile de prévoir, puisque c'est l'application des principes élémentaires de droit. Il traite de
l'*action en indemnité,* c'est-à-dire de l'action que le propriétaire du fonds par lequel le passage est réclamé a
contre le propriétaire enclavé, pour faire régler l'indemnité à laquelle il est tenu en vertu de l'article 682. On a
demandé si cette prescription est acquisitive ou extinctive.
Nous avons répondu d'avance à la question, en établissant
que la servitude d'enclave ne s'acquiert jamais par la
prescription (n° 99), par l'excellente raison que le passage
est fondé sur la loi. Le propriétaire enclavé n'a rien à
acquérir par la possession, sinon, dans l'opinion générale,
le mode d'exercer le passage quand l'exercice de la servitude n'est pas réglé conventionnellement. Dans notre
opinion, la possession est toujours subordonnée à la loi
(n° 102), de sorte que le propriétaire enclavé n'acquiert
rien par la possession; la possession n'est efficace que si
elle est conforme à la loi, ce qui revient à dire que c'est

(1) Arrêt de rejet du 20 janvier 1847 (Dalloz, 1847, 1, 110), approuvé par
Aubry et Rau, t. III, p. 31, note 30, critiqué par Demolombe, p. 104, n° 625.

la loi qui confère tous les droits au propriétaire enclavé ;
mais elle les lui donne sous une condition, c'est qu'il indem-
nise le propriétaire, par le fonds duquel il passe, du dommage qu'il lui occasionne. Cette obligation du propriétaire
enclavé donne un droit au propriétaire du fonds grevé de
la servitude de passage : c'est ce que l'article 685 appelle
l'action en indemnité. L'action est prescriptible, dit la loi,
c'est-à-dire qu'elle doit être intentée dans les trente ans,
comme toute action ; si le propriétaire assujetti reste trente
ans sans agir, son droit est éteint, en ce sens que le propriétaire enclavé peut le repousser par la prescription.
Donc il s'agit d'une prescription extinctive. Cela est si
évident, qu'il ne vaudrait pas la peine d'en faire la remarque, s'il ne se présentait dans l'application une espèce
de singularité qui, au premier abord, peut surprendre ceux
qui ne sont pas initiés à la science du droit. On lit dans
tous les auteurs et dans tous les arrêts que la prescription
de l'action en indemnité, quoiqu'elle soit extinctive, exige
une possession revêtue des caractères exigés en matière
d'usucapion (1). N'est-ce pas dire que la prescription dont
parle l'article 685 est tout ensemble extinctive et acquisitive?

Dans l'opinion générale, cela est vrai. Le propriétaire
enclavé qui exerce pendant trente ans le passage par un
fonds, acquiert par cette longue possession une servitude
sur ce fonds, en ce sens que l'assiette en est irrévocable-
ment fixée par la prescription. Et en même temps qu'il
acquiert par la prescription acquisitive le mode d'exercer
le passage, il se libère de l'obligation de payer l'indemnité, si le propriétaire du fonds servant est resté trente
ans sans intenter son action. De là suit que la prescription
extinctive se confond avec la prescription acquisitive et
qu'elle en prend les caractères. Nous avons rejeté cette
opinion. Néanmoins nous maintenons le principe admis
par la doctrine et par la jurisprudence, que la prescription

(1) Aubry et Rau, t. III, p. 30, note 25, et les autorités qui y sont citées.
Voyez les arrêts rapportés dans Dalloz, au mot *Servitude*, n° 867. Il faut
ajouter Liége, 2 juin 1849 (*Pasicrisie*, 1850, 1, 289) et 11 avril 1861 (*Pasicrisie*,
1861, 2, 321).

de l'action en indemnité, bien qu'étant extinctive, exige une possession de même nature que la prescription acqui- sitive. En effet, l'action.en indemnité implique que le pro- priétaire enclavé exerce le passage sur le fonds voisin ; c'est l'exercice du passage, c'est-à-dire la possession de la servitude qui donne naissance à l'action ; et pour que l'action se prescrive, il faut naturellement que le pro- priétaire enclavé continue à exercer le passage, et que cet exercice ait tous les caractères d'une possession requise pour la prescription, car c'est seulement l'exercice du pas- sage à titre de servitude qui fait naître l'action en indem- nité, et qui par conséquent met le propriétaire du fonds servant en demeure d'agir. Nous avons vu des applica- tions de ce principe en traitant des effets de la prescrip- tion en ce qui concerne le mode d'exercer le passage. Sup- posons que le propriétaire enclavé passe tantôt par un fonds, tantôt par un autre, sa possession ne sera pas con- tinue ; elle ne pourrait pas servir de base à une prescrip- tion acquisitive, et la prescription de l'action en indemnité ne courra pas non plus. Pour qu'elle coure, il faut que l'on sache qui y a droit, qui peut agir ; tant que l'on ignore sur lequel des fonds voisins le passage sera exercé, aucun des voisins n'a qualité pour agir, ou il faudrait dire que tous ont le droit d'agir, ce qui est absurde, puisque, d'après la loi, le passage ne peut jamais être exercé que sur l'un des fonds, celui auquel il est le moins domma- geable (n° 103). Mais si le passage est exercé pendant trente ans sur le même fonds, quoique tantôt sur une partie de ce fonds, tantôt sur une autre, cela n'empêchera pas la prescription extinctive de s'accomplir, car le passage a lieu sur un fonds déterminé, à titre de servitude ; ce qui suffit pour mettre le propriétaire du fonds en demeure d'agir. Donc en définitive la prescription de l'action en indemnité se fonde sur la possession du propriétaire en- clavé, et cette possession doit avoir les caractères requis pour la prescription acquisitive (1).

(1) Duranton, t. V, p. 468, n°s 429 et 430 ; Marcadé, t. II, p. 602, art. 682, n° III.

106. Il y a quelque difficulté dans l'application du principe, en ce qui concerne le commencement de la prescription. Est-ce du jour où la servitude de passage est réclamée et réglée, par convention ou par jugement, que la prescription commence à courir? ou est-ce du jour où le passage est exercé à titre de servitude légale, alors même qu'il n'y aurait eu ni convention ni règlement judiciaire? La question est importante, parce qu'il arrive très-souvent que le passage est pratiqué sans que l'exercice en ait été réglé. L'opinion générale, sauf des dissentiments restés isolés, est que la prescription court à partir du jour où la servitude légale est exercée. C'est une conséquence logique des principes qui régissent la servitude de passage ainsi que des principes sur la prescription. Le passage pour cause d'enclave est établi par la loi, l'exercice seul doit être réglé par les parties intéressées, mais il se peut que ce règlement soit inutile. Il n'y a qu'un seul fonds par lequel le propriétaire enclavé puisse passer; et sur ce fonds unique il n'y a qu'un seul endroit, le moins dommageable, sur lequel le passage puisse s'exercer : l'état des lieux sert, en ce cas, de règlement. Le propriétaire enclavé passe parce qu'il y a nécessité; donc il exerce la servitude, aussi bien que si l'assiette en avait été déterminée par convention. Dès lors la prescription doit courir, parce que le voisin est mis en demeure de réclamer son indemnité.

Si l'opinion contraire a été soutenue, c'est parce que l'article 682 suppose que le propriétaire enclavé doit avant tout *réclamer* le passage. De là on a conclu que la servitude n'existe pas de plein droit, que le propriétaire enclavé a seulement une action pour l'obtenir, action que l'on a comparée à celle qui naît de l'expropriation pour cause d'utilité publique. Dans cette opinion, le propriétaire du fonds par lequel le passage s'exerce ne peut demander d'indemnité que lorsque la servitude est accordée; son action est une action en payement plutôt qu'une action en indemnité, car l'indemnité se règle nécessairement au moment où le passage est établi, de même qu'il n'y a pas d'expropriation sans règlement de l'indemnité. Si nous n'avions d'autre disposition que celle de l'article 682, il y aurait une difficulté de texte, mais la difficulté disparaît en présence de l'article 685. Il ouvre au propriétaire du fonds par lequel le passage s'exerce une *action en indemnité*, ce qui suppose que le passage est exercé sans que l'indemnité ait été réglée, par conséquent sans qu'il y ait eu un accord sur l'assiette de la servitude. Il n'est pas parlé d'une action appartenant au propriétaire enclavé, il n'a donc pas besoin d'agir pour avoir droit au passage, son droit est écrit dans la loi, et la loi ne fait que consacrer la nécessité. L'article 685 explique l'article 682; il résulte du texte de ces dispositions, ainsi que de l'esprit de la loi, que le mot *réclamer* n'a pas le sens qu'on lui donne, ou, si l'on veut, que le droit est *réclamé* par cela seul que la servitude est *exercée* (1).

La jurisprudence est en ce sens. On a soutenu devant la cour de cassation que le passage ne peut pas être exercé avant que la servitude ne soit réglée contradictoirement, puisque l'exercice sans règlement serait une voie de fait, une véritable usurpation. La cour n'a pas admis ce système (2). Il peut se présenter des cas où un règlement de la servitude est nécessaire. Supposons qu'il y ait plusieurs fonds par lesquels le passage puisse s'exercer; le voisin par le fonds duquel le propriétaire enclavé veut passer conteste que son héritage soit celui auquel la servitude sera le moins dommageable, ou celui par lequel le trajet sera le plus court; le propriétaire enclavé passe sans tenir compte de ces réclamations. Un procès s'engage : la servitude est établie sur un autre fonds. Le propriétaire enclavé est coupable, dans ce cas, de voie de fait, personne ne pouvant se rendre justice à soi-même. Mais aussi, dans ce cas, il n'y aura pas de difficulté sur le commencement de la prescription, puisque l'assiette de la servitude se trouvera réglée judiciairement. Que si le passage s'exerce sans con-

(1) Aubry et Rau, t. III, p. 30 et notes 26 et 27. Demante, t. II, p. 634, n° 539 *bis* I. Demolombe, t. XI, p. 112, n°s 634, 635. Ducaurroy, Bonnier et Roustain, t. II, p. 221, n° 326. En sens contraire, Valette et Mourlon (*Répétitions*, t. Ier, p. 800).
(2) Arrêt de rejet du 23 août 1827 (Dalloz, au mot *Servitude*, n° 820, 2°).

testation aucune, bien que sans règlement, il n'y a plus d'usurpation, puisque la servitude a son principe dans la loi, et le silence du propriétaire intéressé vaut consentement; l'équité est donc d'accord avec le droit.

107. Il se peut que le passage s'exerce par plusieurs fonds appartenant à différents propriétaires. Y aura-t-il autant de prescriptions diverses de l'action en indemnité qu'il y a d'héritages divers? L'affirmative nous paraît certaine. En effet chaque propriétaire a un droit à lui, naissant du dommage que la servitude lui occasionne. Donc le droit de l'un est tout à fait indépendant du droit de l'autre. On a invoqué devant la cour de cassation le principe de l'indivisibilité des servitudes pour en conclure que la prescription, suspendue à l'égard de l'un des propriétaires assujettis, était par cela même suspendue à l'égard des autres. La cour a rejeté cette opinion qui repose sur une vraie confusion d'idées. On lit dans l'arrêt que le principe d'indivisibilité doit s'appliquer lorsque le fonds asservi appartient au même propriétaire, que c'est en ce sens que la servitude de passage ne peut se prescrire par fraction (1). Il fallait dire mieux, c'est que, dans le cas d'enclave, il n'est pas question de prescrire la servitude de passage, puisque la servitude existe en vertu de la loi. C'est l'action en indemnité qui se prescrit, action purement personnelle, qui n'a rien de commun avec l'indivisibilité des servitudes.

107 *bis*. Les principes que nous venons d'exposer supposent qu'il y a enclave, dans le sens légal du mot, telle que nous l'avons définie d'après la doctrine et la jurisprudence. Si le propriétaire n'est pas enclavé, il n'a pas droit à un passage pour cause d'enclave. Par suite, il se trouve sous l'empire des principes généraux qui régissent l'acquisition des servitudes. C'est dire qu'il ne pourra pas réclamer de passage en vertu de l'article 682, et comme le passage est une servitude discontinue, il ne pourra invoquer la possession pour établir son droit; il lui faudra un titre. La destination du père de famille ne suffirait pas, puisqu'elle exige aussi la continuité de la servitude. Il suit de là que

---

(1) Arrêt de rejet du 31 décembre 1860 (Dalloz, 1861, 1, 376).

s'il n'y a pas d'enclave, il ne peut plus s'agir de la prescription de l'action en indemnité ; car cette action suppose l'existence d'un passage fondé sur l'enclave. Donc la première question que les tribunaux auront à examiner en cette matière sera s'il y a ou non enclave. Si le fonds n'est pas enclavé, quelque longue qu'ait été la possession, elle ne donnera aucun droit à celui qui a exercé le passage, ni à celui par le fonds duquel il a été pratiqué : ce sera un passage de pure tolérance, ce qui exclut tout ensemble l'idée d'une servitude et le droit à une indemnité (1).

N° 3. EFFETS DE LA SERVITUDE DE PASSAGE.

108. Le passage que le propriétaire enclavé exerce est une servitude. Il faut donc appliquer les principes généraux qui régissent les droits et les obligations des propriétaires du fonds dominant et du fonds servant. Le propriétaire enclavé ne peut pas demander que le voisin lui cède la propriété du terrain par lequel le passage doit s'exercer ; car il ne s'agit pas d'une expropriation. Par la même raison, le voisin ne peut pas forcer le propriétaire enclavé à acheter le terrain par lequel il passe ; l'article 682 dit quels sont ses droits : il doit être indemnisé du dommage que l'exercice du passage lui occasionne.

Le passage étant une servitude, le propriétaire enclavé n'a que les droits qui appartiennent à celui qui jouit d'une servitude de passage. Il ne peut bâtir sur le fonds servant, cela va sans dire ; il ne peut y avoir des jours et des vues que sous les conditions déterminées par la loi, puisque ces jours et ces vues donneraient sur la propriété d'autrui. Il ne peut céder le passage à un tiers, car les servitudes sont attachées au fonds ; il en est surtout ainsi du passage en cas d'enclave, puisqu'il n'est accordé au propriétaire qu'à raison de l'enclave (2).

(1) Demante, t. II, p. 634, n° 539 *bis* I. Lyon, 18 janvier 1827 (Dalloz, au mot *Servitude,* n° 888) ; Nancy, 28 janvier 1833 (Dalloz, *ibid.,* n° 819, 3°), Besançon, 16 juillet 1866 (Dalloz, 1866, 2, 130).
(2) Duranton, t. V, p. 472, n° 432. Demolombe, t. XII, p. 119, n°s 636, 637.

109. Le propriétaire du fonds assujetti a les droits qui appartiennent à ceux dont les fonds sont grevés d'une servitude de passage. Il peut ouvrir, sur le terrain qui sert de chemin de passage, des fenêtres d'aspect, puisqu'il lui appartient. A certains égards, ses droits sont plus étendus que d'après le droit commun. Ce n'est pas une servitude volontaire, c'est une servitude forcée. Il est dans l'esprit de la loi que l'on concilie les droits du propriétaire assujetti avec les droits du propriétaire enclavé. On a jugé par application de ces principes que le propriétaire du fonds servant pouvait chaque année assigner l'endroit le moins dommageable pour l'exercice du droit de passage (n° 94). C'est d'après le même principe qu'il faut décider la question de savoir s'il peut se clore. Nous avons dit ailleurs que l'article 647 n'est pas un obstacle à l'exercice de ce droit (1). Bien entendu que la clôture doit être telle, qu'elle n'entrave pas le droit de passage. Duranton enseigne, contrairement à l'opinion de Voet, que le propriétaire assujetti ne pourrait pas fermer le passage au moyen d'une porte ou d'une barrière, en offrant au maître du fonds enclavé une clef pour passer (2). Cela nous paraît d'une rigueur extrême. Quand il s'agit d'une servitude ordinaire, on peut invoquer l'article 701, qui défend au propriétaire du fonds assujetti de rien faire qui tende à rendre la servitude plus *incommode*. Mais le passage en cas d'enclave, bien qu'étant une servitude, doit être interprété dans un autre esprit que le droit rigoureux qui naît d'une convention. Un passage ordinaire est stipulé pour des raisons de commodité; on conçoit donc qu'il ne puisse être rendu moins commode, ce serait manquer à la loi du contrat. Tandis que, en cas d'enclave, le passage est établi pour cause de nécessité. Dès qu'il est satisfait à cette nécessité, le propriétaire enclavé n'a plus le droit de se plaindre. Il y a un arrêt en ce sens (3).

---

(1) Voyez le tome VII de mes *Principes,* p. 499, n° 441.

(2) Duranton, t. V, p. 473, n° 434. Comparez Demolombe, t. XII, p. 121, n° 638.

(3) Bruxelles, 3 mai 1851 (*Pasicrisie,* 1851, 2, 301). Le même arrêt se trouve encore une fois, 1855, 2, 48. En sens contraire, Bruxelles, 26 février 1859 (*Pasicrisie,* 1859, 2, 316).

N° 4. EXTINCTION DE LA SERVITUDE.

110. La servitude de passage s'éteint-elle lorsque l'enclave vient à cesser? Cette question est très-controversée; elle divise les auteurs ainsi que la jurisprudence (1). Si l'on tient compte, comme nous l'avons fait, de la nature particulière de la servitude d'enclave, il n'y a guère de doute. Le passage, en cas d'enclave, est établi par la loi pour des motifs d'utilité publique; dès que la société n'est plus intéressée à ce qu'il y ait un passage forcé, la servitude n'a plus de raison d'être : conçoit-on un passage exercé à titre d'enclave, alors qu'il n'y a plus d'enclave? Vainement dit-on que toute servitude est établie dans un esprit de perpétuité (2). Cela est vrai des servitudes en général. Si je stipule aujourd'hui un passage pour l'utilité de mon héritage, il est probable que ce passage ne cessera jamais d'être avantageux au propriétaire du fonds dominant. Mais si j'exerce aujourd'hui un passage parce que je suis enclavé, la cause de la servitude est temporaire, car demain je puis acquérir un fonds qui me donne issue sur la voie publique. Il est si vrai que le passage, en cas d'enclave, n'est pas perpétuel, que tout y est variable; la servitude n'a rien d'arrêté, d'immuable; elle peut s'exercer chaque année sur une partie différente du fonds (n° 94), elle peut augmenter d'étendue si le propriétaire du fonds enclavé étend son exploitation; elle peut aussi diminuer si les nécessités diminuent; partant si les besoins cessent entièrement, la servitude aussi doit cesser (3). Quand la cause unique qui donne naissance à un droit vient à cesser, le droit s'éteint également; c'est le cas d'appliquer le vieil adage : *cessante causa, cessat effectus* (4).

(1) Voyez les sources dans Aubry et Rau, t. III, p. 32, note 34; Dalloz, au mot *Servitude*, nᵒˢ 877, 878; Demolombe, t. XII, p. 124, n° 642.
(2) Demolombe, t. XII, p. 125, n° 642.
(3) Rouen, 13 décembre 1862 (Dalloz, 1864, 2, 33).
(4) Agen, 14 août 1834 (Dalloz, au mot *Servitude*, n° 878). Liége, 30 novembre 1850 (*Pasicrisie*, 1851, 2, 183). Ces arrêts se rapprochent le plus de notre opinion. Elle a été consacrée formellement par un arrêt de la cour de Bruxelles du 14 mars 1862 (*Pasicrisie*, 1862, 2, 228).

111. Toutefois les objections ne manquent pas, et elles sont sérieuses. Duranton dit que, dans notre opinion, la servitude est conditionnelle, ou du moins à terme, tandis que la loi l'établit purement et simplement (1). Il nous semble que le texte de la loi répond suffisamment à cette argumentation. A qui le passage est-il accordé? Au « propriétaire dont les fonds sont enclavés, » dit l'article 682. Donc l'enclave est la condition *sine quâ non* de l'exercice du passage. L'article ajoute : « et qui n'a aucune issue sur la voie publique. » Nous le demandons de nouveau : conçoit-on qu'un propriétaire réclame un passage en vertu de l'article 682, parce qu'il n'a aucune issue sur la voie publique, alors qu'il a une issue sur la voie publique? *Réclamer*, non, dit-on ; mais une fois qu'il l'a réclamé, la servitude existe, c'est une servitude de passage ordinaire, il faut donc appliquer les principes généraux qui régissent l'extinction des servitudes ; or, la loi ne place pas la cessation de l'enclave parmi les causes qui éteignent les servitudes. A quoi aboutit donc, dit-on, l'opinion qui déclare la servitude de passage éteinte, lorsque l'enclave cesse? A créer une cause d'extinction des servitudes, c'est-à-dire à faire la loi. Et on la fait contre l'intention du législateur. En effet, la cour de Lyon avait proposé d'ajouter à la section qui traite de l'extinction des servitudes une disposition portant que si le passage accordé au fonds enclavé cessait d'être nécessaire, il serait supprimé, et que s'il avait été payé une indemnité, le prix serait rendu. Cette proposition n'ayant pas été admise, on doit croire que les auteurs du code civil ont rejeté ce mode d'extinction de la servitude de passage (2). Ce dernier argument serait décisif, si le conseil d'Etat avait discuté la proposition ; mais elle n'était pas formulée dans le projet de code soumis à ses délibérations ; et si les auteurs du projet ne l'ont pas admise, la raison en peut être qu'ils ont jugé la disposition

(1) Duranton, t. V, p. 474, nº 435.
(2) Cet argument est très-bien développé dans un arrêt de la cour de Grenoble du 20 novembre 1847 (Dalloz, 1850, 2, 88). Comparez Toulouse, 16 mai 1829 (Dalloz, au mot *Servitude*, nº 877, 3º) et Duranton, t. V, p. 474, nº 435.

inutile. En effet, les tribunaux ne déclarent pas la servitude d'enclave éteinte quand l'enclave cesse; ils se bornent à décider, ce que le bon sens décide, qu'il n'y a pas lieu d'exercer le passage pour cause d'enclave, tant qu'il n'y a pas d'enclave. Cela était inutile à dire au point de vue juridique, parce que l'enclave étant la condition ou la cause de la servitude, si la condition fait défaut et que la cause cesse, il ne peut plus être question d'une servitude. :

On insiste et l'on dit que la vraie cause de la servitude est dans la loi, et l'on en conclut que la loi seule qui a créé la servitude pourrait la faire cesser; que par cela seul que la loi ne la déclare pas éteinte, elle subsiste, toute servitude étant perpétuelle, et surtout la servitude de passage nécessaire, laquelle est une espèce d'expropriation. C'est l'argumentation de Demolombe (1); nous la trouvons peu sérieuse. Sans doute toute servitude légale a son principe dans la loi; mais la loi n'établit pas de servitude sans motif juridique, c'est ce motif qui constitue la cause; et dans l'espèce, il n'y a pas moyen de s'y tromper, puisque le législateur a pris soin d'indiquer la raison pour laquelle il donne un passage au propriétaire enclavé, c'est qu'il n'a pas d'issue sur la voie publique : était-il nécessaire d'ajouter que du moment qu'il a une issue, il ne peut plus exercer un passage qui ne lui a été accordé que pour défaut d'issue? Quant à la prétendue perpétuité de la servitude, résultant de ce qu'elle est une expropriation, la réponse se trouve dans le texte de l'article 645 qui définit l'expropriation pour cause d'utilité publique, comme nous en avons fait la remarque (2).

112. Nous trouvons une objection beaucoup plus sérieuse dans la jurisprudence; la cour de cassation l'a sanctionnée de son autorité, après qu'elle avait été développée dans un excellent rapport du conseiller Mesnard. On convient que la cause qui a fait établir la servitude, c'est-à-dire la nécessité résultant de l'enclave, peut venir à cesser; mais n'arrive-t-il pas souvent que des causes mobiles et

(1) Demolombe, t. XII, p. 125, n° 642.
(2) Voyez le tome VII de mes *Principes,* n° 424, p. 483.

changeantes produisent des effets permanents et invaria-
bles? Les contrats consensuels en sont un exemple; ils
sont irrévocables, bien que la cause qui leur a donné naissance soit une volonté changeante. De là le vieil adage :
Ab initio voluntatis, ex postfacto necessitatis. Les jurisconsultes romains ont consacré cette maxime, et Justinien
lui a donné place parmi ses règles de droit : « Ce qui est
une fois établi conformément à la loi, et à plus forte raison
en vertu de la loi, subsiste alors même qu'il survient un
événement qui aurait empêché le fait juridique de naître,
s'il avait existé dès le principe (1). » La servitude s'établit
parce qu'il y a enclave, une convention en détermine l'assiette et fixe l'indemnité que le propriétaire enclavé doit
payer; dès lors tout est consommé et irrévocable. En
serait-il autrement si, au lieu d'une convention, il y avait
prescription? Les principes sont les mêmes, car le long
exercice de la servitude fait présumer qu'il est intervenu
une convention sur le passage et que l'indemnité a été
payée. Sur ce rapport, la cour de cassation décida que
l'exercice du passage nécessaire pour cause d'enclave, lorsqu'il s'est prolongé pendant plus de trente ans, fait acquérir au propriétaire de l'héritage enclavé la servitude même
du passage, selon l'assiette qui lui a été donnée par cette
longue possession; que le droit *absolu* de servitude se trouvant ainsi acquis, il ne peut recevoir aucune atteinte par
suite de l'événement ultérieur qui vient à faire cesser l'état
primitif d'enclave (2).

Il nous semble que cette argumentation repose sur une
confusion d'idées. Elle suppose que la convention, ou la
prescription qui tient lieu de convention, crée un *droit
absolu* de passage. Comment la convention créerait-elle ce
qui existe déjà? La servitude de passage nécessaire n'est
jamais créée par la convention ni par la prescription, elle

(1) « *Quæ semel utiliter constituta sunt, durent, licet ille casus extiterit,
a quo initium capert non potuerunt.* » (L. 85, D., *de regul. jur.*)
(2) Arrêt de rejet du 19 janvier 1848 (Dalloz, 1848, 1, 6). Comparez Grenoble, 5 mars 1839 (Dalloz, 1845, 2, 160); Bordeaux, 25 juin 1863 (Dalloz,
1864, 2, 33); Amiens, 9 décembre 1868 (Dalloz, 1868, 2, 118), et la critique
de cet arrêt par Froissart, substitut du procureur général près la cour
d'Amiens (*ibid.*, p. 117).

existe en vertu de la loi. En veut-on une preuve palpable ?
Je suis enclavé, il n'y a qu'un seul fonds et un seul endroit
de ce fonds par lequel je puisse passer ; je passe immédiatement, sans qu'il y ait ni convention ni prescription.
Est-ce que j'exerce un droit ? Si la servitude naît de la convention ou de la prescription, il faut dire : Non, il y a voie
de fait, empiétement sur la propriété du voisin, contravention à la loi pénale. Eh bien, la cour de cassation a décidé
qu'il n'y avait pas de contravention, donc il y a droit, et
partant la servitude existe. Elle préexiste donc à la convention et à la prescription ; celles-ci ne créent pas la servitude, elles en déterminent seulement l'assiette. Cette
assiette même n'est pas irrévocable ; il y a controverse sur
l'étendue des variations qu'elle peut subir, mais tout le
monde convient qu'elle est variable. En ce qui concerne
la servitude elle-même, on ne peut invoquer ni la convention ni la prescription, elle n'a d'autre cause, d'autre raison d'être que la nécessité, le défaut d'issue ; donc quand
cette cause unique disparaît, l'effet doit disparaître. Quant
aux adages que l'on cite, ils supposent qu'un droit est définitivement constitué par le concours de volontés des parties intéressées ; et dans l'espèce, il n'y a aucun concours
de volontés, tout dépend de la loi, et la loi fait de la nécessité une condition d'existence de la servitude (1).

113. En admettant que la servitude cesse, il se présente
de nouvelles difficultés. Le propriétaire enclavé peut-il
demander la restitution de l'indemnité qu'il a payée ? On
admet qu'il a droit à une restitution quelconque, mais on
n'est pas d'accord sur l'étendue de ce droit. Est-ce toute
l'indemnité ? est-ce une partie de l'indemnité (2) ? Si les
principes que nous avons établis sont vrais, la solution est
très-simple. L'indemnité a été payée pour une cause qui
cesse d'exister ; à partir du moment où l'enclave cesse, celui
qui a reçu l'indemnité n'a plus aucun motif juridique de la
conserver, il la retiendrait sans cause, donc le proprié-

---

(1) C'est ce qui est très-bien établi dans un arrêt de Rouen du 13 décembre 1862 (Dalloz, 1864, 2, 33). Comparez Aubry et Rau, t. III, p. 27 et
les notes.
(2) Voyez les diverses opinions dans Demolombe, t. XII, p. 128, n° 643.

taire qui l'a payée peut la réclamer (1). C'est une conséquence des principes généraux qui régissent le payement
de l'indû. Peut-il aussi réclamer des dommages-intérêts?
Un arrêt de la cour d'Agen lui en accorde, et Demolombe
abonde dans ce sentiment (2). Cela est inadmissible. Peut-il
y avoir dommages-intérêts sans faute, sans un fait impu-
table au propriétaire de l'héritage servant? Il n'a fait que
souffrir le passage, il l'a subi malgré lui, et on le condam-
nerait à des dommages-intérêts!

En disant que l'indemnité doit être restituée, nous n'entendons pas priver de tout dédommagement le propriétaire, par le fonds duquel le passage a été exercé. Le passage lui a causé un dommage, il a donc droit à une
indemnité de ce chef. Comment la calculera-t-on? Le moyen
le plus simple sera d'évaluer l'indemnité par annuités, et
de lui allouer autant d'annuités qu'il y a d'années pendant
lesquelles le passage a été pratiqué. Il ne restituera l'indemnité que déduction faite de cette somme.

114. Celui qui réclame la restitution de l'indemnité
doit-il prouver qu'il l'a payée? L'affirmative n'est pas douteuse en principe, puisqu'il est demandeur, et le payement
est le fondement de sa demande en restitution. Que faut-il
décider s'il a exercé la servitude pendant trente ans? Il y
a des arrêts qui décident que, dans ce cas, il y a présomption de payement, ce qui dispenserait le demandeur de le
prouver. Il faut rejeter cette prétendue présomption comme
toutes celles que l'on imagine sans qu'il y ait un texte de
loi qui les consacre. La cour d'Agen dit que la prescription de l'action en indemnité suppose *nécessairement* que
l'indemnité a été payée (3). Non, il n'y a qu'une simple probabilité, car la prescription extinctive de trente ans n'est
pas fondée sur une présomption de payement, et une probabilité ne devient une présomption que lorsque le législateur l'a sanctionnée. La cour de Limoges allègue les plus

(1) Lyon, 24 décembre 1841 (Dalloz, au mot *Servitude,* n° 880, 2°).
Limoges, 20 novembre 1843 (Dalloz, *ibid.,* n° 878). Aubry et Rau, t. III,
p. 32 et note 35.
(2) Agen, 14 août 1834 (Dalloz, au mot *Servitude,* n° 878). Demolombe,
t. XII, p. 129, n° 643.
(3) Agen, 14 août 1834 (Dalloz, au mot *Servitude,* n° 878).

singulières raisons pour en induire une présomption légale sans loi (1). Il s'agit d'une *sorte d'expropriation,* ce qui implique que la servitude n'est due qu'après le payement de l'indemnité. Qu'est-ce qu'une *sorte* d'expropriation? Il y a expropriation véritable ou il n'y en a pas. Or, l'expropriation véritable n'existe que lorsqu'un propriétaire est privé de sa chose (art. 545). Bannissons les *en quelque sorte* d'une science qui demande la plus rigoureuse précision. La cour de Limoges ajoute que la servitude est présumée n'avoir été exercée qu'au moyen d'un dédommagement, chacun étant censé veiller à ses intérêts et ne faire l'abandon de ses droits qu'après avoir été désintéressé. Encore une probabilité. Que le législateur en tienne compte, soit; mais de quel droit l'interprète érige-t-il une probabilité en présomption? Enfin la cour dit que l'ancienneté du payement dispense d'en rapporter la preuve. Pour le coup, la cour fait la loi, et la fait très-mal. Cela n'est dit nulle part, et le législateur s'est bien gardé de poser un principe aussi dangereux. La cour d'Angers met toutes ces mauvaises raisons à néant, par cette simple remarque que si celui qui réclame un passage sur le fonds d'autrui est tenu à indemniser le propriétaire, il ne résulte pas de là la présomption légale que l'indemnité ait été payée; que l'article 685 suppose même que le passage a été exercé sans payement, ce qui, dans l'usage, arrive très-fréquemment (2).

115. Quand l'enclave résulte d'un partage ou d'une vente, les principes que nous venons d'établir ne reçoivent plus d'application. Le passage qui doit être accordé dans ces cas n'est pas le résultat de la nécessité; dès lors on ne peut plus dire que, la nécessité cessant, la servitude cesse. La servitude est conventionnelle, que la convention soit tacite ou expresse. S'établissant d'après le droit commun, elle doit aussi s'éteindre d'après le droit commun. Le propriétaire qui cesse d'être enclavé conserve donc le

---

(1) Limoges, 20 novembre 1843 (Dalloz, au mot *Servitude,* n° 878). Dans le même sens, Lyon, 24 décembre 1841 (Dalloz, *ibid.,* n° 880, 2°), et Demolombe, t. XII, p. 129, n° 643.
(2) Angers, 20 mai 1842 (Dalloz, au mot *Servitude,* n° 858). Aubry et Rau, t. III, p. 32, note 35.

passage auquel il a droit; et s'il avait payé un prix, il ne pourrait pas le répéter, alors même qu'il renoncerait au passage dont il n'a plus besoin. Ici tout est définitif et irrévocable. La doctrine et la jurisprudence sont d'accord (1).

§ VIII. *Du tour de l'échelle.*

116. On entend par *tour de l'échelle* une servitude en vertu de laquelle le propriétaire du fonds dominant peut poser une échelle sur l'héritage de son voisin, et occuper l'espace de terrain qui est nécessaire pour faire des réparations et constructions dans la partie de sa maison qui donne du côté de cet héritage. Parfois on appelle *tour de l'échelle* l'espace qui est laissé pour cet usage par le propriétaire qui construit une maison. Les deux cas sont essentiellement différents, puisque d'une part il y a servitude, et d'autre part exercice de la propriété (2).

Dans l'ancien droit, il y avait une servitude légale d'*échelage*. Nous citerons l'article 204 de la coutume de Melun qui porte : « Quand aucun fait édifier ou réparer son héritage, son voisin est tenu lui donner et prêter *patience* et *passage* pour refaire, en réparant ce qui aura été rompu, démoli ou gâté. » Les auteurs fondaient cette coutume sur l'humanité, charité et équité naturelles, chacun étant tenu d'obliger son voisin. Il y avait cependant des coutumes qui maintenaient pour l'*échelage* le principe : nulle servitude sans titre.

Il ne faut pas confondre l'*échelage* avec l'*investison*. Les Romains laissaient un espace entre leurs édifices et ceux de leurs voisins : de là le nom d'*île* pour désigner ce que nous appelons *héritage*. Cet usage passa dans les Gaules, et se maintint dans les pays de droit écrit sous le nom d'*investison,* sans doute parce que cet espace environne les propriétés de chacun, et les *investit* pour ainsi dire.

---

(1) Aubry et Rau, t. III, p. 33 et note 36. Arrêts de rejet du 1er août 1861 (Dalloz, 1862, 1, 161) et du 14 novembre 1859 (Dalloz, 1860, 1, 176).
(2) Merlin, *Répertoire*, au mot *Tour de l'échelle*, § I (t. XXXIV, p. 338 et suiv.).

117. Le code ne parle ni d'*échelage* ni d'*investison*. Cela décide la question de savoir si, comme le prescrivaient des lois romaines, le propriétaire doit laisser un espace de terrain entre son bâtiment et celui de son voisin. La négative est certaine, puisque le code n'impose plus cette obligation. L'orateur du Tribunat dit que l'intention du législateur a été, d'affranchir les propriétaires de cette restriction au droit qu'ils ont de bâtir sur leur sol comme ils l'entendent (1). Il en est de même de la servitude d'échelage; il ne peut être question d'une servitude légale de tour d'échelle, alors que la loi ne l'établit pas et ne prononce pas même ce mot.

118. Mais si l'échelage et l'investison n'existent plus en vertu de la loi, rien n'empêche de les établir par la volonté des propriétaires. Il va sans dire que celui qui construit une maison peut laisser au delà du mur un espace de terre destiné à servir de tour d'échelle. Il s'élève, en ce cas, une difficulté concernant la preuve; nous y reviendrons. En supposant la propriété prouvée, on applique les principes généraux qui régissent le droit de domaine. Le propriétaire pourra faire de ce terrain ce qu'il voudra, tandis que le voisin n'y pourra rien faire; il ne pourra même pas acquérir la mitoyenneté du mur, puisque le mur ne sépare pas les deux héritages (2).

119. La servitude de tour de l'échelle peut aussi être établie, mais seulement par titre, puisque c'est une servitude discontinue (art. 691 et 688). Il y a un arrêt en ce sens. On invoquait, dans l'espèce, le consentement tacite des parties contractantes; la cour a décidé que les parties ne songeaient, lors du contrat, ni à réserver le tour de l'échelle, ni à s'y soumettre (3). Il fallait dire plus. Le consentement tacite des parties intéressées ne vaut titre que lorsqu'il y a destination du père de famille, et la destination ne peut être invoquée que si la servitude est continue tout ensemble et apparente.

---

(1) Discours de Gillet, n° 11 (Locré, t. IV, p. 195).
(2) Toullier, t. II, p. 254, n° 562. Duranton, t. V, p. 324, n° 316.
(3) Douai, 21 août 1865 (Dalloz, 1866, 5, 437). Comparez Bruxelles, 21 janvier 1869 (*Pasicrisie*, 1869, 2, 80).

Que faut-il décider des servitudes acquises sous l'ancien droit? Le code maintient celles qui étaient établies par une possession immémoriale (art. 691). En est-il de même des servitudes légales antérieures à la publication du code? Oui en principe, car la loi vaut titre. Pour le tour de l'échelle, cela est cependant très-douteux. De servitude légale d'échelage, dans le sens strict du mot, il n'y en avait pas; c'était plutôt une obligation de bon voisinage fondée sur l'équité. Les coutumes mêmes qui consacraient ce devoir ajoutaient une réserve. Nous avons cité la coutume de Melun; elle obligeait le voisin à souffrir *patience et passage;* mais, disait l'article 75, « la tolérance ou souffrance d'aucun qui a souffert autrui avoir échelage en son héritage, ne donne ni fait acquérir contre lui jouissance, sans titre exprès, » sauf s'il y avait contradiction. Ce n'est que dans ce dernier cas qu'il y avait véritable servitude, et qu'elle pourrait être maintenue sous le code civil. Quant au devoir d'humanité que les coutumes prescrivaient, il est devenu, par l'abrogation des coutumes, un devoir purement moral, dont le droit n'a pas à s'occuper (1). Il y a un arrêt en sens contraire de la cour de Rouen (2). Il invoque l'usement de Nantes; mais cette coutume, tout en prescrivant au voisin de prêter patience à celui qui doit faire des réparations, ajoutait cette réserve : « ne peut l'édifiant, pour raison de ce que dessus, acquérir *droit* ni *possession* contre ce, au préjudice de celui qui a donné ou souffert ladite *patience.* » Donc c'était une simple *patience* et non un *droit.*

120. Quand le tour de l'échelle constitue une servitude, les droits du propriétaire dominant sont bien moins étendus que lorsque le terrain qui sert de tour d'échelle appartient au propriétaire du bâtiment. Il ne peut s'en servir que pour faire les réparations nécessaires à sa maison, tandis que le voisin, étant propriétaire du terrain, en dispose comme il l'entend, pourvu qu'il ne nuise pas à l'exercice de la servitude. Le propriétaire du bâtiment a donc

---

(1) Toullier, t. II, p. 252, note 3 (n° 559), édition de Duvergier.
(2) Rouen, 8 février 1828 (Dalloz, au mot *Servitude*, n° 805, 2°).

intérêt à soutenir qu'il possède au delà de son mur un terrain dont il a la disposition. Cela est surtout très-important quand il s'agit de prouver son droit ; la propriété s'acquiert par la prescription, et se prouve par une possession trentenaire, tandis que la servitude de tour de l'échelle, étant discontinue, ne s'acquiert que par titre ; et le plus souvent, pour les vieilles maisons, il n'y a pas de titre, ni pour la servitude ni pour la propriété. Reste à savoir comment le propriétaire de la maison prouvera que le terrain qu'il réclame lui appartient. La loi n'établit aucune présomption de propriété, et il ne pouvait pas y en avoir, parce que celui qui bâtit a le droit de bâtir sur la limite séparative de son héritage. On reste donc sous l'empire des principes généraux. Rarement il y aura lieu à la preuve testimoniale, à raison de la valeur pécuniaire du terrain litigieux. Il faudra donc des écrits. Les tribunaux se montrent assez faciles dans l'admission de ces preuves. Comme il n'y a pas d'actes proprement dits, le juge se contente d'une preuve plus ou moins vague, résultant des faits, de l'état matériel des héritages ; bien entendu que la propriété du fonds même doit être établie par titre ; il ne s'agit après cela que d'en déterminer les limites précises. Il a été jugé par la cour de cassation que les indications du cadastre, la plantation des arbres sur la limite de l'héritage pouvaient servir de preuve que le propriétaire d'un parc qui touche à des prés est propriétaire d'un terrain servant de tour d'échelle (1).

121. Ces indications mêmes et cet ensemble de preuves font le plus souvent défaut quand il s'agit d'un bâtiment. Il se peut qu'en réalité il n'y ait ni investison, ni tour de l'échelle. Lorsque des travaux deviennent nécessaires, comment les fera-t-on, si on ne le peut qu'en passant sur le terrain du voisin ? Le propriétaire pourra-t-il réclamer le passage ? En droit strict, il faut répondre négativement. Il n'y a de passage qu'à titre de servitude ou comme exercice de la propriété, et nous supposons que le maître du bâtiment n'a pas de servitude et qu'il n'est pas proprié-

_____

(1) Arrêt de Paris du 4 mars 1865, confirmé par un arrêt de rejet du 17 décembre 1866 (Dalloz, 1867, 1, 495).

taire, ou, ce qui revient au même, qu'il ne peut pas établir son droit. Les auteurs ont cherché à échapper à la rigueur du droit, en distinguant les diverses hypothèses qui peuvent se présenter.

On distingue d'abord si le mur est mitoyen ou non. S'il s'agit de réparer un mur mitoyen, chaque voisin doit fournir le passage nécessaire à la réparation. Cela est admissible, même en droit strict, car les deux copropriétaires étant tenus de contribuer aux réparations (art. 655), ils doivent par cela même accorder un passage, sans lequel les réparations seraient impossibles. Le passage est réclamé, en ce cas, non à titre de tour d'échelle, mais comme une conséquence de la communauté. Si le mur n'est pas mitoyen, on admet encore que, dans les villes et faubourgs où la clôture est forcée, le propriétaire du mur pourrait contraindre le voisin à souffrir le passage des ouvriers employés à la réparation du mur, parce qu'il pourrait l'obliger à la construction et à la réparation d'une clôture commune. Nous ne pouvons nous ranger à cette opinion, bien qu'elle soit assez généralement suivie. Toullier a raison de dire qu'aussi longtemps que le propriétaire d'un mur en a la propriété exclusive, il ne peut se prévaloir des droits qu'il pourrait exercer s'il était mitoyen : il y a là un défaut de logique qui saute aux yeux (1). M. Demolombe avoue que l'opinion générale est en dehors des principes rigoureux de droit, mais elle est favorable, et il ne serait pas surpris, dit-il, de la voir quelquefois réussir dans la pratique (2). Nous n'aimons pas de voir le droit subordonné au fait; c'est presque encourager le juge à se mettre au-dessus du droit, alors que le droit devrait être la règle invariable de ses décisions.

122. On admet aussi le passage forcé, lorsqu'il s'agit de réparations à faire au toit d'un bâtiment dont le propriétaire a le droit d'égout. C'est là, dit-on, une suite nécessaire de cette servitude. Ici encore Toullier a raison

(1) Toullier, t. II, p. 253, n° 559. En sens contraire, Delvincourt, Pardessus et Duranton (t. V, p. 323, n° 316).
(2) Demolombe, t. XI, p. 491, n° 424.

contre Pardessus (1). Les deux servitudes sont essentiellement différentes ; l'une est continue, l'autre discontinue ;
celle que l'on considère comme l'accessoire peut être plus
gênante que la servitude principale : de l'une il ne faut
donc pas conclure à l'autre. C'est mal raisonner que de
dire, comme on le fait, que si le passage n'existe pas précisément à titre de droit, ce sera en raison d'une sorte de
force majeure, d'une nécessité absolue qui ne permet pas
de se refuser au passage (2). Une quasi-force majeure ne
donne pas de droit contre le droit. Si la nécessité suffisait
pour qu'il y eût un droit de passage, le législateur n'aurait
pas eu besoin d'organiser la servitude d'enclave ; il faut une
loi pour que la nécessité engendre un droit.

123. Nous ne pouvons donc pas nous ranger à l'avis
de Pardessus, lequel enseigne que si le propriétaire justifie qu'il n'a aucun moyen de faire les réparations, il sera
fondé, par une induction aussi juste que naturelle de l'article 682, à exiger de son voisin qu'il lui accorde le passage moyennant une indemnité. Cette opinion a été soutenue avec quelque vivacité par Mauguin dans son *Essai
sur le code Napoléon*, et elle a été consacrée par un arrêt
de la cour de Bruxelles. Les mauvaises raisons ne manquent jamais pour défendre une mauvaise cause. Nous
comprenons qu'on se place sur le terrain de l'équité, et que
l'on dise avec la cour de Bruxelles que ce serait blesser
les convenances entre voisins que de refuser le passage en
cas de nécessité ; n'est-ce pas le cas de dire avec les jurisconsultes romains : *quod tibi non nocet, et alteri prodest,
facile concedendum* (3). La cour oublie que, sous l'empire
d'un code, les tribunaux ne sont plus des juges d'équité,
qu'ils ne sont plus que les ministres de la loi (4). Laissons
donc là les convenances et consultons le droit. Il n'y a pas
à tirer d'induction de l'article 682, car on n'étend pas les
dérogations à la propriété ; s'il y a une disposition qui soit

(1) Toullier, t. II, p. 254, nº 560. Aubry et Rau, t. III, p. 89, note 3.
En sens contraire, Pardessus, t. Iᵉʳ, p. 507, nº 227 ; Duranton, t. V, p. 49.
(2) Dalloz, au mot *Servitude*, nº 811.
(3) Bruxelles, 28 mars 1823 (*Pasicrisie*, 1823, p. 378). Comparez Bordeaux,
20 décembre 1836 (Dalloz, au mot *Servitude*, nº 812, 1º).
(4) Voyez le tome Iᵉʳ de mes *Principes*, p. 41, nº 29.

de stricte interprétation, c'est celle de l'article 682 qui force un propriétaire à subir une servitude. Vainement dit-on que le voisin qui refuserait le passage occasionnerait la ruine du bâtiment, parce que, faute de passage, il ne pourrait pas être réparé. Nous répondrons avec Toullier que c'est à celui qui bâtit à veiller à la conservation de sa chose et non à son voisin. Singulière justice, singulière équité même que celle qui impose une servitude au voisin, parce que le propriétaire a trouvé bon de construire à la limite précise de son héritage, sans se réserver ni propriété ni servitude pour faire les réparations dont il devait prévoir la nécessité! En droit comme en équité, c'est à celui qui est imprudent à subir les suites de son imprudence (1).

124. Il y a un arrêt qui semble admettre le tour de l'échelle en faveur des églises, en ce sens que les propriétaires voisins seraient obligés de fournir le passage pour arriver dans les intervalles des contre-forts et faire les réparations indispensables (2). Formulée dans ces termes absolus, la décision est certes inadmissible. Les églises sont régies par le droit commun, elles ne peuvent jouir d'une servitude d'échelage, puisque cette servitude n'existe qu'en vertu d'une stipulation. Comment donc la cour d'Agen est-elle arrivée à cette conclusion? Les piliers extérieurs, dit l'arrêt, et les contre-forts qui soutiennent les murs de l'église font corps avec l'église, et sont imprescriptibles comme elle. Cela est évident. L'arrêt ajoute que le terrain ou espace existant entre les piliers est un accessoire de l'église et en fait partie intégrante. Ici nous entrons dans le domaine des probabilités et par conséquent des présomptions. Que ce terrain soit une dépendance de l'église, cela est très-probable, mais une probabilité n'est pas une preuve; et de présomption légale il n'y en a pas. Vainement la cour dit-elle que l'espace compris entre les contre-forts ne peut devenir propriété privée, puisque l'occupation de ce terrain rendrait les réparations impossi-

---

(1) Toullier, t. II, p. 252, n° 559. En sens contraire, Pardessus, t. Ier, p. 508, n° 227.
(2) Agen, 2 juillet 1862 (Dalloz, 1862, 2, 150).

bles; tout propriétaire d'un bâtiment en pourrait dire autant pour prétendre qu'il doit avoir la propriété du terrain qui joint son mur. Il n'y a pas plus de présomption en faveur des églises qu'en faveur des particuliers. Ce même motif décide aussi la question de la servitude d'échelage. Il faut que la fabrique prouve son droit de propriété sur les terrains intermédiaires; alors elle pourra demander que les constructions qui y ont été élevées soient démolies. Réclame-t-elle le passage sur les héritages contigus, elle doit encore établir ou qu'elle est propriétaire, ou qu'elle a un droit de servitude.

CHAPITRE IV.

DES SERVITUDES ÉTABLIES PAR LE FAIT DE L'HOMME.

SECTION I. — Division des servitudes.

§ Iᵉʳ. *Des servitudes urbaines et rurales.*

125. L'article 687 porte : « Les servitudes sont établies ou pour l'usage des bâtiments, ou pour celui des fonds de terre. Celles de la première espèce s'appellent *urbaines,* soit que les bâtiments auxquels elles sont dues soient situés à la ville ou à la campagne. Celles de la seconde espèce se nomment *rurales.* » Cette disposition témoigne du respect exagéré que les auteurs du code avaient pour la tradition. La division des servitudes en urbaines et rurales existait en droit romain et dans l'ancienne jurisprudence; elle n'était pas sans importance, car l'acquisition et l'extinction de ces servitudes n'étaient pas régies par les mêmes principes. D'après le code Napoléon, au contraire, il n'y a plus aucune différence juridique entre les servitudes urbaines et rurales. Cette distinction traditionnelle n'ayant plus d'utilité, il est inutile de nous y arrêter (1).

§ II. *Des servitudes continues et discontinues.*

Nº 1. DÉFINITION.

126. Aux termes de l'article 688, « les servitudes continues sont celles dont l'usage est ou peut être continuel sans avoir besoin du fait actuel de l'homme. » La loi donne comme exemples les conduites d'eau, les égouts, les vues. Ce qui caractérise les servitudes discontinues, ce n'est pas qu'elles s'exercent ou qu'elles peuvent s'exercer d'une manière continuelle, c'est qu'elles ont besoin du *fait actuel de l'homme* pour être exercées. Qu'entend-on par *fait actuel de l'homme?* On n'entend pas par là le fait de l'homme qui est nécessaire pour que la servitude puisse être exercée ; les servitudes que le code range parmi les servitudes discontinues ont toutes besoin du fait de l'homme pour leur établissement : c'est lui qui établit l'aqueduc destiné à conduire les eaux : c'est lui qui construit l'égout, ou le toit d'où découlent les eaux pluviales : c'est lui qui pratique les fenêtres dans un mur. Mais une fois ces travaux d'établissement achevés, la servitude s'exerce d'elle-même, sans que le fait de l'homme soit nécessaire pour cet usage ; l'eau coule dans l'aqueduc sans le fait de l'homme, elle découle du toit sans son fait ; l'air et la lumière pénètrent à travers les fenêtres, sans que l'homme y soit pour quelque chose (2).

L'expression de servitude continue répond donc mal à l'idée qu'elle doit rendre. En effet, le mot *continu* implique une idée de continuité et semble exclure toute intermittence. Cependant la définition même donnée par le code civil prouve que telle n'est pas la signification de la servi-

---

(1) On peut voir dans Ducaurroy, Bonnier et Roustain (t. II, p. 229, nº 342) que la classification française ne répond pas à la classification romaine.

(2) Demolombe, t. XII, p. 215, nº 708. Aubry et Rau, t. III, p. 66 et note 3.

tude continue. Il y a des servitudes dont l'usage est continuel; telles sont les servitudes négatives de ne pas bâtir, de ne pas planter, ou de ne pas bâtir au delà d'une hauteur déterminée. Mais il y a aussi des servitudes dont l'usage est intermittent; quand sont-elles continues? L'article 687 répond : si l'usage en peut être continuel sans avoir besoin du fait actuel de l'homme. Telle est la servitude d'égout; elle s'exerce sans le fait de l'homme, mais elle ne s'exerce pas continuellement. Il faut donc écarter l'idée d'un usage continuel, et s'attacher au caractère essentiel des servitudes continues, c'est qu'elles s'exercent sans le fait actuel de l'homme.

127. Que faut-il décider si l'exercice de la servitude est interrompu pendant des intervalles plus ou moins longs, et si le fait de l'homme est nécessaire pour lever l'obstacle qu'occasionne cette interruption? Une servitude de prise d'eau est continue, bien que l'eau cesse de couler par la fermeture d'une écluse. Le fait de l'homme est nécessaire pour ouvrir l'écluse; mais ce n'est pas dans le fait d'ouvrir l'écluse que consiste l'usage de la servitude, c'est dans l'écoulement de l'eau ; or, l'eau coule sans le fait de l'homme. Il en est de même de la servitude de vue : elle consiste dans l'existence d'une ouverture qui procure l'air et la lumière, et qui sert aussi à voir : l'usage de la servitude s'interrompt quand les fenêtres et les volets sont fermés ; pour qu'il recommence, il faut le fait de l'homme qui ouvre les volets et les fenêtres ; cela n'empêche pas la servitude de vue d'être continue, puisque ce n'est pas dans le fait d'ouvrir les fenêtres et les volets que consiste la servitude, mais dans le fait de l'existence de ces ouvertures (1).

Pour la servitude de vue, il y a cependant quelque doute, d'après la rigueur des principes. Elle a pour objet, en partie du moins, de voir ; aussi la loi qualifie-t-elle de fenêtres d'*aspect* les fenêtres qui sont destinées à la servitude. Or, pour voir, il faut nécessairement le fait actuel de

(1) Aubry et Rau, t. III, p. 66 et note 6, et les autorités qui y sont citées. Voyez surtout arrêt de cassation du 5 décembre 1855 (Dalloz, 1856, 1, 22). Bruxelles, 29 juin 1825 (*Pasicrisie*, 1826, p. 217).

l'homme; donc, d'après la définition du code, la servitude serait discontinue, en tant qu'elle a pour objet de voir. Si le législateur la range néanmoins parmi les servitudes continues, c'est sans doute parce qu'elle a principalement pour objet de procurer l'air et la lumière ; la *vue* proprement dite n'est que l'accessoire.

128. Aux termes de l'article 688, les servitudes discontinues sont celles qui ont besoin du fait actuel de l'homme pour être exercées : la loi donne comme exemples les droits de passage, de puisage et de pacage. Ce qui caractérise donc les servitudes discontinues, c'est qu'il faut le fait de l'homme, aussi souvent que l'on en veut user ; si l'homme n'intervient pas chaque fois, la servitude ne peut pas s'exercer (1). On a prétendu que ces servitudes perdent leur caractère de discontinuité, et deviennent continues quand elles s'annoncent par des signes apparents. Telle serait une servitude de passage qui s'annoncerait par une porte, un chemin (2). Cette opinion, qui trouve quelque appui dans l'ancienne jurisprudence, est restée isolée. Elle est en opposition avec le texte et l'esprit du code civil. La loi n'admet pas deux espèces de servitudes discontinues ; il n'y en a qu'une seule, et nous venons de dire que la servitude n'est discontinue que lorsqu'elle s'exerce d'elle-même. Est-ce qu'une servitude de passage s'exerce d'elle-même parce qu'il y a une porte qui en annonce l'existence? C'est confondre les ouvrages qui constituent certaines servitudes continues avec les signes qui annoncent une servitude discontinue. Les vues supposent des ouvertures pratiquées dans un mur ; et dès qu'il y a une fenêtre d'aspect, la servitude s'exerce d'elle-même, sans que l'homme y doive intervenir ; c'est pour cette raison que la loi l'appelle continue. Quand un passage s'annonce par une porte, la servitude est apparente, dit l'article 689 ; bien que ce signe extérieur soit permanent, il n'en résulte pas que la servitude s'exerce par elle-même ; conçoit-on l'exercice du droit de passage sans le fait de passer? Si, malgré l'exis-

(1) Aubry et Rau, t. III, p. 67 et note 7, et les autorités qui y sont citées.
(2) Taulier, t. II, p. 438 et 439. Comparez Toullier, sur l'ancien droit, t. II, p. 286, n° 622.

tence d'ouvrages extérieurs, la servitude de passage exige le fait de l'homme aussi souvent que l'on en use, cette servitude reste discontinue. La jurisprudence est en ce sens (1). On avait soutenu que la servitude de passage cesse d'être discontinue lorsque le propriétaire du fonds dominant possède la clef de la porte qui donne issue sur le lieu où le passage s'exerce, parce que par le moyen de cette clef la servitude peut s'exercer d'un instant à l'autre; il suffit de lire la définition des servitudes discontinues donnée par l'article 688 pour se convaincre que c'est une erreur : la possession d'une clef suffit-elle pour que la servitude s'exerce d'elle-même (2)?

N° 2. APPLICATION.

129. La division des servitudes en continues et discontinues joue un rôle capital dans l'acquisition des servitudes : les servitudes discontinues ne peuvent s'établir que par titres, tandis que les servitudes continues, quand elles sont en même temps apparentes, s'acquièrent par la possession de trente ans et par la destination du père de famille (art. 690-692). Nous exposerons plus loin les motifs de cette théorie.

De là résulte une autre différence également importante : les servitudes continues et apparentes pouvant s'établir par titres donnent à celui qui les exerce depuis une année au moins les actions possessoires, quand la possession est paisible et à titre non précaire (code de procédure, art. 23). Les servitudes discontinues ne peuvent pas être l'objet d'une action possessoire, parce que la loi présume qu'elles s'exercent à titre précaire, par tolérance et bon voisinage ; c'est pour cette raison qu'on ne peut les acquérir par la prescription et par la destination du père de famille, et cette même raison exclut les actions possessoires. Nous nous bornons à établir le principe, cette matière ne rentrant pas dans l'objet de notre travail (3).

(1) Arrêt de rejet du 24 novembre 1835 (Dalloz, au mot *Servitude*, n° 1117, 1°).
(2) Grenoble, 3 février 1849 (Dalloz, 1849, 2, 235).
(3) Nous citerons les arrêts les plus récents. Arrêts de rejet du 7 juillet

Il y a aussi une différence entre les servitudes continues et discontinues, en ce qui concerne l'extinction par le non-usage. Quand elles sont discontinues, la prescription commence à courir du jour où l'on a cessé d'en jouir ; et quand elles sont continues, du jour où il a été fait un acte contraire à la servitude (art. 708). Nous reviendrons sur ce point.

130. Le mode d'acquisition des servitudes dépendant de leur continuité ou de leur discontinuité, il s'élève souvent des débats sur la question de savoir si une servitude est continue ou discontinue. Il y a des servitudes pour lesquelles il n'y a aucun doute. Telles sont les servitudes qui consistent à ne pas bâtir, ou à ne pas bâtir au delà de telle hauteur ; le droit qu'a le propriétaire d'une maison de faire supporter une poutre par le mur du voisin, ou le droit de faire avancer sa galerie, son balcon ou son toit sur l'héritage du voisin. Ces servitudes s'exercent d'elles-mêmes, elles sont donc continues. La loi range aussi les vues parmi les servitudes continues. Quand elles s'exercent par des ouvertures pratiquées dans un mur, il n'y a aucun doute. Que faut-il décider si la vue s'exerce au moyen d'une terrasse ou plate-forme artificiellement établie sur le fonds dominant? est-ce que cette servitude est continue? s'acquiert-elle par la prescription? donne-t-elle lieu à une action possessoire? Il y a un motif de douter très-sérieux. Une servitude de vue consiste essentiellement à recevoir le jour et la lumière dans un bâtiment, tandis qu'une terrasse ne sert pas à procurer le jour et la lumière au fonds dominant, elle ne sert qu'à faciliter la vue et à l'étendre. N'est-ce pas là une servitude de prospect? La cour de cassation a décidé que la servitude était une servitude de vue, continue, prescriptible, et munie d'une action possessoire (1). Elle se fonde sur l'article 678. Cet article détermine la distance à laquelle on peut avoir des

---

1852 (Dalloz, 1852, 1, 167) et du 26 décembre 1865 (Dalloz, 1866, 1, 221). Arrêt de cassation de la cour de cassation de Belgique du 1er décembre 1864 (*Pasicrisie*, 1865, 1, 7).

(1) Arrêt de rejet de la chambre civile du 28 décembre 1863 (Dalloz, 1864, 1, 163). Aubry et Rau, t. III, p. 66 et note 5.

vues droites ou *fenêtres d'aspect*, des *balcons* ou *autres semblables saillies* sur l'héritage de son voisin. Il résulte de là que, dans le langage du code, on entend par vues non-seulement les ouvertures par lesquelles l'air et le jour pénètrent dans un bâtiment, mais aussi les fenêtres qui sont destinées à procurer une vue plus ou moins étendue, les balcons et autres saillies, dont l'unique objet est de permettre à ceux qui habitent le fonds dominant de porter la vue sur l'héritage servant. Donc dès qu'il y a vue, n'importe comment elle s'exerce, il y a servitude de vue, et la loi place cette servitude parmi celles qui sont continues. Cela n'est pas tout à fait en harmonie avec les définitions du code; une terrasse ne sert à rien sans le fait actuel de l'homme; l'héritage dominant ne reçoit pas plus d'air ni de lumière que si la terrasse n'existait pas; ne servant qu'à voir, la servitude devrait être classée parmi les servitudes discontinues; mais les articles 678 et 688 décident la question en sens contraire. A notre avis, c'est une inconséquence. Elle existe même, comme nous venons d'en faire la remarque, pour la servitude de vue (n° 127).

Il a été jugé, au contraire, que la servitude de prospect est une servitude discontinue. Le code civil ne parle pas de cette servitude; comme elle n'est pas définie ni classée par la loi, il faut consulter la tradition. Or, dit la cour d'Orléans, la servitude de prospect a toujours été rangée parmi les servitudes discontinues; elle consiste, en effet, à empêcher le propriétaire du fonds servant de bâtir sur son héritage, et d'y faire des plantations qui pourraient nuire à la liberté de la vue de l'héritage dominant (1). C'est la servitude de ne pas bâtir, avec plus d'extension; or, la servitude de ne pas bâtir, de ne pas planter n'est-elle pas continue? Donc la servitude de prospect devrait aussi être classée parmi les servitudes continues. Voilà, nous semble-t-il, une nouvelle inconséquence. La servitude de vue qui s'exerce par des balcons ou des terrasses ne sert qu'à voir, de même que la servitude de prospect; ces droits ne diffèrent réellement que par leur étendue; or, l'étendue

(1) Orléans, 24 décembre 1840 (Dalloz, au mot *Servitude*, n° 1019).

ne change rien à la nature de la servitude. Exige-t-elle le
fait de l'homme pour être exercée, elle est discontinue :
tels sont le droit de prospect et le droit de vue qui s'exercent
par une terrasse : l'une et l'autre devraient donc être ran-
gées parmi les servitudes discontinues. Que si les articles 678 et 688 nous obligent à considérer la servitude de
vue, même exercée par une terrasse, comme une servitude
continue, il faut en dire autant de la servitude de prospect, puisque les deux servitudes, identiques dans leur
essence, ne diffèrent que par leur étendue.

131. L'article 688 range parmi les servitudes continues
les conduites d'eau, que l'on appelle d'ordinaire servitude
de prise d'eau. Nous avons déjà dit que le mode d'exercer
cette servitude ne change rien à sa nature : il y a des prises
d'eau qui se font seulement à telle heure, le matin ou le
soir, ou de deux jours l'un, ou tels jours de la semaine ;
quand l'usage du droit est intermittent, il faut le fait de
l'homme pour ouvrir le canal qui avait été fermé pendant
que la servitude ne s'exerçait pas ; cela n'empêche pas la
servitude d'être continue puisqu'elle s'exerce sans le fait de
l'homme, une fois que l'obstacle est levé (n° 127). L'application a cependant donné lieu à une difficulté. On demande
si le droit de faire écouler sur les fonds inférieurs les eaux
d'un étang pour en effectuer la pêche est une servitude
continue. La question a été décidée négativement en matière d'action possessoire ; il semblait au tribunal que l'usage
d'un droit qui ne s'exerce que tous les deux ans ne constituait pas une servitude continue, et ne pouvait faire l'objet
d'une action possessoire, laquelle exige une possession annale. Cette décision fut cassée. Le tribunal avait perdu de
vue la définition du code : l'écoulement des eaux de l'étang
exige-t-il le fait actuel de l'homme ? Tel est le seul point
à examiner. Et la négative n'est pas douteuse d'après les
principes que nous avons établis, d'accord avec la doctrine
et la jurisprudence. Il est vrai qu'il faut lever la bonde
pour que les eaux de l'étang s'écoulent, mais il en est de
même de toute prise d'eau qui ne se fait pas d'une manière
permanente. Lever la bonde est un fait passager ; du moment qu'elle est levée, les eaux s'écoulent sans le fait

de l'homme, puisqu'elles s'écoulent par une loi de la nature (1).

132. La servitude d'écoulement des eaux ménagères et industrielles est-elle continue ou discontinue? On l'appelle servitude d'évier, parce que les eaux sont transmises au fonds voisin moyennant un évier avec tuyaux de descente. Ici il y a un doute sérieux. En apparence, la servitude d'évier a le même caractère que la servitude de conduite d'eau, que le code range parmi les servitudes continues. Une fois versées dans l'évier, les eaux s'écoulent sans le fait de l'homme, de même que les eaux s'écoulent par le canal, une fois que le canal est ouvert. Mais l'analogie n'est qu'apparente. Quand le canal est ouvert, l'homme n'intervient que pour lever l'obstacle qui empêche l'écoulement naturel des eaux; c'est lui qui a créé l'obstacle, c'est lui qui le lève; quant aux eaux, elles coulent sans son fait, et elles auraient coulé continuellement si lui ne les avait arrêtées. Il en est tout autrement de la servitude d'évier; ici il faut le fait de l'homme pour qu'il y ait des eaux qui coulent; sans le ménage, sans l'industrie, il n'y aurait pas d'eaux ménagères ni industrielles. Il faut ensuite que ces eaux soient versées dans l'évier, nouveau fait de l'homme qui doit se renouveler aussi souvent que la servitude s'exerce. Voilà bien les caractères de la discontinuité. La jurisprudence est en ce sens; les auteurs sont divisés (2).

133. Il n'y a pas de questions qui passionnent davantage les plaideurs que les procès concernant les servitudes; les plus évidentes sont portées devant la cour de cassation. Raison de plus pour insister sur les applications, parce qu'elles servent à mettre les principes en évidence. Un établissement pour le lavage des laines est formé au bord d'un canal; le lavage se fait au moyen d'une corbeille mobile, abaissée et maintenue momentanément dans l'eau à l'aide d'une poulie fixée au balcon. Est-ce une servitude discon-

---

(1) Arrêt de cassation du 18 juin 1851 (Dalloz, 1851, 1, 296).
(2) Aix, 31 janvier 1838 (Dalloz, au mot *Servitude,* n° 1117, 3°). Arrêt de rejet du 19 juin 1865 (Dalloz, 1865, 1, 479). En ce sens, Aubry et Rau, t. III, p. 67 et note 9. En sens contraire, Demolombe, t. XII, p. 217, n° 712. Liége, 5 janvier 1865 (*Pasicrisie,* 1867, 2, 152).

tinue? Oui, dit la cour de cassation, parce que le mouve-
ment de va-et-vient de la corbeille qui descend dans l'eau,
puis est ramenée sur le balcon pour y déposer de la laine
lavée et recevoir de nouveau de la laine brute, exige le
fait actuel et incessant de l'homme (1). Il y a cependant un
motif de douter. La servitude consiste à laver les laines
dans l'eau d'autrui; or, les laines ne se lavent-elles pas
d'elles-mêmes, une fois qu'elles sont dans la corbeille?
de même que la vue s'exerce d'elle-même quand les volets
sont ouverts? et que l'eau de l'étang s'écoule d'elle-même
quand la bonde est levée? Non, il y a plutôt analogie
avec l'écoulement des eaux ménagères. Chaque fois que
la corbeille descend, il faut le fait de l'homme pour y
mettre la laine brute; c'est donc comme si l'homme lavait,
par conséquent il faut le fait actuel de l'homme pour l'exercice de la servitude, ce qui décide la question.

134. Une commune est en possession, depuis un temps
immémorial, d'établir son champ de foire sur le terrain
d'un particulier, après la levée des récoltes. Il a été jugé
qu'elle n'avait pas acquis ce droit par prescription, parce
qu'il constitue une servitude discontinue. La question présentait bien des difficultés. On demandait si le droit de la
commune de tenir sa foire sur le terrain d'un particulier
ne devait pas être considéré comme un droit de copropriété. Il est certain que ce pourrait être copropriété; mais
l'usage annuel du fonds dans un but spécial suffisait-il pour
acquérir la propriété? Non, car la propriété ne consiste
pas à faire un usage déterminé d'une chose, elle consiste
à jouir et à disposer d'une manière absolue. Donc la possession ne pouvait être invoquée comme ayant fondé le droit
de propriété. Ce n'était pas davantage une servitude réelle,
puisque la possession était discontinue. Et puis, peut-il y
avoir servitude sans un fonds dominant? et où est dans
l'espèce le fonds dominant? Le droit étant exercé par la
commune, corps moral, ne pouvait-on pas dire que c'était
un droit d'usage? La cour repoussa cette interprétation,
parce que le droit litigieux ne présentait aucun caractère

---

(1) Arrêt de rejet du 1er juin 1864 (Dalloz, 1864, 1, 339).

du droit d'usage, tel qu'il est consacré par le code civil (1). Cela est vrai, mais la jurisprudence et la doctrine admettent qu'il peut y avoir d'autres démembrements de la propriété que ceux qui sont prévus textuellement par le code. Si l'on admet cette opinion, il eût fallu décider, nous semble-t-il, qu'il y avait, dans l'espèce, un de ces droits d'usage que l'on appelle irréguliers, parce qu'ils dérogent au code. Nous avons examiné la question de principe ailleurs (2).

§ III. *Des servitudes apparentes et non apparentes.*

N° 1. DÉFINITION.

135. « Les servitudes apparentes sont celles qui s'annoncent par des *ouvrages* extérieurs, tels qu'une porte, une fenêtre, un aqueduc. Les servitudes non apparentes sont celles qui n'ont pas de *signe* extérieur de leur existence, comme, par exemple, la prohibition de bâtir sur un fonds ou de ne bâtir qu'à une hauteur déterminée. » Il y a une différence de rédaction dans les deux définitions données par l'article 689. La loi exige des *ouvrages* extérieurs, en définissant les servitudes apparentes, tandis qu'elle semble se contenter de *signes* extérieurs quand elle définit les servitudes non apparentes. On s'accorde à admettre cette dernière expression comme étant la plus large ; et on dit que telle paraît être la pensée définitive de la loi, puisqu'elle répète le mot *signes* dans l'article 694 (3). Cette interprétation est plus que douteuse. La loi ne se borne pas à définir les servitudes apparentes, en exigeant des ouvrages extérieurs, elle donne des exemples qui expliquent sa pensée ; or, les *portes*, les *fenêtres*, les *aqueducs* sont plus que des signes, ce sont des ouvrages, c'est-à-dire des travaux ayant un caractère de permanence, de perpé-

---

(1) Arrêt de Riom du 3 décembre 1844 (Dalloz, 1846, 2, 88). Comparez arrêt de rejet du 2 avril 1856 (Dalloz, 1856, 1, 250).

(2) Voyez le tome VII, de mes *Principes*, p. 125, n° 108.

(3) Aubry et Rau, t. III, p. 67 et notes 10 et 11, et les autorités qui y sont citées. Il y a un arrêt en ce sens de Bourges du 13 décembre 1825 (Dalloz, au mot *Servitude*, n° 1028).

tuité. Cela répond aussi mieux à l'esprit de la loi. Les servitudes doivent être apparentes pour qu'elles puissent s'acquérir par la prescription et par la destination du père de famille ; dans l'un et l'autre cas, il importe que l'attention du propriétaire du fonds servant soit éveillée, afin qu'il puisse s'opposer aux entreprises de son voisin. Ce n'est donc pas l'expression la plus large qu'il faut choisir, c'est plutôt celle qui favorise la liberté des fonds. Quant à l'article 694, il faut l'écarter, parce qu'il prévoit un cas tout à fait spécial.

136. Faut-il que les ouvrages soient faits sur le fonds servant? L'article 689 ne l'exige pas, et s'il faut restreindre les servitudes, dans l'intérêt de la liberté des fonds, on ne peut néanmoins pas ajouter à la loi en exagérant sa rigueur. La distinction des servitudes apparentes et non apparentes est établie pour déterminer le mode d'acquisition des servitudes ; celles qui sont non apparentes ne s'acquièrent pas par la prescription ni par la destination du père de famille. Pourquoi? Parce que, en cas de prescription, on ne peut pas reprocher au propriétaire du fonds dominant de ne s'être pas opposé à l'exercice de la servitude, alors qu'il ne voit aucun ouvrage qui annonce l'existence d'une servitude ; or, il voit que le voisin veut exercer une servitude dès que celui-ci fait sur son fonds des ouvrages qui annoncent une servitude ; quand, par exemple, le propriétaire d'un mur y pratique des fenêtres ouvrantes; dans ce cas, les travaux ne peuvent guère se faire que sur le fonds dominant. La destination du père de famille se fonde sur l'intention des parties contractantes; pour que cette intention puisse se supposer, il faut qu'un signe extérieur frappe leurs regards, peu importe du reste sur quel fonds ce signe se trouve, pourvu qu'il soit visible pour tout le monde et surtout pour celui dont le fonds doit être grevé d'une charge. C'est l'apparence qui est la chose essentielle (1).

_____

(1) Demolombe, t. XII, p. 223, n° 718 et p. 222, n° 715. Aubry et Rau, t. III, p. 68 et notes 12 et 13.

137. Nous venons de dire que les servitudes apparentes s'acquièrent seules par la prescription et par la destination du père de famille, quand elles sont en même temps continues ; tandis que les servitudes non apparentes ne s'acquièrent que par titre (art. 690 et 691). Par suite, les premières donnent seules les actions possessoires. Il faut appliquer ici ce que nous avons dit de la distinction des servitudes continues et discontinues (n° 129). La classification a provoqué des débats judiciaires, mais à la différence de la continuité, l'apparence ne donne pas lieu à des difficultés sérieuses.

138. Le code range la servitude de vue parmi les servitudes apparentes, parce qu'elle s'annonce par une fenêtre (art. 689). Est-ce à dire que toute ouverture dans un mur soit le signe extérieur d'une servitude de vue? Non ; les ouvertures auxquelles on donne d'ordinaire le nom de *jours* sont pratiquées en vertu du droit de propriété ; donc quand elles sont construites d'après les prescriptions de la loi, elles n'annoncent pas une servitude (art. 676 et 677). Suffit-il qu'elles ne soient pas conformes aux dispositions du code pour qu'elles soient faites à titre de servitude? Nous avons examiné cette question plus haut (n° 60). Il est certain qu'une servitude de vue ne peut s'acquérir par la prescription que si elle est apparente ; il faut donc que les travaux extérieurs marquent l'intention d'acquérir une vue, sinon il ne saurait y avoir de prescription. Il a été jugé que le remplacement des châssis dormants par des châssis mobiles n'innovait rien aux signes extérieurs de la servitude, que ce changement avait pu s'opérer sans que le voisin s'en soit aperçu, que par suite il ne pouvait y avoir de prescription (1). La question est de fait plutôt que de droit. Si les jours sont à verre dormant, c'est-à-dire construits de manière qu'ils ne puissent pas s'ouvrir, et s'ils sont remplacés par des fenêtres ouvrantes, il est diffi-

---

(1) Arrêt de rejet du 1er mars 1831 (Dalloz, au mot *Servitude*, n° 1099).

cile d'admettre que le voisin ne s'en aperçoive pas. Toutefois, c'est au juge à décider d'après les circonstances du fait.

On lit dans un arrêt de la cour de Liége que la servitude de *jour* est toujours occulte (1). A vrai dire, il n'y a pas de servitude de jour dans notre droit moderne. Si les ouvertures ne donnent que le *jour*, elles rentrent dans ce que le code appelle servitude légale; c'est l'exercice du droit de propriété, ce qui exclut toute idée de servitude. L'ouverture pratiquée dans un mur ne devient une servitude à charge du fonds voisin que si elle est faite en dehors des conditions prescrites par la loi; alors elle prend le nom de *vue*. Il ne peut donc être question dans notre droit que d'une servitude de vue, s'annonçant par des fenêtres d'aspect.

139. Le même arrêt de la cour de Liége décide que la servitude de prospect est non apparente. Il est vrai que cette servitude ne peut exister en faveur d'un bâtiment que s'il s'y trouve des fenêtres d'aspect; mais les fenêtres ne suffisent pas pour qu'il y ait un signe de servitude; si elles sont ouvertes à la distance légale, elles sont l'exercice du droit de propriété, ce qui n'empêche pas que le propriétaire de la maison ne puisse avoir la servitude de prospect, puisque cette servitude consiste à ne rien faire qui puisse gêner la vue ou la rendre moins agréable; mais il ne pourra l'avoir qu'en vertu d'un titre, puisque aucun signe n'en annonce l'existence. Que si les fenêtres sont construites à une distance moindre que la distance légale, elles sont la marque d'une servitude de vue; mais une servitude de vue n'est pas une servitude de prospect; celle-ci, par sa nature, ne peut pas s'annoncer par un signe extérieur.

140. La servitude d'égout est-elle apparente? Elle peut l'être, et d'ordinaire elle l'est, parce qu'elle se manifeste par des signes extérieurs, la construction du toit et les gouttières. Il se peut aussi qu'elle soit non apparente. Le cas s'est présenté devant la cour de cassation dans une espèce

---

(1) Liége, 1er février 1862 (*Pasicrisie*, 1863, 2, 242).

remarquable. Il y avait sur le fonds dominant de petits petits canaux, creusés dans la pierre de taille, qui conduisaient les eaux pluviales et les eaux ménagères vers un trou destiné à les recevoir ; là elles disparaissaient sous le pavé, et prenaient une direction souterraine. Il était constaté qu'elles pénétraient dans l'héritage du voisin en passant sous le mur mitoyen et se déversaient, toujours souterrainement, dans la fosse d'aisances du voisin. Il résultait de ces faits que la servitude réclamée ne pouvait s'acquérir par la prescription, parce que la possession manquait de la publicité voulue par la loi. A la vérité, il y avait des ouvrages extérieurs, les petits canaux qui recevaient les eaux, mais rien n'indiquait que les eaux fussent transmises par ces canaux dans le fonds du voisin (1).

141. Une servitude de prise d'eau est exercée au moyen d'un déversoir. Elle est continue ; mais dans une espèce qui s'est présentée devant la cour de cassation, il avait été jugé qu'elle n'était pas apparente. Les enquêtes constataient que la vanne se composait de trois planches isolées que l'on plaçait à main d'homme, tantôt deux, tantôt trois ; quand elles ne fonctionnaient pas, elles gisaient au hasard sur la chaussée. De ce qu'on employait tantôt deux planches, tantôt trois, dit l'arrêt de cassation, on ne peut rien conclure contre l'apparence de la servitude ; tout ce qui en résultait, c'est qu'il y avait un reflux plus ou moins considérable des eaux selon les besoins de l'usine au profit de laquelle la prise d'eau était exercée. Il n'en existait pas moins un déversoir, se manifestant par des travaux extérieurs qui ne laissaient aucun doute sur leur destination : ce qui suffisait pour constituer l'apparence exigée par la loi (2).

142. La servitude d'inondation ou de submersion peut-elle s'acquérir par prescription ? Elle est continue, puisqu'elle s'exerce sans le fait actuel de l'homme ; pour qu'elle soit apparente, il faut qu'il y ait des ouvrages extérieurs qui aient pour objet l'exercice même de la servitude. Ainsi

---

(1) Arrêt de Poitiers du 4 mai 1864, confirmé par un arrêt de rejet du 19 juin 1865 (Dalloz, 1865, 1, 478).
(2) Arrêt de cassation du 24 janvier 1860 (Dalloz, 1860, 1, 79).

décidé par la cour de Montpellier contre la compagnie du canal du Midi (1). Celle-ci réclamait la servitude comme lui étant acquise par la prescription; elle n'invoquait d'autre signe marquant l'existence d'une servitude, sinon la situation du canal relativement aux terres riveraines; ce serait là tout au plus un *signe*, ce n'est certes pas un *ouvrage*. On voit par cette espèce combien il importe de s'en tenir au texte de l'article 689, qui exige des *ouvrages* extérieurs pour que la servitude soit apparente.

§ IV. *Des servitudes positives et négatives.*

143. Les lois romaines disent que toute servitude consiste, de la part du propriétaire du fonds assujetti, à souffrir ou à ne pas faire. De là on appelle servitudes positives ou affirmatives celles qui obligent le fonds servant à souffrir quelque chose; et on donne le nom de négatives à celles qui obligent le propriétaire du fonds servant à ne pas faire quelque chose. Les servitudes de ne pas bâtir ou de ne pas bâtir au delà de telle hauteur sont des servitudes négatives; tandis que les servitudes de vue, de passage, de puisage sont des servitudes positives. Il résulte de ces définitions que toutes les servitudes négatives sont continues; en effet, consistant à ne pas faire, elles n'exigent certes pas le fait actuel de l'homme pour être exercées (2).

Demolombe dit que cette distinction est de pure théorie (3). Il est vrai qu'elle est de doctrine, puisque la loi ne l'établit pas; mais elle n'est pas sans utilité pratique pour ce qui concerne l'acquisition de la possession des servitudes. Nous reviendrons sur ce point en traitant de l'établissement des servitudes par la possession de trente ans.

_____

(1) Arrêt de rejet du 14 juin 1852 (Dalloz, 1854, 1, 154).
(2) Duranton, t. V, p. 526, n° 497. Aubry et Rau, t. III, p. 68 et notes 14 et 15.
(3) Demolombe, t. XII, p. 227, n° 722. Comparez Aubry et Rau, t. III, p. 68, note 14.

SECTION II. — Comment s'établissent les servitudes.

144. Le code civil admet trois modes d'établir les servitudes par le fait de l'homme : le titre, la possession de trente ans et la destination du père de famille (art. 690 et 692). Y en a-t-il un quatrième? Pardessus dit que le juge crée parfois et constitue des servitudes qui n'existaient pas encore (1). Mais les explications dans lesquelles il entre prouvent qu'à vrai dire les servitudes ne s'établissent pas par jugement; elles résultent d'un concours de consentement volontaire ou forcé que le juge ne fait que constater. D'après les principes qui régissent les servitudes ainsi que la mission du pouvoir judiciaire, cela ne peut pas faire de doute (2). La servitude est un démembrement de la propriété; aussi est-il de principe, comme nous allons le dire, que les servitudes ne peuvent être établies que par le propriétaire qui a la capacité d'aliéner. Faut-il demander si les tribunaux sont propriétaires? ou si la loi leur donne le droit d'aliéner en tout ou en partie les héritages des particuliers?

Un partage se fait en justice. Par suite de la composition des lots, il se trouve que l'un des fonds est enclavé; les experts proposent d'établir un passage sur le fonds riverain de la voie publique. Est-ce là une servitude judiciaire? Non, car le partage qui se fait en justice est un contrat judiciaire, donc il implique un concours de volontés, partant la servitude est conventionnelle. Il en serait de même si un acte de partage extrajudiciaire ne faisait aucune mention d'un passage au profit du lot enclavé; le propriétaire n'aurait pas moins le droit de réclamer un passage; le tribunal en l'accordant ne constituerait pas une servitude, il ne ferait que reconnaître et constater la volonté des parties contractantes (3).

(1) Pardessus, t. II, p. 65, n° 273. Ducaurroy, Bonnier et Roustain, t. II, p. 232, n° 346.
(2) Demolombe, t. XII, p. 233, n° 732. Aubry et Rau, t. III, p. 71, notes 7 et 8. Comparez rejet, 1er juillet 1857 (Dalloz, 1857, 1, 431).
(3) Arrêt de rejet du 19 avril 1842 de la chambre civile (Dalloz, au mot *Servitude*, n° 980).

Le tribunal peut-il aussi ordonner que quelques parties de l'héritage, comme la cour et la porte cochère, resteront communes entre les copartageants? Il a été jugé par la cour de cassation que cette décision ne contrevient pas à l'article 815 qui prohibe l'indivision forcée, « parce que la communauté de certaines parties des objets divisés constitue une servitude réciproque de l'un des propriétaires envers l'autre (1). » L'arrêt soulève plus d'un doute. D'abord il n'est pas exact de dire que l'indivision forcée est une servitude : c'est confondre la servitude avec la copropriété, comme nous l'avons dit ailleurs (2). Le juge qui maintient la communauté de certains objets, avec indivision forcée, établit donc réellement une indivision perpétuelle, ce qui est certes en opposition avec l'article 815. C'est aux parties à voir ce qu'elles veulent faire si certains objets ne peuvent pas être partagés; la voie légale, dans ce cas, c'est la licitation et non l'indivision forcée (article 1686). En tout cas il ne peut être question de servitude, puisque la communauté, fût-elle accompagnée d'indivision forcée, reste une copropriété, et l'usage de la propriété exclut toute idée de servitude.

Il y a un autre cas dans lequel une servitude paraît établie en vertu d'un jugement, c'est lorsque, par suite d'une licitation ou d'une expropriation, le juge prononce l'adjudication de l'immeuble, sous certaines conditions exprimées dans les clauses du cahier. Si ces charges constituent des servitudes, elles naîtront, non de la volonté du juge, mais du concours de consentement des vendeurs qui imposent la charge, et de l'adjudicataire qui l'accepte. Il n'appartient jamais au juge d'établir une servitude par sa volonté; il est appelé, non à créer des droits, mais à déclarer ceux qui résultent des actes juridiques intervenus entre les parties plaidantes.

---

(1) Arrêt de rejet du 21 août 1832 (Dalloz, au mot *Servitude*, n° 33, 2°).
(2) Voyez le tome VII de mes *Principes*, p. 189, n° 162.

§ Ier. *Du titre.*

145. Aux termes des articles 690 et suivants, les servitudes s'acquièrent toutes par titre, qu'elles soient continues ou discontinues, apparentes ou non apparentes. Qu'entend-on dans ces dispositions par *titre?* Le même mot se trouve dans l'article 695, et là l'expression *titre constitutif de la servitude,* étant opposée à celle de titre *récognitif de la servitude,* signifie évidemment un acte authentique ou sous seing privé qui constate l'établissement de la servitude. Est-ce dans le même sens que le mot *titre* est pris dans les articles 690 et 691? Il peut avoir un autre sens, celui de fait juridique ou de cause engendrant la servitude. Quand on prend le mot *titre* dans ce sens, on distingue le titre gratuit et le titre onéreux. En droit français, il y a deux titres gratuits, la donation et le testament; les titres onéreux les plus usuels par lesquels une servitude s'établit sont la vente et le partage. Naît maintenant la question de savoir si pour la validité ou pour l'existence de la servitude, il faut, outre le fait juridique qui la produit, un acte ou un écrit. Pour la résoudre, il faut distinguer l'établissement de la servitude entre les parties et son effet à l'égard des tiers.

N° 1. FORMES.

I. *Entre les parties.*

146. Quand la servitude est constituée à titre gratuit, il est certain qu'il faut un acte. En effet, la donation est un contrat solennel, elle n'existe que si elle a été reçue par un notaire, dans les formes prescrites par la loi; lorsque ces formes n'ont pas été observées, la donation n'a aucun effet, elle est non-existante. Si donc une servitude est établie par une donation nulle en la forme, la servitude n'existe pas. On applique alors les principes qui régissent les actes non existants, principes que nous avons exposés à plusieurs reprises (1), et sur lesquels nous reviendrons au titre des *Obligations*. Il en est de même si la servitude est établie par testament, car le testament est aussi un acte solennel, qui exige pour son existence certaines formes, comme nous le dirons au titre des *Donations*.

147. Les contrats à titre onéreux, tels que la vente et le partage, par lesquels d'ordinaire les servitudes s'établissent, sont des contrats non solennels, c'est-à-dire qu'ils existent indépendamment de l'écrit qui ne sert que de preuve. Ainsi la vente est parfaite, et elle produit tous ses effets entre les parties contractantes, dès qu'il y a concours de consentement sur la chose et sur le prix; l'écrit, si les parties en dressent un, n'a pour objet que de prouver la vente; mais la preuve peut aussi se faire par les autres moyens légaux, tels que la preuve testimoniale, les présomptions, l'aveu et le serment. Tels sont les principes généraux : les articles 690 et 691 y ont-ils dérogé en ce sens qu'un écrit soit nécessaire pour l'existence ou la validité de la servitude?

Ainsi posée, la question n'est guère douteuse. La règle étant que la vente est parfaite par le seul concours de consentement, il faudrait une exception écrite dans la loi pour qu'un écrit fût nécessaire quand la servitude fait l'objet de la vente. Or, il n'y a d'exception ni dans le texte ni dans l'esprit de la loi. L'article 690 porte que les servitudes continues et apparentes s'acquièrent par *titre* ou par la possession de trente ans, c'est-à-dire par prescription. Comme le mot *titre* a deux sens, on peut dire qu'il signifie ici un écrit; mais on peut dire aussi qu'il est pris dans le sens de fait juridique. Le texte laissant la question indécise, il faut consulter l'esprit de la loi. A-t-il été dit dans les travaux préparatoires qu'un écrit soit nécessaire pour que la servitude existe? Non. Cela résulte-t-il de la nature de la servitude? Pas davantage. Y a-t-il une raison quelconque pour que la servitude doive être établie par acte? On peut vendre un immeuble valant cent mille francs par

(1) Voyez le tome Iᵉʳ de mes *Principes*, p. 106, nᵒ 71; t. II, p. 341, nᵒˢ 269-280; t. IV, p. 95, nᵒˢ 58-61, et p. 313, nᵒˢ 224-226.

un contrat verbal; et on ne pourrait pas vendre verbale-
ment une servitude qui en vaut cinq cents! Cela aboutirait
à faire de la servitude un contrat solennel. Or, pour qu'il
y ait un contrat solennel, il faut un texte formel; ce texte
nous fait défaut; cela est décisif. L'article 691 confirme
cette interprétation; il porte que « les servitudes continues
non apparentes et les servitudes discontinues, apparentes
ou non apparentes, ne peuvent s'établir que par *titres*. »
Que signifie ici le mot *titres?* Le deuxième alinéa de
l'article nous le dit; il ajoute que la possession même
immémoriale ne suffit pas pour établir ces servitudes. Le
mot *titre* est donc pris par opposition au mot *possession* ou
prescription; cette opposition n'a rien de commun avec les
écrits, elle porte uniquement sur le fait juridique qui engendre la servitude. Que si, dans l'article 691, le mot *titre*
signifie fait juridique, il doit avoir là même sens dans l'article 690, car les deux articles ne forment qu'une seule
disposition. Il y a d'ailleurs une raison péremptoire pour
que, dans l'article 690, le mot *titre* ne puisse pas avoir le
sens d'acte ou d'écrit. S'il avait ce sens, il en résulterait
que la vente d'une servitude serait un contrat solennel;
d'où suivrait qu'elle ne pourrait se prouver ni par témoins,
ni par aveu. Cependant, d'après l'article 690, les servitudes continues et apparentes s'acquièrent par la possession de trente ans; or, la possession se prouve toujours
par témoins. Ainsi l'on ne serait pas admis à prouver par
témoins qu'une servitude a été vendue, alors même qu'il y
aurait un commencement de preuve par écrit; et l'on serait
admis à prouver exclusivement par témoins qu'une servitude a été acquise par prescription! Par cela seul que la
prescription suffit pour établir les servitudes, il est impossible que la servitude soit un contrat solennel. Donc dans
l'article 690, aussi bien que dans l'article 691, le mot *titre*
n'est pas pris dans le sens d'écrit.

148. Telle est l'ōpinion presque unanime des auteurs (1).
Pardessus seul dit que, en général, les servitudes con-

<hr>

(1) Voyez les auteurs cités par Aubry et Rau, t. III, p. 71, note 1, et par
Demolombe, t. XII, p. 231, n° 730. Comparez Pardessus, t. II, p. 3, n° 242.

ventionnelles doivent être fondées sur des titres, et que
par ce mot on entend tous *documents* propres à fournir
une preuve *écrite;* mais comme il ne donne pas de motifs
à l'appui de son dissentiment, il est sans autorité. La jurisprudence est divisée. En France, les cours ont toujours
suivi l'opinion que nous venons de soutenir (1). Il y a en
sens contraire un arrêt de la cour de Bruxelles, assez mal
rédigé (2). La cour commence par poser en principe que le
législateur a soumis l'acquisition des servitudes continues
et apparentes aux règles ordinaires sur l'acquisition des
droits immobiliers. Quelles sont ces règles? Nous les avons
résumées; on peut les formuler en un mot, c'est que les
contrats à titre onéreux, translatifs de droits réels immobiliers, ne sont pas des contrats solennels, qu'ils existent
et sont pleinement valables, alors même qu'il n'y aurait
aucun écrit. Donc, par application de cette règle, il ne faut
pas d'écrit pour l'établissement d'une servitude. Jusqu'ici
la cour de Bruxelles paraît d'accord avec nous. Mais après
avoir posé ce principe, elle ajoute que l'on ne peut entendre
le mot *titre* dont se sert l'article 690 dans un sens autre
que celui de *preuve écrite,* ce qui aboutit à dire qu'il faut
un écrit pour la constitution d'une servitude conventionnelle. La contradiction est complète, quand on s'en tient
aux termes de l'arrêt. Peut-être la cour n'a-t-elle pas voulu
dire ce qu'elle semble dire. L'appelant prétendait qu'un
signe apparent d'une servitude pouvait remplacer le titre,
prétention inadmissible; c'est pour la repousser que l'arrêt
insiste sur la nécessité d'une preuve écrite : il suffisait de
renvoyer au texte de la loi. Cet arrêt est resté isolé en
Belgique; notre cour de cassation s'est prononcée pour
l'opinion générale, par la raison déterminante que les
principes généraux concernant la preuve doivent recevoir
leur application, puisque le code n'y a pas dérogé au titre
des *Servitudes* (3).

---

(1) Arrêt de rejet du 12 février 1840 (Dalloz, au mot *Communes,* n° 2076);
un arrêt très-bien fait d'Agen du 12 février 1869 (Dalloz, 1870, 2, 115), et
les arrêts cités plus loin, p. 179, note 2.
(2) Bruxelles, 30 janvier 1833 (*Pasicrisie,* 1833, 2, 34).
(3) Arrêt de rejet du 26 décembre 1868 (*Pasicrisie,* 1869, 1, 269).

Il y a un arrêt mieux fait de la haute cour de La Haye en faveur de l'opinion que nous combattons (1). Elle dit que le mot *titre* signifie en général un acte ou un écrit, bien qu'il désigne aussi quelquefois la cause ou le fondement juridique d'un droit. Puisque le mot *titre* a deux significations dans le langage du code, il reste à voir dans quel sens l'article 690 l'emploie. L'arrêt prétend que la suite de l'article décide la question; ces mots : « ou par la possession de trente ans, » impliquent, d'après la cour, que par *titre* la loi entend un acte écrit. L'argument est faible et nous y avons répondu d'avance. Il n'y a qu'une disposition qui présente un doute, c'est l'article 695, que nous examinerons plus loin.

149. Les conséquences qui découlent de l'opinion générale sont évidentes. Puisque l'écrit ne sert que de preuve, la servitude peut être prouvée par tout autre moyen légal. La preuve testimoniale serait admissible si le prix de vente ne dépassait pas cent cinquante francs. Et s'il existait un commencement de preuve par écrit, la preuve par témoins serait indéfiniment admissible, quelle que fût la valeur de la servitude (2). Il va sans dire que le commencement de preuve devrait réunir les conditions voulues par l'article 1347, puisqu'il est de principe que les règles sur les preuves tracées au titre des *Obligations* doivent être appliquées en matière de droits réels, à moins que la loi n'y déroge (3). La servitude pourrait donc se prouver également par présomptions, par l'aveu et par le serment, conformément aux principes généraux que nous établirons ailleurs.

150. Pour que l'écrit fasse preuve de la servitude, il faut qu'il émane du propriétaire du fonds servant. Si, dans un acte de vente, le vendeur dit que le fonds jouit de telle servitude sur l'héritage du voisin, cette énonciation ne fera pas preuve de l'existence de la servitude. L'article 695

---

(1) La Haye, 16 mai 1851 (*Belgique judiciaire*, 1851, p. 1041).
(2) Paris, 14 juin 1843 (Dalloz, au mot *Servitude*, nº 977). Arrêt de rejet du 16 décembre 1863 (Dalloz, 1864, 1, 215). Agen, 12 février 1869 (Dalloz, 1870, 2, 115). Aubry et Rau, t. II, p. 76, et notes 23 et 24.
(3) La cour de cassation de Belgique paraît dire le contraire dans l'arrêt du 26 décembre 1868 (*Pasicrisie*, 1869, 1, 280).

le dit du titre récognitif, et cela est vrai aussi du titre constitutif. C'est-à-dire, de même que la reconnaissance d'une servitude ne peut être faite que par le propriétaire du fonds assujetti, de même lui seul peut constituer une servitude ; l'écrit émané d'un tiers ne peut donc pas prouver qu'un fonds est grevé d'une servitude, car personne ne peut se créer un titre à soi-même (1). Dans l'ancien droit, on admettait une exception à ce principe, et on cite encore aujourd'hui le vieil adage : *in antiquis enuntiativa probant.* Constatons d'abord que cette maxime n'a pas le sens absolu qu'on lui prête. Comme nous le dirons au titre des *Obligations,* les énonciations ne faisaient foi dans les vieux actes que lorsqu'elles étaient appuyées par une longue possession. Pothier le dit en traitant des servitudes : « Quoique, dit-il, le long usage n'attribue pas droit de servitude, néanmoins si ma maison a depuis très-longtemps une vue sur la maison voisine, et que dans les très-anciens contrats d'acquisition qu'en ont faite mes auteurs, il soit énoncé qu'elle a cette vue, ces anciens contrats, soutenus de ma possession, feront foi du droit de vue contre le propriétaire de la maison voisine, quoiqu'il soit un tiers et que ses auteurs n'aient jamais été parties dans ces contrats (2). » Cette doctrine ne reçoit plus d'application dans le droit moderne. Les énonciations qui se trouvent dans un acte ne font foi qu'entre les parties (art. 1320), elles ne peuvent jamais être invoquées contre un tiers. Sans doute, si l'acte est authentique, il prouve que ces énonciations ont été faites ; en ce sens, il n'y a aucune différence entre les énonciations et le dispositif ; mais les énonciations ne peuvent pas être opposées à celui qui ne les a pas faites ; nous venons d'en dire la raison. Pour que l'on pût admettre une exception en faveur des énonciations anciennes, il faudrait un texte ; le silence du code suffit pour que le vieil adage soit abrogé. La doctrine et la jurisprudence sont d'accord (3).

---

(1) Pothier, *Introduction au titre XIII de la coutume d'Orléans*, n° 12.
(2) Pothier, *Des obligations*, n° 740. Comparez un savant réquisitoire de M. De Paepe, avocat général (*Belgique judiciaire*, 1871, p. 310), et arrêt de Gand du 26 novembre 1870 (*Pasicrisie*, 1871, 2, 198).
(3) Aubry et Rau, t. III, p. 76 et note 24. Demolombe, t. XII, p. 246,

151. L'article 695 porte : « Le titre constitutif de la servitude, à l'égard de celles qui ne peuvent s'acquérir par la prescription, ne peut être remplacé que par un titre récognitif de la servitude, et émané du propriétaire du fonds asservi. » Cette disposition est mal rédigée ; on en a tiré des conséquences qui sont en contradiction avec les principes, et dans le vrai sens qu'elle présente, elle est inutile. Qu'est-ce qu'un titre récognitif? Un écrit par lequel les parties reconnaissent l'existence d'un droit constaté par un acte antérieur que l'on appelle acte primordial. A s'en tenir au texte de l'article 695, le titre primordial qui constate l'établissement d'une servitude ne pourrait être remplacé par un titre récognitif que pour les servitudes qui ne s'acquièrent pas par la prescription. Ainsi entendue, la disposition n'aurait pas de sens : qu'est-ce qu'un titre récognitif a de commun avec la nature des servitudes? Qu'elles soient continues ou discontinues, apparentes ou non, le propriétaire du fonds servant peut, dans tous les cas, reconnaître que son fonds est grevé d'une servitude. Cela ne fait pas l'ombre d'un doute. Pourquoi donc le code dit-il : « à l'égard des servitudes qui ne peuvent s'acquérir par la prescription? » Quand il s'agit d'une servitude qui s'acquiert par la prescription, on n'a pas besoin de se procurer un titre récognitif, puisqu'on peut toujours la prouver par la possession, c'est-à-dire par témoins ; tandis que les servitudes qui ne s'acquièrent pas par la prescription ne se prouvent pas, en général du moins, par témoins, parce que la valeur du litige dépasse d'ordinaire cent cinquante francs ; il est donc prudent de faire constater la servitude par un écrit, et de dresser, au besoin, un titre récognitif (1).

Est-ce à dire que la preuve testimoniale ne soit jamais admissible pour prouver l'existence d'une servitude? La cour de La Haye a tiré cette conséquence de l'article 695. Conséquence inadmissible ; car l'article 695 ne fait qu'ap-

nos 752 et suiv. Arrêts de Bordeaux du 14 janvier et du 28 mai 1834 (Dalloz, au mot *Servitude*, nos 995 et 996).
(1) Duranton, t. V, p. 574, n° 565. Demolombe, t. XII, p. 247, n° 754. Aubry et Rau, t. III, p. 75 et note 18.

pliquer le droit commun ; et comment une disposition qui applique le droit commun dérogerait-elle au droit commun? Il y a plus, le texte même du code prouve que tel n'est pas le sens de l'article 695. Une servitude est constituée par un acte de vente; l'écrit est détruit par un incendie. En vertu de l'article 1348, n° 4, le propriétaire du fonds dominant sera admis à prouver la vente par témoins (1). D'ailleurs il ne faut jamais faire dire aux lois une chose à laquelle le législateur n'a pas pu penser en les écrivant. Quel est l'objet de l'article 695? Est-ce de décider la question de savoir s'il faut un écrit pour prouver une servitude? Du tout, la loi ne concerne que l'acte récognitif; elle suppose donc l'existence d'un acte primordial ; or, supposer qu'il existe un acte et dire que cet acte peut être remplacé par un acte récognitif, est-ce dire qu'un acte est nécessaire pour l'établissement d'une servitude?

En définitive l'article 695 est inutile; la reconnaissance est un aveu, et certes l'aveu constaté par écrit fait foi contre le propriétaire du fonds servant de qui il émane. Le code le dit dans l'article 1356 : « l'aveu fait pleine foi contre celui qui l'a fait. » A quoi bon répéter cela dans l'article 695? Raison de plus pour ne pas donner à cette disposition une signification et une importance qu'elle n'a pas.

152. Un acte récognitif est un écrit qui constate une reconnaissance; quand il s'agit d'une servitude, il faut donc qu'il contienne l'aveu que tel fonds est grevé d'une charge au profit d'un autre fonds; s'il n'y a pas de reconnaissance d'une servitude antérieurement existante, l'écrit n'est pas un titre récognitif (2). Mais s'il y a aveu, il subsiste et il peut être invoqué, alors même qu'il aurait été fait dans un acte juridique qui serait révoqué ou annulé. Des héritiers bénéficiaires vendent un immeuble en justice; dans le cahier des charges, ils reconnaissent l'existence d'une servitude sur l'immeuble; l'adjudication se

_____

(1) Ducaurroy, Bonnier et Roustain, t. II, p. 241, n° 355. Demolombe, t. XII, p. 248, n° 755.
(2) Bordeaux, 14 janvier 1834 (Dalloz, au mot *Servitude*, n° 995).

fait, puis elle est résolue pour défaut de contenance, et on procède à une nouvelle adjudication. Dans le second cahier des charges, il se trouvait également une clause concernant la servitude, mais moins explicite que la première. Il a été jugé que la reconnaissance faite lors de la première adjudication subsistait malgré la résolution de la vente, cette résolution étant tout à fait étrangère à l'aveu consigné dans le cahier (1).

Pour que la reconnaissance remplace le titre constitutif de la servitude, il faut, en second lieu, qu'elle émane du propriétaire du fonds asservi (art. 695). Nous en avons dit la raison : le propriétaire seul pouvait constituer une servitude, lui seul en peut reconnaître l'existence (2). Il a été jugé par l'arrêt que nous venons de citer que l'héritier bénéficiaire a qualité pour faire l'aveu d'une servitude; en effet, il est propriétaire et il peut aliéner, bien qu'il y ait des formes prescrites dans l'intérêt des créanciers.

Faut-il qu'il y ait concours de volontés pour que la reconnaissance d'une servitude soit valable? En principe, il faut répondre négativement. L'aveu n'est pas un contrat, c'est la constatation d'un fait résultant de la manifestation unilatérale de la volonté de celui qui fait une reconnaissance. Ce principe, que nous établirons au titre des *Obligations*, s'applique à la reconnaissance d'une servitude, puisque l'article 695 n'y déroge pas. Il y a un arrêt de rejet qui semble exiger l'acceptation de l'aveu pour qu'il vaille comme titre récognitif (3). Si tel était le sens de la décision, elle serait contraire à l'essence même de la reconnaissance : autre chose est de constituer une servitude par contrat, autre chose est de reconnaître l'existence d'une servitude. Pour la constitution d'une servitude, il aut naturellement le concours de volontés des deux paries; tandis que la reconnaissance est valable dès qu'elle mane du propriétaire du fonds servant, comme le dit

---

(1) Arrêt de la cour de la Réunion du 30 mars 1855, confirmé par un rrêt de rejet du 11 décembre 1861 (Dalloz, 1862, 1, 79).
(2) Aubry et Rau, t. III, p. 75 et note 19.
(3) Arrêt de rejet du 16 décembre 1863 (Dalloz, 1864, 1, 215). Comparez ubry et Rau, t. III, p. 76 et note 21 ; Demolombe, t. XII, p. 252, n° 757 *bis*.

l'article 695. A vrai dire, l'arrêt de la cour de cassation n'a pas la portée qu'on voudrait lui donner. La cour a confirmé un arrêt de la cour de Bordeaux; or, les arrêts de rejet n'impliquent qu'une chose, c'est que la cour dont l'arrêt est confirmé n'a violé aucune loi. Et qu'est-ce que la cour de Bordeaux avait décidé? Elle avait considéré l'aveu comme un commencement de preuve par écrit, et l'avait complété par la preuve testimoniale; mais elle n'avait pas jugé que l'aveu non accepté n'avait d'autre force probante que celle d'un commencement de preuve; cette question n'était donc pas soumise à la cour suprême, et partant elle n'a pu être tranchée par elle.

152 *bis.* L'acte confirmatif doit-il être rédigé dans les formes prescrites par l'article 1337? On admet généralement la négative, mais on la fonde sur une mauvaise raison. Un arrêt de la cour de cassation dit que l'article 695, spécial pour les servitudes, exclut l'application des dispositions que contient l'article 1337 sur les titres récognitifs en général (1). C'est mal raisonner. Le code établit les règles concernant les preuves au titre des *Obligations;* il est de principe que ces règles sont générales et reçoivent leur application en matière de droits réels. Il faudrait donc dire que les formes prescrites par l'article 1337 pour la validité d'un titre récognitif doivent être observées dans tous les cas où un aveu est constaté par écrit. Mais le principe que nous venons de rappeler reçoit une restriction. Comme le code trace les règles sur les preuves au titre des *Obligations,* il les adapte à la matière dont il s'occupe; il faut donc voir si les formes qu'il établit n'ont pas leur unique raison d'être dans les droits de créance qui sont constatés par l'acte. Or, tel est précisément l'article 1337. Nous dirons au titre des *Obligations* que cette disposition déroge aux principes généraux; c'est une exception qui ne s'explique que par des motifs historiques; loin de la considérer comme une règle générale, il faut donc la limiter et la restreindre. Le vrai principe général

(1) Arrêt de rejet du 16 novembre 1829 (Dalloz, au mot *Servitude,* n° 997). Comparez Aubry et Rau, t. III, p. 75 et note 20; Demolombe, t. XII, p. 250, n° 757. En sens contraire, Mourlon, t. Ier, p. 807, note 1.

est posé par l'article 1356, aux termes duquel l'aveu fait pleine foi contre celui qui l'a fait; dès que l'écrit constate un aveu, tout est décidé.

153. On demande si l'article 2263 est applicable en matière de servitudes; il porte « qu'après vingt-huit ans de la date du dernier titre, le débiteur d'une rente peut être contraint à fournir à ses frais un titre nouvel à son créancier ou à ses ayants cause. » La question ne devrait pas même être posée. Il suffit de lire l'article 2263 pour se convaincre qu'il n'a rien de commun avec les servitudes; le texte parle du débiteur d'une rente, et une servitude n'est certes pas une rente. Les motifs de cette disposition sont encore plus étrangers aux servitudes. Quand je suis créancier d'une rente, je risque de perdre mon droit par la prescription, alors même que les arrérages sont régulièrement payés, car les quittances qui constatent le payement sont entre les mains du débiteur; après trente ans, celui-ci pourrait donc m'opposer la prescription; pour prévenir cette fraude, la loi me permet d'exiger une reconnaissance du débiteur après vingt-huit ans. Est-ce que je risque aussi de perdre ma servitude après trente ans? Pour la conserver je n'ai qu'à l'exercer, et je puis prouver par témoins que j'ai fait usage de mon droit (1).

Est-ce à dire que le propriétaire du fonds dominant ne puisse jamais demander un titre nouvel? Il y a grand intérêt si les choses se trouvent en tel état qu'il ne peut plus user de la servitude, mais qu'elles sont dans le cas d'être rétablies, de manière qu'il en pourra user; il risque alors de perdre son droit si trente ans s'écoulent sans qu'il exerce la servitude. Pour prévenir l'extinction, il peut demander une reconnaissance, mais aucune loi n'obligeant le propriétaire du fonds servant à lui fournir un titre nouvel, c'est lui qui en devra payer les frais. Toutefois si le propriétaire du fonds débiteur de la servitude refusait de signer une reconnaissance, le propriétaire du fonds auquel la servitude est due aurait le droit d'agir en justice pour obtenir une déclaration judiciaire qui constate l'existence de la

_____

(1) Demolombe, t. XII, p. 249, n° 756. Aubry et Rau, t. III, p. 76.

servitude; si le propriétaire du fonds servant succombe dans cette instance, il en devra supporter les frais (1).

II. A l'égard des tiers.

154. Sous l'empire du code civil, la propriété des immeubles se transférait à l'égard des tiers comme entre les parties, par le seul effet du contrat, c'est-à-dire par le concours de volontés des parties contractantes. Ce principe s'appliquait également à la transmission des droits réels, tels que les servitudes. Il recevait exception pour les donations d'immeubles susceptibles d'hypothèques (art. 939); les servitudes ne pouvant être hypothéquées, la donation d'une servitude n'était pas sujette à transcription. Nous exposerons le système du code civil au titre des *Obligations*.

155. Il a été profondément modifié, en France et en Belgique, par les lois nouvelles qui ont prescrit la transcription des actes translatifs ou déclaratifs de droits réels immobiliers. Aux termes de l'article 1er de notre loi hypothécaire, ces actes doivent être transcrits pour qu'on puisse les opposer aux tiers de bonne foi. Au titre des *Obligations,* nous dirons les motifs de cette importante innovation. Pour le moment, nous nous bornons à constater les principes, et les conséquences qui en découlent quant aux servitudes. Entre les parties, la servitude existe dès que l'acte juridique qui la constitue a reçu sa perfection. Est-ce un acte à titre gratuit, il faut observer les formes prescrites pour les donations et les testaments, mais il ne faut pas de transcription. A l'égard des tiers, il faut distinguer. D'après la loi nouvelle (du 16 décembre 1851), la donation d'une servitude est soumise à la transcription, car l'article 1er veut que les actes entre vifs *à titre gratuit* translatifs de *droits réels immobiliers* soient transcrits; il déroge sous ce rapport à l'article 939 du code Napoléon. La loi hypothécaire n'exige pas la transcription des actes de dernière

(1) Aubry et Rau, t. III, p. 76 et notes 25 et 26. Duranton, t. V, p. 592, nos 580 et 581. Pardessus, t. II, p. 130, no 296. Toullier, t. II, p. 338, no 722.

volonté : une servitude établie par testament ne devrait donc pas être transcrite. L'innovation est plus profonde encore en ce qui concerne les actes à titre onéreux. D'après le code civil, il ne fallait pas d'écrit pour la validité de la servitude, ni entre les parties, ni à l'égard des tiers. D'après la loi nouvelle, la servitude n'existe à l'égard des tiers que lorsque l'acte qui la constate a été transcrit ; il faut donc un écrit, et en principe un écrit authentique, puisque la loi n'admet à la transcription que les jugements, les actes notariés et les actes sous seing privé reconnus en justice ou devant notaire (art. 2). Il n'y a pas à distinguer entre les servitudes apparentes et les servitudes non apparentes ; car la loi est générale, elle s'applique à tous droits immobiliers : la distinction entre les diverses espèces de servitudes, proposée lors de la discussion de la loi belge, n'a pas été admise, l'intérêt des tiers exigeant que le registre aux transcriptions leur donne des renseignements exacts et complets sur les droits qui peuvent grever un immeuble. Le système de publicité, introduit en Belgique par la loi du 16 décembre 1851, a aussi été consacré en France par une loi spéciale sur la transcription du 23 mars 1855 (1).

N° 2. QUI PEUT CONSTITUER UNE SERVITUDE ?

156. Le code ne le dit pas, mais les principes ne laissent aucun doute. Comme la servitude est un démembrement de la propriété, elle constitue une aliénation partielle de l'immeuble ; or, le propriétaire seul peut aliéner, car aliéner est un des attributs essentiels du droit de propriété. Il ne suffit pas d'être propriétaire, il faut encore avoir la capacité d'aliéner ; les incapables qui, tout en étant propriétaires, ne peuvent pas exercer les droits qui sont attachés à la propriété ; ne pouvant pas disposer, ils ne peuvent par cela même constituer une servitude.

(1) Aubry et Rau, t. III, p. 74 et suiv.

I. *Il faut être propriétaire.*

157. Le propriétaire seul pouvant constituer une servitude, il s'ensuit que le possesseur n'a pas ce droit, quand
même il serait possesseur de bonne foi (1). S'il possède en
vertu d'un titre translatif de propriété dont il ignore les
vices, il pourra prescrire, et après qu'il aura prescrit, il
pourra concéder des servitudes; tant que la prescription
n'est pas accomplie, tous les actes de propriété qu'il fait
sont nuls, parce qu'il ne peut concéder à des tiers des
droits qu'il n'a pas lui-même : tous ces actes tombent quand
le propriétaire vient l'évincer. Dans l'ancien droit, on avait
imaginé des servitudes d'un nouveau genre, que l'on appelait *superficielles,* et que l'on permettait au possesseur
d'imposer sur le fonds. L'orateur du Tribunat dit dans
son discours qu'il faut effacer les servitudes superficielles
du dictionnaire des subtilités (2). Nous allons voir que les
interprètes n'ont pas profité de la leçon.

158. Le copropriétaire d'un fonds peut-il établir une
servitude sur le fonds? Il y a quelque incertitude dans la
doctrine sur cette question. Pothier la décide négativement (3). C'est une conséquence rigoureuse du principe
qui domine cette matière : le propriétaire seul peut constituer une servitude; or, quand une chose appartient à plusieurs, chacun n'est propriétaire que pour sa part, il ne
pourrait donc concéder de servitude que pour sa part, et
cela ne se peut, puisque, les servitudes étant indivisibles,
un héritage ne peut pas être grevé de servitude pour partie.
Pothier déduit de là une conséquence très-logique, c'est
que la servitude consentie par un des copropriétaires ne
devient valable que par le concours de volonté des autres
communistes; d'où suit que si le concédant vend sa part,
l'acquéreur ne sera pas tenu de respecter l'engagement
que son auteur a contracté.

(1) Pothier, *Introduction au titre XIII de la coutume d'Orléans,* n° 8.
(2) Gillet, Discours, n° 12 (Locré, t. IV, p. 196). Pardessus, t. II, p. 4,
n° 244.
(3) Pothier, *Introduction au titre XIII de la coutume d'Orléans,* n° 6.

Les auteurs modernes commencent par établir en principe, conformément à cette doctrine, que le copropriétaire
ne peut pas concéder de servitude (1). Ils ne s'aperçoivent
pas que Pothier raisonnait d'après l'ancien droit et que ce
droit a été changé par le code civil. Le partage qui était
autrefois translatif de propriété est aujourd'hui déclaratif
de propriété. Il en résulte que chacun des copropriétaires
ayant un droit sur tout l'immeuble peut le grever de droits
réels, tels que servitudes ou hypothèques ; le partage décidera si ces droits subsisteront. Ils seront valables si celui
qui les a établies devient propriétaire de tout l'immeuble.
On ne peut donc plus dire, comme le faisait Pothier, que
le copropriétaire qui consent une servitude n'est pas seul
propriétaire, cela dépend de l'effet du partage ; si l'immeuble tombe dans son lot, il est censé en avoir toujours
eu la propriété exclusive, partant la servitude est valablement constituée. Qu'est-ce donc qu'une servitude établie
par un copropriétaire ? C'est un droit conditionnel ; elle
tombe si l'immeuble est mis au lot d'un autre copropri é-
taire. Or un droit conditionnel est un droit valablement
constitué. Notre conclusion est que l'on ne peut plus poser
en principe que le copropriétaire n'a pas le droit d'établir
une servitude (2). Il va sans dire qu'avant le partage, la servitude ne produira pas d'effet, précisément parce qu'elle
est conditionnelle ; d'ailleurs l'un des communistes ne peut
rien faire qui nuise à ses copropriétaires.

Pardessus et la plupart des auteurs enseignent que le
copropriétaire d'un fonds indivis peut consentir valablement une servitude *pour sa part* (3). En réalité, il n'y a
aucune différence entre cette hypothèse et celle que nous
venons d'examiner. Pendant l'indivision, cette servitude
n'aura pas d'effet, d'abord par le motif que l'un des communistes ne peut rien faire qui préjudicie à ses copropri é-
taires, puis par la raison que donne Pothier ; les servitudes
étant indivisibles, ne peuvent être constituées par partie.

(1) Toullier, t. II, p. 258, n° 573. Pardessus, t. II, p. 27, n°s 250 et 251.
Demolombe, t. XII, p. 239, n° 742.
(2) Aubry et Rau, t. III, p. 71 et note 3. Bruxelles, 25 janvier 1826
(*Pasicrisie*, 1826, p. 26).
(3) Pardessus, t. II, p. 31, n° 254. Demolombe, t. XII, p. 240, n° 743.

Est-ce à dire que la constitution soit nulle? Non ; vainement le copropriétaire dit-il qu'il établit la servitude pour
sa part ; dans le système du code, on ne sait pas, tant que
dure l'indivision, qui sera propriétaire de l'immeuble ; le
droit de tous les communistes porte sur tout l'immeuble,
c'est le partage qui déterminera à qui il a toujours appartenu. Et c'est aussi par le partage que l'exercice de la servitude deviendra possible. La servitude est un droit réel,
elle suppose une chose déterminée dans laquelle elle
s'exerce : conçoit-on le droit de passer pour un tiers sur
un immeuble indivis?

159. L'usufruitier peut-il établir une servitude sur le
fonds dont il a la jouissance? Ici les interprètes ont reproduit les subtilités dont les auteurs du code croyaient avoir
tari la source. On convient, et la chose est évidente, que
l'usufruitier n'a point, *à proprement parler*, droit de le
grever de servitudes qui obligent le propriétaire de ce fonds.
Il peut néanmoins, dit Pardessus, concéder quelques droits,
semblables pour leur exercice et leurs *effets matériels* aux
servitudes, pourvu qu'ils n'affectent que sa jouissance (1).
Il y aurait donc deux espèces de servitudes, les unes des
servitudes *à proprement parler*, les autres que l'on ne sait
trop comment qualifier, *matérielles, usufructuaires*. Qu'est-
ce en définitive? Défions-nous de ce qui est vague et indécis,
cela n'est pas juridique. Non, l'usufruitier ne peut pas grever le fonds de servitudes, par la raison décisive qu'il n'est
pas propriétaire ; il n'a qu'une possession précaire à l'égard
du nu propriétaire ; celui-ci peut consentir des servitudes,
comme nous l'avons dit ailleurs (2), par cela même l'usufruitier ne le peut pas. Il peut sans doute permettre à un
voisin de passer, de puiser de l'eau, de faire tous les actes
qui constituent des servitudes, mais ce ne seront pas des
servitudes, et s'il prenait l'engagement de les souffrir, il
n'en résulterait qu'un droit de créance, une obligation qui
lui serait personnelle et qui, à ce titre, ne passerait pas à
l'acheteur du droit d'usufruit.

(1) Pardessus, t. II, p. 18, n° 247. Comparez Demolombe, t. XII, p. 237,
n° 736. Aubry et Rau, t. III, p. 72 et note 4.
(2) Voyez le tome VII de mes *Principes*, n° 36, p. 47.

II. *Capacité d'aliéner.*

160. Tout le monde est d'accord que, pour constituer une servitude, il faut être capable d'aliéner le fonds. Sur ce point il y a un texte que l'on doit appliquer par voie d'analogie : « Les hypothèques conventionnelles ne peuvent être consenties que par ceux qui ont la capacité d'aliéner les immeubles qu'ils y soumettent » (art. 2124 et loi hypothécaire belge, art. 73). Toutefois, dans l'application du principe, il y a quelque confusion. L'on va voir combien il importe en droit d'être précis ; le défaut de précision conduit à des erreurs jusque dans les matières les plus simples.

Quelles sont les personnes capables ou incapables d'aliéner? Duranton répond que cette condition n'est autre chose que l'application du droit commun, tel que l'établit l'article 1124 en disant : « Les incapables de contracter sont les mineurs, les interdits, les femmes mariées, dans les cas déterminés par la loi. » Il résulterait de là qu'aucun de ces incapables ne peut établir une servitude. Cela n'est pas exact. Une servitude peut être léguée ; or, la femme mariée peut tester sans autorisation maritale (art. 226) ; elle peut donc aussi léguer une servitude sans y être autorisée. Il en est de même du mineur (art. 904). D'un autre côté, la servitude peut être constituée par donation ; or, la loi exige une capacité spéciale pour faire une donation ; c'est donc cette capacité spéciale qu'il faut pour donner une servitude ; la capacité générale de contracter ne suffit pas. Nous concluons que le constituant doit avoir la capacité d'aliéner, soit à titre onéreux, soit à titre gratuit, suivant le caractère de la disposition (1).

Il peut arriver qu'un incapable ait la capacité de contracter : cela suffit-il pour qu'il ait le droit de consentir une servitude? Il faudrait répondre oui, d'après le principe, tel que Duranton l'a formulé. Ce serait une erreur. La femme mariée qui est séparée de biens peut contracter

_____

(1) Duranton, t. V, p. 550, n° 537. Demolombe, t. XII, p. 237, n° 754.

pour les besoins de son administration ; néanmoins elle ne peut pas consentir une servitude, car elle ne peut aliéner ses immeubles (art. 1449, 1536 et 1576). La capacité de contracter ne doit donc pas être confondue avec la capacité d'aliéner. Il en est de même du mineur émancipé; il peut s'obliger pour les besoins de son administration, mais il reste incapable de disposer de ses biens (art. 484), donc incapable de constituer une servitude.

161. Si une personne incapable d'aliéner constitue une servitude, l'acte sera-t-il nul? Qui peut demander la nullité? Sous quelles conditions? Sur tous ces points, on applique les principes généraux, tels que nous les avons exposés au premier livre, en ce qui concerne les femmes mariées, les interdits et les personnes placées sous conseil. Quant aux mineurs, le siége de la matière est au titre des *Obligations*. Duranton dit que les mineurs ne pourront attaquer une constitution de servitude que pour cause de lésion (1). Cela n'est pas exact. Quand même la convention ne leur causerait aucun préjudice, ils en peuvent demander la nullité, si les formes prescrites pour les aliénations n'ont pas été observées (art. 457-459); en effet, l'acte serait nul en la forme, donc attaquable pour inobservation des formes, quand même le mineur ne serait pas lésé (article 1311). Il en serait de même si la servitude était consentie par une femme mariée, par un interdit, un prodigue ou un faible d'esprit; les actes qu'ils passent sans observer les formes prescrites par le code sont nuls, abstraction faite de tout préjudice. La loi prescrit des formes pour la garantie des incapables; ils sont donc lésés par cela seul qu'ils n'ont pas joui des garanties que la loi a voulu leur assurer.

162. Celui qui a établi une servitude sur un immeuble, peut-il en constituer de nouvelles? En principe, oui, puisque la servitude n'est qu'un démembrement partiel de la propriété, et la propriété peut être restreinte de mille manières différentes. Il y a cependant une restriction à ce droit : c'est qu'aux termes de l'article 701, « le propriétaire du

---

(1) Duranton, t. V, p. 550, n° 538.

fonds débiteur de la servitude ne peut rien faire qui tende
à en diminuer l'usage ou à le rendre plus incommode. »
La servitude établie sur un immeuble donne un droit au
propriétaire du fonds dominant; ce droit ne peut lui être
enlevé par une nouvelle servitude; il affecte l'héritage servant, le maître n'en peut plus disposer que dans l'état de
démembrement où il se trouve. Il faut donc que la nouvelle
servitude soit compatible avec celle qui grève déjà le
fonds. Quand est-elle compatible, quand ne l'est-elle pas?
Ceci est une question de fait(1). Le propriétaire du fonds
dominant doit prouver que la nouvelle servitude lui cause
un préjudice, en rendant sa servitude moins avantageuse ou plus incommode; le seul fait qu'il existe déjà
une servitude sur le fonds ne suffit pas pour motiver une
plainte, puisque c'est le droit du propriétaire du fonds
servant (2). Ce que nous disons du propriétaire qui a
constitué la servitude, s'applique naturellement au cas
où un fonds grevé de servitude est possédé par un tiers
détenteur.

163. Un immeuble hypothéqué peut-il être grevé de
servitude par le débiteur qui a consenti l'hypothèque? Il
faut appliquer à l'hypothèque le principe que nous venons d'établir pour les servitudes. Celui qui a hypothéqué
un fonds en conserve la propriété et le droit d'en disposer, donc le droit de consentir de nouvelles restrictions à
sa propriété. Entre les parties, ces concessions sont parfaitement valables. Quant aux tiers qui ont déjà un droit
réel sur la chose, leur droit ne peut pas être altéré par
une concession nouvelle. Notre loi hypothécaire a consacré ce principe (art. 45). Il donne lieu à de grandes difficultés dans l'application; nous y reviendrons au titre des
Hypothèques (3).

(1) Toullier, t. II, p. 258, n° 572. Demolombe, t. XII, p. 241, n° 747.
Aubry et Rau, t. III, p. 72 et note 6.
(2) Rennes, 14 mars 1818 (Dalloz, au mot *Servitude*, n° 1162, 1°).
(3) Aubry et Rau, t. III, p. 72 et note 7. Duranton, t. V, p. 555, n°s 546,
547. Demolombe, t. XII, p. 243, n°s 748, 749.

N° 3. QUI PEUT ACQUÉRIR UNE SERVITUDE.

164. Les auteurs s'accordent à enseigner que, pour acquérir une servitude, on doit être propriétaire du fonds en faveur duquel elle est établie. Il faut ajouter que le propriétaire du fonds dominant doit aussi être capable de recevoir à titre gratuit, si la servitude est donnée ou léguée, et qu'il doit être capable de contracter, si la servitude est constituée à titre onéreux. Sur la condition de capacité, il n'y a aucun doute ni aucune difficulté; on applique les principes généraux. Il n'en est pas de même de la condition de propriété. Pourquoi faut-il être propriétaire du fonds au profit duquel la servitude est stipulée? Et si le stipulant n'est pas propriétaire, la servitude est-elle nulle? Sur ces questions, il y a une grande incertitude dans la doctrine.

Acquérir une servitude, c'est améliorer la condition du fonds dominant, et comme c'est au profit du fonds que la servitude est acquise et non au profit de la personne, on pourrait croire que tout détenteur du fonds peut stipuler une servitude, pourvu qu'il soit capable de contracter et de recevoir, comme nous venons de le dire. Pourquoi donc la doctrine pose-t-elle en principe qu'il faut être propriétaire? C'est précisément parce que c'est le fonds qui acquiert la servitude; mais comme le fonds ne peut pas parler au contrat, il faut qu'il y soit représenté; par qui? Tout détenteur a-t-il qualité pour parler au nom du fonds? Non; il faut qu'il y ait un lien entre le possesseur et le fonds, et ce lien doit être permanent, perpétuel, puisque la servitude est acquise dans un esprit de perpétuité. De là suit que les simples détenteurs qui n'ont aucun droit sur le fonds ne peuvent pas stipuler une servitude au nom du fonds : tels sont les locataires et les fermiers. Sur ce point il n'y a aucun doute, et il nous mettra sur la voie du vrai principe. Duranton demande pourquoi le fermier et le locataire n'ont pas qualité pour acquérir une servitude? Il répond parce que l'on ne peut pas stipuler en son propre nom pour autrui (art. 1121); or, en stipulant une servitude pour le fonds qu'il tient à bail, le preneur stipule réellement pour autrui, car il n'y a aucun lien entre lui et le fonds, le bail n'engendrant, en principe, qu'un lien d'obligation entre le preneur et le bailleur. Il est sans intérêt comme sans droit. En effet, que lui importe que le fonds acquière une servitude? Pendant la durée de son bail, il y est sans doute intéressé, mais pour satisfaire cet intérêt, il n'est pas nécessaire de stipuler une servitude, un droit de créance suffit (1). Le principe est donc qu'il faut avoir un droit dans le fonds, et que ce droit doit être permanent, perpétuel; ce qui nous conduit à la conséquence que le propriétaire seul peut acquérir une servitude, car lui seul a avec le fonds ce lien permanent qui permet de parler en son nom. Tout autre détenteur, eût-il un droit réel, est sans qualité, puisque les droits réels ne sont que temporaires, et ne donnent par conséquent ni intérêt ni qualité pour stipuler un droit perpétuel (2).

Dans l'application, la plupart des auteurs dévient du principe que nous venons de formuler, et qui est celui du droit romain (3). Ils traitent la doctrine romaine de subtilité. Qu'est-ce à dire? Une doctrine est-elle fausse par cela seul qu'elle est subtile? Il faudrait au moins prouver en quoi elle est fausse à force d'être subtile. Et si le principe tel que les jurisconsultes romains l'ont formulé est faux, il faut dire quel est le vrai principe. On chercherait vainement une réponse à ces questions dans les auteurs; les meilleurs se bornent à décider les difficultés qui se présentent, tantôt par une raison, tantôt par une autre (4). Cela n'est plus un principe, c'est l'absence de tout principe. C'est ce que nous allons voir en entrant dans les détails.

165. Le copropriétaire peut-il acquérir une servitude pour le fonds qui lui appartient en partie? D'après notre principe, non, en ce sens du moins que celui qui n'est pro-

---

(1) Duranton, t. V, p. 559, n° 549.
(2) Taulier, *Théorie du code civil*, t. II, p. 437.
(3) Pothier, *Introduction au titre XIII de la coutume d'Orléans*, n° 9.
(4) Aubry et Rau, t. III, p. 73 et suiv., et notes 10-12, et les auteurs qui y sont cités.

priétaire du fonds que pour un tiers ou un quart n'a pas
qualité pour stipuler au nom de ce fonds, alors que la
servitude doit profiter à tout le fonds. Mais ce principe
abstrait est modifié par la règle que le code civil établit
sur les effets du partage. Puisqu'il est déclaratif de propriété, on ne peut pas décider définitivement, aussi longtemps que dure l'indivision, si le communiste qui a acquis
la servitude avait qualité ou non pour parler au nom de
l'héritage commun ; c'est le partage qui décidera la question, comme nous l'avons dit plus haut (n° 158).

 Pardessus traite la théorie romaine de subtilité. Mais
lui-même n'admet pas que l'acquisition de la servitude faite
par un copropriétaire soit pleinement valable. Celui qui
deviendra propriétaire du fonds dominant, en vertu du
partage, ne sera pas lié par le contrat, dit-il, mais le propriétaire du fonds servant le sera. Sur quoi repose cette
distinction? La communauté, dit-on, donne le droit de
faire ce qui est profitable aux communistes ainsi qu'à celui
qui stipule. Qu'en faut-il conclure? Que la servitude est
valablement constituée? Non, car la stipulation ne lie pas
le propriétaire du fonds dominant. Donc, en réalité, le
droit réel n'existe pas. Demolombe a encore une autre
raison : on peut stipuler au profit d'un tiers, lorsque telle
est la condition d'une stipulation que l'on fait pour soi-
même (1). On abuse singulièrement de l'article 1121. Où
est, dans l'espèce, la stipulation principale qui valide la
stipulation accessoire faite au profit d'un tiers? Il n'y a
qu'une seule et même stipulation : est-elle valable ou ne
l'est-elle pas? engendre-t-elle une servitude, oui ou non?
Il faut un principe quelconque pour décider la question.

 Merlin donne un singulier effet aux servitudes stipulées
par un copropriétaire : « Elles vaudront pour la totalité
du fonds, par la nature des choses ; mais le droit en rési-
dera toujours dans la personne du propriétaire qui a stipulé cet avantage, et il dépendra de lui d'y renoncer quand
il jugera à propos (2). » N'est-ce pas dire que la servitude

_____

(1) Pardessus, t. II, p. 40, n⁰ˢ 262 et 263. Demolombe, t. XII, p. 256,
n° 761; Duranton, t. V, p. 561, n° 550.
(2) Merlin, *Répertoire*, au mot *Servitude*, § XI, n° 2 t XXXI, p. 57).

sera tout ensemble réelle et personnelle? En vérité, il ne valait pas la peine de répudier les subtilités romaines, pour aboutir à de nouvelles subtilités qui ont le tort d'être moins juridiques que celles que l'on reproche aux jurisconsultes romains. Nous devons ajouter que Voet s'était déjà écarté de la rigueur romaine (1). Soit; que l'on admette un autre principe, nous le voulons bien; mais quel est ce principe? et où est-il écrit? Sur chaque question, on établit un principe différent.

166. Le possesseur peut-il acquérir une servitude pour le fonds qu'il possède? D'après notre principe, non. Le possesseur n'a pas même un droit réel dans le fonds; il peut d'un instant à l'autre être évincé, et s'il l'est, il est prouvé qu'il n'a eu aucune qualité pour parler au nom du fonds; il est un tiers, et la stipulation qu'il fait n'a que la force d'un simple lien d'obligation. On enseigne généralement l'opinion contraire. Demanderons-nous en vertu de quel principe? Il y a autant de principes que d'auteurs. Le possesseur, dit Toullier, peut acquérir des servitudes, et celui qui les aurait accordées ne pourrait révoquer son consentement, car ce n'est pas à la personne, mais au fonds que la servitude est concédée (2). On pourrait faire le même raisonnement quant au preneur. Il y a donc des détenteurs qui peuvent stipuler au nom du fonds, et il y en a d'autres qui ne le peuvent pas. Quel est le principe d'après lequel on décidera de la capacité? Pour le possesseur, la question est bien simple : n'ayant pas de droit réel, il n'y a pas de lien entre lui et le fonds. Le possesseur a, il est vrai, certains droits, mais ces droits mêmes témoignent contre lui; en effet, la possession, qui est un fait, ne donne d'autres droits que ceux que la loi y attache expressément; il suffit donc que le code ne lui donne pas le droit de stipuler une servitude pour le lui refuser.

Duvergier n'approuve pas le motif allégué par Toullier. Selon lui, le propriétaire du fonds servant est lié par une stipulation valable dont le propriétaire du fonds peut ré-

(1) Voet, *Commentar.*, VIII, 4, 10, p. 518.
(2) Toullier, t. II, p. 260, n° 576.

clamer le bénéfice. Si nous comprenons bien, le cas ren-
trerait sous l'application de l'article 1121. Nous deman-
derons de nouveau où est la stipulation accessoire faite en
faveur d'un tiers? Peut-on dire que le possesseur stipule
en faveur du propriétaire, alors qu'il se croit lui-même
propriétaire, s'il est de bonne foi? Que s'il est de mauvaise
foi, il veut dépouiller le propriétaire : et peut-on dire
que celui qui dépouille le propriétaire stipule en sa faveur?

Admettons que le propriétaire du fonds pour lequel la
servitude est acquise puisse réclamer le bénéfice de la
stipulation. Si la servitude a été établie à titre onéreux,
le propriétaire devra-t-il payer le prix de la concession?
Non, dit Pardessus, il n'est pas tenu de maintenir la servitude. Est-ce un droit réel que celui dont l'existence
dépend de la volonté du propriétaire? Duvergier veut que
l'on applique l'article 555 (1). Cet article distingue entre le
possesseur de bonne foi et le possesseur de mauvaise foi;
faudra-t-il faire la même distinction quand le possesseur a
constitué une servitude? Dans quel dédale de difficultés on
se jette quand on s'écarte des principes !

167. L'usufruitier peut-il acquérir une servitude pour
le fonds dont il a la jouissance? Sur cette question les
auteurs se divisent. Duranton place l'usufruitier sur la
même ligne que le fermier (2). L'assimilation n'est pas exacte
en théorie, puisque l'usufruitier a un lien avec le fonds
dans lequel il a un droit réel. Mais ce lien est-il suffisant
pour qu'il puisse parler au nom du fonds? En droit romain,
il ne le pouvait pas. Proudhon lui-même crie à la subtilité.
La prétendue subtilité n'est que le droit dans sa finesse et
dans sa rigueur. Notre code range l'usufruitier parmi les
possesseurs précaires; en effet, il doit rendre le fonds au
nu propriétaire de qui il le tient. Détenteur temporaire,
il est sans droit et sans intérêt quand il s'agit de stipuler
un avantage, non pour le temps de sa jouissance, mais

---

(1) Pardessus, t. II, p. 37, n° 260. Duvergier sur Toullier, t. II, p. 260,
note *a*.
(2) Duranton, t. V, p. 561, n° 550. Proudhon, *De l'usufruit*, t. III, p. 424,
n°s 1452 et 1453.

pour le fonds. En ce sens, Duranton a raison de l'assimiler au fermier.

Toute servitude stipulée par l'usufruitier est-elle acquise au fonds? On distingue dans l'opinion générale. Si l'usufruitier stipule la servitude pour son avantage personnel, on décide que la servitude n'est pas acquise au fonds : telle serait une servitude établie à titre gratuit. Mais peut-il y avoir une servitude stipulée pour l'avantage personnel de l'usufruitier? Serait-ce là une servitude? n'est-il pas de l'essence de la servitude d'être établie pour le fonds (1)? Reste à savoir, dans l'opinion générale, quand la servitude est constituée dans l'intérêt de l'usufruitier, quand elle le sera dans l'intérêt du fonds : c'est une nouvelle difficulté, et elle donne lieu à un nouveau dissentiment. Les uns répondent que l'usufruitier est *présumé* avoir acquis la servitude *in perpetuum*, et pour l'avantage du fonds, à moins que le contraire ne résulte du titre constitutif (2). D'autres sont un peu moins explicites et se contentent de dire que l'usufruitier sera facilement censé avoir entendu agir pour le fonds, par conséquent au nom du propriétaire, sauf pour celui-ci la faculté de ratifier (3). Ainsi il faut une ratification? Non, dit Proudhon, car l'usufruitier a un mandat tacite pour faire, dans l'intérêt du maître, tout ce qui peut être utile à la chose soumise à sa jouissance. Nous avons examiné ailleurs la théorie du mandat dont l'usufruitier serait investi; nous y renvoyons (4).

168. Le mandataire, dit-on, ainsi que le gérant d'affaires peuvent stipuler une servitude (5). Quand il s'agit d'un mandat ordinaire, l'article 1988 décide que, s'il est conçu en termes généraux, il ne concerne que les actes d'administration. Est-ce que acquérir une servitude est un acte d'administration? La question est douteuse, puisque le ode ne définit pas ce qu'il entend par acte d'administraion. Nous serions porté à répondre affirmativement. Le

---

(1) Voyez le tome VII de mes *Principes*, p. 167, n° 144.
(2) Aubry et Rau, t. III, p. 73, note 11 et les auteurs qui y sont cités.
(3) Demante, t. II, p. 637, n° 541 *bis* V.
(4) Voyez le tome VII de mes *Principes*, p. 59, n° 46.
(5) Aubry et Rau, t. III, p. 74.

mandataire général pourrait acheter, donc acquérir la propriété ; à plus forte raison peut-il acquérir un démembrement de la propriété. Nous reviendrons sur la question au titre du *Mandat*. Il faut appliquer le même principe aux administrateurs légaux, tels que le tuteur et le mari ; il est certain qu'ils peuvent acheter des immeubles, donc ils peuvent aussi stipuler des services fonciers.

169. Un porte-fort peut-il acquérir une servitude ? La plupart des auteurs disent qu'il le peut (1). Comment concilier cette opinion avec l'article 1121 ? Aux termes de l'article 1119, on ne peut, en général, s'engager, ni stipuler en son propre nom, que pour soi-même. L'article 1120 apporte une restriction à ce principe, pour ce qui concerne les promesses ; il permet de se porter fort pour un tiers en promettant le fait de celui-ci. Puis vient l'article 1121, qui autorise aussi, dans certains cas, la stipulation au profit d'un tiers, mais il ne reproduit pas l'exception établie par l'article 1120 pour les promesses de ceux qui se portent fort. Donc on ne peut pas stipuler pour un tiers en se portant fort pour lui (2). Nous reviendrons sur ce point au titre des *Obligations*, où nous expliquerons également les cas dans lesquels la stipulation pour un tiers devient valable en vertu de l'article 1121.

170. Il reste une dernière question en cette matière, si élementaire tout ensemble et si difficile. La servitude est stipulée par un propriétaire dont le droit est résoluble : la servitude subsiste-t-elle en cas de résolution ? A notre avis, la question seule est une hérésie. Celui dont la propriété est résolue est censé n'avoir jamais été propriétaire ni possesseur ; en vertu de quel principe pourrait-il parler au nom d'un fonds sur lequel il n'a eu aucun droit ? M. Demolombe distingue. Si le propriétaire sous condition n'a entendu acquérir la servitude que pour son propre compte et pour la durée seulement éventuelle de son droit, alors évidemment la servitude s'éteint avec le droit personnel du stipulant. Mais s'il a stipulé la servitude en

_____

(1) Aubry et Rau, t. III, p. 74 et note 12, et les auteurs qui y sont cités.
(2) C'est l'opinion de Duranton, t. V, p. 560, n° 549.

termes absolus pour le fonds, dans ce cas, dit-on, l'ancien propriétaire peut demander le maintien de la servitude. Et les raisons? D'abord, dit-on, le propriétaire sous condition peut améliorer la condition du fonds. Est-ce bien de cela qu'il s'agit? Avant de répondre qu'il peut améliorer la condition du fonds en stipulant une servitude, il faut voir s'il a le droit de parler au nom du fonds; or, le propriétaire seul a ce droit, et celui dont la propriété est résolue n'a jamais été propriétaire. Nous n'insistons pas sur la question, parce que nous ne la considérons pas comme douteuse (1).

Nº 4. MODALITÉ.

171. Les servitudes peuvent-elles être établies à temps ou sous condition? On l'admettait en droit romain, au moyen d'une exception de dol. En droit moderne, la nécessité de cette exception n'existe plus. Il est de principe que les parties intéressées peuvent faire telles conventions qu'elles jugent convenables. L'article 686 applique ce principe aux servitudes; il n'y apporte qu'une restriction qui résulte du droit commun; « pourvu que les services n'aient rien de contraire à l'ordre public. » Or, l'ordre public est hors de cause quand il s'agit d'un terme ou d'une condition (2).

Par application de ce principe, il faut décider que l'on peut établir une servitude sur un fonds que l'on se propose d'acquérir. C'est l'opinion générale (3). Il y a cependant un léger motif de douter. L'article 1174 dit que « toute obligation est nulle lorsqu'elle a été contractée sous une condition potestative de la part de celui qui s'oblige. » N'y a-t-il pas condition potestative dans l'espèce, puisque celui qui promet la servitude est libre d'acquérir ou de ne pas acquérir le fonds sur lequel la servitude doit être constituée? On répond, et la réponse est décisive, que sans

(1) Duranton, t. V, p. 563, nᵒˢ 554, 555. En sens contraire, Demolombe, t. XII, p. 254, nᵒ 758, d'après Demante, t. II, p. 654, nᵒ 560 *bis*.
(2) Demolombe, t. XII, p. 209, nᵒ 703.
(3) Toullier, t. II, p. 260, nᵒ 578. Duranton, t. V, p. 485, nᵒ 443.

doute le promettant est libre de ne pas acheter, mais s'il achète, il n'est pas libre de ne pas établir de servitude sur le fonds, la servitude existe malgré lui; donc il est lié, et partant il n'y a pas de condition potestative.

Dans une espèce qui s'est présentée devant la cour de Montpellier, on a fait une autre objection; la convention a été attaquée comme n'étant faite qu'en faveur de la personne. En vertu d'anciens actes, les habitants d'une commune avaient stipulé le droit de se servir des eaux d'un canal, pour les terres leur appartenant dans cette commune, ainsi que pour toutes celles qu'ils possédaient ou pourraient posséder à l'avenir hors de son territoire. Ce dernier droit leur fut contesté, parce que, étant stipulé pour des fonds que les habitants ne possédaient pas encore, la stipulation était réellement faite par des considérations purement personnelles, ce qui est contraire à l'article 686, lequel ne permet pas de stipuler des services fonciers en faveur de la personne. L'objection n'était pas sérieuse; tout ce qu'il y a de personnel dans la constitution d'une servitude pareille, c'est qu'il faut être habitant de la commune pour en profiter; du reste elle est stipulée, non pour l'usage des personnes, mais pour l'utilité des héritages. C'est une servitude conditionnelle; or, rien n'empêche de constituer une servitude sous condition (1).

§ II. *Destination du père de famille.*

Nº 1. DÉFINITION.

172. Aux termes de l'article 692, « la destination du père de famille vaut titre à l'égard des servitudes continues et apparentes. » Ce principe est emprunté aux coutumes d'Orléans et de Paris, lesquelles déclaraient que « destination de père de famille vaut titre. » Pothier nous dira ce que l'on entend par là. Deux héritages appartiennent au même maître; il emploie l'un des fonds au service

_____

(1) Montpellier, 29 juin 1849 (Dalloz, 1851, 2, 214).

de l'autre, en pratiquant, par exemple, des vues dans une maison donnant sur un autre héritage. Tant que les deux fonds restent dans la même main, le service que l'un rend à l'autre n'est pas servitude, parce que personne ne peut avoir de servitude sur sa propre chose : c'est *destination du père de famille*. Comment cette destination, qui n'est que l'exercice du droit de propriété, peut-elle devenir une servitude? Si ces héritages, continue Pothier, viennent à appartenir à différents maîtres, soit par l'aliénation que le propriétaire fait de l'un des fonds, soit par le partage qui a lieu entre ses héritiers, le service que l'un des héritages tirait de l'autre devient un droit de servitude, sans qu'il soit besoin que par l'aliénation ou par le partage cette servitude ait été expressément constituée (1).

Comment se fait-il qu'une servitude naisse, de plein droit, au moment où les deux fonds sont séparés? Si l'on s'en tient à l'adage de l'ancien droit, destination vaut titre, on pourrait croire que la servitude naît de la volonté tacite du propriétaire qui a destiné l'un des fonds au service de l'autre et qui veut que les choses continuent de subsister dans le même état. Cela a été dit (2). Il nous semble que cette manière d'expliquer l'adage ne rend pas compte de son sens véritable. *Destination* vaut *titre*, disent nos anciennes coutumes. Et quand y a-t-il titre? Lorsque, comme le dit Pothier, les parties intéressées conviennent *expressément* que les choses resteront dans l'état où le propriétaire les avait mises, et seront maintenues à titre de servitude. Faut-il pour cela une convention expresse? Non, répond Pothier, les fonds sont vendus dans l'état où ils se trouvent; et il en est de même du partage. La volonté des parties est donc, à moins qu'elles ne disent le contraire, que le service établi par l'ancien propriétaire au profit de l'un des fonds se continue; mais les fonds appartenant désormais à des maîtres différents, le service ne se fait plus à titre de propriété, il ne peut se faire qu'à titre de servitude. C'est en ce sens que les coutumes assimilaient la destination au

(1) Pothier, *Coutume d'Orléans*, art. 228.
(2) Duranton, t. V, p. 575, n° 568.

titre ; il y a en effet analogie complète ; le titre est une convention expresse, et la destination une convention tacite. De là suit que la servitude naît, non de la volonté exclusive du propriétaire qui a destiné l'un des fonds au service de l'autre, mais du concours de volontés de ceux qui prennent part au contrat par lequel la division des fonds s'opère. En cas de partage, le propriétaire étant mort, sa volonté n'est pour rien dans l'établissement de la servitude ; il n'y intervient que par la destination qu'il a donnée aux fonds (1).

173. Il y a cependant une différence considérable entre le titre et la destination du père de famille, comme nous le dirons plus loin. Pour le moment, il faut insister sur le principe juridique qui donne naissance à la servitude par suite de destination ; il n'y en a pas d'autre que le concours de volontés des parties contractantes. Mais leur consentement n'est que tacite ; de là suit que si elles se sont expliquées sur l'existence des servitudes, lors de l'aliénation ou lors du partage, il ne peut être question de destination du père de famille, car il ne peut plus s'agir de volonté tacite, alors que les parties ont manifesté leur volonté d'une manière expresse. Si donc un débat s'élève entre elles sur les servitudes, il sera vidé par les titres et non par les articles 692 et 693. Il n'y a pas l'ombre d'un doute sur ce point ; la question a cependant été portée plusieurs fois devant la cour de cassation, elle a toujours reçu la sanction que nous venons de lui donner (2).

174. Quand y a-t-il destination du père de famille ? L'article 693 répond : « Il n'y a destination du père de famille que lorsqu'il est prouvé que les deux fonds actuellement divisés ont appartenu au même propriétaire, et que c'est par lui que les choses ont été mises dans l'état duquel résulte la servitude. » La première condition requise pour qu'il y ait destination est donc que le *propriétaire* ait destiné l'un des fonds au service de l'autre. Il va sans dire que les locataires et les fermiers ne peuvent pas établir une destination du père de famille : n'ayant aucun lien

_____

(1) Comparez Demolombe, t. XII, p. 318, n° 804 et p. 323, n° 809.
(2) Arrêts de rejet du 5 avril 1836 (Dalloz, au mot *Servitude,* n° 1004, 5°) et du 29 janvier 1839 (*ibid.,* n° 1015, 2°).

avec le fonds, ils n'ont aucune qualité pour destiner l'un des fonds au service de l'autre. Que faut-il dire de l'usufruitier? Dans l'opinion que nous avons enseignée, il n'y a aucun doute. L'usufruitier ne pouvant établir une servitude sur les fonds dont il a la jouissance, n'a pas non plus le droit de donner aux fonds une destination d'où naîtra une servitude. Cela est admis par tout le monde, même par ceux qui enseignent que l'usufruitier peut constituer une servitude par titre. M. Demolombe dit très-bien que l'usufruitier, n'ayant qu'un droit temporaire, ne peut avoir la pensée de perpétuité qu'exige la destination (1). Mais toute servitude n'implique-t-elle pas une idée de perpétuité? et si l'usufruitier ne peut concourir tacitement à l'établissement d'une servitude par destination, parce que l'esprit de perpétuité lui manque, comment aurait-il le droit d'établir par sa volonté expresse une servitude qui exige ce même esprit de perpétuité? La contradiction nous paraît évidente.

175. Les auteurs s'accordent à exiger une seconde condition qui n'est pas écrite dans le texte de la loi : il faut que le service que l'un des fonds rend à l'autre ait un caractère de perpétuité. Dumoulin déjà le dit dans son commentaire sur la coutume de Paris. Le code, dit le rapporteur du Tribunat, n'avait pas besoin d'énoncer cette condition, parce qu'elle est une conséquence nécessaire de l'ensemble de sa théorie (2). En effet, la destination, ou le service que l'un des fonds rend à l'autre, est une des causes qui conduisent à l'établissement des servitudes ; or, toute servitude est créée dans un esprit de perpétuité; c'est une modification de la propriété, permanente comme la propriété même. Le mot même de *destination* implique une idée de perpétuité dans le langage juridique. Il y a des objets mobiliers qui deviennent immeubles par destination; le propriétaire seul a le droit d'immobiliser des choses mobilières, soit en les attachant à perpétuelle demeure à un fonds, soit en les y plaçant pour servir à son exploitation. Pourquoi le propriétaire seul a-t-il ce droit? Parce que lui

_____

(1) Demolombe, t. XII, p. 325, n° 811.
(2) Albisson, Rapport fait au Tribunat, n° 16 (Locré, t. IV, p. 190).

seul peut agir au nom et dans l'intérêt du fonds, alors même qu'il n'y ferait que des travaux temporaires. A plus forte raison lui seul a-t-il qualité quand il s'agit d'imprimer aux fonds une modification définitive et permanente.

Il suit de là que si un service est établi entre deux fonds, non pour l'utilité des fonds, mais en vue de convenances personnelles, pour faciliter des relations de famille et de voisinage, il n'y a pas de destination, et par conséquent si les fonds sont séparés, il ne naîtra pas de servitude; une cause passagère ne peut produire qu'un effet également passager (1). Ainsi il y a toujours une question de fait à examiner. Il ne suffit pas que l'un des fonds rende un service à l'autre; il faut que ce service constitue un état de choses permanent, en plaçant l'un des héritages dans un état de dépendance à l'égard de l'autre (2). C'est aux tribunaux à apprécier les faits et les circonstances.

176. Faut-il qu'il y ait deux fonds distincts? L'article 693 semble l'exiger : il doit y avoir deux fonds actuellement divisés, et il faut que ces fonds aient appartenu au même propriétaire avant leur division. Il suivrait de là que si le propriétaire d'un seul fonds faisait servir une partie du fonds à l'autre, et si ensuite le fonds était divisé par une aliénation ou un partage, il n'y aurait pas de destination ni de servitude. Cette interprétation est inadmissible : que le propriétaire d'une maison pratique des fenêtres d'aspect dans son mur, et qu'il vende ensuite la cour sur laquelle les fenêtres donnent, n'y a-t-il pas là tous les éléments qui constituent la destination, aussi bien que si les fenêtres avaient été ouvertes sur un terrain séparé? Sans doute si le texte était formel, il faudrait s'y tenir, mais la loi n'exige pas, comme condition de la destination, qu'il y ait deux fonds. Tout ce que l'article 693 veut, c'est qu'il y ait deux fonds actuellement divisés, et que ces deux fonds aient jadis appartenu à un seul et même propriétaire; il n'est pas prescrit que les fonds aient formé dès lors des héritages distincts. Ce qui constitue la desti-

---

(1) Bruxelles, 14 juillet 1859 (*Pasicrisie*, 1862, 2, 297).
(2) Liége, 1er décembre 1869 (*Pasicrisie*, 1870, 2, 283).

nation, c'est l'intention du propriétaire de consacrer une partie de son fonds au service de l'autre; dès que cette intention existe, il y a destination. La doctrine et la jurisprudence sont d'accord sur ce point (1).

177. L'article 693 exige encore une autre condition pour qu'il y ait destination du père de famille; il veut que les choses aient été *mises* dans l'état duquel résulte la servitude par le propriétaire auquel ont appartenu les deux fonds actuellement divisés. Il semble résulter de là que la destination doit être établie par le propriétaire qui a réuni les deux héritages et pendant cette réunion. D'où suivrait que si l'état de choses préexistait à la réunion, et que le propriétaire l'ait maintenu, il n'y aurait pas destination. Cette interprétation rigoureuse du texte répond-elle à l'esprit de la loi? Si lors de la réunion de deux fonds dans les mêmes mains, l'un des héritages rend un service à l'autre, et si le propriétaire maintient cet état de choses, ne peut-on pas dire qu'il destine l'un des fonds au service de l'autre? Qu'importe qu'il *laisse* les choses dans l'état où elles étaient ou qu'il les y *mette?* Le père de famille, dit Toullier, est censé avoir mis les choses dans cet état, lorsque, pouvant le changer, il ne l'a pas fait. Il est certain que l'intention de destiner l'un des fonds au service de l'autre est aussi évidente dans le premier cas que dans le second. Elle peut même être plus évidente. D'ordinaire quand la destination préexiste à la réunion des deux héritages dans les mains d'un seul propriétaire, il y a servitude, la servitude s'éteindra par la confusion; mais si le propriétaire maintient le service, ne manifeste-t-il pas par là la volonté que ce qui était servitude reste un service permanent, perpétuel? Et si le service était une servitude avant la réunion des deux fonds, n'est-il pas naturel qu'il redevienne une servitude après leur séparation? La circonstance que la destination préexistait à titre de servitude ne laisse aucun doute sur l'intention du propriétaire,

---

(1) Aubry et Rau, t. III, p. 83 et note 1, et les autorités qui y sont citées. Arrêts de rejet du 26 avril 1837 et du 24 février 1840 (Dalloz, au mot *Servitude,* n°ˢ 1021, 1° et 1022). Bruxelles, 18 août 1816 (*Pasicrisie,* 1816, p. 107).

tandis qu'il peut y en avoir quand c'est lui le premier qui a créé l'état de choses qui constitue la destination (1).

178. Les fonds doivent être divisés : c'est lors de la division que la servitude naît, et c'est seulement alors qu'elle peut naître, puisque jusque-là le service que l'un des héritages rendait à l'autre était l'exercice du droit de propriété. Au moment même où les fonds sont divisés, la servitude prend naissance, peu importe quelle est la cause de la division. Les causes habituelles sont l'aliénation de l'un des fonds ou des deux fonds, et le partage. Il y aurait servitude par destination, quand même la vente serait forcée (2). On pourrait croire que la vente forcée exclut le consentement du propriétaire, et par suite la destination. Non, dans la vente forcée, il y a aussi consentement, puisqu'il y a contrat. D'ailleurs la destination ne repose pas sur le consentement donné au fait juridique qui amène la division des fonds ; elle se fonde sur le maintien de la destination, du service que l'un des fonds rend à l'autre. Quand les fonds sont partagés, il n'y a aucun consentement de l'ancien propriétaire ; il y a néanmoins servitude par destination.

179. La jurisprudence exige cependant une condition concernant la division des fonds, c'est que le propriétaire qui a établi la destination ait eu la propriété irrévocable des deux fonds (3). S'il a fait servir l'un des fonds à l'autre, alors qu'il n'avait qu'une propriété révocable ou résoluble ou annulable de l'un des héritages, et si ensuite il y a révocation, résolution ou annulation, il n'y aura pas destination. En apparence, on pourrait croire que les deux fonds ont appartenu au même propriétaire et qu'ils sont actuellement divisés ; en réalité, celui qui a établi le service étant considéré comme n'ayant jamais été propriétaire de l'un des fonds, il n'y a eu ni réunion ni division des héritages, ni par conséquent droit de destiner l'un des fonds

---

(1) C'est l'opinion la plus généralement suivie. Aubry et Rau, t. III, p. 84 et note 2. Bordeaux, 21 février 1826 (Dalloz, au mot *Servitude*, n° 1017). En sens contraire, Duranton, t. V, p. 577, n° 570, et Duvergier sur Toullier, t. II, p. 276, note *a*.

(2) Aubry et Rau, t. III, p. 84 et note 4. Comparez arrêt de cassation du 30 novembre 1853 (Dalloz, 1854, 1, 17).

(3) Paris, 11 avril 1836 (Dalloz, au mot *Servitude*, n° 1016).

au service de l'autre. Ainsi toutes les conditions de la destination manquent.

De même, il a été jugé qu'il n'y a pas destination du père de famille lorsque le fait juridique qui opère la division ne constitue qu'une dévolution temporaire de jouissance : telle serait une donation en avancement d'hoirie. Le rapport anéantit le transport de propriété, pour ne laisser qu'une jouissance des fruits au donataire; mais la donation étant considérée, en droit, comme n'ayant jamais existé, il n'y a pas eu, légalement, de division des fonds ; c'est-à-dire que les parties ne sont pas censées avoir voulu perpétuer un service à titre de servitude, alors que la séparation d'où naît la servitude n'est que temporaire, et qu'elle s'évanouit en réalité par le rapport (1).

180. Il se présente une dernière question au sujet de la division des héritages. Le propriétaire vend l'héritage dans son ensemble, sans le fractionner, à plusieurs acquéreurs. Ce n'est que postérieurement à la vente que les acquéreurs divisent entre eux l'immeuble. Y aura-t-il servitude par destination si une partie du fonds rend un service à l'autre? Il a été jugé que la division devait être le fait du propriétaire même qui a établi l'état de choses d'où doit résulter la servitude (2). Le code ne dit pas cela. En cas de partage par les héritiers du propriétaire, la division ne procède certes pas de lui. Peu importe d'ailleurs d'où procède la division, pourvu que ceux qui la font maintiennent le service que les parties divisées se rendaient avant la division. Dans l'espèce décidée par la cour de Liége, l'un des acquéreurs avait fait des travaux qui avaient changé notablement l'état des lieux. L'arrêt insiste sur ce point. Sans doute si le service était postérieur à la division, il ne pourrait plus s'agir de destination ni de servitude; il faut que le service existe lors de la division, et qu'à ce moment le consentement tacite des parties contractantes le maintienne. Mais si l'état des choses existant lors de la division constituait une destination du père de

(1) Bastia, 17 décembre 1856 (Dalloz, 1858, 2, 211).
(2) Liége, 1er décembre 1869 (*Pasicrisie*, 1870, 2, 283).

famille, la servitude naîtrait immédiatement, quand même l'un des acquéreurs ferait ensuite des innovations; sauf à appliquer l'article 701 qui règle les droits et les obligations qui résultent de l'établissement d'une servitude.

181. Celui qui invoque la destination du père de famille, en guise de titre, doit prouver que les conditions requises par la loi existent, si la chose est contestée. Quel est l'objet précis de la preuve? et comment se fait-elle? D'après l'article 693, le demandeur doit prouver d'abord que les deux fonds actuellement divisés ont appartenu au même propriétaire; puis, que c'est par lui que les choses ont été *mises* dans l'état duquel résulte la servitude, ou, si l'on adopte notre interprétation, qu'il les a *laissées* dans cet état. Cette double preuve peut-elle se faire par témoins? Il y a quelque incertitude sur ce point dans la doctrine. Le doute remonte à l'ancien droit. La première rédaction de la coutume de Paris n'exigeait pas d'écrit, tandis que la nouvelle rédaction porte (art. 216) : « Destination du père de famille vaut titre, *quand elle est, ou a été par écrit, et non autrement.* » Ferrière dit que sans écrit il y aurait beaucoup d'abus, que toutes les entreprises faites clandestinement seraient soutenues de la destination. Ce motif tombe lorsque les servitudes sont apparentes, ou, comme on disait jadis, lorsque les choses sont visibles. Aussi, malgré les termes absolus de la coutume, les interprètes admettaient la preuve testimoniale quand il n'y avait aucun danger de fraude (1).

Les auteurs du code civil n'ont pas reproduit la disposition de la coutume qui exigeait un écrit. En faut-il conclure qu'ils ont entendu admettre la preuve testimoniale (2)? La conclusion nous paraît trop absolue et peu juridique. Il y a des règles générales sur les preuves au titre des *Obligations;* elles doivent recevoir leur application dans tous les cas où la loi n'y déroge pas formellement. Que prouve donc le silence de l'article 692? Que le droit commun est maintenu. C'est donc d'après les principes géné-

---

(1) Ferrière, *Commentaire sur la coutume de Paris,* t. II, p. 1771, n° 2.
(2) Ducaurroy, Bonnier et Roustain, t. II, p. 238, n° 353.

raux que la question doit être décidée. On s'accorde à admettre la preuve testimoniale pour établir que l'état des choses d'où résulte la servitude existait avant la séparation des deux fonds. En effet, qu'est-ce que cet *état des choses* dont parle l'article 693? Ce sont des travaux exécutés sur l'un des fonds : telle serait une fenêtre d'aspect pratiquée dans le mur d'un bâtiment. Or, ce sont là des faits matériels qu'il est permis de prouver indéfiniment par témoins, quelle que soit la valeur pécuniaire du litige, comme nous le dirons au titre des *Obligations*. Reste la seconde preuve : que les deux fonds ont appartenu à la même personne. Est-ce là un fait juridique qui tombe sous l'application de l'article 1341, ou est-ce un fait pur et simple? Pardessus dit que c'est un fait juridique, car il s'agit d'une question de propriété; or, la propriété s'établit par des titres, que l'on peut et que l'on doit constater par écrit. Cela est très-vrai quand c'est celui qui se prétend propriétaire qui demande à faire preuve de son droit; encore faut-il faire une exception s'il allègue la prescription, car la possession se prouve toujours par témoins. Mais, dans l'espèce, il ne s'agit pas d'une question de revendication; c'est un acquéreur ou un copartageant qui demande à prouver que deux fonds ont été réunis dans les mains d'un seul et même propriétaire; à son égard, cette circonstance ne constitue pas un fait juridique, c'est un fait matériel. D'ailleurs il est un tiers; or, comme tel, il peut être dans l'impossibilité de se procurer la preuve littérale du fait que les deux fonds ont appartenu à un même propriétaire; il peut donc invoquer l'exception de l'article 1348. En définitive, la preuve testimoniale sera admissible, non pas en vertu de l'article 692, mais par application des principes généraux qui régissent cette preuve (1).

(1) Toullier, t. II, p. 677, n°s 610 et 611. Demolombe, t. XII, p. 326, n° 812. Aubry et Rau, t. III, p. 85 et note 6. En sens contraire, Pardessus, t. II, p. 122, n°s 290 et 291, et Delvincourt, t. Ier, p. 165, note 7.

182. Aux termes de l'article 692, la destination du père de famille vaut titre, mais seulement à l'égard des servitudes continues et apparentes. Pourquoi la loi exige-t-elle la double condition de l'apparence et de la continuité? Ces conditions découlent de la nature même de la destination. Elle se fonde sur le consentement tacite des parties intéressées, consentement qui intervient au moment où l'on divise deux fonds, dont l'un a été destiné à rendre un service à l'autre; le consentement résulte de la volonté qu'ont les parties intéressées de maintenir cet état de choses; or, ces parties sont étrangères aux travaux qui ont produit la destination; c'est un acquéreur ou un copartageant. Pour que l'on puisse dire qu'ils consentent à maintenir la destination, il faut avant tout qu'ils la connaissent; il faut donc qu'ils la voient; de là la condition de l'apparence. Si le service que l'un des fonds rend à l'autre est non apparent, on ne peut pas dire que les parties intéressées consentent à le maintenir à titre de servitude, puisque aucun signe extérieur ne leur révèle l'existence de ce service, et ignorant qu'il existe, elles ne peuvent avoir l'intention de le perpétuer.

Il est plus difficile de se rendre raison de la seconde condition, celle de la continuité. Un passage est pratiqué entre deux fonds appartenant au même propriétaire, il s'annonce par une porte et un chemin. Les deux fonds sont séparés; les parties intéressées maintiennent la porte et le chemin : il ne naîtra pas de servitude. Pourquoi? Parce qu'il y a doute sur l'intention des parties. Elles conservent le passage, mais à quel titre? Ce peut être par tolérance, par relations de bon voisinage. Ce peut aussi être à titre de servitude. Dans le doute, on ne pouvait pas admettre la volonté d'établir une servitude par consentement tacite, car il n'y a de consentement tacite que lorsqu'il est impossible de donner une autre interprétation au fait d'où l'on veut induire le concours de volontés. En matière de servitude surtout, il faut qu'il n'y ait aucun doute sur la volonté de constituer une servitude, car la liberté des héritages est en jeu ; dans le doute, on doit se prononcer pour la liberté contre la servitude.

183. Il a été jugé qu'une servitude d'aqueduc pouvait s'établir par destination, bien que les eaux fussent conduites par des canaux souterrains. Dans l'espèce, il existait des ouvrages extérieurs à l'ouverture et à l'issue de l'aqueduc, la dérivation des eaux était patente ; dès lors il n'y avait aucun doute sur le caractère apparent de la servitude (1). La servitude d'égout est également apparente et continue ; l'article 688 la place parmi les servitudes continues, de même que celle d'aqueduc ; quant à l'apparence, c'est une question de fait (2). Il a été jugé que l'égout des eaux pluviales est une servitude apparente, puisqu'elle se manifeste par la disposition du toit en saillie sur l'héritage voisin (3). Nous avons dit plus haut (n° 142) que la servitude d'inondation ou de submersion a été déclarée non apparente, parce qu'aucun ouvrage extérieur n'en annonce l'existence.

On a soutenu qu'une servitude de puisage est continue et apparente lorsqu'elle s'exerce moyennant une pompe qui se trouve dans le fonds dominant, pompe qui communique moyennant un tuyau avec le puits du voisin. Le texte même du code repousse cette prétention, puisque l'article 688 place le droit de puisage parmi les servitudes discontinues ; en effet, alors même que le puisage a lieu au moyen d'une pompe, il faut, aussi souvent qu'on puise de l'eau, que le fait de l'homme intervienne, ce qui rend la servitude discontinue (4).

La servitude de ne pas bâtir plus haut a donné lieu à un débat plus sérieux. Il est certain que, considérée en elle-même, cette servitude est non apparente ; mais dans l'espèce elle n'était pas réclamée comme servitude principale. L'acquéreur d'un immeuble avait stipulé sur le fonds contigu appartenant à son vendeur des fenêtres destinées à donner à son fonds de l'air et de la lumière. Il prétendit

---

(1) Arrêt de rejet du 20 décembre 1825 (Dalloz, au mot *Servitude*, n° 1010).
(2) Bordeaux, 1er février 1829 (Dalloz, au mot *Servitude*, n° 417).
(3) Bruxelles, 18 avril 1816 (*Pasicrisie*, 1816, p. 107).
(4) Bruxelles, 25 novembre 1854 (*Pasicrisie*, 1856, 2, 22).

que cette convention impliquait une servitude de ne pas
bâtir, servitude qui, dans l'espèce, s'annonçait par des fenêtres d'aspect. Les fenêtres ayant été maintenues lors de la
séparation des deux héritages, il en résultait, selon lui, que
la servitude de ne pas bâtir était apparente. Ce moyen ne
trouva pas faveur devant la cour de cassation ; elle le rejeta en décidant que la servitude *altius non tollendi* n'est
pas apparente ; d'où suit qu'elle ne peut être établie par
destination (2). Il y avait un autre motif péremptoire pour
rejeter le pourvoi. Dans l'espèce, il existait un titre qui
établissait une servitude de vue. Dès lors il ne pouvait plus
être question de destination du père de famille : là où il y
a volonté expresse, on ne peut plus alléguer une volonté
tacite. On pouvait donc répondre au demandeur : Réclamez-vous la servitude *altius non tollendi* comme accessoire ou dépendance de la servitude de vue, c'est le titre
qui décidera, et en présence du titre, il ne peut plus être
question de destination. Réclamez-vous cette servitude en
vertu du signe apparent des fenêtres, votre prétention est
inadmissible, puisque la servitude *altius non tollendi* n'est
jamais apparente.

N° 3. DU CAS PRÉVU PAR L'ARTICLE 694.

184. L'article 694 porte : « Si le propriétaire de deux
héritages entre lesquels il existe un signe apparent de servitude dispose de l'un des héritages sans que le contrat
contienne aucune convention relative à la servitude, elle
continue d'exister activement ou passivement en faveur du
fonds aliéné ou sur le fonds aliéné. » Cette disposition a
donné lieu à de longues controverses ; il n'y a pas moins
de cinq interprétations différentes (2). Nous laissons de côté
les opinions qui sont abandonnées : à quoi bon combattre
des doctrines que personne ne songe plus à soutenir ? La
lutte véritable est entre l'explication donnée par Albisson,

(1) Arrêt de rejet du 5 août 1862 (Dalloz, 1862, 1, 539). Comparez Aubry
et Rau, t. III, p. 87, note 11.
(2) Voyez les autorités dans Aubry et Rau, t. III, p. 85, note 9.

le rapporteur du Tribunat, et le système consacré par la jurisprudence constante de la cour de cassation de France. Nous n'hésitons pas à nous prononcer pour l'opinion d'Albisson contre la jurisprudence française.

Un héritage doit un service à un autre, c'est-à-dire qu'il est grevé d'une servitude ; si les deux fonds sont réunis dans la même main, la servitude s'éteint par confusion, alors même que le fonds jadis servant reste affecté au service du fonds jadis dominant ; ce service se fait maintenant à titre de propriété. Puis le propriétaire dispose de l'un des deux héritages, sans qu'il soit fait aucune mention de servitude dans l'acte d'aliénation. Naît alors la question de savoir si la servitude continue, ou, pour mieux dire, si elle revit. Le droit romain décidait la question négativement : comme la servitude était réellement éteinte, il fallait une déclaration expresse de volonté pour la faire revivre. Ce principe est maintenu par le code civil. Mais il y fait exception lorsqu'il existe un signe apparent de servitude ; la réserve n'est plus nécessaire dans ce cas, dit le rapporteur du Tribunat, la chose parlant d'elle-même. Si donc il y a entre les deux héritages un signe apparent de servitude, le silence des parties n'empêche pas que la servitude ne subsiste, activement ou passivement, en faveur du fonds aliéné ou sur le fonds aliéné (1).

Telle est l'explication d'Albisson. L'article 694 ainsi interprété se concilie parfaitement avec les articles 692 et 693. Ceux-ci prévoient le cas où une servitude est établie par destination du père de famille, et ils exigent que la servitude soit tout ensemble continue et apparente pour qu'elle résulte du concours de consentement tacite des parties intéressées. Tandis que l'article 694 fait revivre une servitude qui était éteinte par confusion ; peu importe quelle était cette servitude, continue ou discontinue, pourvu qu'il y ait un signe apparent qui en annonce l'existence ; de sorte qu'une servitude de passage qui se manifeste par une porte tombe sous l'application de l'article 694 ; elle revit si, après qu'elle a été éteinte par la confusion, la confusion vient à

(1) Albisson, Rapport fait au Tribunat, n° 16 (Locré, t. IV, p. 190).

cesser. Mais elle ne peut s'établir par destination du père de famille, en vertu des articles 692 et 693, puisqu'elle est discontinue.

Cette opinion, adoptée par Zachariæ et Pardessus (1), n'a pour elle qu'un arrêt de la cour de Lyon, et quelques arrêts de la cour de Bruxelles (2); elle est très-bien défendue par Marcadé, mais la plupart des auteurs la répudient ainsi que la jurisprudence. On repousse l'interprétation d'Albisson comme étant purement divinatoire (3). C'est, dit-on, une opinion personnelle au rapporteur; rien ne prouve, dit la cour de Gand, qu'elle ait été partagée soit par le conseil d'Etat, soit par le Corps législatif; elle n'est pas même reproduite dans le discours de l'orateur du Tribunat. Nous répondrons, avec la cour de Bruxelles, que l'autorité d'Albisson est plus grande que celle des interprètes, fussent-ils les plus savants (4). Il n'est pas exact de dire que c'est une opinion purement individuelle; en effet, Albisson parle comme rapporteur de la section de législation du Tribunat; son rapport adopté par la section est donc l'œuvre de la section, et par suite du Tribunat qui, sur le rapport d'Albisson, émit un vœu d'adoption; ainsi cette interprétation a en sa faveur l'autorité d'un des corps qui, sous la constitution de l'an VIII, prenaient une part active à la codification. Sans doute cela n'est pas décisif; Albisson et le Tribunat à sa suite ont pu se tromper. Il faut donc voir si cette interprétation est contraire, comme on le prétend, au texte et à l'esprit de la loi.

Quant au texte, on écarte l'interprétation d'Albisson par une espèce de fin de non-recevoir. Si l'article 694, dit-on, avait le sens que lui donne le rapporteur du Tribunat, il aurait dû être placé à la suite de l'article 705, qui traite de l'*extinction* des servitudes par la confusion, disposition à laquelle, dans l'opinion du Tribunat, l'article 694 déro-

---

(1) Zachariæ, traduction de Massé et Vergé, t. II, p. 203, note 10.
(2) Lyon, 11 juin 1831 (Dalloz, au mot *Servitude*, n° 1024). Bruxelles, cassation, du 31 janvier 1824 (*Pasicrisie*, 1824, p. 33); 14 juillet 1859 (*Pasicrisie*, 1862, 2, 299) et 20 décembre 1862 (*Pasicrisie*, 1863, 2, 46).
(3) Ducaurroy, Bonnier et Roustain, t. II, p. 240, n° 354. Gand, 11 mars 1839 (*Pasicrisie*, 1839, 2, 49).
(4) Bruxelles, 20 décembre 1862 (*Pasicrisie*, 1863, 2, 51).

gerait; tandis que cet article est placé dans la section qui s'occupe de l'*établissement* des servitudes. On prétend que cela prouve que l'interprétation est erronée. Nous répondons que l'objection, en la supposant fondée, ne prouverait qu'un défaut de classification, comme il y en a plus d'un dans le code. Mais est-il bien vrai que l'article 694 est tout à fait étranger à la matière de l'établissement des servitudes par destination du père de famille? La servitude était éteinte, elle revit. Or, un droit qui renaît, après avoir été éteint, est un droit qui s'établit, et comment s'établit-il? Par une raison qui a la plus grande analogie avec ce qu'on appelle destination. Il y avait une servitude de passage, elle s'éteint par confusion; mais le propriétaire des deux fonds maintient le passage, il conserve la porte qui annonce l'existence du service que l'un des fonds continue à rendre à l'autre : n'est-ce pas là une vraie destination? Seulement il y a une des conditions de la destination ordinaire qui fait défaut : la servitude est discontinue, il fallait donc, si l'on voulait que la servitude naquît de cette espèce de destination, que le législateur le décidât; et la disposition qui le décide trouvait sa place naturelle à la suite des articles 692 et 693, auxquels, en un sens, elle déroge, puisqu'elle admet qu'une servitude s'établisse, par consentement tacite, à raison d'une destination, et sans que la servitude soit continue.

Voyons maintenant si l'interprétation d'Albisson est divinatoire, si elle n'a aucun appui dans le texte ni dans les principes. L'article 694 commence par dire que deux héritages se trouvent dans la main d'un même propriétaire, et qu'il existe entre eux un *signe apparent de servitude*. Qu'est-ce à dire? Il n'y a pas de servitude actuelle, puisque *res sua nemini servit*. Si donc il existe un *signe apparent de servitude*, ce signe marque qu'il y a eu une servitude, qui pour le moment est éteinte de droit. L'article continue et dit que le propriétaire dispose de l'un des héritages; un acte est dressé, et le contrat, dit l'article 694, ne contient aucune *convention relative à la servitude*. Encore ce terme caractéristique de *servitude!* Pourquoi le contrat aurait-il parlé de servitude? C'est qu'il en existait une; elle a été éteinte par confusion, il s'agit de savoir si la volonté des parties est de la faire revivre. Si telle est leur volonté, il faut qu'elles s'en expliquent, il faut qu'elles disent que leur intention est de maintenir la servitude; en ce sens il faut *une convention relative à la servitude.* Mais que décidera-t-on si le contrat garde le silence, s'il ne s'y trouve aucune clause concernant la servitude? Elle *continue* néanmoins d'exister, dit la loi, s'il existe un signe apparent de servitude entre les deux héritages. L'article 694 ne dit pas qu'une servitude est *établie,* il ne dit pas que la servitude *revit;* elle *existait* et elle *continue d'exister.* Cette expression énergique marque bien qu'il ne s'agit pas de l'établissement d'une nouvelle servitude, d'une servitude qui n'a jamais existé; il y avait une servitude, elle *existait* et elle *continue* d'exister, pourvu qu'il y ait un *signe apparent* qui l'annonce. Voilà bien l'hypothèse d'Albisson; elle est écrite dans notre texte; le rapporteur du Tribunat ne l'a donc pas imaginée, il n'a fait que l'expliquer : son explication n'est que le texte paraphrasé.

On nous arrête et on dit que nous ne pouvons pas nous prévaloir du texte, que l'expression *continue d'exister* est inexacte, que dans notre opinion la servitude, que l'on suppose avoir existé, est éteinte par confusion; donc on ne peut pas dire que la servitude *continue,* il eût fallu dire qu'elle revit. A notre avis, l'expression dont se sert l'article 694 est très-juridique. La confusion est un mode d'extinction de toute espèce de droits, droits personnels et droits réels; mais elle a ceci de particulier que l'extinction est fondée uniquement sur l'impossibilité d'exercer le droit, le créancier étant devenu débiteur ou le débiteur étant devenu créancier; en réalité le droit subsiste, seulement on ne peut pas en poursuivre l'exécution. Si tel est l'effet de la confusion en matière d'obligations, tel doit aussi être son effet en matière de servitude, car ici il y a également un fonds qui doit la servitude et un fonds à qui elle est due, il y a un fonds débiteur, c'est l'expression du code, il y a donc aussi un fonds créancier; le fonds créancier ne peut pas exercer son droit, puisque le fonds débiteur appartenant au même propriétaire, les deux héritages ne font plus qu'une seule

et même propriété, qui est tout ensemble débitrice et créan-
cière. Si donc la servitude s'éteint, c'est uniquement parce
que l'exercice en devient impossible; en réalité, elle subsiste et elle *continue*, comme le dit l'article 694, si l'obstacle qui empêchait de l'exercer disparaît. Le texte confirme donc pleinement l'interprétation d'Albisson, et la
décision du code se trouve justifiée par les principes généraux de droit.

Non, dit-on. Vous ajoutez à la loi une condition qui ne
s'y trouve pas, disent les savants interprètes de Zachariæ,
qui, sur cette question, ont abandonné l'opinion de leur
auteur. En effet, vous obligez celui qui invoque l'article 694 à produire le titre par lequel la servitude a été
originairement constituée, tandis que la loi ne met qu'une
preuve à sa charge, celle de l'existence d'un signe apparent de servitude (1). Nous avons d'avance répondu à l'objection; s'il est vrai que l'article 694 prévoit le cas d'une
servitude éteinte par confusion, il faut naturellement que
celui qui prétend qu'elle *continue d'exister* prouve qu'elle
a existé. La nécessité de la preuve résulte donc des termes
mêmes de la loi, si on l'interprète comme le fait le rapporteur du Tribunat. On prétend que l'esprit de la loi s'y
oppose; ceux qui combattent notre opinion nous portent
le défi de donner un motif raisonnable de la différence que
le législateur aurait établie entre le cas où la destination
résulte de l'existence d'une servitude antérieure, éteinte
mais maintenue en fait, et le cas d'une destination établie
par le propriétaire des deux fonds. Dans ce dernier cas,
l'article 692 exige que la servitude soit continue et apparente; de sorte qu'un passage, bien que pratiqué pendant
que les deux fonds étaient dans la main du même maître,
bien que s'annonçant par un ouvrage extérieur, ne s'éta-
blira pas par destination au moment où les deux héritages sont séparés. Tandis que ce même passage deviendra
une servitude, si avant la réunion des deux fonds il avait
été pratiqué à titre de servitude. Où est la raison de cette
différence si considérable? N'est-il pas évident, dit-on, que

(1) Aubry et Rau, t. III, p. 87, note 9.

les deux cas sont, au fond, absolument identiques? Pourquoi donc leur appliquerait-on des règles différentes? « Jamais personne ne parviendra à donner la justification d'une semblable distinction (1). » Nous croyons avoir répondu au défi. Les deux hypothèses sont tout à fait différentes; dans l'une, celle de la véritable destination du père de famille (art. 692), il s'agit d'*établir* une servitude qui *n'a jamais existé*; pour la créer, le législateur ne peut se fonder que sur la volonté tacite des parties contractantes; cette volonté est douteuse quand la servitude, bien qu'apparente, est discontinue; dès lors on ne pouvait pas admettre que la servitude s'établît par destination. Dans l'autre hypothèse, la servitude *a existé*, elle a été pratiquée, il y avait donc des motifs sérieux de l'établir; on ne peut plus supposer la tolérance, le bon voisinage, puisque le service s'est fait à titre de droit rigoureux. L'utilité qui a fait constituer la servitude la fait aussi maintenir pendant que les fonds sont réunis dans la même main. Puis les deux héritages sont séparés, et il y a un signe apparent de cette servitude, nécessaire ou utile. La cause qui rendait l'exercice de la servitude impossible, la confusion, venant à cesser, ne faut-il pas dire que la servitude reprend son cours, qu'elle *continue d'exister*, comme le dit l'article 694? Il n'y avait qu'un seul motif de douter : est-ce que l'acheteur a connaissance de la servitude? S'il l'ignore, peut-il y avoir une servitude à sa charge ou à son profit sans qu'il le sache, sans qu'il le veuille? Voilà pourquoi la loi exige un signe apparent de servitude, dans le silence du contrat.

185. L'opinion contraire ayant pour elle la jurisprudence constante des cours de France et l'autorité de jurisconsultes considérables, nous devons la faire connaître, sauf à exposer nos objections. Elle admet que l'article 694 prévoit un cas de destination du père de famille, c'est-à-dire un cas où la servitude est établie par destination; mais à la différence du cas général de l'article 692, qui exige que la servitude soit tout ensemble continue et apparente,

---

(1) Ce sont les paroles de Mourlon (t. Ier, p. 812), qui ne fait que répéter ce que disent Demante et Demolombe.

l'article 694 se contente d'un signe apparent de servitude. Reste à préciser le cas où la disposition spéciale de l'article 694 devra prévaloir sur la disposition générale de l'article 692. Il ne suffit pas d'un signe apparent; si cela suffisait, l'article 694 ferait plus que déroger à l'article 692, il l'abolirait, puisque l'article 692 n'admet pas la destination pour les servitudes discontinues, quoique apparentes, tandis que l'article 694 admettrait la destination pour les servitudes discontinues, dès qu'elles seraient apparentes. L'article 694 exige une condition pour qu'une servitude apparente, bien que discontinue, s'établisse par destination, c'est que la séparation des deux héritages se soit faite en vertu d'un contrat et que ce contrat ne contienne aucune convention relative à la servitude. C'est donc dans le silence du titre, combiné avec le signe apparent de servitude qui existe sur l'un des fonds, qu'il faut chercher la cause de l'établissement de la servitude. Il suit de là que celui qui prétend à la servitude doit représenter le titre en vertu duquel s'est opérée la division des héritages. La différence entre le cas de l'article 692 et le cas de l'article 694 est donc celle-ci : lorsqu'il n'y a pas de titre, c'est-à-dire pas d'écrit, on n'est plus dans le cas de l'exception établie par l'article 694; on rentre par conséquent dans la règle de l'article 692 : il faudra que la servitude soit continue et apparente. Lorsque, au contraire, il y a un titre et qu'il garde le silence sur la servitude, la servitude naîtra de la destination du père de famille, pourvu qu'il y ait un signe apparent qui l'annonce (1).

_____

(1) Demante, t. II, p. 645, n° 549 *bis*. Ducaurroy, Bonnier et Roustain, p. 240, n° 354. Demolombe, t. XII, p. 344, n° 821 ; Aubry et Rau, t. III, p. 87 et suiv., et note 9. La jurisprudence est en ce sens ; mais les arrêts, y compris ceux de la cour de cassation, sont faiblement motivés; nous ne citons que les meilleurs. Arrêt de rejet du 26 avril 1837 (Dalloz, au mot *Servitude,* n° 1021, 1°; du 8 juin 1842 de la chambre civile (*ibid.*, n° 1022, p. 272), et de cassation du 30 novembre 1853 (Dalloz, 1854, 1, 17). Douai, 1er juillet 1837 (Dalloz, au mot *Servitude,* n° 1021, 1°). Les cours de Belgique jugent dans le même sens, sauf les arrêts de Bruxelles que nous avons cités plus haut, p. 216, note 2. Bruxelles, 11 juillet 1838, 16 avril 1845, 13 août 1858 et 26 février 1859 (*Pasicrisie,* 1838, 2, 205; 1845, 2, 116 ; 1858, 2, 327, et 1859, 2, 246) ; Gand, 11 mars 1839 (*Pasicrisie,* 1839, 2, 48) et Liége, 19 avril 1845 et 1er décembre 1869 (*Pasicrisie,* 1845, 2, 303; 1870, 2, 283).

Le grand argument, le seul que la cour de cassation invoque en faveur de cette interprétation, c'est le texte de l'article 694, et il n'en faudrait pas d'autre si le texte était aussi clair qu'on le prétend. Mais quand cinq opinions se sont formées sur le sens d'une loi, il est certain qu'elle ne doit pas être d'une clarté très-évidente. Dans l'opinion consacrée par la jurisprudence, on s'attache exclusivement à ces mots de l'article 694 : *entre lesquels il existe un signe apparent de servitude*. Voilà, dit-on, tout ce que la loi exige, si du reste le titre garde le silence : exiger plus, c'est dépasser la loi, c'est la faire. Cette explication de l'article 694 ne tient aucun compte de tout le reste de la disposition, ni de l'expression répétée de *servitude* dont il existe un signe apparent, ni de l'expression *continue d'exister*, qui implique qu'il s'agit d'une ancienne servitude qui revit. Il n'y a pas un mot dans le texte qui indique l'établissement d'une servitude nouvelle ; tous les termes dont la loi se sert supposent l'existence actuelle d'une servitude et sa continuation. Tandis que, dans l'opinion générale, c'est une servitude nouvelle qui s'établit ; cette servitude se fonde sur une destination spéciale qui déroge à la destination générale, telle qu'elle est définie par les articles 692 et 693. La question est donc celle-ci : Quels sont les motifs pour lesquels, après avoir exigé, dans l'article 692, la double condition de la continuité et de l'apparence pour que les servitudes s'établissent par destination, le législateur se contente de l'apparence dans le cas prévu par l'article 694? Le texte étant douteux, il est impossible de le nier, la difficulté doit être décidée par l'esprit de la loi.

Y a-t-il des raisons qui justifient la dérogation que, dans l'opinion consacrée par la jurisprudence, l'article 694 apporte à l'article 692? Il faut d'abord bien préciser en quoi consiste la dérogation. Il existe, entre deux héritages appartenant au même propriétaire, une porte, signe apparent d'un service que l'un des fonds rend à l'autre. Les deux fonds sont divisés. Naîtra-t-il une servitude de passage, lors de la division, en vertu de la destination du père de famille? Non ; c'est le cas de l'article 692, la servitude, étant discontinue, ne s'établit pas par destination. Que faut-il de plus pour qu'il y ait lieu d'appliquer l'article 694? Il faut, dit la loi, que « le propriétaire dispose de l'un des héritages sans que le *contrat* contienne aucune convention relative à la servitude. » Qu'entend-on ici par *contrat?* Si l'on s'en tient aux principes généraux, il faut répondre qu'il y a contrat dès qu'il y a concours de consentement. En ce sens, il existe aussi un contrat dans le cas de l'article 692. En effet, comment la division s'opère-t-elle? Pothier le dit, par aliénation ou par partage; dans l'un et l'autre cas il y a contrat, par cela seul qu'il y a concours de consentement des parties intéressées. Pour qu'il y ait une différence entre les articles 692 et 694, il faut donc exiger quelque chose de plus dans le cas de l'article 694 : c'est un acte constatant la convention, et il faut que cet acte ne contienne aucune clause relative à la servitude. C'est bien ainsi que, dans l'opinion commune, on entend l'article 694. Voici donc, en définitive, la seule différence entre l'article 694 et l'article 692. Le propriétaire de deux fonds entre lesquels il existe un signe apparent de servitude de passage vend l'un des fonds, aucun écrit n'est dressé : c'est le cas de l'article 692, il n'y aura pas de servitude. Que si un écrit est dressé et s'il garde le silence sur la servitude, il y aura servitude de passage. La jurisprudence est en ce sens (1).

Maintenant nous le demandons : où est la raison de différence? Constatons d'abord que l'opinion générale, qui prétend s'appuyer sur le texte, dépasse le texte : la loi parle d'un *contrat,* et les interprètes ajoutent que le contrat doit être constaté par un *écrit,* et que cet écrit doit être produit, afin qu'il soit prouvé qu'il garde le silence sur la servitude. Tout en prenant appui sur le texte, on est donc obligé d'ajouter au texte, afin de trouver une différence entre les deux cas de destination. Y a-t-il au moins une raison de la différence que l'on crée d'une manière si arbitraire? Rappelons-nous pourquoi l'article 692 exige que la servitude soit continue pour qu'elle s'établisse par des-

(1) Bordeaux, 13 mars 1856 (Dalloz, 1856, 2, 207).

tination. C'est que l'on ne peut pas supposer qu'il y ait volonté tacite de constituer une servitude, lorsqu'il s'agit d'une servitude discontinue, tel qu'un droit de passage. Eh bien, cette volonté peut-elle se supposer davantage lorsque les parties rédigent un écrit de la vente, et que l'écrit garde le silence sur la servitude? Est-ce que le silence de l'écrit lève le doute que laisse la volonté tacite des parties intéressées? Telle est la question réduite à ses termes les plus simples. Et, en vérité, il suffit de la poser pour la résoudre. Je vends l'un des fonds entre lesquels il existe un signe apparent de passage, il n'est rien dit de ce passage lors de la vente, et aucun acte n'est dressé : notre volonté de constituer une servitude est incertaine, partant il n'y en aura pas. Si, dans la même hypothèse, nous rédigeons un acte où il n'est rien dit de la servitude, la servitude existera : est-ce que notre volonté de constituer la servitude sera plus certaine? Chose singulière! les partisans de l'opinion que nous combattons n'ont pas réfléchi que les hypothèses des articles 692 et 694 se confondent quand on interprète l'article 694 comme ils le font. En effet, dans le cas de l'article 692, il y a aussi silence des parties intéressées, puisqu'il y a consentement tacite. Qu'importe que ce silence soit prouvé ou non par un écrit? La preuve du silence ajoute-t-elle quelque force au silence et fait-elle disparaître le doute qui existe sur l'intention de créer une servitude? Si l'on admet que, dans le cas de l'article 694, la servitude de passage s'établit par cela seul que l'acte garde le silence sur la servitude, on se trouve en réalité dans l'hypothèse prévue par l'article 692, et l'on aboutit par conséquent à une vraie contradiction : c'est qu'une servitude discontinue s'établit par destination, quand, dans l'acte d'aliénation, les parties ont gardé le silence sur la servitude; tandis qu'elle ne s'établit pas par destination quand, sans dresser d'acte, les parties ont également gardé le silence. En définitive, une seule et même servitude de passage, dans les mêmes circonstances, s'établit ou ne s'établit pas par destination, sans qu'il y ait une ombre de raison pour expliquer cette différence!

186. L'opinion que nous venons de combattre ayant

pour elle une jurisprudence constante, nous sommes obligé
de la suivre dans ses applications ; nous y trouverons de
nouvelles inconséquences et de nouvelles contradictions.
Pour qu'il y ait lieu d'appliquer l'article 694, il faut d'abord
qu'il existe un *signe apparent de servitude* entre deux héritages. Que faut-il entendre par *signe apparent de servitude ?* Les auteurs et les arrêts répondent que le signe doit
être tel, qu'il n'y ait aucun doute sur l'existence de la servitude (1), pour mieux dire du service que, d'après l'intention du père de famille, l'un des fonds rend à l'autre et que,
dans l'intention des parties contractantes, il doit continuer
à lui rendre à titre de servitude. Dans l'opinion générale, on tient strictement à cette première condition d'un
signe apparent, puisque c'est la condition essentielle, et
à vrai dire la seule qui soit exigée. Il a été jugé qu'un
signe apparent de passage ne suffisait pas, lorsqu'il était
prouvé que le propriétaire n'avait pas eu l'intention de
créer entre les divers fonds un rapport permanent de service foncier, et qu'il n'a établi le passage que pour se ménager personnellement certaines facilités de culture (2).
Cette interprétation restreint le texte de l'article 694 : la
loi n'exige que l'existence d'un signe apparent de servitude, c'est-à-dire d'un service rendu par l'un fonds à l'autre.
Une interprétation qui n'a d'appui que le texte ne devrait
pas s'écarter du texte.

Il faut aussi que le signe apparent ait un caractère
non équivoque de perpétuité (3). Cela semble dire que le
signe doit consister dans un ouvrage d'art fait de main
d'homme ; toutefois on ne va pas jusque-là, parce que la loi
ne l'exige pas (4). Toujours est-il qu'il doit y avoir un signe
extérieur qui indique l'existence d'une servitude. Il a été
décidé que des *ornières* ne constituaient pas un signe apparent d'une servitude de passage ; les ornières prouvent
seulement que le propriétaire a passé ; elles ne prouvent

---

(1) Bourges, 10 août 1831 (Dalloz, au mot *Servitude,* n° 1026). Demolombe, t. XII, p. 348, n° 823.
(2) Arrêt de rejet de la cour de cassation de Belgique du 30 décembre 1865
(*Pasicrisie*, 1866, 1, 358).
(3) Nancy, 9 janvier 1840 (Dalloz, au mot *Servitude*, n° 1031).
(4) Bourges, 13 décembre 1825 (Dalloz, au mot *Servitude*, n° 1028).

pas qu'il a destiné l'un des fonds à servir de passage (1).
Alors même qu'il y a un chemin servant de passage, donc
un signe apparent de servitude, il est arrivé que l'on n'a
pas admis l'établissement d'une servitude de passage par
destination. Une société se forme pour l'établissement de
docks ; l'un des associés vend à la société des terrains
destinés à construire des docks ; sur les terrains conservés
par le vendeur, il existait des voies de communication
aboutissant aux quais et aux bassins. Les actes gardaient
le silence sur ces voies ; on était donc dans les termes de
l'article 694, tel que la jurisprudence l'interprète. Néanmoins la cour de Paris décida qu'il n'y avait pas servitude, parce que telle n'avait pu être l'intention des parties
contractantes (2). C'est introduire une nouvelle condition
que le texte ignore. La jurisprudence recule devant ses
propres principes ; elle invoque le texte et elle restreint
le texte. Il y a réellement danger à admettre qu'une servitude discontinue s'établisse par cela seul qu'un signe
apparent l'annonce et que le titre garde le silence. Pour
écarter le danger, la jurisprudence restreint la loi ; il y a
un moyen plus sûr et plus juridique de le prévenir, c'est
de s'en tenir à l'article 692.

L'application de l'article 694 devient presque une question de circonstances (3), ce qui certes n'est pas dans le
texte ni dans l'esprit de la loi. Un barrage est-il un signe
apparent ? La cour de cassation a décidé l'affirmative,
mais en invoquant les circonstances de la cause (4). Le
code ignore ces restrictions et ces réserves. C'est que le
code ne prévoit pas le cas de l'établissement d'une servitude nouvelle ; il ne fait que maintenir une servitude qui a
existé et que l'on a continué à pratiquer ; et l'on conçoit
que le législateur se montre plus facile pour le maintien

---

(1) Bourges, 24 novembre 1830 (Dalloz, au mot *Servitude,* n° 1029).
Bruxelles, 6 janvier 1855 (*Pasicrisie,* 1856, 2, 327).
(2) Paris, 17 août 1865, confirmé par un arrêt de rejet du 10 décembre 1866
(Dalloz, 1867, 1, 498).
(3) Dans une autre espèce, la cour a maintenu le passage à titre de servitude, en se fondant sur les circonstances de la cause. Orléans, 15 février
1868, confirmé par un arrêt de rejet du 12 janvier 1869 (Dalloz, 1868, 2,
157 et 1870, 1, 224).
(4) Arrêt de rejet du 2 novembre 1854 (Dalloz, 1854, 1, 272).

d'une ancienne servitude que pour l'établissement d'une servitude nouvelle.

Il va sans dire que si un service est établi entre deux fonds pour la commodité personnelle du propriétaire, et non pour l'utilité du fonds, il ne peut plus s'agir de destination du père de famille. Ceci n'est que l'application du droit commun (1).

187. L'article 694 établit une seconde condition : il faut que le contrat ne contienne aucune convention relative à la servitude (2). De là, la nécessité de produire le contrat, c'est-à-dire l'acte, afin de constater qu'il ne renferme aucune stipulation sur la servitude litigieuse. Il arrive très-souvent que les actes contiennent une clause générale portant que le fonds est vendu avec ses servitudes actives et passives, chose parfaitement inutile, puisque cela est de droit. On demande si une clause pareille ferait obstacle à l'application de l'article 694. Il y a un motif de douter, c'est que les parties s'étant occupées des servitudes existantes, elles auraient aussi manifesté leur volonté d'établir une servitude nouvelle, si telle avait été leur intention ; il n'y a plus silence du titre, donc pas de servitude ; le titre ayant parlé, on ne peut plus se prévaloir de la volonté tacite des parties. La cour de cassation n'a pas admis cette interprétation ; elle est en effet contraire au texte de l'article 694 ; il ne prévoit pas le cas d'une clause générale et sans portée aucune, il suppose qu'il n'y a pas de convention relative à *la servitude,* c'est-à-dire la servitude qui s'annonce par un signe apparent (3). Il faut ajouter que les clauses générales ne sont pas, à vrai dire, une convention des parties contractantes : c'est une formule de style.

188. Ne faut-il pas une troisième condition ? L'article 694 dit : « Si le propriétaire de deux héritages entre lesquels il existe un signe apparent de servitude. » Cela

_____

(1) Gand, 25 juin 1864 (*Pasicrisie,* 1864, 2, 359). Duranton, t. V, p. 581, n° 572. Demolombe, t. XII, p. 347, n° 822.

(2) Arrêt de rejet du 10 décembre 1866 (Dalloz, 1867, 1, 498) ; Demolombe, t. XII, p. 439, n° 825.

(3) Arrêt de rejet du 2 février 1825 (Dalloz, au mot *Servitude,* n° 1034).

suppose deux héritages distincts, dont l'un est affecté au service de l'autre. Peut-on étendre la disposition au cas où le propriétaire établit un service entre deux parties d'un seul et même héritage? Là jurisprudence et la doctrine se prononcent pour l'interprétation extensive (1). Ici il y a une contradiction et une inconséquence évidentes dans le système généralement suivi. On convient que l'article 694 est une exception à la règle établie par l'article 692; or, toute exception n'est-elle pas de stricte interprétation? et ne faut-il pas surtout appliquer cette maxime quand il s'agit de la liberté des héritages? Tel est bien l'esprit de la jurisprudence, lorsqu'elle interprète le *signe apparent* dont la loi exige l'existence; pourquoi en dévie-t-elle alors que le texte dit formellement qu'il faut deux héritages? C'est qu'en exigeant deux héritages, comme le texte le demande, on aurait abouti à une autre absurdité. L'article 692 parle aussi de *deux fonds;* néanmoins tout le monde admet qu'il suffit qu'une partie d'un fonds serve à l'autre pour qu'il y ait destination du père de famille. Y a-t-il une raison pour qu'il en soit autrement dans le cas de l'article 694? Non, certes. Voilà un véritable conflit de principes. Dans l'opinion d'Albisson, le conflit n'existe pas, et le texte s'applique tout naturellement. Puisqu'on suppose que la servitude a préexisté à la réunion des deux fonds dans la même main, il va sans dire que deux héritages sont nécessaires; dans cette opinion, tout s'explique, tout se suit et s'enchaîne, tandis que dans l'opinion générale, on marche de contradiction en contradiction.

189. La même difficulté se présente dans une question sur laquelle la jurisprudence s'est divisée. Aux termes de l'article 694, la servitude continue d'exister lorsque le propriétaire *dispose* de l'un des héritages entre lesquels il existe un signe apparent de servitude. Le mot *disposer* implique une aliénation; il s'applique peu importe que ce

---

(1) Voyez les arrêts dans Dalloz, au mot *Servitude,* n° 1037. Et arrêt de Paris du 15 mai 1862, confirmé par un arrêt de rejet du 7 avril 1863 (Dalloz, 1862, 2, 111, et 1863, 1, 415). Il y a un arrêt en sens contraire de la cour de cassation du 10 mai 1825 (Dalloz, au mot *Servitude,* n° 1036). Comparez Demolombe, t. XII, p. 350, n° 826.

soit une donation ou une vente, car le donateur aussi *dispose* (1); peu importe encore que la vente soit judiciaire ou volontaire, car c'est le saisi qui vend. Sur ces points, il ne saurait y avoir de doute sérieux (2). Mais que faut-il décider en cas de partage? Les cours de Toulouse et de Metz ont jugé, par des arrêts très-bien motivés, qu'il n'y avait pas lieu d'appliquer l'article 694. Il est certain que le texte n'est pas applicable; car le propriétaire dont les biens sont partagés après sa mort ne *dispose* pas de l'héritage, comme le veut l'article 694. La question est donc de savoir si l'on peut étendre la loi à un cas qu'elle ne prévoit pas. Nous venons de répondre qu'une disposition essentiellement exceptionnelle ne reçoit pas d'interprétation extensive. C'est ce que la cour de Metz établit jusqu'à l'évidence (3). Que répond la cour de cassation? La raison de décider est la même, dit-elle; en effet, la disposition de l'article 694 étant fondée sur une présomption de consentement tirée du silence des parties, cette présomption s'applique aussi bien au partage qu'à l'aliénation à titre onéreux ou gratuit (4). Admettons que cela soit, bien que d'autres cours le contestent : où est l'exception que l'on ne pourrait étendre, si l'on raisonnait par analogie? Cependant la cour de cassation a mille fois jugé que les exceptions ne s'étendent pas quoiqu'il y ait même motif de décider. Dans l'espèce, il y a une raison péremptoire pour maintenir cette règle d'interprétation. La jurisprudence interprète restrictivement la condition du *signe apparent* exigée par l'article 694; conçoit-on qu'elle interprète extensivement le mot *disposer* dont la loi se sert? Ainsi tantôt elle étend le texte, tantôt elle le restreint : preuve qu'elle ne repose sur aucun principe certain.

Il y a un arrêt de la cour de cassation qui est allé plus loin dans la voie de l'interprétation extensive. Un père fait donation du quart de ses biens à son fils, dans le contrat

(1) Arrêt de cassation du 17 novembre 1847 (Dalloz, 1847, 1, 376).
(2) Arrêt de cassation du 30 novembre 1853 (Dalloz, 1854, 1, 17).
(3) Metz, 3 juin 1858 (Dalloz, 1859, 2, 16). Toulouse, 11 août 1854 (Dalloz, 1856, 2, 119).
(4) Paris, 15 mai 1862, confirmé par un arrêt de rejet du 7 avril 1863 (Dalloz, 1862, 2, 111 ; 1863, 1, 415). Rejet du 27 mars 1866 (Dalloz, 1866, 1, 339).

de mariage de celui-ci ; puis un acte de partage intervenu
entre le donateur et le donataire attribue à l'enfant la
moitié d'une pièce de terre, pour le remplir de la quote-
part qui lui avait été précédemment donnée. Cette attribution fut maintenue après la mort du père, par l'acte de
partage de sa succession. Y avait-il dans ces divers actes
une *disposition* telle que l'exige l'article 694? La cour de
Toulouse jugea négativement ; mais son arrêt fut cassé.
Il ne faut pas isoler ces divers actes, dit la cour de cassation, ils forment un tout ; or, il résulte des actes de
partage combinés avec l'acte de donation, que le père
a disposé en faveur de son fils des biens définitivement
assignés à celui-ci (1). Nous préférerions l'avis de la cour
de Toulouse. La donation ne pouvait pas être invoquée,
car c'était une donation de biens à venir ; or, une pareille
donation n'est pas un acte de disposition. Restaient les
partages. Le premier intervenu entre le donateur et le
donataire ne faisait qu'un avec le second dressé par les
héritiers. Or, un *partage* fait entre héritiers n'est pas un
acte de *disposition ;* ce n'est pas même un acte de *disposition,* à tous égards, quand c'est un partage d'ascendant.
Cela décide la question au point de vue de l'interprétation
stricte. La cour a donc encore une fois admis une interprétation extensive, et cela en opposition avec les principes, en opposition avec la jurisprudence relative à l'article 694.

N° 4. EFFET DE LA DESTINATION.

190. L'article 692 dit que la destination du père de
famille vaut titre. En réalité, elle se fait par un concours
de consentement, aussi bien que le titre onéreux ou gratuit ; il n'y a que cette différence que dans la destination
le consentement des parties intéressées est tacite, tandis
que le titre suppose une convention expresse. De là résulte une différence quant aux effets de la servitude. Quand

---

(1) Arrêt de cassation du 17 novembre 1847 (Dalloz, 1847; 1, 376).

elle est établie par titre, elle n'a d'effet à l'égard des tiers que lorsque l'acte constitutif de la servitude a été transcrit (n° 155). La transcription n'est pas requise lorsque la servitude est établie par destination. On ne pourrait exiger la transcription qu'en forçant les parties à dresser acte de leur consentement tacite, mais alors le consentement deviendrait exprès, c'est-à-dire que la destination deviendrait un titre ; ce qui aboutirait à supprimer la destination, telle que le code l'organise (1).

191. Les servitudes ont souvent une grande analogie avec la propriété, soit exclusive, soit commune, comme nous l'avons dit en exposant les principes généraux concernant les servitudes. Mais les principes sur l'acquisition de la propriété diffèrent de ceux qui régissent l'acquisition des servitudes. Il peut y avoir copropriété d'une cour ou d'une allée servant au passage ; cette copropriété s'établit par concours de consentement exprès ou tacite, et elle se prouve par témoins, sous les conditions prescrites par le code. Tandis que la servitude de passage ne peut s'établir que par une convention expresse, le consentement tacite ou la destination du père de famille n'étant pas admis pour les servitudes discontinues. C'est aux tribunaux à apprécier, d'après les faits et les circonstances de la cause, ce que les parties ont voulu. Nous renvoyons à ce qui a été dit ailleurs (2). Il y a des arrêts qui donnent le nom de destination du père de famille à l'établissement d'une copropriété, quand elle résulte des dispositions prises par le père de famille et maintenues par ses héritiers. Le nom est impropre et fait pour induire en erreur. C'est confondre la propriété avec la servitude, qui n'est qu'un démembrement de la propriété. Ainsi on lit dans un arrêt que les droits des communistes sur une cour séparative d'héritages partagés, et restée commune entre les copartageants, en vertu de ce que la cour appelle destination du père de famille, sont des droits qui participent

(1) Aubry et Rau, t. III, p. 88 et note 12. En sens contraire, Mourlon, *De la transcription*, t. Ier, nos 115 et 116.
(2) Voyez le tome VII de mes *Principes*, nos 165 et suiv. Comparez arrêt de rejet de la chambre civile du 21 avril 1858 (Dalloz, 1858, 1, 182).

à la fois des attributs de la propriété et des droits de servitude. Il s'agissait de savoir si l'usage de la cour commune pouvait être étendu à d'autres héritages acquis par
l'un des communistes. La cour de Poitiers décida la question négativement (1); nous n'entendons pas critiquer la
décision en fait, mais elle est mal motivée. Les principes
que nous exposerons plus loin, sur les droits du propriétaire du fonds dominant, ne peuvent pas être invoqués
quand il s'agit de communauté; il y a là deux ordres
d'idées très-distincts. Sans doute la copropriété d'une cour
ne donne pas des droits illimités aux communistes, mais
la limite de leurs droits résulte, non des principes qui régissent les servitudes, car il n'y a pas de servitude; elle
résulte de l'intention des parties contractantes : c'est cette
intention seule qui détermine leurs droits.

§ III. *Prescription.*

Nº 1. PRINCIPES GÉNÉRAUX.

192. Aux termes de l'article 690, les servitudes continues et apparentes s'acquièrent par la possession de trente
ans. L'article 691 ajoute que les servitudes continues non
apparentes et les servitudes discontinues, apparentes ou
non apparentes, ne peuvent se constituer que par titres; là
possession, même immémoriale, ne suffit pas pour les établir. Pourquoi le code admet-il la prescription comme
mode d'acquisition des servitudes? pourquoi ne l'admet-il
que pour certaines servitudes? quelle est la prescription
par laquelle les servitudes continues et apparentes peuvent
s'acquérir?

L'article 2219 dit que la prescription est un moyen
d'acquérir par un certain laps de temps, et sous les conditions déterminées par la loi. En général, tous les droits
qui sont dans le commerce peuvent s'acquérir par la pres-

---

(1) Poitiers, 16 février 1853 (Dalloz, 1854, 2, 73). Comparez arrêt de rejet
du 8 décembre 1824 (Dalloz, au mot *Servitude*, nº 1047).

cription (art. 2226). Ce principe reçoit cependant une restriction en matière de servitude. Dans l'ancien droit, l'exception était bien plus étendue. La coutume de Paris, qui
est la source de notre titre, portait (art. 186) : « Droit de
servitude ne s'acquiert par longue possession, quelle qu'elle
soit, sans titre, encore que l'on en ait joui par cent ans. »
Pourquoi la coutume interdisait-elle la prescription ? Dumoulin répond que c'est « pour obvier aux grandes entreprises qui se faisaient sous couleur de souffrance ou tolérance, pour cause d'amitié ou de familiarité, dont on
abusait (1). » L'interdiction prononcée par la coutume de
Paris et par beaucoup d'autres coutumes dépassait le
motif pour lequel on l'établit. Toutes les servitudes ne se
fondent pas sur la tolérance et la familiarité ; cela est vrai
des servitudes discontinues, telles que les droits de passage, de puisage ; cela n'est pas vrai des servitudes bien
plus gênantes de vue ou d'aqueduc. Les auteurs du code
ont tenu compte des raisons qui avaient fait interdire la
prescription dans les pays coutumiers, en maintenant la
prohibition pour les servitudes discontinues et non apparentes. Mais le motif donné par Dumoulin ne s'applique
pas aux servitudes tout ensemble continues et apparentes.
Il fallait donc maintenir pour ces servitudes le droit commun, qui admet la prescription comme un mode d'acquisition de la propriété (art. 711). Afin d'écarter le danger
d'un droit fondé sur la tolérance, le code exige le temps
le plus long requis pour la prescription des droits immobiliers, c'est-à-dire une possession de trente ans. « Des
actes journaliers et patents, dit Berlier, exercés pendant
si longtemps sans aucune réclamation, ont un caractère
propre à faire présumer le consentement du propriétaire
voisin ; le titre même a pu se perdre, mais la possession
reste et ses effets ne sauraient être écartés sans injustice (2). »

193. Dans l'ancien droit, on avait admis, sur l'autorité
de Dumoulin, que la possession immémoriale équivalait à

(1) Ferrière, *Commentaire sur la coutume de Paris*, t. II, p. 1519.
(2) Berlier, Exposé des motifs, n° 21 (Locré, t. IV, p. 182).

un titre : c'est un titre, disait l'oracle du droit coutumier, ce n'est pas une prescription (1). Le grand jurisconsulte se trompait. Si, comme le dit Pothier (2), la possession d'une servitude discontinue est présumée précaire, le temps, fût-il de cent ans et plus, peut-il effacer ce vice? Si la possession de trente ans est vicieuse, la possession de plus de trente ans le sera également. C'est la remarque de Berlier, et elle est décisive contre la possession, quelque longue qu'on la suppose.

Le code maintient les droits acquis : « Sans cependant, dit l'article 691, que l'on puisse attaquer aujourd'hui les servitudes de cette nature (discontinues ou non apparentes) déjà acquises par la possession, dans les pays où elles pouvaient s'acquérir par la possession immémoriale. » Pour que l'on puisse invoquer le bénéfice de cette disposition, il faut prouver que, lors de la publication du titre des *Servitudes,* il y avait possession immémoriale ; cette preuve se faisant par témoins, le laps du temps la rend impossible. Des arrêts rendus en 1833 et en 1834 ont décidé que les témoins, pour déposer d'une possession immémoriale antérieure à la publication du code civil, devaient être âgés lors de cette publication (1804) de cinquante-quatre ans : où trouver, en 1872, des témoins de cet âge (3)?

194. Peut-on invoquer la prescription de dix ou vingt ans avec titre et bonne foi? Celui qui possède un héritage, sans en être propriétaire, concède une servitude ; la constitution n'est pas valable ; mais le propriétaire du fonds au profit duquel elle est établie en jouit pendant dix ou vingt ans ; il a titre et bonne foi. Ces conditions suffiraient pour lui faire acquérir la propriété du fonds, s'il l'avait acheté de celui qui lui a concédé la servitude ; suffisent-elles aussi pour l'acquisition de la servitude? La question est controversée ; si elle pouvait être décidée d'après les

---

(1) Dumoulin, *Consil.* XXVI, nos 24 et 25 : « *Hujusmodi vero tempus habet vim constituti, nec dicitur prœscriptio, sed titulus.* »

(2) Pothier, *sur la coutume d'Orléans,* art. 226.

(3) Ducauroy, Bonnier et Roustain, t. II, p. 236, n° 350. Demolombe, t. XII, p. 311, n° 798.

principes, abstraction faite des textes, la solution ne serait pas douteuse. Celui qui acquiert de bonne foi et par juste titre un immeuble en prescrit la propriété par dix ou vingt ans (art. 2265); or, la servitude est un immeuble (article 526); elle peut s'acquérir par prescription trentenaire sans titre, donc on devrait aussi admettre l'usucapion avec titre et bonne foi. A l'appui de cette opinion, on ajoute que le motif pour lequel la loi admet la prescription trentenaire a plus de force encore quand il y a titre et bonne foi; Berlier dit que la possession fait présumer un consentement et un titre, ce qui suppose la bonne foi de celui qui prescrit; or, la bonne foi n'est pas requise pour la prescription trentenaire, tandis qu'elle est une condition essentielle de l'usucapion. Ces raisons ont fait diminuer la durée de la possession, quand il s'agit de l'acquisition de la propriété. N'ont-elles pas la même force lorsqu'il s'agit de l'acquisition des servitudes?

Ces motifs ont entraîné d'excellents esprits (1). La jurisprudence s'est prononcée pour l'opinion contraire, et nous n'hésitons pas à nous ranger à cet avis. Il y a un argument de texte qui est décisif. L'article 2264 porte : « Les règles de la prescription sur d'autres objets que ceux mentionnés dans le présent titre sont expliquées dans les titres qui leur sont propres. » Cette disposition se trouve dans le chapitre V, intitulé : *Du temps requis pour prescrire*. C'est ce même chapitre qui établit l'usucapion à côté de la prescription trentenaire. L'article 2264 suppose donc qu'il y a des cas où la loi admet une prescription moins longue que celle de trente ans, et des cas dans lesquels il n'y a pas lieu à la prescription de dix ou vingt ans. Eh bien, au titre des *Servitudes*, il se trouve une disposition spéciale concernant la prescription, c'est l'article 690 qui exige une possession de trente ans pour l'acquisition des servitudes par prescription. Les articles 2264 et 690 combinés tranchent la question. Et il nous semble que l'esprit de la loi est en harmonie avec le texte. On ne peut contester que

---

(1) Duranton, t. V, p. 603, n° 593. Ducaurroy, Bonnier et Roustain, t. II, p. 233, n° 348. Troplong, *De la prescription*, t. II, n° 856.

la possession des servitudes soit moins caractérisée que celle de la propriété. Le propriétaire qui est sur les lieux doit apprendre qu'un tiers prescrit un fonds contre lui; tandis qu'il peut très-bien ignorer qu'un tiers a pratiqué dans son mur des ouvertures qui constituent le droit de vue; il faut habiter le fonds pour distinguer la servitude de vue du droit de jour; or, le temps requis pour prescrire a précisément pour objet de garantir les intérêts de ceux qui n'habitent pas leurs propriétés contre la négligence des locataires ou des fermiers; donc ce temps doit être plus long quand il s'agit d'une servitude que quand il s'agit de la propriété. Voilà pourquoi l'article 690 définit et limite l'espèce de prescription qui fait acquérir les servitudes; il ne dit pas : les servitudes s'acquièrent par la *prescription;* il dit : les servitudes s'acquièrent par la *possession de trente ans.* Cela nous paraît décisif (1).

Nº 2. QUELLES SERVITUDES S'ACQUIÈRENT PAR PRESCRIPTION ?

I. *Principe.*

195. Pour qu'une servitude puisse s'acquérir par la prescription, il faut qu'elle soit tout ensemble continue et apparente : ce qui exclut la prescription des servitudes discontinues et non apparentes. Le code le dit formellement en ajoutant que ces servitudes ne peuvent s'établir que par titres. Quels sont les motifs pour lesquels la loi exige la double condition de l'apparence et de la continuité? La première s'explique d'elle-même. En effet, la prescription acquisitive a pour base la possession, et la possession doit réunir certains caractères; l'un des plus essentiels est qu'elle soit publique. Or, la possession d'une servitude non apparente n'a pas ce caractère de publicité, sans lequel il ne saurait y avoir de prescription. Quant à la condition de continuité, elle ne tient pas aux caractères

---

(1) Arrêt de cassation du 10 décembre 1834 (Dalloz, au mot *Servitude,* nº 1121). Bastia, 5 janvier 1847 (Dalloz, 1847, 2, 3). Agen, 23 novembre 1857 (Dalloz, 1858, 2, 27). Aubry et Rau, t. III, p. 77, note 1, et les auteurs qui y sont cités. Demolombe, t. XII, p. 285, nº 781, et les autorités qu'il cite.

que doit réunir la possession en vertu de l'article 2229. Il est vrai que cette disposition exige que la possession soit *continue*, et il y a des auteurs qui ont cru que la loi interdisait la prescription des servitudes *discontinues*, parce que la possession n'en était *pas continue* (1). C'est confondre la *continuité* de la *possession* et la *continuité* des *servitudes*. Le mot est le même, mais l'idée est toute différente. On dit que la *servitude* est *continue* quand elle peut être exercée sans le fait actuel de l'homme ; et la *possession* est *continue* quand le possesseur fait les actes de jouissance que la nature de la chose comporte. La possession d'une servitude *discontinue*, telle qu'une servitude de passage, pourrait donc être *continue*, et néanmoins la loi n'admet pas qu'elle s'acquière par prescription. Nous en avons dit d'avance la raison ; c'est que les actes qui constituent l'exercice d'une servitude discontinue impliquent d'ordinaire la tolérance, et se font à raison des rapports de bon voisinage, sans que celui qui les fait et celui qui les souffre entendent y attacher une idée de droit ou de charge. On peut donc dire de ces servitudes ce que dans l'ancien droit Pothier disait de toute espèce de servitudes : la possession en est présumée précaire ; or, une possession précaire ne peut pas fonder de prescription. La condition de continuité, exigée par l'article 690, est donc une application de l'article 2232, aux termes duquel les actes de simple tolérance ne peuvent fonder ni possession ni prescription (2).

196. On a prétendu que l'article 690 reçoit une exception dans le cas où une servitude discontinue est constituée par titre, mais que le titre émane de celui qui n'est pas propriétaire du fonds sur lequel la servitude doit s'exercer. Cette opinion est en opposition avec le texte et avec l'esprit de la loi. L'article 691 dit que les servitudes continues non apparentes et les servitudes discontinues, apparentes ou non apparentes, *ne peuvent s'établir que par titres*. Cette disposition est conçue en termes restrictifs. Elle exclut,

---

(1) Duranton, t. V, p. 587, n° 578, et d'autres auteurs cités par Demolombe, t. XII, p. 291, n° 786.
(2) Ducaurroy, Bonnier et Roustain, t. II, p. 235, n° 349, et Demolombe, t. XII, n° 786.

pour les servitudes discontinues ou non apparentes, tout autre mode d'acquisition qu'un titre, elle exclut donc la prescription; or, si la servitude pouvait s'établir par une possession de trente ans, moyennant titre et bonne foi, elle se fonderait sur la prescription. Donc ce mode d'établissement des servitudes discontinues et non apparentes est repoussé par le texte formel de la loi. Vainement dirait-on que, dans ce cas, celui qui réclame la servitude a un titre, que par conséquent l'on est dans les termes de l'article 691. Qu'est-ce que l'article 691 entend par *titre?* Cette disposition est une suite de l'article 690, d'après lequel les servitudes continues et apparentes s'acquièrent par *titre,* ou par la possession de trente ans. Il est certain que le mot *titre* signifie dans l'article 690 un titre véritable, c'est-à-dire un titre émané du propriétaire du fonds servant; donc ce mot a la même signification dans l'article 691, lequel ne fait qu'un avec l'article qui précède. L'esprit de la loi ne laisse aucun doute sur ce point. En déclarant en termes restrictifs que les servitudes discontinues ou non apparentes ne s'établissent que par titres, la loi entend exclure toute espèce de prescription; or, la possession de trente ans, bien qu'elle s'appuie sur un titre émané du non-propriétaire, est une prescription et non un titre. La loi ne veut pas de la prescription pour les servitudes discontinues : nous venons d'en dire la raison. Est-ce que cette raison cesse par hasard quand il y a un titre émané du non-propriétaire? On le prétend; la possession n'est plus précaire, dit-on, puisqu'elle s'appuie sur un titre. L'argument n'est pas sérieux. A qui oppose-t-on la prescription? Ce n'est pas à celui de qui émane le titre, c'est au vrai propriétaire qui n'a aucune connaissance du titre; à son égard la possession reste donc une possession présumée précaire et par conséquent insuffisante pour la prescription (1).

L'opinion contraire invoque l'ancien droit (2). Cet argu-

---

(1) C'est l'opinion généralement suivie. Voyez les auteurs cités par Aubry et Rau, t. III, p. 78, note 2, et Demolombe, t. XIII, p. 295, n° 788.
(2) C'est l'opinion de Maleville, *Analyse raisonnée,* t. II, p. 141, et de Toullier, t. II, p. 289 et 292, n° 629.

ment aurait une grande valeur si le code avait consacré les principes du droit coutumier. Il les a rejetés au contraire. Les coutumes disaient : Nulle servitude sans titre. A cette prohibition elles admettaient une exception, lorsque la possession s'appuyait sur un titre et sur la bonne foi. Le texte de la coutume de Paris autorisait cette exception, en ce sens qu'on pouvait l'induire par argument *a contrario*. En est-il de même de l'article 691 ? Il est conçu dans les termes les plus restrictifs ; la rédaction est telle, qu'elle exclut toute espèce de raisonnement *a contrario*, raisonnement toujours mauvais, à moins qu'il ne soit en harmonie avec les principes ; or, ici il contrarierait les principes, puisqu'il aboutirait à admettre la prescription, alors que la loi exige un titre.

196 *bis*. On a encore essayé d'apporter une exception au principe posé par l'article 691 dans le cas où la servitude serait exercée pendant trente ans après contradiction opposée aux droits du propriétaire que l'on prétend grevé. Je passe sur le fonds de mon voisin, je puise de l'eau à sa fontaine ; il s'y oppose. Je lui signifie qu'il ait à s'abstenir de tout empêchement semblable. Mon voisin s'abstient en effet, et pendant trente ans j'exerce le droit de passage ou de puisage sans opposition aucune. Cette contradiction, dit-on, à laquelle le voisin a cédé, purge ma possession du vice de précarité qu'on pouvait lui reprocher : elle l'intervertit, et il en résulte que la possession devient une possession à titre de propriétaire. Le code admet, en effet, que la possession précaire puisse être intervertie (art. 2238) par la contradiction opposée à celui contre lequel on veut prescrire. Mais cela suppose que la prescription est possible ; or, dans l'espèce elle ne l'est pas, puisque la servitude étant discontinue n'est pas susceptible d'être acquise par la prescription. Le législateur aurait pu tenir compte de la contradiction, et déclarer la servitude prescriptible dans ce cas ; mais il ne l'a pas fait, et il n'appartient pas à l'interprète de créer des exceptions en dérogeant à la loi : ce serait faire la loi (1).

_____

(1) Pardessus, t. II, p. 85, nº 276, et les auteurs cités par Dalloz, au mot

Il faudrait le décider ainsi, alors même que celui qui réclame la servitude appuierait sa contradiction sur un titre émané d'un non-propriétaire. Ce titre seul est insuffisant, nous venons de le prouver. La contradiction à elle seule serait également insuffisante; tout le monde le reconnaît. Qu'importe donc qu'il y ait tout ensemble titre apparent et contradiction? On serait toujours en dehors de la loi qui exige formellement un titre valable (1).

II. *Applications.*

197. Il s'est présenté bien des difficultés dans l'application de ces principes; la plupart trouvent une solution facile dans les définitions que le code donne des servitudes continues et discontinues, apparentes et non apparentes (2). Nous ne nous arrêtons qu'aux applications qui offrent quelque doute. La servitude de passage est bien évidemment discontinue, elle ne peut s'acquérir par la prescription; cependant elle a donné lieu à un débat judiciaire. Un acte de partage réservait le droit de passage réciproque pour le service des fonds de terre qui y étaient compris, en ajoutant : si besoin est. Un des copartageants exerce le passage pour une prairie, sans nécessité aucune, puisqu'elle était bordée par un chemin public, donc pour sa seule commodité. Il invoque cette possession, non pour y fonder l'établissement de la servitude par prescription, mais pour interpréter le titre. La cour de Bordeaux repoussa cette prétention, parce qu'elle tendait à intervertir les stipulations de l'acte plutôt qu'à les interpréter; en effet, elle aboutissait à créer, moyennant la possession, une servitude que l'acte de partage repoussait (3).

L'article 688 place le droit de puisage parmi les servitudes discontinues. Le riverain d'un étang réclame un droit sur les eaux de l'étang, en invoquant la prescription. Il

---

Servitude, n° 1133; par Demolombe, t. XII, p. 299, n° 789, et par Aubry et Rau, t. III, p. 78, note 3 et t. II, p. 129, note 32.

(1) Voyez les autorités citées par Dalloz, au mot *Servitude,* n° 1134, et Aubry et Rau, t. III, p. 78, note 4.

(2) Voyez, plus haut, p. 158, n°s 126 et suiv.

(3) Bordeaux, 26 avril 1830 (Dalloz, au mot *Servitude,* n° 1002, 3°).

avait en effet acquis par la prescription la propriété des francs-bords ; ne pouvait-il pas dire qu'il avait acquis en même temps le droit de puisage ? Non, les deux droits sont d'une nature différente : la propriété s'acquiert toujours par prescription, tandis que les servitudes discontinues ne s'établissent que par titre. Il intervint un arrêt de cassation en ce sens (1).

Le code place aussi les droits de pacage au nombre des servitudes discontinues ; c'est dire qu'une servitude de pâturage ne peut s'établir par prescription. Il y a plusieurs arrêts en ce sens, ce qui prouve que le fait n'est pas toujours d'accord avec le droit, mais le droit est si évident, qu'il est inutile d'y insister (2).

198. Il y a des questions plus sérieuses. La loi range les égouts parmi les servitudes continues qui peuvent s'acquérir par la possession de trente ans. Cela ne fait aucun doute pour l'égout des eaux pluviales, quand il s'annonce par un ouvrage extérieur. En est-il de même des eaux ménagères ? La question a été examinée plus haut (n° 132), elle divise les meilleurs esprits. Nous renvoyons aussi à ce que nous avons dit (n° 131) sur la servitude qui consiste dans le droit de faire écouler les eaux d'un étang sur les fonds inférieurs ; il a été jugé qu'elle est continue, bien qu'on ne puisse en user qu'en levant la bonde qui retient les eaux. Si de plus elle se manifeste par des ouvrages apparents, tels que des fossés destinés à faciliter l'écoulement des eaux, elle est susceptible de prescription (3).

199. Nous avons exposé plus haut (n°s 61 et 62) les principes qui régissent les jours et les vues établis à titre de servitude. Il est souvent très difficile de distinguer les jours pratiqués en vertu du droit de propriété, et que l'on appelle jours de souffrance ou de tolérance, des jours qui, n'étant pas conformes à la loi, ne peuvent être établis qu'à titre de servitude. Le châssis est-il à verre dormant, c'est

---

(1) Arrêt de cassation du 28 avril 1846 (Dalloz, 1846, 1, 206).
(2) Chambéry, 23 janvier 1866 (Dalloz, 1866, 2, 79). Arrêt de rejet du 27 mai 1868 (Dalloz, 1869, 1, 399).
(3) Arrêt de cassation du 18 juin 1851 (Dalloz, 1851, 1, 296).

un jour de souffrance. Le châssis permet-il d'ouvrir la fenêtre, c'est un jour de servitude (1). On voit par là combien il importait d'exiger la prescription la plus longue pour l'établissement de ces servitudes, parce que ce n'est qu'à la longue que le voisin peut s'assurer s'il y a ou non un châssis à verre dormant.

Une terrasse est établie sur un fonds ; elle procure une vue sur l'héritage voisin ; si la terrasse subsiste pendant trente ans, en résultera-t-il une servitude de vue ? L'affirmative a été jugée et avec raison (2). Il est vrai que l'article 678 ne prévoit pas textuellement ce cas, mais il prévoit un cas analogue, celui d'un balcon, et il ajoute *de semblables saillies*. La loi n'est donc pas restrictive, et il n'y a pas de raison pour qu'elle le soit.

Dans une autre espèce, celui qui réclamait le droit de vue invoquait la possession où il était depuis plus de trente ans d'une porte pleine, sans imposte, donnant du jour à un appartement par son ouverture. La cour de cassation a jugé que cette servitude n'est pas prescriptible : en effet, elle est discontinue, puisque aussi souvent que l'on veut user de la servitude pour donner du jour à l'appartement, il faut le fait actuel de l'homme, qui ouvre la porte (3).

200. La servitude de saillie présente des difficultés particulières. Il y a servitude de saillie quand le toit ou la corniche avance sur le fonds du voisin. Lorsque cette projection a pour objet de déverser les eaux pluviales sur l'héritage du voisin, la chose n'est pas douteuse : c'est la servitude de stillicide, elle est continue de sa nature, puisqu'elle s'exerce sans le fait actuel de l'homme, et elle est apparente, puisqu'elle s'annonce par l'avancement du toit ou par la corniche qui tient lieu de gouttière (4). La question est bien plus délicate lorsque la corniche est un simple ornement architectural. Elle subsiste pendant trente ans. Le voisin n'en peut plus demander la destruction ; cela est certain, il a souffert cet empiétement sur sa propriété

(1) Nîmes, 7 mai 1851 (Dalloz, 1851, 2, 77).
(2) Paris, 9 juillet 1853 (Dalloz, 1854, 5, 704).
(3) Arrêt de rejet du 7 juillet 1852 (Dalloz, 1852, 1, 167).
(4) Gand, 17 novembre 1854 (*Pasicrisie*, 1857, 2, 198).

pendant trente ans, il avait le droit d'exiger qu'il fût détruit, il a perdu ce droit par la prescription. Mais peut-il construire sur son fonds, ou exhausser son bâtiment, de manière à englober la corniche dans la maçonnerie de sa construction? La cour de cassation a jugé l'affirmative, par le motif que le droit de laisser subsister la corniche n'enlève pas au voisin le droit de bâtir ou d'exhausser sa maison ; qu'il ne peut perdre ce droit que par la servitude *altius non tollendi*; or, cette servitude est non apparente, et ne peut par conséquent s'établir que par titre. Vainement le propriétaire de l'héritage dominant opposerait-il sa possession trentenaire, il n'a prescrit que ce qu'il a possédé ; or, il a possédé la servitude de saillie, il n'a pas possédé la servitude *altius non tollendi*, ce qui semble décider la question (1).

Il y a cependant des motifs de douter qui nous font pencher pour l'opinion contraire. Sans doute la servitude *altius non tollendi* est non apparente, et elle ne peut s'acquérir directement par la prescription. Aussi ne prétendons-nous pas que dans l'espèce le voisin soit grevé de la servitude de ne pas bâtir plus haut ; il peut bâtir, mais en respectant la servitude de saillie ; or, est-ce la respecter que de construire en englobant la corniche dans la maçonnerie? Non, car la corniche disparaît, c'était un ornement d'architecture et elle cesse d'être un ornement. On oppose la règle : *tantum præscriptum quantum possessum.* Nous l'invoquons à notre tour. J'ai possédé un ornement architectural, j'ai le droit de le conserver après trente ans de possession. Libre à vous de bâtir ; mais vous bâtirez de façon à laisser subsister ma corniche comme telle. Il y a en faveur de cette opinion un argument d'analogie qui est d'un grand poids. Celui qui pratique des fenêtres d'aspect dans un mur ne possède qu'une servitude de vue ; cependant après trente ans le voisin ne peut plus bâtir de manière à nuire aux vues du propriétaire de l'héritage dominant ; il est donc grevé, en ce sens, de la servitude de ne pas bâtir, bien que cette servitude soit non apparente. Cela est décidé

(1) Arrêt de cassation du 26 juin 1867 (Dalloz, 1867, 1, 254).

ainsi par la jurisprudence constante de la cour de cassation (n° 66). Pourquoi ne peut-il pas bâtir? Précisément parce que le propriétaire de la maison a le droit de conserver ce qu'il a possédé; or, serait-ce conserver des fenêtres d'aspect si le voisin avait le droit de les obstruer par ses constructions? On peut faire un raisonnement identique en faveur du propriétaire qui a possédé une corniche; il a aussi le droit de la conserver après une possession trentenaire, et serait-ce la conserver si elle disparaissait dans une maçonnerie?

On fait une objection très-spécieuse. Si, dit-on, la corniche se trouvait sur la ligne séparative des deux héritages, sans empiétement aucun sur le fonds du voisin, celui-ci pourrait bâtir et appuyer ses constructions contre la corniche. Que si, au lieu de faire la corniche sur son fonds, le propriétaire de la maison la fait en saillie sur l'héritage du voisin, cela peut-il changer quelque chose à son droit? Dans les deux cas, il y a une maison avec corniche; dans les deux cas, le voisin peut bâtir, et s'il peut appuyer sa construction sur la corniche quand elle se trouve sur le fonds du propriétaire, il doit avoir le même droit quand elle se trouve sur son fonds à lui (1). La réponse est très-simple et elle nous semble péremptoire. Quand le propriétaire fait la corniche dans les limites de son fonds, il use de son droit de propriété, mais il n'acquiert par là aucun droit sur le fonds du voisin; celui-ci peut donc, en vertu de son droit absolu de propriété, bâtir et appuyer sa construction contre le mur de la maison, qu'il y ait une corniche ou non. Lorsque, au contraire, la corniche est en saillie sur l'héritage du voisin, il en résulte une servitude à charge de celui-ci, il n'est plus libre de bâtir comme il le veut, son droit de propriété est restreint par la servitude de saillie qui grève son fonds, et cette servitude l'empêche de bâtir de manière à nuire à la corniche.

_____

(1) Voyez la note de l'auteur du *Recueil périodique* de Dalloz, 1867, 1, 254)

III. *Prescription des droits de propriété analogues aux servitudes.*

201. La servitude a parfois une grande analogie avec la propriété ou la copropriété ; il importe cependant beaucoup de les distinguer, notamment au point de vue de la prescription. En exposant les principes généraux sur les servitudes, nous avons établi les caractères qui distinguent la propriété de la servitude (1) ; il ne nous reste qu'à donner des applications des principes que nous avons posés.

Nous venons de dire que le droit de pâturage est une servitude discontinue, qui ne peut s'acquérir par la prescription. Cependant la cour de cassation a maintenu un droit de pâturage fondé sur une longue possession (2). C'est que ce droit peut être ou l'exercice d'une copropriété ou l'exercice d'une servitude ; dans le dernier cas, il ne peut s'agir de prescription, tandis que rien n'empêche d'acquérir par la prescription un droit de copropriété sur un terrain qui sert de pâture. La difficulté sera grande de distinguer les actes de possession qui manifestent le droit de propriété et les actes qui annoncent simplement une servitude ; mais une fois les faits constatés, le droit est certain et incontestable.

Les chemins de desserte donnent souvent lieu à des débats du même genre. Ce peut être une servitude de passage, mais le passage peut aussi s'exercer à titre de propriété. Dans le dernier cas, la prescription sera admissible, et par suite la preuve testimoniale qui sert à établir la possession ; tandis que la servitude de passage ne s'acquiert pas par la prescription ; il faut un titre, et le plus souvent il n'y a aucun titre concernant les chemins d'exploitation. Nous renvoyons, quant aux difficultés que soulève la preuve, à ce que nous avons dit dans le tome VII e nos *Principes* (n°s 166-168). Quand la nature du droit st établie, la question de savoir s'il y a lieu à prescription est par cela même décidée ; elle l'est par l'article 691 (3).

(1) Voyez le tome VII de mes *Principes*, n°s 449 et 450. Comparez Aubry t Rau, t. III, p. 81 et notes 19-22.
(2) Arrêt de rejet du 6 janvier 1852 (Dalloz, 1852, 1, 18).
(3) Arrêts de rejet du 2 juillet 1840 et du 10 janvier 1842 (Dalloz, au mot *ervitude*, n° 1107, 1° et 2°).

I. *Droit commun.*

202. Les servitudes continues et apparentes s'acquièrent par prescription. Quelles sont les conditions de
cette prescription? C'est une prescription acquisitive, laquelle se fonde sur la possession. L'article 690 le dit : il
faut une possession de trente ans. Au titre des *Servitudes,*
il n'est rien dit des caractères que doit réunir la possession pour qu'elle puisse servir de base à la prescription :
le législateur s'en rapporte par cela même aux principes
généraux, que nous exposerons au titre de la *Prescription.*.
Pour le moment, nous ne nous arrêterons qu'à quelques
points qui concernent particulièrement les servitudes.

On appelle la possession des servitudes une quasi-possession. Cela implique que ce n'est pas la possession ordinaire. L'article 2228, qui définit la possession, distingue,
en effet, entre la possession d'une chose et la possession
d'un droit. Quand il s'agit d'une chose, le possesseur la
détient; quand il s'agit d'un droit, le possesseur en *jouit.*
Du reste la *jouissance* doit avoir les mêmes caractères que
la détention : car l'article 2229, qui énumère les conditions
requises pour que la possession puisse servir à la prescription, ne fait pas de distinction entre la détention d'une
chose et la jouissance d'un droit.

203. La possession doit durer trente ans. Il importe
donc de fixer le moment où elle commence. On peut répondre qu'elle commence avec la jouissance. Mais cette
réponse ne décide pas la difficulté. Quel est le moment
précis où le propriétaire du fonds dominant commence à
jouir de son droit? La servitude est une servitude apparente. Or, aux termes de l'article 689, les servitudes sont
apparentes quand elles s'annoncent par des ouvrages extérieurs, tels qu'une porte, une fenêtre, un aqueduc. Donc il
faut avant tout que cet ouvrage extérieur soit achevé. C'est
seulement quand il y aura une fenêtre d'aspect, qu'il peut
être question de jouir de la servitude de vue ; mais aussi dès

que la fenêtre est construite, la jouissance du droit commence, puisque la servitude est continue, c'est-à-dire qu'elle s'exerce sans avoir besoin du fait actuel de l'homme (article 688). En cela la quasi-possession des servitudes diffère grandement de la possession des choses. Celle-ci exige toujours le fait de l'homme pour être exercée, et il faut des actes continus de l'homme pour que la possession soit utile à la prescription. Tandis que pour la quasi-possession des servitudes, il suffit que le fait de l'homme intervienne au moment où les ouvrages nécessaires se construisent; après cela la servitude s'exerce d'elle-même, puisqu'il s'agit d'une servitude continue (1).

204. Les ouvrages qui annoncent la servitude jouent donc un rôle essentiel dans la prescription. On demande si les travaux doivent être faits sur le fonds servant? Quand il s'agit des ouvrages que le propriétaire inférieur doit faire, d'après l'article 643, pour acquérir par la prescription un droit à l'écoulement des eaux, la jurisprudence exige que les travaux soient faits sur le fonds servant; et l'on a voulu faire de cette condition une règle générale. A vrai dire, l'article 643 ne la prescrit pas et aucun texte du code ne l'établit. Il y a même des servitudes pour lesquelles les ouvrages sont presque toujours faits dans le fonds dominant : telle est la servitude de vue quand la fenêtre qui l'annonce est pratiquée dans un mur qui est la ropriété exclusive du propriétaire du fonds dominant. Cela ne fait aucun doute (2).

Une question plus douteuse, du moins en théorie, est e savoir si les travaux doivent être faits par le propriéaire du fonds dominant. On la décide négativement (3); eu importe, dit-on, que les ouvrages soient construits par e propriétaire ou par un possesseur, ou un usufruitier, ême par un locataire ou un fermier. Il s'agit d'un fait atériel de possession; or, la possession s'exerce utileent pour le propriétaire par tous ceux qui détiennent le onds. L'article 2228 le dit en définissant la quasi-posses-

(1). Toullier, t. II, p. 294, nᵒˢ 634 et 636.
(2) Aubry et Rau, t. III, p. 79 et note 11, et les auteurs qui y sont cités.
(3) Pardessus, t. II, p. 90, nᵒ 277.

sion « la jouissance d'un droit que nous exerçons par nous-
mêmes ou par un autre qui l'exerce en notre nom. » Il est
certain que la possession peut être exercée par un simple
détenteur du fonds. Mais est-il bien vrai que la construction des ouvrages soit un acte de jouissance du droit?
La question, nous semble-t-il, implique une absurdité :
peut-on jouir d'un droit de vue avant qu'il n'y ait une vue,
c'est-à-dire une fenêtre d'aspect? Les travaux précèdent
donc nécessairement la jouissance, partant l'article 2228
est inapplicable, et la question doit se décider par les principes, puisqu'il n'y a pas de texte.

Nous avons dit plus haut, et tout le monde est d'accord
sur le principe, que le propriétaire du fonds peut seul
acquérir une servitude pour le fonds, parce que lui seul a
le droit de parler au nom du fonds. De là suit que lui seul
aussi a le droit d'agir au nom du fonds. Donc les travaux
qui ont pour but d'acquérir un droit au fonds doivent être
faits par lui. On objecte qu'en possédant on ne contracte
pas, que la possession est un fait matériel et que le droit
s'acquiert en vertu de ce fait matériel. N'est-ce pas s'attacher à l'écorce de la prescription? La prescription n'est
pas un fait purement physique. Berlier, l'orateur du gouvernement, le dit dans l'Exposé des motifs (1) : l'acquisition des servitudes par une longue possession implique,
soit l'existence d'un titre qui a pu se perdre, soit le consentement du propriétaire contre lequel on prescrit, ainsi
que du propriétaire qui acquiert un droit par la prescription. Nous ne concevons pas qu'un fait matériel, sans
que la volonté y intervienne, engendre un droit. Où serait
la raison de différence entre le titre et la prescription?
Pourquoi faut-il le consentement du propriétaire du fonds
servant quand une servitude s'acquiert par titre? et pourquoi ce consentement ne serait-il plus nécessaire quand
cette même servitude s'établit par prescription? On répondra qu'un locataire, bien qu'il ne puisse pas stipuler une
servitude, peut néanmoins la posséder, et que cette possession engendre la servitude; or, s'il peut posséder utile-

_____

(1) Exposé des motifs, n° 21 (Locré, t. IV, p. 182).

ment pour le propriétaire du fonds, pourquoi ne pourrait-il pas construire les ouvrages nécessaires à l'exercice de la servitude? En matière de servitude, la réponse est facile. C'est le fonds qui acquiert le droit; le détenteur doit donc être l'organe du fonds, et il n'y a d'autre représentant du fonds que le propriétaire. Il est vrai que le locataire possède au nom du bailleur, mais quand les travaux se font, il ne s'agit pas encore de posséder, donc le locataire est sans droit. Une fois les ouvrages faits, la possession commence et le locataire pourra jouir au nom du maître. Pour mieux dire, c'est le fonds qui jouit et qui possède, parce que le fait du locataire et du possesseur en général n'est pas requis pour l'exercice d'une servitude continue.

L'opinion contraire est universellement enseignée. On en induit que les ouvrages nécessaires pour l'exercice de la servitude peuvent se faire par tout détenteur du fonds, alors même qu'il n'aurait pas l'intention d'acquérir une servitude; le fait matériel de l'existence des travaux suffit (1). La conséquence est logique; mais ne témoigne-t-elle pas contre le principe d'où elle découle? L'article 2228, qui admet que le détenteur possède pour celui de qui il tient la chose, implique la volonté de posséder, de même que toute possession suppose que le possesseur a l'intention d'exercer un droit. Or, dans l'opinion générale, une servitude pourrait s'acquérir sans volonté aucune. C'est le locataire qui fait les ouvrages, et il les fait sans avoir l'intention d'acquérir un droit; le propriétaire, on le suppose, reste étranger aux travaux. Pendant trente ans, la servitude s'exerce d'elle-même, toujours sans qu'il intervienne aucune volonté; puis le droit sera acquis. Que devient la prescription dans cette doctrine? où est le consentement tacite qu'elle suppose? On ne peut pas même dire qu'il y ait consentement de la part du propriétaire du fonds assujetti; il ne consent pas à l'établissement d'un droit, puisque son voisin n'entend pas acquérir de droit. Il faut rendre à la volonté de l'homme l'influence néces-

---

(1) Aubry et Rau, t. III, p. 79 et notes 11 et 12, et les auteurs qui y sont cités.

saire qu'elle a dans toutes les relations juridiques. Vainement dit-on qu'il s'agit de droits réels, droits qui s'acquièrent par un fonds et qui s'exercent par un fonds : ce sont là des subtilités ; y aurait-il encore des droits réels s'il n'y avait plus d'hommes? Les fonds resteraient ce qu'ils sont, et cependant il ne pourrait plus être question de droit; car l'homme seul est un être capable de droit. Nous reviendrons, au titre de la *Prescription,* sur le rôle que la volonté joue en matière de possession.

205. La quasi-possession doit avoir les mêmes caractères que la possession pour qu'elle puisse servir de base à la prescription. Il y a un de ces caractères qui joue un grand rôle en matière de servitude. L'article 2232 dit que les actes de simple tolérance ne peuvent fonder ni possession ni prescription. C'est parce que les servitudes discontinues reposent sur des actes qui peuvent être et sont très-souvent des actes de tolérance et de bon voisinage que la loi ne veut pas qu'elles s'acquièrent par la prescription. Dans l'ancien droit, on allait plus loin et l'on présumait que toute servitude était précaire, c'est-à-dire un acte de tolérance. Le code admet l'établissement des servitudes continues et apparentes par la prescription. Mais il faut, bien entendu, que la possession de trente ans soit une possession utile pour prescrire, et elle ne peut plus servir à la prescription quand elle est fondée sur des actes de tolérance. Une servitude, bien que continue, ne s'établirait donc pas par prescription si la possession était une possession de tolérance.

Le principe est certain, puisqu'il est écrit dans la loi. Mais l'application n'est pas sans difficulté. Quand y a-t-il possession de pure tolérance? La loi ne la définit pas, c'est donc une question de fait; on essayerait vainement d'établir un principe en cette matière. Ainsi on a dit que la possession ne serait plus de tolérance si la servitude causait une incommodité réelle au propriétaire de l'héritage assujetti, et si ce dernier avait un intérêt sérieux à s'y opposer (1). Il nous semble que l'idée de tolérance ou de fami-

---

(1) Aubry et Rau, t. III, p. 80 et note 14.

liarité implique des liaisons d'amitié ou du moins de bon voisinage. Par suite le juge doit surtout considérer la nature des rapports qui existent entre voisins ; ils ne toléreront rien s'ils sont ennemis, ils toléreront tout s'ils sont amis. Il n'y a pas moyen de généraliser là où tout dépend des relations individuelles. Des fenêtres percées dans le mur pignon d'une maison, et donnant une vue directe sur le toit de la maison voisine, sont-elles des jours de souffrance? La cour de cassation a décidé la question affirmativement, mais elle a eu soin de constater que la cour d'appel avait déclaré en fait que le prétendu droit de vue réclamé par le demandeur ne pouvait être considéré que comme un acte de tolérance (1). La question reste donc toujours une question de fait. Il a été jugé encore que l'existence de barrières sur un chemin ne prouvait pas que celui qui les avait établies jouissait d'un droit de servitude ; les juges du fait avaient reconnu que la commune avait toléré les barrières pour faciliter la garde du bétail au pâturage (2). Il est inutile de donner d'autres applications, tout dépendant des circonstances de la cause.

206. Voici cependant une question de droit. On suppose que celui qui ouvre une fenêtre sur le fonds de son voisin reconnaît par un écrit que sa possession n'est que de simple tolérance : cette reconnaissance formera-t-elle obstacle à la prescription? L'affirmative est généralement admise, et l'article 2232 semble même ne laisser aucun doute : s'il est constaté par l'aveu même de celui qui exerce la possession, que sa jouissance est de pure tolérance, il en résulte que la possession n'est plus une possession dans le sens légal du mot, et qu'elle ne peut pas fonder de prescription : l'article 2232 le dit. Il y a toutefois des raisons de douter. L'article 2248 prévoit le cas où le possesseur qui prescrit reconnaît le droit de celui contre lequel il prescrit, et il n'attache à cette reconnaissance que l'effet d'interrompre la prescription. Ne faut-il pas appliquer cet article à notre espèce ? Non, car celui qui reconnaît que

---

(1) Arrêt de rejet du 24 décembre 1838 (Dalloz, au mot *Servitude*, n° 474, 5°).

'2 Arrêt de rejet du 15 juin 1868 (Dalloz, 1868, 1, 433).

sa possession est de tolérance fait plus que reconnaître le droit de son voisin à la liberté de son fonds, il avoue que sa possession est vicieuse et qu'elle ne peut pas servir de base à la prescription ; or, dès que la possession est vicieuse, elle reste telle et elle rend la prescription impossible. Ici on fait une nouvelle objection. L'article 2220, dit-on, défend de renoncer d'avance à la prescription ; et n'est-ce pas y renoncer que de déclarer que la possession est de pure tolérance ? Non, il n'y a aucune analogie entre la renonciation de l'article 2220 et la reconnaissance qu'un possesseur fait que sa possession est de pure tolérance. Celui qui renonce d'avance à la prescription y renonce dans la supposition qu'il pourrait s'en prévaloir, toutes les conditions requises pour la prescription étant accomplies. Tandis que celui qui reconnaît que sa possession est de tolérance constate que l'une de ces conditions fait défaut ; il ne renonce pas à la prescription, il avoue qu'elle ne peut pas s'accomplir (1).

Quel sera l'effet de la reconnaissance à l'égard de ceux qui succéderont au possesseur du fonds qui l'a faite ? S'ils sont des successeurs à titre universel, la reconnaissance de leur auteur leur nuira, en ce sens que la possession reconnue vicieuse par lui continuera à être vicieuse et empêchera toute prescription ; tandis que les successeurs à titre particulier n'étant pas les représentants de leur auteur, rien n'empêche qu'ils ne commencent une possession nouvelle, bonne pour la prescription ; seulement ils ne pourront pas joindre à leur possession celle de leur auteur, puisque celle-ci est vicieuse. Nous reviendrons sur ces distinctions au titre de la *Prescription*.

II. *De la prescription des chemins publics au profit des communes.*

207. Les communes peuvent-elles acquérir un passage par prescription ? Cette question présente bien des difficultés. Il faut d'abord distinguer à quel titre la commune

---

(1) Aubry et Rau, t. III, p. 80, note 16. Demolombe, t. XII, p. 272, n° 779 *ter*. Arrêt de rejet du 14 novembre 1853 (Dalloz, 1854, 1, 154).

réclame le passage. Le passage peut être un chemin public dans le sens propre du mot, c'est-à-dire que le terrain qui sert de passage appartient à la commune. Il est certain que la commune peut être propriétaire des chemins qui servent à la circulation des habitants, elle l'est même régulièrement; et il est tout aussi certain qu'elle peut acquérir la propriété par toutes les voies légales, donc par la prescription. En effet, la commune est une personne civile; comme telle, elle jouit des mêmes droits que les particuliers, en ce qui concerne l'acquisition de la propriété. Il n'y a de difficulté qu'en ce qui concerne la preuve, lorsque la commune fonde son droit sur la prescription. Nous examinerons la question plus loin.

Le passage peut-il aussi être dû à la commune à titre de servitude? Ici le doute commence. Le passage, alors qu'il s'exerce sur des terrains appartenant à des particuliers, est-il une véritable servitude? La commune est-elle soumise au droit commun en ce qui concerne l'acquisition du droit de passage, c'est-à-dire ne peut-elle invoquer la prescription? Les principes établis par le code civil ont-ils été modifiés par des lois spéciales, et quelle est la portée de ces modifications? Nous commençons par l'examen de ces questions.

a) *Du passage à titre de servitude.*

1. SYSTÈME DU CODE CIVIL.

208. On suppose que les habitants d'une commune exercent, comme tels, un droit de passage sur des fonds appartenant à des particuliers : est-ce là une servitude réelle de passage? Cette première question déjà est controversée. On objecte que l'un des caractères essentiels des servitudes fait défaut; il y a bien un héritage servant sur lequel le passage s'exerce, mais où est l'héritage dominant au profit duquel le passage existe? Les habitants pratiquent le passage, non pas comme propriétaires de fonds dominants, mais comme habitants de la commune; de sorte que ceux-là mêmes qui n'auraient aucune propriété dans la commune ont néanmoins le droit de passer sur le fonds servant; et là où il n'y a pas de fonds dominant, il ne peut être question d'une servitude. Il est très-vrai que les habitants exercent le passage, non comme propriétaires, mais comme habitants : c'est dire que le chemin de servitude est un vrai chemin public et que s'il constitue une servitude, elle appartient à la commune. Il nous faut donc voir si la commune peut avoir un droit de passage à titre de servitude.

La commune, être moral, peut être propriétaire; elle peut donc aussi posséder un démembrement de la propriété, tel qu'un usufruit, et partant une servitude. Mais, bien entendu, il faut que les conditions requises pour l'existence d'une servitude soient remplies. Il faut donc un héritage dominant. Il a été jugé qu'une commune pouvait avoir, à titre de servitude, le droit de tenir sa foire sur une propriété particulière, mais que cette servitude, étant discontinue, ne pouvait s'acquérir par la prescription (1). Où est, dans l'espèce, le fonds dominant? Est-ce le territoire communal? Il faut s'entendre : la commune peut être propriétaire, elle l'est régulièrement des places publiques, elle peut avoir des biens communaux; mais ce n'est pas au profit de ce domaine public ou privé de la commune que la foire se tient, c'est dans l'intérêt des habitants. La commune peut-elle, au nom des habitants considérés comme propriétaires, stipuler une servitude? Nous le croyons. Si la commune est une personne civile, c'est comme organe des intérêts communaux, donc comme organe des habitants; c'est comme telle qu'elle acquiert, qu'elle possède; pourquoi ne pourrait-elle pas, au nom des habitants, stipuler une servitude en faveur de leurs fonds? Ce sont les habitants mêmes qui la stipulent par l'intermédiaire de la commune.

Pour les droits de passage, la question offre moins de doute. On peut considérer les servitudes de passage comme établies dans l'intérêt des chemins publics appartenant à la commune; en effet, d'ordinaire les sentiers de passage

---

(1) Riom, 30 décembre 1844 (Dalloz, 1846, 2, 88).

servent à relier entre eux des chemins publics, ou à donner accès à ces chemins. Dans ce cas, on peut dire à la lettre que le passage est dû à un bien qui se trouve dans le domaine de la commune; quoique les chemins publics soient hors du commerce, cela n'empêche pas que des servitudes ne puissent être établies au profit de ces voies de communication; de même qu'elles peuvent être grevées de servitudes, pourvu que ces charges ne soient pas un obstacle à la destination publique du chemin. Cela a été jugé ainsi par la cour de cassation de Belgique (1).

Cette manière de considérer les droits de passage ne suffit pas pour mettre fin à tout doute. Il se peut que le droit de passage ne soit pas l'accessoire d'un chemin, qu'il constitue lui-même une voie de communication et la seule qui existe dans la commune. Tel est le fait presque universel dans les Flandres. Lors de la discussion de la loi du 10 avril 1841 sur les chemins vicinaux, il a été dit, sans contradiction aucune, qu'il n'y avait pas un seul chemin vicinal dans ces provinces qui n'eût été établi par voie de servitude. Aussi dans tout le cours de la discussion, on qualifia de servitudes les passages que les communes exercent sur des terrains appartenant à des particuliers. Un membre de la Chambre des représentants définit ce droit en ces termes : « Le droit que peuvent avoir des habitants de passer sur un fonds appartenant à un autre. » La section centrale reconnut formellement que ces chemins de servitude étaient la servitude de passage qui, d'après l'article 691, ne peut s'acquérir par prescription. Il y a des arrêts rendus en ce sens par les cours de Belgique (2). On soutenait devant la cour de Gand que les passages servant de chemin public étaient établis en faveur des habitants, que c'était donc une servitude personnelle; or, le code ne reconnaît pas les servitudes personnelles de passage. La cour répond, et la réponse nous paraît péremptoire : Il est vrai que le passage est exercé par les habi-

---

(1) Arrêt de rejet du 3 juin 1843 (*Pasicrisie*, 1843, 1, 200).
(2) Delebecque, *Commentaire législatif de la loi du 10 avril 1841 sur les chemins vicinaux*, p. 9, n° 10. Comparez arrêt de Bruxelles du 24 juin 1869 (*Pasicrisie*, 1869, 2, 340).

tants, mais il en est de même de tout passage, ce n'est pas le fonds qui l'exerce, c'est la personne qui occupe le fonds. En réalité, le passage n'est pas établi en faveur des habitants personnellement, il est établi en faveur des habitations et des établissements qui composent la commune ; c'est donc un droit imposé sur un héritage pour l'usage et l'utilité des héritages appartenant aux habitants de la commune, donc c'est une servitude réelle (1). Reste à voir si la commune peut la stipuler ou l'acquérir au nom des habitants. Nous venons de répondre à la question.

209. Naît maintenant la question de savoir si les communes peuvent acquérir par prescription une servitude de passage sur des fonds appartenant à des particuliers ? Ainsi posée, la question doit être résolue négativement. L'article 691 dit que les servitudes discontinues ne peuvent s'établir que par titres ; il n'admet pas même la possession immémoriale. Si les droits de passage réclamés par une commune sont des servitudes de passage, l'article 691 doit recevoir son application, à moins qu'il n'y ait dans le code une exception en faveur des communes; or, cette exception, on la chercherait vainement. Telle est l'opinion unanime des auteurs (2), et la jurisprudence est dans le même sens. Nous supposons, bien entendu, qu'il est constant que le terrain sur lequel la servitude s'exerce n'appartient pas à la commune. Dès lors le passage ne peut être exercé qu'à titre de servitude, et par conséquent il tombe sous l'application de l'article 691. On a essayé d'échapper à la prohibition de cet article en se prévalant d'un consentement tacite du propriétaire du fonds servant. La cour d'Angers a repoussé ce système, qui n'est qu'un moyen d'éluder la loi. Ce n'est pas à dire que le titre ne puisse résulter d'un concours de consentement tacite; l'arrêt ne le nie pas, mais il dit très-bien que le consentement à un acte aussi important qu'une servitude de passage doit résulter d'actes ou de faits qui ne laissent aucun doute sur la volonté des parties intéressées. La prescrip-

(1) Gand, 20 juin 1843 (*Pasicrisie*, 1843, 2, 186).
(2) Demolombe, t. XII, p. 310, n° 797. Aubry et Rau, t. III, p. 82, note 23, et les auteurs qui y sont cités. Comparez Dalloz, au mot *Servitude*, n° 1135.

tion de la servitude suppose aussi un consentement tacite ; malgré cela, la loi n'a pas voulu de la prescription pour les servitudes discontinues, précisément parçe que la volonté des parties intéressées est douteuse. La cour de cassation confirma l'arrêt en décidant que l'article 691 ne permettait pas l'acquisition d'un droit de passage au profit de la commune, à titre de servitude, sans titre (1).

210. La jurisprudence des cours de Belgique n'est pas d'accord avec cette doctrine. Il faut l'avouer, notre jurisprudence est confuse. Nous rapporterons plus loin des arrêts qui consacrent la distinction que nous avons faite entre le passage exercé à titre de propriété et le passage réclamé à titre de servitude. Or, cette distinction sert de base à la doctrine que nous venons d'exposer. Il y a aussi des arrêts qui contredisent les principes sur lesquels s'appuie la jurisprudence française. Nous allons écouter les objections et nous essayerons d'y répondre.

L'article 691, dit la cour de Bruxelles, n'est applicable qu'aux droits de passage que le code range parmi les servitudes ; or, l'article 637, qui définit les servitudes, ne reçoit pas d'application aux droits de passage exercés à titre de chemin public, en faveur et à l'usage du public, indépendamment de tout fonds dominant (2). Ainsi la cour nie qu'il y ait un fonds dominant ; nous venons d'entendre la cour de Gand affirmer le contraire (n° 208). A notre avis, la cour de Gand a bien jugé ; il est inutile de répéter ce que nous avons dit. La circonstance relevée par la cour de Bruxelles, que le passage est exercé par le public, ne change rien au caractère juridique du droit. Quel est en effet le *public* qui pratique les voies vicinales? Ce sont les habitants de la commune ; le passage est donc établi pour l'usage et l'utilité de ceux qui habitent la commune, c'est-à-dire des propriétaires qui y résident. Qu'importe que le passage soit ouvert à tout venant (3)? Il suffit qu'il soit imposé sur

(1) Arrêt de rejet du 5 juin 1855 (Dalloz, 1855, 1, 394). Comparez arrêt de rejet du 27 mai 1834 (Dalloz, au mot *Servitude*, n° 1135, 1°).
(2) Bruxelles, 18 décembre 1854 (*Pasicrisie*, 1856, 2, 17); 19 décembre 1853 (*Pasicrisie*, 1854, 2, 304).
(3) La cour de cassation de Belgique appuie sur cette circonstance (arrêt de rejet du 28 juillet 1854, dans la *Pasicrisie*, 1854, 1, 425).

un héritage pour l'utilité de ceux qui occupent d'autres héritages ; dès lors le droit est une servitude, et il est régi par les principes généraux sur les servitudes.

La cour de Bruxelles insiste et dit que les motifs pour lesquels le code a repoussé l'acquisition des servitudes discontinues par la prescription sont étrangers aux droits de passage appartenant aux communes. Pourquoi le code ne veut-il pas qu'une servitude de passage s'acquière par prescription ? Parce que la possession est présumée être de tolérance et de familiarité. Or, peut-il être question de rapports de bon voisinage, qui sont presque des liaisons d'amitié, alors que le passage est exercé par tout le monde, par des inconnus ? Nous pourrions renvoyer l'objection au législateur, car elle tend à apporter une exception à l'article 691 ; or, quelque puissantes que soient les raisons qui légitimeraient une exception, l'interprète n'a pas le droit de la faire, le législateur seul le peut. Mais est-il bien vrai qu'un chemin public, pratiqué à titre de servitude, exclue la tolérance ? Celui qui souffre un passage ne le fait pas toujours par affection pour celui à qui il permet de passer sur son fonds : la tolérance n'est pas l'amitié. On tolère bien des choses que l'on voudrait empêcher ; parfois on le souffre parce qu'on n'a aucun intérêt à s'y opposer ; parfois c'est pour se concilier la bienveillance des habitants. Peu importe après tout : la possession est présumée précaire, comme on le disait dans l'ancien droit, ce qui exclut toute prescription.

Nous ne nions pas qu'il n'y ait des différences entre le droit de passage qui sert de chemin public et le droit de passage établi sur un fonds au profit d'un autre fonds. Le procureur général à la cour de cassation de Belgique les a très-bien exposées. La servitude communale de passage a tous les caractères d'un chemin public, d'une voie de communication, tandis que la servitude de passage dont le code civil s'occupe est une voie privée ; d'un côté, il y a un intérêt général en cause et, d'un autre côté, un intérêt particulier. La nature des deux droits étant différente, n'est-il pas logique qu'ils soient régis par des principes différents (1)? Nous l'admettons volontiers en théorie. Mais la théorie ne suffit pas pour consacrer une exception, il faut un texte, et où est ce texte? On cite l'article 650, aux termes duquel il y a des servitudes établies pour l'utilité communale; l'article ajoute que tout ce qui concerne cette espèce de servitude est déterminé par des lois ou des règlements particuliers. Or, les droits de passage dus à une commune sont des servitudes communales; donc l'article 691 ne peut pas leur être appliqué. Et la conclusion? C'est que ces servitudes de passage peuvent s'acquérir par la prescription (2). Supposons que l'article 650 comprenne les droits de passage parmi les servitudes d'utilité communale; la conséquence que l'on en tire serait encore inadmissible. En effet, le code renvoie tout ce qui concerne les servitudes communales à des lois particulières : où est la loi qui admet l'acquisition par prescription des droits de passage réclamés par une commune? Nous raisonnons toujours dans le système de la législation française, dans le système du code civil; et à la question que nous venons de poser il n'y a qu'une seule réponse : il n'existe pas de loi particulière qui admette la prescription des servitudes discontinues. Donc l'article 650 ne peut pas être invoqué. Cela est si vrai que la jurisprudence que nous combattons ne cite aucune loi; elle admet la prescription d'après le droit commun : ainsi elle applique le code civil alors que l'article 650 de ce code nous renvoie à des lois particulières. Cela ne prouve-t-il pas que l'on a eu tort d'invoquer l'article 650? En réalité, cette disposition est étrangère aux droits de passage; elle ne se borne pas à déclarer que les servitudes d'utilité communale sont régies par des lois ou des règlements particuliers, elle énumère ces servitudes, donc elle les limite. Quelles servitudes sont d'utilité communale? Celles, dit le texte, « qui ont pour objet la construction ou la réparation des chemins communaux. » Est-ce que les droits de passage ont pour objet la construction d'un chemin communal? La question n'a pas de sens, donc l'arti

(1) Réquisitoire de M. Leclercq, dans l'affaire jugée par l'arrêt de cassation du 18 mars 1870 (*Pasicrisie*, 1870, 1, 158).
(2) Bruxelles, 2 mai 1855 (*Pasicrisie*, 1856, 2, 205).

cle 650 ne comprend pas les droits de passage servant de voie de communication. Ajoutons qu'il ne pouvait pas entrer dans la pensée du législateur français de comprendre les chemins de servitude parmi les servitudes communales ; car il portait une loi, non pour les Flandres, dont il ignorait certainement le droit et les usages, mais pour la France ; or, en France, les chemins communaux sont des chemins de propriété, c'est-à-dire que le sol en appartient aux communes. Non pas que les communes ne puissent avoir des droits de servitude, mais ces droits restent sous l'empire de la loi commune, qui est le code civil.

Notre conclusion est que, d'après le code Napoléon, les droits de passage appartenant aux communes ne diffèrent en rien des servitudes de passage appartenant à des particuliers. De là suit que l'article 691 est applicable aux uns comme aux autres ; les communes ne peuvent donc pas acquérir un passage par prescription quand le passage est réclamé à titre de servitude. Il nous reste à voir en quel sens la loi du 10 avril 1840 a dérogé à ces principes.

2. SYSTÈME DE LA LOI BELGE DU 10 AVRIL 1841.

211. Aux termes de l'article 10 de la loi du 10 avril 1841, il y a lieu, en matière de chemins vicinaux, à la prescription de dix et vingt ans. Cette prescription exige un titre ; la loi admet comme tel l'ordonnance de la députation provinciale qui arrête définitivement le plan d'alignement. Il y a dans toutes les communes des plans généraux d'alignement et de délimitation des chemins vicinaux ; ce sont les administrations communales qui les dressent. Ces plans indiquent la largeur que les chemins ont ou doivent avoir ; ils sont exposés pendant deux mois au secrétariat de la commune. Dans ce délai, toute personne a le droit de réclamer. Les propriétaires des parcelles indiquées au plan comme devant être restituées ou incorporées au chemin doivent être avertis spécialement, et ils peuvent réclamer dans les deux mois à partir de l'avertissement. S'il y a des réclamations, le conseil communal les examine et statue dans les deux mois. Il y a appel contre ses décisions devant la députation permanente du conseil provincial. La députation statue sans recours ultérieur, par voie administrative; les droits restent saufs et peuvent être débattus devant les tribunaux. Après l'accomplissement de ces formalités, les plans sont arrêtés définitivement par la députation permanente. C'est cette ordonnance qui sert de base à la prescription de dix ou vingt ans (art. 1-10).

212. Cette prescription s'applique-t-elle aux servitudes de passage réclamées par les communes sur les terrains des particuliers? L'affirmative n'est pas douteuse; elle résulte du texte et de l'esprit de la loi. Sous le nom de chemins vicinaux, la loi comprend toute espèce de voies qui servent de communication dans la commune, ceux qui appartiennent à la commune à titre de servitude, aussi bien que ceux qui lui appartiennent à titre de propriété (art. 1 et 29). La disposition de l'article 10 notamment, relative à la prescription, a été introduite dans la loi en vue surtout des chemins de servitude. C'est le ministre de l'intérieur qui l'a proposée, et il l'a motivée en ces termes : « Comme le code civil est interprété par la plupart des auteurs en ce sens qu'une commune ne peut acquérir une servitude de passage par prescription, on a pensé que les communes pouvaient être exposées dans un siècle ou deux à se voir contester la jouissance de tous leurs *droits de servitude*, bien qu'ils fussent portés sur les plans; c'est ce que j'ai voulu éviter par mon amendement (1). » En présence de cette déclaration, il ne peut plus y avoir le moindre doute. La jurisprudence est en ce sens; à vrai dire, la question n'a jamais fait l'objet d'un débat devant les tribunaux (2).

213. Quelles sont les conditions de cette prescription? La loi exige la possession de dix ou vingt ans et un titre; il y faut ajouter la bonne foi. En effet, la loi parle de la *prescription* de dix ou vingt ans; or, cette prescription, que l'on appelle ordinairement usucapion, est fondée sur le

(1) Delebecque, *Commentaire législatif de la loi du* 10 *avril* 1841, p. 33, n° 66.
(2) Gand, 4 juin 1862 (*Pasicrisie*, 1862, 2, 279). Bruxelles, 24 juin 1869 (*Pasicrisie*, 1869, 2, 339).

titre et la bonne foi du possesseur. Le texte suffirait donc pour décider la question. L'esprit de la loi ne laisse aucun doute. En proposant son amendement, le ministre de l'intérieur a déclaré formellement qu'il était bien entendu que, pour que l'ordonnance de la députation pût servir de titre, il fallait que la *possession* et les *autres conditions* requises par le code civil y fussent jointes. Les arrêts que nous venons de citer décident aussi la question en ce sens.

Il y a cependant une grande différence entre la prescription de la loi de 1841 et l'usucapion de l'article 2265. L'une et l'autre sont fondées sur un titre, mais le titre exigé par le code civil est un juste titre, c'est-à-dire un titre translatif de propriété; tandis que l'ordonnance qui sert de titre en matière de chemins vicinaux est fondée sur un acte administratif, lequel certes n'est pas translatif de propriété, puisqu'il laisse, au contraire, la question de propriété entière, aux termes mêmes de l'article 10. C'est donc très-improprement que la loi de 1841 donne le nom de titre à cette ordonnance. Il en résulte même une singulière anomalie. L'usucapion proprement dite, celle de l'article 2265, bien que basée sur un juste titre, n'est pas admise pour l'acquisition des servitudes. Dans la discussion de la loi de 1841, on avait proposé de l'admettre; la proposition fut rejetée, parce qu'on ne voulait pas déroger au code civil. Cependant la loi consacre le principe de la prescription acquisitive fondée sur l'ordonnance de la députation provinciale. L'anomalie n'est qu'apparente. Quel est le motif pour lequel le législateur français a repoussé la prescription comme mode d'acquisition des servitudes discontinues? C'est que la possession est présumée précaire, pour mieux dire, de tolérance et de familiarité. Ce motif subsiste, comme nous l'avons dit (n° 194), alors même qu'il y a un titre émané de celui qui n'est pas propriétaire du fonds servant. Mais il disparaît quand un acte de l'autorité publique, après une longue procédure, constate qu'un passage est exercé par la commune à titre de servitude. On peut encore contester l'existence d'un droit de servitude, et empêcher par conséquent la prescription;

l'ordonnance de la députation met les parties intéressées en demeure d'agir; si elles gardent le silence pendant dix ou vingt ans, alors que journellement le passage est pratiqué par les habitants, toute présomption de tolérance cesse, car le passage est revendiqué et exercé à titre de droit.

214. La loi de 1841 déroge donc au code civil. Il importe de préciser en quoi consiste la dérogation et quelle en est l'étendue. Sous l'empire du code, les communes ne pouvaient pas réclamer de passage, à titre de servitude, en se fondant sur la prescription. La loi nouvelle admet la prescription comme moyen d'acquisition des chemins de servitude, à une condition, c'est qu'il y ait une ordonnance de la députation provinciale qui comprenne le passage parmi les chemins vicinaux. Donc s'il n'y a pas d'ordonnance, il ne peut plus être question de prescription, en vertu de la loi de 1841; on rentre par conséquent sous l'empire du code civil qui rejette toute prescription en matière de servitudes discontinues.

La servitude de passage acquise par prescription, en vertu de la loi de 1841, diffère grandement de la servitude de passage dont le code civil interdit la prescription. Celle-ci est d'intérêt privé, l'autre est d'intérêt général; elle constitue un chemin public, elle est classée comme tel parmi les chemins vicinaux par un acte de l'administration; le chemin acquis à titre de servitude est assimilé en tout aux chemins publics dont le sol appartient à la commune. De là des conséquences importantes. Il y en a une qui est consacrée par le texte de la loi de 1841 : aux termes de l'article 12, les chemins vicinaux sont imprescriptibles, parce qu'ils font partie du domaine public de la commune, lequel est hors du commerce. Cette disposition s'applique également aux chemins de servitude; en effet, elle comprend tous les chemins vicinaux, « reconnus et maintenus par les plans généraux d'alignement; » or, les chemins de servitude sont aussi portés sur ces plans. Il n'y a qu'une différence entre les chemins de servitude et les chemins de propriété, c'est que le sol des premiers appartient aux riverains, et continue à leur appartenir, quelque longue que soit la possession de la commune, car sa possession est toujours une possession de servitude. Aussi longtemps que les chemins de servitude sont consacrés à l'usage public, les propriétaires du sol ne peuvent y exercer aucun droit de jouissance en leur qualité de propriétaires, la propriété utile est dans les mains de la commune. Mais si le chemin est abandonné, les riverains rentrent dans la plénitude de leurs droits ; ils reprennent les terrains qui n'ont jamais cessé de leur appartenir. Toutefois cette reprise est soumise à des conditions spéciales. Il faut que le collége échevinal prenne un arrêté qui constate l'abandon total ou partiel du chemin ; les propriétaires doivent de plus demander au collége une autorisation qui du reste ne peut leur être refusée, sauf l'obligation de payer la plus-value (art. 29).

Nous disons que la propriété que les riverains conservent sur les chemins de servitude ne leur donne aucun droit aussi longtemps que les chemins servent au public. C'est une conséquence de la destination publique de ces chemins. En faut-il conclure que les riverains peuvent ouvrir des vues et des issues sur les chemins de servitude, comme ils en ont le droit quand il s'agit d'un chemin dont le sol appartient à la commune? Ici il y a quelque doute. On peut dire que le chemin de servitude reste une servitude de passage, que la loi nouvelle n'a dérogé au code civil qu'en ce qui concerne l'acquisition de ces chemins par prescription, qu'à tous autres égards les principes du droit commun doivent recevoir leur application. Or, il est certain que le propriétaire du fonds dominant n'a pas les droits de vue et d'issue sur le fonds grevé d'une servitude de passage. La cour de Bruxelles s'est prononcée en ce sens ; mais son arrêt a été cassé. Il n'est pas exact de dire que la dérogation apportée par la loi de 1841 au code civil se borne à l'acquisition des chemins de servitude par la prescription. Une fois acquis, ces chemins sont soumis en tout-au régime des chemins vicinaux dont le sol appartient à la commune. Ce sont des chemins publics ; or, les chemins publics ne servent pas uniquement au passage ; ils donnent aussi aux riverains des droits de vue et d'issue.

La loi ne fait aucune distinction, sous ce rapport, entre les chemins de servitude et les chemins de propriété. L'article 12 déclare tous les chemins vicinaux imprescriptibles, aussi longtemps qu'ils servent à l'usage public; tous ont donc la même destination, c'est de servir au public, et naturellement pour tous les avantages que le public retire d'un chemin. Cela décide la question sur laquelle la cour de Bruxelles et la cour de cassation sont en désaccord (1).

b) *Du passage à titre de propriété.*

215. Les communes peuvent-elles acquérir la propriété d'un chemin par la prescription? En principe cela ne fait pas de doute. La prescription est un des moyens d'acquérir la propriété (art. 711 et 2219); et les communes, étant des personnes civiles, sont par cela même capables d'acquérir, sans distinguer entre la prescription et les autres modes légaux d'acquisition. Mais l'application du principe soulève de sérieuses difficultés. La commune réclame un chemin comme lui appartenant à titre de propriété; elle invoque la prescription. Comment prouvera-t-elle son droit? La prescription se fonde sur la possession; la possession s'établit par des actes de passage; il est constant que les habitants ont passé depuis plus de trente ans sur le chemin revendiqué par la commune : cela suffira-t-il pour que la commune en soit reconnue propriétaire? Posée en ces termes, la question devrait être décidée négativement. En effet, le fait de passer sur le fonds d'autrui est présumé par le code un acte de tolérance; c'est la raison pour laquelle il n'admet pas l'acquisition par prescription d'une servitude de passage. Que si le fait de passer ne peut pas fonder une servitude, c'est-à-dire un démembrement de la propriété, comment fonderait-il la propriété même? Si le passage est présumé de tolérance quand il s'agit d'une servitude, comment changerait-il de caractère quand il s'agit de la propriété? N'est-il pas plus rationnel de reconnaître

_____

(1) Bruxelles, 24 juin 1869 (*Pasicrisie*, 1869, 2, 337). Cassation, 18 mars 1870 (*Pasicrisie*, 1870, 1, 153, et le réquisitoire du procureur général M. Leclercq (*ibid.*, p. 159 et suiv.).

que la présomption de tolérance ou de précarité qui empêche les actes de passage d'établir une simple servitude,
doit à plus forte raison leur enlever toute efficacité pour
prescrire la propriété? Cette objection a été faite par
d'excellents esprits (1) ; et dans les termes où nous avons
posé la question, il n'y a rien à y répondre. Il a été jugé,
en ce sens, que les actes de passage invoqués par une
commune ne pouvaient fonder à son profit ni servitude ni
propriété (2). N'est-ce pas aller trop loin? Du moins il faut
se garder de conclure de cet arrêt que la propriété d'un
chemin ne peut être acquise par prescription. La difficulté
est une difficulté de preuve, c'est-à-dire de fait plutôt que
de droit. C'est en ce sens que la cour de cassation s'est
prononcée. Elle pose en principe que les communes peuvent acquérir la propriété d'un chemin *public* par la prescription ; sauf à elles à prouver que la possession qu'elles
allèguent présente les caractères voulus par la loi ; le
simple fait du passage ne suffira pas ; il faudra d'autres
faits que les tribunaux apprécieront ; s'ils trouvent que les
actes de possession établissent un droit de servitude plutôt qu'un droit de propriété, la commune n'aura le chemin
ni à titre de propriété, puisqu'elle ne prouve pas son droit,
ni à titre de servitude, puisqu'elle ne peut pas acquérir la
servitude par prescription (3).

216. Telle est la solution de la difficulté d'après le pur
droit civil. Il faut encore tenir compte de la modification
que la loi de 1841 a apportée au code Napoléon. L'article 10 admet la prescription de dix et vingt ans, quand il
y a une ordonnance de la députation provinciale qui classe
le chemin parmi les chemins communaux. Cette disposition
ne distingue pas entre les chemins de propriété et les chemins de servitude ; il est donc certain qu'elle s'applique à
l'acquisition de la propriété d'un chemin public. Il résulte
de là une conséquence importante et une nouvelle dérogation aux principes du code civil. Il y a une ordonnance

(1) Voyez le rapport du conseiller Mesnard sur l'arrêt de rejet du
15 février 1847 (Dalloz, 1847, 1, 109) ; il cite Pardessus, Garnier et Dalloz.
(2) Bordeaux, 13 novembre 1852 (Dalloz, 1856, 2, 26).
(3) Arrêt de rejet du 16 juin 1858 (Dalloz, 1858, 1, 450).

qui comprend le chemin litigieux dans la voirie vicinale ; la propriété de la commune est contestée ; elle sera admise, dit l'article 10, à établir son droit de propriété par la prescription de dix ou vingt ans. Pourra-t-elle alléguer les faits de passage pour prouver son droit? L'affirmative ne nous paraît pas douteuse ; car l'ordonnance de la députation détruit, comme nous venons de le dire, la présomption de précarité que le code Napoléon attachait aux actes de passage. Dès qu'il y a une ordonnance de la députation, le fait de passer établit l'existence d'un droit. Mais de quel droit? Ce peut être un droit de servitude ou un droit de propriété ; la difficulté de la preuve reparaît donc. Il ne suffira pas à la commune de prouver que les habitants ont passé pendant dix ou vingt ans, pour qu'elle soit déclarée propriétaire du chemin, car ils peuvent avoir passé à titre de servitude. Il faudra donc que la commune prouve par d'autres faits qu'elle a possédé le passage à titre de propriété (1).

La loi de 1841 ne déroge pas seulement au code civil en ce qui concerne la preuve ; elle y déroge aussi quant au mode de prescription. D'après le code civil, la prescription sans titre ni bonne foi exige une possession de trente ans (art. 2262), et une possession de dix ou vingt ans, lorsque le possesseur a la bonne foi et un titre ; ce titre doit être juste, c'est-à-dire translatif de propriété (art. 2265). Lorsqu'il y a une ordonnance de la députation permanente, la prescription est réduite à dix ou vingt ans, quoiqu'il n'y ait pas de juste titre ; l'ordonnance de la députation en tient lieu.

217. Quel est l'effet de l'ordonnance quant aux droits de la commune et des tiers? L'article 10 de la loi porte que l'ordonnance de la députation provinciale qui arrête définitivement le plan, ne fait aucun préjudice aux réclamations de propriété ni aux droits qui en dérivent. Dans le projet du gouvernement il était dit que l'ordonnance ne faisait aucun préjudice aux droits des tiers. Lors de la discussion, on critiqua cette disposition comme n'étant

(1) Comparez Agen, 23 juillet 1845 (Dalloz, 1845, 2, 175).

pas assez large. Le but de l'article 10, tel qu'il est rédigé, est de limiter les attributions de la députation; elle ne décide aucune question de propriété, donc ces questions restent entières (1). Cela va sans dire, puisque, d'après notre Constitution, les contestations qui ont pour objet des droits civils sont du ressort exclusif des tribunaux (art. 92). Il y a sous ce rapport une différence entre le droit belge et le droit français; nous la signalons pour tenir nos jeunes lecteurs en garde contre l'application de la jurisprudence des cours de France. Il a été jugé par la cour de Bordeaux que l'arrêté qui classe un chemin parmi les chemins vicinaux emporte attribution légale du chemin à la commune (2). Il résulte de là que la commune qui réclame un chemin comme lui appartenant n'a rien à prouver; l'arrêté de classement forme un titre en sa faveur, sauf à ceux qui se prétendent propriétaires à faire la preuve contraire. D'après notre droit public, et notamment d'après la loi de 1841, l'ordonnance ne forme aucun titre de propriété, pas même une présomption, à moins qu'il n'y ait prescription.

218. Que faut-il décider s'il n'y a pas d'ordonnance de la députation provinciale? Cela n'empêche pas la commune de revendiquer les chemins qui lui appartiennent. En effet l'ordonnance est étrangère aux questions de propriété; elle n'a d'influence sur le droit de la commune que lorsqu'il y a prescription de dix ou vingt ans. Si la commune n'allègue pas cette prescription, on n'est plus dans le cas de l'article 10; c'est dire que l'on rentre sous l'empire du droit commun. La jurisprudence française admet aussi que le classement administratif n'est pas nécessaire pour que les communes puissent réclamer la propriété d'un chemin public; leur propriété sera établie par tous les modes légaux que les particuliers peuvent invoquer. Il en résulte que la commune pourra fonder son droit sur la prescription ordinaire de trente ans (3). Mais alors les difficultés

---

(1) Delebecque, *Commentaire*, p. 32, n° 64. Gand, 1er juillet 1863 (*Pasicrisie*, 1863, 2, 324).

(2) Bordeaux, 13 novembre 1852 (Dalloz, 1856, 2, 26).

(3) Arrêt de rejet du 11 février 1857 (Dalloz, 1857, 1, 256). Bourges, 30 janvier 1826 (Dalloz, au mot *Servitude*, n° 1137, 3°).

de preuve reparaissent. Sur ce point l'on peut se prévaloir de la jurisprudence française.

La difficulté consiste à distinguer les chemins de servitude des chemins de propriété : les premiers ne peuvent pas être acquis par la possession de trente ans, tandis que l'on peut prescrire les autres. Il faut que la commune prouve que le chemin est public. Le fait que les habitants ont passé par le chemin ne suffit pas pour qu'il soit public, puisque le passage peut n'être qu'un passage de servitude, c'est-à-dire de tolérance, ce qui exclut tout droit et de servitude et de propriété; il faut, comme l'a jugé la cour de cassation dans l'arrêt que nous venons de citer, « que la commune ait fait passer le chemin dans le domaine communal par une appropriation caractérisée. » L'arrêt indique le genre de preuves que la commune devrait fournir : le creusement des fossés, l'empierrement et l'entretien du chemin aux frais de la communauté, l'érection d'un monument public, par exemple d'une croix; la circonstance que le chemin sert de communication entre deux communes ou de jonction entre deux chemins publics. C'est aux juges du fait à constater si la possession fait preuve de la propriété, ou si ce n'est qu'un passage de tolérance (1). La jurisprudence des cours de Belgique est conforme, en ce point, à celle des cours de France; en droit il n'y a aucun doute, la difficulté ne concerne que la preuve. Il a été jugé par la cour de Bruxelles que le seul fait que les habitants ont passé par un chemin, fût-ce de temps immémorial, ne suffit pas pour rendre la commune propriétaire, alors que le passage n'est que de simple tolérance (2), et tout passage, lorsqu'il n'y a pas d'ordonnance de la députation permanente, est présumé de tolérance par le code. Comme le dit très-bien la cour de Gand (3), le fait seul de passer, insuffisant pour caractériser une possession capable de faire acquérir une simple servitude de passage au

(1) Bordeaux, 11 novembre 1848 (Dalloz, 1849, 2, 230); Grenoble, 27 janvier 1843 (Dalloz, au mot *Servitude,* nº 1138).
(2) Bruxelles, 26 octobre 1859 et 16 janvier 1860 (*Pasicrisie,* 1861, 2, 61 et 63). Comparez Bruxelles, 18 juillet 1849 (*Pasicrisie,* 1849, 2, 201).
(3) Gand, 30 juin 1843 (*Pasicrisie,* 1843, 2, 185).

moyen de la prescription, ne peut suffire pour acquérir, par ce moyen, la propriété même du chemin ; les vices de discontinuité, de tolérance, de précarité dont est entaché le fait de passage, et qui empêchent la prescription d'une servitude de passage, empêchent à plus forte raison la prescription de la propriété entière.

SECTION III. — De l'exercice des servitudes.

§ Iᵉʳ. *Quelles servitudes peuvent être établies.*

219. L'article 686 porte qu'il est permis aux propriétaires d'établir sur leurs propriétés, ou en faveur de leurs propriétés, telles servitudes que bon leur semble. Ce droit dérive du pouvoir que le propriétaire a sur sa chose ; il peut en disposer de la manière la plus absolue (art. 544), ce qui implique la faculté de la démembrer ou de la grever de droits réels. Quand le démembrement profite à une autre personne ou à un autre héritage, il prend le nom de servitude personnelle ou réelle. L'article 686 semble interdire les servitudes personnelles, car il ajoute : « Pourvu néanmoins que ces services ne soient imposés ni à la personne, ni en faveur de la personne, mais seulement à un fonds et pour un fonds. » Nous avons expliqué cette disposition ailleurs (1). Nous ne nous occupons ici que des servitudes réelles. L'établissement de celles-ci souffre également une restriction ; l'article 686 ajoute : « Pourvu que ces services n'aient d'ailleurs rien de contraire à l'ordre public. » Cette réserve est de droit commun. Les particuliers ne peuvent jamais déroger aux lois qui intéressent l'ordre public (art. 6). Nous avons dit dans le tome Iᵉʳ de nos *Principes* (nᵒˢ 47-49) que cette règle doit être formulée d'une manière plus générale : il n'est pas permis aux parties contractantes de déroger à ce qui est d'intérêt général. Le principe reçoit aussi son application aux donations

---

(1) Voyez le tome VII de mes *Principes*, p. 167, nᵒˢ 144 et 145, et le tome VI, p. 407, nᵒ 323.

et testaments; il y a cependant une grande différence entre les contrats à titre onéreux et les actes à titre gratuit : dans ceux-ci, les clauses et conditions contraires à la loi ou aux mœurs sont réputées non écrites (art. 900); tandis que ces mêmes conditions rendent nulle la convention qui en dépend (art. 1172). Nous reviendrons sur cette différence au titre des *Donations*.

Les mots *ordre public* ont donc une double signification : dans le sens strict ils se rapportent à l'état des personnes, et ils signifient que les servitudes conventionnelles ne peuvent pas déroger aux lois qui abolissent le régime féodal, comme nous l'avons expliqué en exposant les principes généraux sur les servitudes (1). L'expression d'*ordre public* a encore un sens plus large, elle est synonyme d'*intérêt public*; ainsi les conventions qui établissent une servitude ne peuvent déroger à l'intérêt général. Nous avons vu une application de ce principe en expliquant l'article 674. Cet article prescrit les précautions qu'il faut prendre pour certaines constructions qui peuvent nuire aux voisins; les unes sont d'intérêt privé, et il est permis aux parties contractantes d'y renoncer; les autres concernent la sûreté publique, et à celles-là il n'est pas permis de déroger (n° 26).

220. L'application de l'article 686 soulève d'assez nombreuses difficultés. Il est souvent difficile de déterminer le caractère d'un droit stipulé par les parties contractantes. Est-ce un droit d'obligation? est-ce un droit de servitude? Telle est la question de savoir si le droit de chasse peut être stipulé à titre de droit réel; nous l'avons examinée ailleurs (2). Parfois c'est la qualification du droit réel qui est incertaine. Si le droit est un droit réel, il importe assez peu comment on le qualifie, puisqu'il est de principe que les propriétaires peuvent démembrer leur droit de propriété comme ils l'entendent, et tous ces droits réels sont régis par les mêmes principes (3). Nous allons parcourir

---

(1) Voyez le tome VII de mes *Principes*, p. 171, n° 147.
(2) Voyez le tome VI de mes *Principes*, p. 113, n° 106, et le tome VII, n°s 108 et 146.
(3) Voyez le tome VI de mes *Principes*, p. 107, n° 84.

quelques espèces qui se sont présentées devant les tribunaux.

On demande si l'on peut stipuler, à titre de servitude, le droit de planter sur le terrain d'autrui. Il faut distinguer les plantations qui se font sur la voie publique et celles qui se font sur une propriété particulière. Quant aux arbres plantés sur un chemin public, la loi du 28 août 1792 dispose, article 14 : « Tous les arbres existants actuellement sur les chemins publics, autres que les grandes routes nationales, et sur les rues des villes, bourgs et villages sont censés appartenir aux propriétaires riverains, à moins que les communes ne justifient en avoir acquis la propriété par titre ou possession. » Quelle est la nature de ce droit? Les riverains ont la propriété des arbres plantés sur un terrain qui, de droit commun, fait partie du domaine public de la commune. Or, aux termes de l'article 547, les arbres appartiennent comme fruits au propriétaire du fonds, par droit d'accession. Lors donc que les arbres sont la propriété des riverains, le domaine de la commune est démembré. Vainement dirait-on que le domaine public, étant hors du commerce, ne peut être grevé de servitude. Ce principe n'est pas absolu, comme nous l'avons dit ailleurs (1). Ici il y a une loi formelle qui met fin à tout doute : les riverains ont droit à des arbres qui, en vertu du droit de propriété, devraient appartenir à la commune; voilà bien un droit réel. Ce droit existe-t-il aussi en ce sens que les riverains aient le droit de faire de nouvelles plantations? La loi de 92 ne leur donne pas le droit de planter; elle le leur refuse plutôt, puisqu'elle limite le droit des riverains aux *arbres actuellement existants.* Lors de la discussion de la loi de 1841 sur les chemins vicinaux, la question fut soulevée au Sénat. On soutint que les riverains avaient le droit de planter en vertu de la loi de 1792, ce qui n'est pas exact. Le ministre de l'intérieur déclara que si un riverain avait acquis le droit de planter sur une route, ce droit lui était conservé. Mais comment peut-il acquérir ce droit? Le ministre répond qu'il pourra l'acquérir par la prescrip-

---

(1) Voyez le tome VII de mes *Principes,* p. 151, n° 130.

tion (1). Il faut ajouter que les riverains ont ce droit à titre de propriétaires, là où, comme dans les Flandres, ils ont la propriété des chemins vicinaux, dont les communes ont seulement la jouissance à titre de servitude. De droit commun, le propriétaire du fonds servant peut planter sur le chemin qui sert de passage, pourvu que la plantation ne porte pas atteinte à la servitude (art. 701). Or, l'on suppose que la plantation ne nuit pas à la circulation, qu'elle n'est pas contraire à la destination de la route, sinon il ne pourrait être question de prescription. Donc on reste sous l'empire des principes généraux, ce qui décide la question en faveur des riverains.

Si l'on peut avoir le droit de planter sur une voie publique, à titre de servitude, on peut à plus forte raison avoir ce droit sur des propriétés privées. Et là servitude étant apparente et continue, elle pourra s'acquérir par la prescription. Nous avons dit ailleurs que le droit d'avoir des arbres sur le fonds d'autrui existe dans beaucoup de localités. Merlin appelle ce droit une propriété partiaire (2). N'est-ce pas plutôt une servitude? Celui qui a droit à une certaine espèce d'arbres croissant dans un bois n'a aucun droit dans le sol, il n'est donc pas propriétaire; il a un droit aux fruits sans avoir la propriété du sol qui les produit. C'est, à vrai dire, un droit d'une nature particulière. Il diffère des servitudes, car la servitude est un droit immobilier, tandis que le droit que l'on a sur des arbres, alors qu'on n'est pas propriétaire du sol, est un droit mobilier. Ce n'est pas un droit de propriété, puisque le sol appartient à autrui. C'est donc un droit réel d'une nature spéciale. Il y a un arrêt de la cour de cassation qui semble contraire. Dans l'espèce, la possession des arbres était un simple fait, le possesseur n'ayant point excipé d'une possession à titre de propriétaire ni à titre de servitude. La question rentrait donc sous l'application de l'article 555, et n'avait rien de commun avec la difficulté que nous venons

---

(1) Delebecque, *Commentaire sur la loi du 10 avril* 1841, p. 55, n° 92.

(2) Merlin, *Questions de droit*, au mot *Commune*, § VII. Et le tome VI de mes *Principes*, p. 111, n° 85.

d'examiner (1). Cette matière donne lieu à bien d'autres difficultés : nous croyons inutile d'entrer dans ce débat, puisqu'il ne présente guère d'intérêt pratique.

221. Une commune, en vendant un terrain touchant à une place publique, stipule que les acquéreurs seront tenus de bâtir dans un délai déterminé. Cette stipulation est évidemment faite au profit de la place publique. Est-ce une servitude? Il a été jugé par le tribunal de Gand que c'est une charge réelle qui grève les terrains vendus, et qui les suit par conséquent entre les mains des sous-acquéreurs. Ceux-ci ne peuvent pas se plaindre qu'on impose à leur propriété une restriction à laquelle ils n'ont pas consenti. Si la charge est réelle, elle passe par cela même à tous les successeurs du fonds, sans qu'elle doive être déclarée. Les tiers sont d'ailleurs prévenus par la transcription de l'acte de vente (2). Nous croyons que le tribunal a bien jugé. Reste à savoir si cette charge constitue une servitude. Nous ne le croyons pas. On objecte que s'il y a une servitude de ne pas bâtir, il peut aussi y avoir une servitude de bâtir; que, dans l'un et l'autre cas, le droit du propriétaire est restreint. Nous répondons que les servitudes ne consistent pas à faire; la loi permet, il est vrai, de charger le propriétaire du fonds servant des travaux nécessaires pour l'usage de la servitude; mais cette charge, réelle aussi, est l'accessoire d'une servitude principale; tandis que, dans l'espèce, la charge principale consisterait à faire. C'est donc une charge d'une nature particulière. Si le tribunal a décidé qu'elle était réelle, c'est qu'elle avait été stipulée au profit d'une place publique et non dans l'intérêt d'une personne; en ce sens, elle participait du caractère des servitudes.

222. Il est stipulé dans un acte de vente « que les constructions qui seront élevées sur les terrains que les vendeurs possèdent encore devront être à usage d'habitations bourgeoises, faites et agencées comme telles. » La cour

_____

(1) Arrêt de cassation du 11 juin 1839. Il en est de même d'un arrêt de Douai du 18 mars 1842 (Dalloz, au mot *Propriété*, n° 419).

(2) Jugement du tribunal de Gand du 13 août 1860. Sur l'appel, l'affaire a été transigée (*Belgique judiciaire*, t. XXIII, p. 884).

de Lyon a jugé que cette stipulation constituait une servitude ; l'arrêt l'assimile à la servitude de ne pas bâtir (1). Ne pourrait-on pas objecter que dans ce cas aussi il y a obligation de faire, partant pas de servitude? Non, il y a une différence entre l'espèce que nous venons d'examiner (n° 221) et celle-ci. Dans la première, les acquéreurs étaient obligés à bâtir, donc à faire. Tandis que, dans l'espèce décidée par la cour de Lyon, les vendeurs n'étaient pas tenus de bâtir ; mais s'ils bâtissaient, ils devaient construire des maisons bourgeoises ; il leur était donc interdit de construire des maisons ouvrières ; en ce sens, la charge qui leur était imposée consistait à ne pas faire, donc il y avait servitude. On faisait une autre objection, en prétendant que l'obligation de ne bâtir que des maisons bourgeoises était un droit de créance, donc une obligation personnelle imposée aux vendeurs, et on en concluait que la charge, n'étant pas réelle, ne passait pas aux successeurs. La cour de Lyon répond que les termes de la convention étaient absolus ; il en résultait que la charge était imposée à tout possesseur du fonds, donc elle constituait une servitude. Il est vrai que la convention ajoutait que, les maisons une fois bâties, la stipulation serait réputée accomplie, les parties n'entendant pas créer une *servitude perpétuelle*. Mais cette clause ne prouvait qu'une chose, c'est que la servitude, au lieu d'être perpétuelle, n'était que temporaire.

223. L'obligation de souffrir les inconvénients de la fumée qui s'échappe des cheminées voisines est-elle une servitude? Nous avons dit ailleurs (2) que cette obligation est une de celles qui naissent du voisinage, donc elle est de droit commun ; c'est la condition naturelle de la propriété d'être restreinte par le droit égal des autres propriétaires. Toutefois ces charges nées du voisinage ont leur limite. Elles se justifient par cette considération que si un propriétaire éprouve une incommodité, lui de son côté fait souffrir la même incommodité à son voisin. Cette égalité est rompue quand l'un des voisins fait un usage

(1) Lyon, 10 décembre 1868 (Dalloz, 1869, 2, 71).
(2) Voyez le tome VI de mes *Principes,* p. 197, n° 146.

immodéré de son droit, ou s'il élève une de ces immenses fabriques qui répandent une fumée dommageable au voisinage. Dans ces cas, l'émission de la fumée prend les caractères d'une véritable servitude. C'est dire que le propriétaire ne peut répandre une fumée exceptionnnelle que s'il en a acquis le droit par titre. La cour de Metz l'a décidé ainsi (1). Nous disons qu'il faudrait un titre ; en effet la servitude est discontinue, puisqu'il faut chaque jour le fait de l'homme pour que la fumée soit produite. Dans l'espèce jugée par la cour de Metz, la servitude avait été acquise sous l'empire de l'ancien droit, elle formait donc un droit acquis lors de la publication du code civil.

224. Le droit de fouiller le sol, pour y faire la recherche des mines qui peuvent s'y trouver, constitue-t-il une servitude? Quand ce droit est stipulé au profit d'une mine, il n'y a aucun doute, puisqu'il y a, dans ce cas, une charge établie sur un fonds au profit d'un autre fonds. Mais que faut-il décider s'il y a une simple concession de mines faite à un tiers non propriétaire des fonds qui doivent être exploités? Où est alors l'héritage dominant? et s'il n'y a pas de fonds pour l'utilité duquel la charge est stipulée, peut-il y avoir servitude? La question a été décidée affirmativement par la cour de cassation de Belgique. Nous avons dit ailleurs que les mines forment une propriété particulière, distincte de la superficie du sol dans lequel elle sont enfouies. Le gouvernement a le droit de concéder à d'autres qu'au propriétaire l'exploitation de la mine et la faculté de faire des recherches dans les terrains voisins. Ce droit de recherche est une charge qui grève un fonds dans l'intérêt de l'exploitation concédée ; or, la concession d'une mine est un droit immobilier, il y a donc un fonds dominant et un fonds servant. S'il n'y avait pas de concession, mais un simple droit de faire des fouilles pour parvenir à la découverte de la mine, y aurait-il encore servitude? L'arrêt est conçu en ce sens, il suppose que la concession n'est pas encore accordée (2). Il nous semble qu'ici il y a erreur ;

(1) Metz, 29 mars 1854 (Dalloz, 1855, 2, 26).
(2) Arrêt de rejet du 10 mai 1845 (*Pasicrisie*, 1845, 1, 386).

car il n'y a plus d'héritage dominant. Est-ce à dire que la charge ne soit pas réelle? Il est certain qu'elle l'est par sa nature même; car l'objet de la concession est le droit de rechercher la mine dans les fonds, abstraction faite des possesseurs. Cela suffit pour qu'il y ait droit réel, mais tout droit réel n'est pas une servitude.

§ II. *Du mode d'exercer les servitudes.*

Nº 1. DU TITRE.

I. *Principe d'interprétation.*

225. Aux termes de l'article 686, l'usage et l'étendue des servitudes établies par le fait de l'homme se règlent par le titre qui les constitue. Le titre forme, en effet, la loi des parties, quand c'est une convention (art. 1134); et si c'est un legs, il naît également une espèce de contrat de l'acceptation du légataire. Il n'y a aucun doute quant au principe; mais quelle est la règle d'interprétation qu'il faut suivre? C'est là le point important. Toullier répond, d'après Domat : « Comme les servitudes dérogent à la liberté naturelle, on doit les restreindre à ce qui se trouve précisément nécessaire pour le besoin des fonds auxquels elles sont dues, et il faut en diminuer l'incommodité autant qu'il est possible (1). » Cela est beaucoup trop absolu et la formule dépasse certainement la pensée de l'auteur. On trouve dans Dumoulin une formule en apparence toute contraire. Toullier conclut que, dans le doute, on doit se prononcer en faveur du fonds servant; tandis que Dumoulin dit que, dans le doute, la servitude ne doit pas être présumée limitée (2); de sorte que l'un restreint la servitude et 'autre ne la restreint pas. Laquelle des deux règles faut-'l suivre? Il nous semble que la loi n'établissant pas de rincipe spécial en ce qui concerne l'interprétation des

_____

(1) Toullier, t. II, p. 303, nº 654. Domat, livre I, titre XII, sect. I, nº 9.
(2) Dumoulin, *De dividuo et individuo*, part. III, nº 83.

titres constitutifs de servitude, il faut s'en tenir aux principes généraux que le code pose, au titre des *Obligations*,
sur l'interprétation des conventions. Or, nous lisons dans
l'article 1156 que l'on doit, dans les conventions, rechercher quelle a été la commune intention des parties contractantes. C'est là une règle fondamentale qui ne reçoit
pas d'exception, parce que la volonté des parties fait toujours leur loi. Lors donc que le propriétaire d'un héritage
l'a grevé d'une servitude dans des termes illimités, il n'y a
aucun doute sur la volonté des parties. De quel droit vien-
drait-on restreindre la charge d'après les besoins du fonds
dominant? Ce serait défaire ce que les parties ont fait, et
le juge n'a pas ce droit.

Interrogeons la jurisprudence. Dans l'acte par lequel le
propriétaire de deux maisons vend l'une d'elles, il est stipulé que le mur de clôture situé en face de la maison
vendue, et dont le vendeur conserve la propriété exclusive,
ne pourra pas dépasser une certaine hauteur. Ces termes
semblent établir une servitude *altius non tollendi* au profit
de la maison vendue. Il fut cependant jugé que la clause
constituait une servitude de *prospect;* et, comme d'habitude,
la cour de cassation rejeta le pourvoi, parce que l'arrêt
attaqué n'avait fait qu'interpréter la convention en se fondant sur l'intention des parties contractantes. La cour
suprême ajoute que les titres constitutifs de servitude doivent, comme toutes les conventions, être interprétés d'après
l'intention des parties plutôt que d'après le sens littéral
des termes (1). Mais la cour de Nîmes n'avait-elle pas dépassé la volonté des parties en donnant une interprétation
extensive à leurs conventions? Il est certain que la servitude *altius non tollendi* est moins étendue et moins onéreuse que la servitude de *prospect.* Pour voir quelle avait
été l'intention des parties contractantes, il faut consulter
le jugement de première instance dont la cour d'appel
adopta les motifs. La servitude *altius non tollendi* n'a
d'autre objet que de procurer l'air et la lumière au fonds
dominant; or, dans l'espèce, la maison vendue se trou-

(1) Arrêt de rejet du 5 novembre 1856 (Dalloz, 1856, 1, 391).

vait à une distance telle du mur, que l'exhaussement du mur n'aurait pu empêcher ni l'air ni la lumière d'y pénétrer. Cela prouve que les termes dont les parties s'étaient servies n'exprimaient pas leur intention : elles avaient voulu rendre l'aspect de la maison vendue plus agréable et plus avantageux; donc elles voulaient établir une servitude de *prospect,* tandis que les termes établissaient une servitude *altius non tollendi;* c'était le cas d'appliquer la dernière partie de l'article 1156, lequel dit que l'on doit consulter l'intention des parties plutôt que de s'arrêter au sens littéral des termes.

226. Il y a des actes qui par leur nature doivent recevoir une interprétation favorable à celui dans l'intérêt duquel ils sont faits; ce sont les donations. Si donc une servitude est constituée par donation, elle doit être interprétée en faveur du donataire, quoiqu'il soit le propriétaire du fonds dominant. C'est dire que l'interprétation sera extensive, parce que telle est certainement l'intention de celui qui constitue la servitude. Une donation est faite à une fille par ses père et mère en vue du mariage qu'elle va contracter. La chose donnée était une parcelle de prairie. Il fut stipulé dans l'acte que les donataires auraient un droit de passage « avec chariot ou autrement » à travers la cour de la maison occupée par les donateurs. Les donataires construisirent une maison sur le fonds qui leur avait été donné. De là question de savoir si le passage, établi alors que le fonds dominant était une prairie, pouvait être exercé au profit de la maison. C'était le cas d'appliquer la règle d'interprétation établie par Dumoulin. La servitude de passage était constituée en termes généraux; elle n'était pas limitée au pré, elle était accordée au profit de l'héritage donné; dès lors on devait la considérer comme illimitée. On devait d'autant plus l'interpréter en ce sens, dit la cour de Bruxelles, que la servitude était établie dans une donation, c'est-à-dire un acte qu'il faut entendre dans un sens favorable aux donataires. Dans l'espèce, il n'y avait guère de doute, car la prairie avait été donnée aux futurs époux en vue de la construction d'une maison, et l'on bâtissait déjà au moment où l'acte de donation fut passé.

Enfin, ce qui était décisif, c'est que la servitude avait été pratiquée au profit des donataires, aussi longtemps que les donateurs avaient vécu ; l'exécution de l'acte ou la possession servait d'interprétation à la volonté des parties (1).

227. On trouve dans un arrêt de la cour de cassation un principe qui paraît contraire à la règle d'interprétation que nous venons d'établir d'après la jurisprudence ; il y est dit qu'en matière de servitude tout est de droit étroit (2). Nous avons dit ailleurs dans quel sens il faut entendre cette maxime que la cour a formulée en termes trop absolus (3). Ce n'est en réalité que l'application d'une règle posée par le code, dans la section qui traite de l'interprétation des conventions. L'article 1162 porte que, « dans le doute, la convention s'interprète contre celui qui a stipulé et en faveur de celui qui a contracté l'obligation. » Or, en matière de servitude, il y a aussi un débiteur et un créancier ; le code appelle le fonds servant, le fonds débiteur de la servitude ; le fonds dominant est donc le créancier. S'il y a doute, il faut l'interpréter en faveur du fonds servant, donc en faveur de la liberté. En ce sens la servitude qui déroge à la liberté est de droit étroit, ce qui ne veut pas dire qu'on doive la voir avec défaveur et la restreindre comme chose odieuse, ainsi que le dit un vieil adage : *odia restringenda*. Comme nous l'avons prouvé ailleurs, loin d'être odieuses, les servitudes sont au contraire vues avec faveur ; si elles diminuent la liberté de l'un des fonds, elles augmentent les aisances et par conséquent la valeur de l'autre. En définitive, il n'y a pas de règles spéciales pour l'interprétation des servitudes : elle se fait d'après les principes généraux.

(1) Bruxelles, 4 décembre 1862 (*Pasicrisie*, 1863, 2, 118). Comparez Pardessus, t. II, p. 62, n° 270.
(2) Arrêt de cassation du 16 mai 1838 (Dalloz, au mot *Servitude*, n° 1161, 1°).
(3) Voyez le tome VII de mes *Principes*, p. 205, n° 175.

II. *Applications.*

228. Nous venons de dire qu'en cas de doute, il faut se prononcer pour le fonds débiteur de la servitude, c'est-à-dire pour la liberté contre l'assujettissement. Quand y a-t-il doute? Il peut y avoir doute sur l'existence même de la servitude. Nous supposons que l'on invoque un titre, il s'agit de l'interpréter. Or, le titre implique une déclaration expresse de volonté : on ne présume pas l'établissement des servitudes. La loi admet, il est vrai, un titre tacite, la destination du père de famille; mais, dans ce cas, elle exige des conditions spéciales comme garantie de la volonté des parties intéressées. Quand donc celui qui réclame une servitude produit un titre, il faut que ce titre contienne un engagement du propriétaire du fonds servant. S'il y a doute sur le point de savoir si la servitude existe, il n'y aura pas de servitude. Cela est en harmonie avec les principes généraux. La servitude est une aliénation partielle du fonds, et personne n'est présumé aliéner.

Le cas s'est présenté dans des circonstances très-favorables à celui qui réclamait la servitude. Un négociant s'associe avec un entrepreneur pour la construction d'une maison à plusieurs étages. C'est le négociant qui fit toutes les démarches pour la vente des divers étages; il possédait un terrain dans le voisinage, sur lequel il se proposait aussi d'élever des constructions, mais il annonçait hautement qu'il n'y bâtirait que des magasins et un entre-sol. Le négociant ne tint pas cette espèce de promesse, il fit des constructions qui masquaient les étages vendus. Les acquéreurs demandèrent la destruction des travaux et des dommages-intérêts. Il fut jugé que le négociant n'ayant contracté aucun engagement de ne pas bâtir, ou de ne bâtir que jusqu'à une certaine hauteur, il n'y avait pas de servitude. L'arrêt constate de plus qu'il n'y avait eu aucune espèce de dol : l'intention de ne pas bâtir que le négociant avait manifestée, il l'avait réellement; il changea d'avis et il en avait le droit. Ayant usé de son droit, il ne pouvait être tenu de dommages-intérêts. L'arrêt de la cour de Bastia qui le condamna à des dommages-intérêts fut cassé (1).

Dans une autre espèce, il a également été jugé qu'il n'y avait pas de servitude. Un tiers fut présent à la vente d'un fonds qui possédait, sans titre, des jours donnant sur sa propriété contiguë. L'acheteur soutint que par sa présence le voisin avait consenti tacitement à ce que les jours fussent maintenus à titre de servitude. Cette prétention fut repoussée. Vainement invoquait-on l'adage que le silence implique consentement. Oui, quand on doit parler et que l'on garde le silence, on est censé consentir. Mais, dans l'espèce, le voisin n'était pas tenu de s'expliquer sur les jours de souffrance qu'il avait tolérés jusques-là, car les conventions ne parlaient pas de servitudes. Quant à sa présence à l'acte, elle avait sa raison d'être, puisqu'il intervenait pour régler des droits de communauté et de jouissance, et dans ce règlement il n'était pas question des jours litigieux. Il n'y avait donc aucune raison de douter; et si la présence du voisin à l'acte avait fait naître des doutes, on aurait encore dû décider qu'en cas de doute il n'existe pas de servitude (2).

229. Ce n'est pas à dire qu'il faille des termes exprès et sacramentels. Le droit moderne ignore ces exigences qui favorisent l'esprit de chicane bien plus que la bonne foi. Il est admis par la doctrine et par la jurisprudence que le juge peut rapprocher et combiner les clauses d'un même contrat ou de plusieurs actes différents, émanés soit de celui dont on prétend que l'héritage est grevé, soit de ses auteurs, et reconnaître en conséquence qu'une servitude est due à un fonds (3). Il est dit dans un acte qu'un mur sera démoli jusqu'à une hauteur déterminée : pas un mot de servitude. Celui qui l'a démoli l'exhausse et prétend qu'il ne s'est pas assujetti à la servitude *altius non tollendi*, et qu'il ne saurait y avoir de servitude fondée sur un titre sans un engagement formel du maître du fonds que l'on dit assujetti. La cour de Bruxelles rejeta ces mauvaises

---

(1) Arrêt de cassation du 31 juillet 1855 (Dalloz, 1855, 1, 390).
(2) Lyon, 9 mars 1842 (Dalloz, au mot *Servitude*, n° 991).
(3) Pardessus, t. II, p. 48, n° 268. Arrêt de rejet du 26 février 1829 (Dalloz, au mot *Servitude*, n° 988).

chicanes. Est-ce que la convention aurait un sens si on l'interprétait de cette façon? Quoi ! je paye cinq cents francs pour un petit coin de terre qui n'en vaut pas cent, et je stipule que le mur qui m'enlève le jour et la lumière sera abaissé ; puis l'on viendra me dire que je n'ai droit à aucune servitude, parce que le mot ne se trouve pas dans l'acte ! Le vendeur dira : « J'ai démoli le mur, c'est tout ce que je suis obligé de faire, mais je ne me suis pas engagé à ne pas le relever. » Prétention digne du temps où une virgule omise faisait perdre une cause ! L'intention des parties n'était pas douteuse, la cour décida qu'il y avait servitude *altius non tollendi* au profit de l'acquéreur (1).

Il y a un arrêt analogue de la cour de cassation de France dans une espèce qui présentait quelque doute. A l'occasion de l'adjudication de deux maisons contiguës ayant appartenu au même propriétaire, une clause impose certaines charges à subir jusqu'au rétablissement de l'ancien mur mitoyen. Dans un acte postérieur, il est stipulé que le mur sera reconstruit à frais communs sur les anciens fondements. Voilà tout ce que portaient les actes. Il n'y était pas dit un mot de servitude. Néanmoins il fut jugé qu'il résultait des circonstances que les parties avaient réciproquement grevé d'une servitude *altius non tollendi* le mur séparatif de leurs propriétés. Quelles étaient ces circonstances? Les cours des deux maisons étaient si étroites qu'un mur d'une certaine hauteur aurait privé les maisons d'air et de lumière ; la servitude de ne pas élever le mur était donc commandée par la nécessité des choses. Cela ne suffit cependant pas pour créer une servitude *altius non tollendi,* car la loi ne reconnaît qu'une seule servitude de nécessité, c'est le passage en cas d'enclave. L'arrêt se fonde encore sur les conventions intervenues entre les parties; en convenant que le mur serait reconstruit, elles stipulèrent que les anciens fondements seraient conservés, ce qui impliquait que le mur conserverait ses anciennes dimensions très-restreintes ; la qualité des matériaux conduisait à la même conséquence. Il restait un motif de

_____

(1) Bruxelles, 2 février 1865 (*Pasicrisie*, 1865, 2, 76).

douter qui, en droit, nous fait pencher pour l'opinion contraire. Il était dit dans le dernier acte que « celui des deux propriétaires qui aurait besoin d'une plus grande hauteur de mur en ferait la surélévation à ses frais. » N'était-ce pas autoriser l'exhaussement, et comment concilier la faculté d'exhausser avec la servitude qui consiste à ne pas bâtir plus haut? La cour de Paris décida qu'il résultait des documents du procès que les parties n'avaient eu en vue qu'une surélévation très-faible. Il est difficile de critiquer une appréciation de faits. La cour de cassation prononça un arrêt de rejet, comme elle fait toujours quand les juges n'ont fait que constater l'intention des parties contractantes (1).

230. Le doute se présente quelquefois sous une autre face. Un seul et même droit peut être stipulé soit à titre de servitude, soit à titre de créance, selon que les parties ont en vue l'utilité d'un fonds ou l'avantage d'une personne. Comme l'article 686 défend d'établir les servitudes au profit d'une personne, il importe beaucoup de savoir si, dans l'intention des parties, un droit est stipulé au profit de ceux qui parlent à l'acte ou s'il est stipulé dans l'intérêt de leurs fonds. Ce n'est pas l'héritage qui parle, c'est le propriétaire qui parle au nom de l'héritage; mais quand parle-t-il au nom du fonds? quand parle-t-il en son propre nom? Cela est souvent très-douteux. En principe, c'est l'intention qui décide, mais la difficulté est précisément de discerner quelle est l'intention. Il est dit qu'un droit d'usage ou de pacage est établi pour le stipulant et *pour les siens*. Faut-il limiter cette expression aux descendants de celui qui a stipulé le droit? S'il était vrai que toute servitude doit être interprétée restrictivement, il faudrait le décider ainsi. Cependant il a été jugé que cette convention établissait un droit réel attaché à la propriété du stipulant; que l'expression *les siens* comprend tous ceux qui succéderont au propriétaire actuel (2). Tel n'est certes pas le sens naturel des termes employés par les parties. L'interprétation

(1) Arrêt de rejet du 26 janvier 1858 (Dalloz, 1858, 1, 393).
(2) Bourges, 3 janvier 1829 (Dalloz, au mot *Servitude*, n° 1002, 5°).

de la cour est donc extensive. Elle a cependant bien jugé, nous semble-t-il. Notre droit ne reconnaissant pas de servitudes personnelles, toute servitude est par cela même perpétuelle. Quand donc par sa nature un droit constitue une servitude, l'on doit supposer que l'intention des parties est d'établir un droit perpétuel, donc une servitude réelle. Il faudrait une manifestation de volonté bien claire, bien formelle pour que l'on pût admettre qu'un droit, qui par sa nature est une servitude, n'est qu'une créance attachée à la personne du stipulant. L'interprétation qui admet une servitude n'est donc pas une interprétation extensive, elle n'est que l'expression de la volonté des parties contractantes.

Il a encore été jugé par la cour de cassation qu'un droit de passage stipulé par le propriétaire d'un fonds pour lui, les siens et ayants cause, est une servitude de passage, établie en termes généraux, que par suite elle est illimitée, comme le disait Dumoulin. Dans l'espèce, il ne pouvait y avoir de doute sur l'existence même de la servitude, le mot *ayants cause* comprenant tous les successeurs, ceux qui succèdent à titre particulier aussi bien que les successeurs à titre universel. Par la même raison, la servitude était illimitée; elle pouvait être exercée par tous ceux que le propriétaire du fonds dominant voulait introduire chez lui; tous étaient donc ses ayants cause, alors même qu'il faisait de sa maison un lieu public, en y établissant un tir au pistolet (1).

Un cas analogue, mais plus douteux, s'est présenté devant la cour de Grenoble. La vente comprenait une pièce de terre dans laquelle se trouvaient un puits et une pompe; le vendeur conservait une habitation et ses dépendances. Il était dit dans l'acte que « le vendeur aurait droit, *à l'avenir et à perpétuité, pour lui, sa famille et ses descendants,* à l'eau dudit puits. » En stipulant le droit de puisage pour *lui,* sa *famille* et ses *descendants,* le vendeur semblait stipuler un droit de créance plutôt qu'une servitude. Mais la rédaction répondait-elle bien à la pensée des parties? Le

(1) Arrêt de rejet du 8 novembre 1842 (Dalloz, au mot *Servitude,* n° 1003).

droit de puisage est par lui-même une servitude ; et quand ce droit est stipulé au profit des habitants d'une maison, n'est-ce pas dans l'intérêt de la maison et de tous ceux qui l'habiteront? Les mots *à perpétuité* marquent un droit qui ne s'attache pas à la personne, puisqu'il ne doit jamais s'éteindre, tandis que les familles s'éteignent. Ce qui confirmait cette interprétation, c'est que l'habitation du vendeur, située sur une éminence, était éloignée de plusieurs centaines de mètres de tout autre puits ; le puits était donc une nécessité pour l'habitation ; sans l'usage du puits, la maison perdait de sa valeur vénale et locative. L'intention des parties dépassait, comme on voit, les termes du contrat ; elles voulaient créer une servitude, tandis que l'acte semblait établir seulement un droit de créance. La cour de Grenoble s'en tint à l'intention, de préférence aux termes, et décida qu'il y avait servitude (1).

231. Quand il est bien certain que le titre constitue une servitude, de nouvelles difficultés se présentent sur l'étendue du droit : c'est toujours d'après l'intention des parties qu'elles doivent être décidées. Les cours l'oublient parfois. Dans un acte de partage il était dit que les deuxième et troisième lots devaient livrer passage aux autres *pour aller* dans un endroit déterminé. Le mot *aller* s'emploie des personnes, ce qui paraissait exclure les bestiaux et les voitures. Il nous semble que, pour interpréter un acte de partage, il fallait avoir égard à ce qui se passait avant que les biens fussent partagés : ne passait-on qu'à pied? ou passait-on avec voiture et avec bestiaux? Puis il fallait voir quelle était la nature des héritages au profit desquels le passage était réservé. C'était un fonds rural, puisque l'arrêt constate qu'il y avait une étable, donc des bestiaux. L'intention des parties devait être cherchée dans ces circonstances plutôt que dans les termes de l'acte : les actes sont souvent si mal rédigés! et l'acte dont il s'agit datait de 1706. La cour de Liége se prononça pour l'interprétation restrictive, le doute devant profiter à la liberté du fonds (2).

(1) Grenoble, 8 juillet 1867 (Dalloz, 1867, 2, 246).
(2) Liége, 15 juin 1837 (*Pasicrisie*, 1837, 2, 137).

Le même doute s'est présenté dans une espèce jugée par la cour de Gand. Un acte de vente établissait une servitude de passage pour bestiaux et personnes. Il a été jugé qu'il s'agissait d'un passage en faveur du pâturage. Cependant l'acte ajoutait : *et de toute autre manière*. La cour décida que cette clause devait s'entendre du droit accessoire de passer avec chariots et chevaux pour la nécessité du pâturage. Cela nous paraît bien douteux. D'abord l'acte ne parlait pas de pâturage. Puis en disant et *de toute autre manière*, l'acte n'établissait-il pas une servitude générale de passage? L'arrêt ne relate d'ailleurs pas de circonstances particulières qui justifient l'interprétation restrictive qu'il consacre (1). N'était-ce pas le cas de dire que la servitude de passage était illimitée par cela seul que les parties ne l'avaient pas limitée expressément aux besoins du pâturage?

232. Il y a dans la jurisprudence une tendance à restreindre l'étendue des servitudes. Sans doute la liberté des fonds est favorable, mais les droits des parties méritent également faveur. Il est dit dans un acte : « Pour l'avantage de leurs propriétés respectives, deux propriétaires ont établi sur leurs immeubles la servitude suivante : à droite et à gauche du mur de séparation des deux héritages, il ne pourra être élevé aucun bâtiment ni aucune construction, *quelles qu'en soient la hauteur et la destination*. » L'acte détermine ensuite la zone dans laquelle cette prohibition est établie. Malgré les termes généraux dont les parties s'étaient servies, la cour de Paris jugea que la servitude avait seulement pour but de ménager l'air et la lumière aux constructions faites et *à faire* au delà de la zone prohibée; elle maintint en conséquence des murs élevés dans la zone prohibée, mais à une hauteur inférieure à celle du mur séparatif. L'arrêt ne donne aucun motif de cette interprétation restrictive. Il fut confirmé par la cour de cassation; mais en cette matière les arrêts de rejet ont peu d'autorité, puisqu'ils se bornent à décider que la cour d'appel est restée dans les limites de son droit d'interpré-

(1) Gand, 3 janvier 1857 (*Pasicrisie*, 1858, 2, 370).

tation (1). Nous doutons fort 'que Dumoulin eût approuvé la décision de la cour de Paris. La servitude était constituée en termes illimités, elle était donc illimitée; c'était la volonté des parties; l'arrêt ne relate aucun fait d'où l'on puisse induire une volonté contraire. Cela n'était-il pas décisif?

233. La servitude d'égout des eaux ménagères, et à plus forte raison celle des urines, est très-onéreuse, et par suite on ne peut l'admettre que si la volonté des parties est certaine. Il est dit dans un vieux titre que le fonds assujetti est tenu de recevoir les *eaux des gouttières* et celles qui viendraient d'une *cour voisine*. Par *eaux des gouttières*, on n'entend que les eaux pluviales; ce point n'est pas douteux. Il y a quelque doute sur la portée de l'autre expression : *avec celles qui viendraient par une petite cour*; doit-on y comprendre les eaux ménagères et les urines? La cour de Paris a décidé la question négativement. Avec raison, nous semble-t-il; la seconde clause se lie à la première; celle-ci ne comprenant pas les eaux ménagères, ni les urines, on ne peut admettre que la première les comprenne; le sens naturel est plutôt celui-ci : les eaux pluviales qui viendraient du toit et de la cour (2).

234. Il y a des arrêts qui consacrent le principe de Dumoulin. Quand une servitude de passage est constituée en termes généraux, elle est par cela même illimitée, et elle sert par conséquent à tous les usages auxquels l'héritage dominant est destiné (3). L'acte constitutif porte qu'une servitude de passage et d'usage (4) est établie à perpétuité; il ajoute que le propriétaire du fonds dominant aura le droit d'user du chemin dans toute son intégrité, le jour comme la nuit, pour charrois et passage, n'importe avec quoi. Il est difficile d'être plus explicite. On contesta cependant l'étendue de la servitude. Au moment où elle fut constituée, le fonds dominant était un *jardin*; plus tard on y construisit une *usine*; n'était-ce pas dépasser l'intention

(1) Arrêt de rejet du 9 août 1853 (Dalloz, 1854, 1, 82).
(2) Paris, 14 mars 1836 (Dalloz, au mot *Servitude*, n° 79, 3°).
(3) Caen, 8 janvier 1820 (cité par Demolombe, t. XII, p. 449, n° 926).
(4) Ce sont les termes flamands : « *Servituet en gebruik.* »

des parties que d'étendre aux transports multipliés que nécessite l'exploitation d'une usine, une servitude qui avait été établie pour les besoins d'un jardin? Il y avait là quelque doute. La cour de Gand s'est prononcée pour l'interprétation la plus large, parce que la servitude était constituée dans des termes illimités, sans restriction aucune aux besoins actuels du fonds dominant (1). C'est l'application du principe de Dumoulin.

La cour de Caen a appliqué le même principe à la servitude de vue. Il est dit dans un acte de partage « que tous les murs de séparation seront mitoyens entre les lots, et que les copartageants seront libres de faire des vues dans les murs qui ne seront pas mitoyens. » Les termes s'appliquaient évidemment aux murs à construire comme aux murs déjà construits; et il est tout aussi certain que le droit de vue était stipulé d'une manière illimitée. Il n'y avait de doute que sur un point : le propriétaire du fonds dominant n'avait ouvert que deux fenêtres; avait-il perdu après trente ans le droit d'en ouvrir davantage? Nous reviendrons sur la question (2).

Nº 2. DESTINATION DU PÈRE DE FAMILLE.

235. Quand la servitude est établie par destination du père de famille, il va sans dire que cette même destination doit être consultée pour déterminer l'étendue de la servitude. L'article 692 dit que la destination vaut titre. En faut-il conclure que l'on doit suivre pour la destination le même principe que pour le titre? Il y a une différence; le titre fait connaître la volonté expresse des parties, et cette volonté fait loi; elles peuvent établir la servitude dans les termes les plus absolus; dans ce cas, le droit sera illimité. La destination, au contraire, repose sur la volonté tacite des parties; cette volonté est nécessairement limitée à l'état des choses qui existe lors de la séparation des fonds; c'est et état qui doit être maintenu. De là suit que la servitude

---

(1) Gand, 31 décembre 1868 (*Pasicrisie*, 1869, 2, 107).
(2) Caen, 1er mars 1839 (Dalloz, au mot *Servitude*, nº 775).

est restreinte à l'usage auquel le père de famille avait destiné l'un des fonds : a-t-il établi une fenêtre, elle sera conservée à titre de servitude, mais l'on ne pourra pas en
ouvrir une seconde, car les parties ne veulent maintenir
que ce qui existe. C'est tout ce que l'on peut induire de
leur silence; en allant au delà, on risquerait de dépasser
leur intention (1). Puisque le principe d'interprétation diffère selon qu'il s'agit de destination ou de titre, il est peu
juridique d'invoquer la destination alors qu'il y a un titre;
la volonté tacite peut-elle éclairer le juge sur la volonté
expresse? On trouve cette confusion dans un arrêt de la
cour de Lyon confirmé par la cour de cassation (2).

Nº 3. DE LA POSSESSION.

236. Il y a des servitudes qui s'établissent par la possession de trente ans. La possession étant le titre sur lequel
repose la servitude, c'est naturellement la possession qui
en détermine l'étendue. L'interprétation, dans ce cas, est
essentiellement restrictive; c'est le sens du vieil adage :
tantum præscriptum quantum possessum. Il n'est pas douteux que si j'ai possédé deux fenêtres, je ne puis en ouvrir
une troisième. Mais ce droit que j'ai acquis par la prescription se borne-t-il au maintien des deux fenêtres? ou
ai-je acquis un droit de vue? et cette servitude emporte-
t-elle la charge pour le propriétaire du fonds de ne pas
élever de constructions qui nuisent à mon droit? Nous
avons examiné cette difficile question plus haut. Même en
admettant la doctrine consacrée par la jurisprudence française, il reste des difficultés dans l'application du principe.

Une fenêtre est ouverte dans un mur qui se trouve à
une distance moindre que la distance légale de 19 décimètres du fonds voisin. En résulte-t-il une servitude de
vue? Oui, en supposant que ce soit une fenêtre d'aspect,
comme le dit l'article 678. En effet, le propriétaire n'avait

(1) Demante, *Cours analytique*, t. II, nº 553, p. 649.
(2) Arrêt de rejet du 26 juillet 1831 (Dalloz, au mot *Servitude*, nº 777, 1º).

pas le droit de pratiquer cette fenêtre; s'il le fait, la fenêtre sera établie non à titre de propriété, mais à titre de servitude. Quelle sera l'étendue de cette servitude? Nous venons de dire que c'est une servitude de vue, qui entraîne celle de ne pas bâtir. En sera-t-il de même si la fenêtre donne sur le mur de clôture de l'héritage voisin? La question est controversée. Il est difficile de nier qu'il y ait une servitude; car l'article 678 dit formellement que l'on ne peut avoir des vues droites ou fenêtres d'aspect sur l'héritage *clos* ou non clos de son voisin, s'il n'y a 19 décimètres de distance entre le mur où on les pratique et ledit héritage. Donc la fenêtre, alors même qu'elle donne sur un mur de clôture, est une servitude. C'est l'opinion que nous avons enseignée (n° 44). Mais elle ne donne pas la solution d'une autre difficulté. Si pendant trente ans la fenêtre a donné sur un mur de clôture, on ne peut pas dire que le propriétaire de la maison ait joui d'un droit de vue sur l'héritage de son voisin; il a eu un droit de vue sur un mur de clôture, et il n'a prescrit que ce qu'il a possédé, ce même droit de vue restreint. Il ne pourra donc pas, après trente ans, réclamer une vue plus étendue et s'opposer à ce que le propriétaire du fonds servant exhausse le mur, bien entendu si l'exhaussement ne rend pas plus incommode l'exercice de la servitude restreinte qui appartient au propriétaire du fonds dominant. La cour de cassation l'a décidé ainsi. Elle dit très-bien que le propriétaire de la maison n'a possédé qu'une *fenêtre obstruée* par le mur du voisin; il n'a donc prescrit qu'une *fenêtre obstruée*. De là suit qu'il n'en peut pas résulter pour le voisin la charge de ne pas bâtir, ou de ne pas exhausser le mur de clôture : cette charge est la conséquence d'une vue droite ou d'aspect, qui n'existait pas dans l'espèce. On reste donc dans le droit commun; le propriétaire de la maison conservera les fenêtres qu'il a ouvertes, et le voisin ne pourra rien faire qui puisse diminuer l'usage de ce droit (art. 701) (1).

237. La possession sert aussi à expliquer l'étendue de la servitude constituée par titre, alors même que la servi-

(1) Arrêt de rejet du 6 février 1867 (Dalloz, 1867, 1, 257).

tude serait discontinue. On n'invoque pas la possession, en ce cas, pour y fonder la servitude; on l'invoque pour déterminer l'étendue qu'elle doit avoir. Cette étendue dépend de la volonté des parties; or, l'exécution qu'elles donnent à leurs conventions est l'interprétation la plus sûre de ce qu'elles ont voulu (2). Les faits de possession peuvent être établis par la preuve testimoniale alors même que la servitude serait discontinue; car la possession n'est pas invoquée pour constituer la servitude; il y a un titre, il s'agit seulement de savoir comment les parties l'ont interprété en exerçant la servitude et en souffrant cet exercice (1).

Autre est la question de savoir si la possession peut dépasser le titre, en donnant au propriétaire du fonds dominant des droits que le titre ne lui accordait pas. Il va sans dire que s'il s'agit d'une servitude discontinue qui ne peut pas s'acquérir par la possession, celle-ci ne peut rien ajouter au titre. Si la servitude est continue et apparente, la possession peut étendre le titre. En effet, sans titre aucun, la servitude peut s'acquérir par la prescription; donc le titre ne peut pas faire obstacle à l'acquisition d'un droit nouveau. Celui à qui son titre donne le droit de pratiquer deux fenêtres en ouvre trois; et il les possède pendant trente ans. Aura-t-il acquis par la prescription le droit d'avoir trois fenêtres? L'affirmative n'est pas douteuse. On objecte parfois que l'on ne peut pas prescrire contre son titre. L'article 2240 le dit, mais il explique aussi comment il faut entendre cette règle : « en ce sens, dit la loi, que l'on ne peut pas se changer à soi-même la cause et le principe de sa possession. » En combinant l'article 2240 avec ceux qui précèdent, on voit qu'il s'agit d'une possession précaire qui ne peut pas servir à la prescription; elle peut être intervertie, mais le possesseur seul ne peut l'intervertir. La maxime qui défend de prescrire

---

(1) Arrêt de rejet de la cour de cassation de Bruxelles du 25 janvier 1836 (*Pasicrisie*, 1836, 1, 178). Arrêt de rejet de la cour de cassation de France du 29 février 1832 (Dalloz, au mot *Servitude*, n° 1114). Bruxelles, 4 décembre 1862 (*Pasicrisie*, 1863, 2, 118), et plus haut, n° 226.
(2) Gand, 8 mars 1871 (*Pasicrisie*, 1871, 2, 244).

contre son titre est donc tout à fait étrangère à notre question. Celui qui possède pendant trente ans trois fenêtres pourrait les prescrire toutes les trois sans titre aucun, à plus forte raison peut-il prescrire la troisième : il ne prescrit pas contre son titre, il prescrit au delà de son titre (1).

238. L'application du principe n'est pas sans difficulté. Une prise d'eau s'annonçant par des ouvrages extérieurs est une servitude continue et apparente. Elle peut donc s'acquérir et s'étendre par la prescription. Mais que faut-il pour qu'il y ait prescription? La possession à titre de servitude. Qui doit exercer les faits invoqués à ce titre? Le propriétaire de l'héritage dominant. Dans une espèce jugée par la cour de cassation de Belgique, le propriétaire du fonds dominant prétendait que le propriétaire du fonds servant, ayant toujours curé le canal les dimanches et jours de fête, il avait acquis par prescription le droit d'exiger que le curage se fît ces jours-là. Le juge de paix repoussa ces prétentions ; admises par le tribunal sur l'appel, elles furent de nouveau rejetées par la cour de cassation. Le juge de paix avait bien jugé. En curant le canal le dimanche, le propriétaire du canal, qui était en même temps propriétaire d'un moulin, agissait en vertu de son droit de propriété ; dès lors il n'en pouvait résulter aucun droit en faveur du fonds dominant. Il n'y avait aucun fait de possession à titre de servitude : cela décidait le débat (2).

Lors même que la possession s'exerce par le propriétaire de l'héritage dominant, donc à titre de servitude, il se présente de nouvelles difficultés. J'ai le droit d'avoir l'eau tous les jours de la semaine de six heures du matin jusqu'à midi ; je prouve que presque toujours la vanne est restée levée jusqu'à trois heures ; aurai-je acquis par prescription le droit d'avoir l'eau jusqu'à trois heures? C'est en ces termes que la question est posée par un jurisconsulte dont la Belgique regrette la mort prématurée. Dupret répond qu'en droit il n'y a aucun doute ; il est certain que

_____

(1) Pardessus, t. II, p. 114, n° 286. Aubry et Rau, t. III, p. 95 et note 25.
(2) Arrêt de cassation du 25 mars 1847 (*Pasicrisie*, 1847, 1, 384).

je puis acquérir une extension de la servitude de prise d'eau, puisque la servitude elle-même, avec toute l'étendue que je réclame, aurait pu s'établir par la force seule de la possession. La difficulté est donc une difficulté de fait. Il faut prouver que la possession a les caractères voulus par la loi; elle doit notamment être continue. Est-ce à dire qu'il faille que toujours, sans exception aucune et pendant trente ans, la prise d'eau ait eu lieu d'une manière uniforme jusqu'à trois heures? La continuité, en cette matière, n'est pas l'uniformité. Des réparations à faire à l'usine, une diminution temporaire de l'achalandage peuvent suspendre ou diminuer la prise d'eau. Le juge ne s'arrêtera pas à ces déviations passagères, il décidera d'après les faits réguliers et normaux (1).

§ III. *Droits du propriétaire de l'héritage dominant.*

Nº 1. DES TRAVAUX NÉCESSAIRES A LA SERVITUDE.

239. L'article 697 porte que celui auquel une servitude est due a droit de faire tous les ouvrages nécessaires pour en user et pour la conserver. Il est inutile que le titre énumère les ouvrages que le propriétaire du fonds dominant est autorisé à faire, son droit est écrit dans la loi, et la loi même ne fait que consacrer une application de cette maxime de droit naturel, que celui qui veut la fin veut les moyens. En ce point, les énonciations ne peuvent donc jamais être considérées comme restrictives; il serait absurde de refuser à celui qui a droit à une servitude les moyens nécessaires de l'exercer. Le cas s'est présenté devant la cour de Liége. L'Etat avait acheté une servitude d'aqueduc pour conduire les eaux de la Vesdre à la station du chemin de fer de Verviers. Il était dit dans l'act que l'Etat était autorisé à creuser sur le fonds servant u fossé pour l'établissement de tuyaux destinés à conduir

---

(1) Dupret, *Des modifications de la servitude par la prescription* (*Revu de droit français et étranger*, 1846, t. III, p. 819-821).

l'eau. On commença par placer des tuyaux en fonte; ces tuyaux étant insuffisants, l'Etat construisit un canal en maçonnerie. Opposition de la part du propriétaire du fonds servant, qui invoque le titre constitutif de la servitude. Dans un savant réquisitoire, le procureur général, M. Raikem, discuta toutes les lois romaines qui avaient rapport à la question. Nous avons un respect profond pour nos maîtres, les jurisconsultes de Rome; mais nous trouvons inutile de recourir à leurs décisions quand elles ne font qu'embarrasser la discussion par des controverses sur les textes du Digeste, alors que les principes les plus élémentaires suffisent pour résoudre la difficulté. Dans l'espèce, il n'y avait pas même de difficulté : le texte est formel, et l'esprit de la loi plus évident encore. Conçoit-on que le propriétaire du fonds servant vienne dire au propriétaire du fonds dominant : Je vous ai vendu une servitude d'aqueduc moyennant des tuyaux; ces tuyaux ne vous suffisent pas; peu importe; je m'oppose à la construction du canal nécessaire à l'exercice de la servitude, bien que ce canal ne me cause aucun préjudice! Le bon sens suffit pour repousser de pareilles prétentions (1).

240. Celui à qui la servitude est due peut-il faire les ouvrages nécessaires sur le fonds servant? La loi ne le dit pas, mais il ne saurait y avoir de doute. Il va sans dire que le propriétaire peut faire sur son fonds tous les travaux qui peuvent lui être utiles, pourvu qu'il n'aggrave pas la condition du fonds servant. Quand donc la loi l'autorise à faire les ouvrages nécessaires, il faut entendre les travaux qui doivent être faits sur le fonds assujetti. Ici il y a une restriction aux droits du propriétaire dominant; elle résulte du texte et des principes. La loi dit les ouvrages *nécessaires* pour *user* de la servitude et pour la *conserver*. Quels travaux sont nécessaires? C'est une question de fait que le premier architecte venu résoudra mieux que ne l'ont fait les jurisconsultes romains auxquels on aime à recourir par tradition (2). Le propriétaire du fonds dominant

---

(1) Liége, 18 décembre 1851 (*Pasicrisie,* 1852, 2, 320).
(2) Voyez quelques-unes de leurs décisions dans Ducaurroy, Bonnier et Roustain, t. II, p. 243, n° 358.

peut aussi faire les travaux nécessaires pour la conservation de son droit, c'est-à-dire les travaux destinés à maintenir les choses dans l'état où elles doivent être pour l'usage de la servitude. Encore une question de fait.

241. Qui supporte les frais de ces ouvrages? Aux termes de l'article 698, les travaux sont aux frais de celui à qui la servitude est due, et non à charge du propriétaire du fonds assujetti. Quelle en est la raison? Toullier répond que le propriétaire de l'héritage dominant doit supporter les frais parce qu'ils sont faits pour son utilité. La raison n'est pas décisive. Ne pourrait-on pas dire que celui qui vend une servitude d'aqueduc doit livrer un aqueduc à l'acheteur? Il faut chercher le vrai motif dans la nature de la servitude, droit réel, qui, comme Toullier l'ajoute, n'oblige pas le propriétaire du fonds servant à faire; il est seulement tenu de souffrir que le propriétaire de l'héritage fasse les ouvrages nécessaires. Au point de vue pratique, cela importe très-peu, car les servitudes s'établissant d'ordinaire à titre onéreux, le prix sera fixé en conséquence des travaux qui restent à charge du propriétaire dominant.

242. L'article 698 ajoute que le titre d'établissement de la servitude peut mettre les frais des ouvrages à charge du propriétaire du fonds assujetti. Il va sans dire que les propriétaires peuvent contracter telle obligation personnelle qu'ils veulent s'imposer à l'occasion de l'établissement de la servitude : cela ne fait aucun doute. Mais cette obligation peut-elle aussi être stipulée à titre de charge réelle? Sur ce point les auteurs du code civil se sont écartés du droit romain. Après de longues controverses, il avait été admis que dans la servitude *oneris ferendi*, qui astreint le propriétaire du fonds assujetti à supporter des constructions appuyées sur son mur ou sur son bâtiment, il était tenu aussi, et à titre de charge réelle, de faire les réparations nécessaires au mur ou au bâtiment assujetti. Ce n'est pas l'homme, disaient les jurisconsultes, qui est débiteur, c'est le fonds, pour marquer que cette obligation prenait le caractère d'un droit réel. C'était une exception qui existait de plein droit, et à raison de la nature particulière de la servitude *oneris ferendi*; le mur supportant la maison du voisin, il paraissait naturel qu'il fût réparé par le propriétaire de la maison plutôt que par le propriétaire du fonds dominant. Le code généralise l'exception; non pas que de plein droit et sans stipulation le propriétaire du fonds assujetti doive supporter les frais des ouvrages nécessaires à l'usage de la servitude; l'article 698 pose la règle contraire, mais il permet aux parties intéressées d'y déroger. Il y a donc une double dérogation au droit romain. L'exception concernant la servitude *oneris ferendi* n'existe plus : c'est l'opinion générale, sauf le dissentiment de Duranton; il suffit de lire l'article 698 pour se convaincre que le respect exagéré pour le droit romain a induit Duranton en erreur. Par contre, il dépend des parties de stipuler, dans toute espèce de servitude, que le propriétaire du fonds assujetti est tenu de faire à ses frais les ouvrages nécessaires pour l'usage ou la conservation de la servitude (1).

243. Quelle est la nature de cette stipulation? La loi présume que la charge est réelle, car elle décide que celui à qui le titre l'impose peut toujours s'en affranchir en abandonnant le fonds assujetti au propriétaire de l'héritage dominant. Est-ce à dire que la charge soit nécessairement réelle? Non, certes; c'est par dérogation au droit commun qu'elle est considérée comme telle. Le fonds seul est tenu en matière de servitudes; or, un fonds ne peut être obligé à faire; mais l'obligation de faire les ouvrages étant l'accessoire de la servitude, le législateur lui attribue le même caractère de réalité. Puisque telle est l'interprétation que la loi donne à la convention, il faudrait une manifestation de volonté en sens contraire pour que la charge fût personnelle à celui qui doit la supporter.

Voici donc le système du code civil. De droit commun, les ouvrages nécessaires à l'usage de la servitude doivent être faits par le propriétaire du fonds dominant et à ses frais. C'est par exception que les travaux sont à la charge du propriétaire de l'héritage assujetti; il faut, comme pour

---

(1) Toullier, t. II, p. 306, n° 665. Demante, t. II, p. 650, n° 555 *bis* I. Demolombe, t. XII, p. 398, n° 873 et suiv. Arrêt de rejet du 16 mars 1839 (Dalloz, 1870, 1, 120). Comparez Duranton, t. V, p. 529, n° 503.

toute exception, une stipulation expresse ; l'article 698 dit :
« à moins que le titre d'établissement de la servitude ne dise
le contraire (1). » Quand l'exception est écrite dans le contrat, il en résulte une charge réelle, sauf, de nouveau,
stipulation contraire.

Cela suppose qu'il n'y a aucune faute de la part des
deux propriétaires. S'il y a faute, on rentre sous l'empire
des principes généraux. Lorsque des travaux de réparation sont devenus nécessaires par là faute du propriétaire
de l'héritage servant, il devra les faire à ses frais, quand
même le titre ne mettrait pas les ouvrages à sa charge.
Que si c'est la faute du propriétaire de l'héritage dominant
qui a nécessité les travaux, il devra les faire à ses frais,
alors même que le titre chargerait le propriétaire du fonds
assujetti de faire tous les ouvrages nécessaires à l'usage
de la servitude (2).

244. La charge étant présumée réelle, il faut appliquer les principes qui régissent les droits réels. C'est une
modalité de la servitude, dit un arrêt de la cour de cassation, qui, comme la servitude même, grève à perpétuité
le fonds assujetti, et le suit en quelques mains qu'il passe (3).
La cour de cassation a consacré une autre conséquence
du même principe dans une affaire très-intéressante. Une
servitude de prise d'eau est stipulée dans un partage, et
les travaux sont mis aux frais du second lot. Le copartageant, propriétaire du fonds dominant, prend inscription
pour le privilége qui lui appartient en vertu de l'article 2103, n° 3, du chef de soulte et retour de lot. De là la
question de savoir si la charge imposée au second lot était
une créance privilégiée. Le privilége n'est établi que pour
garantir l'exécution des obligations personnelles que le
partage impose aux copartageants. Il est étranger aux
charges réelles qui grèvent le fonds et qui n'ont rien de
commun avec la solvabilité du détenteur de l'héritage. Il

---

(1) Demante, t. II, p. 650, n° 555 *bis* I. Arrêt de rejet du 7 décembre 1869
(Dalloz, 1870, 1, 33). Comparez Demolombe, t. XII, p. 399, n° 875).
(2) Aubry et Rau, t. III, p. 91 et note 12, et les autorités qui y sont citées.
(3) Arrêt de cassation du 3 avril 1865 (Dalloz, 1865, 1, 391). Tous les
auteurs sont d'accord ; voyez les autorités dans Aubry et Rau, t. III, p. 91
et note 11.

est certain que pour la servitude, quoique créée par l'acte
de partage, il n'y avait pas lieu à privilége, toute garantie
étant inutile, puisque la servitude grève le fonds et le suit
dans toutes les mains où il passe. Mais la charge des frais
soulève une question de solvabilité, le copartageant ou
l'acquéreur pouvant être ou devenir insolvable. Le tribunal de première instance maintint l'inscription, la cour de
Lyon l'annula, et son arrêt fut approuvé par la cour de
cassation (1). Il y a quelque doute. La charge est réelle,
dit l'arrêt de rejet, et ne saurait être confondue avec les
obligations ordinaires qui naissent d'un partage et qui
sont purement personnelles. Il est vrai que la charge est
réelle, mais il est vrai aussi que la réalité d'une obligation qui est personnelle par sa nature n'est qu'une fiction :
ce n'est pas le fonds qui fait et qui paye, c'est la personne.
Or, n'est-il pas de l'essence de toute fiction d'être restreinte dans les limites pour lesquelles la loi l'a établie? La
charge est réelle en ce sens qu'elle suit le fonds, et que le
tiers détenteur peut s'en affranchir en abandonnant le
fonds. Qu'est-ce que cela a de commun avec les obligations
qui existent entre copartageants? Si le lot grevé de la
charge échoit à un héritier insolvable, le lot au profit duquel la charge est établie sera en perte : dès lors il doit y
avoir privilége.

245. L'article 699 consacre une conséquence de la réalité de la charge ; il permet au propriétaire du fonds assujetti de s'en affranchir en abandonnant le *fonds assujetti*
au propriétaire de l'héritage auquel la servitude est due.
Que faut-il entendre par *fonds assujetti?* Il y a des cas où
la question ne souffre aucun doute, mais aussi elle ne se
présentera guère dans cette hypothèse. Une servitude de
pacage grève tout le fonds servant; une servitude de passage est limitée à la partie du fonds par laquelle on passe,
en ce sens que le reste du fonds est libre ; dans le premier
cas, tout le fonds servant devra être abandonné; dans le
second, la partie du fonds qui seule est assujettie, donc
encore tout le fonds servant. Mais que doit-on décider si

(1) Arrêt de rejet du 7 mars 1859 (Dalloz, 1859, 1, 157).

une servitude de passage est établie sur un fonds sans limitation? Tout le fonds est-il assujetti, et tout le fonds doit-il être abandonné si le propriétaire veut user de la faculté que lui donne l'article 699? La question est très-controversée; on ne cite aucun arrêt, c'est donc une question de doctrine que la pratique ignore. Nous n'hésitons pas à décider que c'est le fonds servant tout entier qui devra être abandonné. Le texte est formel : il exige l'abandon du fonds *assujetti*; or, n'est-il pas de principe élémentaire que tout le fonds *servant* est *assujetti?* Vainement dit-on que les parties, par une convention expresse ou tacite, restreignent l'exercice de la servitude à une partie du fonds; cela n'empêche pas que tout le fonds reste grevé de la servitude. On invoque l'équité, on dit que le droit d'abandon sera un droit dérisoire si l'on force le propriétaire d'un fonds qui vaut dix mille francs à l'abandonner tout entier pour se débarrasser des frais qui ne s'élèvent pas à cent francs. Eh! qui veut contraindre le propriétaire à faire cette folie? C'est à lui de voir quel est son intérêt. Il s'est soumis à une charge ; qu'il la remplisse! Et s'il veut s'en affranchir, qu'il se soumette aux conditions prescrites par la loi (1) !

246. Quel est l'effet de l'abandon autorisé par l'article 699? La loi le dit, c'est pour s'affranchir de la charge de faire les ouvrages nécessaires pour l'usage de la servitude que le propriétaire du fonds assujetti l'abandonne au propriétaire du fonds auquel la servitude est due. L'effet de l'abandon sera donc que le propriétaire sera affranchi de cette charge. Il le sera pour le passé aussi bien que pour l'avenir. M. Demolombe fait une singulière objection. Le maître du fonds assujetti, dit-il, était tenu de la charge comme propriétaire; or, il ne cesse d'être propriétaire qu'à partir de l'abandon; donc il devra supporter les frais pendant le temps qu'il était propriétaire. Non, il ne doit pas payer les frais en sa qualité de propriétaire ; comme tel, au contraire, il ne les doit pas. Il n'en est tenu qu'en vertu

_____

(1) **Pardessus**, t. II, p. 204, n° 316. Demolombe, t. XII, p. 404, n° 882. En sens contraire, Aubry et Rau, t. III, p. 90 et note 10, et les auteurs qui y sont cités.

d'une obligation qu'il a contractée, obligation dont la loi lui permet de se délier par l'abandon du fonds assujetti : une fois délié, il cesse d'être tenu (1).

Quel est l'effet de l'abandon quant à la propriété? On enseigne qu'il est translatif de propriété, d'où l'on conclut que l'acte d'abandon est soumis à la transcription. On ajoute que l'abandon ne doit pas être accepté par le propriétaire du fonds dominant (2). Il nous semble qu'il y a là une espèce de contradiction. Il ne se fait pas de translation de propriété sans un concours de volontés : peut-on devenir propriétaire malgré soi? Sans doute, pour faire l'abandon, le propriétaire du fonds assujetti n'a pas besoin du consentement du propriétaire de l'héritage dominant : il tient son droit de la loi. Mais tout ce qui résulte de cet abandon, c'est que le propriétaire qui l'a fait cesse d'être propriétaire; quant au maître du fonds dominant, il ne deviendra propriétaire que par l'acceptation de l'abandon. C'est seulement alors qu'il y aura translation de propriété et par suite nécessité de transcrire. On peut appliquer ici par analogie ce que nous avons dit ailleurs de l'abandon de la mitoyenneté (tome VII, n° 550).

247. Peut-on renoncer au droit d'abandon consacré par l'article 699? La question est controversée. Nous n'hésitons pas à décider, avec Pardessus, que la renonciation serait valable. Il est de principe que chacun peut renoncer aux droits qui sont établis en sa faveur, à moins qu'il n'y ait un motif d'ordre public qui s'y oppose. Or, dans l'espèce il s'agit de droits et d'obligations de pur intérêt privé, l'ordre public est hors de cause. On objecte que la renonciation transformerait en un service imposé à la personne une obligation que la loi n'admet qu'à titre de charge réelle. Il y a dans cette objection une singulière confusion d'idées. En principe, l'obligation de supporter les frais des ouvrages nécessaires à l'usage de la servitude est personnelle, c'est un droit de créance; la loi permet, elle présume même que la charge devient réelle si le

_____

(1) Aubry et Rau, t. III, p. 90, note 9. En sens contraire, Demolombe, t. XII, p. 407, n° 883.
(2) Demolombe, t. XII, p. 408, n°ˢ 485 et 484.

propriétaire du fonds assujetti s'y soumet, mais certes elle
ne défend pas de maintenir à cette obligation son caractère de personnalité (1).

N° 2. DES SERVITUDES ACCESSOIRES.

248. L'article 696 porte : « Quand on établit une servitude, on est censé accorder tout ce qui est nécessaire
pour en user. Ainsi la servitude de puiser de l'eau à la
fontaine d'autrui emporte nécessairement le droit de passage. » Cette disposition, comme celle de l'article 697, est
une application du principe que celui qui veut la fin veut
les moyens, principe fondé sur la logique et sur l'intention
des parties intéressées. La règle de l'article 696 est générale ; elle s'applique non-seulement aux servitudes conventionnelles, mais aussi à celles qui sont établies par
destination du père de famille ou par prescription, sauf à
tenir compte des règles d'interprétation concernant le titre,
la destination et la possession. Il résulte de l'article 696
qu'il y a des servitudes auxquelles le maître du fonds dominant a droit à titre d'accession, mais il ne peut les réclamer qu'à ce titre. Ainsi celui qui a le droit de puiser de
l'eau à la fontaine d'autrui peut passer par le fonds servant
pour puiser l'eau, mais il n'a pas le droit de passage en
dehors de la servitude de puisage. Les servitudes accessoires n'existent donc que comme droits accessoires et sous
la condition de la nécessité. La servitude accessoire n'étant
pas due par elle-même, on ne peut pas la réclamer, si
elle n'est pas indispensable pour user de la servitude principale (2).

249. Tel est le principe. L'application a donné lieu à
de nombreuses difficultés. Le droit de saillie avec gouttières donne-t-il le droit de passer sur le fonds du voisin
pour faire les réparations nécessaires? C'est une question
de fait plutôt que de droit. Le droit de passage est-il nécessaire pour user de la servitude d'égout? Cette servitude

---

(1) Pardessus, t. Ier, p. 160, n° 69. En sens contraire, Demolombe, t. XII,
p. 403, n° 881; Aubry et Rau, t. III, p. 90 et note 8.
(2) Aubry et Rau, t. III, p. 89 et note 3, et les autorités qui y sont citées.

s'exerce, à la vérité, d'elle-même, mais elle ne se conserve que si le toit et les gouttières sont maintenus en bon état de réparation. C'est donc plutôt le cas d'appliquer l'article 697 que l'article 696 ; mais peu importe, puisque les deux dispositions se tiennent et sont l'application du même principe. Le cas s'est présenté devant la cour de cassation de Belgique. Elle a jugé que la nécessité du passage étant une question de fait, il appartenait par cela même au juge du fond de la décider. L'arrêt attaqué constatait que pour faire *convenablement* les réparations que l'usage de la servitude nécessitait, il fallait passer par le fonds servant. Ces termes manquaient de précision ; ils peuvent être pris dans le sens de *commodément;* or, la commodité ne suffit pas, il faut la nécessité. La cour de cassation interpréta l'arrêt de la cour de Gand en ce sens, dès lors il n'y avait plus de doute sur la servitude accessoire de passage (1).

250. La servitude d'aqueduc implique-t-elle nécessairement celle de passage? Cette servitude est aussi continue, elle s'exerce donc d'elle-même. De là suit que l'on ne peut pas dire que nécessairement elle comprend le droit de passer par le fonds du voisin. C'est également une question de fait. Dans une espèce qui s'est présentée devant la cour de cassation, le propriétaire du fonds servant ne contestait pas au propriétaire du fonds dominant le droit de veiller à l'entretien du canal et de constater les obstacles que l'écoulement des eaux rencontrait ; ce qui donnait lieu accidentellement à un droit de passage. La cour de Colmar jugea que l'on ne pouvait pas aller plus loin sans créer une nouvelle servitude. Son arrêt fut maintenu par la cour de cassation (2).

Si les eaux sont transmises à l'héritage dominant par un canal qui doit être curé, le curage étant une charge et un droit tout ensemble pour le maître de cet héritage, il oit avoir la faculté de passer sur le fonds servant pour faire e curage et de déposer momentanément les terres jectisses

---

(1) Arrêt de rejet du 18 juillet 1851 (*Pasicrisie,* 1852, 1, 67).
(2) Arrêt de rejet de la chambre civile du 18 juillet 1843 (Dalloz, au mot *ervitude,* n° 978).

sur les bords du canal (1). Mais il a été jugé que la servitude de prise d'eau ne comprend pas nécessairement le
droit de passage. L'arrêt dit que la prise d'eau donne bien
le droit d'en surveiller le cours pour s'opposer à tout changement qui en restreindrait la jouissance, mais qu'elle
n'emporte pas, comme accessoire nécessaire, le droit de
passer par la propriété d'autrui, si le propriétaire du fonds
dominant peut constater d'une autre manière que toute
l'eau à laquelle il a droit arrive sur son héritage. Or, dans
l'espèce, le propriétaire du fonds servant offrait de construire à ses frais un canal qui conduirait les eaux dans
le fonds dominant; il offrait même un sentier par un pré
pour arriver à l'embouchure du canal, ce qui rendait le
passage le long de l'eau inutile, le propriétaire pouvant
surveiller à chaque instant les deux extrémités du canal (2).

Dans une autre espèce, la cour de cassation a refusé le
droit de passage au propriétaire du fonds dominant. Le
canal d'irrigation était affecté à l'usage de trois fonds qu'il
traversait. Chaque propriétaire riverain devait entretenir
et curer la partie du canal qui était sur son domaine,
sous l'obligation de ne pas nuire aux coriverains. Ceux-ci
ne pouvaient donc pas réclamer un passage pour procéder
au curage qu'ils n'avaient ni le droit ni l'obligation de
faire; ils pouvaient seulement actionner le riverain qui
négligeait l'entretien et le curage, et au besoin se faire
autoriser par justice à y procéder eux-mêmes; ce n'est
que dans cette dernière hypothèse qu'il y avait lieu à un
droit de passage (3).

251. La servitude de vue emporte-t-elle la servitude de
ne pas bâtir? Cette question a donné lieu à bien des débats (4). Il faut d'abord distinguer si la servitude est établie
par titre, par destination du père de famille ou par prescription. S'il y a un titre et que ce titre garde le silence sur
l'étendue de la servitude, il est impossible de contester que

(1) Colmar, 23 février 1853 (Dalloz, 1853, 2, 174).
(2) Riom, 24 janvier 1856 (Dalloz, 1857, 2, 31).
(3) Arrêt de rejet du 18 avril 1854 (Dalloz, 1854, 1, 241).
(4) Aubry et Rau, t. III, p. 87 et note 11, et les autorités qui y sont citées.

le droit de vue implique la charge pour le voisin de ne pas obstruer la vue par des constructions. Qu'est-ce, en effet, que la servitude de vue? C'est le droit d'avoir des fenêtres d'aspect sur l'héritage du voisin ; les fenêtres procurent d'abord l'air et la lumière, elles donnent aussi le droit de voir sur le fonds assujetti ; c'est précisément là la différence entre la servitude de *vue* et la servitude de *jour*. Or, les droits qui découlent de la servitude de vue ne pourraient être exercés si le voisin pouvait obstruer les fenêtres par ses constructions. Il faut donc dire, avec l'article 696, que celui qui s'est soumis à une servitude de vue, s'est soumis par cela même à ne pas bâtir de manière à empêcher l'exercice de la servitude. Mais quelle sera l'étendue de cette charge? Il est certain qu'elle n'implique pas une prohibition absolue de bâtir ; ce serait là une servitude de prospect, et le titre n'établit qu'une servitude de vue. La servitude de ne pas bâtir étant réclamée comme conséquence ou accessoire, il en résulte qu'elle n'existe que dans les limites de la nécessité ; cela est de l'essence de toutes les servitudes accessoires. Quelles sont ces limites? La jurisprudence est hésitante. La plupart des cours appliquent les dispositions des articles 678 et 679 (1). Nous avons déjà dit que la jurisprudence donne à ces articles une extension que ne comporte ni le texte ni l'esprit de la loi (n° 66). Le législateur y détermine les conditions sous lesquelles un propriétaire peut pratiquer des fenêtres ouvrantes en vertu de son droit de propriété ; il fixe, à cet effet, la distance qui doit exister entre le mur où les fenêtres sont pratiquées et le fonds du voisin ; pour les vues droites, la distance doit être de dix-neuf décimètres (six pieds) ; pour les vues obliques, de six décimètres (deux pieds). Dans notre espèce, il s'agit de fenêtres pratiquées à titre de servitude, donc à une distance moindre que la distance légale ; et la question est de savoir à quelle distance le propriétaire du fonds servant peut bâtir. Cette question est tout autre que celle qui est décidée par les

_____

(1) Paris, 16 février 1841 ; Angers, 8 juillet 1843 (Dalloz, au mot *Servitude*, n° 773 et 772, 2°). Arrêt de rejet du 7 mars 1855 (Dalloz, 1855, 1, 409). Arrêt de cassation du 10 avril 1855 (Dalloz, 1855, 1, 212),

articles 678 et 679. La difficulté n'étant pas tranchée par
la loi, il faut consulter l'intention des parties contractantes,
puisqu'il y a un titre, donc les faits et circonstances de la
cause (1). En définitive, c'est une question de fait comme
toutes les difficultés qui s'élèvent sur les servitudes que
l'on réclame à titre de conséquence ou d'accessoire d'une
servitude principale.

252. Quand la servitude de vue résulte de la prescription, les difficultés sont bien plus grandes. La jurisprudence des cours de Belgique nie qu'il en résulte une servitude de ne pas bâtir; nous avons combattu cette doctrine
(n° 62), et ce que nous venons de dire de la servitude
de vue établie par titre confirme, nous semble-t-il, notre
critique. La servitude de vue change-t-elle de nature selon
qu'elle est établie par prescription ou par titre? la prescription n'implique-t-elle pas l'existence d'un titre, soit une
convention ancienne que l'on ne peut pas prouver, soit
un concours de consentement tacite? Donc la cause est,
en réalité, identique; et comment une seule et même cause
produirait-elle des effets différents? La servitude de vue
acquise par prescription emporte donc la servitude de ne
pas bâtir dans de certaines limites. Quelles sont ces
limites? Ici il y a une nouvelle difficulté. La servitude de
ne pas bâtir ne peut pas s'acquérir par la prescription;
faut-il donc appliquer le principe *tantum præscriptum
quantum possessum?* c'est-à-dire les choses seront-elles
maintenues dans l'état où elles étaient lors de l'acquisition
de la servitude? Il faut écarter absolument cette maxime :
en effet, il ne s'agit pas d'acquérir la servitude de ne pas
bâtir, il s'agit de savoir si elle découle comme une nécessité de la servitude principale qui est acquise; qu'elle le
soit par titre ou par prescription, peu importe. L'article 696
ne distingue pas, dès lors il faut appliquer les principes
que nous venons d'exposer. La cour de cassation cite les
articles 678 et 679; à notre avis, ces dispositions sont
étrangères à la question. Nous renvoyons à ce qui a été
dit plus haut (n° 66).

---

(1) Paris, 29 janvier 1841 (Dalloz, au mot *Servitude*, n° 774).

253. La servitude de vue peut aussi résulter de la destination du père de famille. Emporte-t-elle la servitude de ne pas bâtir, au moins dans de certaines limites? La destination vaut titre, dit l'article 692. Il y a une convention tacite; cette convention ayant pour objet de maintenir les fenêtres d'aspect, le propriétaire du fonds servant ne peut certes pas les obstruer par ses constructions. Jusqu'où s'étendra cette prohibition de ne pas bâtir? La cour de cassation a jugé qu'il n'y avait pas lieu d'appliquer les articles 678 et 679, puisque ce serait créer une nouvelle servitude, et une servitude qui ne peut s'établir par destination, puisqu'elle n'est pas apparente. Ce motif est très-peu juridique. Il ne s'agit pas de créer une servitude, il s'agit de savoir si elle doit être admise à titre de conséquence ou de droit accessoire : c'est l'article 696 que l'on invoque et non l'article 693. La cour de cassation reconnaît que le juge peut prescrire les mesures nécessaires pour le maintien de la servitude de vue; néanmoins elle a cassé un arrêt de la cour de Lyon qui avait appliqué les articles 678 et 679 en se fondant sur l'intention des parties intéressées (1).

Nous croyons aussi que ces dispositions ne sont pas applicables aux servitudes accessoires. Mais il faut être conséquent : la cour de cassation les applique quand la servitude de vue est établie par titre ou par prescription; pourquoi refuse-t-elle de les appliquer quand il y a destination du père de famille? Nous cherchons vainement des raisons de différence. Lorsque la servitude est acquise par prescription, on pourrait dire à la lettre ce que la cour de cassation dit en cas de destination; là où il y a même raison de décider, il doit y avoir même décision. Ou il faut toujours appliquer les articles 678 et 679 aux servitudes accessoires, ou il ne faut jamais les appliquer. Ce dernier avis est le nôtre.

(1) Arrêt de cassation du 17 août 1858 (Dalloz, 1858, 1, 353). Comparez Gand, 28 novembre 1840 (*Pasicrisie*, 1841, 2, 21). Cet arrêt est conforme à notre opinion; il décide que « la servitude de vue, résultant de la destination du père de famille, emporte nécessairement la servitude *ne luminibus officiatur*, en tant du moins qu'elle empêche le voisin d'obstruer les jours ouverts, sans quoi elle demeurerait sans effet. »

254. Le code ne définit pas les diverses espèces de servitudes que l'on peut exercer par des fenêtres pratiquées dans un mur; là même où il parle des *vues* et des *jours*, son langage n'est pas très-exact. De là quelque incertitude dans la jurisprudence. Qu'est-ce que la servitude de prospect? en quoi diffère-telle de la servitude de vue et de la servitude de ne pas bâtir, ou de ne pas bâtir plus haut? et l'une de ces servitudes emporte-t-elle l'autre? On lit dans un arrêt que le droit d'étendre au loin ses regards, sans qu'ils puissent être bornés par aucune plantation ou construction, est appelé par quelques-uns droit de prospect; d'autres, dit l'arrêt, la définissent par ses effets, lesquels consistent, de l'aveu de tous, à empêcher le propriétaire du fonds servant de bâtir à une certaine hauteur (1). D'après cela il faudrait décider que la servitude de ne pas bâtir plus haut comprend nécessairement la servitude de prospect. Cependant il a été jugé que la convention par laquelle un propriétaire s'engage à ne pas élever un mur de clôture au-dessus de huit pieds, et à ne pas bâtir sur cet alignement, n'emporte pas la servitude de prospect (2), et cela nous paraît évident. Dans l'espèce, la servitude de ne pas bâtir et de ne pas bâtir plus haut était limitée à une partie du fonds assujetti, tandis que le droit de prospect s'exerce aussi loin que portent les regards. De plus, la servitude de prospect implique la prohibition de planter, tandis que l'on ne peut pas induire la prohibition de planter de la servitude de ne pas bâtir. Il faut donc s'en tenir aux stipulations de l'acte; car les servitudes de ne pas bâtir ou de ne bâtir que jusqu'à une hauteur déterminée, ainsi que le droit de prospect, sont des servitudes non apparentes (art. 689) qui ne peuvent s'acquérir ni par prescription ni par destination du père de famille. Et on ne peut les admettre comme servitudes accessoires qu'à titre de nécessité, quand elles sont une conséquence nécessaire d'une autre servitude, ce qui arrivera rarement.

Une jurisprudence constante décide que la servitude de

---

(1) Pau, 12 décembre 1834 (Dalloz, au mot *Servitude*, n° 776, 2°).
(2) Arrêt de rejet de la chambre civile du 12 décembre 1836 (Dalloz, au mot *Servitude*, n° 562).

vue ne donne pas la servitude de prospect; cela résulte de la nature même de ces servitudes, puisque la première est limitée, tandis que la seconde est illimitée (1). La servitude de vue, qui emporte, dans de certaines limites, celle de ne pas bâtir, impose-t-elle aussi au propriétaire du fonds assujetti la charge de ne pas planter? En règle générale, non. Comme le dit un arrêt, la construction d'une maison, l'élévation d'un mur peut nous enlever le jour ou la lumière, rendre notre habitation humide et malsaine; tandis que la vue sur un jardin d'agrément est une jouissance qui se renouvelle à chaque instant (2). Toutefois, si, au lieu d'un jardin d'agrément, il y avait des arbres de haute tige qui masquent la vue et arrêtent les rayons du soleil, le voisin qui a stipulé la servitude de vue, ou celle de ne pas bâtir, n'aurait-il pas le droit de se plaindre? Il a été jugé que lorsque des jours sont stipulés au profit d'une maison, le propriétaire a le droit d'exiger non-seulement que les sureaux plantés par le voisin soient réduits à la hauteur des appuis des jours, mais qu'il convient de les supprimer parce que cet arbre croît avec une rapidité et une abondance de végétation telles, qu'il deviendrait une occasion incessante de querelles entre les voisins. Le premier juge, dit la cour de Caen, a donc fait sagement en ordonnant la suppression des arbres (3). Sans doute il est sage de prévenir les querelles; mais le peut on en violant le droit de propriété? et, dans l'espèce, pouvait-on empêcher le propriétaire du fonds assujetti de planter des sureaux, s'ils ne portaient pas atteinte au droit de jour? En définitive, il n'y a rien d'absolu dans les servitudes qui sont dues à titre de droit accessoire, sauf la limite que la loi trace au juge et qu'il ne peut pas dépasser : il faut, dit l'article 696, que la servitude accessoire soit nécessaire pour user de la servitude principale.

255. Les servitudes accessoires ont des caractères par-

(1) Paris, 20 mai 1836; rejet du 3 avril 1817 (Dalloz, au mot *Servitude*, n° 776, 3° et 1°); Orléans, 24 décembre 1840 (*ibid*, n° 1019); Aix, 18 novembre 1854 (Dalloz, 1857, 2, 40).
(2) Bourges, 26 mai 1828 (Dalloz, au mot *Servitude*, n° 562).
(3) Caen, 20 février 1845 (Dalloz, 1845, 4, 480).

ticuliers. Elles ne sont dues qu'à titre de droit accessoire.
De là suit que si la servitude principale s'éteint, la servitude accessoire s'éteint également; c'est la conséquence
du principe sur lequel ces servitudes reposent. Par contre,
la servitude accessoire ne peut s'éteindre tant que la servitude principale subsiste (1). Il a été jugé que celui qui
a acquis le droit d'exploiter plusieurs carrières appartenant à divers propriétaires ne peut, après l'exploitation
de la première, continuer à se servir, pour les autres, du
chemin que le propriétaire du sol exploité l'avait autorisé
à établir pour les besoins de son exploitation (2). Nous
avons dit plus haut que le droit de prise d'eau donne le
droit de curer le canal par lequel les eaux se transmettent.
Le curage n'a pas été fait pendant trente ans; le droit
sera-t-il éteint? Il subsistera aussi longtemps que la servitude' principale ne sera pas éteinte. Et, dans l'espèce,
la servitude principale s'exerce d'elle-même par l'écoulement des eaux ; donc tant que les eaux coulent, le droit de
curage se conserve (3).

Nº 3. RESTRICTION DES DROITS DU PROPRIÉTAIRE DU FONDS DOMINANT.

I. *Restriction résultant de l'objet de la servitude.*

256. La servitude, disent les jurisconsultes romains,
est une qualité du fonds pour l'utilité duquel elle est établie. Or, une qualité ne peut se détacher du fonds auquel
elle est inhérente. De là la conséquence que la servitude
ne peut être reportée sur d'autres fonds, quand même ils
appartiendraient au même propriétaire. Un acte de partage attribue à l'un des copartageants un droit de servitude sur un pressoir existant dans le fonds d'un de ses
cohéritiers, avec charge de contribuer pour sa part à son
entretien. Il a été jugé que ce droit ne peut être exercé
qu'au profit des fonds partagés, et seulement dans les
limites du droit tel qu'il résulte de l'obligation concernant

---

(1) Demolombe, t. XII, p. 356, nº 831. Aubry et Rau, t. III, p. 89.
(2) Bordeaux, 23 mai 1835 (Dalloz, au mot *Servitude,* nº 989).
(3) Colmar, 23 février 1853 (Dalloz, 1853, 2, 174).

les réparations (1). Telle est la rigueur du droit et de la logique, mais il ne faut pas l'outrer. Logiquement la qualité d'un fonds ne saurait se communiquer à un autre fonds; mais cela est une abstraction, et il faut se défier, en droit, des principes abstraits, car le droit est une réalité vivante. La servitude peut très-bien donner au propriétaire du fonds dominant un droit communicable, et si la communication peut se faire sans altérer la servitude, sans nuire au fonds assujetti et sans augmenter les droits de l'héritage dominant, il faut laisser là la logique et décider que le bénéfice de la servitude pourra être étendu à d'autres onds. J'ai une prise d'eau pour l'irrigation de mon héri-age; l'eau n'est pas absorbée entièrement par le fonds, u'en ferai-je? La logique m'obligera-t-elle à garder l'eau ur mon fonds, au risque de le rendre marécageux? Non, ertes, l'eau doit s'écouler. Or, en s'écoulant sur les fonds nférieurs, elle leur profitera nécessairement; donc indi-ectement la servitude procurera un avantage à des fonds utres que le fonds dominant (2). Toutefois il n'en résulte as un droit pour ces héritages; on ne peut pas dire que e fonds servant soit assujetti à leur égard. Si la servitude u fonds dominant. venait à s'éteindre, les propriétaires les héritages qui en profitaient n'auraient rien à réclamer ur le fonds qui a cessé d'être assujetti : ici le droit reprend out son empire.

257. Quand peut-on dire que la servitude est étendue d'autres fonds? Il faut que les héritages soient distincts. othier donne cet exemple. J'ai acquis le droit de tirer e la marne de votre fonds pour marner le mien; je ne juis en tirer pour marner d'autres fonds, pas même des erres acquises depuis la constitution de la servitude que 'aurais unies à l'héritage dominant; ce serait augmenter a servitude activement et passivement. Il en serait autre-ent des terres accrues à mon héritage par alluvion; ces rres ne font qu'un seul et même fonds avec celui auquel

(1) Caen, 23 janvier 1849 Dalloz, 1851, 5, 490).
(2) Voyez les auteurs cités par Aubry et Rau, t. III, p. 92, note 14, et par emolombe, t. XII, p. 371, n° 848. Arrêt de rejet du 23 avril 1856 (Dalloz, 856, 1, 294).

elles se sont unies imperceptiblement et successivement (1).

Si le fonds dominant est divisé en deux exploitations, cela ne change rien à la servitude; on ne peut pas dire qu'il y ait deux héritages, bien que le service auquel est tenu le fonds servant puisse augmenter. Cela a été jugé ainsi pour une servitude de pacage. Comme le dit très bien la cour de cassation, le fonds dominant reste le même, seulement la culture est améliorée; or, la constitution d'une servitude faite dans l'intérêt de l'agriculture ne peut pas en entraver le progrès (2). Il va sans dire que si le nombre de têtes était limité par le titre constitutif de la servitude, le propriétaire du fonds dominant ne pourrait augmenter ce nombre; on appliquerait, en ce cas, le principe que nous exposerons plus loin : il y aurait restriction aux droits de l'héritage dominant en vertu de l'objet de la servitude.

258. Le principe qui défend au propriétaire du fonds dominant d'étendre la servitude à un héritage pour lequel elle n'a pas été constituée, se trouve parfois en collision avec le droit résultant de la propriété. Je suis propriétaire de trois prés séparés par des clôtures et des fossés ; une servitude de passage avec voitures existe au profit de l'un de ces prés sur le fonds voisin. Je supprime les clôtures. Plainte du propriétaire de l'héritage servant, qui demande que la clôture soit rétablie, sinon, dit-il, il arrivera infailliblement que le passage sera exercé au profit des deux prés annexés à l'héritage dominant. Cette prétention a été repoussée par la cour de cassation; la crainte d'un abus ne peut pas porter atteinte au droit de propriété et à l liberté des héritages, en empêchant le propriétaire du fond dominant d'y réunir des terres limitrophes, et en l'obli geant à les tenir séparées par une clôture perpétuelle. S'il y a abus, c'est au propriétaire du fonds servant à s plaindre; la justice le réprimera. Dans l'espèce, il n' avait pas abus; la bonne foi du propriétaire de l'héritag dominant était évidente; il était allé jusqu'à offrir d

---

(1) Pothier, *Introduction au titre XIII de la coutume d'Orléans*, nᵘ 4.
(2) Arrêt de rejet du 30 décembre 1839 (Dalloz, au mot *Servitude*, nᵒ 1197)

réduire la largeur de la barrière de communication, de manière à rendre impossible l'entrée des voitures dans les fonds limitrophes. La cour déclara que cette offre était surabondante, la servitude due à un fonds ne pouvant altérer les droits du maître de ce fonds (1).

259. Il y a une autre restriction qui résulte de l'objet de la servitude. Les charges qui grèvent un fonds pour l'utilité d'un autre fonds varient à l'infini ; une seule et même servitude peut donc être plus ou moins étendue. La servitude étant une restriction du droit de propriété, il en résulte que le droit du propriétaire de l'héritage servant reste entier, en tant qu'il n'est pas restreint par la servitude. En ce sens, on peut dire avec la cour de cassation que les servitudes sont de droit étroit, de même que toute exception est de stricte interprétation, et la servitude est une exception à la liberté des fonds. L'application de cette règle n'est pas sans difficulté. Il y a des exceptions qui peuvent être étendues; il y a aussi des servitudes qui reçoivent une interprétation extensive : nous en avons déjà fait la remarque en traitant des divers modes de constitution des servitudes (nos 225-227). Ici il nous faut insister sur l'extension que la servitude reçoit à raison de l'objet pour lequel elle est établie. Il s'agit, comme le dit l'article 637, de procurer une utilité à l'héritage dominant ; donc la servitude a pour objet de satisfaire à un besoin du fonds auquel elle est due ; ce besoin varie, il n'a rien d'absolu, en ce sens qu'il dépend de la volonté des parties intéressées de limiter l'usage de la servitude à une utilité déterminée ; elles peuvent aussi l'établir pour toute espèce d'avantages que le fonds dominant peut retirer de la servitude suivant sa nature : dans le premier cas, on applique rigoureusement le principe qui régit l'exception dans ses rapports avec la règle : dans le second cas, l'exception devient elle-même une règle, et comporte par conséquent une interprétation extensive (2). La jurisprudence est en ce sens, bien que les arrêts paraissent parfois contradictoires ; la décision doit différer naturellement selon que la servitude est limitée ou illimitée.

260. Une servitude d'aqueduc, c'est-à-dire de prise et de conduite d'eau, est acquise par prescription. Après avoir employé les eaux à l'irrigation d'un fonds, le propriétaire de l'héritage dominant construit une usine à laquelle il affecte les eaux. Plainte du propriétaire de l'héritage servant. Il a été jugé que l'objet de la servitude étant une prise d'eau, sans limitation à un service spécial, le propriétaire du fonds pouvait faire des eaux tel usage que bon lui semblait. Qu'est-ce qui a été prescrit? Ce n'est pas là destination des eaux, dit le conseiller Mesnard dans son rapport, c'est le droit de prendre les eaux à leur point de départ et de les amener sur l'héritage dominant; une fois rendues là, qu'importe l'usage qu'on en fera? Si, à raison de la destination nouvelle des eaux, il fallait en augmenter le volume et élargir le canal qui les conduit, le propriétaire du fonds servant aurait le droit de se plaindre; mais il a été décidé, dans l'espèce, que le canal conserverait la largeur qu'il avait à l'époque où la servitude d'aqueduc servait à un simple arrosage (1).

La cour de Nancy a porté une décision toute contraire. Une servitude de prise d'eau est acquise par prescription pour l'irrigation d'un pré. Puis on emploie les eaux à l'usage d'une usine. La cour décida qu'une servitude qui reposait sur la prescription est par cela même limitée à la destination que la possession lui a donnée; que ce serait étendre un droit restreint que d'employer au roulement d'une usine les eaux qui avaient été prescrites pour l'arrosement d'un pré. Vainement dit-on que le volume de l'eau employée reste le même : d'abord, il faut pour prévenir l'abus une surveillance de tous les jours : puis, la destination nouvelle des eaux peut nuire au propriétaire du fonds servant en créant une concurrence qui lui sera nuisible (2). La cour de cassation a jugé dans le même sens. Dans l'espèce, une servitude de prise d'eau avait été acquise par prescrip-

---

(1) Arrêt de rejet du 6 mars 1849 (Dalloz, 1849, 1, 75).
(2) Nancy, 9 décembre 1839 (Dalloz, au mot *Servitude*, n° 1161, 2°).

tion pour faire mouvoir un moulin à tan ; puis on changea le moulin à tan en moulin à huile. C'était, dit la cour, dépasser la possession primitive et la destination d'origine (1).

Ces décisions paraissent contradictoires. Dans les diverses espèces, il s'agissait d'une servitude acquise par prescription. Tantôt on l'interprète restrictivement, tantôt on lui donne une interprétation extensive. On a soutenu que la contradiction n'était qu'apparente, qu'il fallait distinguer : la servitude d'aqueduc, dit-on, est illimitée de sa nature, parce qu'elle consiste dans un volume d'eau transmis à l'héritage dominant pour n'importe quel usage ; tandis que la servitude de prise d'eau a un objet spécial, soit l'arrosage, soit une industrie déterminée (2). Cette distinction peut, il est vrai, résulter de l'intention des parties contractantes ; mais la prescription ne l'implique certes pas, ni la nature de la servitude ; quand l'aqueduc amène des eaux sur l'héritage dominant, n'est-ce pas pour en faire un usage déterminé, soit irrigation, soit roulement d'une usine ? Où donc est la différence entre l'aqueduc et la prise d'eau ?

A notre avis, la servitude basée sur la prescription devrait toujours être interprétée restrictivement. Elle repose d'ordinaire sur un consentement tacite du propriétaire contre lequel on prescrit. Pour interpréter la portée de ce consentement, il faut tenir compte de la possession ; c'est là possession qui engage le propriétaire à ne pas s'opposer à l'usage des eaux. Il s'y opposerait si l'usage pouvait lui être préjudiciable. Celui qui, étant industriel, permet une prise d'eau ou un aqueduc pour l'irrigation, ne l'aurait pas permis s'il avait prévu que les eaux serviraient à un établissement rival. N'est-ce pas le cas de dire : *Tantum præscriptum quantum possessum?*

261. Quand la servitude est établie par titre et qu'il y a un écrit, on doit consulter les termes dont les parties se sont servies. La servitude, soit d'aqueduc, soit de prise d'eau, sera illimitée dans son application, par cela seul

(1) Arrêt de rejet du 15 janvier 1834 (Dalloz, au mot *Servitude*, n° 1160).
(2) Voyez la note de l'arrêtiste (Dalloz, 1849, 1, 75, note).

qu'elle n'a pas été affectée à une destination spéciale, agricole ou industrielle; tandis qu'il y aurait limitation si la
servitude était établie pour l'irrigation ou pour une industrie déterminée. Il a été jugé qu'une prise d'eau stipulée
pour l'irrigation d'une propriété ne peut être employée pour
l'établissement d'une usine; l'arrêt constate que ce changement dans la destination des eaux entraînerait une aggravation de la servitude; or, l'article 702 défend d'aggraver
la condition du fonds assujetti (1). La décision est juste,
mais est-il bien vrai de dire qu'il s'agit d'une aggravation
de la servitude? Il nous semble que c'est moins une question de préjudice qu'une question de droit. Abstraction
faite de tout préjudice, vous ne pouvez pas faire sur mon
fonds ce que votre titre ne vous donne pas le droit de faire;
or, vous n'avez pas le droit de prendre des eaux pour le
roulement d'une usine; j'ai donc le droit de m'y opposer,
parce que vous exercez une servitude qui ne vous est pas
due. Si, au contraire, le droit aux eaux était établi en
termes généraux, on ne pourrait pas le restreindre à une
destination spéciale. Il a été jugé que le droit de puiser
l'eau à une fontaine, sans restriction aucune, s'étend à tous
les besoins du propriétaire, aux besoins du ménage aussi
bien qu'à l'arrosement des terres (2).

Il en serait de même d'une servitude de passage. Un
acte de partage porte que le propriétaire du cinquième lot
aura un droit de passage sur une cour pour la desserte
de sa portion de vigne seulement; le propriétaire du fonds
dominant y établit une grande exploitation agricole avec
granges, bestiaux nombreux, et prétend user du passage
pour les besoins nouveaux de son héritage. Cette prétention a été repoussée et avec raison, puisque la servitude
était limitée (3). Une cour est grevée d'un passage pour
donner accès à un jardin; la cour de cassation a décidé
que la servitude ne pouvait pas être étendue à une maison

---

(1) Arrêt de rejet du 5 mai 1857 (Dalloz, 1857, 1, 297). De même, une
servitude de prise d'eau établie pour un vivier ne peut être étendue à
l'irrigation (arrêt de rejet du 5 mai 1868, dans Dalloz, 1868, 1, 336).
   (2) Liége, 19 janvier 1860 (*Pasicrisie*, 1861, 2, 74).
   (3) Lyon, 27 juin 1849 (Dalloz, 1850, 5, 427).

d'habitation bâtie par le propriétaire du fonds dominant, toujours par la raison que la servitude était restreinte par sa destination spéciale (1). Il a été jugé, au contraire, qu'une servitude de passage, constituée en termes généraux par un acte de partage, s'étendait aux bâtiments élevés postérieurement au partage (2).

262. Les besoins du fonds dominant varient. Quelle époque faut-il prendre en considération pour en déterminer les limites? Dumoulin dit que l'on doit apprécier les besoins, eu égard à l'état où se trouvait le fonds au moment de l'établissement de la servitude (3). Il faut se garder d'ériger ce principe en règle absolue, comme M. Demolombe paraît le faire. Le principe implique une servitude restreinte aux besoins du fonds, ce qui suppose une servitude limitée, dont il s'agit de préciser la limite. Or, il se peut qu'une servitude soit établie en vue des besoins actuels et futurs; dans ce cas, il ne peut plus être question de rechercher la mesure des besoins à l'époque où elle a été constituée. Il faut dire plus; à moins que la servitude ne soit limitée à un usage particulier, il faut l'interpréter dans un sens extensif plutôt que dans un sens restrictif. En effet, les besoins actuels sont ceux du propriétaire de l'héritage dominant; or, la servitude est stipulée, non en vue de la personne, mais en vue du fonds, donc en vue de besoins variables. Il a été jugé, dans le sens de notre opinion, qu'il ne fallait pas considérer la profession, les habitudes de celui qui stipule la servitude, si du reste elle est établie sans restriction. Dans un acte de vente faite par une abbesse, on lit : « Les acheteurs ne pourront prendre ni pratiquer aucuns jours, fenêtres, soupiraux, ni autres de quelque espèce que ce soit, sur les bâtiments de l'abbaye; les lucarnes qu'ils feront pratiquer dans les toitures de leurs maisons ne pourront être faites que du côté de la nouvelle rue, de sorte que lesdits bâtiments ne puissent jamais être

---

(1) Arrêt de rejet de la chambre civile du 8 avril 1868 (Dalloz, 1868, 1, 296).

(2) Caen, 27 août 1842 (Dalloz, au mot *Servitude*, n° 1162, 4°).

(3) Dumoulin, *De divid. et indiv.*, part. III, n° 83. Comparez Demolombe, t. XII, p. 373, n° 850.

onéreux ni préjudiciables à l'abbaye. » L'abbaye fut vendue comme bien national. Question de savoir si la servitude établie dans des termes si étendus l'avait été en vue des dames de l'abbaye. La cour de Metz décida la question négativement. Il y aurait eu quelque motif de douter si l'on avait appliqué le principe de Demoulin, tel que M. Demolombe l'interprète. Mais les termes étaient si généraux qu'il était impossible de considérer la servitude comme limitée ; partant on ne pouvait se prévaloir d'une règle d'interprétation qui suppose une servitude limitée (1).

II. *Restriction résultant de la liberté du fonds servant.*

263. L'article 702 porte : « Celui qui a un droit de servitude ne peut en user que suivant son titre, sans pouvoir faire, ni dans le fonds qui doit la servitude, ni dans le fonds à qui elle est due, de changement qui *aggrave* la condition du premier. » On confond parfois le cas d'*aggravation* prévu par l'article 702 avec la restriction résultant de l'*objet de la servitude*. Les deux hypothèses sont différentes et régies par des principes différents. Dans la première, il s'agit de savoir si la servitude peut être étendue à des fonds pour lesquels elle n'a pas été constituée, ou appliquée à un usage pour lequel elle n'a pas été établie. C'est une question de droit, dans la décision de laquelle le juge ne doit pas se préoccuper du préjudice qui résultera de l'extension de la servitude ; il ne doit considérer que le droit du propriétaire de l'héritage dominant. Tandis que l'article 702 suppose qu'il n'y a aucun doute sur l'existence de la servitude ; le droit du propriétaire de la servitude est constant ; il s'agit de l'exercice du droit ; peut-il faire des changements dans son fonds ou dans le fonds assujetti? La loi distingue. Si le changement n'aggrave pas la position du fonds assujetti, le propriétaire dominant peut le faire ; il ne peut pas faire de changement qui soit de nature à aggraver la condition du fonds servant. L'aggra-

(1) Metz, 6 juin 1866 (Dalloz, 1866, 2, 150).

vation est donc une question de préjudice. Cependant la
doctrine et la jurisprudence n'appliquent pas le principe
avec rigueur; on exige que le préjudice soit sensible pour
que le propriétaire du fonds servant puisse se plaindre.
Cela est de tradition; Dumoulin déjà y ajoutait cette réserve, et elle s'explique par la nature des servitudes. Ce
sont des qualités du fonds dominant; or, les fonds ne sont
pas immuables; l'intérêt des propriétaires, d'accord avec
l'intérêt public, veut que la culture, que l'exploitation
puissent être modifiées; et tout changement dans le fonds
entraîne le plus souvent un changement dans la servitude.
De là pourra résulter une aggravation de la charge : si
elle est telle que les parties devaient s'y attendre, elle est
prévue et partant consentie d'avance. C'est en ce sens qu'il
faut entendre le principe admis par la doctrine et la jurisprudence (1). La question de savoir s'il y a aggravation
est donc essentiellement une question de fait. C'est au juge
du fait à apprécier le dommage qui résulte du changement fait par le propriétaire du fonds dominant. S'il constate que le changement n'est pas de nature à nuire au
fonds dominant, la décision ne peut être réformée par la
cour de cassation (2).

264. Il y a un cas très-fréquent dans lequel les propriétaires des fonds assujettis se plaignent des changements faits dans le fonds dominant et de l'aggravation de
la servitude qui en résulte : c'est quand le nombre de ceux
qui usent de la servitude augmente. La loi prévoit une
hypothèse sur laquelle nous reviendrons plus loin, c'est
celle de la division de l'héritage dominant par suite d'hérédité; la servitude, dit l'article 700, reste due pour chaque
portion, bien que le nombre des personnes qui en usent
augmente nécessairement; la loi ne considère pas la servitude comme aggravée, si la servitude s'exerce toujours
de la même manière, si, par exemple, le passage est exercé
par le même endroit. Cela prouve que, dans l'esprit de la

---

(1) Voyez les autorités citées par Aubry et Rau, t. III, p. 93, note 18, et
par Demolombe, t. XII, p. 375, n° 852.
(2) Arrêts de rejet du 26 juillet 1854 (Dalloz, 1855, 1, 338) et du 15 avril
1868 (Dalloz, 1868, 1, 339).

loi, il n'y a pas d'aggravation lorsqu'un plus grand nombre de personnes exercent la servitude. Le bâtiment en faveur duquel un passage est établi est agrandi, exhaussé; par suite le nombre des habitants qui usent du passage augmente notablement; il a été jugé qu'il n'en résultait pas d'aggravation de la servitude. Ceux qui ont consenti la servitude, dit la cour de Rouen, ont dû prévoir que les bâtiments seraient agrandis (1); c'est une suite nécessaire de l'accroissement de la population. En général, la servitude ne peut pas être étendue à des fonds nouveaux, annexés au fonds dominant; c'est là plus qu'une aggravation de servitude, c'est une servitude nouvelle que l'on crée. Cependant il a été jugé par la cour de cassation que s'il est décidé par le juge du fait que l'agrandissement du fonds dominant, loin de constituer une aggravation de servitude, diminue la fréquence du passage, le propriétaire du fonds servant n'a pas le droit de se plaindre (2). Nous doutons que cette décision soit en harmonie avec la rigueur des principes; elle est très-équitable, mais elle viole le droit du fonds servant en le grevant d'une charge à laquelle il n'était pas soumis par le titre constitutif; qu'il y ait préjudice ou non, la servitude ne peut être exercée au profit d'un fonds pour lequel elle n'a pas été stipulée.

La question devient plus difficile quand la destination de la maison change. C'était une maison bourgeoise, elle est transformée en café, en cercle : la servitude de passage n'est-elle pas aggravée par ce changement? La cour de cassation a confirmé un arrêt qui décide qu'il y a aggravation (3). Dans l'espèce, il y avait plus qu'aggravation par le nombre des personnes qui usaient du passage; il y avait en outre extension de la servitude à deux maisons annexées au fonds dominant; dans l'opinion que nous venons d'enseigner, le droit du propriétaire de l'héritage dominant était dépassé, et par suite le propriétaire du fonds assujetti avait le droit de se plaindre, abstraction faite de tout préjudice. Que faudrait-il décider s'il y avait

(1) Rouen, 11 mars 1846 (Dalloz, 1849, 2, 93).
(2) Arrêt de rejet du 28 juin 1865 (Dalloz, 1866, 1, 153).
(3) Arrêt de rejet du 15 avril 1868 (Dalloz, 1868, 1, 339).

simple changement de destination? Il nous semble que l'aggravation est incontestable. Je consens à un passage au profit d'une maison bourgeoise; je dois m'attendre à ce que le nombre des habitants augmente et qu'on exhausse le bâtiment. Dois-je m'attendre aussi à ce que la maison devienne un café, un cercle, à ce qu'on y tienne des bals, à ce que jour et nuit le passage s'exerce avec bruit et tapage? Non, certes. Nous ne pouvons donc approuver un arrêt qui a jugé qu'il n'y avait pas aggravation de la servitude de passage dans le fait de construire un bâtiment sur le fonds dominant et d'y établir une maison de tolérance. Les faits mêmes que l'arrêt constate témoignent contre la décision de la cour; c'est, dit-il, donner à la servitude une extension bien regrettable, c'est causer un préjudice notable au propriétaire du fonds assujetti. Pourquoi, malgré cela, la cour s'est-elle prononcée contre le propriétaire du fonds servant? Parce que l'article 702 exige des changements dans l'état des lieux (1). C'est donner à la loi un sens trop restreint, nous semble-t-il; dès qu'il y a extension de la servitude et préjudice notable, il y a violation du titre, et, abstraction faite du texte de l'article 702, il y aurait action. Dans l'espèce, d'ailleurs, il y avait construction d'une maison. N'était-ce pas un changement dans l'état des lieux? Sans doute les termes du titre doivent être pris en considération, et on peut admettre une interprétation extensive fondée sur la volonté des parties. Dira-t-on que celui qui a consenti un passage pour un terrain non bâti, entendait accorder un passage à ceux qui fréquentent un de ces horribles repaires que la tolérance ouvre à la débauche?

265. Le propriétaire du fonds dominant peut-il demander que l'endroit par lequel la servitude s'exerce soit changé? Il faut voir avant tout à qui il appartient de fixer cet endroit. La question était déjà controversée dans l'ancien droit. Dumoulin appliquait aux servitudes la règle d'interprétation que l'on suit en matière de conventions; dans le doute, on se prononce en faveur du débiteur (arti-

(1) Agen, 4 juillet 1856 (Dalloz, 1857, 2, 95).

cle 1162). Cette opinion est encore soutenue sous l'empire du code, et l'article 701 semble la favoriser en permettant au propriétaire du fonds assujetti de demander que l'endroit par lequel la servitude peut être exercée soit changé, tandis qu'il n'y a pas de texte qui donne ce droit au propriétaire du fonds dominant. Nous croyons avec M. Demolombe que, dans le silence du titre, et si les parties sont en désaccord, le juge doit décider la contestation, et qu'en la décidant, il pourra tenir compte de la liberté du fonds, débiteur de la servitude. Donner au propriétaire du fonds servant le choix de l'endroit affecté à l'exercice de la servitude, c'est ajouter au titre, ce n'est pas l'interpréter. Quant à la loi, elle est muette. L'article 701 suppose que l'endroit est fixé et qu'il s'agit de le changer. Donc quand l'endroit n'est pas encore fixé, il n'y a ni loi ni titre; c'est dire qu'il faut le consentement des parties et que, si elles ne s'accordent pas, le juge décidera (1).

Si l'endroit par lequel la servitude doit s'exercer est déterminé, le propriétaire du fonds dominant peut-il demander qu'il soit changé? On suppose que ce changement n'aggrave pas la charge du fonds assujetti; l'article 702 et les principes s'opposent à toute aggravation. Si la condition du fonds servant n'est pas aggravée par le changement, les tribunaux devront l'accorder, nous semble-t-il, malgré le refus du propriétaire de l'héritage assujetti. La loi permet de changer l'endroit sur la demande de celui-ci (art. 701); or, la condition des parties ne doit-elle pas être égale? et y a-t-il une raison pour refuser à l'une ce que l'on accorde à l'autre? On se prévaut du texte de l'article 701; c'est l'argument invoqué par la jurisprudence (2). A notre avis, il a peu de valeur; le silence de la loi est en général une mauvaise raison de décider. Il y a un motif de douter plus sérieux, c'est que les tribunaux n'ont pas le pouvoir de modifier les titres, il faut pour cela le consentement des parties ou un texte de loi. Nous répondons qu'en matière de servitude, la loi s'écarte de ce principe.

---

(1) Voyez les diverses opinions dans Demolombe, t. XII, p. 365, n° 843.
(2) Arrêts de cassation du 16 mai 1838 (Dalloz, au mot *Servitude*, n° 1161, 1°) et du 1er décembre 1863 (Dalloz, 1864, 1, 124).

L'article 702 donne au propriétaire du fonds dominant le droit de faire des changements qui n'aggravent pas la condition de l'héritage assujetti ; l'article 701 permet au propriétaire du fonds servant de demander un changement dans l'exercice de la servitude. Donc, d'après le texte même du code, il n'y a rien d'immuable en cette matière. L'intérêt général, aussi bien que l'intérêt des parties, s'oppose à cette immutabilité. Et si l'on admet que l'endroit par où la servitude s'exerce peut être changé sur la demande du propriétaire de l'héritage servant, on doit, par voie d'analogie, accorder le même droit au propriétaire du fonds dominant (1).

266. On suppose que celui qui a une servitude fait des changements qui aggravent la condition du fonds assujetti : quels seront les droits du propriétaire de ce fonds? Il va sans dire qu'il peut demander la destruction des travaux, et au besoin des dommages-intérêts. Peut-il aussi agir au possessoire? L'affirmative a été jugée plusieurs fois par la cour de cassation, et elle n'est pas douteuse. Une servitude d'aqueduc est employée à une usine pour l'usage de laquelle elle n'avait pas été établie ; cette innovation constitue une aggravation de servitude, dit la cour, et il en résulte un trouble dans la possession du propriétaire de l'héritage servant, qui l'autorise à agir au possessoire (2). Il faut dire plus, ce n'est pas seulement une aggravation de servitude, c'est une servitude nouvelle, donc un empiétement sur la propriété, lequel implique aussi un trouble dans la possession. Mais si la servitude n'est pas étendue à de nouveaux fonds ou à un nouvel usage, s'il y a simple changement dans l'exercice de la servitude, alors il faut voir si le changement constitue une aggravation ; s'il n'y a pas d'aggravation, le propriétaire du fonds assujetti ne peut pas agir, pas plus au possessoire qu'au pétitoire. Une propriété est grevée de la servitude d'écoulement des eaux ménagères d'une commune; au lieu de laisser les eaux se rendre dans l'égout à ciel ouvert, l'un des habitants (c'était

---

(1) C'est l'opinion de Valette (Mourlon, *Répétitions*, t. Ier, p. 817, 5°). L'opinion générale est contraire (Demolombe, t. XII, p. 368, n° 845).
(2) Arrêt de cassation du 10 août 1858 (Dalloz, 1858, 1, 358).

un couvent) les conduit par un canal souterrain ; y a-t-il dans ce fait une aggravation de la servitude, et par suite trouble à la possession? Le juge du fait constata que le propriétaire du fonds servant n'éprouvait aucun préjudice de cette innovation; il n'y avait donc pas d'aggravation dans le sens légal, donc pas d'action (1).

§ IV. *Obligations et droits du propriétaire de l'héritage servant.*

N° 1. OBLIGATIONS.

267. Le propriétaire du fonds servant est tenu à souffrir ou à ne pas faire, selon que la servitude est affirmative ou négative (n° 143). Aux termes de l'article 701, il ne peut rien faire qui tende à diminuer l'usage de la servitude ou à le rendre plus incommode. La loi donne une application du principe en ajoutant : « Ainsi il ne peut changer l'état des lieux, ni transporter l'exercice de la servitude dans un endroit différent de celui où elle a été primitivement assignée. » Est-ce que tout changement dans l'état des lieux est prohibé, alors même qu'il n'en résulterait aucun préjudice pour le propriétaire du fonds dominant? Il nous semble qu'il faut appliquer à la *diminution* de la servitude, résultant des innovations du propriétaire de l'héritage assujetti, le principe que la doctrine et la jurisprudence admettent pour l'*aggravation* de la servitude qui résulterait des travaux faits par le maître du fonds dominant (n° 263). La position des deux parties doit être égale, et les raisons de décider sont les mêmes. Il y a cependant un arrêt de la cour de cassation qui semble décider le contraire. Dans l'espèce, il s'agissait d'une servitude d'égout des eaux pluviales; le propriétaire du fonds assujetti voulait élever des constructions contre le mur mitoyen d'où tombaient les eaux, ce qui nécessitait le déplacement de l'égout. Il soutenait que ce déplacement ne causerait aucun préjudice au voisin. Néanmoins, ses

(1) Arrêt de rejet du 29 décembre 1858 (Dalloz, 1859, 1, 111).

prétentions furent repoussées. Mais il y avait dans cette affaire une circonstance spéciale qu'il faut relever afin que l'on ne donne pas à l'arrêt une portée qu'il n'a pas. Le titre constitutif de la servitude portait expressément que les lieux resteraient les mêmes (1). Cette clause enlevait au juge tout pouvoir d'appréciation ; on pouvait du moins l'interpréter ainsi, et il n'appartenait pas à la cour de cassation de critiquer l'interprétation du premier juge. Ce n'est donc pas un arrêt de doctrine.

268. Quand y a-t-il préjudice? La question est évidemment de fait, et doit être décidée eu égard aux circonstances de la cause. Il suffit que l'usage de la servitude soit moins commode, d'après le texte de la loi, pour que le propriétaire du fonds dominant ait le droit de se plaindre. La servitude est souvent une question de commodité, d'agrément même; il faut donc tenir compte de cette considération. Ainsi le propriétaire du fonds grevé d'une servitude de passage ne pourrait pas cultiver l'endroit par lequel le passage s'exerce : ce doit être un sentier ou un chemin, ce qui exclut toute culture (2). La largeur du chemin de passage met souvent en conflit l'intérêt des deux propriétaires. Si le titre ne la détermine pas, il faut voir quelle est la destination du passage. Il a été jugé qu'il pouvait être réduit à une largeur de quatre pieds, s'il doit servir seulement aux gens de pied (3). Si le titre détermine la largeur, il fait la loi des parties, et il serait difficile de la restreindre, à moins de s'appuyer sur l'intention des parties contractantes.

La jurisprudence applique ces principes même à la servitude légale de passage. Il a été jugé que le propriétaire enclavé pouvait s'opposer à la mise en culture de la bande de terre qui sert de chemin, alors que le passage s'y exerce depuis plus de trente ans. Nous admettons volontiers avec la cour de Metz que les sages dispositions de l'article 701 s'appliquent au passage en cas d'enclave (4).

(1) Arrêt de rejet du 19 mai 1824 (Dalloz, au mot *Servitude*, n° 1172, 4°).
(2) Voyez les autorités citées par Aubry et Rau, t. III, p. 97, note 2.
(3) Paris, 3 avril 1837 (Dalloz, au mot *Servitude*, n° 1002, 1").
(4) Metz, 19 janvier 1858 (Dalloz, 1858, 2, 200).

Il y a toutefois une différence très-grande entre un passage consenti et un passage exercé à titre de nécessité. Dans l'opinion que nous avons enseignée (n°s 93 et s.), le propriétaire du fonds assujetti en vertu de la loi conserve une liberté plus grande; il peut changer la culture, donc déplacer l'endroit par lequel le passage s'exerce. Nous renvoyons à ce qui a été dit plus haut. Ce n'est pas à dire que le propriétaire du fonds assujetti reste libre de faire sur son fonds ce qu'il veut; il doit le passage et il ne peut pas l'entraver, bien moins encore le rendre impossible : en ce sens, les règles de l'article 701 doivent recevoir leur application (1).

269. Il se peut que les changements faits sur le fonds assujetti ne causent aucun préjudice au propriétaire du fonds dominant; dans ce cas, celui-ci n'a pas le droit de se plaindre. Une servitude de jour existe au profit d'une remise; le seul objet de la servitude est de procurer de la lumière au fonds dominant. Le propriétaire du fonds assujetti y fait des constructions qui diminuent le jour; mais le juge constate que la remise n'en devient pas plus obscure que ne le sont d'habitude les bâtiments de cette espèce, et qu'il y arrive assez de lumière pour permettre au propriétaire de s'y livrer aux occupations auxquelles la remise est destinée. Il n'y avait donc aucun préjudice; légalement parlant, la servitude n'était pas diminuée, bien qu'il y eût diminution de jour. La cour de cassation décida que l'arrêt attaqué ne violait pas l'article 701, puisqu'il appartenait à la cour d'appel d'apprécier les faits (2).

270. Il ne faudrait pas conclure de là que la cour de cassation ne peut jamais contrôler les décisions rendues en cette matière par les juges du fait. S'il est constaté par l'arrêt attaqué que les changements faits dans l'état des lieux nuisent au fonds dominant et que néanmoins il rejette la plainte du propriétaire de cet héritage, il y a violation de la loi, et par suite lieu à cassation. Il est dit dans le procès-verbal d'un juge de paix que les nouvelles constructions élevées sur le fonds assujetti étaient un obstacle à

---

(1) Pau, 10 novembre 1862 (Dalloz, 1866, 5, 433).
(2) Arrêt de rejet du 8 juillet 1857 (Dalloz, 1857, 1, 395).

de l'article 698. C'est très-mal raisonner. L'article 698 est une exception aux principes généraux; il faut donc se garder d'en faire une règle, en l'étendant à toutes les obligations que pourrait contracter le propriétaire du fonds servant; ces obligations sont personnelles de leur essence, donc elles ne donnent lieu qu'à une action personnelle contre le débiteur. Il y a un arrêt de la cour de cassation en sens contraire; nous croyons inutile de nous y arrêter; rendu dans des circonstances tout à fait spéciales, c'est une décision de fait plutôt que de doctrine; et quand ce serait un arrêt de doctrine, il n'en faudrait tenir aucun compte; il n'y a pas d'autorité, quelque grande qu'elle soit, qui puisse transformer un droit personnel en un droit réel; le législateur seul a ce pouvoir. Il l'a fait dans le cas prévu par l'article 698; mais précisément parce que cette disposition est si exorbitante du droit commun, il faut la restreindre au cas pour lequel elle a été portée (1).

N° 2. DROITS.

272. Le maître du fonds qui doit la servitude reste propriétaire; il peut donc user de son droit de propriété, avec cette seule restriction que son droit étant démembré, il ne peut rien faire qui soit contraire au droit du propriétaire de l'héritage dominant. Il a été jugé que celui dont le fonds est grevé d'une servitude de passage conserve la libre disposition du sol assujetti, qu'il peut donc faire au-dessus et au-dessous tous les travaux qu'il juge convenables, à charge de laisser au passage la hauteur et la largeur nécessaires pour le plein exercice de la servitude(2). Le propriétaire peut aussi user de son droit d'exclusion en empêchant le propriétaire du fonds dominant de pratiquer des vues sur le chemin qui sert de passage. Il va sans dire que le droit de passage ne donne pas le droit de vue. Le maître du fonds servant peut donc s'opposer à

(1) Aubry et Rau, t. III, p. 98 et note 4. En sens contraire, Demolombe, t. XII, p. 416, n° 895. Comparez arrêt de rejet du 16 avril 1838 (Dalloz, au mot *Servitude*, n° 1172, 2°).
(2) Aix, 19 janvier 1855 (Dalloz, 1857, 2, 32).

ce que l'on fasse quoi que ce soit sur son fonds, en dehors de la charge à laquelle il est assujetti. Il peut par conséquent élever des constructions qui obstruent les vues du voisin, pourvu qu'elles ne fassent pas obstacle à l'usage de la servitude de passage, la seule dont son fonds soit grevé(1).

273. Le propriétaire du fonds servant peut-il se clore? Oui, certes, si la clôture ne diminue pas l'usage de la servitude et ne la rend pas plus incommode. Cette dernière expression de l'article 701 fait naître une difficulté. Celui dont le fonds est grevé d'une servitude de passage peut se clore, si la clôture n'entrave pas l'exercice du passage (2). Ce droit n'est pas contesté, malgré les termes restrictifs de l'article 647 qui semble faire une exception au droit de se clore, lorsqu'il y a lieu au passage en cas d'enclave. Nous renvoyons à ce qui a été dit au tome VII (n°441). Mais quand peut-on dire que la clôture entrave ou diminue ou rende plus incommode la servitude de passage? C'est une difficulté de fait plutôt que de droit; elle a donné lieu à des décisions contradictoires rendues par la même cour. Il a été jugé par la cour de Bruxelles que le propriétaire peut bien établir des barrières pour se clore, mais qu'il ne peut pas y placer des serrures fermant à clef, alors même qu'il offrirait de remettre des clefs en triple et en nombre plus considérable au propriétaire du fonds dominant. Cette décision s'attache à la lettre de l'article 701; il est certain que l'usage de la servitude serait plus incommode, puisque le propriétaire du fonds dominant devrait toujours être muni d'une clef pour passer, et qu'il suffirait de l'oublier pour être empêché d'user du passage (3). Cela est vrai, mais cela n'est-il pas trop rigoureux? Le propriétaire d'une maison doit aussi se munir de sa clef pour entrer chez lui, et s'il l'oublie, il peut se trouver dans l'impossibilité momentanée de pénétrer dans sa propriété; c'est un inconvénient, mais peut-il être comparé à celui de laisser une propriété non close? car une barrière qui ne se ferme pas à clef n'est pas une clôture. Nous préférons une

---

(1) Paris, 14 août 1851 (Dalloz, 1854, 5, 702).
(2) Aubry et Rau, t. III, p. 98 et note 5.
(3) Bruxelles, 26 février 1859 (*Pasicrisie*, 1859, 2, 246).

autre décision de la même cour en matière d'enclave; elle a permis au propriétaire du fonds servant de se clore moyennant une barrière fermant à clef (1). Les motifs, il faut l'avouer, ne sont pas très-juridiques. L'arrêt dit que les tribunaux sont chargés, en matière de servitude, de concilier l'intérêt de l'agriculture avec le respect dû à la propriété; le code civil dit cela quand il s'agit des droits des riverains d'un cours d'eau non navigable; mais dans ce cas il n'y a pas de droits absolus en présence, le droit de l'un des riverains limitant celui de l'autre. La cour cite encore les articles 700 et 702 qui donnent aux tribunaux un certain pouvoir d'appréciation. Mais ont-ils la même latitude dans l'application de l'article 701? Tout ce que l'on peut dire, c'est que l'*incommodité* est une question de fait; les tribunaux peuvent donc décider que si le fonds servant est clos par une barrière fermant à clef, l'usage de la servitude n'est pas plus incommode, puisque la clef suffit pour ouvrir la barrière.

274. Le propriétaire du fonds servant peut-il se servir du fonds au même usage pour lequel la servitude a été établie? On suppose naturellement que le titre ne donne pas au propriétaire du fonds dominant un droit exclusif. A moins de convention contraire, celui dont le fonds est grevé d'une servitude peut user de sa propriété, non à titre de servitude, puisque *res sua nemini servit*, mais en vertu de son droit de domaine. Il n'y a rien d'incompatible dans le concours des deux droits de propriété et de servitude s'exerçant sur un même fonds; je puis passer sur le fonds qui m'appartient comme propriétaire, et vous pouvez y passer en vertu de votre droit de servitude. Il va sans dire que, dans ce cas, le maître du fonds servant n'est plus tenu de supporter seul les dépenses que nécessite l'exercice de la servitude; l'usage étant commun, les frais doivent se partager dans la proportion de la jouissance de chacun. Il y a une servitude qui régulièrement implique cette communauté d'usage, c'est la servitude de pressurage. On entend par là le droit que j'ai d'user du pressoir

---

(1) Bruxelles, 3 mai 1851 (*Pasicrisie*, 1851, 2, 301),

d'autrui pour les récoltes qui proviennent de mon fonds. Il est d'usage dans certaines localités que le propriétaire du fonds dominant se serve du pressoir une semaine sur cinq, et contribue par suite pour un cinquième aux réparations (1).

275. Le propriétaire du fonds assujetti peut-il demander le déplacement de la servitude? L'article 701 commence par dire qu'il ne peut pas changer l'état des lieux, ni transporter l'exercice de la servitude dans un endroit différent de celui où elle a été primitivement assignée; puis il ajoute une restriction à cette règle. Si l'assignation primitive était devenue plus onéreuse au propriétaire du fonds assujetti, ou si elle l'empêchait d'y faire des réparations avantageuses, il pourrait offrir au propriétaire de l'autre fonds un endroit aussi commode pour l'exercice de ses droits, et celui-ci ne pourrait pas le refuser. Cette disposition est remarquable. Elle prouve que les servitudes n'ont rien d'absolu, qu'elles peuvent être modifiées par des considérations d'équité. Il n'en est pas de même des obligations conventionnelles; elles tiennent lieu de loi à ceux qui les ont contractées, et le juge, pas plus que les parties, ne peut les modifier au nom de l'équité, à moins que la loi ne lui donne ce droit. On aurait dû appliquer le même principe aux servitudes établies par convention, si le législateur n'avait dérogé à la rigueur des principes. Nous avons déjà rencontré plusieurs de ces dérogations. L'état des lieux peut être changé par les parties intéressées, pourvu qu'il ne résulte aucun préjudice de ces innovations pour l'un des voisins (nos 94, 269). Il en est de même de l'endroit par lequel la servitude doit s'exercer. La loi suppose qu'il y a eu une assignation primitive, ce qui implique une convention, à moins que la servitude ne soit constituée par testament. Malgré cette convention, le propriétaire du fonds servant peut demander le déplacement de la servitude, et si ses offres sont conformes à l'article 701, l'autre propriétaire ne peut les refuser. C'est donc la vo-

---

(1) Aubry et Rau, t. III, p. 99 et notes 8 et 9. Demolombe, t. XII, p. 456, no 935.

lonté de l'une des parties qui vient modifier la loi du contrat. Pourquoi le code permet-il à l'une des parties contractantes, malgré le refus de l'autre, de modifier leurs conventions, quand il s'agit de servitudes? Nous en avons déjà
dit la raison. Les servitudes restreignent l'exercice de
la propriété au profit du fonds dominant. Ces restrictions
ne doivent pas compromettre l'intérêt général. Or, elles
pourraient le compromettre en entravant l'amélioration de
la culture ou le perfectionnement des constructions, ce qui
intéresse l'industrie. Il importe donc qu'il y ait une certaine latitude pour concilier avec l'intérêt public l'intérêt
des particuliers qui ont établi la servitude.

Voilà pourquoi on décide qu'il n'est pas permis aux
parties contractantes de renoncer au droit que la loi leur
accorde de modifier leurs conventions, même par la volonté de l'une d'elles (1). En théorie, cette opinion est incontestable, puisqu'il n'est jamais permis de déroger à ce
qui est d'intérêt général, et nous supposons qu'il y a un
intérêt public en cause. Mais l'application est très-délicate.
Toute servitude gêne l'exercice de la propriété et entrave par suite plus ou moins l'agriculture ou l'industrie.
Cependant le propriétaire du fonds servant ne peut pas se
libérer de cette charge; la loi ne lui permet pas le rachat.
En ce sens, les conventions qui établissent les servitudes
sont irrévocables et les charges qu'elles créent sont perpétuelles. L'avantage que le fonds dominant retire de la
servitude est une compensation des inconvénients et des
entraves qui en résultent pour le fonds assujetti. Toujours
est-il qu'à raison même de la perpétuité des servitudes, il
importe que l'exercice en puisse être modifié, afin de permettre au propriétaire du fonds servant toutes les améliorations qui sont compatibles avec les droits du propriétaire
de l'héritage dominant. Mais aussi, par identité de raison,
il faut accorder le même droit au propriétaire du fonds à
qui la servitude est due (n° 265).

276. Nous avons supposé que le déplacement de la

_____

(1) Aubry et Rau, t. III, p. 100 et note 13. Demolombe, t. XII, p. 426,
n° 905.

servitude peut être demandé alors même que le titre déterminerait l'endroit par lequel elle doit être exercée. Il y a quelque hésitation sur ce point dans la jurisprudence(1). Le texte dit que *l'assignation primitive* peut être changée ; cette assignation, comme nous venons de le dire, implique une convention expresse ou tacite, et la convention expresse se trouvera d'ordinaire dans le titre. Quant à l'esprit de la loi, il nous semble que les motifs que nous venons de développer ne laissent aucun doute sur la question.

Nous avons supposé aussi que le déplacement de la servitude peut se faire par la seule volonté du propriétaire de l'héritage servant. Le contraire est enseigné et a été jugé (2). Il faut s'entendre ; au fond, tout le monde est d'accord, et il n'y a pas de doute possible, puisque le texte de la loi est positif. Evidemment le propriétaire du fonds servant ne peut pas, sans rime ni raison, demander que la servitude soit déplacée ; l'article 702 détermine les conditions sous lesquelles il peut exercer ce droit. Le déplacement ne dépend donc pas de son caprice. Il ne peut pas non plus le faire sans le concours de son voisin ; car la loi dit qu'il doit lui faire des offres ; mais comme le propriétaire du fonds dominant ne peut pas refuser ces offres, il reste vrai de dire que le titre constitutif est modifié par la volonté de l'une des parties.

277. L'article 701 ne parle que du déplacement de la servitude. Faut-il l'appliquer par analogie à l'exercice de la servitude ? Il y a un arrêt en ce sens : le propriétaire du fonds servant peut demander un changement, dit la cour de Montpellier, si la modification qu'il réclame ne peut nuire directement ni indirectement, dans le présent ni dans l'avenir, au fonds dominant, ni diminuer l'utilité que ce fonds retire de la servitude, ou rendre l'exercice de la servitude plus incommode (3). Il est certain qu'il y a même motif de décider. Toutefois la question est douteuse.

_____

(1) Pau, 9 février 1835 (Dalloz, au mot *Servitude,* n° 1182). Montpellier, 23 juillet 1846 (Dalloz, 1847, 2, 70).

(2) Demolombe, t. XII, p. 423, n° 902). Bruxelles, 31 mai 1827 (*Pasicrisie,* 1827, p. 196).

(3) Montpellier, 23 juillet 1846 (Dalloz, 1847, 2, 70).

On ne peut pas toujours raisonner par analogie, on ne le peut pas quand il s'agit d'exceptions. Or, l'article 701 n'est-il pas une exception à l'immutabilité du titre? Le texte même paraît restrictif. Le deuxième alinéa dit que le propriétaire du fonds servant ne peut changer l'état des lieux ni déplacer la servitude; puis le troisième alinéa permet le déplacement sous certaines conditions, mais il ne donne pas le même droit pour le changement des lieux. Il semble donc maintenir l'immutabilité du titre en ce qui concerne l'exercice de la servitude. Néanmoins nous croyons que la cour de Montpellier a bien jugé. A vrai dire, la disposition de l'article 701 n'est pas exceptionnelle; c'est plutôt l'application d'un principe que le code suit en matière de servitude; ce principe, comme nous venons de l'établir, est précisément celui de la mutabilité du titre; les besoins des fonds changeant, et la société étant intéressée à ce que les servitudes n'entravent pas les changements devenus nécessaires, la loi a dû permettre aux parties intéressées de modifier l'exercice de la servitude; et si elle permet de changer l'assiette de la servitude, elle doit, par identité de raison, permettre de changer l'état des lieux.

§ V. *Effet de la division du fonds dominant et du fonds servant.*

N° 1. DIVISION DU FONDS DOMINANT.

278. L'article 700 suppose que l'héritage dominant vient à être *divisé;* il décide que la servitude reste due pour chaque portion. Quand y a-t-il *division* dans le sens de la loi? et pourquoi maintient-elle la servitude pour chaque portion du fonds dominant? La division des fonds se fait d'ordinaire quand le propriétaire du fonds dominant vient à mourir laissant plusieurs héritiers. Il peut aussi y avoir division lorsque le propriétaire vend son héritage par parcelles. La loi ne distingue pas par quelles causes se fait la division; il faut donc décider que dans tous les cas la servitude reste due pour chaque portion,

Pardessus croit qu'en cas de vente, le propriétaire du fonds servant aurait une action en dommages-intérêts pour le préjudice qu'il souffre de la division du fonds et de l'extension de la servitude. Voilà une singulière idée. Peut-il y avoir des dommages-intérêts sans faute? Et où est la faute du propriétaire qui vend son fonds par parcelles? Celui qui use de son droit est-il en faute? On ne peut pas même dire qu'il cause un préjudice au fonds servant, car l'article 700 ajoute qu'en cas de division de l'héritage dominant, la condition du fonds assujetti ne doit pas être aggravée. Pardessus oublie encore que l'article 700 ne fait qu'appliquer un principe élémentaire de droit : la servitude est due au fonds, donc à toutes les parties du fonds, quand le fonds est divisé, n'importe par quelle cause (1).

279. Pour l'application du principe, il faut distinguer si les diverses portions de l'héritage dominant sont possédées par indivis, ou si elles sont possédées divisément par suite d'un partage. Le texte de l'article 700 implique tantôt le partage, tantôt l'indivision. En posant le principe, la loi suppose que l'héritage dominant est divisé, donc partagé; tandis que le deuxième alinéa, qui donne un exemple, suppose qu'il y a plusieurs *copropriétaires*; or, il n'y a de *copropriété* que pendant l'indivision; après le partage, il y a autant de propriétaires que de portions ou de lots (2). Faut-il conclure de là que la loi ne prévoit que l'état de division ou l'état d'indivision? Elle prévoit en réalité les deux hypothèses, seulement la rédaction n'est pas logique; quand un principe est établi pour le cas de *division*, il ne faut pas donner comme exemple un cas d'*indivision*. Mais peu importe après tout. Le principe s'applique en effet dans les deux hypothèses, en ce sens que si le fonds possédé primitivement par un seul propriétaire vient à être possédé par plusieurs, la servitude peut être exercée par tous; seulement le mode de l'exercer et les droits des propriétaires diffèrent suivant qu'il y a indivision ou partage.

(1) Demolombe, t. XII, p. 382, n° 859. Ducaurroy, Bonnier et Roustain, t. II, p. 245, n° 361. Comparez Pardessus, t. Ier, n° 64, p. 154.
(2) Demolombe, t. XII, p. 379, n° 856. Ducaurroy, Bonnier et Roustain, t. II, p. 245, n° 361.

Le législateur aurait donc dû distinguer les deux cas. Nous allons le faire en prenant appui sur les principes qui régissent l'indivision et le partage, combinés avec les principes qui régissent les servitudes.

280. L'héritage dominant passe par hérédité à plusieurs personnes. Quel est leur droit pendant que dure l'indivision? Les copropriétaires jouissent en commun du fonds, et la servitude étant une qualité du fonds, ils jouissent aussi en commun de la servitude. Il n'y a rien de changé quant au droit de servitude, il est après la mort du propriétaire ce qu'il était avant, car rien n'est changé dans le fonds, sinon qu'au lieu d'un propriétaire il y en a plusieurs. Mais ce fait seul n'est-il pas un changement? et ce changement n'est-il pas une aggravation de la servitude? L'article 700 décide que la servitude reste due « sans néanmoins que la condition du fonds assujetti soit aggravée. » Au premier abord, on ne comprend pas comment la charge resterait la même, alors que le droit est exercé par plusieurs au lieu d'être exercé par un seul. Il y a des servitudes dont l'usage est le même, quel que soit le nombre des propriétaires du fonds dominant. Une servitude d'égout des eaux pluviales ne change pas, qu'il y ait dix propriétaires du fonds dominant ou qu'il y en ait un. Par contre, il y a des servitudes dont l'exercice est plus fréquent lorsqu'il y a plusieurs propriétaires du fonds auquel elle est due. Telle est la servitude de passage; quand elle est exercée par plusieurs personnes, ne devient-elle pas plus onéreuse? et la condition du fonds assujetti n'en sera-t-elle pas aggravée? L'article 700 répond à notre question. « Ainsi, dit-il, s'il s'agit d'un droit de passage, tous les copropriétaires seront obligés de l'exercer par le même endroit. » Pendant l'indivision, cela ne fait pas de doute, puisque la servitude reste la même. Il y a cependant une difficulté : qu'importe que le chemin reste le même? S'il est plus fréquenté, n'y a-t-il pas aggravation de la servitude? La loi décide qu'il n'y a pas aggravation. Elle suppose, et telle est la rigueur des principes, que la servitude a été établie pour l'utilité du fonds dominant, sans considérer le nombre des personnes qui occupent le fonds : qu'il augmente ou qu'il diminue, le droit est le même, donc aussi la charge. En d'autres mots, l'augmentation du nombre des personnes appelées à jouir de la servitude est entrée dans les prévisions de ceux qui l'ont établie; en effet, elles doivent s'attendre à un fait qui est une loi de l'humanité, la progression de la population, et la mort qui répartit les droits du défunt entre ses héritiers; un fait prévu et usuel n'est pas une aggravation de la servitude.

Dumoulin donnait une autre réponse à notre question. Partant du principe que les besoins du fonds n'augmentent pas, et que la servitude est due au fonds et non à la personne, il en conclut que si, au lieu d'un propriétaire, il y en avait plusieurs, le juge doit intervenir pour régler la manière dont la servitude sera exercée, sans qu'il en résulte une aggravation de charge (1). Cela est faisable dans certaines servitudes; si, par exemple, un droit de passage était accordé pour l'exploitation d'un fonds rural, le juge pourrait décider que les copropriétaires s'entendraient pour l'exercice du droit, de manière que le passage sera pratiqué comme il l'était du vivant de celui qui l'avait stipulé. Mais l'idée de Dumoulin est impraticable lorsque le passage est établi pour une maison; comment limiter, dans ce cas, l'usage de la servitude de manière que dix personnes ne passent pas plus qu'une seule? A vrai dire, le texte du code rejette l'opinion de Dumoulin. En effet, l'article 700 suppose qu'au lieu d'un propriétaire il y en a plusieurs; tous peuvent user du passage, sans que l'on puisse dire que la servitude soit aggravée, pourvu qu'elle s'exerce par le même endroit. Cela prouve que la loi n'a égard qu'à l'état du fonds, et qu'elle ne prend pas en considération le nombre des personnes qui usent de la servitude.

281. La loi applique le principe à une servitude indivisible, le droit de passage. Que faut-il décider si la servitude est divisible? On dit d'ordinaire que toutes les servitudes sont indivisibles. Cela est trop absolu. Dumou-

(1) Dumoulin, *Extricatio labyrinthi sexdecim legum,* n°s 49-51. Comparez Ducaurroy, Bonnier et Roustain, t. II, p. 246, n° 361; Demolombe, t. XII, p. 381, n° 858.

lin, grand partisan de l'indivisibilité, avoue qu'il y a des servitudes divisibles, en ce sens que l'utilité qu'elles procurent au fonds dominant est susceptible de division. Une prise d'eau est divisible, puisque le volume d'eau peut se partager en autant de fractions que l'on veut. Le droit d'extraire de la marne du fonds voisin se divise également, puisqu'on peut diviser la quantité de la marne, et elle est réellement fixée à raison de l'étendue du fonds dominant, de même que la prise d'eau est proportionnée aux besoins du fonds pour l'avantage duquel elle est établie (1). Si le fonds dominant est transmis par voie d'hérédité à plusieurs propriétaires lesquels le possèdent indivisément, le nombre des héritiers ne changera rien à l'usage de la servitude. Ici l'on applique le principe de Dumoulin. De ce qu'il y a plusieurs propriétaires au lieu d'un, cela ne modifie pas les besoins du fonds dominant; le volume d'eau restera donc le même, et la quantité de la marne ne variera pas. Que si le titre ne s'explique pas sur ce point, et si les parties ne s'accordent pas, il y aura lieu à l'intervention du juge, lequel réglera l'exercice de la servitude, sans tenir compte du nombre des propriétaires, en considérant uniquement les besoins du fonds (2).

282. Il reste une difficulté : comment chacun des copropriétaires exercera-t-il la servitude pendant l'indivision? Si la servitude est indivisible, il n'y a pas même de question. On ne passe pas pour un tiers ou un quart; donc par cela seul que chacun des copropriétaires a le droit de passage, il peut en user pour le tout, il lui serait même impossible d'en user pour partie. Mais que faut-il décider si la servitude est divisible? Dumoulin maintient le principe : il n'y a qu'une seule servitude, elle est due à un seul fonds, ce fonds est possédé par indivis par plusieurs copropriétaires, ce qui donne à chacun d'eux le droit d'user de tout le fonds, donc aussi de toute la servitude, sauf aux copropriétaires à s'arranger entre eux pour l'exercice de la ser-

---

(1) Dumoulin, *De dividuo et individuo,* pars III, n° 291.
(2) Ducaurroy, Bonnier et Roustain, t. II, p. 346, n° 362. Demolombe, t. XII, p. 384, n° 860.

vitude. Il n'y a aucun doute sur ce point ; il est donc inutile d'insister (1).

283. Nous passons à l'hypothèse où le fonds indivis est partagé. C'est, disent les jurisconsultes romains, comme si, dès le principe, il y avait eu plusieurs fonds dominants. En effet, la servitude étant due à chaque portion du fonds, chaque portion devient un fonds dominant. N'est-ce pas aggraver la servitude? Mon héritage ne devait de servitude qu'à un fonds, et voilà qu'il en doit à dix? La loi romaine répond : Non, la condition du fonds servant ne devient pas plus onéreuse ; à certains égards même, elle devient plus favorable (2). Cette dernière décision paraît singulière ; elle s'explique par les principes qui régissent l'extinction des servitudes. Comme il y a autant de fonds dominants que de portions, il y a aussi autant de servitudes ; d'où suit que chacune pourra s'éteindre ; en ce sens la condition du fonds servant sera meilleure, puisqu'il pourra s'affranchir d'une partie de la charge dont il est grevé.

Le code civil consacre cette doctrine. Si l'héritage dominant est divisé, dit l'article 700, la servitude reste due pour chaque portion ; l'article ajoute : sans néanmoins que la condition du fonds assujetti soit aggravée. Comment cela se peut-il? Si la servitude est indivisible, on applique l'article 700 ; s'agit-il d'un droit de passage, tous les propriétaires seront obligés de l'exercer par le même endroit. Il est vrai que le passage sera plus fréquent ; mais, comme nous venons de le dire, ce fait n'est pas considéré comme une aggravation de la servitude. Si la servitude est divisible, chacun des propriétaires l'exercera dans la proportion de son droit héréditaire ; c'est la conséquence logique du partage et de la divisibilité du droit, chacun des copartageants prenant la portion du fonds qui lui échoit avec sa qualité, donc avec sa part dans le bénéfice de la servitude ; sauf aux héritiers à convenir d'un autre mode de répartir l'usage de la servitude ; en tout cas le propriétaire

---

(1) Demolombe, t. XII, p. 386, n° 861. Demante, t. II, p. 653, n° 556 *bis* V.
(2) L. 6, § 1, D., *si serv. vindic.* (VIII, 5).

du fonds servant est sans intérêt à s'opposer à cette division, car la charge qui grève son fonds reste la même. Si la quantité ou la mesure à laquelle le fonds dominant a droit n'est pas fixée par le titre, il y aura lieu à l'intervention du juge, comme le disait Dumoulin, afin d'empêcher que la somme réunie des besoins particuliers, pour mieux dire, des prétentions particulières ne dépasse pas les besoins du fonds unique, tels qu'ils étaient avant le partage ; sinon il y aurait aggravation de la condition du fonds assujetti ; or, la loi ne veut pas que la servitude soit aggravée et les principes s'y opposent (1).

N° 2. DIVISION DU FONDS SERVANT.

284. Le code ne parle pas de la division du fonds servant. Il peut aussi être divisé soit par suite de vente, soit par suite d'hérédité. Quelle sera l'influence de cette division sur la servitude? Si l'héritage assujetti est possédé indivisément par plusieurs héritiers, il n'y a absolument rien de changé quant à la charge qui le grève, ni quant au droit du maître de l'héritage dominant. Le fonds servant reste le même, par conséquent aussi la servitude ; elle s'exercera pendant l'indivision comme elle s'exerçait alors que le fonds appartenait à un seul propriétaire.

Il n'en est plus de même quand le fonds servant est divisé. Une première question se présente. La partie du fonds par laquelle la servitude s'exerce est mise au lot de l'un des héritiers : les autres portions du fonds seront-elles affranchies de la servitude? On suppose que la servitude n'est pas limitée à la partie du fonds sur laquelle on la pratique ; si cette partie seule est grevée, alors il n'y a plus de question. Que si tout le fonds était grevé, il restera grevé, même les portions sur lesquelles la servitude ne s'exerçait pas, car autre chose est l'exercice de la servitude, autre chose est le droit. Le droit subsistera donc sur toutes les portions du fonds. Mais comment sera-t-il exercé?

---

(1) Demante, t. II, p. 652, n°ˢ 556 *bis* II et 556 *bis* III.

Il faut appliquer, par analogie, au fonds servant ce que la loi dit de la division du fonds dominant. La division de l'héritage assujetti ne peut pas aggraver la condition de ce fonds. Si donc il s'agit d'une servitude de passage, elle continuera à s'exercer par le même endroit. Il pourra résulter de là que la servitude ne sera pas exercée sur quelques portions du fonds, devenues des héritages séparés. La conséquence en sera que la servitude s'éteindra par le non-usage après trente ans, sauf au propriétaire du fonds dominant à conserver son droit par l'interruption de la prescription. En effet, la division du fonds servant a le même effet que la division du fonds dominant; il y aura plusieurs fonds servants, donc plusieurs servitudes distinctes, dont chacune par conséquent peut s'éteindre. Si la servitude est divisible, chacune des portions du fonds servant sera grevée du droit dans la proportion du droit des copartageants. On applique les principes généraux qui régissent le partage. Il va sans dire que, dans cette hypothèse, la servitude s'éteindra si elle n'est pas exercée pendant trente ans sur l'un des fonds divisés (1).

§ VI. *Des actions qui naissent des servitudes.*

285. Le code ne parle pas des actions auxquelles les servitudes donnent lieu, pas plus qu'il ne parle de l'action qui naît de la propriété. Il abandonne cette matière à la doctrine. Il faut donc remonter à la tradition. Pothier distingue deux actions concernant les servitudes, la *confessoire* et la *négatoire* : les termes ainsi que les principes viennent du droit romain. L'action *confessoire,* dit Pothier, est une action réelle par laquelle celui à qui appartient un droit de servitude sur quelque héritage conclut, contre celui qui le trouble dans l'usage de cette servitude, à ce que l'héritage soit déclaré sujet à ce droit et qu'il soit fait défense au défendeur de l'y troubler. L'action *négatoire* est aussi une action réelle que le propriétaire d'un héritage

(1) Demolombe, t. XII, p. 428, n°s 907 et 910.

forme contre celui qui s'y attribue sans droit quelque servitude, et conclut à ce que son héritage soit déclaré franc de cette servitude, et qu'il soit fait défense au défendeur d'en user (1).

286. Ces deux actions concernent le droit, elles sont analogues à l'action en revendication. Les servitudes donnent aussi lieu à des actions possessoires. Celui qui est propriétaire peut agir au possessoire, d'après le droit commun, quand il est troublé dans l'exercice de son droit par le voisin qui exerce une servitude sur son fonds. De même celui qui depuis un an exerce paisiblement une servitude peut se faire maintenir en possession de ce droit. C'est l'application du droit commun. Les immeubles incorporels aussi bien que les immeubles corporels sont susceptibles de possession; donc le possesseur peut invoquer l'article 23 du code de procédure, qui accorde les actions possessoires à tous ceux qui depuis une année au moins sont en possession paisible. La loi ajoute : *à titre non précaire.* Cette condition est essentielle; la possession précaire n'est pas une possession, elle ne peut donc pas être protégée par les actions possessoires. De là suit que les servitudes discontinues ne donnent pas lieu à une action possessoire; le code ne permet pas de les acquérir par la possession de trente ans, parce que la possession de ces servitudes est précaire de son essence; dès lors elles ne peuvent pas donner lieu à des actions possessoires. Cela est admis par la doctrine et par la jurisprudence (2). La matière n'entrant pas dans l'objet de notre travail, nous nous bornons à poser le principe.

287. Pothier dit que les actions concernant les servitudes sont réelles, parce qu'elles naissent du droit de propriété ou du droit de servitude, lesquels sont des droits réels. Et comme les servitudes n'existent que sur des immeubles, il faut ajouter que les actions auxquelles elles donnent lieu sont immobilières. De là suit qu'elles doivent

---

(1) Pothier, *Introduction au titre XIII de la coutume d'Orléans,* n° 11.
(2) Duranton, t. V, p. 633, n°s 632-635. Demolombe, t. XII, p. 459 et suiv., n°s 939-956. Et la jurisprudence, dans Dalloz, au mot *Action possessoire,* n°s 445 et suiv.

être intentées au tribunal de la situation de l'immeuble
que l'on prétend grevé d'une servitude, ou franc de toute
charge (C. de proc., art. 59). Les actions naissant d'un
droit réel, elles ne peuvent être formées que par celui qui
a ce droit réel, c'est-à-dire que par le propriétaire du fonds
auquel la servitude est due, ou que l'on prétend libre de
cette charge : c'est, dans les deux cas, le fonds qui est en
cause, et le propriétaire seul a le droit de parler au nom
du fonds (1). Il n'en faut pas conclure que l'usufruitier n'a
pas les actions concernant les servitudes. Nous avons dit
ailleurs qu'il a la possession, donc les actions possessoires;
il jouit des servitudes, donc il a les actions qui les concernent (2).

De ce que la servitude est un droit réel, on a conclu
que les actions personnelles qui naissent à l'occasion de
leur exercice prennent un caractère de réalité. C'est une
erreur, à notre avis; nous renvoyons à ce qui a été dit
plus haut (n° 271).

288. La preuve fait naître une question sur laquelle il
y a une assez vive controverse. C'est un principe élémentaire que la preuve incombe au demandeur. Est-ce à dire
que celui qui soutient que son fonds est libre doit prouver
que le voisin n'a pas droit à la servitude qu'il exerce?
Nous disons : qu'il exerce, car pour qu'il y ait lieu à débat,
il faut supposer que le voisin est en possession de la servitude. Plaçons-nous dans l'hypothèse la plus favorable au
possesseur : il a obtenu au possessoire un jugement qui
le maintient en possession. Le propriétaire qui prétend
que son fonds est libre doit agir au pétitoire; doit-il prouver la liberté de son fonds? La jurisprudence est presque
unanime en faveur du propriétaire; il n'a rien à prouver,
dit-on, parce qu'il a pour lui la présomption que la propriété est libre; d'ailleurs l'obliger à prouver la liberté de
son fonds, ce serait l'obliger à faire une preuve négative,
puisqu'il devrait prouver que le voisin n'a pas de servitude
sur son héritage; or, la preuve de ce fait négatif est im-

(1) Gand, 24 juin 1853 (*Pasicrisie*, 1854, 2, 126).
(2) Pardessus, t. II, p. 301, n° 332. Demolombe, t. XII, p. 484, n° 958.
Arrêt de cassation du 5 mars 1850 Dalloz, 1850, 1, 78).

possible (1). Les auteurs sont divisés ; il y en a qui prennent parti pour le possesseur, et qui opposent à la présomption invoquée par le propriétaire une autre présomption qui la détruit. Le possesseur est présumé propriétaire, disent-ils ; donc celui qui est en possession de la servitude est présumé avoir droit à la servitude, et par suite c'est au propriétaire à renverser cette présomption, en prouvant que la servitude n'existe pas. A plus forte raison en doit-il être ainsi quand le· possesseur a obtenu gain de cause au possessoire ; dans ce cas, il est de droit commun qu'au pétitoire le fardeau de la preuve retombe sur celui qui a succombé au possessoire, c'est-à-dire sur le propriétaire qui soutient la liberté de son héritage (2).

Nous n'hésitons pas à nous prononcer pour l'opinion consacrée par la jurisprudence. Mais nous n'aimons pas les présomptions que l'on invoque de part et d'autre ; aucune n'est écrite dans la loi, et peut-il être question d'une présomption légale sans loi? C'est ce que les partisans du propriétaire ne manquent pas d'opposer aux défenseurs du possesseur. Ils demandent où il est dit que le possesseur est présumé propriétaire? La loi n'établit pas même cette présomption en faveur de celui qui a obtenu gain de cause au possessoire. Cela est très-vrai ; mais l'argument ne peut-il pas être rétorqué contre la jurisprudence? C'est au demandeur à prouver le fondement de sa demande ; il n'est dispensé de cette preuve que lorsqu'il a une présomption en sa faveur : où est la loi qui établit la présomption qu'il invoque?

Il nous semble que les principes généraux suffisent pour rejeter la preuve sur celui qui prétend avoir droit à une servitude, alors même qu'il serait en possession. C'est en ce sens que Pothier s'exprime ; il dit : « Dans l'une et l'autre action, c'est-à-dire dans la négatoire aussi bien que

(1) Nous citons les arrêts les plus récents. Agen, du 30 novembre 1852 (Dalloz, 1853, 2, 28) et du 23 novembre 1857 (Dalloz, 1858, 2, 27). Bruxelles, 23 mai 1840 (Pasicrisie, 1841, 2, 8). Jugement du tribunal de Gand du 26 février 1855 (Belgique judiciaire, t. XIII, p. 406). Comparez Demolombe, t. XII, p. 480, n° 957.

(2) Duranton, t. V, p. 639, n° 641, et les autorités citées dans Dalloz, au mot Servitude, n° 1277.

dans la confessoire, c'est à celui qui prétend un droit de servitude à le justifier, selon la maxime : *Incumbit onus probandi ei qui dicit.* Ainsi Pothier se fonde sur les principes généraux, sans distinguer si celui qui réclame la servitude est en possession ou non. Cela ne fait aucun doute quand le débat s'engage directement au pétitoire. Le propriétaire est demandeur. Que doit-il prouver? Son droit de propriété; s'il prouve qu'il est propriétaire, il prouve par cela seul qu'il a sur sa chose un droit absolu, exclusif, un droit en vertu duquel il peut repousser toute entreprise qu'un voisin fait sur son héritage. Que lui oppose le défendeur? Qu'il possède une servitude? Le propriétaire lui répondra : « La possession est un fait; en présence de ma propriété, ce fait n'est qu'une usurpation, à moins que vous ne prouviez que le fait est l'exercice d'un droit. Vous prétendez avoir un droit, c'est une exception que vous m'opposez, et cette exception vous constitue demandeur; prouvez donc que vous avez un droit de servitude. »

On dit que le jugement intervenu au possessoire intervertit les rôles; que s'il n'en résulte pas une présomption de propriété, il en résulte au moins que le propriétaire sera demandeur au pétitoire, ce qui met la preuve à sa charge. Sans doute le propriétaire demandeur doit prouver le fondement de sa demande. Mais que doit-il prouver? Il doit prouver son droit de propriété. Sa position est donc exactement la même que s'il n'y avait pas eu de débat au possessoire. On objecte que c'est annuler le jugement qu'a obtenu le possesseur. Du tout; car si le propriétaire l'avait emporté au possessoire, il n'aurait plus besoin d'agir au pétitoire, tandis que maintenant il doit agir et faire une preuve très-difficile, celle de son droit de propriété. On voit qu'en définitive la question se décide par les principes généraux qui régissent la preuve.

SECTION IV. — Comment les servitudes s'éteignent.

§ Ier. *Du cas prévu par les articles* 703 *et* 704.

289. Aux termes de l'article 703, « les servitudes cessent lorsque les choses se trouvent en tel état qu'on ne peut
plus en user. » Cela peut arriver dans deux cas : d'abord,
lorsque la servitude n'a plus aucune utilité pour le fonds
dominant : ensuite, quand l'exercice de la servitude devient
matériellement impossible. La première hypothèse ne
souffre aucun doute en théorie; elle découle logiquement
de la définition de la servitude. Pourquoi la loi permet-elle
de grever les fonds d'une charge qui entrave le droit de
propriété et qui, en ce sens, est nuisible à l'intérêt général? L'article 637 répond à notre question : c'est que les
servitudes sont établies pour l'utilité et l'usage d'un autre
fonds dont elles accroissent la valeur. Si les servitudes
cessent d'être utiles à l'héritage au profit duquel elles
avaient été établies, si le propriétaire n'en peut plus tirer
aucun usage, alors elles n'ont plus de raison d'être, elles
ne seraient plus qu'un mal sans aucune compensation de
bien; c'est dire qu'elles doivent cesser. Mais aussi tant
que les servitudes peuvent procurer au fonds dominant un
avantage, une commodité, un agrément quelconques, elles
subsistent. Les tribunaux admettent très-difficilement la
cessation des servitudes, et avec raison; elles sont établies
dans un esprit de perpétuité, le plus souvent à titre onéreux ; elles doivent donc être maintenues alors même
qu'elles ne présentent plus pour le fonds dominant la même
utilité qu'elles avaient lors de leur établissement, pourvu
qu'elles conservent une raison d'être. Une servitude de ne
pas bâtir plus haut est établie entre deux héritages contigus. Plus tard, on ouvre une rue sur une partie des deux
fonds. Le propriétaire du fonds assujetti, voulant utiliser
la parcelle de terrain qui lui reste, se rend acquéreur de
terrains situés en arrière et construit deux maisons. Plainte
du propriétaire de l'héritage dominant : il demande la démolition de la partie des maisons qui couvre les terrains

grevés de la servitude *altius non tollendi*. Le voisin répond que cette servitude n'a plus de raison d'être. Est-ce l'air et la lumière que le propriétaire du fonds dominant réclame? La rue les lui donne : que veut-il de plus? On ne stipule pas la servitude *altius non tollendi*, là où il existe une rue qui sépare les deux héritages, à moins que l'on ne veuille s'assurer la beauté du prospect; or, dans l'espèce, le propriétaire ne peut pas jouir de la vue. En vain détruirait-on une partie des maisons; la partie des constructions élevées sur un terrain libre subsisterait. Il y avait certes là des motifs de douter; ils entraînèrent la cour de Lyon, mais son arrêt fut cassé et il devait l'être. Quoique moins utile que dans le principe, la servitude conservait une utilité pour le fonds dominant; cela était décisif (1).

290. La servitude cesse encore lorsque l'usage en devient matériellement impossible. Cela suppose des changements dans l'état des deux fonds ou de l'un d'eux : « Quand, dit l'article 703, les choses se trouvent en tel état qu'on ne peut plus en user. » Il est rare que cette impossibilité existe pour les fonds ruraux. Voilà deux mille ans qu'on cite les mêmes exemples, et les exemples sont restés des hypothèses que la pratique ignore : quand est-il arrivé que la force des eaux a emporté le fonds dominant ou le fonds servant? quand est-il arrivé que la source grevée de la servitude a tari? Lorsqu'il s'agit de fonds bâtis, le principe est d'une application assez fréquente, comme le témoignent les monuments de la jurisprudence. Il faut avant tout préciser l'hypothèse prévue par l'article 703.

La loi suppose des changements dans l'état des lieux, innovations qui rendent l'exercice de la servitude impossible. Cela est sans difficulté lorsque le changement provient d'un accident de la nature. C'est le feu du ciel qui a détruit le fonds servant; le propriétaire du fonds dominant n'a aucune action contre la nature, il n'en a aucune contre le propriétaire de l'héritage assujetti, il est donc

_____

(1) Arrêt de cassation du 7 mai 1851 (Dalloz, 1851, 1, 155), et sur renvoi, Dijon, 9 janvier 1852 (Dalloz, 1852, 2, 70). Dans le même sens, Paris, 11 novembre 1833 (Dalloz, au mot *Chose jugée*, n° 173, 2°). Dijon, 24 août 1843 (Dalloz, au mot *Servitude*, n° 1221). Arrêt de rejet du 9 décembre 1857 (Dalloz, 1858, 1, 110).

sans droit; en ce sens son droit cesse. Il en serait de même
si le changement était l'œuvre d'un tiers qui avait le droit
de faire ce qu'il a fait. J'ai une servitude de prise d'eau
sur une source; des fouilles faites dans un fonds supérieur
la font tarir. Mon droit cesse; je n'ai d'action ni contre le
propriétaire du fonds grevé de la servitude, ni contre celui
qui a fait tarir la source; je suis donc sans droit aucun.
Mais si c'est le propriétaire du fonds servant ou un tiers
qui, sans droit, a fait les changements, j'ai une action
contre eux pour qu'ils rétablissent l'état des lieux; on ne
peut donc pas dire que mon droit cesse; il ne cesserait que
si je restais trente ans sans en user; dans ce cas, la servitude serait éteinte, mais non en vertu de l'article 703,
elle le serait en vertu de l'article 706, par le non-usage
pendant trente ans. Le changement peut encore être l'œuvre
du propriétaire de l'héritage dominant; peut-on dire dans
ce cas que son droit cesse parce qu'il ne peut plus en user?
Non, car il dépend de lui de rétablir les lieux; c'est donc
par sa volonté qu'il n'use pas de la servitude; s'il continue
pendant trente ans à n'en pas user, son droit sera éteint,
toujours en vertu de l'article 706 (1).

291. L'article 704 dit que les servitudes revivent si les
choses sont rétablies de manière qu'on puisse en user. Il
ne faut pas prendre le mot *revivent* au pied de la lettre.
Les servitudes définitivement éteintes ne revivent pas.
Si le changement a seulement empêché le propriétaire
du fonds dominant d'exercer temporairement la servitude,
il y a un simple obstacle à l'exercice du droit; mais un
droit ne cesse pas lorsqu'il se trouve en face d'un obstacle;
du moment où l'obstacle disparaît, le droit reprend son
cours, il ne revit pas, car il n'a jamais cessé d'exister.
J'ai une prise d'eau sur un étang : l'étang est desséché
en vertu d'une loi qui ordonne le desséchement des marais.
Cette loi est rapportée, l'étang est rétabli. Mon droit
revit (2). Avait-il jamais cessé d'exister? Pas plus que

---

(1) Aubry et Rau, t. III, p. 101 et notes 3 et 4. Arrêt de rejet du 16 avril
1838 (Dalloz, au mot *Servitude,* n° 1172, 2°).
(2) Arrêt de rejet du 30 décembre 1839 (Dalloz, au mot *Servitude,* n° 1197).
Ducaurroy, Bonnier et Roustain, t. II, p. 248, n° 363.

lorsqu'une source cesse de couler en été et reprend son cours en automne.

Quelle est la condition requise pour que la servitude revive? Sur ce point il y a quelque difficulté. Les exemples que nous venons de donner supposent qu'il n'y avait qu'un simple obstacle à l'exercice du droit, et un obstacle n'est pas une cause d'extinction, mais il peut y avoir plus qu'un obstacle; le fonds servant ou le fonds dominant peuvent être détruits; cette destruction met-elle fin à la servitude? Si la maison qui doit la servitude ou qui en jouit est démolie, ne faut-il pas dire que la servitude est éteinte? Le code le décide ainsi en matière d'usufruit; l'usufruit établi sur un bâtiment s'éteint si le bâtiment est détruit (art. 624), et il ne revit pas si le bâtiment est reconstruit. Il n'en est pas de même des servitudes réelles. Nous en avons déjà dit la raison : les servitudes réelles sont plus favorables que l'usufruit (1). C'est donc par une espèce de faveur que la loi fait revivre les servitudes. Ici revient notre question : Sous quelle condition revivent-elles? faut-il que l'état de choses d'où résultait la servitude soit rétabli identiquement? L'article 704 ne l'exige pas : « Les servitudes, dit-il, revivent si les choses sont rétablies de manière qu'on puisse en user. » Quand il s'agit du fonds servant, il n'y a pas d'autre condition. Cela est en harmonie avec les principes qui régissent les servitudes. Elles n'ont rien d'immuable, l'exploitation des fonds changeant, les servitudes doivent aussi changer dans leur mode d'exercice. La loi permet ces changements dans de certaines limites. Si c'est le fonds dominant qui est rétabli, il faut ajouter une condition qui résulte de l'article 702, c'est que le propriétaire de ce fonds ne peut jamais faire de changement qui aggrave la condition du fonds assujetti.

292. Tel est le principe; nous allons en voir l'application dans les espèces qui se sont présentées devant les tribunaux. Une prise d'eau s'exerçait moyennant un barrage et un canal qui conduisait les eaux dans le pré au profit duquel la servitude était établie. Le barrage fut détruit

---

(1) Voyez le tome VII de mes *Principes*, n° 70, p. 81.

par une crue extraordinaire de la rivière; pendant de longues années, la servitude ne s'exerça plus, les eaux n'arrivant plus au canal. Le propriétaire du fonds servant ayant construit un barrage sur une autre partie du fonds, le propriétaire du pré voulut user de nouveau de la prise d'eau. Le tribunal de première instance rejeta ses prétentions ; il lui semblait que ce n'était pas la même servitude, parce qu'il y avait un autre barrage, un autre canal, un autre héritage. Cette décision fut réformée par la cour de Riom. Sur le pourvoi, l'arrêt fut maintenu; la cour de cassation posa les vrais principes. Il n'est pas exact de prétendre, dit-elle, que les choses doivent être rétablies dans leur état primitif, et que tout changement dans le mode d'exercer la servitude est un obstacle à son rétablissement. La loi n'exige pas qu'il y ait identité, c'est donc ajouter à la loi que d'établir cette condition (1).

Une servitude de vue existait au profit de bâtiments qui furent détruits par un incendie. On les reconstruisit, mais dans des proportions moindres, de sorte qu'il y eut aussi un changement dans les jours; les nouveaux étaient moins nombreux et autrement disposés que les anciens. Le propriétaire du fonds servant demanda la suppression des jours, et il obtint gain de cause devant le tribunal de première instance : quand le mode d'exercice d'une servitude est déterminé, soit par le titre, soit par la possession, dit le jugement, il ne peut plus être changé sans le consentement des parties. Cette décision fut réformée par la cour de Rouen ; les enquêtes prouvaient que la nouvelle servitude était moins onéreuse que l'ancienne; de quoi donc se plaignait-on? Les servitudes ne sont pas immuables; l'article 702 ne défend pas de faire aucun changement dans l'état des lieux, il défend seulement les innovations qui aggravent la condition du fonds assujetti. Sur le pourvoi, la cour de cassation maintint l'arrêt : le propriétaire du fonds servant, dit-elle, ne peut se plaindre d'un état de choses qui a rendu sa situation meilleure (2).

(1) Arrêt de rejet du 21 mai 1851 (Dalloz, 1851, 1, 273).
(2) Arrêt de rejet du 25 juin 1866 (Dalloz, 1866, 1, 471).

Une servitude de ne pas bâtir existait au profit d'un hôtel entouré de jardins, dans le but évident de procurer au fonds dominant un aspect libre; la charge était en harmonie avec la magnificence de l'habitation. De nos jours, les palais disparaissent pour faire place à des constructions plus modestes. C'est ce qui arriva à l'hôtel; la spéculation s'en empara; il fut démoli, et des constructions nouvelles furent élevées sur le fonds dominant. N'était-ce pas le cas de dire que la servitude établie pour donner l'air, la lumière, le soleil, la vue à une demeure seigneuriale était éteinte avec la destruction de l'hôtel et la transformation des jardins? Non, dit la cour d'Orléans, saisie de l'affaire après un arrêt de cassation : la servitude n'était pas stipulée pour une construction particulière et pour aussi longtemps que cette construction subsisterait; perpétuelle de sa nature, la servitude s'identifie tellement avec le fonds, qu'elle en est considérée comme une qualité; ce n'est pas au profit de l'hôtel et des jardins que la servitude était établie, c'est dans l'intérêt du fonds (1). Après tout, les maisons bourgeoises qui remplacèrent l'habitation du grand seigneur n'avaient-elles pas droit à l'air et au soleil, aussi bien que les palais de l'aristocratie?

293. La jurisprudence que nous venons d'analyser conduit à une conséquence importante. On pose parfois comme règle que la servitude doit être limitée aux besoins du fonds dominant, et on estime ces besoins d'après l'état des choses qui existait lors de l'établissement de la servitude. Nous avons combattu ce principe (n° 262); la jurisprudence confirme notre opinion. Si l'on admettait la doctrine de Dumoulin, il faudrait en induire que les besoins, en vue desquels la servitude a été stipulée, cessant, la servitude aussi viendrait à cesser. Cela est contraire à l'essence de la servitude; elle est constituée, non en vue des besoins passagers du propriétaire actuel, mais pour l'utilité permanente du fonds, utilité qui peut varier, et qui varie nécessairement d'après les goûts et la profession de ceux qui occupent successivement l'héritage. Un brasseur

_____

(1) Orléans, 1er décembre 1848 (Dalloz, 1849, 2, 21).

stipule une prise d'eau pour sa brasserie. Est-ce à dire que la servitude s'éteindra si la brasserie est remplacée par une exploitation agricole? Non, à moins que la servitude n'ait été limitée à un usage déterminé; mais une pareille limitation ne peut être facilement admise, car elle est contraire à la perpétuité des servitudes. C'est au profit du fonds qu'elle est établie, elle subsistera donc alors qu'il n'y aura plus de brasserie. Ainsi jugé par la cour de Liége (1).

La cour de cassation a fait une application remarquable de ce principe. Une prise d'eau est établie sur une rivière. Le lit de la rivière s'abaisse; l'arrêt ne constate pas quelle en est la cause. Voilà l'exercice de la servitude devenu impossible; mais à quelques mètres en amont, il y a un endroit où la prise d'eau peut se faire, l'eau étant presque de niveau avec la chaussée du fonds dominant. Il fut jugé par la cour de la Réunion qu'une nouvelle prise d'eau serait établie à cet endroit. N'était-ce pas créer une servitude nouvelle? Le demandeur en cassation le soutint. Mais la cour décida que la loi ne s'opposait pas à un changement dans l'exercice de la servitude, pourvu que cette modification ne causât aucun dommage au fonds servant. La servitude restait bien la même; c'était toujours la même prise d'eau, exercée sur la même rivière; il n'y avait de changé que l'endroit du fonds servant où la prise d'eau se ferait; or, il était constant que ce changement n'aggravait pas la charge du fonds servant : cela était décisif (2).

294. L'article 704, après avoir dit que les servitudes revivent si les choses sont rétablies de manière qu'on puisse en user, ajoute cette restriction : « à moins qu'il ne se soit déjà écoulé un espace de temps suffisant pour faire présumer l'extinction de la servitude, ainsi qu'il est dit à l'article 707. » Cette disposition a donné lieu à de vives controverses, et il y a réellement des difficultés sérieuses. L'article 707, auquel l'article 704 renvoie, n'établit pas un mode d'extinction des servitudes; il ne fait que

---

(1) Liége, 22 mai 1869 (*Pasicrisie,* 1871, 2, 8).
(2) Arrêt de cassation du 11 décembre 1861 (Dalloz, 1862, 1, 79).

régler l'application du principe posé par l'article 706, aux termes duquel « la servitude est éteinte par le non-usage pendant trente ans. » Une chose est certaine, c'est qu'en renvoyant à l'article 707, l'article 704 renvoie implicitement à l'article 706. Le sens de l'article 704 serait donc celui-ci : la servitude ne revit plus si trente ans se sont passés depuis que les choses sont dans un tel état qu'on ne peut plus en user. Ce qui revient à dire que la servitude est éteinte par le non-usage pendant trente ans. En définitive l'article 704, ainsi interprété, ne fait qu'appliquer le principe du non-usage au cas où l'usage est impossible.

295. On objecte que l'article 704 ainsi entendu est inutile : à quoi bon, dit-on, répéter dans l'article 704 ce qui est écrit dans l'article 706? On a donc essayé de donner un autre sens à l'article 704. Nous allons voir successivement les diverses interprétations que l'on a proposées, en examinant les difficultés que cette disposition présente. Il y en a une première qui touche précisément à l'objection que l'on fait à l'explication littérale des textes que nous venons de donner. Les articles 703 et 704 supposent qu'il est intervenu dans l'état des lieux un changement qui, momentanément, rend l'usage de la servitude impossible. Si cette impossibilité dure pendant trente ans, la servitude sera-t-elle éteinte? Cette conséquence résulte·de l'interprétation littérale de la loi ; elle est inadmissible, dit-on, et elle témoigne contre le principe d'où elle découle. On conçoit que la servitude s'éteigne par le non-usage, alors qu'il dépend du propriétaire du fonds dominant d'en user ou de n'en pas user ; s'il n'en use pas pendant le temps le plus long requis pour la prescription extinctive, c'est qu'il renonce à son droit. Mais cette présomption de renonciation n'a pas de sens, quand celui à qui la servitude est due a été dans l'impossibilité matérielle d'en user : faut-il demander si l'on renonce à un droit en ne l'exerçant pas, alors que l'on est dans l'impossibilité de l'exercer? C'est le cas d'appliquer le principe que la prescription ne court pas contre celui qui ne peut pas agir. Le texte même de l'article 704 confirme cette interprétation, ajoute-t-on : la loi ne dit pas que la servitude est éteinte, elle dit que l'extinction est *présumée*, ce qui implique qu'il n'y a qu'une présomption de renonciation, présomption que le propriétaire du fonds dominant fait tomber en prouvant que s'il n'a pas usé de son droit, c'est parce qu'il y avait un obstacle matériel qui l'en empêchait, ce qui exclut toute pensée de renonciation. La tradition donne une grande force à cette opinion : Domat dit formellement « que la prescription ne doit pas courir contre celui qui ne peut pas user de la servitude (1). »

Nous ne pouvons admettre cette interprétation parce qu'elle est en opposition avec les textes et avec les principes. Il n'est pas exact de dire que l'article 704 n'établit qu'une présomption d'extinction. Nous ne connaissons pas de prescription présumée. En un certain sens, on peut dire que la prescription repose sur une présomption de renonciation, mais cette présomption n'admet pas de preuve contraire, parce que la prescription est d'intérêt public. Or, on ne peut contester qu'il ne s'agisse dans les articles 704 et 706 de la prescription extinctive ; nous en avons la preuve dans l'article 665 qui ne fait qu'appliquer le principe établi par l'article 704. Nous le transcrivons parce qu'il joue un grand rôle dans le débat que nous entamons : « Lorsqu'on reconstruit un mur mitoyen ou une maison, les servitudes actives et passives se continuent à l'égard du nouveau mur ou de la nouvelle maison, sans toutefois qu'elles puissent être aggravées, et pourvu que la reconstruction se fasse *avant que la prescription soit acquise.* » Il y a donc prescription. On invoque contre l'application de la prescription l'impossibilité où se trouvait le propriétaire du fonds dominant d'user de la servitude, et l'on ajoute que la prescription ne court pas contre celui qui ne peut pas agir. C'est, en effet, un motif de douter, mais il s'adresse au législateur et non à l'interprète, parce que le législateur n'en a tenu aucun compte. Pour l'interprète,

---

(1) Domat, *Lois civiles,* livre I, titre XII, sect. VI, n° 1. Toullier, t. II, p. 321, n°ˢ 690 et suiv. Marcadé, art. 703, n° II, t. II, p. 625. Zachariæ, traduction de Massé et Vergé, t. II, p. 208, note 2. Comparez arrêt de la cour de cassation de Belgique du 7 janvier 1842 (*Pasicrisie,* 1842, 1, 111).

la question est très-simple : Y a-t-il un texte qui décide en termes absolus que la prescription ne court point contre celui qui ne peut pas agir? Non; donc nous restons sous l'empire de la règle générale consacrée par l'article 2251 : « La prescription court contre toutes personnes, à moins qu'elles ne soient dans quelque exception établie par une loi. » Y a-t-il une exception au titre des *Servitudes*, au profit de celui qui ne peut pas user de son droit? Il y a au contraire deux dispositions, l'article 704 et l'article 665 qui appliquent le principe dans toute sa rigueur. Le législateur a-t-il été trop rigoureux, c'est son affaire; ce n'est pas celle de l'interprète. A notre avis, la rigueur est plus apparente que réelle. La loi ne sacrifie pas les droits du propriétaire de l'héritage dominant; si l'état des lieux ne lui permet pas d'user de la servitude, rien ne l'empêche de demander une reconnaissance de son droit, ce qui interrompra la prescription, et au besoin il peut agir en déclaration de servitude. Il a donc un moyen de conserver son droit. S'il ne fait rien pour le conserver, on peut en toute équité lui appliquer la présomption qu'il renonce à son droit (1).

Maintenant on comprendra la nécessité de l'article 704. On a tort d'avouer qu'il est inutile (2). Les auteurs du code avaient sous les yeux l'opinion de Domat, leur guide habituel; ils ne l'admettaient pas; dès lors ils devaient le dire en termes clairs et nets; sinon on aurait pu se prévaloir de la tradition pour soutenir qu'il fallait distinguer le non-usage qui implique renonciation, et l'impossibilité d'user qui ne suppose pas la volonté de renoncer. Cette volonté du législateur de rejeter la doctrine de Domat explique aussi la singulière rédaction de l'article 704. Au lieu de dire : « à moins qu'il ne se soit déjà écoulé un espace de temps suffisant pour faire présumer l'extinction de la servitude, ainsi qu'il est dit à l'article 707, » n'était-il pas plus simple de dire, comme le fait l'article 665 : « à

_____

(1) Demolombe, t. XII, p. 509, n° 979. Ducaurroy, Bonnier et Roustain, t. II, p. 249, n° 364. Aubry et Rau, t. III, p. 102 et note 7. Comparez arrêt de Liége du 22 mai 1869 (*Pasicrisie*, 1871, 2, 7).
(2) Demolombe l'avoue (t. XII, p. 513, n° 979).

moins que la prescription ne soit acquise? » Le législateur a voulu marquer qu'il maintenait la présomption de renonciation sur laquelle se fonde l'extinction des servitudes par le non-usage, malgré les objections très-spécieuses de Domat.

296. Nous disons que l'*espace de temps* dont parle l'article 704 est une prescription. Cela aussi est controversé; mais, en réalité, il n'y a pas le moindre doute; si de bons esprits n'avaient soutenu l'opinion contraire, il ne vaudrait pas la peine de s'y arrêter un instant. On prétend que le délai de trente ans, dans le cas de l'article 704, est un de ces délais préfix qui ne peuvent pas être prolongés, alors même qu'il y aurait des causes qui suspendent la prescription (1). Au titre de la *Prescription*, nous reviendrons sur cette théorie des délais préfix qu'aucun texte ne consacre. Dans notre espèce, il y a deux textes contraires et décisifs. L'article 704 renvoie à l'article 707, et implicitement à l'article 706. Est-ce que le délai de trente ans de l'article 706 est une prescription ou un délai préfix? Et si ce délai est une prescription, comment se ferait-il que, dans le cas de l'article 704, ce même délai serait un délai préfix, alors que l'article 704 n'est que l'application de l'article 706? Il y a ensuite l'article 665 qui prévoit une hypothèse identique à celle de l'article 704, et là, la loi dit formellement qu'il s'agit d'une prescription. Ainsi il n'y aurait pas prescription dans l'article 704 qui pose le principe, et il y aurait prescription dans le cas de l'article 665 qui ne fait qu'appliquer le principe! En vérité, c'est abuser du droit de controverser! Il y a cependant, en théorie, des objections plausibles. Quand il s'agit du non-usage (art. 706), on conçoit, dit-on, que la prescription ne coure pas contre les mineurs et tous ceux qui ne peuvent pas agir, car l'extinction est fondée sur une présomption de renonciation; or, le mineur ne peut pas renoncer. Tandis que, dans le cas de l'article 704, un obstacle matériel s'oppose à l'exercice de la servitude : cet obstacle est le même pour tous, mineurs ou majeurs. Nous

_____

(1) Ducaurroy, Bonnier et Roustain, t. II, p. 248, n° 363.

avons d'avance répondu à l'argument; il y a aussi dans l'article 704 une présomption de renonciation, puisque le propriétaire qui est empêché d'exercer la servitude peut néanmoins interrompre la prescription; en ce sens il peut agir; mais pour agir il doit être majeur, et partant le délai ne doit pas courir contre les mineurs.

Nous ne parlons pas des inconvénients que l'on signale, de la prescription qui se prolonge indéfiniment par suite de la suspension. Les inconvénients sont l'affaire du législateur; à notre avis, il a bien fait de n'en pas tenir compte; le plus grand de tous les inconvénients serait de priver un propriétaire de son droit, alors qu'à raison de son incapacité il ne peut pas le conserver. Il y a un dernier argument dont il nous faut dire un mot, ne fût-ce que pour montrer combien l'on abuse des travaux préparatoires. Le projet de code civil, dit-on, n'admettait qu'un délai de dix ans dans l'article 704, bien qu'il établît un délai de trente ans pour le non-usage. Eh! qu'est-ce que cela prouve? Que le délai de dix ans n'était pas une prescription, que c'était un délai préfix? C'est ce qu'il faudrait commencer par prouver. Et quand on aurait fait cette preuve, on pourrait encore répondre, et la réponse serait péremptoire, que les auteurs du code ont rejeté le système du projet et qu'ils ont assimilé les deux hypothèses, celle du non-usage et celle de l'impossibilité d'user de la servitude (1).

297. L'article 704 présente une autre difficulté, la seule qui, à notre avis, soit sérieuse. Il renvoie à l'article 707, lequel détermine comment on calcule le délai de trente ans, en distinguant entre les servitudes continues et les servitudes discontinues. Lorsqu'il s'agit d'une servitude discontinue, les trente ans commencent à courir du jour où l'on a cessé d'en jouir; et ils courent du jour où l'on a fait un acte contraire à la servitude, lorsqu'il s'agit de servitudes discontinues. Faut-il appliquer cette distinction au cas prévu par l'article 704? Au premier abord, on est étonné de voir la question posée. Le code renvoie

---

(1) C'est l'opinion générale. Voyez Demolombe, t. XII, p. 506, n° 977; Aubry et Rau, t. II, p. 503 et note 9. Demante, t. II, p. 658, n° 562 *bis* IV.

expressément à l'article 707; ce renvoi doit avoir un sens, et il n'en a plus si l'on n'applique pas la distinction que fait l'article 707 entre les servitudes continues et les servitudes discontinues. Mais si on l'applique, on aboutit, en apparence, à une conséquence absurde. Une maison jouit d'une servitude de vue, elle est détruite; trente ans se passent avant qu'on la reconstruise; la servitude sera-t-elle éteinte? Non, si l'on tient compte de l'article 707; car il faut un acte contraire à la servitude pour que la prescription commence à courir; or, il n'y a pas eu d'acte contraire. Qu'en résultera-t-il? C'est que les servitudes continues ne pourront pas s'éteindre. En effet, conçoit-on que l'on fasse un acte contraire à la servitude, alors que le changement survenu rend impossible l'usage de la servitude? Voici ce qu'il y a d'absurde dans cette conséquence : c'est que les servitudes discontinues s'éteindront dans le cas de l'article 704, et que les servitudes continues ne s'éteindront pas. Y a-t-il une raison de cette différence? Aucune; on en conclut que la différence ne doit pas exister. Et que devient alors le renvoi à l'article 707? On l'efface, ou à peu près. Cela nous paraît encore plus inadmissible, car c'est changer la loi, et l'interprète n'a pas ce droit-là. Nous maintenons donc le renvoi et partant la distinction entre les servitudes continues et les servitudes discontinues. Dans l'exemple que nous avons supposé, l'on peut faire en bâtissant un acte contraire à la servitude de vue. Et si l'on était dans l'impossibilité de faire un acte contraire, l'on pourrait signifier au propriétaire du fonds dominant une défense de rétablir l'état des lieux, ou une protestation quelconque contre le rétablissement de la servitude, ce qui doit équivaloir à un acte, puisque ce serait le seul acte possible (1).

298. Il reste une dernière question : la prescription commence-t-elle à courir si, malgré les changements qui empêchent d'user de la servitude, il en reste des vestiges? Le code ne fait pas cette exception, ce qui, nous semble-

---

(1) Voyez, en sens contraire, Demante, t. II, p. 659, n° 562 *bis* V. Demolombe, t. XII, p. 515, n° 980. Aubry et Rau, t. II, p. 102, note 6.

t-il, est décisif, car il n'y a pas d'exception sans texte. On invoque la tradition. Il est vrai que dans l'ancien droit l'on admettait que la possession de la servitude se conservait par les vestiges, et on en concluait que la prescription ne commençait à courir que du jour de leur destruction. C'était une vraie fiction ; or, il n'y a pas de fiction sans loi ; et le code, loin de consacrer la fiction, la rejette implicitement. Il pose le principe que la prescription commence à courir du jour où l'on cesse de jouir de la servitude, quand il s'agit d'une servitude discontinue ; or, jouit-on d'une servitude de passage quand il reste des vestiges d'un chemin, et que l'on ne passe plus par ce chemin? Si la servitude est continue, l'article 706 veut qu'il y ait un acte contraire à la servitude pour que la prescription commence à courir ; elle courra dès que cet acte contraire existe, qu'il y ait ou non des vestiges. Il est vrai que, dans la doctrine commune, on ne tient aucun compte de l'article 706 ; mais alors même que l'on se placerait sur le terrain de l'opinion générale, encore faudrait-il repousser la fiction des vestiges. L'article 703 dit que les servitudes cessent lorsque les choses se trouvent en tel état qu'on ne peut plus en user ; et elles ne revivent pas, d'après l'article 704, si cet état de choses a duré trente ans. La question des vestiges se réduit donc à ceci : use-t-on d'une servitude s'il en reste des vestiges? Une porte pratiquée pour exercer le droit de passage constitue-t-elle un usage de la servitude, alors que réellement on ne peut plus passer, le chemin de passage étant supprimé? Pure fiction, et nous répétons qu'il n'y a pas de fiction sans texte. J'avais le droit d'appuyer ma poutre sur votre mur, je l'ôte ; le trou subsiste, mon droit est conservé, dit-on. Non, car je n'use pas de mon droit ; donc il y a non-usage, et il faut supposer de plus, dans le cas de l'article 704, que l'usage est impossible ; or, comment veut-on qu'une servitude soit censée s'exercer alors que l'usage en est impossible? Toujours des fictions et des fictions contraires au texte (1).

_____

(1) Pardessus, t. II, p. 168, n° 308. Demolombe, t. XII, p. 564, n° 1012. Du-

§ II. *De la confusion.*

299. Aux termes de l'article 705, « toute servitude
est éteinte lorsque le fonds à qui elle est due et celui qui
la doit sont réunis dans la même main. » La servitude
s'éteint quand même le service que l'un des fonds rend à
l'autre continuerait; à partir de la réunion des fonds, il se
fait à titre de propriété, car personne ne peut avoir de
servitude sur sa propre chose. Nous avons déjà rencontré
ce mode d'extinction des droits réels au titre de l'*Usufruit,* sous le nom de consolidation (1). Il y a aussi en matière d'obligations un mode d'extinction qui porte le nom
de confusion. Nous constatons l'analogie parce qu'il en
résulte une conséquence importante, c'est qu'il faut appliquer aux droits réels ce que nous dirons des droits de
créance. La confusion n'est pas, à vrai dire, un mode d'extinction d'un droit. Celui qui, étant créancier, devient débiteur de la même créance, ne peut plus exercer son droit.
Pourquoi? Est-ce parce que la chose ou le fait qui était
l'objet de l'obligation est presté? Non, c'est parce qu'il est
impossible d'en exiger la prestation. Il y a donc non pas
extinction d'un droit, mais impossibilité de l'exercer. On
peut en dire autant de l'extinction des droits réels. Le fonds
servant devient la propriété de celui au fonds duquel la
servitude est due ; le fonds créancier ne peut plus exercer
son droit sur le fonds débiteur, car il est en même temps
débiteur ; il y a donc impossibilité d'user de la servitude,
et c'est à raison de cette impossibilité que la servitude
s'éteint. Il faut ajouter que la servitude devient inutile,
car le propriétaire du fonds dominant, étant aussi propriétaire du fonds servant, peut se servir de l'un des fonds
pour l'usage de l'autre, en vertu de son droit de propriété ; la propriété, qui comprend tous les droits réels,
absorbe la servitude, qui n'est qu'un démembrement de la

vergier sur Toullier, t. II, p. 331, note. En sens contraire, Aubry et
Rau, t. III, p. 102 et note 8, et les auteurs qui y sont cités, et t. II, p. 88
note 28 et p. 89, note 29.
(1) Voyez le tome VII de mes *Principes*, nos 57 et 58.

propriété. Il résulte de là, entre la confusion en matière de droits réels et la confusion en matière de droits de créance, une différence que nous signalerons plus loin (n° 303).

300. Pour qu'il y ait confusion, il faut que le fonds dominant et le fonds servant soient réunis dans la même main. Si une partie seulement du fonds servant devient la propriété de celui à qui appartient le fonds dominant, la servitude n'est pas éteinte, car il n'y a pas impossibilité d'user du droit. Il en est ainsi lors même que la partie réunie au fonds dominant serait celle par laquelle la servitude s'exerce; en effet, tout le fonds est grevé. Si donc le chemin de passage et le fonds auquel est dû le passage sont réunis, la servitude ne sera pas éteinte; il y aura seulement lieu de fixer un autre endroit du fonds servant par lequel le passage s'exercera. Si la réunion est complète, dans ce cas, il y a impossibilité d'user de la servitude, et par suite extinction par confusion.

301. Si la confusion cesse par la séparation des deux fonds, les effets de la confusion cesseront-ils aussi? Il y a un cas dans lequel la question n'est pas douteuse. La réunion des deux fonds s'est faite par un acte annulable, rescindable ou résoluble; si l'acte est annulé, rescindé ou résolu, la confusion n'a jamais existé, car l'annulation, la rescision et la résolution rétroagissent, en ce sens que l'acte est censé n'avoir jamais eu lieu. Donc il n'y a pas eu de confusion, et partant la servitude n'a pas été éteinte. Il en est de même en cas de révocation, lorsque la révocation rétroagit, ce qui est la règle (1). Si la révocation ne rétroagit pas, la confusion ne cesse que pour l'avenir; il faut appliquer alors les principes qui régissent l'hypothèse que nous allons examiner, celle dans laquelle la séparation des deux fonds se fait par un acte d'aliénation.

Le propriétaire des deux fonds vend l'un des fonds; il n'y a plus de confusion : la servitude revivra-t-elle? On

---

(1) Voyez ce que j'ai dit dans le tome VI, n°ˢ 104-113, de la p᾽opriété annulable, résoluble et révocable.

enseigne la négative; et la question n'est pas même douteuse, si l'on admet l'interprétation que nous avons donnée à l'article 694. Cet article suppose que deux fonds, dont l'un devait un service à l'autre, ont été réunis dans la même main; puis le propriétaire dispose de l'un des héritages : la servitude revivra-t-elle? Oui, s'il y a un signe apparent de servitude. C'est l'application du principe qui régit la confusion. L'impossibilité d'user de la servitude cesse, donc il n'y a plus de confusion; d'après la rigueur des principes, on ne peut pas même dire que la servitude revit; elle n'a jamais cessé d'exister, seulement il était impossible de l'exercer. Aussi l'article 694 dit-il que la servitude *continue* d'exister : c'est marquer énergiquement qu'elle n'a jamais été éteinte. Mais l'article 694 n'est applicable qu'aux servitudes apparentes. Si donc la servitude est non apparente, elle reste éteinte. C'est une argumentation *a contrario* qui par elle-même n'a pas grande valeur; mais il est difficile de donner un autre sens à la loi, si l'on admet qu'elle prévoit le cas de confusion. En effet, l'article 694 ne fait que consacrer, en ce qui concerne les servitudes non apparentes, une doctrine traditionnelle déjà enseignée par les jurisconsultes romains. Puisque, dans notre opinion, l'article 694 applique le principe de la confusion quand la servitude est apparente, il faut dire qu'il déroge aux principes en ce qui concerne les servitudes non apparentes. Quelle est la raison de cette dérogation? Pourquoi la servitude ne revit-elle pas ou ne *continue-t-elle* pas d'exister si elle est non apparente? C'est qu'en matière de servitudes il y a des tiers en cause; il s'agit de savoir si l'acquéreur du fonds jadis dominant jouira de la servitude sans la stipuler; si l'acquéreur du fonds jadis servant sera assujetti à la servitude sans y avoir consenti? A la rigueur, on aurait pu dire : C'est le fonds qui était créancier ou débiteur, et il reste créancier ou débiteur. Mais l'application rigoureuse du principe de la confusion aurait été contraire à l'équité : l'acquéreur aurait acquis un droit sans l'avoir payé, puisque l'on suppose que les parties n'en ont pas parlé, ce qui serait injuste : ou l'acquéreur aurait été grevé d'une charge alors qu'il entendait acheter un fonds libre; il est vrai que la loi lui donne, en ce cas, une action contre le vendeur (art. 1626 et 1638); mais ces actions récursoires ont un autre inconvénient. Mieux valait exiger que les parties s'expliquent. C'est, en effet, là tout ce que veut la loi : la servitude est-elle apparente, il est inutile que les parties parlent, les choses parlant d'elles-mêmes, comme le dit l'orateur du Tribunat : la servitude est-elle non apparente, l'acquéreur peut ne pas en connaître l'existence, il faut donc que le vendeur parle.

302. Le code prévoit encore un cas dans lequel les servitudes renaissent. Lorsque les créanciers hypothécaires poursuivent l'expropriation de l'immeuble hypothéqué contre le tiers détenteur, les servitudes que celui-ci avait renaissent après l'adjudication faite sur lui (art. 2077 et loi hypothécaire belge, art. 105). Quel est le motif de cette disposition? On répond d'ordinaire que la possession du tiers détenteur est réputée non avenue (1), c'est-à-dire qu'il est considéré comme n'ayant jamais été propriétaire. Cela n'est pas exact : le même article qui déclare que les servitudes revivent maintient les hypothèques concédées par le tiers détenteur, donc celui-ci reste propriétaire jusqu'à l'adjudication, et son titre n'est pas détruit rétroactivement. Il n'y avait d'ailleurs aucune cause qui dût anéantir son titre pour le passé, l'hypothèque qui grève son fonds ne l'empêchant pas d'être le vrai propriétaire. Mais s'il a été propriétaire, la confusion s'est opérée, et par suite les servitudes se sont éteintes : pourquoi donc revivent-elles? La vente forcée de l'immeuble contre le tiers détenteur ne devrait pas avoir d'autre effet que la vente volontaire, au point de vue des droits éteints définitivement par la consolidation; la seule différence qui existe entre les deux hypothèses est que le détenteur perd la propriété de l'immeuble malgré lui, tandis que le vendeur cesse d'être propriétaire par sa volonté; mais cette circonstance n'a rien de commun avec les effets de la confusion. A vrai dire, le législateur applique dans l'article 2177

---

(1) Ducaurroy, Bonnier et Roustain, t. II, p. 250, n° 365.

le principe de la confusion, tandis qu'il y déroge dans le cas de l'article 694. J'ai une servitude sur un fonds dont je deviens propriétaire; la servitude s'éteint parce que je suis dans l'impossibilité de l'exercer. Un créancier poursuit l'expropriation de l'immeuble; après l'adjudication, l'impossibilité d'user de la servitude cessant, la confusion cesse aussi; donc la servitude doit revivre. La loi aurait dû dire qu'elle *continue*, comme le dit l'article 694.

Doit-on appliquer l'article 2177 par analogie au cas où le propriétaire est évincé par une action en revendication? On le prétend (1). Tel n'est pas notre avis. Ce n'est ni une annulation, ni une résolution; c'est une révocation. Mais cette révocation fait plus qu'anéantir les droits du possesseur pour le futur, elle prouve qu'il n'a jamais été propriétaire; il faut donc appliquer le principe de la révocation rétroactive, plutôt que la disposition de l'article 2177.

303. La confusion peut se faire par suite d'hérédité. Etant propriétaire du fonds servant, j'hérite du fonds dominant, ou vice versâ; il y aura confusion, puisque les deux fonds sont réunis dans ma main. Si j'aliène mes droits héréditaires, la servitude revivra-t-elle? On enseigne l'affirmative, avec cette restriction que la vente de l'hérédité ne peut pas porter atteinte aux droits des tiers; tel serait le cas si avant la vente j'avais aliéné le fonds qui m'est propre, et qui était libre de toute servitude au moment où je l'ai vendu (2). Il nous semble que cette décision est contraire aux principes que nous venons d'exposer. Lorsque je vends l'un des fonds, la confusion avait, il est vrai, éteint la servitude; mais aux termes de l'article 694, elle *continue* si elle s'annonçait par un signe apparent. Il est évident que si elle renaît au profit de l'acquéreur, la vente que je fais ensuite de l'hérédité ne peut pas lui enlever son droit. De même si le fonds que j'aliène était le fonds servant, l'acquéreur serait et resterait grevé de la servitude. Mais aussi quand la servitude est non apparente, les effets produits par la confusion subsisteront; l'aliénation

(1) Aubry et Rau, t. III, p. 103 et suiv.
(2) Aubry et Rau, t. III, p. 104 et note 13, et les autorités qui y sont citées.

de l'hérédité n'y apportera aucun changement. Supposons maintenant que les choses soient entières ; je suis encore propriétaire de l'immeuble dominant ou servant au moment où je vends l'hérédité, qui comprend l'autre fonds : la servitude restera-t-elle éteinte dans ce cas, ou revivra-t-elle ? On prétend qu'elle revit, soit au profit de l'acquéreur, soit contre lui. Cela est trop absolu, nous semble-t-il ; à notre avis, il faut appliquer par analogie la disposition de l'article 694 : la servitude renaîtra s'il y a un signe apparent, elle ne renaîtra pas si elle est non apparente. On suppose naturellement qu'il n'y a pas de stipulation expresse ; or, quand la servitude est éteinte par confusion, l'aliénation volontaire de l'un des fonds ne la fait renaître que s'il y a un signe apparent. Il y a cependant des motifs de douter. D'abord, on peut dire que l'aliénation de l'hérédité n'est pas une aliénation du fonds dominant ou servant qui y est compris ; cela est vrai ; aussi n'avons-nous invoqué que l'analogie, et l'analogie est incontestable. Ensuite, l'on pourrait se prévaloir des principes que l'on suit pour l'extinction des dettes et créances par l'effet de la confusion ; en cas de vente de l'hérédité, la confusion cesse ; ne doit-elle pas cesser aussi en matière de droits réels? En théorie, et abstraction faite des textes, nous aurions admis l'assimilation ; mais en présence de l'article 694, cela nous paraît impossible ; car il résulte de cette disposition que, dans l'esprit de la loi, la confusion opère un effet définitif, à moins que l'existence d'un signe apparent ne fasse supposer une convention tacite.

§ III. *Du non-usage.*

Nº 1. DURÉE DE LA PRESCRIPTION.

304. L'article 706 dit que « la servitude est éteinte par le non-usage pendant trente ans. » Ce que la loi appelle non-usage n'est autre chose que la prescription extinctive : ceux qui ont un droit, soit personnel, soit réel, doivent l'exercer dans le délai de trente ans ; après ce délai, on peut les repousser par la prescription. Le code applique ce principe aux hypothèques (art. 2180), à l'usufruit (article 617); il devait aussi l'appliquer aux servitudes. Il y a, en matière de servitudes, des motifs spéciaux qui justifient l'extinction du droit. On stipule les servitudes non pour l'avantage des personnes, mais pour l'utilité des fonds; cette utilité est permanente, de tous les jours. Si le propriétaire du fonds dominant reste trente ans sans exercer la servitude, on doit croire que la servitude est inutile, que partant elle n'a pas de raison d'être; rien donc de plus légitime, en ce cas, que la présomption de renonciation sur laquelle la prescription repose.

305. Nous disons que tout droit réel s'éteint par la prescription trentenaire. Ce principe ne reçoit d'application qu'aux droits qui sont un démembrement de la propriété; il ne s'applique pas à la propriété même : celle-ci se perd aussi par la prescription, mais pour qu'il y ait prescription, il ne suffit pas que le propriétaire n'ait pas usé de son droit, il faut qu'un tiers ait possédé la chose pendant le temps requis pour la prescription, et il faut que la possession présente les caractères déterminés par la loi. Nous reviendrons sur ce point au titre de la *Prescription*. Il y a encore une autre différence entre la prescription de la propriété et celle des servitudes. Le propriétaire perd son droit quand un tiers possède son fonds pendant dix ou vingt ans avec titre et bonne foi; tandis que dans l'opinion consacrée par la jurisprudence, comme nous le dirons plus loin, l'usucapion n'éteint pas les servitudes.

Il importe donc beaucoup de distinguer si un droit constitue une propriété, ou si ce n'est qu'un de ces démembrements de la propriété que l'on appelle servitudes. Nous avons dit ailleurs que la distinction est souvent très-difficile (1). Le droit aux secondes herbes est-il une servitude ou est-ce une copropriété? C'est tantôt l'un, tantôt l'autre. Il a été jugé que c'est un droit de pacage que l'article 688 range parmi les servitudes; mais l'arrêt s'appuie sur des circonstances particulières. Ce droit, dit la cour de Caen,

_____

(1) Voyez le tome VII de mes *Principes*, n° 160.

prend sa source dans une concession faite aux communes, moyennant redevance, par les anciens seigneurs, et certes il est contre toute vraisemblance qu'ils aient entendu aliéner une partie du domaine au profit des concessionnaires. Donc c'est une simple charge qui grève un pré, pour l'usage et l'utilité d'une commune, c'est-à-dire d'une circonscription territoriale dont la culture devient par là plus facile et l'exploitation plus avantageuse (1). Il nous semble que les termes de l'arrêt sont trop absolus; on ne peut pas dire que tout droit aux secondes herbes soit une concession des anciens seigneurs. Aussi la cour de cassation n'a-t-elle confirmé l'arrêt qu'avec une réserve; tout en approuvant l'interprétation que, dans l'espèce, les juges du fait avaient donnée à la convention, elle ajoute que le droit aux secondes herbes peut recevoir une extension qui l'assimile au droit de propriété. Que faut-il dire s'il n'y a pas de convention? Dans ce cas, dit la cour, le droit aux secondes herbes ne constitue qu'une servitude de pacage; elle en conclut que le droit peut s'éteindre par le non-usage pendant trente ans, mais qu'il ne s'éteint pas par la prescription acquisitive appelée usucapion (2).

L'intérêt qu'ont les parties à se prévaloir des principes qui régissent l'extinction du droit de propriété par la prescription, fait qu'elles cherchent à représenter comme un droit de propriété ce qui n'est en réalité qu'un droit de servitude. Un propriétaire, en vendant une partie de son fonds, stipula qu'il aurait le droit d'établir des vues d'aspect; et il interdit en même temps à l'acquéreur de bâtir en deçà d'une certaine distance. Il n'usa pas de son droit pendant trente ans, et prétendit alors que le contrat impliquait la réserve d'une partie de son droit de propriété. C'était évidemment dépasser les termes du contrat; il y avait une simple servitude de prospect, donc un droit susceptible de s'éteindre par le non-usage (3).

Le contraire a été jugé dans une espèce où le droit litigieux semblait être un droit à l'usage des eaux d'une

(1) Caen, 29 juillet 1851 (Dalloz, 1853, 2, 157).
(2) Arrêt de rejet du 14 novembre 1853 (Dalloz, 1853, 1, 329).
(3) Orléans, 16 février 1865 (Dalloz, 1865, 1, 60).

source, donc une servitude; mais il résultait des faits de la cause que c'était un droit de copropriété. Une source jaillit dans un fonds; les veines alimentaires se trouvent dans le fonds supérieur. A qui appartient-elle? Au maître du fonds où sont les veines, cela est certain. Le propriétaire du fonds où la source avait jailli stipule un droit sur les veines alimentaires, droit en vertu duquel le propriétaire supérieur s'interdit tous travaux qui seraient de nature à diminuer les eaux. Ce n'est pas là un simple droit à l'usage des eaux, c'est plus, c'est donner un droit sur les veines mêmes, partant un droit de propriété sur le dessous. En réalité, la propriété était partagée; donc il fallait appliquer les principes qui régissent l'extinction de la propriété. Il fut jugé que le droit ne s'éteignait pas par le non-usage (1).

306. Toutes les servitudes s'éteignent par la prescription, tandis qu'il n'y a que les servitudes continues et apparentes qui s'acquièrent par la possession de trente ans. La raison de cette différence est très-simple : les conditions requises pour la prescription acquisitive n'existent que pour certaines servitudes, celles dont l'usage est public et dont l'exercice n'est pas entaché de précarité; de là suit que les servitudes non apparentes ou discontinues ne peuvent pas s'acquérir par la prescription. Tandis que pour l'extinction des servitudes une seule condition suffit, c'est le non-usage; or, on peut ne pas user de toute espèce de servitudes; donc toutes sont susceptibles de s'éteindre par la prescription.

307. Il y a toutefois une différence entre les servitudes continues et les servitudes discontinues en ce qui concerne le commencement de la prescription. Lorsqu'il s'agit d'une servitude discontinue, dit l'article 707, les trente ans commencent à courir du jour où l'on a cessé d'en jouir. Ces servitudes ont besoin du fait actuel de l'homme pour être exercées; du moment que l'homme n'intervient pas pour en user, il y a non-usage, et par conséquent la prescription par le non-usage doit commencer à courir.

(1) Arrêt de rejet du 13 juin 1865 (Dalloz, 1865, 1, 447).

L'application du principe soulève une légère difficulté. Il y a des servitudes dont l'usage est intermittent; si l'on n'en use pas pendant un certain temps, c'est qu'il n'y a pas lieu d'en user. J'ai le droit de passage par votre fonds pour faire la coupe de mon bois; le bois se coupe tous les dix ans; dans l'intervalle d'une coupe à l'autre, je ne passe pas, parce que je n'y ai aucun intérêt; il faut dire plus, je n'en ai pas même le droit. On demande si le délai de trente ans commencera à courir à compter du jour où j'ai passé pour la dernière fois pour faire la coupe? Ce serait là ce qu'on appelle une interprétation judaïque du texte : s'attacher à la lettre de la loi pour en violer l'esprit. Non, le délai de trente ans ne courra qu'à partir de la nouvelle coupe que je dois faire, si alors je ne passe pas par votre fonds. Vainement dirait-on que j'ai *cessé de jouir* à partir de la dernière coupe : il est vrai que j'ai cessé de passer pendant dix ans; est-ce à dire que pendant ces dix ans j'ai cessé de jouir? Je ne pouvais pas jouir, je n'en avais pas le droit; mon droit de jouir ne s'exercera que lors de la nouvelle coupe; si alors je n'use pas de la servitude, on pourra dire que je *cesse de jouir*. Si le texte laissait quelque doute, l'esprit de la loi le dissiperait. Le non-usage implique une renonciation; or, peut-on dire que je renonce à mon droit en ne l'exerçant pas, alors que je n'ai pas le droit de l'exercer (1)?

308. Lorsqu'il s'agit de servitudes continues, les trente ans commencent à courir, d'après l'article 707, du jour où il a été fait un acte contraire à la servitude. Ces servitudes s'exercent sans le fait actuel de l'homme (art. 688), d'elles-mêmes, aussi longtemps que les lieux restent dans l'état d'où résulte la servitude. Ainsi les droits d'égout, de vue s'exercent par cela seul que le toit de la maison avance sur le fonds voisin, par cela seul qu'il existe une fenêtre; il en est de même des autres servitudes affirmatives. La servitude consiste-t-elle à ne pas faire, par exemple à ne pas bâtir, elle s'exerce encore d'elle-même par cela seul

---

(1) Demolombe, t. XII, p. 565, n° 1013. Aubry et Rau, t. III, p. 104 et note 14; t. II, p. 90, note 3.

que le propriétaire du fonds servant ne bâtit point, ou ne fait point ce que la servitude lui interdit de faire (1).

Il y a quelque difficulté pour les conduites d'eau qui s'exercent moyennant une vanne que le propriétaire du fonds servant doit ouvrir pour que l'eau coule. Ne faut-il pas dire, dans ce cas, que l'existence de la vanne est insuffisante pour l'exercice de la servitude? Si la vanne reste fermée pendant trente ans, peut-on dire que le propriétaire du fonds dominant use de la servitude? Et si réellement il n'en use pas, ne faut-il pas en conclure que les trente ans commencent à courir à partir du jour où la vanne n'a plus été ouverte? L'objection a été faite par un jurisconsulte éminent (2); preuve que les meilleurs esprits se trompent parfois, et l'erreur vient le plus souvent de ce qu'on néglige le texte. Il suffit de lire l'article 688 pour se convaincre que le droit de conduite d'eau est une servitude continue; dès lors il faut appliquer l'article 707 et décider que le droit se conserve aussi longtemps qu'il n'a pas été fait d'acte contraire à la servitude; or, le fait de ne pas ouvrir la vanne n'est certes pas un acte contraire à la servitude, c'est une intervention accidentelle de l'homme dans l'exercice de la servitude, ce qui n'empêche pas que la servitude ne s'exerce d'elle-même, puisqu'elle est continue. En définitive, l'objection tendrait à faire du droit de conduite d'eau une servitude discontinue (3).

Pour que la prescription commence à courir, il faut un *acte* contraire à la servitude, c'est-à-dire un fait qui en empêche l'exercice. De là suit qu'une signification que ferait le propriétaire du fonds servant au propriétaire du fonds dominant ne ferait pas courir le délai de trente ans; en effet, la signification n'est pas un *acte* qui empêche l'exercice de la servitude, c'est une manifestation de volonté, une protestation contre le droit du voisin; malgré cette protestation le droit peut s'exercer, et aussi long-

(1) Metz, 6 juin 1866 (Dalloz, 1866, 2, 150).
(2) Dupret, professeur à l'université de Liége, *De la modification des servitudes par la prescription* (*Revue de droit français et étranger*, 1846, t. III, p. 828 et suiv.).
(3) Ducaurroy, Bonnier et Roustain, t. II, p. 252, n° 367. Demolombe, t. XII, p. 562, n° 1010. Aubry et Rau, t. III, p. 105, note 16.

temps que, légalement parlant, le propriétaire du fonds dominant use de son droit, il ne peut être question d'extinction de son droit par le non-usage. Le fonds dominant a un droit de vue ; la fenêtre par laquelle la servitude s'exerce est bouchée ; dès ce moment la servitude n'est plus exercée, donc le non-usage commence. Si la servitude consiste à ne pas bâtir, il y a un acte contraire quand le propriétaire du fonds servant bâtit. S'agit-il d'une conduite d'eau, il y aura un acte contraire si la vanne a été fermée de manière à ne pouvoir plus s'ouvrir, ou lorsque le canal a été comblé, ou les tuyaux déplacés (1).

309. Tels sont les principes établis par la loi. L'application s'en fait sans difficulté aucune aux servitudes discontinues. Tant que la servitude est exercée n'importe par qui, la prescription ne commence pas à courir. Nous disons, n'importe par qui. Il ne faut donc pas confondre l'usage de la servitude qui est constituée, avec les faits de possession qui font acquérir certaines servitudes. Le fait matériel de l'usage du droit suffit pour que la servitude soit conservée ; il n'est pas nécessaire qu'elle soit exercée par le propriétaire du fonds dominant, ou par ceux qui ont qualité pour le représenter dans sa jouissance. Si un ouvrier passait par le fonds servant, ou un ami, même un étranger pour une simple visite, il y aurait exercice du droit de passage, ce qui suffit pour que la servitude ne s'éteigne pas par le non-usage.

Pardessus remarque que l'exercice matériel suffirait, que l'on ne pourrait pas arguer l'usage ou la possession de précarité ou de familiarité. Il y a un arrêt qui semble décider le contraire. Un chemin de passage avait été de fait supprimé, parce que le passage était devenu inutile par suite de changements intervenus dans l'état des lieux, tels que réunion de parcelles, construction de maisons, ouverture de nouvelles voies de communication. Toutefois il y avait eu de rares actes de passage. Les juges du fait les écartèrent en les qualifiant d'actes de pure tolérance, insuffisants pour la conservation du droit de passage. Cette

(1) Pardessus, t. II, p. 163, n° 308. Ducaurroy, Bonnier et Roustain, t. II, p. 253, n° 367.

décision fut confirmée par la cour de cassation, par la raison que c'était une appréciation souveraine qui échappait à sa censure (1). L'arrêt est pour le moins mal rédigé. D'abord la question de savoir quel doit être le caractère des actes d'usage allégués pour prouver la conservation de la servitude n'est pas une question de fait, c'est une question de droit, comme le dit très-bien Pardessus. La possession pour conserver doit-elle avoir les mêmes caractères que la possession pour acquérir? Telle était la difficulté : elle gît en droit et non en fait. On pouvait soutenir, dans l'espèce, que la servitude était éteinte comme devenue tout à fait inutile, et que quelques actes de simple tolérance ne prouvaient pas qu'elle existât encore. L'objection se rattache à l'article 703. Quand on invoque le non-usage pendant trente ans, on suppose que la servitude existe encore de droit; dès lors l'usage qui en est fait est l'exercice d'un droit, et comment l'exercice d'un droit serait-il un acte de pure tolérance? Cela est contradictoire dans les termes.

Du principe qu'un acte matériel suffit pour conserver la servitude suit que le simple fait du non-usage suffit aussi pour qu'elle s'éteigne, bien que la négligence ne vienne pas du propriétaire du fonds dominant. C'est un usufruitier ou un fermier qui néglige d'exercer la servitude de passage; s'il ne passe pas pendant trente ans, la servitude sera éteinte. On pourrait objecter que la présomption de renonciation sur laquelle repose l'extinction par le non-usage fait défaut; que le propriétaire perdra son droit, non parce qu'il entend y renoncer, mais par la négligence et la faute de ceux qui occupent le fonds. Il n'y a qu'une chose à répondre à l'objection, mais la réponse est péremptoire, c'est le texte; il n'exige que le fait matériel du non-usage, et il ne subordonne pas l'extinction à la volonté de renoncer; c'est la doctrine qui a donné cette explication, mais une explication doctrinale n'est pas une condition légale. Cela est décisif (2).

_____

(1) Arrêt de rejet du 23 juillet 1860 (Dalloz, 1861, 1, 111). Pardessus, t. II, p. 144, n° 302.
(2) Pardessus, t. II, p. 160, n° 307. Duranton, t. V, p. 674, n° 684. Demolombe, t. XII, p. 534, n° 995.

310. Pothier dit que l'acte contraire à la servitude continue, sur lequel la prescription extinctive est fondée, doit réunir les conditions générales de toute possession: il faut, dit-il, qu'il ait été fait *nec vi, nec clam, nec precario*. Par exemple, mon fonds est grevé de la servitude de prospect, qui m'interdit de faire des constructions et des plantations. Je plante des arbres qui nuisent à la beauté de la vue; mais je donne une promesse par écrit de ne les conserver que tant que le propriétaire du fonds dominant voudra le souffrir; la servitude ne sera pas éteinte, quoique les plantations aient subsisté pendant trente ans. Mon billet, dit Pothier, rend ce fait précaire à l'égard du fonds dominant (1). Au premier abord, on pourrait croire qu'il y a contradiction entre la doctrine de Pothier, concernant les servitudes continues, et l'opinion générale que nous venons d'énoncer en ce qui concerne la conservation des servitudes discontinues. Pourvu qu'il y ait un acte quelconque de possession, avons-nous dit, il y a usage de la servitude et la prescription ne court pas. Tandis que pour les servitudes continues, nous exigeons avec Pothier que l'acte contraire à la servitude soit un acte public, non entaché de précarité ni de violence. Il y a une raison de cette différence. Celui qui use d'une servitude de passage exerce un droit, ce qui exclut toute pensée de violence et de précarité. Mais celui qui plante sur son fonds en reconnaissant qu'il le fait par tolérance, ne fait pas un acte contraire au droit du propriétaire de l'héritage dominant; loin de là, son billet est un nouvel aveu de la servitude; la reconnaissance de la servitude enlève à la plantation le caractère qu'elle aurait sans l'aveu; mise en rapport avec cet aveu, la plantation n'est plus un acte contraire à la servitude, donc il ne saurait y avoir de prescription.

311. Faut-il que l'acte contraire à la servitude ait été accompli par le propriétaire du fonds grevé? La loi ne l'exige pas, ce qui décide la question. L'article 707 dit: *s'il a été fait* un acte *contraire à la servitude*. Il suffit

---

(1) Pothier, *Introduction au titre XIII de la coutume d'Orléans*, n° 20. Demolombe, t. XII, p. 558, n° 1007.

,donc que l'acte soit contraire, peu importe de qui il émane. Pardessus objecte que le *fait contraire* étant une contradiction au droit du propriétaire du fonds dominant, il implique un refus de souffrir l'exercice de la servitude; qu'il résulte donc de la nature même de cet acte, qu'il doit émaner du propriétaire du fonds assujetti. Cette interprétation dépasse la loi; il n'est pas exact de dire que *l'acte contraire* est un refus de souffrir l'exercice de la servitude. *L'acte contraire* est pour les servitudes continues ce que le fait de *cesser de jouir* est pour les servitudes discontinues; il est uniquement exigé afin de constater le *non-usage* de la servitude. Or, le non-usage ne suppose aucune contradiction de la part du propriétaire du fonds servant, il suffit que la servitude ne soit pas exercée. Par la même raison, il n'est pas nécessaire que l'acte contraire soit fait par le propriétaire du fonds dominant; seulement le fait aura une force plus grande encore s'il émane de celui à qui la servitude est due, puisqu'il implique alors une abdication de la servitude, ce que la loi suppose, en effet, quand il y a extinction par le non-usage. Mais encore une fois la loi ne l'exige pas. Alors même que l'acte serait l'œuvre d'un tiers agissant sans droit aucun, et par conséquent sans intention aucune, il y aurait néanmoins un *acte contraire,* en ce sens qu'il serait constaté que la servitude n'est pas exercée, ce qui suffit pour que la prescription coure. Cela n'est pas même en opposition avec la présomption de renonciation que la doctrine admet en cas de non-usage; car le propriétaire du fonds dominant, en laissant subsister l'acte contraire à son droit, se l'approprie, comme si lui-même en était l'auteur; en effet, il ne dépend que de lui de détruire cet acte; s'il le maintient, c'est qu'il ne veut pas user de la servitude. En ce sens, il y a renonciation (1).

Il a été jugé que l'acte contraire qui sert de point de départ à la prescription des servitudes continues peut être un événement de force majeure. Dans l'espèce, il s'agis-

_____

(1) Duranton, t. V, p. 675, n° 685. Demolombe, t. XII, p. 559, n° 1009. Aubry et Rau, t. III, p. 105 et note 17. Comparez Pardessus, t. II, p. 164, n° 308.

sait d'une servitude de conduite d'eau ; le cours d'eau s'était déplacé naturellement, sans aucun fait personnel du propriétaire de l'héritage servant ; celui-ci se mit en possession du lit desséché. Y avait-il dans les faits ainsi caractérisés un *acte contraire* à la servitude? La cour de cassation décida que la loi n'exigeait pas, de la part du propriétaire du fonds servant, un fait personnel et physique pour s'opposer à l'exercice de la servitude (1). Au premier abord, on croirait que la cour a confondu le cas de l'extinction par le non-usage, prévu par les articles 706 et 707, avec le cas de l'impossibilité d'user de la servitude prévu par l'article 703. Au fond, peu importe, au moins dans l'opinion que nous avons enseignée, puisque l'impossibilité d'user, quand elle n'est que temporaire, est régie par les mêmes principes que le non-usage (n°s 294 et s.). Dans l'espèce, le déplacement du cours d'eau étant l'œuvre de la nature, on pouvait dire qu'il y avait impossibilité d'user plutôt que non-usage. En réalité, il dépendait du propriétaire du fonds dominant de rétablir le cours primitif de l'eau, donc il pouvait user et il n'usait pas, ce qui est le cas prévu par l'article 706. Au point de vue des principes, la cour a très-bien jugé. L'article 707 est applicable du moment qu'il est constaté que la servitude ne s'exerce pas par suite d'un fait contraire à la servitude.

312. Le non-usage doit durer pendant trente ans. Puisque c'est une prescription extinctive, il faut décider qu'elle peut être suspendue par les causes générales qui suspendent la prescription libératoire, et qu'elle peut être interrompue par les causes qui l'interrompent d'après le droit commun. Le siége de cette matière est au titre de la *Prescription*. Nous nous bornons à remarquer, pour le moment, que la prescription des servitudes discontinues exige qu'il n'y ait aucun acte d'usage pendant trente ans ; de sorte qu'un seul fait de passer, pendant ce laps de temps, suffirait pour interrompre la prescription ; et ce fait pourrait être prouvé par témoins, puisqu'il s'agit d'un fait matériel. C'est ce que nous établirons au titre des *Obligations*.

(1) Arrêt de cassation du 20 décembre 1847 (Dalloz, 1848, 1, 13).

Quand la servitude est continue, le propriétaire a trente ans pour réclamer contre l'acte qui constate le non-usage de la servitude. Que s'il n'y a pas d'acte contraire, la prescription ne court pas ; quand même le propriétaire du fonds servant aurait possédé son fonds pendant trente ans sans que la servitude ait été de fait exercée, la vanne d'une conduite d'eau, par exemple, n'ayant pas été ouverte pendant ce laps de temps, il ne pourrait pas invoquer la prescription ; en effet, il n'a pas possédé un fonds libre de toute charge, puisque la servitude continue s'exerce d'elle-même, légalement parlant.

313. Que faut-il décider si la servitude n'a jamais été exercée? Il est certain qu'après trente ans, elle sera éteinte par la prescription. Mais à partir de quel moment commencera-t-elle à courir? Il n'y a aucune difficulté quand la servitude est discontinue. La servitude existe du moment où elle est constituée ; dès cet instant le propriétaire du fonds dominant peut passer ; s'il ne passe pas, on est dans les termes de l'article 707 ; la prescription courra donc du jour où la servitude a été établie. Quant aux servitudes continues qui consistent à ne pas faire, on ne peut pas dire que le non-usage commence du jour où la servitude est stipulée, car elles s'exercent d'elles-mêmes aussi longtemps que le propriétaire du fonds servant ne fait pas ce que la servitude lui interdit de faire. Restent les servitudes continues qui consistent dans un état des lieux, tels que l'existence d'un toit pour une servitude d'égout, ou des fenêtres pratiquées dans un mur pour une servitude de vue. Il faut distinguer si la servitude est établie pour une maison qui doit être bâtie, ou si la maison au profit de laquelle la servitude est stipulée est déjà construite. Dans le premier cas, la servitude n'existe pas encore, puisqu'il n'y a pas de fonds dominant. On n'est donc pas dans l'hypothèse prévue par les articles 706 et 707 ; il ne peut pas être question d'user d'une servitude alors qu'il n'y a pas de fonds dominant ; et il est impossible de faire un acte contraire à une servitude qui n'existe pas. Est-ce à dire que le droit de servitude qui a été stipulé ne s'éteindra pas par la prescription? Tout droit s'éteint

par la prescription extinctive, donc aussi le droit de servitude. La difficulté est de savoir à partir de quel moment
la prescription commencera à courir. Celui qui a stipulé
la servitude reste trente ans sans bâtir; la servitude
sera-t-elle éteinte? Pour mieux dire, le droit à la servitude sera-t-il prescrit? Il a été jugé qu'il y a prescription,
et nous croyons que la décision est conforme aux vrais
principes (1). En effet, la prescription de tout droit commence à courir du moment que le droit existe; or, le droit
à la servitude existe dès l'instant qu'il est stipulé; ce qui
décide la question. On objecte que, dans l'espèce, il s'agit
d'un droit conditionnel; or, la prescription ne court pas à
l'égard des droits qui dépendent d'une condition, jusqu'à
ce que la condition arrive (art. 2257). La cour de cassation répond que le droit à la servitude n'est pas conditionnel, quand celui qui l'a stipulé peut immédiatement bâtir
et exercer son droit. Il y aurait condition si je stipulais
au profit de tel fonds pour le cas où j'en deviendrai propriétaire : l'existence de la servitude dépend alors d'un
événement futur et incertain, donc elle est conditionnelle.
Mais quand, étant propriétaire d'un terrain, je stipule une
servitude pour le bâtiment que je me propose d'y élever,
il n'y a rien d'incertain ni d'éventuel; je puis bâtir immédiatement, il dépend donc de ma seule volonté d'user de
mon droit; en ce sens mon droit est actuel, il existe, par
conséquent il peut s'éteindre.

En serait-il de même si une servitude de vue était stipulée au profit d'une maison déjà bâtie? Le propriétaire
reste trente ans sans ouvrir de fenêtres, son droit est-il
éteint? ou la prescription ne commencera-t-elle à courir
que lorsqu'il aura été fait un acte contraire à la servitude?
Il y a une différence entre cette hypothèse et celle que
nous venons d'examiner. Dans l'espèce actuelle, il y a une
servitude, puisqu'il y a un fonds dominant, la maison au
profit de laquelle le droit de vue a été stipulé. Nous sommes
donc dans le cas prévu par l'article 706. Est-ce à dire qu'il

---

(1) Arrêt de rejet du 18 novembre 1863 (Dalloz, 1864, 1, 126). Orléans,
16 février 1865 (Dalloz, 1865, 2, 60).

faille appliquer l'article 707 et exiger un acte contraire pour que la prescription commence à courir? Nous ne le croyons pas. Si l'article 707 exige un acte contraire, c'est uniquement pour constater que la servitude n'est pas exercée; or, un acte est-il nécessaire pour constater que le propriétaire n'exerce pas le droit de vue, alors qu'il ne pratique pas de fenêtres? Ce fait négatif est la meilleure preuve du non-usage. D'ailleurs conçoit-on que l'on fasse un acte contraire à la servitude de vue tant que l'usage de cette servitude est impossible faute de fenêtres? L'article 707 n'étant pas applicable, on rentre dans le droit commun de l'article 2262 ; la prescription courra à partir de l'établissement de la servitude.

314. L'article 706 ne parle que de la prescription trentenaire; est-ce à dire qu'il exclut la prescription de dix et vingt ans? Celui qui a acquis par juste titre et de bonne foi, comme franc de toute charge, un fonds grevé en réalité d'une servitude, et qui le possède libre pendant dix ou vingt ans, acquiert-il la franchise de cet immeuble? La question est très-controversée. Nous croyons que l'usucapion affranchit l'immeuble des charges réelles qui le grèvent. Cela peut arriver dans deux cas. J'achète un immeuble de celui qui en est le propriétaire; il est grevé de servitudes que le vendeur ne déclare pas et que j'ignore par conséquent. Si je possède l'immeuble, libre de toute charge, pendant dix ou vingt ans, j'aurai usucapé la liberté de l'immeuble. En théorie, cette doctrine est conforme aux principes qui régissent la prescription ; si je puis usucaper la propriété par dix et vingt ans, pourquoi ne pourrais-je pas l'usucaper tout entière, c'est-à-dire libre de tout droit réel? On prescrit ce que l'on possède ; or, je possède un immeuble franc de toute servitude, j'acquiers donc un immeuble en toute propriété. Il en est de même dans la seconde hypothèse : j'acquiers un immeuble de celui qui n'en est pas le propriétaire avec juste titre et bonne foi ; il est grevé de servitudes dont j'ignore l'existence ; après dix ou vingt ans, j'aurai usucapé la propriété de l'immeuble. Dans ce cas, les principes paraissent encore plus évidents ; si je puis prescrire le droit du propriétaire, pourquoi ne prescrirais-je pas le droit de celui qui n'a qu'un démembrement de la propriété? Les principes permettent-ils de diviser la possession? Suffisante pour repousser l'action en revendication, conçoit-on qu'elle soit insuffisante pour repousser l'action confessoire?

Mais la question n'est pas une question de théorie. Il faut un texte pour que l'on puisse admettre une prescription quelconque; c'est donc le texte du code civil qui doit décider la difficulté. Nous pouvons d'abord invoquer l'article 2265, aux termes duquel « celui qui acquiert de bonne foi et par juste titre un immeuble, en prescrit la *propriété* par dix ou par vingt ans. » La propriété est le droit absolu, illimité, tel qu'il est défini par l'article 544, donc la propriété entière; c'est la propriété entière que j'ai possédée, c'est donc la propriété entière que j'ai usucapée. L'article 2265 à lui seul n'est pas décisif, il faut voir si le législateur l'entend comme nous l'interprétons, il faut un texte qui prouve que l'on usucape la liberté du fonds, de même que l'on usucape la propriété. Ce texte existe : l'article 2180 admet la prescription extinctive par dix ou vingt ans des hypothèques, quand le fonds est dans les mains d'un tiers détenteur; la loi assimile donc la prescription de l'hypothèque à la prescription de la propriété. Voilà bien une application de l'article 2265. Donc il est prouvé par le texte même du code que les droits réels s'éteignent par la prescription de dix ou vingt ans. La doctrine vient à l'appui de cette argumentation; elle admet que l'usufruit s'éteint par l'usucapion : si celui qui possède pendant dix ou vingt ans prescrit les hypothèques et l'usufruit, pourquoi ne prescrirait-il pas les servitudes? La règle étant que l'article 2265 s'applique aux droits réels, il faudrait qu'il y eût une exception pour les servitudes. On prétend que cette exception résulte des principes et du texte de la loi.

L'usucapion est une prescription acquisitive qui repose sur la possession. Il faut donc que le possesseur ait possédé ce qu'il prétend avoir prescrit. Est-ce que celui qui possède un immeuble comme libre de tous droits réels possède ces droits contre celui à qui ils appartiennent? Oui, s'il s'agit de l'usufruit, car le possesseur jouit comme propriétaire pendant dix ou vingt ans, ce qui exclut la jouissance de l'usufruitier; on peut donc dire qu'il acquiert cette jouissance. Mais on prétend que cela ne peut pas se dire des servitudes : je n'exerce pas les droits qui appartiennent au propriétaire de l'héritage dominant, je ne possède donc rien contre lui, partant je ne puis rien acquérir par la prescription acquisitive; je peux seulement me prévaloir de la prescription extinctive, et celle-là est de trente ans, d'après l'article 706. On peut répondre, en théorie, que celui qui possède la toute propriété possède par cela même les divers démembrements de la propriété; possédant son fonds comme libre, il possède par cela même contre ceux qui prétendent qu'il n'est pas libre, donc il peut invoquer la prescription acquisitive. Il y a une réponse plus péremptoire dans une matière qui exige des textes : c'est que l'article 2180 consacre l'extinction des hypothèques par la prescription de dix ou vingt ans; or, on ne peut certes pas dire que le tiers détenteur possède le droit du créancier hypothécaire; si néanmoins la loi admet que sa possession éteint le droit du créancier hypothécaire, c'est que, dans la théorie du code, l'usucapion fait acquérir la propriété pleine et entière, donc affranchie de tout droit réel.

On prétend qu'il y a un texte qui repousse l'interprétation que nous donnons au code; c'est l'article 2264, aux termes duquel « les règles de la prescription sur d'autres objets que ceux mentionnés dans le présent titre sont expliquées dans les titres qui leur sont propres. » C'est cette disposition qui nous a fait rejeter la prescription acquisitive des servitudes par l'usucapion; par la même raison, dit-on, il faut rejeter l'usucapion comme prescription extinctive, car au titre des *Servitudes,* le législateur règle ce qui concerne l'extinction des servitudes par la prescription aussi bien que ce qui concerne leur acquisition; et quel est le système du code? Pour acquérir les servitudes, comme pour les éteindre, la loi exige la prescription trentenaire (art. 690 et 706). Voilà un système complet qui, d'après l'article 2264, écarte l'application des règles générales sur la prescription. L'argument est très-sérieux, et c'est le seul qui, à notre avis, rend la question douteuse. Si pour l'acquisition des servitudes nous avons admis l'application de l'article 2264, c'est que le code consacre réellement un système spécial en cette matière, en exigeant la possession de trente ans; il y a là une dérogation évidente à l'article 2265. On ne peut pas en dire autant de l'extinction des servitudes; l'article 706, loin d'établir une exception au droit commun, ne fait qu'appliquer aux servitudes le principe général de l'article 2262. Appliquant le droit commun en ce qui concerne la prescription libératoire de trente ans, il ne peut pas exclure le droit commun en ce qui concerne l'usucapion. Toujours est-il que l'on ne peut pas nous opposer l'article 2264, car cette disposition, en renvoyant aux titres qui leur sont propres les règles établies sur d'autres objets que ceux qui sont mentionnés au titre de la *Prescription,* suppose que ces titres particuliers contiennent des principes particuliers.

Il y a un argument qui nous paraît décisif en faveur de cette interprétation, c'est la tradition. Les auteurs du code ont suivi la coutume de Paris; or, la coutume contenait une disposition analogue à celle de l'article 706 du code civil, portant : « La liberté se peut réacquérir contre le titre de servitude par trente ans. » Une autre disposition de la coutume (144) consacrait l'usucapion au profit de celui qui avait acquis héritage ou rente à juste titre et de bonne foi : c'est notre article 2265. Le système de la coutume est donc identique avec celui du code Napoléon; puisque le code n'a fait que reproduire la doctrine traditionnelle, il faut l'interpréter dans le sens de la tradition. Pothier nous donnera le commentaire authentique de la législation moderne : « La prescription de trente ans, dit-il, dont il est parlé dans l'article 186 (art. 706 du code civil), est la prescription à l'effet de se libérer qui résulte uniquement du non-usage de la servitude, et qui en fait acquérir la libération même à ceux qui les auraient constituées ou à leurs héritiers; ce n'est que de cette espèce de prescription qu'il est parlé en l'article 186 (706), qui *n'a rien de commun* avec la prescription de l'article 114 (2265), qui résulte de la possession qu'un acquéreur de bonne foi a eue d'un héritage qu'il a possédé comme franc des droits de servitude dont il était chargé (1). » Ainsi la prescription trentenaire de l'article 706 *n'a rien de commun* avec l'usucapion de l'article 2265 ; donc la première ne peut pas exclure la seconde.

Enfin on peut encore se prévaloir, au profit de notre opinion, de l'article 1665 que nous avons déjà invoqué au titre de l'*Usufruit* (t. VII, n° 90).

La jurisprudence est presque unanime en faveur de l'opinion contraire ; si, malgré cela, nous avons discuté la question, c'est que nous sommes de l'avis de la cour de Nancy, qui dit, dans un arrêt très-bien motivé : *Non exemplis sed legibus judicandum est* (2). Les auteurs sont divisés (3).

N° 2. DE LA PREUVE.

315. La preuve de l'extinction des servitudes par le non-usage fait naître de nouvelles difficultés. Il y a un principe qui est admis par tout le monde et qui ne saurait être contesté : le code ne dit rien de la preuve au titre des *Servitudes;* par cela même il s'en rapporte aux règles générales sur les preuves, telles qu'elles sont établies au titre des *Obligations;* mais le sens de ces règles et leur application sont une des matières les plus difficiles du droit. Il n'y en a pas de plus élémentaire que celle qui est écrite dans l'article 1315 : c'est au demandeur à prouver le fondement de sa demande, et le défendeur devient demandeur quant à l'exception qu'il oppose à la

(1) Pothier, *De la prescription*, n° 139.
(2) Nous ne citons que les arrêts de la cour de cassation qui contiennent un exposé de principes. Arrêt de rejet du 20 décembre 1836 (Dalloz, au mot *Servitude,* n° 1238, 1°) ; arrêts de cassation du 31 décembre 1845 (Dalloz, 1846, 1, 39) et du 14 novembre 1843 (Dalloz, 1853, 1, 328). La jurisprudence des cours de Belgique est conforme. Liége, 6 juillet 1842 et 30 novembre 1843 (*Pasicrisie*, 1842, 2, 316 et 1844, 2, 99). Comparez Bruxelles, 3 janvier 1849 (*Pasicrisie*, 1850, 2, 83). Dans le sens de notre opinion, Nancy, 14 mars 1842 (Dalloz, au mot *Servitude*, n° 1238.
(3) Voyez les auteurs cités par Aubry et Rau, t. III, p. 106, note 23 ; Demolombe, t. XII, p. 550, n° 1004, et Dalloz, au mot *Servitude*, n° 1238.

demande formée contre lui. Cette règle reçoit son application aux droits réels. L'on est encore d'accord pour
rejeter la preuve sur celui qui prétend avoir droit à une
servitude; mais quand on interroge les auteurs et les
arrêts sur les motifs de leurs décisions, on rencontre
autant d'avis que d'opinants. De là une grande incertitude
sur les vrais principes; nous allons essayer de les établir.
Il faut distinguer entre les servitudes continues et les servitudes discontinues.

316. S'il s'agit d'une servitude continue dont le propriétaire du fonds servant prétend être libéré par le non-
usage, il n'y a pas de doute; c'est en tout cas à lui de faire
la preuve de l'extinction. Cela va sans dire quand il est
demandeur; on est alors dans la lettre de l'article 1315.
Il en est encore de même si c'est le propriétaire du fonds
dominant qui est demandeur. La preuve lui incombe, mais
de quoi? Il n'est pas contesté que la servitude ait existé;
le débat porte sur l'extinction de la servitude; est-ce au
demandeur à prouver qu'il a usé de son droit? Pour qu'il
y ait lieu à débat, il faut supposer que le titre a plus de
trente ans de date. On pourrait dire que dans ce cas il ne
suffit pas de produire un titre, qu'il faut aussi prouver
que l'on a exécuté le titre. En effet, si le titre n'a reçu
aucune exécution, il sera éteint après trente ans. A vrai
dire, cette hypothèse n'est pas celle de l'article 706, c'est
l'hypothèse de l'article 2262. J'ai stipulé une servitude
d'égout pour une maison à bâtir, et la maison n'a jamais
été bâtie, ou une servitude de vue, et je n'ai jamais pratiqué de fenêtres; si je veux user de mon droit après
trente ans, j'ai beau produire mon titre, on me repoussera
par la prescription; il n'y a pas de débat possible dans ce
cas sur le non-usage, puisque la servitude n'a jamais existé
de fait : il ne peut pas s'agir de non-usage là où il n'y a
jamais eu d'usage.

Mais si le titre a été exécuté et s'il y a un acte contraire à la servitude qui en a empêché l'usage, le propriétaire du fonds dominant qui veut user de son droit devra-
t-il prouver que son droit n'est pas éteint? Il est demandeur,
il doit prouver le fondement de son droit; quel est ce

fondement? Le titre; or, le titre n'est pas contesté. Doit-il aussi prouver qu'il a usé de la servitude? Cette preuve résulte de l'exécution du titre ; en effet, la servitude est continue, elle s'exerce donc d'elle-même, par conséquent son usage est prouvé par cela seul que le titre est produit et qu'il est constant que le titre a été exécuté. Ainsi le demandeur a fait la preuve qui lui incombe; c'est au défendeur, au propriétaire du fonds servant à prouver que la servitude est éteinte par le non-usage. Cela suppose qu'un acte contraire à la servitude a été fait ; c'est au défendeur qui oppose cette exception de prouver qu'un acte contraire à la servitude a été fait et qu'il subsiste depuis trente ans. Si le propriétaire du fonds dominant soutenait que l'acte n'est pas contraire à son droit parce qu'il a eu lieu par tolérance, ce serait à lui de prouver le fondement de cette nouvelle exception (1).

317. Les servitudes discontinues exigent le fait actuel de l'homme pour être exercées. Il résulte de là une différence quant à la preuve. On distingue si celui qui prétend avoir un droit de servitude est en possession ou non. S'il est en possession, ce fait joint à son titre, quelque ancienne qu'en soit la date, le dispense de toute preuve alors même qu'il serait demandeur ; il peut invoquer la présomption établie par l'article 2234 : « Le possesseur actuel qui prouve avoir possédé anciennement est présumé avoir possédé dans le temps intermédiaire, sauf la preuve contraire. » C'est donc son adversaire qui doit faire la preuve contraire à cette présomption ; c'est-à-dire qu'il doit prouver que, dans le temps intermédiaire, le propriétaire du fonds dominant n'a pas possédé, et que le non-usage a duré trente ans. Si, au contraire, celui qui prétend avoir une servitude n'est pas en possession au moment où il réclame son droit, il ne suffit pas qu'il produise son titre, si ce titre a plus de trente ans. Ici la nature de la servitude exerce une influence sur la preuve. La servitude discontinue ne s'exerce pas d'elle-même; la production du titre ne prouve donc pas l'usage de la servitude; de là on con-

---

(1) Pardessus, t. II, p. 166 et suiv., n° 308.

clut que rien ne prouvant que le demandeur ait possédé, c'est à lui de prouver qu'il a possédé ; son adversaire n'a rien à prouver.

Cette doctrine est admise par les auteurs et par la jurisprudence. Toutefois elle a été combattue devant la cour de cassation par l'avocat général Delangle (1). C'est en prenant appui sur l'autorité de cet excellent jurisconsulte que nous exposerons nos doutes et nos objections. Il nous semble que, dans l'opinion généralement suivie, on déroge au principe élémentaire écrit dans l'article 1315, en dispensant le demandeur de faire la preuve pour la rejeter sur le défendeur, et on n'allègue d'autres motifs pour justifier cette dérogation que des présomptions qui ne sont pas écrites dans la loi.

C'est Merlin qui le premier a invoqué la présomption formulée par l'article 2234 (2). A notre avis, il l'étend. J'ai un titre qui a plus de trente ans de date, et j'ai la possession ; je n'ai plus rien à prouver. Nous admettons la décision, mais nous repoussons la présomption de l'article 2234 sur laquelle on la fonde. Cette disposition suppose que le possesseur actuel *prouve* avoir possédé anciennement. Or, comment, dans la doctrine de Merlin, fait-il cette preuve? En produisant son titre. Est-ce que le titre prouve la possession? Le titre établit le droit que l'on a d'exercer la servitude, mais il ne prouve certes pas que l'on a exercé le droit. Donc le demandeur n'est pas dans les termes de la présomption; il n'a rien pour lui que son titre, car sa possession actuelle ne prouve pas qu'il a possédé anciennement. Naît maintenant la question de savoir quelle est la force probante du titre. La production du titre, quand il a plus de trente ans de date, suffit-elle pour rejeter la preuve sur l'adversaire? Dans notre opinion, oui : dans l'opinion générale, non. C'est le point important du débat; il faut nous y arrêter.

---

(1) Voyez l'analyse des conclusions de Delangle, dans Dalloz, au mot *Preuve*, p. 886.
(2) Merlin, *Questions de droit*, au mot *Usage*, § IX, nᵒ 3 (t. XVI, p. 300), suivi par Demolombe, t. XII, p. 569, nᵒ 1015, et Aubry et Rau, t. III, p. 106 et note 21.

Nous disons que celui qui réclame une servitude, alors même qu'il ne serait pas en possession, n'a rien à prouver sinon l'existence de ce droit, et qu'il fait cette preuve en produisant son titre. Le titre, en effet, établit qu'il a un droit de servitude. Pourquoi le repousse-t-on? Nous allons entendre les réponses que l'on fait dans l'opinion générale; elles sont loin de concorder; les partisans de cette opinion ne s'entendent réellement que sur un point, c'est que tous invoquent des présomptions que la loi ignore. Écoutons d'abord la cour de cassation (1).

Le titre que produit le demandeur a plus de trente ans de date; dès lors, dit la cour, il doit prouver que son droit n'est pas éteint, car le titre est réduit à un non-titre : ce sont les expressions de l'arrêt. Pourquoi le titre est-il éteint? Parce que le titre est resté sans exécution, au moins pendant les trente années antérieures à la demande. Qu'est-ce qui prouve que le titre est resté sans exécution? C'est que le demandeur n'a pas la possession actuelle, dit la cour; il ne peut donc pas se prévaloir de la présomption de l'article 2234. Évidemment il ne le peut pas; mais qu'est-ce que cela prouve? Qu'il n'a rien pour lui que son titre. Mais le titre ne fait-il pas preuve du droit? Pourquoi la cour décide-t-elle que ce titre devient un non-titre? De ce que le demandeur n'est pas présumé avoir possédé, peut-on conclure qu'il n'a pas possédé? C'est à cela qu'aboutit le raisonnement de la cour et de Merlin. Nous répondons d'abord avec Delangle : Le demandeur n'a qu'une chose à prouver, son droit; il fait cette preuve en produisant son titre. Ce titre ne peut être réduit à néant que si on prouve qu'il n'a pas été mis à exécution, que l'on n'en a pas usé pendant trente ans; voilà bien une exception que l'on oppose au demandeur; donc c'est au défendeur qui prétend que le titre est éteint par le non-usage à le prouver. Nous ajoutons que la cour et Merlin créent une présomption de non-usage contre celui qui produit son titre

(1) Arrêts de rejet du 15 février 1842 (Dalloz, au mot Preuve, n° 52) et du 6 février 1833 (Dalloz, au mot Prescription, n° 315); arrêts de rejet du 3 avril 1833, du 11 juin 1834 et du 3 juin 1835 (Dalloz, au mot Usage, n° 190, 2° et 4°). Comparez Bruxelles, 13 août 1846 (Pasicrisie, 1848, 2, 278).

alors qu'il ne possède pas. Le rapporteur, Lasagni, nous renvoie à Pardessus ; et que dit Pardessus ? Quand le titre a plus de trente ans, il ne suffit pas pour prouver le droit du demandeur, car celui-ci peut avoir perdu son droit par le non-usage ; cela même est *présumable*, puisqu'il ne jouit pas au moment où il réclame (1). Voilà la *présomption* ; où est-elle écrite ? C'est une simple probabilité que le demandeur pourrait combattre par d'autres probabilités. Nous renvoyons ce débat au législateur : lui seul peut créer des présomptions en se fondant sur des probabilités. Quant aux présomptions imaginées par Merlin et Pardessus, nous les repoussons parce que la loi ne les consacre pas. Merlin et la cour de cassation font dire à l'article 2234 ce qu'il ne dit pas, en transformant une présomption de possession en une présomption de non-usage ; et Pardessus crée une présomption de non-usage fondée sur une simple probabilité.

Proudhon a aussi son explication qui diffère de la doctrine que nous venons d'exposer, bien qu'elle aboutisse également à décider la question par des présomptions. Il invoque le vieil adage : *in pari causa possessor potior haberi debet*. Le demandeur n'est pas en possession, tandis que le défendeur est en possession de la liberté de son fonds, donc le défendeur n'a rien à prouver, et la preuve incombe au demandeur (2). Notre réponse est très-simple : Où est-il dit que le possesseur n'a rien à prouver ? La possession est un pur fait, et ce fait n'a d'autres conséquences en droit que celles que la loi y attache ; où est la loi qui dispense le possesseur de la preuve et la rejette sur son adversaire ? Il y a ici une nouvelle présomption contre celui qui ne possède pas. Le demandeur a un titre qui prouve son droit de servitude, qui prouve par conséquent que l'héritage du défendeur n'est pas libre. Comment détruit-on cette preuve ? Par une présomption attachée à la possession. Nous rejetons cette présomption parce que la loi l'ignore. Or, dès qu'il n'y a pas de présomption, nous

_____

(1) Pardessus, t. II, p. 171, n° 308.
(2) Proudhon et Curasson, *Traité des droits d'usage*, t. II, p. 24, n° 603.

restons sous l'empire des principes formulés par l'article 1315 : le demandeur ayant prouvé son droit, c'est au défendeur à prouver que ce droit est éteint.

Dira-t-on que c'est forcer le défendeur à faire une preuve impossible, puisqu'elle consiste à prouver que le demandeur n'a pas usé de son droit? Or, il y a un vieil adage qui dit que l'on n'est jamais tenu à prouver une négative. Nous signalons l'objection parce qu'on la fait à chaque occasion. Un de nos plus vieux légistes, Beaumanoir, a déjà fait la remarque que la preuve négative n'est pas impossible, elle est plus ou moins difficile; mais, comme l'a dit dans notre débat le rapporteur de la cour de cassation, la difficulté d'une preuve n'est pas une raison pour en dispenser celui à qui elle incombe d'après la loi (1). Il faut donc laisser là ces adages que notre code ne connaît pas. Restent les principes qui imposent au défendeur l'obligation de prouver le fondement de son exception, ce qui décide la question contre le possesseur du fonds servant.

N° 3. EFFET DE LA PRESCRIPTION.

318. Quand le non-usage pendant trente ans est prouvé, le droit est éteint; l'article 706 le dit. Il suit de là que lors même qu'après les trente ans le propriétaire du fonds dominant aurait exercé la servitude, elle n'en reste pas moins éteinte. Ce propriétaire est dans la position de celui qui n'a jamais eu de droit ; s'il continue à exercer la servitude éteinte, il pourra acquérir une servitude nouvelle par une possession trentenaire, bien entendu si elle est continue et apparente; si elle est discontinue ou non apparente, il faudra un nouveau titre.

319. Ce principe reçoit cependant une restriction. Le fait du propriétaire de l'héritage de souffrir l'exercice de la servitude après qu'elle est éteinte, peut impliquer une renonciation aux effets de la prescription. L'article 2220 permet de renoncer à la prescription acquise. Il n'est pas

_____

(1) C'est l'opinion généralement suivie. Voyez le rapport de Lasagni, dans Dalloz, au mot *Preuve,* n° 685, et les auteurs cités, n° 47.

nécessaire que la renonciation soit expresse ; l'article 2221
admet la renonciation tacite dans le cas où un fait posé
par celui au profit duquel la prescription est acquise suppose l'abandon du droit acquis. Le code ne déroge pas à
ces principes au titre des *Servitudes;* il est donc hors de
doute que le maître du fonds servant peut renoncer tacitement au bénéfice de la prescription par laquelle son fonds
a été libéré. Mais il ne faut pas croire que tout acte de
possession qu'il souffre emporte renonciation à son droit.
Toute renonciation est de stricte interprétation ; celui qui
renonce à la prescription abdique un droit, il aliène ; or,
l'on admet difficilement que celui qui a un droit, l'aliène. En
matière de servitude, il y a un motif de plus pour ne pas
admettre facilement une renonciation ; car elle aboutit à
grever d'une servitude un fonds qui en était affranchi. Il
faut donc que le fait dont on se prévaut contre le propriétaire du fonds servant soit de telle nature qu'on ne lui
puisse pas donner une autre signification que la volonté
de renoncer. La doctrine et la jurisprudence sont d'accord
sur ce point (1).

N° 4. INFLUENCE DE L'INDIVISIBILITÉ SUR LA PRESCRIPTION.

320. En exposant les principes généraux sur les servitudes, nous avons dit qu'elles sont indivisibles, en ce sens
qu'elles ne peuvent s'acquérir ni se perdre pour partie.
Elles sont encore indivisibles en ce sens qu'elles sont dues
à chaque partie de l'héritage dominant, et qu'elles grèvent
chaque partie de l'héritage assujetti (2). Le code consacre
des conséquences de l'indivisibilité en matière de prescription. Avant de les exposer, nous rappellerons ce qui a été
dit plus haut. Il y a des servitudes qui sont divisibles, en
ce sens que l'utilité qu'elles procurent peut se diviser, ainsi
que la charge qui en résulte (n° 281).

Si l'héritage dominant appartient par indivis à plusieurs
copropriétaires, la jouissance de l'un empêche la prescrip-

(1) Pardessus, t. II, p. 116, n° 286 ; Demolombe, t. XII, p. 308, n° 795 et
p. 572, n° 1019. Arrêt de cassation du 15 mai 1856 (Dalloz, 1856, 1, 285).
(2) Voyez le tome VII de mes *Principes,* n°s 156, 157.

tion à l'égard de tous (art. 709). La cour de cassation a appliqué ce principe dans une espèce où l'on contestait l'indivisibilité du droit. Plusieurs usines étaient établies sur un canal auquel une rivière fournissait les eaux. Le canal et le barrage qui les transmettaient aux divers moulins appartenaient en commun aux usiniers ; chacun usait de la totalité des eaux et la transmettait ensuite aux usiniers inférieurs. Il existait sur le canal une prise d'eau au profit d'une ville qui, en 1802, en pratiqua une nouvelle. L'un des usiniers intenta un procès contre la ville et le gagna. En 1853, la ville acheta une concession d'eau des héritiers de celui qui avait fait supprimer la prise d'eau. Alors les autres usiniers en demandèrent à leur tour la suppression. La ville opposa la prescription, la prise d'eau existant depuis 1802 ; les demandeurs repoussèrent l'exception en soutenant que la prescription avait été interrompue par l'action que l'un des copropriétaires du canal avait intentée contre la ville. Cette défense, admise par le tribunal de première instance, fut rejetée par la cour de Lyon.

La cour ne conteste pas le principe, il est écrit dans l'article 709 ; mais elle dit qu'il ne s'applique que lorsque la servitude est indivisible de sa nature ; tandis que, dans l'espèce, l'indivisibilité résultait de la convention. Son arrêt fut cassé. La distinction que l'arrêt attaqué fait entre l'indivisibilité naturelle et l'indivisibilité conventionnelle est arbitraire ; la loi l'ignore. Comme le dit très-bien la cour de cassation, chacun des meuniers avait droit à la totalité des eaux du canal ; l'indivisibilité de leur droit résultait du mode de son exercice et du but que toutes les parties s'étaient proposé en mettant les lieux dans l'état où ils se trouvaient. La conséquence était incontestable. L'un des usiniers avait interrompu la prescription ; possédant le droit pour le tout, il avait nécessairement interrompu la prescription pour le tout, donc il avait conservé tout le droit (1).

321. Si parmi les copropriétaires du fonds dominant il s'en trouve un contre lequel la prescription n'ait pu cou-

_____

(1) Arrêt de cassation du 12 juillet 1869 (Dalloz, 1869, 1, 498).

rir, comme un mineur, il aura conservé le droit de tous
les autres. Ce sont les termes de l'article 710. Le mineur,
dit Pothier d'après Dumoulin, relève le majeur. Il est
censé jouir par cela seul qu'il est à l'abri de la prescription
à raison de son incapacité; il conserve le droit, puisque
son incapacité l'empêche de périr; or, tout le droit lui
appartient, donc tout le droit est conservé (1). C'est une
conséquence logique de l'indivisibilité. Mais la conséquence
n'est-elle pas une de ces subtilités que l'on aime de reprocher à notre science? Le droit n'a pas été exercé pendant
trente ans, et cependant il est conservé. Qu'il le soit au
profit du propriétaire incapable, cela se comprend; mais
pourquoi ce motif tout à fait personnel profite-t-il aux propriétaires capables? Là est la subtilité du droit dont on se
plaint. Demante dit avec raison que l'équité est, dans l'espèce, d'accord avec la rigueur des principes. Puisque l'incapable conserve son droit, et le droit tout entier, le propriétaire du fonds servant n'a pas d'intérêt à empêcher
les autres de l'exercer, le nombre des personnes qui usent
de la servitude n'étant pas considéré comme une aggravation de la charge (2).

322. L'application de l'article 710 a fait naître une
difficulté qui divise la doctrine et la jurisprudence. Une
succession est indivise pendant cinq ans; l'un des cohéritiers est mineur, la prescription ne court pas contre lui,
il conserve donc les droits de servitude dus à l'immeuble
héréditaire. Le partage se fait et le fonds dominant tombe
au lot d'un des cohéritiers majeurs. Peut-il se prévaloir
de la suspension de la prescription pendant les cinq ans
qu'a duré l'indivision? Les cours d'Amiens et de Nancy
avaient décidé que la suspension de la prescription profi-
tait à l'héritier. Ces arrêts ont été cassés comme violant
l'article 883. Aux termes de cet article, chaque cohéritier
est censé avoir succédé seul et immédiatement à tous les
effets compris dans son lot et n'avoir jamais eu la propriété
des autres effets de la succession. Ce principe est absolu,

(1) Pothier, *Coutume d'Orléans*, art. 226, note 2. Demolombe, t. XII,
p. 535, n° 996.
(2) Demante, t. II, p. 664, n° 568 *bis* I.

dit-on ; la loi ne faisant aucune distinction, il faut l'appliquer au cas prévu par l'article 710. Il en résulte que le copartageant au lot duquel tombe le fonds dominant est censé en avoir eu la propriété dès l'instant de l'ouverture de l'hérédité ; donc le partage efface l'indivision, en ce sens que la copropriété résultant de l'indivision est censée n'avoir jamais existé ; par conséquent le propriétaire du fonds dominant ne peut pas dire que cet immeuble a été possédé par indivis, et que la minorité de l'un des communistes a suspendu la prescription de la servitude ; car l'héritier mineur est censé n'avoir jamais été propriétaire de l'immeuble ; donc l'effet que produit la minorité est effacé aussi bien que le droit de propriété indivise. Admettre que les effets de l'indivision survivent au partage, c'est anéantir le principe établi par l'article 883 ; si la prescription a été suspendue, il faut dire que le fonds dominant a été pendant cinq ans la propriété de l'héritier mineur ; or, l'article 883 dit le contraire : l'héritier mineur n'a jamais été propriétaire de cet immeuble (1).

Cette doctrine n'a pas trouvé faveur, tous les auteurs la combattent (2), et nous nous rangeons de leur avis. La cour de cassation anéantit l'article 710 au profit de l'article 883, et elle donne à ce dernier article une portée qu'il ne doit pas avoir. Il faut d'abord se fixer sur un point : est-il vrai que le principe de l'article 883 efface l'indivision et tout ce qui s'est fait pendant que la succession était indivise ? Supposons que l'un des cohéritiers ait exercé la servitude pendant l'indivision ; sa jouissance, dit l'article 710, empêche la prescription à l'égard de tous. Le partage par suite duquel l'héritage dominant est mis au lot d'un de ses cohéritiers, effacera-t-il cette jouissance, en ce sens que l'héritier qui a exercé la servitude sera censé ne l'avoir pas exercée, et que par suite la prescription aura couru malgré sa jouissance ? L'arrêt de 1845 va jusque-là, puisqu'il pose comme principe que l'immeuble n'a jamais

---

(1) Arrêts de cassation du 2 décembre 1845 (Dalloz, 1846, 1, 21) et du 29 août 1853 (Dalloz, 1853, 1, 230).
(2) Demante, t. II, p. 664, n° 568 *bis* II. Demolombe, t. XII, p. 537, n° 999. Dalloz, au mot *Servitude,* p. 322, n° 1231.

été l'objet d'une possession commune avant le partage, et qu'après le partage il n'est plus permis d'invoquer la possession commune. Ici la cour va trop loin, nous semble-t-il. La possession est un fait; et un fait une fois accompli ne s'efface pas; cela ne pourrait se faire qu'en vertu d'une fiction, et il n'y a pas de fiction sans texte. Or, l'article 883 règle un point de droit : le partage est-il translatif du droit de propriété, ou est-il déclaratif? Telle est l'unique question que l'article 883 décide; il règle la transmission du droit, il ne s'occupe pas du fait; donc on ne peut pas dire avec la cour de cassation qu'il efface la possession indivise. De fait les héritiers ont possédé, ils ont joui, ils ont recueilli les fruits; tous ces faits subsistent. Donc il y a eu une possession commune, il y a eu des actes de jouissance, ces actes ont produit des effets; le partage va-t-il anéantir des faits consommés et les effets qu'ils ont produits? Que le législateur puisse aller jusque-là, nous ne le nions pas, mais nous nions qu'il l'ait fait.

Les articles 709 et 710 résistent à cette interprétation. Quand le législateur dit dans l'article 709 que la jouissance de l'un des cohéritiers empêche la prescription à l'égard de tous, il devait bien s'attendre à ce que l'indivision prît fin, puisqu'il n'y a pas d'indivision perpétuelle; il statue donc non-seulement pour le temps de l'indivision, il statue définitivement; c'est pour toujours que la prescription est interrompue, et non pour un ou deux ans. Dans la doctrine de la cour de cassation, au contraire, il n'est plus vrai de dire que la prescription est empêchée à l'égard de tous, elle n'est pas empêchée à l'égard de ceux qui n'ont pas joui, elle n'est empêchée qu'à l'égard de celui qui a joui. La cour altère donc l'article 709, et elle altère aussi l'article 710. Celui-ci dit en termes énergiques que la minorité de l'un des héritiers *conserve* le droit des autres; d'après la cour de cassation, cela voudrait dire que le droit des autres est *conservé* pendant un an ou deux, aussi longtemps que l'indivision durera : cela s'appelle-t-il *conserver un droit?* Qui dit *conserver*, dit conserver pour toujours : un droit qui est anéanti par le partage n'est pas un droit conservé.

La cour a prévu l'objection, elle sacrifie décidément les droits des cohéritiers par indivis; ils sont réglés par l'article 883; quant aux articles 709 et 710, dit l'arrêt de 1853, ils ne s'appliquent pas à une indivision temporaire, laquelle est détruite par le partage; ils statuent pour le cas d'une copropriété permanente et définitive, telle qu'est la copropriété d'un canal qui profite à plusieurs usiniers. Nous répondons que la cour introduit dans la loi une distinction que le texte ignore, une distinction qui tend à restreindre une disposition générale pour ne l'appliquer qu'à des cas extrêmement rares, alors que le législateur a déduit une conséquence générale découlant de l'indivisibilité. Et quelle est l'hypothèse que l'on a en vue quand on traite de l'indivisibilité des servitudes? C'est la mort, c'est l'indivision de l'hérédité, c'est le partage de l'hérédité. Comment croire que le législateur ait eu en vue un cas tellement rare qu'il est exceptionnel, alors qu'il pose une règle sur une matière qui n'a d'intérêt pratique qu'en cas d'hérédité?

Qu'importe? dira la cour. La restriction qui ne se trouve pas dans le texte des articles 709 et 710, résulte de l'article 883. Cet article est absolu, dit l'arrêt de 1845. Ici il y a une nouvelle erreur, nous semble-t-il. Il est certain que l'article 883 établit une fiction; d'après les vrais principes, le partage est translatif de propriété. Pourquoi la loi décide-t-elle qu'il est déclaratif? Afin d'empêcher que les actes de disposition faits pendant l'indivision ne donnent lieu à des actions récursoires. Voilà le but de la fiction, son objet unique; or, toute fiction n'est-elle pas d'étroite interprétation? ne doit-elle pas être limitée aux effets que le législateur a eus en vue? La possession, la jouissance sont des faits que le législateur n'a pas voulu anéantir, parce qu'il n'y avait aucune raison de le faire. Donc l'article 883 est étranger aux dispositions des articles 709 et 710; dans ces articles, il n'est question que de possession, de jouissance; la fiction qui considère le partage comme déclaratif de propriété n'a rien de commun avec l'exercice d'une servitude; donc les articles 709 et 710 subsistent. Nous maintenons aussi l'article 883, mais en le limitant à l'objet pour lequel il a été établi.

323. Il se présente encore une difficulté dans cette difficile matière. Les articles 709 et 710 consacrent des conséquences de l'indivisibilité des servitudes. Il y a des servitudes qui sont divisibles, de l'aveu de tous les auteurs. Faut-il appliquer à ces servitudes les règles qui concernent l'interruption et la suspension de la prescription pendant l'indivision? Au premier abord, la question paraît impliquer une contradiction logique : conçoit-on que l'on étende à des servitudes divisibles des principes qui découlent de l'indivisibilité des servitudes? Cependant les auteurs appliquent les articles 709 et 710 à toutes les servitudes, sans distinguer entre celles qui sont divisibles et celles qui sont indivisibles (1). Cette interprétation, quelque absurde qu'elle paraisse, se justifie par les textes. Le code ne dit pas que les servitudes sont indivisibles; il ne dit pas que les articles 709 et 710 ne sont applicables qu'aux servitudes indivisibles. L'interprète se trouve donc en présence d'un texte absolu; lui est-il permis de distinguer là où la loi ne distingue pas? Il le pourrait certes, si le code posait le principe de l'indivisibilité des servitudes; mais il est difficile de limiter des dispositions générales alors que la loi n'établit aucune règle sur l'indivisibilité. Voilà ce que l'on peut dire en faveur de l'opinion générale. Nous préférerions toutefois l'interprétation contraire; il est par trop contradictoire d'appliquer à des servitudes qui sont divisibles, des règles qui n'ont de sens que pour les servitudes indivisibles. Qu'importe que le code ne dise pas que les servitudes sont indivisibles? Il le dit implicitement, et il le dit dans les articles mêmes que l'on voudrait appliquer aux servitudes divisibles : la nécessité de distinguer résulte donc des principes mêmes que le code établit, car il dit en d'autres termes : les servitudes étant indivisibles, la prescription est nécessairement interrompue et suspendue pour le tout. Ce qui revient à dire que, s'il y a des servitudes divisibles, l'interruption se fera pour partie ainsi que la suspension.

(1) Demante, t. II, p. 664, n° 568 *bis* I. Demolombe, t. XII, p. 536, n°s 997 et 998.

324. Les articles 709 et 710 supposent qu'il y a indivision. Après le partage du fonds dominant, il y a autant de servitudes qu'il y a de parties divisées ; chacune de ces servitudes se conservera et s'éteindra d'après le droit commun, sans que l'un des propriétaires partiels puisse invoquer ni la jouissance ni la minorité d'un autre propriétaire. Sur ce point il n'y a aucun doute (1).

N° 5. PRESCRIPTION DU MODE DE LA SERVITUDE.

I. *Principe.*

325. L'article 708 dit que « le mode de la servitude peut se prescrire comme la servitude même et de la même manière. » Cette disposition, placée dans la section qui traite de l'extinction des servitudes, semble ne s'appliquer qu'au cas où un mode plus avantageux d'exercer la servitude s'éteint par le non-usage, quand le propriétaire du fonds dominant use d'un mode moins avantageux. L'inverse peut se présenter : celui qui ne pouvait user que d'un mode peu avantageux en vertu de son titre, use d'un mode plus avantageux ; ce nouveau mode s'acquerra-t-il par la prescription (2)? Lorsque la servitude est discontinue, la question ne peut pas même être posée. Mon titre me donne le droit de passer à pied seulement ; je passe pendant trente ans à cheval, en voiture : aurai-je acquis ce mode plus avantageux par la prescription? Non ; car les servitudes discontinues ne peuvent pas s'acquérir par la prescription ; or, le mode fait partie de la servitude, et les raisons qui ont fait rejeter la prescription des servitudes discontinues s'appliquent aussi au mode de les exercer. Je n'ai que le droit de passer à pied, mon voisin me permet de passer à cheval ou en voiture ; il est plus que probable que c'est par tolérance, par relations de bon voisinage. Je ne puis pas plus me prévaloir d'une possession pareille pour étendre une servitude que pour l'acquérir.

---

(1) Aubry et Rau, t. III, p. 106 et note 22, et les auteurs qu'ils citent.
(2) Ducaurroy, Bonnier et Roustain, t. II, p. 254, n° 369. Demolombe, t. XII, p. 287, n° 784.

Il en est autrement quand la servitude est continue. La servitude même pouvant s'acquérir par la possession, il en doit être de même du mode de l'exercer. Cela va sans dire quand la servitude a été acquise par la prescription. J'ai prescrit une servitude de vue en possédant pendant trente ans deux fenêtres. Mon voisin peut s'opposer à ce que j'en ouvre une troisième; mais si j'en ouvre une et si mon voisin la laisse subsister pendant trente ans, j'aurai acquis par la prescription le droit d'avoir une troisième fenêtre. En effet, pendant ces trente ans, j'aurais pu acquérir le droit d'ouvrir trois fenêtres; à plus forte raison ai-je pu acquérir le droit d'en ouvrir une troisième. Lorsque le mode de la servitude est établi par titre, cela n'empêche pas d'acquérir un mode plus avantageux par la prescription, toujours par la même raison : c'est que, pouvant acquérir la servitude même par la possession, je puis acquérir aussi par la possession un mode plus avantageux de l'exercer. On objecte que c'est là prescrire contre son titre, ce qui ne se peut d'après la disposition de l'article 2240. Nous sommes étonné de trouver cette objection dans l'ouvrage de Demante, et de voir qu'il y insiste. Dunod y a déjà répondu sous l'ancien droit en remarquant que, dans l'espèce, on possède et on prescrit au delà de son titre, ce que les principes les plus élémentaires permettent. D'ailleurs on n'a qu'à lire l'article 2240 et les dispositions qui précèdent pour se convaincre que l'adage invoqué par Demante ne concerne que les possesseurs précaires. Nous en avons déjà fait la remarque. Si nous la répétons, c'est qu'un de nos bons auteurs s'est laissé égarer par une objection qui devrait tout au plus embarrasser des élèves (1).

326. Le mode des servitudes se prescrit encore en ce sens qu'elles peuvent être réduites, restreintes par la prescription extinctive. Il n'en était pas ainsi en droit romain; on conservait toute la servitude, quand même on n'usait pas de tout le droit. Celui qui avait usé d'un chemin plus étroit que ne le portait le titre, conservait néanmoins tout

---

(1) Demante, t. II, p. 662, n° 567 *bis* I.

son droit, tel que la concession l'établissait (1). Pothier reproduit la doctrine romaine. « Le propriétaire du fonds dominant, dit-il, quoiqu'il n'ait fait qu'une partie de ce que son droit de servitude lui donnait droit de faire dans le fonds servant, n'en conserve pas moins son droit dans toute son intégrité (2). » Domat, au contraire, enseigne que les servitudes sont réduites par la prescription à ce qui en est conservé par la possession pendant le temps requis pour prescrire. Chose singulière, il appuie cette décision sur une loi romaine; il suffit de la lire pour se convaincre qu'il s'est trompé (3). Les auteurs du code ont suivi Domat. Est-ce parce qu'ils trouvaient son opinion plus rationnelle, ou parce qu'ils croyaient que c'était la doctrine traditionnelle? Nous l'ignorons. Toujours est-il que voilà un principe nouveau qui s'est introduit dans le code par suite de l'interprétation erronée d'une loi romaine. Ducaurroy dit que le système romain était beaucoup plus simple que le système français qui donne lieu à beaucoup de difficultés. Il faut dire plus, à notre avis : le principe romain est plus juridique et même plus équitable. On ne stipule pas les servitudes par fractions, on les stipule pour le tout; donc on ne peut pas les perdre par fractions, on les conserve pour le tout ou on les perd pour le tout. N'est-il pas plus équitable qu'on les conserve pour le tout, alors qu'on en use d'une manière quelconque? Les servitudes sont établies pour l'utilité du fonds dominant; si cette utilité n'exige pas que j'use de tout mon droit, pourquoi veut-on m'y contraindre sous peine de le perdre partiellement? Le mode, après tout, est un droit et non une obligation : ne dois-je pas être libre d'user de mon droit comme je l'entends et comme l'utilité de mon fonds l'exige?

Que le principe nouveau soit ou non équitable et juste, il est consacré par la loi, et il faut l'accepter avec toutes ses conséquences. Est-ce toujours là ce que les interprètes ont fait? C'est ce que nous allons voir.

---

(1) Dupret, *De la modification des servitudes par la prescription* (*Revue de droit français et étranger*, 1843, t. III, p. 821 et suiv.

(2) Pothier, *Introduction au titre XIII de la coutume d'Orléans*, nº 18.

(3) Domat, *Des lois civiles*, livre I, titre XII, section VI, nº 5. Comparez Dupret, dans la *Revue*, p. 822.

II. *Application.*

327. La prescription du mode des servitudes est tantôt acquisitive, tantôt extinctive; dans une seule et même espèce, le mode ancien peut s'éteindre, tandis qu'il est douteux que le nouveau mode ait été acquis. De là les difficultés. Ecartons d'abord une première hypothèse dans laquelle il n'y a aucun doute : on n'a pas usé du tout de la servitude à laquelle on avait droit, on a usé d'une autre servitude qui est discontinue. Dans ce cas, il y a plus qu'extinction du mode, il y a extinction de la servitude, par le non-usage pendant trente ans, sans que la nouvelle servitude que l'on a exercée soit acquise; car, étant discontinue, elle ne peut s'acquérir par la prescription. Pothier en donne un exemple remarquable. J'ai le droit de puiser de l'eau au puits de mon voisin et par conséquent de passer sur son fonds; je passe sur l'héritage servant pendant trente ans sans puiser de l'eau. Dans ce cas, j'ai perdu par le non-usage le droit de puiser de l'eau, et je n'ai pas acquis la servitude de passage, servitude tout autre, qui ne s'acquiert pas par la possession, et qui de plus est éteinte comme accessoire de la servitude principale de puisage. Tout le monde est d'accord sur ce point (1).

328. Lorsque le mode seul de la servitude est en cause, il faut distinguer si la servitude est continue ou discontinue. Est-elle continue, l'application de l'article 708 se fait facilement. J'ai grevé mon fonds de la servitude de ne pas bâtir; j'élève une construction sur une partie du fonds, et mon voisin la laisse subsister pendant trente ans; la servitude sera éteinte pour partie et conservée pour partie, elle ne grèvera plus que la partie non bâtie du fonds servant. J'ai le droit d'ouvrir trois fenêtres dans mon mur; je n'en ouvre que deux; j'aurai perdu par le non-usage le droit d'ouvrir une troisième fenêtre; le mode de la servitude sera restreint par la prescription extinctive. En est-il

---

(1) Pothier, *Introduction au titre XIII de la coutume d'Orléans*, n° 18. Demante, t. II, p. 661, n° 567. Demolombe, t. XII, p. 576, n° 1024.

de même si le titre me donne le droit d'ouvrir autant de fenêtres que je voudrai et que j'en ouvre deux : ne puis-je plus en ouvrir de nouvelles après trente ans à partir de la date de mon titre? Les avis sont partagés. Il nous semble que dans cette hypothèse il ne peut être question de restreindre le mode par la prescription ; car le mode n'est pas fixé, limité, et en n'ouvrant que deux fenêtres, on ne peut pas dire que je le fixe ; le titre abandonne tout à ma volonté; or, la volonté est changeante, donc le mode aussi sera changeant. On objecte que je ne conserve le droit d'augmenter le nombre de fenêtres que pendant trente ans à partir du jour où j'ai ouvert les premières. Cette interprétation de la volonté des parties nous semble très-arbitraire, elle restreint un droit qui, d'après leur intention, n'admet aucune restriction. Dira-t-on que, dans cette opinion, le mode ne se prescrira jamais, tandis que la loi veut qu'il se prescrive? Nous répondons qu'il y a des droits qui sont imprescriptibles, on les appelle droits de pure faculté, parce qu'on en peut user ou n'en pas user suivant ses convenances. Or, dans l'espèce, mon titre me donne un droit qui varie d'un jour à l'autre d'après mes goûts; il n'y a pas là de base à la prescription (1).

329. Les servitudes discontinues s'éteignent par la prescription, elles ne peuvent ni s'acquérir ni s'étendre par cette voie. De là une difficulté sur laquelle les meilleurs auteurs sont partagés. J'ai le droit de passer à pied, à cheval ou avec voiture; pendant trente ans je ne passe qu'à pied. Il y a une opinion rigoureuse qui décide que j'ai perdu le droit que j'avais de passer à cheval ou en voiture. Nous croyons que cette opinion a pour elle la lettre et l'esprit de la loi. Le titre me donne trois modes d'user de mon droit; je n'exerce que l'un, donc je ne conserve que celui-là; quant aux autres, n'en ayant pas usé, ils sont éteints par prescription. Car le mode s'éteint par la prescription, et dans l'espèce le mode a été restreint par une possession restreinte. Dupret a combattu cette opinion, qui avant lui était généralement suivie; et d'excel-

_____

(1) Voyez les diverses opinions dans Demolombe, t. XII, p. 531, n° 994,

lents esprits se sont rangés à sa manière de voir. N'est-
ce pas reproduire la doctrine romaine? Celui, dit-on,
qui use de la servitude dans la mesure de ses besoins et
de ses convenances la conserve intégralement, bien qu'il
n'ait pas fait tout ce qu'il était autorisé à faire. C'est précisément le principe romain que les auteurs du code ont
rejeté. Ce qui paraît avoir décidé Dupret à admettre l'interprétation qu'il donne à l'article 708, ce sont les conséquences absurdes auxquelles conduit l'application littérale
de la loi. Tout raisonnement, dit-il, est vicieux lorsqu'il
aboutit à des conséquences dont quelques-unes au moins
sont inadmissibles (1). Le raisonnement, oui, mais l'interprétation d'une loi, non. Dans l'espèce, les auteurs du code
civil ont posé un principe qu'ils croyaient vrai et qui se
trouve faux. Un principe faux doit conduire à des conséquences qu'il est difficile d'admettre. Est-ce une raison
pour rejeter les conséquences ? Qu'on y prenne garde, ce
serait rejeter le principe ou l'altérer; ce que l'interprète ne
peut jamais faire, car ce serait faire la loi.

330. Les auteurs qui ont adopté l'interprétation plus
large de l'article 708, admettent cependant une restriction.
Ce qui les a portés à se rapprocher du principe romain,
c'est que le maître du fonds dominant doit jouir d'une certaine liberté d'action, en usant de son droit selon les besoins de son héritage. Mais si celui qui avait le droit de
passer à cheval ou en voiture a passé à pied, parce que le
chemin a été restreint et est devenu impraticable pour chevaux et voitures, on ne peut plus dire qu'il a exercé tout
son droit, il a subi et souffert une restriction, donc il y
aura extinction du droit de passer à cheval ou en voiture.
De même, je veux passer, à cheval ou en voiture; le propriétaire du fonds servant s'y oppose; si je m'arrête devant
cette opposition, on rentre encore dans le principe général, tel qu'il est formulé par l'article 708, le mode le plus
avantageux de la servitude sera éteint, parce qu'on n'en a
pas usé.

(1) Dupret, dans la *Revue de droit français et étranger*, 1846, t. III,
p. 823 et suiv. Aubry et Rau, t. III, p. 108 et note 25, et les auteurs en sens
divers qui y sont cités.

331. L'endroit par lequel une servitude s'exerce concerne aussi le mode; donc, à la rigueur, il faudrait appliquer le principe de l'article 708. J'ai le droit de passer sur
telle partie de votre fonds, et pendant plus de trente ans
je passe sur la partie opposée. Quel sera l'effet de cette
possession sur mon droit? Il est certain que je n'ai pas
acquis par la prescription le nouveau mode, puisque la
servitude est discontinue. Mais on peut soutenir que l'ancien est prescrit, puisque je n'en ai pas usé. La conséquence est grave, c'est une de celles devant lesquelles
Dupret a reculé, et à sa suite d'excellents jurisconsultes.
Cependant le raisonnement est logique; ce n'est pas la
raison qui a tort, c'est la loi; or, le premier devoir de l'interprète, c'est de respecter la loi. Ici encore les partisans
d'une interprétation plus équitable font une concession à
la rigueur des principes; ils distinguent si l'assignation
de l'endroit par lequel la servitude doit s'exercer est limitative ou démonstrative; dans le premier cas, ils admettent que la servitude même s'éteint, puisque en réalité on
n'en a pas usé, et la nouvelle n'est pas acquise, puisque
la servitude est discontinue (1). La distinction est arbitraire et prête à l'arbitraire; le plus souvent les parties se
bornent à indiquer l'endroit, sans que l'on puisse savoir
si c'est dans un sens restrictif ou non : il en résulte que
l'interprétation que le juge donnera à la volonté des parties aura pour effet de maintenir la servitude ou de l'éteindre. Si l'on pouvait consulter l'intention des parties, on
arriverait à un principe bien différent de celui de l'article 708 : le mode est toujours quelque chose d'accidentel,
et comment ce qui est accidentel peut-il influer sur le
maintien ou l'extinction de la servitude? En définitive,
c'est le principe de la loi qui est mauvais; les uns l'accep-
tent avec toutes ses conséquences, les autres reculent.
Voilà pourquoi ces controverses sont insolubles.

La jurisprudence a consacré l'interprétation la plus
équitable; nous nous bornons à la constater. Après avoir
entendu le droit strict, nous allons entendre l'équité. La

(1) Demolombe, t. XII, p. 587, n° 1031. Aubry et Rau, t. III, p. 109 et
note 28.

cour de cassation pose le principe en ces termes : « Il est bien vrai que la servitude de passage ne pouvant s'acquérir que par titre, le mode d'exercice de la servitude doit toujours être en relation de conformité avec le titre qui la constitue. » Voilà un principe qui, appliqué logiquement, ruinerait la doctrine que nous combattons, malgré nous. Mais la jurisprudence ne connaît pas de règle absolue. La cour ajoute que le principe s'applique au cas où le titre mentionne *taxativement* le point de l'héritage servant par lequel doit se pratiquer le passage ; la servitude, étant limitée et circonscrite dans son mode d'action, peut s'éteindre par le non-usage pendant trente ans, sans que l'usage même trentenaire soit efficace pour conquérir légalement le droit de passage par un autre point du fonds assujetti, puisque ce passage nouveau ne serait plus conforme au titre. Mais, continue la cour, la situation change lorsque le titre concède la servitude dans des termes généraux qui n'impliquent pas son exercice sur une partie spéciale du fonds servant; dans ce dernier cas, le titre est obéi, même après que l'assiette de la servitude a changé (1). Reste à savoir quand la mention de l'endroit est taxative, quand elle ne l'est pas; question de fait que les juges décideront d'après l'intention des parties, ce qui leur donne le moyen de maintenir toujours la servitude. Nous n'y verrions pas grand mal, si ce n'était l'article 708, que l'on interprète si bien qu'on l'efface du code.

Les décisions des cours d'appel sont d'une incontestable équité. Dans une espèce jugée par la cour de Caen, l'endroit par lequel le passage avait été exercé contrairement au titre était moins onéreux pour le fonds servant parce que le chemin était moins long (2). La rigueur du droit eût demandé que la servitude fût déclarée éteinte. Ainsi le propriétaire du fonds dominant aurait perdu son droit pour avoir ménagé le fonds assujetti, pour avoir rendu un service à son voisin! Voilà une rigueur que les tribunaux ne sanctionneront jamais; c'est le législateur qui a eu tort

---

(1) Arrêt de rejet du 6 décembre 1864 (Dalloz, 1865, 1, 26).
(2) Caen, 24 juillet 1865 (Dalloz, 1866, 2, 190). Comparez Liége, 13 avril 1867 (*Pasicrisie,* 1867, 2, 244).

d'établir un principe dont l'application est impossible.

332. Il y a une dernière difficulté dans cette difficile matière. Le tribunal décide que l'assignation de l'endroit n'était pas taxative; il maintient la servitude; mais par où s'exercera-t-elle? Grand est l'embarras des partisans d'une interprétation équitable de l'article 708. L'ancien mode est éteint par le non-usage; le nouveau n'est pas acquis. On reviendra à l'assignation primitive dit l'un : de quel droit, puisqu'elle est éteinte? Dupret donne le choix au propriétaire du fonds servant : de quel droit? M. Demolombe trouve plus simple de maintenir le nouveau mode : un nouveau mode acquis par la possession, alórs qu'il s'agit d'une servitude discontinue! On voit combien il est vrai de dire que lorsqu'on s'écarte de la rigueur du droit, on fait la loi, et chacun la fait naturellement à sa guise. Il n'y a pas de mode légal d'exercer la servitude, et il faut cependant que l'on en trouve un! La seule voie légale, nous semble-t-il, pour sortir de cette impasse, est que les parties demandent au juge un règlement de la servitude, car elles se trouvent dans la même position où elles seraient si le titre avait gardé le silence sur l'endroit par lequel la servitude doit s'exercer : le juge décidera.

§ IV. *Des causes d'extinction non prévues par la section* IV.

Nº 1. EXPIRATION DU TEMPS. RÉSOLUTION. RÉVOCATION.

333. Il y a des causes d'extinction qui ne sont pas prévues par la section IV; elles découlent du droit commun. L'article 617 dit que l'usufruit s'éteint par l'expiration du temps pour lequel il a été accordé. Au titre des *Servitudes,* la loi ne mentionne pas cette cause d'extinction. C'est que l'usufruit est temporaire de son essence; tandis que la perpétuité est de la nature des servitudes, comme nous l'avons dit ailleurs (1). Mais la perpétuité n'étant pas un caractère essentiel des servitudes, rien n'empêche de les stipuler à temps. Le code lui-même établit une servitude

---

(1) Voyez le tome VII de mes *Principes,* p. 182, nº 154.

temporaire, c'est le passage en cas d'enclave (n° 110). De même, les parties pourraient convenir que la servitude est limitée à la durée de la vie du propriétaire actuel de l'héritage dominant. Au premier abord, il semble qu'une clause pareille serait contraire à l'article 686 qui défend d'imposer une servitude en faveur de la personne; mais, bien que viagère, la servitude est constituée en faveur du fonds. On pourrait même limiter la servitude au temps pendant lequel le propriétaire du fonds dominant en conservera la propriété. La seule chose que la loi défende, c'est de stipuler les servitudes au profit de la personne. Enfin les parties peuvent permettre au propriétaire du fonds servant le rachat de la charge qui grève son fonds; il faut pour cela une clause expresse; car de droit commun les servitudes ne sont pas rachetables (1).

334. La propriété, quoique perpétuelle de sa nature, est parfois révocable, résoluble, annulable. Il en est de même des droits réels. On applique aux servitudes ce que nous avons dit au titre de la *Propriété* et au titre de l'*Usufruit* (2).

335. Le code dit que ceux qui n'ont sur un immeuble que des droits résolubles ou rescindables ne peuvent consentir qu'une hypothèque sujette à résolution ou à rescision. Cela est de droit commun : on ne peut pas concéder à d'autres plus de droits que l'on n'en a soi-même (3).

N° 2. DE LA RENONCIATION.

336. Chacun pouvant renoncer aux droits établis en sa faveur, il va sans dire que le propriétaire de l'héritage dominant peut renoncer à la servitude établie au profit de son fonds (comparez art. 622). La renonciation peut, en principe, être expresse ou tacite, à moins que la loi ne fasse de la renonciation un acte solennel. C'est ce que nous

_____

(1) Aubry et Rau, t. III, p. 64 et notes 17 et 18, et les autorités qui y sont citées.

(2) Voyez le tome VI de mes *Principes*, p. 139-148, n° 104-113 et le tome VII, p. 105, n° 87.

(3) Voyez ce que nous avons dit au titre de l'*Usufruit*, t. VII, p. 105, n° 88.

avons déjà dit au titre de l'*Usufruit* (t. VII, n° 74). Nous
y avons aussi examiné la question de savoir si la renonciation doit être acceptée par le propriétaire de l'héritage
servant (n° 72).

337. La renonciation expresse, n'étant pas un acte solennel, reste sous l'empire des principes généraux qui régissent toute manifestation de volonté. Il ne faut donc pas
d'écrit. Mais elle ne peut être opposée aux tiers que si
l'acte qui la constate a été transcrit. (Loi hypothécaire,
art. 1.)

La jurisprudence nous offre un exemple singulier d'une
renonciation expresse qui, quoique n'étant que partielle,
éteint tout le droit. Une servitude d'abreuvage et de pacage
est établie sur un héritage en nature d'étang. A une époque
où il n'était plus en eau, le fonds servant est divisé entre
plusieurs propriétaires. Le maître du fonds dominant
exonère de la servitude, avec décharge de remettre en eau
l'étang assujetti, celui à qui appartenait la portion de
l'étang où se trouvent la bonde et la chaussée. Il a été
jugé par la cour de cassation que la servitude avait cessé
d'exister même à l'égard de ceux qui n'avaient pas été parties à la convention, donc au profit de tout le fonds servant. Cela n'était guère douteux pour ce qui concerne le
droit d'abreuvage. Il n'y a pas d'étang sans bonde et sans
chaussée ; donc renoncer au rétablissement de la bonde et de
la chaussée, c'est déclarer la servitude d'abreuvage éteinte.
Mais la servitude de pacage ne subsistait-elle pas? Non,
car elle n'avait pas été stipulée comme servitude distincte
grevant un pré. Le fonds assujetti était un étang, c'est
quand l'étang était mis à sec que le pacage s'exerçait ; le
pacage était donc une dépendance de la servitude qui gre-
vait l'étang. Consentir à ce que l'étang ne fût pas rétabli,
c'était renoncer à la servitude, puisqu'il n'y avait plus d
fonds servant (1).

338. La renonciation tacite résulte d'un fait qui im
plique l'intention de renoncer. Il faut que le fait ne puiss
pas recevoir une autre interprétation ; dès qu'il y a doute

(1) Arrêt de rejet du 6 août 1860 (Dalloz, 1860, 1, 337).

on ne peut plus admettre la renonciation, car le consentement n'est pas un consentement présumé, celui qui a un droit n'étant jamais présumé vouloir l'abdiquer. On prétendait devant la cour de Bruxelles que le maître du fonds dominant avait renoncé tacitement au maintien de la largeur primitive d'un chemin de passage, parce qu'il avait vu construire le mur qui empiétait sur son droit. La cour n'admit pas la renonciation, parce que le silence du propriétaire recevait encore une autre explication ; l'empiétement étant peu considérable, il avait très-bien pu ne pas l'apercevoir. En réalité, il réclama dès que le mur fut construit (1).

Il y aurait renonciation tacite si le propriétaire du fonds dominant autorisait des travaux qui anéantissent la servitude ou la restreignent. J'ai sur le fonds de mon voisin une servitude de ne pas bâtir ; je l'autorise à construire ; cette autorisation implique renonciation, parce qu'il est impossible de l'interpréter autrement (2). Mais si, au lieu de consentir à l'établissement de ces ouvrages, je laisse faire sans réclamer, faut-il dire que mon silence vaut consentement ? Il y a un vieil adage qui le dit ; mais il faut s'en défier, ou du moins l'appliquer avec intelligence. Non, de ce que je garde le silence, on ne peut pas toujours induire que je consens ; mon silence ne vaut consentement que si je suis forcé de manifester une volonté quelconque, de dire oui ou non ; ayant intérêt à dire non, si je ne le fais pas, je suis censé dire oui. Mais, dans l'espèce, qu'est-ce qui m'oblige de parler ? La loi parle pour moi. En effet, l'article 707 décide qu'alors même qu'un acte contraire à la servitude a été fait, il faut encore que trente ans se passent pour que la servitude soit éteinte. Ce n'est donc que mon silence prolongé pendant trente ans, en face de travaux contraires à mon droit, qui implique renonciation à la servitude (3).

La question est cependant controversée ; il y a des

---

(1) Bruxelles, 27 mai 1848 (*Pasicrisie,* 1848, 2, 29). Demolombe, t. XII, 602, n° 1041.
(2) Demolombe, t. XII, p. 602, n° 1041, et les auteurs qu'il cite.
(3) Aubry et Rau, t. III, p. 110 et note 30, et les autorités qui y sont citées

arrêts en sens contraire. On lit dans un arrêt de la cour de Bruxelles que le propriétaire du fonds dominant est censé avoir tacitement remis la servitude, lorsqu'il souffre que son voisin élève ou conserve des ouvrages qui empêchent l'exercice du droit : cela résulte *ex natura rei*, dit la cour, et est fondé sur plusieurs lois romaines ainsi que sur la doctrine des auteurs, nommément de Voet (1). Nous avons un grand respect pour Voet et pour le droit romain, mais nous respectons encore davantage la loi qui nous régit; or, l'article 707 est en opposition avec l'opinion de Voet, et il ne permet pas d'invoquer la *nature des choses*, motif tellement vague qu'on ne devrait jamais s'en prévaloir, surtout quand il s'agit de renonciation.

Demolombe dit qu'il faudrait faire une exception à la règle au cas où le propriétaire du fonds dominant n'aurait pas seulement vu et laissé faire, mais où il aurait positivement approuvé et autorisé les travaux, en les dirigeant lui-même, par exemple, un tel fait devant évidemment être considéré comme une renonciation à la servitude (2). A vrai dire, ce cas n'est pas une exception, c'est plutôt l'application de la règle. En effet, il ne s'agit plus du silence du propriétaire de l'héritage dominant; il pose un fait; dès lors les tribunaux ont le droit d'examiner si ce fait implique consentement. Le cas s'est présenté devant la cour de Bruxelles. Le propriétaire d'un château jouissait de la servitude de prospect sur un fonds voisin où se trouvait une papeterie. Un magasin y fut adossé. De là plainte. La réclamation ne fut pas accueillie. Non-seulement le magasin avait été érigé au vu et su du demandeur; cela n'aurait pas suffi, d'après l'article 707. Mais il avait lui-même donné des conseils et des instructions pendant la durée des travaux; faisant en quelque sorte fonction d'architecte, il avait limité les alignements de la construction. Il y avait là une série de faits qui impliquaient une renonciation (3).

---

(1) Bruxelles, 12 février 1828 et 27 janvier 1829 (*Pasicrisie*, 1828, p. 53 et 1829, p. 29).
(2) Demolombe, t. XII, p. 604, n° 1043.
(3) Bruxelles, 17 avril 1867 (*Pasicrisie*, 1868, 2, 171).

N° 3. DE L'EXPROPRIATION POUR CAUSE D'UTILITÉ PUBLIQUE.

339. Les immeubles qui sont expropriés pour cause d'utilité publique sont affranchis de toutes les charges qui les grèvent, puisque ces charges seraient incompatibles avec la destination que les fonds expropriés doivent recevoir. Bien entendu que ceux qui profitent de l'extinction ont droit à une indemnité : c'est le droit commun. La seule question que nous ayons à examiner est de savoir à partir de quel moment les servitudes sont éteintes. La cour de cassation a décidé que le jugement qui prononce l'expropriation a pour conséquence nécessaire l'expropriation des droits réels et notamment des servitudes qui grèvent l'immeuble exproprié (1). Il en est de même des jugements qui donnent acte à un propriétaire de son consentement à la cession de l'immeuble pour cause d'utilité publique. Mais ici il y a une restriction à faire. Rien n'empêche les propriétaires de céder leurs terrains pour des travaux publics avant que les formalités prescrites pour l'expropriation aient été remplies ; s'il n'y a pas eu de déclaration d'utilité publique, la cession sera une vente ordinaire, et par suite les servitudes qui grevaient l'immeuble subsisteront ; car la vente volontaire d'un immeuble n'éteint pas les servitudes (2).

(1) Arrêts de rejet de la chambre civile du 9 février et du 12 mai 1863 (Dalloz, 1863, 1, 254 et 255).
(2) Paris, 27 août 1864 (Dalloz, 1864, 5, 167).

TITRE V.

DE L'EMPHYTÉOSE (1).

CHAPITRE PREMIER.

NOTIONS GÉNÉRALES.

§ Ier. *Origine de l'emphytéose.*

340. Le code ne traite pas de l'emphytéose, il ne la mentionne pas parmi les droits réels qui sont énumérés dans l'article 543, ni parmi les droits immobiliers qui sont susceptibles d'hypothèques (art. 2118). De là des doutes sérieux sur la question de savoir si l'emphytéose existe encore en droit français, à titre de droit réel immobilier. Dans notre législation belge, ce doute n'existe plus : une loi du 10 janvier 1824 a comblé la lacune qui se trouvait dans le code civil, et a maintenu l'emphytéose avec les caractères essentiels qu'elle avait dans l'ancien droit. Cela nous dispense d'entrer dans la controverse qui s'agite toujours dans le domaine de la doctrine; la jurisprudence

---

(1) Pepin Le Halleur, *Histoire de l'Emphytéose en droit romain et en droit français.* Paris, 1843 (Mémoire couronné par la Faculté de droit de Paris). Il y a aussi une monographie sur le droit romain : *Zusariæ Guidonis et Clari de jure emphyteutico tractatus,* 1575, 8°.

s'est décidée pour le maintien de l'emphytéose. Il importe de constater le fait, parce qu'il en résulte que les arrêts et les auteurs qui admettent l'emphytéose peuvent être invoqués en Belgique pour l'interprétation de la loi de 1824. Cette loi formait un titre du nouveau code civil, qui allait être mis à exécution quand la révolution de 1830 mit fin au royaume des Pays-Bas. Il en est de même d'une loi de la même date concernant la *superficie*. La publication anticipée des deux titres du code des Pays-Bas prouve que l'on sentait le besoin d'une loi qui dissipât les doutes auxquels avait donné lieu le silence du code Napoléon. Mais ne s'est-on pas fait illusion sur l'importance de cette matière? Lors de l'examen préparatoire du titre de l'Emphytéose, une section avait proposé de réduire tout le titre à un seul article. On lit dans les réponses du gouvernement aux observations des sections de la deuxième chambre des états généraux : que l'emphytéose était une matière importante et qu'il fallait lui donner les développements que le sujet exigeait. Ces prévisions ne se sont pas réalisées. Nous ne savons si les emphytéoses sont fréquentes dans les provinces septentrionales de l'ancien royaume des Pays-Bas. Il est certain qu'en Belgique la jurisprudence est presque muette ; on trouve à peine quelques décisions sur la matière dans le recueil qui publie les jugements rendus par les tribunaux de première instance. C'est une raison pour ne pas nous étendre sur un droit qui s'est maintenu dans la tradition, mais qui n'a plus guère de raison d'être (1).

341. L'emphytéose est une espèce de bail à long terme ; il ne peut être fait pour moins de vingt-sept ans, d'après la loi belge, et il ne peut dépasser quatre-vingt-dix-neuf ans. Ce contrat donne à l'emphytéote un droit réel dans le fonds et la pleine jouissance de l'immeuble. Comment se fait-il qu'à côté du bail ordinaire qui peut aussi être contracté à long terme, le législateur ait organisé un bail à titre de

---

(1) Nous nous bornons à citer le dernier arrêt du 26 avril 1853 (Dalloz, 1853, 1, 145). Voyez les autorités dans Dalloz, au mot *Louage emphytéotique*, nos 3 et 4. En sens contraire, Demolombe, t. IX, p. 400, no 491, et Aubry et Rau, t. II, p. 452, § 224 *bis*.

412   DROITS RÉELS.

droit réel ? Nos meilleurs auteurs, Cujas, Domat, répondent
que l'emphytéose a été établie dans l'intérêt de l'agriculture. Ecoutons Domat : « Comme les maîtres des héritages infertiles ne pouvaient aisément trouver des fermiers,
on inventa la manière de donner à perpétuité ces sortes
d'héritages pour les cultiver, pour y planter ou autrement
les améliorer, ainsi que le signifie le mot d'emphytéose.
Par cette convention, le propriétaire du fonds trouve de sa
part son compte en s'assurant un revenu certain et perpétuel ; et l'emphytéote de la sienne trouve son avantage
à mettre son travail et son industrie pour changer la face
de l'héritage et en tirer du fruit (1). » Ce motif ne justifie
guère l'emphytéose. Dans notre droit moderne, le bail
peut aussi être fait pour quatre-vingt-dix-neuf ans. Que si
la terre est infertile, le fermage sera d'autant plus modique. Les baux à ferme présentent donc les mêmes avantages que les baux à emphytéose.

Pour découvrir les raisons qui ont fait introduire les
baux emphytéotiques, il faut remonter à l'état social de
l'Empire romain, sous lequel ils prirent naissance. L'histoire traditionnelle raconte que les Barbares détruisirent
l'Empire et la civilisation ancienne. A vrai dire, la société
se mourait, elle s'éteignait d'inanition. Aujourd'hui la population s'accroît dans des proportions qui ont parfois
effrayé les économistes. Sous l'Empire, la population dé-
croissait, les maisons tombaient en ruine faute d'habitants,
les champs restaient incultes parce qu'il n'y avait plus de
cultivateurs. Voilà pourquoi on ne trouvait plus de fermiers.
Et cependant il en eût fallu plus que jamais, car il n'y avait
plus de petits propriétaires. On connaît le cri de détresse
de Pline : Les *latifundia* ont ruiné l'Italie, ils sont en
train de ruiner les provinces. L'Italie, cette antique mère
des moissons, ne produisait plus assez de blé pour nourrir
ses rares habitants. Aujourd'hui la propriété foncière est
recherchée avec une espèce de passion. Le code attribue
à l'Etat les biens vacants et sans maîtres. Disposition

_____

(1) Domat. *Lois civiles,* livre I, titre IV, section X, p. 69. Comparez
Duvergier, *Du louage,* n° 142.

oiseuse, disent tous les commentateurs ; à moins qu'il ne s'agisse d'une succession en déshérence, il n'y a plus d'immeubles abandonnés. Tandis que, sous l'Empire, les terres restaient en friche, on les désertait parce que, faute de bras pour les cultiver, il n'y avait plus moyen d'en tirer un profit quelconque (1). Dans cette décadence, pour mieux dire, dans cette décrépitude, l'on imagina l'emphytéose pour attirer des cultivateurs. Ce fut un expédient, dit l'historien de l'emphytéose, ce ne fut pas un remède (2). S'il y avait eu des cultivateurs, il y aurait aussi eu des fermiers. Le mal était irrémédiable. Il fallut un de ces remèdes que la Providence envoie aux sociétés qui ne peuvent pas se sauver elles-mêmes. Dieu envoya les Barbares. Les Romains sentaient si bien la nécessité de cette immense révolution, qu'eux-mêmes appelèrent dans l'Empire les futurs destructeurs de Rome. Ce fut un ouragan qui, tout en détruisant, rendit la vie à une société mourante.

342. Au moyen âge, l'emphytéose changea de caractère, ainsi que la propriété. Là propriété romaine était un droit absolu qui ne souffrait point de partage ; sous l'influence des idées féodales, au contraire, le droit du propriétaire se morcela : chaque chose eut pour ainsi dire deux propriétaires, car il n'y avait pas de terre sans seigneur. Le seigneur avait la propriété honorifique, le domaine qui conférait la souveraineté ; car la souveraineté aussi était morcelée à l'infini, tout baron étant roi dans sa baronnie. Quant aux droits utiles que confère la propriété, ils appartenaient au vassal, qui possédait la terre et la cultivait. Le contrat usuel qui établissait cette division de la propriété s'appelait *bail à cens*. Par ce contrat, le propriétaire d'un fonds en transportait à un autre le domaine utile sous une redevance annuelle, et en retenait le domaine direct. Qu'étaient-ce que ces deux domaines s'exerçant sur une seule et même chose par deux propriétaires ? Pothier répond : « Le domaine direct qu'ont les seigneurs de fief

---

(1) Voyez mes *Études sur l'histoire de l'humanité, Rome* (2ᵉ édition).
(2) Pepin Le Halleur, *Histoire de l'Emphytéose*, p. 16, 28, 54, 167.

ou de censive sur les héritages qui sont tenus d'eux en fief ou en censive, est le domaine ancien, originaire et primitif de l'héritage dont on a détaché le domaine utile par l'aliénation qui en a été faite. » Il résulte de ce partage de la propriété, continue Pothier, que le domaine direct n'est qu'un domaine de supériorité, c'est-à-dire le droit qu'ont les seigneurs de se faire reconnaître comme seigneurs par les propriétaires des héritages tenus d'eux, et d'exiger certains devoirs et redevances récognitifs de leur seigneurie. Le domaine utile consistait dans les droits que donne la propriété : c'était la jouissance pleine et entière de la chose, sous certaines charges qui impliquaient la supériorité du seigneur direct.

Que devint l'emphytéose dans cet ordre d'idées? Chose singulière ! elle semblait consacrer ce même partage du domaine, qui était le caractère essentiel de la propriété féodale. Le bailleur était propriétaire incontestable; en reconnaissance de son droit de propriété, il touchait une redevance semblable au cens féodal. Mais l'emphytéote aussi avait une espèce de domaine; ne lui permettait-on pas d'aliéner et d'hypothéquer, facultés qui n'appartiennent qu'au maître de la chose? n'avait-il pas la pleine jouissance du fonds emphytéotique? Les mots mêmes paraissaient identiques pour désigner l'emphytéose et le bail à cens. On lisait dans les lois romaines que le bailleur avait les actions *directes*, et l'emphytéote les actions *utiles* : n'était-ce pas là le domaine *direct* et le domaine *utile* de la propriété féodale? Les apparences devaient tromper les légistes à une époque où toute propriété était partagée. Nous avons, dit Boutaric, un contrat qui ne diffère presque que de nom de l'emphytéose, c'est le bail à cens. S'il y a quelque différence de l'un à l'autre, c'est qu'on ne peut bailler à cens qu'un fonds que l'on possède noblement; au lieu que pour bailler un fonds à titre d'emphytéose, il suffit de le posséder en franc-alleu et indépendant de toute seigneurie directe (1).

_____

(1) Boutaric, *Commentaire sur les Institutions de Justinien*, livre III, titre XXIV, § 3. Pothier, *Traité de la propriété*, n° 3.

Cette confusion de l'emphytéose et du bail à cens eut des conséquences importantes. Le bailleur était propriétaire, mais son droit n'était autre chose qu'un domaine de supériorité, c'est-à-dire le droit qu'avait le bailleur de se faire reconnaître propriétaire ancien, originaire et primitif, et d'exiger certains devoirs et redevances récognitifs de son ancienne qualité. Quant au domaine utile, il appartenait à l'emphytéote. Celui-ci était donc aussi propriétaire ; comme le mot l'indique et comme Pothier l'explique, le domaine utile renfermait tout ce qu'il y a d'utile dans un héritage, comme d'en percevoir les fruits et d'en disposer à son gré. Voilà la propriété féodale en plein. La confusion passa dans le langage. Les Romains appelaient *pension* ou *canon* la redevance que l'emphytéote devait payer au bailleur ; au moyen âge, on lui donna le nom de cens ou de censive, prestation qui dans le droit féodal était la marque de la seigneurie directe appartenant au bailleur (1).

343. Telle est l'origine de la division du domaine en direct et utile, qui joue un si grand rôle dans l'histoire et dans la théorie de l'emphytéose. Née du régime féodal, elle lui survécut, de même que les effets civils de la féodalité se maintinrent bien des siècles après que la féodalité politique eut fait place à la monarchie absolue. Il n'y a rien de plus tenace que les traditions juridiques ; le droit est une face de la vie, et la vie ne se transforme que lentement. De là les singulières théories des jurisconsultes dans les pays de coutumes ; ils étaient élevés dans le respect du droit romain, mais les traditions coutumières aussi leur étaient chères. Ainsi s'explique leur tendance à identifier deux droits essentiellement différents, le droit romain et le droit féodal. Domat maintient le partage de la propriété entre le bailleur et l'emphytéote, en lui donnant une couleur romaine. Il admet que l'emphytéose opère une translation de propriété, bien que le bailleur reste propriétaire. Voici comment il entend ce partage qui pour un jurisconsulte romain eût été incompréhensible. Celui qui baille un fonds à emphytéose en demeure le maître pour jouir de la rente, comme du fruit de son propre fonds, ce qui lui conserve le principal droit de propriété, qui est celui de jouir à titre de maître. Et l'emphytéote, de sa part, acquiert le droit de transmettre l'héritage à ses successeurs à perpétuité, de le vendre, de le donner, l'aliéner, avec la charge des droits du bailleur, et d'y planter, bâtir, et y faire les autres changements qu'il avisera pour le rendre meilleur, ce qui sont autant de droits de propriété. Les droits de propriété que retient le maître et ceux qui passent à l'emphytéote sont communément distingués, continue Domat, par les mots de *propriété directe* qu'on donne au droit du maître, et de *propriété utile* qu'on donne au droit de l'emphytéote. Domat écrivait d'après les principes du droit romain; il cherche donc à donner une couleur romaine à une théorie qui est essentiellement féodale. Le bailleur, dit-il, est le premier maître du fonds, il conserve son droit originaire de propriété, à la réserve de ce qu'il transmet à l'emphytéote. Et l'emphytéote acquiert le droit de jouir et disposer, à la charge des droits réservés au maître du fonds. C'est ainsi que Domat concilie les passages des lois romaines dans lesquels on appelle tantôt l'emphytéote propriétaire et tantôt on lui dénie cette qualité (1).

Un autre jurisconsulte, le dernier qui ait écrit sur les matières féodales, Henrion de Pansey, n'hésite pas à rapporter au droit romain la division de la propriété en domaine direct et utile, distinction qui forme le caractère essentiel de la théorie traditionnelle de l'emphytéose. Si le mot n'y est pas, la chose y est. En effet, l'emphytéote avait l'action en revendication *utile*; or, le propriétaire seul peut revendiquer, donc l'emphytéote était considéré comme propriétaire. Le bailleur, de son côté, avait l'action en revendication *directe*, marque de la propriété supérieure qu'il se réservait dans le fonds, et qui ne lui a jamais été contestée. C'est ainsi que la distinction que les Romains

---

(1) Domat, *Des lois civiles*, livre I, titre IV, sect. X, nos 5 et 6.

avaient faite entre l'*action utile* et l'*action directe*, à l'égard des héritages baillés à emphytéose, produisit la distinction entre le *domaine direct* et le *domaine utile*; on ne disait plus que le preneur avait l'action utile, mais qu'il avait le domaine ou la propriété utile. Domat ajoute que c'est Coquille qui le premier donna cette explication d'une chose qui a beaucoup embarrassé les auteurs, au point que plusieurs ont cru que la distinction de la seigneurie directe d'avec la propriété utile était une invention des anciens Francs ou de quelqu'un des peuples qui démembrèrent l'empire romain (1). Merlin trouve que la démonstration ne laisse rien à désirer; c'est donc, d'après lui, un point certain que la distinction de la propriété en domaine direct et en domaine utile tire son origine des lois romaines (2).

344. Il est temps de mettre la vérité à la place de ce droit et de cette histoire de fantaisie. La doctrine romaine avait été exposée dès le seizième siècle par deux jurisconsultes éminents, Cujas et Doneau. Ce dernier surtout met un grand soin à établir les vrais principes; il avait contre lui la tradition du moyen âge et tous les interprètes du droit coutumier, qui était féodal dans son essence. Il lui est facile de démontrer que le bailleur était propriétaire; les jurisconsultes et les constitutions impériales ne lui donnent jamais d'autre nom. Or, si le bailleur est propriétaire, il est impossible que l'emphytéote le soit : n'est-il pas écrit dans les lois romaines, et la raison ne nous dit-elle pas, qu'il ne saurait y avoir deux propriétaires d'une seule et même chose, le droit absolu de l'un excluant le droit absolu de l'autre? Aussi est-il dit que les emphytéotes, alors même que leur bail est perpétuel, n'acquièrent pas la propriété du fonds emphytéotique, bien qu'ils aient une action en revendication utile, même contre le bailleur (3). Ne dirait-on pas que cette loi a été portée pour prévenir la confusion entre l'*action utile* et le *domaine*

---

(1) Henrion de Pansey, *Dissertions féodales*, au mot *Cens*, § VI.
(2) Merlin, *Questions de droit*, au mot *Emphytéose*, § V, n° I (t. VI, p. 275).
(3) L. 1, D., *si ager vectig.*

utile? Mais, dira-t-on, qu'est-ce que cette propriété du
bailleur? Un vain mot; tout ce qu'il y a d'utile dans la
propriété appartient à l'emphytéote, donc c'est lui qui, à
vrai dire, possède le domaine utile. L'objection confond
le partage de la propriété avec le démembrement de la
propriété. Sans doute le bailleur n'a plus la propriété entière du fonds qu'il donne à emphytéose; le preneur a le
droit de faire certains actes de propriété, actes qui sont
détachés du droit de domaine; mais cela même prouve
que le droit de domaine reste au bailleur. Et ce droit
n'est pas un vain mot. Le bailleur reçoit une redevance
annuelle: à quel titre? Précisément parce qu'il est propriétaire, et en reconnaissance de son droit de propriété.
Lorsque l'emphytéote aliène son droit, il doit dénoncer
l'aliénation au bailleur, et celui-ci a la préférence; en tout
cas, il a droit au cinquantième du prix. Pourquoi? Parce
que lui est le maître. Aussi rentre-t-il dans son plein droit
de domaine si l'emphytéote ne remplit pas ses obligations.
Il était propriétaire au moment où il donne à bail, il conserve le domaine de propriété pendant toute la durée du
bail. Voilà pourquoi il a l'action en revendication; on
l'appelle directe parce qu'elle est la conséquence de son
droit de propriété et la sanction. L'emphytéote n'a qu'une
action utile, c'est-à-dire fictive; cette fiction même témoigne contre lui, puisqu'elle prouve que, dans la réalité
des choses, il n'est pas propriétaire. Il est vrai que plusieurs constitutions impériales lui donnent ce titre, mais
il y est question de fonds appartenant au patrimoine du
prince, donc de contrats particuliers; c'est une exception
au droit commun, et l'exception confirme la règle (1).

La démonstration est décisive. Mais les préjugés se
transmettent plus facilement que les vérités. Nous verrons
plus loin que l'erreur s'est perpétuée dans la jurisprudence française; pour l'extirper de la science du droit
romain, il a fallu de nouveaux efforts. Les noms qui illus-
trent la science allemande au dix-neuvième siècle font

(1) Donelli *Commentaria,* lib. IX, cap. XIV, §§ 26-29 (t. V, p. 378-381,
édition allemande).

parfois oublier les grandes figures du seizième; la justice veut que l'on reconnaisse que Thibaut et Vangerow
n'ont fait que répéter ce qu'avait dit l'incomparable Doneau : l'emphytéote n'est pas propriétaire, il n'a qu'un droit
réel dans le fonds emphytéotique dont la propriété reste
au bailleur (1).

345. Les anciens auteurs parlent d'ordinaire de l'emphytéose comme d'un droit perpétuel. Tel était, en effet,
le caractère ordinaire du bail emphytéotique; et comme
dans les idées coutumières il emportait un partage de la
propriété, il avait toutes les apparences de la propriété
féodale appelée censive. Il ne faut donc pas s'étonner si
le législateur révolutionnaire abolit l'emphytéose perpétuelle comme entachée de féodalité (2). Dès lors il ne pouvait plus être question d'un domaine utile et d'un domaine
direct, cette distinction étant essentiellement féodale, et
la féodalité étant détruite jusque dans ses derniers vestiges. Les lois de la Révolution maintinrent l'emphytéose
temporaire; et c'est aussi à ce titre qu'elle a été consacrée
par la loi belge de 1824. Qu'est-ce donc que l'emphytéose
d'après le droit nouveau? Jadis on donnait au contrat qui
la créait le nom de bail emphytéotique; notre loi ne se sert
pas de ce terme, elle n'appelle pas bailleur celui qui constitue l'emphytéose, elle lui donne toujours le nom de propriétaire. Mais dans le bail ordinaire aussi, la loi donne
parfois le nom de propriétaire à celui qui loue ou afferme
un bien, parce que c'est d'ordinaire le propriétaire qui
consent ce contrat. Malgré le changement dans le langage,
l'emphytéose conserve une grande analogie avec le bail :
une redevance annuelle est payée au propriétaire, la durée
du bail peut être la même que celle de l'emphytéose, le
fermier peut être autorisé à bâtir et à améliorer. Il reste
cependant une différence fondamentale, c'est que l'emphytéose engendre un droit réel, tandis que le bail ne produit qu'un droit de créance. Ici revient la question que
nous avons posée : pourquoi le législateur établit-il à côté

(1) Thibaut, *Civilistische Abhandlungen*, n° 11 et *Versuche*, II, n° 3.
Vangerow, *Pandekten*, t. I, p. 728, note.
(2) Lois des 11 août 1789, 18 décembre 1790 et 17 juillet 1793.

du bail ordinaire un bail exceptionnel? La personnalité de l'un des droits, et la réalité de l'autre sont-elles une raison suffisante pour organiser deux contrats qui ont le même objet dans le droit moderne, celui de procurer un revenu au propriétaire, et des moyens d'existence à celui qui cultive le fonds comme fermier ou emphytéote?

La question divise les jurisconsultes ainsi que les économistes. Duvergier dit que la science économique n'a encore rien découvert de plus ingénieux ni de mieux combiné; Troplong, au contraire, pense que le contrat emphytéotique n'a d'utilité que dans des circonstances exceptionnelles. Demolombe va encore plus loin; d'après lui, l'emphytéose n'a plus de raison d'être (1). Say blâme l'usage des baux emphytéotiques, tandis que Rossi y voit un germe de progrès pour l'économie sociale, et il blâme les auteurs du code civil d'avoir abandonné un contrat de cette importance aux incertitudes d'une jurisprudence hésitante (2). Il nous semble que les faits doivent mettre fin au débat. La jurisprudence française reconnaît la validité du bail emphytéotique; en Belgique, il est organisé par une loi. A-t-on vu ces contrats se multiplier et imprimer une puissante impulsion à l'agriculture? La pratique les ignore pour ainsi dire. Ils ont pris naissance à une époque de décadence universelle; c'est parce qu'on ne trouvait pas de fermiers que l'on chercha des emphytéotes. Au moyen âge, l'immensité des domaines du clergé et de la noblesse nécessita la division de la propriété. Donc l'emphytéose accompagne toujours un état anomal de la propriété foncière. Dans l'ordre régulier des choses, le bail suffit. Si l'emphytéose se maintient, c'est comme dernier débris d'une tradition séculaire.

(1) Duvergier, *Du louage*, n° 143. Troplong, *Du louage*, n° 51. Demolombe, t. IX, p. 407, n° 49.
(2) Say, *Économie politique*, t. II p. 74. Rossi, *Observations sur le droit civil français, considéré dans ses rapports avec l'état économique de la société* (*Revue de législation*; l'artile a été reproduit dans la *Revue des Revues de droit*, t. III, p. 45).

§ II. *Caractères de l'emphytéose.*

346. La loi du 10 janvier 1824 définit l'emphytéose en ces termes (art. 1er) : « L'emphytéose est un droit réel, qui consiste à avoir la pleine jouissance d'un immeuble appartenant à autrui, sous la condition de lui payer une redevance annuelle, soit en argent, soit en nature, en reconnaissance de son droit de propriété. » Cette définition nous fait connaître les caractères qui distinguent l'emphytéose moderne. Elle diffère de celle que Domat donne, en deux points très-essentiels. Domat disait que l'emphytéote avait le droit de jouir et disposer de l'héritage *à perpétuité*, à la charge de le cultiver et de *l'améliorer*. La loi belge, au contraire, exclut la perpétuité, car elle ajoute (art. 2) : « L'emphytéose ne pourra être établie pour un terme excédant quatre-vingt-dix-neuf ans, ni au-dessous de vingt-sept ans. » Nous reviendrons plus loin sur la durée du contrat emphytéotique. Quant à *l'amélioration*, on la considérait jadis comme étant de l'essence de l'emphytéose ; tous les auteurs remarquent que le mot grec (1) d'où dérive le terme d'emphytéose implique l'obligation d'améliorer le fonds par des plantations, des constructions ou d'autres travaux. Tel a été, en effet, l'objet primitif de l'emphytéose. Mais Domat lui-même reconnaît que ce n'était plus là une condition de l'emphytéose. Après avoir dit que l'emphytéote doit améliorer le fonds qu'il tient à bail, il ajoute cette restriction : « Quoique l'emphytéose paraisse restreinte, selon son origine, aux héritages infertiles, on ne laisse pas de donner, par des baux qu'on appelle emphytéotiques, des héritages fertiles et qui sont en bon état. » Notre loi a consacré cette innovation. Ce qui était une obligation n'est plus qu'un droit. Aux termes de l'article 5, « l'emphytéote *peut améliorer* l'héritage par des constructions, des défrichements, des plantations. » Il va sans dire que le droit peut devenir une obligation, si telle est la volonté des par-

---

(1) Ἐμφυτεύειν signifie planter. Domat, *Lois civiles*, livre I, titre IV, section X, n° 1. Duvergier, *Du louage*, n° 144 (p. 44, note 3, de l'édition belge).

ties contractantes, car la loi leur permet de faire telles conventions qu'elles jugent convenables; elle n'excepte que la durée du droit (art. 17). Il résulte de là que l'emphytéose a entièrement changé de caractère; ce n'est plus un contrat ayant pour but d'améliorer la culture, il n'est plus question de culture dans la définition. L'emphytéote acquiert la pleine jouissance de la chose.

347. Il ne reste que deux caractères de l'ancienne emphytéose, l'un concernant les obligations de l'emphytéote, l'autre relatif à la nature de son droit. L'emphytéote doit payer une redevance annuelle; la loi dit que c'est en reconnaissance du droit de propriété de celui à qui l'héritage appartient. Cette redevance porte d'ordinaire le nom de canon. Il est certain que le canon est de l'essence de l'emphytéose; on ne concevrait pas plus une emphytéose sans canon qu'une vente sans prix, ou un bail sans loyer (1). Mais est-il vrai de dire, comme le fait notre loi, que la redevance est payée en reconnaissance du droit de domaine du propriétaire? Il en était ainsi dans l'emphytéose primitive, alors qu'elle avait pour objet d'améliorer des terres incultes; le canon par suite était très-modique; il ne représentait pas la jouissance de l'emphytéote, c'était plutôt une reconnaissance du droit de propriété qui restait au bailleur. Or, la loi belge ne suppose plus que des héritages infertiles soient donnés à emphytéose, puisqu'elle n'impose pas à l'emphytéote l'obligation d'améliorer. Il y a donc quelque chose de contradictoire dans la définition que le législateur donne de l'emphytéose. D'une part, elle assure à l'emphytéote la pleine jouissance d'un héritage qui d'ordinaire sera un fonds fertile, et, d'autre part, elle suppose que pour la pleine jouissance de la chose il ne payera qu'une redevance modique, qui serait moins un revenu qu'une reconnaissance du droit du propriétaire. De fait il n'en est pas ainsi; le taux de la redevance est fixé d'après la valeur de l'immeuble, et elle ne diffère des loyers et fermages que par le nom qu'elle porte : la loi l'appelle redevance emphytéotique (art. 10).

(1) Donelli *Comment.*, IX, 14, 2⁵ (t. V, p. 374).

348. Le caractère essentiel de l'emphytéose, d'après notre loi, c'est qu'elle donne à l'emphytéote un droit réel dans l'héritage. Quelle est la nature de ce droit? Nous avons dit quelle était la théorie de l'ancienne jurisprudence, et quelle est la vraie doctrine du droit romain. C'est cette dernière que notre loi consacre. Toutefois il reste une difficulté, et nous allons voir qu'elle est grande. Il y a des droits réels plus ou moins étendus; il peut y en avoir qui impliquent un véritable partage de la propriété; l'article 553 le suppose, et nous en verrons des exemples en traitant de la superficie. La question est de savoir si l'emphytéote n'a qu'un droit de jouissance ou s'il a un droit de propriété. Il règne sur ce point une grande incertitude dans la doctrine et dans la jurisprudence françaises; nous devons nous y arrêter, ne fût-ce que pour savoir si l'on peut invoquer en Belgique les décisions de la cour de cassation de France. Nous rencontrons ici comme adversaire un nom d'une grande autorité, Merlin, à notre avis, le meilleur des jurisconsultes modernes. Nous ne lui faisons qu'un reproche : né et élevé dans l'ancien droit, il est resté, plus encore que les légistes ne le sont d'habitude, l'homme de la tradition. Ce défaut éclate surtout dans la matière de l'emphytéose, traditionnelle de sa nature ; comme la tradition se rattache au droit romain tout ensemble et au droit féodal, il fallait les dominer, l'un et l'autre, en se pénétrant de leur véritable esprit : car il y a aussi des préjugés traditionnels et Merlin n'a pas su s'en dégager. La science de l'histoire lui manque, ainsi qu'à la plupart des jurisconsultes français. De là il est arrivé que Merlin a reproduit des erreurs historiques que l'on est étonné de retrouver dans la jurisprudence du dix-neuvième siècle. Ce qui excuse Merlin et la jurisprudence, c'est que la difficulté est réellement grande de préciser la nature du droit qui appartient à l'emphytéote.

Merlin dit que les lois romaines donnent à l'emphytéote une action réelle, même contre le bailleur; elles lui permettent encore d'hypothéquer le fonds qu'il tient à emphytéose. Assurément l'emphytéote ne pourrait ni revendiquer ni hypothéquer le fonds emphytéotique, s'il ne lui appartenait pas, car l'action en revendication ne peut être exercée que par le propriétaire, et lui seul peut concéder une hypothèque. Cependant les lois romaines disent aussi que l'emphytéote ne devient pas propriétaire, tandis qu'elles qualifient de propriétaire le bailleur du fonds emphytéotique. Comment concilier ces décisions qui semblent contradictoires? Il faut supposer, dit-on, que l'emphytéote participait à la propriété du bailleur; de là, la distinction entre le domaine direct et le domaine utile, le premier restant au bailleur, le second étant transmis à l'emphytéote. Merlin maintient la distinction, même après l'abolition de l'emphytéose perpétuelle; car l'emphytéote temporaire a aussi l'action réelle, il peut aussi hypothéquer, donc il est propriétaire. Merlin pourrait raisonner de même sous l'empire de notre loi; car, aux termes de l'article 3, l'emphytéote exerce tous les droits attachés à la propriété; il peut non-seulement aliéner son droit et l'hypothéquer, il peut encore grever le fonds emphytéotique de servitudes pour la durée de sa jouissance. Il faudrait donc conclure avec lui que le bailleur conserve le domaine direct, et que le domaine utile appartient à l'emphytéote (1).

Nous avons répondu d'avance à cette argumentation. La distinction du domaine direct et du domaine utile est une conception féodale; le droit romain l'ignore; or, la théorie du code sur la propriété est celle du droit romain. La division du domaine entre le seigneur direct et le propriétaire ayant un domaine utile est un débris du droit féodal, aboli par la Révolution; cependant nous allons la retrouver dans les arrêts de la cour de cassation, comme si nous vivions toujours sous l'empire de la féodalité. Vainement Merlin invoque-t-il les actions réelles et le droit d'hypothéquer qui appartiennent à l'emphytéote : l'usufruitier aussi a les actions réelles, il peut aussi hypothéquer son droit; en conclura-t-on que l'usufruitier a le domaine utile?

349. Nous passons à la jurisprudence. On lit dans un arrêt de la cour de cassation : « L'emphytéose est un con-

---

(1) Merlin, *Questions de droit*, au mot *Emphytéose*, § V, n° I (t. VI, p. 275 et suiv.). Telle est aussi la doctrine de Proudhon, *Des droits d'usage*, édition de Curasson, t. Ier, p. 394, n° 382.

trat qu'on ne doit confondre ni avec le contrat de louage, ni avec le contrat de vente; il a sa nature et produit des effets qui lui sont propres. Ses effets sont de *diviser la propriété* du domaine donné à emphytéose en *deux parties :* l'une, formée du *domaine direct*, dont la rente que retient le bailleur est représentative ; l'autre, appelée *domaine utile*, qui se compose de la jouissance des fruits qu'il produit. Le preneur possède le domaine utile qui lui est transmis, par l'effet de ce partage, comme propriétaire, pouvant, pendant la durée du bail, en disposer par vente, donation, échange ou autrement, avec la charge toutefois des droits du bailleur; pouvant, pendant le même temps, exercer l'action *in rem* pour se faire maintenir contre tous ceux qui l'y troublent, y compris le bailleur (1). »

Il y a dans cet arrêt un mélange d'erreur et de vérité. Tout ce qui y est dit des droits de l'emphytéote est vrai, et cependant la conséquence que la cour en déduit est inadmissible. Oui, l'emphytéote exerce tous les droits attachés à la propriété du fonds, comme le dit la loi belge (art. 3); et néanmoins cette même loi dit formellement que l'emphytéose est un droit réel dans un immeuble *appartenant à autrui;* et elle ajoute que c'est en reconnaissance de ce droit de propriété que l'emphytéote paye une redevance annuelle. N'est-ce pas dire bien clairement que l'emphytéote n'est pas propriétaire? Quant à un partage de la propriété en domaine direct et utile, il n'en peut plus être question depuis 89. Mais si l'emphytéote n'est pas propriétaire, comment expliquer qu'il exerce tous les droits de propriété? La difficulté subsiste.

350. Quand on lit les arrêts de la cour de cassation, on dirait qu'elle est à la recherche d'une explication qui concilie le droit de propriété du bailleur avec les droits si étendus qui appartiennent à l'emphytéote. Un arrêt de 1843 dit que l'effet propre au bail emphytéotique est d'opérer l'*aliénation à temps de la propriété de l'immeuble donné en emphytéose;* que le preneur, devenu ainsi propriétaire

_____

(1) Arrêt de cassation du 26 juin 1822 (Dalloz, au mot *Action possessoire*, n° 534).

pour un temps déterminé, peut, pendant la durée du bail
emphytéotique, disposer de l'immeuble qui en fait l'objet,
sauf l'exercice des droits du bailleur, à l'expiration de
l'emphytéose (1). La cour de Paris a donné une autre formule de la même idée ; elle dit que l'emphytéose confère
tout à la fois une *jouissance usufruitière* à longues années
et une *copropriété* entre le bailleur et le preneur ; que la
propriété des biens donnés à emphytéose est divisée en
deux parties, dont l'une est transmise au preneur, avec la
faculté, pendant la durée de son droit, d'en disposer (2).

L'idée d'une propriété temporaire ou d'une copropriété
à temps est tout aussi inadmissible que celle du partage de
la propriété entre le bailleur et l'emphytéote. Sans doute
la propriété peut être temporaire ; nous en avons un
exemple quand la donation est révoquée pour cause d'in-
gratitude ; le donataire a été propriétaire depuis le moment
de la perfection du contrat jusqu'à la révocation ; mais
aussi longtemps que le donataire a été propriétaire, il est
certain que le donateur ne l'était pas ; car on ne conçoit
pas que deux personnes soient propriétaires d'une seule et
même chose pour le tout. Or, le bailleur, dans l'emphytéose, ne cesse jamais d'être propriétaire, puisque chaque
année l'emphytéote lui paye une redevance pour reconnaître son droit de domaine. Il faudrait donc dire avec la
cour de Paris qu'il y a copropriété temporaire au profit
de l'emphytéote ; mais la copropriété ne se conçoit pas
plus que la propriété exclusive chez un possesseur qui,
en payant chaque année une redevance, reconnaît par cela
même que le bailleur seul est propriétaire ; donc lui ne
l'est pas.

351. Dans un arrêt postérieur à ceux que nous venons
d'analyser, la cour de cassation dit que l'emphytéote a un
quasi-domaine (3). L'arrêt a été rendu sur le rapport de
Troplong. Cette expression de *quasi-domaine* n'est pas

---

(1) Arrêt de cassation du 24 juillet 1843 (Dalloz, au mot *Enregistrement*,
n° 3034. Voyez, dans le même sens, un jugement du tribunal de Lille, en
matière fiscale, du 3 mars 1849 (Dalloz, 1849, 5, 149).
(2) Paris, 10 mai 1831 (Dalloz, au mot *Louage emphytéotique*, n° 9, p. 585).
(3) Arrêt de rejet du 12 mars 1845 (Dalloz, 1845, 1, 105).

nouvelle, Cujas et Doneau s'en servent pour marquer que l'emphytéote exerce à peu près tous les droits qui appartiennent au propriétaire. Notre loi dit la même chose. Est-ce à dire que ce *quasi-domaine* soit une propriété? L'expression implique, au contraire, que l'emphytéote n'est pas propriétaire. Ainsi quand on parle d'un *quasi-usufruit*, c'est pour marquer que ce droit n'est pas un usufruit véritable. C'est bien ainsi que Cujas et Doneau l'entendaient; car c'est après avoir établi que le bailleur seul est propriétaire, que l'emphytéote ne l'est pas, qu'il n'a pas même le domaine utile, que Doneau ajoute que l'emphytéote ayant l'exercice des droits utiles qui découlent de la propriété, on peut dire qu'il a un *quasi-domaine*. Pris en ce sens, l'arrêt de 1845 nie que l'emphytéote soit propriétaire; il est donc le contre-pied des décisions qui admettent un partage de la propriété, un domaine utile ou une propriété à temps. Nous aboutissons à la conclusion que l'emphytéose est aujourd'hui ce qu'elle était d'après Cujas et Doneau, un droit réel, donc un démembrement de la propriété (1).

352. C'est sur les applications du principe que se présentent des difficultés qui expliquent les hésitations de la cour suprême. Le droit de l'emphytéote est réel, et puisqu'il s'exerce dans un immeuble, c'est un droit réel immobilier. Par suite, il doit être transcrit pour qu'on puisse l'opposer aux tiers; la loi de 1824 le dit (art. 1er), et la nouvelle loi hypothécaire le décide implicitement, puisqu'elle soumet à la transcription tous les actes translatifs de droits réels immobiliers. En faut-il conclure aussi que la constitution et la transmission de l'emphytéose sont assujetties au droit de mutation immobilière? La loi du 22 frimaire an VII ne tarife pas le droit d'emphytéose. Dans le silence de la loi, fallait-il assimiler l'acte constitutif de l'emphytéose à un bail, ou à une transmission de propriété? La régie se borna pendant longtemps à percevoir le droit de bail ordinaire; la jurisprudence était en ce sens, et Championnière enseigne la même opinion, sans même la discuter (2). Au point de vue des principes, cette

(1) Cujas, sur la loi 74, D., *de rei vind*. Doneau, IX, 14, 30.
(2) Voyez les autorités dans Dalloz, au mot *Enregistrement*, nos 1831 et

doctrine est inadmissible ; nous faisons, pour le moment,
abstraction des textes. Bien que l'emphytéose porte dans
l'usage le nom de bail, le contrat emphytéotique n'est pas
un bail. Zénon déjà l'a décidé ainsi. D'après la théorie
romaine, qui a toujours dominé en cette matière, l'emphytéose engendre un droit réel immobilier, tandis que le
bail produit un droit de créance, droit essentiellement
mobilier. La longue jouissance de l'emphytéote et les droits
étendus dont il jouit établissent encore des différences
entre lui et le fermier ; conçoit-on qu'on paye le même
droit pour un bail de neuf ans et pour une emphytéose de
quatre-vingt-dix-neuf ans? Si l'emphytéose n'est pas un
bail, est-ce un acte translatif de propriété? Ici les doutes
naissent en foule. La même constitution qui décide que
l'emphytéose n'est pas un bail, décide également que ce
n'est pas une vente, et la loi belge est aussi formelle que
possible : le bailleur reste propriétaire ; le législateur ne
lui donne pas d'autre nom. S'il n'y a pas vente, il n'y a
pas de translation de propriété. Ou le contrat spécial
appelé emphytéotique serait-il translatif de propriété? La
tradition romaine proteste contre cette opinion ; la pratique même proteste, puisque en dépit de la constitution
de Zénon, elle s'obstine à donner le nom de bail à l'emphytéose. Enfin la définition de la loi belge, qui ne fait
que formuler le droit antérieur, repousse toute idée d'un
transport de propriété : nous venons de le dire.

La cour de cassation changea de jurisprudence, et par
suite la régie modifia sa doctrine. Il est admis aujourd'hui
que le bail emphytéotique et les mutations qu'il peut subir
sont soumis aux droits dus pour les actes translatifs de
propriété. Nous respectons la jurisprudence et la pratique,
mais à une condition : il faut qu'elles soient fondées sur
les vrais principes. On lit dans un arrêt de cassation de
1850 que l'effet du bail emphytéotique est de diviser la
propriété de l'immeuble laissé à bail en deux parties, l'une
que conserve le bailleur, l'autre qui appartient au preneur.

suiv. Sur la doctrine des auteurs et de l'administration en Belgique,
voyez Bastiné, *Théorie du droit fiscal*, p. 163, n° 369.

Voilà une affirmation; où est la preuve? Le preneur, dit la cour, possède le droit qui lui est transmis par cette division, comme propriétaire; il peut en disposer par vente, donation, échange, il peut le donner en hypothèque. Cela est vrai, mais il en est absolument de même de l'usufruitier; est-ce à dire que l'usufruitier soit propriétaire de l'immeuble dont il jouit? Et s'il ne l'est pas, malgré les droits qu'il exerce, pourquoi l'emphytéote le serrait-il? L'arrêt ajoute que les constructions que le preneur élève sur le fonds emphytéotique sont, comme la jouissance du fonds lui-même, sa propriété pendant tout le cours du bail. Notre réponse est toujours la même : ce que la cour dit de l'emphytéose, on peut le dire de l'usufruit. La conclusion de la cour est que l'emphytéote a sur le sol et les constructions un droit immobilier, qui donne ouverture au droit fixé pour la transmission des immeubles par la loi du 22 frimaire an VII. En théorie, l'emphytéose devrait être soumise à un droit spécial, puisque c'est un contrat spécial; il est vrai que ce contrat engendre un droit réel immobilier; mais tous les droits réels immobiliers emportent-ils translation de la propriété? l'usufruit, les servitudes, les hypothèques sont-ils des actes translatifs de propriété et tarifés comme tels?

En définitive, les motifs donnés par la cour de cassation pour assimiler l'emphytéose à la vente s'adressent au législateur. Il aurait dû établir un droit spécial pour un contrat spécial. Cela nous paraît évident. Le contrat emphytéotique n'emporte pas division de la propriété. Le bailleur reste propriétaire, il peut donc aliéner son droit; s'il l'aliène, l'acquéreur devra-t-il payer le droit de mutation alors qu'il n'entrera en jouissance qu'après cinquante, soixante ou quatre-vingt-dix-neuf ans? Il y a là une position spéciale résultant de la longue durée de l'emphytéose, et une position spéciale demande une décision spéciale. D'un autre côté, la durée de l'emphytéose peut n'être que de vingt-sept ans: l'emphytéote payera-t-il, pour une jouissance si courte, le même droit de mutation que pour une jouissance d'un siècle? Autre anomalie. Le bail ordinaire peut avoir la même durée que l'emphytéose; de fait, la position d'un preneur ayant un bail de quatre-vingt-dix-neuf ans est à peu près identique à celle de l'emphytéote : cependant le premier ne payera qu'un droit de bail (1), et le second payera un droit de mutation! Il y a là bien des nuances dont le législateur aurait dû tenir compte. Dans le silence de la loi, on a procédé par voie d'analogie. A vrai dire, il y a des analogies en sens divers ; c'est précisément pour cette raison que l'empereur Zénon a fait du bail emphytéotique un contrat spécial ; cela suffit pour enlever toute base juridique à la jurisprudence.

La jurisprudence de la cour de cassation est constante, mais il n'en est pas de même des motifs sur lesquels elle s'appuie ; ils varient considérablement ; cependant les lois et les principes restent les mêmes. Rien ne prouve mieux que ces hésitations combien la doctrine est incertaine en cette matière. L'arrêt de 1850 dit que l'emphytéose emporte une division de la propriété. Dans l'arrêt de 1853, il n'est plus question de cette division : la cour décide que l'effet du bail emphytéotique est d'opérer la translation et l'aliénation à temps de la propriété de l'immeuble donné en emphytéose (2). Il y a une différence du tout au tout entre une propriété *divisée* et une propriété *temporaire.* Si donc l'arrêt de 1850 a raison, celui de 1853 a tort, et si l'arrêt de 1853 consacre la vraie doctrine, il faut répudier comme erroné celui de 1850. L'arrêt de 1853 est du 23 février. Deux mois plus tard, la cour rendit un nouvel arrêt qui revient à la théorie d'une division de la propriété ; il n'y est plus question d'une propriété temporaire (3).

A quoi s'arrêter au milieu de ces incessantes variations? Il y a dans le dernier arrêt que nous venons de citer, celui du 26 avril 1853, une comparaison entre l'usufruit et l'emphytéose. La cour dit que la jouissance de l'emphytéote dépasse les limites d'un simple usufruit, et constitue *à plus forte raison,* au profit de l'emphytéote, un droit

---

(1) Cela est de jurisprudence. Arrêts de rejet du 24 août 1857 (Dalloz, 1857, 1, 326) et du 11 novembre 1861 (Dalloz, 1861, 1, 444).

(2) Arrêt de cassation du 23 février 1853 (Dalloz, 1853, 1, 53). Voyez, dans le même sens, un arrêt de cassation du 18 mai 1847 (Dalloz, 1847, 1, 176).

(3) Arrêt de cassation du 26 avril 1853 (Dalloz, 1853, 1, 145).

immobilier dont la mutation donne ouverture au droit fixé
pour la transmission des immeubles. Il y a là une solution pratique de la difficulté, que l'on peut accepter en
attendant que le législateur la décide. La loi du 22 frimaire an VII (art. 69, § 7, n° 1) soumet au droit propor-
tionnel de 4 pour 100 les ventes ou tous autres actes translatifs de *propriété* ou d'*usufruit* de biens immeubles. Il
faut laisser là l'assimilation de l'emphytéose à un acte
translatif de propriété ; mais rien n'empêche de l'assimiler
à un usufruit. Sans doute, les différences ne manquent
point, nous allons les signaler ; mais, les différences aboutissant à donner à l'emphytéote un droit plus étendu qu'à
l'usufruitier, on peut raisonner par analogie, pour mieux
dire *a fortiori*, comme la cour de cassation le fait dans
l'arrêt de 1853.

En Belgique, la lacune que présente la législation française a été comblée, en ce qui concerne les droits de succession, par la loi du 27 décembre 1817 (art. 11, §§ *A*
et *C*). Cette loi distingue entre les propriétés immobilières
et les rentes emphytéotiques : les premières sont frappées
du droit de succession à raison de leur valeur vénale au
jour du décès, tandis qu'on évalue les rentes emphytéotiques à raison d'un capital formé de vingt fois la rente.
Il a été jugé que la loi s'applique à l'emphytéose temporaire, la seule qui puisse se faire légalement depuis l'abolition de l'emphytéose perpétuelle (1).

§ III. *L'emphyéose et le bail.*

353. Ce que nous venons de dire prouve qu'il importe
beaucoup de ne pas confondre l'emphytéose avec le bail.
On sait que la controverse est vieille sur le point de savoir
si le contrat emphytéotique est un bail ou une vente. Il
ressemble au contrat de louage, en ce que le prix de la
jouissance de l'emphytéote consiste en une redevance an-

(1) Arrêt de rejet de la cour de casation de Belgique du 30 mars 1854
(*Pasicrisie*, 1854, 1, 189).

nuelle comme le prix de la jouissance du fermier ou locataire. Mais les droits de l'emphytéote sont bien plus étendus que ceux du preneur. Celui-ci n'est qu'un simple
détenteur; il n'a ni actions réelles ni actions possessoires;
son droit est un droit de créance, droit mobilier, et partant non susceptible d'hypothèque. Tandis que l'emphytéote a les actions réelles et possessoires, son droit est
réel, immobilier et peut être hypothéqué. Voilà pourquoi
d'autres jurisconsultes assimilaient l'emphytéose à la
vente; mais si les droits de l'emphytéote ressemblent aux
droits de l'acheteur, il y a néanmoins des différences radi-
cales. Le vendeur cesse d'être propriétaire, il transmet
son droit à l'acheteur, il y a donc une transmission de
propriété, tandis que, dans l'emphytéose, le bailleur reste
propriétaire et ne transmet au preneur qu'un droit réel.
Quelque étendus que soient les droits de l'emphytéote, il
n'est pas propriétaire, il n'a pas le droit d'abuser de ce qui
appartient au maître; il peut aliéner et hypothéquer, mais
ce n'est pas l'immeuble qu'il aliène ou qu'il grève d'hypothèque, c'est son droit emphytéotique; aussi tous les actes
de disposition qu'il fait sont-ils temporaires, comme son
propre droit. L'empereur Zénon a donc eu raison de décider que le contrat emphytéotique n'est ni un bail ni une
vente, que c'est un contrat d'une nature particulière (1).

354. L'empereur avait raison en droit, mais en fait la
difficulté subsiste. Qu'il y ait des différences essentielles
entre l'emphytéose et les contrats de vente et de louage,
cela n'est pas douteux; mais il y a aussi des analogies.
Dès lors il peut être douteux si les parties ont voulu faire
un bail, une vente ou une emphytéose. Si les actes étaient
rédigés avec précision, ils préviendraient les procès; malheureusement, comme le dit un arrêtiste à propos de
l'emphytéose, les actes sont faits avec une telle négligence
qu'au lieu de prévenir les procès, ils les font naître. Dans
l'espèce, il s'agissait d'un acte que les parties avaient
qualifié de vente; le rédacteur de l'écrit s'était du moins
servi de ce terme; mais les clauses de l'acte étaient celles

(1) L. 1, C. IV, 6 (*de jure emphyteutico*).

d'une emphytéose ; la durée de la jouissance cédée était
fixée à cent ans et un jour, le cessionnaire devait payer
une redevance annuelle ; il y avait, dit l'arrêt, translation
du domaine utile au profit du preneur, c'est-à-dire emphytéose. Ce langage aussi est inexact ; mais l'arrêt date de
1819 (1), et aujourd'hui encore on trouve cette doctrine
surannée d'un domaine utile dans des décisions judiciaires !

La difficulté est bien plus grande quand il s'agit de distinguer l'emphytéose du bail. Ici les parties contractantes
ont intérêt à déguiser leur pensée : si leur contrat peut
passer pour un bail, elles ne payeront qu'un droit de bail,
tandis qu'elles seront soumises à un droit de mutation si
le contrat est une emphytéose. A quels caractères distin-
guera-t-on les baux appelés emphytéotiques des baux
ordinaires? La question n'a cessé de préoccuper les jurisconsultes, et, chose singulière, les meilleurs se sont trompés. A entendre Cujas, le caractère distinctif des deux
contrats consisterait dans leur durée : l'emphytéose, dit-il,
est perpétuelle, ou du moins contractée à long terme,
tandis que le bail ne dépasse guère un lustre (2). Il y a du
vrai dans cette remarque, en ce sens que la durée habituelle des baux est de neuf ans dans nos usages modernes,
tandis que les contrats emphytéotiques se font d'ordinaire
pour un siècle. Cette différence de fait est devenue une
différence légale en vertu de la loi de 1824, aux termes
de laquelle l'emphytéose ne peut être établie pour un terme
moindre de vingt-sept ans (art. 2 et 17). Mais cela ne
tranche pas la difficulté. Les baux ordinaires peuvent être
faits à longs termes ; il peut donc y avoir un bail de
quatre-vingt-dix-neuf ans, comme il peut y avoir une emphytéose de même durée ; nous en avons cité des exemples
et nous allons en citer encore. Donc voilà un caractère
qui ne peut pas servir à distinguer l'emphytéose du
bail.

Domat dit que l'emphytéose est distinguée des baux à
ferme par deux caractères *essentiels* qui sont les *fonde-*

(1) Bruxelles, 7 juillet 1819 (*Pasicrisie*, 1819, p. 419).
(2) Cujas, sur la loi 74, Dig., *de rei vindic.*

ments des règles propres à l'emphytéose ; le premier est
la perpétuité, le second est la translation d'une espèce de
propriété (1). Aujourd'hui, il ne peut plus être question de
perpétuité, puisque nos lois proscrivent l'emphytéose perpétuelle. Déjà dans l'ancien droit, la doctrine de Domat
était inexacte ; lui-même avoue qu'il y avait des baux emphytéotiques qui n'étaient pas perpétuels, mais seulement
à longs termes, comme pour cent ans ou quatre-vingt-dix-
neuf ans. Ce manque de précision étonne : s'il y a des
emphytéoses temporaires, comment peut-on faire de la perpétuité un caractère *essentiel* du contrat emphytéotique ?
Reste la translation d'une *espèce de propriété*. Voilà une
expression très-vague : est-ce ce que Cujas et Doneau
appellent un *quasi-domaine* (nᵒˢ 344, 348)? Dans ce cas,
il n'y a pas translation de propriété, mais seulement une
jouissance très-étendue. Est-ce le *domaine utile?* Domat
reproduit cette doctrine traditionnelle, vraie au moyen
âge, inexacte d'après le droit romain, inadmissible dans
le droit moderne. Il y a ceci de vrai dans la doctrine de
Domat, c'est que les droits de l'emphytéote ressemblent
aux droits du propriétaire plutôt qu'à ceux du fermier.
Si l'acte détermine les droits de l'emphytéote, il sera facile
de distinguer l'emphytéose du bail ; il suffit d'un mot pour
cela, car la différence essentielle consiste en ceci, c'est
que l'emphytéote a un droit réel et que le preneur n'a
qu'un droit de créance.

355. La question s'est présentée bien des fois devant
la cour de cassation, et les décisions ont presque toujours
été motivées d'une manière différente. Un arrêt de l'an VII
cite les lois romaines ; il en résulte, dit-il, que le bail
emphytéotique est l'aliénation du *domaine utile,* avec réserve du *domaine direct,* et que l'emphytéote devient propriétaire du fonds (2). L'erreur est évidente ; nous venons
de la signaler. Dans l'espèce, il s'agissait d'un bail, car il
était stipulé que, le bailleur venant à vendre, le preneur
ne pourrait être expulsé de la ferme : ce qui était décisif ;

---

(1) Domat, *Lois civiles,* liv. I, tit. IV, sect. X, nᵒ 3.
(2) Arrêt de cassation du 23 nivôse an VII (Dalloz, au mot *Louage emphytéotique,* nᵒ 7, 1ᵒ).

mais la cour se trompait en insistant sur ce que le bailleur restait propriétaire, car celui qui donne à emphytéose reste toujours propriétaire.

La même distinction du domaine direct et du domaine utile est reproduite dans un arrêt de 1822 (1). Dans l'espèce, il n'était pas douteux que le bail fût emphytéotique. Le premier juge, confondant le bail ordinaire avec l'emphytéose, avait refusé à l'emphytéote les actions possessoires. C'était une erreur évidente; mais la cour suprême aussi se trompa en motivant sa décision sur un prétendu domaine utile appartenant à l'emphytéote. L'usufruitier n'a certes pas de domaine utile; en un certain sens, il est même possesseur précaire ainsi que l'emphytéote; ce qui n'empêche pas que l'un et l'autre n'aient les actions possessoires.

La difficulté se représentant tous les jours, la cour de cassation a cru devoir décider en principe la question de savoir quels sont les caractères auxquels on peut reconnaître l'emphytéose. On lit dans un arrêt de 1857 que l'emphytéose se manifeste par les caractères suivants : « la longue durée de la jouissance; le droit de disposer d'une manière presque absolue de l'immeuble concédé; la modicité de la redevance convenue et l'obligation par l'emphytéote de supporter la dépense que peuvent entraîner les améliorations qui ont été prévues (2). » Nous venons de dire que la durée de la jouissance ne distingue pas l'emphytéose du bail; en faisant de la longue durée un caractère distinctif de l'emphytéose, la cour de cassation oubliait que, d'après sa propre jurisprudence, un bail de quatre-vingt-dix-neuf ans ne laisse pas d'être un bail ordinaire. Est-il vrai que l'emphytéote a le pouvoir presque absolu de disposer du fonds emphytéotique? Il peut disposer de son droit d'emphytéose : l'usufruitier a le même pouvoir; il y a plus, le preneur aussi peut céder son bail. Sans doute les droits de l'emphytéote sont plus considérables que ceux du preneur, mais ils ne consistent pas,

_____

(1) Arrêt de cassation du 6 juin 1822 (Dalloz, au mot *Action possessoire*, n° 534).
(2) Arrêt de rejet du 24 août 1857 (Dalloz, 1857, 1, 326).

comme le dit la cour, à disposer de l'immeuble donné à emphytéose ; le fonds reste la propriété du bailleur, lui seul en peut disposer, l'emphytéote ne peut disposer que de son droit d'emphytéose. Quant au troisième caractère concernant les améliorations, il n'est pas essentiel non plus, l'emphytéote n'est pas tenu à améliorer, et par contre le preneur peut y être obligé par son bail. De là suit que le dernier caractère énuméré par la cour de cassation manque également d'exactitude ; la redevance était modique alors que l'emphytéote devait améliorer ; aujourd'hui que l'on donne des terres cultivées à emphytéose, le canon ne diffère guère du fermage.

Il y a un autre arrêt doctrinal qui se rapproche plus de la vérité. « L'emphytéose, dit la cour, diffère du bail à long terme en ce qu'elle transmet un *droit réel* sur le fonds, un quasi-domaine qui permet d'en disposer d'une manière presque absolue, et qui est bien différent du droit dont le simple bail investit le fermier. » Voilà les vrais principes ; l'emphytéote a un droit réel, tandis que le fermier n'a qu'un droit de créance. La cour ne dit pas quel est le droit du fermier ; nous dirons au titre du *Bail* qu'elle n'admet pas la théorie de Troplong sur la réalité de ce droit. Nous acceptons aussi l'expression de *quasi-domaine* dont la cour se sert pour qualifier les droits de l'emphytéote ; elle vient de Cujas et de Doneau, et elle contredit le système de la division de la propriété que nous venons de combattre. « L'emphytéose, continue la cour, a pour but d'améliorer le fonds plutôt que d'assurer la perception régulière des produits, et il se manifeste, non pas toujours, mais le plus ordinairement, par la modicité de la redevance (1). » C'est trop dire que d'affirmer que l'emphytéose ait pour but d'améliorer le fonds. D'après la loi belge, cela est évident ; l'emphytéote n'est plus obligé d'améliorer, il en a seulement le droit. Déjà dans l'ancienne jurisprudence, l'amélioration n'était plus un caractère distinctif de l'emphytéose, puisqu'on donnait à bail emphytéotique des fonds en plein rapport.

---

(1) Arrêt de rejet du 21 novembre 1861 (Dalloz, 1861, 1, 444).

356. L'application de ces principes n'est pas sans difficulté, parce que les principes, tels que la cour de cassation les a formulés, ont quelque chose de vague et même d'inexact. Nous avons déjà parlé de l'arrêt du 23 nivôse an VII (n° 355) ; le caractère du contrat n'était guère douteux. Il en est de même d'une espèce jugée par la cour de Bruxelles. Les parties avaient donné à leur contrat le nom de *chyns*, par lequel on désignait jadis l'emphytéose ; le bail était fait pour quatre-vingt-dix-neuf ans, il donnait au fermier le pouvoir de changer les terres en bois sans le consentement du chapitre : clause qui marque une jouissance plus étendue que celle du fermier (1).

Voici une espèce singulière dans laquelle, à notre avis, il n'y avait ni bail ni emphytéose. La ville de Paris concéda pour soixante et dix ans la jouissance d'un terrain, à charge par le cessionnaire d'y faire construire un marché dont elle deviendrait propriétaire à la fin du contrat. Cet acte était qualifié d'emphytéose ; il fut remis en nantissement au trésor pour sûreté d'un prêt de 100,000 francs. La cour de Paris décida qu'il n'y avait pas de nantissement, ni par suite de privilége, parce que le contrat établissait une emphytéose, c'est-à-dire un droit réel immobilier. Les caractères usuels de l'emphytéose se rencontraient en effet : obligation d'améliorer et de supporter toutes les charges, tous les impôts, jouissance à longs termes. Mais il en manquait un : le payement d'une redevance. La cour de Paris crut que le canon emphytéotique prenait sa source dans les idées de féodalité : la lecture de la première venue des lois romaines sur l'emphytéose l'aurait convaincue de son erreur. Par une contradiction étrange, la cour ressuscita un préjugé féodal, en jugeant que le contrat emphytéotique aliénait temporairement le *domaine utile* (2). Toujours est-il que sans redevance il n'y a pas d'emphytéose (n° 347). Le contrat était donc un contrat innommé. Engendrait-il un droit réel? On pouvait l'admettre par voie d'analogie ; le contrat ressemblait, en effet,

_____

(1) Bruxelles, 11 février 1819 (*Pasicrisie*, 1819, p. 305).
(2) Paris, 3 février 1836 (Dalloz, au mot *Louage emphytéotique*, n° 7, 4°)

plus à une emphytéose et à un usufruit qu'à un bail. Peu
importe que le droit réel ne soit pas mentionné par le
code civil; nous avons dit ailleurs que le propriétaire
peut accorder sur son fonds tel droit réel qu'il juge convenable (1).

357. C'est ce que la cour de cassation elle-même a décidé dans l'espèce suivante. Une commune donne à bail
un terrain en nature de pâturage pour une durée de quatre-
vingts ans, moyennant une redevance modique, à la charge
d'effectuer des constructions, plantations, défrichements
et autres améliorations qui devaient rester au bailleur à
l'expiration du bail, et sous l'obligation pour le preneur
de supporter toutes les charges de la propriété. Etait-ce
un bail ou une emphytéose? La question est très-douteuse.
Toutes ces clauses ne pourraient-elles pas être stipulées
dans un bail ordinaire? Le contrat ne disait pas que le
preneur avait un droit réel, il ne lui donnait pas le droit
d'hypothéquer, et c'est là le seul caractère distinctif de
l'emphytéose. En supposant que ce fût une emphytéose,
naissait la question de savoir si le code maintenait ce droit.
Il ne prononce pas le mot. N'importe, dit la cour; il permet de conférer sur les biens un droit de jouissance
(art. 543), sans déterminer ni restreindre les conditions
ou l'étendue du droit qui pourra être concédé. L'article 543
que la cour invoque n'est pas décisif, car on peut soutenir
que par droit de *jouissance* la loi entend l'usufruit; mais
les principes généraux ne laissent aucun doute sur le
pouvoir du propriétaire de démembrer son droit à sa volonté.

358. Une commune concède à un particulier, en vertu
d'une ordonnance royale, la jouissance d'un immeuble
consistant en un étang. La concession, faite pour soixante
et dix ans, est qualifiée de bail. Le preneur s'oblige à
faire certains travaux dans le but d'améliorer la propriété
et d'en changer l'exploitation, sans pouvoir rien réclamer
à la fin de sa jouissance. Un arrêt de la cour de Nîmes
décida que ce contrat démembrait la propriété en trans-

(1) Voyez le tome VI de mes *Principes,* p. 107, nᵘ 84.

portant au preneur le domaine utile pendant la durée du bail. La cour de cassation rejeta le pourvoi, par le motif que la cour d'appel n'avait fait qu'user du droit souverain qui lui appartenait de rechercher et de déclarer la volonté des parties, qu'elle n'avait pas méconnu du reste les caractères qui distinguent le bail emphytéotique du bail à ferme (1). A notre avis, l'interprétation que la cour de Nîmes donna au contrat est très-douteuse. La difficulté se réduit à ceci : y a-t-il démembrement de la propriété, c'est-à-dire un droit réel immobilier? Les clauses de l'acte que nous avons rapportées ne disent rien des droits du preneur; dès lors il est très-difficile de décider que la volonté des parties était de démembrer la propriété. Quand les parties qualifient le contrat de bail, qu'elles n'imposent au preneur aucune obligation qui ne soit compatible avec le louage ordinaire, qu'elles ne lui donnent aucun droit qui dépasse les droits d'un fermier, nous ne voyons pas sur quoi l'on se fonderait pour qualifier le contrat d'emphytéose, et pour y voir la transmission d'un droit réel immobilier.

359. Lorsque les parties elles-mêmes qualifient leur contrat d'emphytéose, il n'y a plus de doute, nous semble-t-il, pourvu que, comme notre loi l'exige, il soit fait au moins pour vingt-sept ans : la durée du bail, la modicité de la redevance, l'obligation de faire certains travaux d'amélioration ne sont pas des caractères décisifs, puisqu'ils peuvent se rencontrer dans un bail ordinaire aussi bien que dans un bail emphytéotique. La nature du contrat reste donc douteuse tant que les parties ne s'expliquent pas sur les droits qui résultent du bail. Mais si elles donnent le nom d'emphytéose à leur contrat, elles décident la question, puisqu'il est de l'essence de l'emphytéose de conférer un droit réel à l'emphytéote (2). Si les parties ne s'expliquent pas, et que du reste aucune clause de l'acte n'implique la concession d'un droit réel, il y aura bail et par suite un simple droit de créance.

---

(1) Arrêt de rejet du 9 janvier 1854 (Dalloz, 1854, 1, 118).
(2) Comparez un arrêt de rejet de la chambre civile du 26 janvier 1864 (Dalloz, 1864, 1, 83).

360. De là résulte que le plus souvent les actes contenant une cession de jouissance seront considérés comme baux plutôt que comme emphytéoses. Un hospice donne un terrain à bail pour vingt-sept ans, à la charge d'y faire des constructions pour lesquelles une indemnité est convenue à la cessation de la jouissance. Le preneur cède son droit. Un créancier hypothécaire veut le comprendre dans l'expropriation qu'il poursuit à titre de droit immobilier. Il a été jugé que ce contrat était un bail, et qu'il n'en résultait qu'un droit mobilier. Rien ne prouvait, en effet, que l'intention du bailleur fût de démembrer sa propriété en concédant au preneur le domaine utile, comme le dit la cour d'après la doctrine traditionnelle (1).

Par application de ces principes, le tribunal de la Seine a décidé que l'emphytéose ne peut résulter que de la stipulation formelle des parties contractantes. Il ne faut pas entendre cette décision en ce sens que les parties doivent se servir du terme d'emphytéose ou de bail emphytéotique ; nous ne connaissons plus de termes sacramentels. Le tribunal ajoute que si les parties ont qualifié leur contrat de bail, le juge ne peut pas transformer ce bail en emphytéose, alors qu'il n'y a pas de démembrement de la propriété. Si donc il était dit dans l'acte que le preneur pourrait aliéner, hypothéquer, ou s'il était dit simplement qu'il jouirait d'un droit réel dans la chose, il y aurait démembrement de la propriété, et par suite le bail serait emphytéotique, quand même les parties ne lui auraient pas donné ce nom (2).

Un bail est consenti pour quatre-vingt-dix-sept ans à une compagnie de chemin de fer. L'acte contenait des clauses qui ne se trouvent pas d'ordinaire dans un bail à loyer : le preneur était chargé de suivre à ses risques et périls les actions concernant la jouissance de la chose louée, de payer l'impôt foncier, de faire les grosses réparations avec faculté de démolir, de subir sans diminution

---

(1) Arrêt de rejet du 15 janvier 1824 (Dalloz, au mot *Louage emphytéotique*, n° 7, 3°).

(2) Jugement du tribunal de la Seine du 28 août 1844 (Dalloz, 1845, 4, 225).

de loyer la perte partielle de la chose. Bien que n'étant pas usuelles, ces clauses ne sont pas incompatibles avec un bail ordinaire. Rien n'indiquait du reste que le preneur eût un droit réel dans la chose louée. Au contraire, le bailleur se réservait l'exercice de toutes les actions relatives à la propriété de l'immeuble, ce qui excluait toute aliénation du domaine utile, comme s'exprime la jurisprudence, pour mieux dire, tout démembrement de la propriété. Il fut décidé, en conséquence, que la convention était passible du droit de vingt centimes pour cent francs, applicable aux baux à ferme, et non du droit de 5 francs 50 centimes pour cent francs, auquel sont assujettis les baux emphytéotiques (1). La différence est grande, trop grande, nous semble-t-il ; il y a ici une lacune dans la législation qui devrait être comblée.

Un bail est fait pour quatre-vingt-dix-neuf ans. Il est dit dans l'acte que le preneur ne pourra disposer du terrain qui fait l'objet de la location que conformément au droit commun établi au titre du *Louage.* Cette clause était décisive ; il en résultait, en effet, que le preneur n'avait qu'un droit mobilier, droit qu'il pouvait céder, mais sans avoir le droit d'hypothéquer l'immeuble. Il y avait, il est vrai, des clauses peu usitées dans un bail, mais elles n'étaient pas inconciliables avec le louage ordinaire, et s'expliquaient par la longue durée du contrat. L'acte réservait, au contraire, au bailleur le droit illimité de grever d'hypothèques les terrains affermés, ce qui prouvait, dit la cour de cassation, que le bailleur conservait ce que l'on appelle le domaine utile. Donc il n'y avait pas d'emphytéose (2).

Il a encore été jugé par la cour de cassation que la longue durée du bail et l'obligation de faire des améliorations qui reviendront au bailleur ne suffisent pas pour que le bail soit emphytéotique, le bail ordinaire n'excluant pas des clauses de cette nature. La cour établit ensuite le vrai caractère qui distingue le bail emphytéotique du bail

(1) Arrêt de rejet du 24 août 1857 (Dalloz, 1857, 1, 326).
(2) Arrêt de rejet du 11 novembre 1861 (Dalloz, 1861, 1, 444).

ordinaire, c'est qu'il opère un démembrement de la propriété, et transmet au preneur un droit réel susceptible, comme la propriété même, d'être donné, vendu, hypothéqué. L'emphytéote avait-il, dans l'espèce, un droit réel? Loin d'avoir la libre disposition de la chose, il n'en avait pas même la libre jouissance ; en effet, une clause de l'acte interdisait au preneur la faculté de sous-louer sans l'autorisation du bailleur. Le contrat était donc un bail (1). Cet arrêt est considérable, il confirme tout ce que nous avons enseigné. La cour ne parle plus de domaine direct ni de domaine utile, elle ne dit plus que l'emphytéote a une propriété temporaire, elle ne dit pas même qu'il a une espèce de propriété, un quasi-domaine. La propriété est démembrée comme elle l'est en cas d'usufruit, l'emphytéote a un droit réel immobilier, c'est ce droit dont il a la libre disposition. Là où ce démembrement existe, il y a emphytéose ; là où il n'existe pas, il y a bail.

Un arrêt de la cour de Bruxelles consacre ces principes. Il était dit dans l'acte qu'un jardin était loué, à titre de bail, pour quatre-vingt-dix-neuf ans ; le bailleur promettait de faire jouir le preneur à ce titre. La cour dit trèsbien que cette clause suffit pour caractériser le contrat. Du reste, toutes les clauses étaient conçues dans le même esprit. Le preneur s'obligeait à cultiver le jardin « à règle de bonne culture ; » ce qui implique qu'il ne pouvait changer ni la nature ni la destination du fonds loué ; l'acte entrait à cet égard dans des détails minutieux, qui attestaient la sollicitude jalouse du propriétaire ; il prévoyait encore le cas de sous-location. Il est vrai que le preneur avait la faculté de planter des arbres fruitiers ou d'agrément sur le terrain loué et d'y construire des bâtiments ; mais cette faculté ne suppose pas que le preneur ait un droit dans la chose ; il la tient de la convention, comme cela se fait assez souvent dans les baux de longue durée. Or, dès que le preneur n'a pas le *jus in re*, ce que l'arrêt appelle improprement le domaine utile, il n'y a pas de démembrement de la propriété, donc pas d'emphytéose (2).

_____

(1) Arrêt de rejet du 6 mars 1861 (Dalloz, 1861, 1, 417).
(2) Bruxelles, 18 février 1854 (*Pasicrisie*, 1855, 2, 63).

§ IV. *Emphytéose et usufruit.*

361. L'emphytéose a une grande analogie avec l'usufruit : l'emphytéote a le droit de jouir comme l'usufruitier, et il jouit comme lui en vertu d'un droit réel. Il y a cependant des différences. L'usufruit est une servitude personnelle ; attachée à la personne de l'usufruitier, elle s'éteint à sa mort. L'emphytéose n'est pas une servitude ; elle se transmet aux héritiers de l'emphytéote. D'après la définition que la loi belge donne de l'emphytéose, elle implique l'obligation de payer une redevance annuelle ; cela est de l'essence de l'emphytéose. L'usufruit peut être établi à titre gratuit ; l'usufruit légal est gratuit de son essence ; l'usufruit conventionnel résulte d'ordinaire du contrat de mariage, c'est donc une libéralité. Il en est de même de l'usufruit testamentaire. Toutefois l'usufruit peut être constitué à titre onéreux, à charge par l'usufruitier de payer une redevance annuelle. Il y a alors une analogie de plus entre l'usufruit et l'emphytéose. Est-ce à dire que le canon emphytéotique ait la même nature, le même objet que le prix payé par l'usufruitier ? Non. L'usufruit établi à titre onéreux est un contrat aléatoire, le prix est fixé à raison de l'âge, de la santé et de toutes les circonstances que l'on prend en considération quand il s'agit d'évaluer un droit viager. Il n'y a aucune chance dans l'emphytéose. Le canon ne représente pas même la jouissance ; la loi belge dit qu'il est payé en reconnaissance du droit de propriété de celui qui donne le bien à emphytéose. Enfin la jouissance de l'emphytéote est plus étendue que celle de l'usufruitier ; la loi de 1824 dit qu'il a la *pleine* jouissance ; et le code civil dit (art. 578) que l'usufruitier jouit comme le propriétaire, mais à la charge de conserver la substance de la chose. Tel est le principe ; nous dirons plus loin quelles conséquences en dérivent.

CHAPITRE II.

COMMENT L'EMPHYTÉOSE S'ÉTABLIT.

---

§ Iᵉʳ. *Qui peut établir une emphytéose?*

362. L'emphytéose étant un démembrement de la propriété, il faut appliquer les principes qui régissent toute constitution de droits réels : celui qui donne un bien à emphytéose doit être propriétaire et avoir la capacité d'aliéner (1). C'est une différence notable entre le bail ordinaire et le bail emphytéotique; le louage est un acte d'administration que les administrateurs du patrimoine d'autrui peuvent faire, tandis qu'ils ne peuvent pas consentir un contrat d'emphytéose. Il suit de là que les biens des mineurs ne peuvent être donnés à emphytéose que sous les conditions et dans les formes prescrites pour l'aliénation des immeubles. Il en est de même du renouvellement des baux emphytéotiques. Les femmes mariées qui sont séparées de biens ont la libre administration de leur patrimoine, elles peuvent faire des baux de neuf ans, elles ne pourraient consentir de bail emphytéotique. Si elles étaient mariées sous le régime dotal, elles ne le pourraient pas même avec l'autorisation du mari, car les biens dotaux étant inaliénables, leur aliénation partielle est défendue, de même que l'aliénation totale. Enfin le même principe s'applique aux communes et aux autres personnes dites civiles; elles ne peuvent aliéner que sous certaines conditions; ces mêmes conditions doivent être remplies pour les baux emphytéotiques. Il a été jugé que les baux emphytéotiques ont le caractère d'une aliénation et que suivant les an-

---

(1) Donelli *Comment.*, IX, 13, 8. Argou, *Institution au droit français*, t. II, p. 304. Merlin, *Répertoire*, au mot *Emphytéose*, § I, n° 5.

ciennes lois du pays de Liége, notamment une ordonnance de 1706, les immeubles appartenant aux communes ne pouvaient être aliénés sans une autorisation spéciale du prince en son conseil (1).

363. Acheter est un acte d'administration; le tuteur peut acheter, il peut donc aussi stipuler un droit d'emphytéose. Il en est de même de la femme qui a la libre administration de ses biens. Celui qui acquiert l'emphytéose doit néanmoins être capable de s'obliger, car l'emphytéote contracte des obligations. On doit donc appliquer les principes généraux concernant les incapables (2).

§ II. *Sur quels biens l'emphytéose peut-elle être-établie?*

364. Les immeubles seuls peuvent être donnés à emphytéose. Notre loi le dit (art. 1ᵉʳ). C'est une nouvelle différence entre le bail ordinaire et le bail emphytéotique, de même qu'entre l'emphytéose et l'usufruit. Les nécessités sociales et économiques qui firent introduire le contrat d'emphytéose n'ont rien de commun avec les objets mobiliers; si l'on ne trouve pas à les louer, on trouve toujours à les vendre. Il y a plus. L'emphytéose primitive ne s'appliquait pas à toute espèce d'immeubles; le titre même des Pandectes qui traite de l'emphytéose marque que les fonds de terre faisaient seuls l'objet de contrats emphytéotiques. Doneau, fidèle à l'esprit de la législation romaine, dit que les bâtiments ne peuvent pas être donnés à emphytéose; ils ne faisaient l'objet des baux emphytéotiques que comme accessoires du sol. Mais si le but de l'institution fut de trouver des cultivateurs pour les immenses propriétés des Romains de l'Empire, elle ne tarda pas à s'éteindre. Voet dit que de son temps les moulins étaient donnés à emphytéose dans les Pays-Bas (3). D'après notre droit, la question n'est plus douteuse, puisque la loi de 1824 se sert de l'expression générale d'*immeubles*.

(1) Liége, 19 juillet 1832 (*Pasicrisie*, 1832, 2, 235). Comparez Donelli *Comment.*, IX, 13, 10.
(2) Voet, *Commentar. ad Pandectas* lib. VI, tit. III, § 6, p. 440.
(3) Donelli *Comment.*, IX, 13, 11 (t. V, p. 350). Voet, VI, 3, 7, p. 440.

§ III. *A quel titre l'emphytéose peut-elle être établie?*

365. L'usufruit, avec lequel l'emphytéose a une grande
analogie, peut être établi à titre gratuit ou à titre onéreux.
En est-il de même de l'emphytéose? La tradition répugne
à l'idée de gratuité; le contrat porte le nom de bail, et il
n'y a pas de bail gratuit; veut-on y voir une vente, il n'y
a pas non plus de vente gratuite. Notre loi décide la question dans le même sens, puisqu'elle exige une redevance
annuelle, que l'emphytéote doit payer au propriétaire en
reconnaissance de son droit de propriété. Cependant tous
les auteurs enseignent que l'emphytéose peut être constituée par testament, bien qu'ils avouent qu'il n'existe pas
d'exemple d'une emphytéose testamentaire. L'emphytéose
imposant des obligations à l'emphytéote, on ne conçoit
pas au premier abord qu'elle s'établisse par une simple déclaration de volonté du propriétaire. Puis le legs n'est-il
pas un titre gratuit comme la donation? Il va sans dire
qu'il n'y a pas d'emphytéose sans redevance; le testateur
devra donc mettre cette charge à son legs; l'acceptation
du légataire sera aussi nécessaire pour qu'il y ait emphytéose, puisqu'il ne peut être obligé sans son consentement (1). Il y aurait néanmoins cette différence entre l'emphytéose testamentaire et l'emphytéose contractuelle, c'est
que la première ne devrait pas être transcrite, puisque,
d'après notre loi hypothécaire, les actes entre vifs sont
seuls assujettis à la transcription. Il est inutile de nous
arrêter davantage à une question qui est une de ces difficultés que la théorie imagine et que la pratique ignore.

366. D'après son origine et d'après son but, l'emphytéose est un contrat à titre onéreux. Il porte toujours le
nom de bail dans l'usage, ce qui implique qu'il se parfait
par le concours de consentement. Comme il engendre un
droit réel immobilier, l'acte qui le constate devra être
transcrit. Doit-on conclure de là qu'un écrit est nécessaire
pour la validité du contrat emphytéotique? La tradition

---

(1) Donelli *Comment.*, IX, 13, 13 (t. V, p. 351). Voet, VI, 3, 3.

laisse quelque doute. Doneau enseigne que, d'après la loi de Zénon, il fallait un écrit; mais les constitutions impériales sont si mal rédigées, qu'une argumentation fondée sur le texte seul a peu de valeur. Il est certain que dans la pratique on s'écarta de la constitution de Zénon. Voet établit très-bien que, l'emphytéose tenant de la vente et du louage, il n'y avait pas plus de raison d'exiger un écrit pour la validité du bail emphytéotique que pour le bail ordinaire ou pour la vente. Dans l'ancienne jurisprudence, le contrat ne suffisait pas pour transmettre la propriété ni un droit réel quelconque, il fallait des formalités connues sous le nom d'*œuvres de loi* (1). Le code civil a innové, en établissant le principe que la propriété se transmet par le seul effet du concours de consentements. Mais cela n'est vrai qu'entre les parties; à l'égard des tiers, la transcription est requise. S'il y avait une emphytéose établie par testament, il faudrait nécessairement un écrit, puisque le testament est un acte solennel; par contre, il ne faudrait pas de transcription, d'après la loi belge sur le régime hypothécaire (art. 1er).

367. Dans l'ancien droit, l'emphytéose pouvait être établie à perpétuité, elle était même censée perpétuelle si, par une clause expresse, elle n'était stipulée temporaire. Domat allait plus loin, il faisait de la perpétuité une condition essentielle de l'emphytéose; c'était, d'après lui, un des caractères qui distinguent le bail emphytéotique du bail ordinaire (2). Les lois portées après la révolution de 89 abolirent la perpétuité de toute espèce de concessions; elles maintinrent l'emphytéose temporaire faite pour quatre-vingt-dix-neuf ans et au-dessous; quant aux emphytéoses contractées à perpétuité, elles furent déclarées rachetables, de même que toutes les rentes perpétuelles (3). La loi belge de 1824 a maintenu ce principe; elle fixe un maximum de durée de quatre-vingt-dix-neuf ans et un minimum de vingt-sept; c'est la seule disposition à laquelle

(1) Donelli *Comment.*, IX, 13, 14 (t. V, p. 352). Voet, VI, 3, 3.
(2) Merlin, *Répertoire*, au mot *Emphytéose*, § I, n° I. Domat, *Lois civiles*, liv I, tit. IV, sect. X, nos 3 et 4.
(3) Loi des 18-29 décembre 1790, art. 1.

le législateur ne permette pas de déroger (art. 1 et 17).

368. Quel serait l'effet d'un bail emphytéotique contracté pour moins de vingt-sept ans ou pour plus de
quatre-vingt-dix-neuf? Il n'y a aucune difficulté dans la
première hypothèse. Pourquoi le législateur belge a-t-il
fixé un minimum de durée pour les baux emphytéotiques?
Lors de la discussion préparatoire du projet de loi, une
section avait demandé que l'on retranchât cette disposition. Le gouvernement répondit qu'une période assez
longue devait être fixée pour la durée de l'emphytéose,
sinon il ne resterait pas de différence caractéristique entre
ce contrat et celui de louage. Si donc le contrat est fait
pour moins de vingt-sept ans, ce n'est plus une emphytéose, partant ce sera un bail ordinaire, et il sera régi
par les principes que le code établit sur le louage.

Il y a plus de difficulté pour le bail emphytéotique qui
excéderait quatre-vingt-dix-neuf ans. Il ne peut pas valoir
comme bail, car on admet que la loi de 1790 s'applique
aux baux ordinaires, comme nous le dirons au titre du
Louage. En faut-il conclure que le contrat sera nul, en ce
sens qu'il ne produira aucun effet? Il est de principe que
les contrats doivent être interprétés de manière qu'ils produisent un effet, plutôt que de leur donner un sens avec
lequel ils n'en produiraient aucun (art. 1157). Si les parties ont simplement dépassé le terme de quatre-vingt-dix-
neuf ans sans déclarer l'emphytéose perpétuelle, il y aura
contrat emphytéotique, mais chacune des parties pourra
demander qu'il soit réduit à la durée légale. Ce que les
parties ont voulu, c'est que le bail eût la plus longue durée
possible; on donne effet à leur volonté en maintenant le
bail pour quatre-vingt-dix-neuf ans. Il était d'usage jadis
dans nos provinces de stipuler que l'emphytéose durerait
cent ans et un jour; certes personne ne songerait à déclarer nul un pareil contrat. Mais que faut-il décider si le
bail est fait à perpétuité?

Constatons d'abord que la loi de 1824 n'annule pas le
contrat, elle dit seulement que les parties ne peuvent pas
déroger à la disposition qui fixe un maximum de durée
pour l'emphytéose. Reste à savoir quel sera l'effet d'un

pareil contrat. Faudra-t-il le réduire à la durée légale de quatre-vingt-dix-neuf ans? Ce serait changer la nature des conventions que les parties ont voulu faire ; elles ont voulu faire un contrat perpétuel ; le réduire à un contrat temporaire, ce serait altérer les conventions sous couleur de les interpréter. Le juge n'a pas ce droit. Est-ce à dire que le bail sera nul pour le tout, qu'il ne produira aucun effet? Non, il tombera sous l'application de la loi de 1790, laquelle permet de racheter toutes les redevances perpétuelles stipulées dans l'ancien droit. Ce principe a été consacré pour l'avenir par l'article 530 du code civil, aux termes duquel toute rente établie à perpétuité, pour le prix de la vente d'un immeuble, ou comme condition de la cession d'un fonds immobilier, est essentiellement rachetable. Une concession emphytéotique faite à perpétuité tombe sous l'application de cette disposition ; donc le contrat subsistera, mais l'emphytéote pourra toujours demander le rachat de la redevance qu'il s'était obligé à payer, ce qui transformera la redevance en un prix capital. C'est l'opinion générale (1) et elle a été consacrée par la jurisprudence (2).

L'application de ces principes a donné lieu à une difficulté. Lorsque le bail est fait en faveur du concessionnaire et de ses descendants en ligne directe, doit-on le considérer comme perpétuel ou comme temporaire? Il a été jugé qu'un bail fait pour une durée illimitée, bien qu'avec une clause de résolution si la condition prévue par le contrat se réalise, est une emphytéose perpétuelle ; en effet, on ne peut pas dire qu'elle soit temporaire, puisqu'elle n'est pas limitée à un terme fixé d'avance. Mais il nous semble que la cour de cassation est allée trop loin en décidant, dans les motifs, que tous les baux faits pour plus de quatre-vingt-dix-neuf ans sont réputés faits à perpétuité (3). La loi de 1790 n'établit pas cette présomption, et la loi de

---

(1) Merlin, *Questions de droit,* au mot *Emphytéose,* § 5, n° 7 (t. VI, p. 288). Duranton, t. IV, p. 68, n° 78.

(2) Arrêt de cassation du 15 décembre 1824 (Dalloz, au mot *Louage emphytéotique,* n° 15, 1°).

(3) Arrêt de rejet du 6 janvier 1852 (Dalloz, 1852, 1, 250).

1824 encore moins, car elle ne prononce pas même le mot de perpétuité. Dans notre opinion, la différence est grande : l'emphytéose est-elle contractée pour un temps qui excède la durée légale, elle reste néanmoins un bail emphytéotique, l'emphytéote ne pourra pas demander le rachat, tandis qu'il peut le demander si le bail est perpétuel.

Faut-il appliquer les mêmes principes à un bail héréditaire ? L'affirmative a été jugée par la cour de cassation ; mais elle n'a fait que confirmer un arrêt rendu par la cour de Colmar (1). La décision s'applique donc plutôt aux baux héréditaires, tels qu'ils sont en usage dans l'Alsace, qu'à toute espèce de baux perpétuels. N'est-ce pas aller trop loin que de poser en principe, comme semble le faire l'arrêt, que tout bail héréditaire ou perpétuel est une emphytéose ? L'intention des parties ne peut-elle pas être de maintenir au bail héréditaire le caractère d'un droit de créance ? Or, un droit de créance, quelque longue que soit sa durée, n'est jamais un droit réel. Nous reviendrons sur la durée des baux, au titre du *Bail*.

369. L'emphytéose peut-elle s'établir par prescription ? En droit romain, la question est très-controversée. Jadis l'affirmative était généralement admise ; on discutait seulement sur le point de savoir s'il fallait appliquer les principes qui régissent la prescription des servitudes ou ceux qui concernent la prescription de la propriété (2). Cet accord des anciens jurisconsultes est d'un grand poids dans le débat. En supposant même qu'ils se soient trompés, leur opinion n'en atteste pas moins la tradition, et ce point est capital, puisque l'emphytéose est une institution essentiellement traditionnelle. Mais est-il vrai qu'ils se soient trompés ? La controverse dure toujours, et nous n'avons aucune qualité pour la décider ; toutefois il y a un argument qui nous a frappé. Les textes laissent la question indécise ; c'est dire que l'on reste sous l'empire du droit commun. Or, la propriété s'acquiert par la prescription, ainsi que les démembrements de la propriété,

(1) Arrêt de rejet du 16 juin 1852 (Dalloz, 1852, 1, 284).
(2) Glück, *Pandekten*, t. VIII, § 609, p. 466.

l'usufruit et les servitudes. Pourquoi n'en serait-il pas de même de l'emphytéose (1)? En droit français, l'argument a une grande force ; la prescription est un moyen général d'acquérir (art. 711 et 2219); peut-il y avoir une exception pour l'emphytéose sans un texte qui la consacre? Il y a des objections, mais elles sont purement romaines, pour mieux dire de théorie, car la pratique les a long-temps ignorées, et c'est surtout la tradition vivante qui nous intéresse. Sur ce terrain, la question cesse d'être douteuse. Voet enseigne comme un principe non contesté que l'emphytéose s'acquiert par la prescription dans tous les cas où il y a lieu à la prescription acquisitive (2). Il en était de même dans la jurisprudence française (3). Enfin il a été jugé que, d'après les coutumes flamandes ainsi que d'après le droit canonique et civil, la prescription de quarante ans suffisait pour prescrire le domaine, soit direct, soit utile, contre les églises, chapitres et communautés (4). Reste à savoir si le principe traditionnel est aussi celui de notre droit moderne.

La loi de 1824 est muette aussi bien que la législation romaine. Ce silence ne prouve rien ; car la loi ne traite pas des modes par lesquels l'emphytéose peut être constituée ; par cela seul elle maintient le droit commun. Le principe de la prescription est général, comme nous venons de le dire. Pour qu'il ne s'appliquât pas à l'emphytéose, il faudrait que quelque règle de la prescription acquisitive s'opposât à la prescription. L'usucapion est la prescription acquisitive proprement dite ; elle exige titre, bonne foi et possession de dix ou vingt ans. L'emphytéote peut l'invoquer en vertu de l'article 2265 ; cela ne nous paraît pas douteux ; le seul auteur qui examine la question est de notre avis (5). Mais on prétend que la prescrip-

---

(1) Windscheid, *Lehrbuch der Pandekten*, t. Ier, p. 629, § 221. Dans le même sens, Van Wetter, *Cours de droit romain*, t. Ier, p. 462 et note 5, et les auteurs qui y sont cités. En sens contraire, Vangerow, *Pandekten*, t. Ier, p. 730, et les auteurs qu'il cite.
(2) Voet, *Comment. ad Pandect.*, VI, 3, 4, p. 439.
(3) Troplong, *Du louage*, n° 35 et les auteurs qu'il cite, p. 92, note 7, de l'édition belge.
(4) Bruxelles, 11 février 1819 (*Pasicrisie*, 1819, p. 305)
(5) Pepin Le Halleur, *Histoire de l'emphytéose*, p. 320 et suiv.

tion de trente ans est inadmissible.; elle ne demande ni titre ni bonne foi, elle se fonde sur la possession. Il faut donc supposer qu'une personne a possédé pendant trente ans un fonds à titre d'emphytéote; nous croyons qu'elle aura acquis le droit d'emphytéose par prescription. On objecte que l'emphytéose est un droit temporaire dont la durée varie, d'après le titre, depuis vingt-sept ans jusqu'à quatre-vingt-dix-neuf. Pour quel terme l'emphytéote aura-t-il prescrit? On peut dire que c'est le maximum, parce que telle est l'intention de celui qui prescrit. Toutefois la décision est arbitraire, car rien ne manifeste cette interprétation. A vrai dire, la difficulté demanderait une solution législative. On objecte encore que la prescription fait acquérir un droit, mais qu'elle ne crée pas d'obligation; cependant l'emphytéose impose une obligation, celle de payer une redevance. En vertu de quel principe l'emphytéote qui aura prescrit payera-t-il le canon? Nous répondons que puisqu'il se prétend emphytéote, il doit aussi payer une redevance emphytéotique; c'est la conséquence de la prescription. On acquiert par la prescription ce que l'on a possédé; or, celui qui invoque la prescription a possédé pendant trente ans à charge de payer une redevance, il continuera à la payer : *tantum præscriptum, quantum possessum*.

CHAPITRE III.

DROITS DE L'EMPHYTÉOTE.

§ Ier. *Droit de disposition*.

370. Doneau dit que les droits de l'emphytéote se rapprochent beaucoup de ceux du propriétaire, à ce point qu'il peut faire à peu près tout ce que le propriétaire a le droit de faire (1). C'est ce pouvoir étendu de l'emphytéote qui a conduit la doctrine et la jurisprudence à imaginer un partage de la propriété, ou une copropriété, entre l'emphytéote et le bailleur. La cour de cassation a fini par renoncer à cette théorie et notre loi la condamne. Elle répète ce que dit Doneau : « L'emphytéote exerce tous les droits attachés à la propriété du fonds » (art. 3), mais elle se hâte d'ajouter : « il ne peut rien faire qui en diminue la valeur. » Il n'a donc pas ce pouvoir illimité sur la chose qui appartient au propriétaire et que lui permet d'abuser. C'est dire qu'il n'est pas propriétaire, il n'a qu'un démembrement de la propriété. D'après la rigueur des principes, il faut dire que le droit réel d'emphytéose est dans le domaine de l'emphytéote, mais il n'a pas la propriété du fonds emphytéotique : comment l'aurait-il alors qu'il paye une redevance pour reconnaître le droit de propriété du bailleur ?

371. La propriété, dit l'article 544, est le droit de disposer des choses de la manière la plus absolue. Ce pouvoir de disposer implique le droit d'aliéner. L'emphytéote aussi a le droit d'aliéner ; mais qu'est-ce qu'il peut vendre, échanger, donner ? Est-ce le fonds emphytéotique ? Non, la loi belge dit qu'il a la faculté d'aliéner *son droit* (art. 6). Ce pouvoir d'aliénation, qui est allégué si souvent dans les arrêts de la cour de cassation pour prouver que l'emphytéote a le domaine utile, témoigne donc contre ceux qui l'invoquent ; il ne diffère pas en essence du pouvoir de l'usufruitier ; celui-ci aussi peut « vendre ou céder son droit à titre gratuit » (art. 595) ; le preneur même peut céder son bail (art. 1717). L'emphytéote ne peut pas aliéner le fonds emphytéotique, par l'excellente raison que ce fonds ne lui appartient pas ; or, nous ne pouvons transmettre à d'autres plus de droits que nous n'en avons nous-mêmes. Il n'a qu'un droit réel, il ne peut transmettre qu'un droit réel (2). C'est en ce sens que Doneau interprète les lois romaines (3) ; au point de vue des principes, cela n'est pas douteux.

---

(1) Donelli *Comment.*, IX, 14, 2 et 3.
(2) Gesterding, *Die Lehre vom Eigenthum*, p. 421, note 9.
(3) Donelli *Comment.*, lib. IX, c. XIV, § 7, p. 263.

372. D'après les lois romaines, le droit d'aliéner était soumis à plusieurs restrictions. D'abord l'emphytéote devait dénoncer l'aliénation au propriétaire. Cette obligation avait surtout pour objet de permettre au bailleur d'exercer le droit de préférence que les constitutions impériales lui donnaient sur l'acquéreur (*jus protimeseos*). Si le bailleur n'usait pas de cette faculté, l'aliénation était maintenue, à la charge, par le nouvel emphytéote, de payer au propriétaire une somme d'argent appelée *laudemium*, en reconnaissance de la propriété du bailleur ; dans le silence des conventions, cette somme était fixée à deux pour cent du prix d'achat ou de l'estimation en cas de donation (1). Ces diverses restrictions n'existent plus. Aux termes de l'article 12 de notre loi, « il n'est dû aucune redevance extraordinaire à chaque mutation de l'emphytéose, ni lors du partage d'une communauté. » Quant au droit de préférence, il était déjà tombé en désuétude dans l'ancien droit ; en réalité, il est contraire aux principes, car celui qui a un droit dans son domaine doit avoir la faculté illimitée de l'aliéner. Il en est ainsi de l'usufruitier, et même du preneur ; il n'y a pas de raison pour qu'il en soit autrement de l'emphytéote. Le droit de préférence étant aboli, l'obligation de dénoncer l'aliénation au propriétaire semble ne plus avoir de raison d'être (2). Toutefois la loi aurait dû prescrire une notification quelconque ; en effet, dans l'opinion commune, le bailleur peut agir directement contre le nouvel emphytéote en payement du canon ; il faut donc qu'il ait connaissance de la mutation.

373. Il a été jugé que les acquéreurs successifs du fonds emphytéotique sont soumis aux mêmes obligations que l'emphytéote primitif ; la cour de Grenoble est allée jusqu'à rendre le possesseur actuel de l'héritage passible de tous les arrérages échus et de tous les frais faits par le bailleur contre les possesseurs antérieurs (3). Cette dé-

---

(1) L. 3, C. *de jure emphyteuticario* (IV, 66).
(2) Troplong, *Du louage*, n° 94, p. 44. Duvergier, *Du louage*, n° 164, p. 48.
(3) Grenoble, 13 février 1833 (Dalloz, au mot *Louage emphytéotique*, n° 28).

cision suppose que la redevance dont l'emphytéote est tenu constitue une charge réelle. La loi belge ne dit pas cela, et cela ne résulte pas davantage des principes. C'est en vertu d'un engagement personnel que l'emphytéote doit payer une redevance au propriétaire ; or, les obligations ne se transmettent pas par voie de cession ; on cède des droits, on ne cède pas des dettes. A notre avis donc, le cessionnaire n'est tenu qu'envers le cédant, et le bailleur n'a contre lui que l'action indirecte qui appartient aux créanciers du cédant (art. 1166). La même question se présente dans le bail ordinaire ; nous y reviendrons au titre du *Louage*.

374. L'emphytéote peut aussi hypothéquer son droit. Ce sont les termes de la loi de 1824 (art. 6), et notre loi hypothécaire répète que le *droit d'emphytéose* est susceptible d'hypothèque. Ainsi ce n'est pas le fonds emphytéotique que l'emphytéote peut grever d'hypothèque ; ce fonds ne lui appartient pas ; il est la propriété du bailleur, celui-ci peut l'hypothéquer ; de même, en cas d'usufruit, le nu propriétaire peut hypothéquer la nue propriété, et l'usufruitier peut hypothéquer le droit d'usufruit. Le code civil ainsi que notre nouvelle loi hypothécaire admettent, en effet, que certains droits immobiliers peuvent être grevés d'hypothèque. Mais ces droits n'étant que temporaires, l'hypothèque aussi sera temporaire. La loi de 1824 (art. 6) et la loi hypothécaire (art. 45) le disent formellement. C'est l'application du principe élémentaire que nous venons de rappeler : on ne peut transférer que les droits que l'on a soi-même.

Le code civil ne parle pas de l'emphytéose ; de là une controverse très-sérieuse, en droit français, sur le point de savoir si l'emphytéote peut hypothéquer. Elle a été décidée affirmativement par la cour de cassation (1) ; mais il y a grand doute, à notre avis. L'article 2118 est conçu dans les termes les plus restrictifs : « Sont *seuls* susceptibles d'hypothèques, les biens immobiliers et l'usufruit

---

(1) Arrêt de rejet du 9 juillet 1832 (Dalloz, au mot *Louage emphytéotique*, n° 9).

des mêmes biens. » Parmi les *droits* réels immobiliers, il n'y a donc que l'usufruit qui puisse être hypothéqué. Cela nous paraît décisif. C'est une lacune que le législateur seul peut combler.

375. La loi de 1824 (art. 6) dit que l'emphytéote peut grever le fonds emphytéotique de servitudes pour la durée de sa jouissance. C'est une dérogation aux vrais principes. Le propriétaire seul peut établir des servitudes sur le fonds qui lui appartient. Or, de quoi l'emphytéote est-il propriétaire? De son droit d'emphytéose; et un droit ne peut être grevé de servitudes. Pour permettre à l'usufruitier de consentir des servitudes pendant la durée de son droit, l'on a dû imaginer des quasi-servitudes, c'est-à-dire une fiction que la loi ignore. La loi belge consacre la fiction pour l'emphytéose. C'est la seule explication que l'on puisse donner de cette anomalie.

376. La loi belge ne parle pas des actions qui appartiennent à l'emphytéote. Nos lois modernes gardent en général le silence sur cette matière qui jouait un si grand rôle en droit romain. La doctrine a comblé la lacune. Il a été jugé par la cour de cassation que l'emphytéote a les actions possessoires (1). L'arrêt est très-mal motivé; il invoque le domaine utile de l'emphytéote pour lui reconnaître le droit aux actions possessoires. Si son droit n'avait d'autre fondement, il faudrait le lui refuser, puisque notre droit ne connaît pas de domaine utile. Mais il n'est pas nécessaire de recourir à cette fiction. L'emphytéose donne à l'emphytéote un droit réel; ce droit est dans son domaine; dès lors il peut se prévaloir de l'article 23 du code de procédure, aux termes duquel les actions possessoires peuvent être formées par celui qui depuis une année est en possession paisible, à titre non précaire. Vainement dirait-on que l'emphytéote est possesseur précaire, puisqu'il tient son droit du propriétaire, et qu'il doit le reconnaître en lui payant une redevance. Cela est très-vrai, en ce sens que l'emphytéote ne peut invoquer sa

---

(1) Arrêt de cassation du 26 juin 1822 (Dalloz, au mot *Action possessoire*, n° 534).

possession pour prescrire contre le maître du fonds ; mais il n'est pas possesseur précaire à l'égard de ceux qui le troublent dans sa possession, puisqu'il possède en vertu d'un droit réel, ce qui est un titre de propriétaire. Il faut donc appliquer à l'emphytéote ce que nous avons dit de l'usufruitier (1).

Le droit romain accordait aussi à l'emphytéote les actions réelles ; seulement il les qualifiait d'*utiles* pour marquer que l'emphytéote n'était pas le propriétaire du fonds qu'il tenait à bail ; c'était au propriétaire seul qu'appartenaient les actions réelles directes (2). La distinction, quoique subtile, est très-juste. Dans le droit français, les actions n'ont plus de nom légal qui les distingue ; nous ne connaissons plus les actions directes et utiles. Il faut donc dire, avec la doctrine et la jurisprudence, que l'emphytéote a les actions réelles qui naissent de son droit réel et immobilier (3).

§ II. *Droit de jouissance.*

377. La loi belge dit que l'emphytéote a la *pleine jouissance* de l'immeuble, qu'il peut exercer tous les droits attachés à la propriété du fonds, mais qu'il ne peut rien faire qui en diminue la valeur (art. 1 et 3). De là suit que l'expression de *pleine jouissance* ne doit pas être prise au pied de la lettre. Quand on compare la jouissance de l'emphytéote à celle de l'usufruitier, on peut dire qu'elle est pleine, car la loi n'y ajoute pas la restriction que l'emphytéote doit jouir comme jouissait l'ancien propriétaire. Nous reviendrons sur ce point. Mais si la jouissance de l'emphytéote est plus étendue que celle de l'usufruitier, elle est moins étendue que celle du propriétaire. Celui-ci jouit des choses de la manière la plus absolue, tandis que l'emphytéote est en face d'un propriétaire dont il ne peut

---

(1) Voyez le tome VI de mes *Principes*, p. 460, n° 365.
(2) Donelli *Comment.*, IX, 14, 4 (t. V, p. 360).
(3) Arrêt de rejet du 19 juillet 1832 (Dalloz, au mot *Louage emphytéotique*, n° 9.

pas compromettre les droits : c'est en ce sens que la loi dit qu'il ne peut rien faire qui diminue la valeur du fonds emphytéotique. Sa jouissance, à la différence de celle du propriétaire, implique donc une obligation; il doit jouir en bon père de famille, comme nous le dirons plus loin (1).

L'assimilation que la loi fait entre les droits de l'emphytéote et ceux du propriétaire décide une question qui est controversée en droit romain et en droit français. Si un trésor est découvert dans le fonds emphytéotique, à qui appartiendra la partie que le code attribue au propriétaire du fonds? D'après les principes tels que l'article 716 les formule, il faudrait se décider en faveur du bailleur, car lui seul est propriétaire; d'ailleurs le trésor n'étant ni un fruit ni un produit de la chose, l'emphytéote n'a aucun titre pour le réclamer, pas plus que l'usufruitier (2). Mais la loi belge donnant à l'emphytéote *tous les droits* attachés à la propriété du fonds, tranche par cela même la question en sa faveur (3). Les auteurs de la loi belge ont suivi sur ce point la tradition nationale. Voet attribue le trésor à l'emphytéote; il en donne une assez mauvaise raison : l'emphytéote, dit-il, doit être considéré comme propriétaire, puisqu'il a le domaine utile. Non, il n'a aucun domaine sur le fonds emphytéotique, donc il n'a aucun titre pour réclamer le trésor. L'esprit du code réclame encore davantage contre la doctrine de Voet. En attribuant une partie du trésor au propriétaire du fonds, le législateur suppose que le trésor a été déposé dans le fonds par les ancêtres de celui qui le possède actuellement. Or, peut-on admettre cette supposition pour de pauvres emphytéotes? ont-ils un trésor à cacher? Tandis que l'on peut très-bien présumer que l'ancien propriétaire a caché le trésor que l'emphytéote découvre. On nous pardonnera cette critique, en l'honneur des principes.

Il y a une autre question qui est controversée quand il s'agit de l'usufruitier. L'article 596, en disant qu'il jouit

(1) Voet, *Comment. in Pandectas,* VI, 3, 11.
(2) Duranton, t. IV, p. 269, n° 314.
(3) Troplong, *Du louage,* n° 38, p. 92.

de l'alluvion, semble lui refuser la jouissance de l'île (1).
On pourrait en dire autant de l'emphytéote, son droit étant
limité, aussi bien que celui de l'usufruitier. Mais la loi
belge tranche la controverse en faveur de l'emphytéote,
également d'après l'opinion de Voet (2). Le principe de
l'accession suffit pour justifier cette décision.

378. Après avoir posé le principe qui défend à l'emphytéote de diminuer la valeur du fonds, la loi belge ajoute
(art. 3) : « Ainsi, il lui est défendu, entre autres, d'en extraire des pierres, de la houille, de la tourbe, de l'argile
et autres matières semblables faisant partie du fonds, à
moins que l'exploitation n'en ait déjà été commencée à
l'époque de l'ouverture de son droit. » C'est le principe que
le code Napoléon pose en matière d'usufruit (art. 598).
On peut donc appliquer par analogie à l'emphytéote ce
que nous avons dit du droit de l'usufruitier sur les mines (3).
Ici la loi abandonne l'analogie de l'emphytéose et de la
propriété, et avec raison. L'emphytéote jouit d'un immeuble appartenant à autrui, son droit est temporaire, il doit
restituer la chose dont il jouit ; il faut donc qu'il la conserve. Dans l'origine de cette institution, il recevait le fonds
à bail, à la charge de l'améliorer ; la loi ne lui impose plus
cette obligation, mais il faut au moins qu'à l'extinction de
l'emphytéose, le maître recouvre une jouissance aussi profitable que celle qu'il a remise à l'emphytéote lors du contrat. C'est le principe de l'usufruit, et en ce point il y a
analogie entre les deux droits.

Si l'exploitation de la mine commence pendant la durée
de l'emphytéose, qui profitera de la redevance que le concessionnaire doit payer au propriétaire du fonds? La question fut posée par une section lors de l'examen du projet
de loi sur l'emphytéose. Il fut répondu par le gouvernement qu'il appartenait au juge de la décider, mais qu'on
ne croyait cependant pas se tromper en émettant l'opinion
que l'indemnité est due au propriétaire, les droits de l'em-

(1) Voyez le tome VI de mes *Principes*, p. 473, n° 373.
(2) Voet, *Comment. in Pand.*, VI, 3, 11.
(3) Voyez le tome VI de mes *Principes*, p. 563, n°s 448 et suiv. Comparez
Voet, VI, 3, 11, p. 441.

phytéote étant limités à ceux qui ne diminuent pas la valeur du fonds. A vrai dire, il n'y a pas même de question, il suffit de la poser pour la résoudre.

En matière d'usufruit, il y a quelque incertitude sur le point de savoir si l'usufruitier peut extraire l'argile ou les pierres qui lui sont nécessaires pour construire. Il a été jugé que l'emphytéote ne peut rien extraire du sol, quand même il se restreindrait aux choses nécessaires pour les constructions qu'il se propose d'élever sur le fonds (1). La question ne peut même plus être posée d'après notre législation, l'article 3 de la loi de 1824 est exprès; et il décide la difficulté conformément aux principes. Nous venons de les rappeler : si l'emphytéote n'est plus obligé d'améliorer, du moins ne peut-il pas détériorer.

379. L'emphytéote peut-il changer la superficie? Dans l'ancien droit, la question était controversée, la doctrine et la jurisprudence française étaient hésitantes (2). L'incertitude vient de la double analogie qui existe entre les droits de l'emphytéote et ceux du propriétaire, d'une part, et d'autre part entre l'emphytéose et l'usufruit. Il est quasi-propriétaire, dit-on, et avec raison ; de là on pourrait conclure qu'il peut jouir de la superficie comme il l'entend. Mais la loi abandonne cette assimilation quand il s'agit des mines; elle met l'emphytéote sur la même ligne que l'usufruitier, et elle le fait par application d'un principe traditionnel qu'elle formule en ces termes : « L'emphytéote ne peut rien faire qui diminue la valeur du fonds » (article 3). C'est ce dernier principe que l'on doit appliquer à notre question : la loi elle-même le fait en disant que l'emphytéote « peut améliorer l'héritage par des constructions, des défrichements, des plantations. » Il faut conclure de là qu'il peut changer la superficie, si le changement constitue une amélioration. La jouissance de l'emphytéote tient donc le milieu entre celle du propriétaire et celle de l'usufruitier : celui-ci ne peut pas innover, même en améliorant, tandis que l'emphytéote le peut. Mais il ne peut

(1) Douai, 9 mars 1854 (Dalloz, 1854, 5, 480 .
(2) Duvergier, *Du louage*, n° 180, p. 52. Comparez Troplong, *Du louage*, n° 38, p. 92.

pas innover de manière à diminuer la valeur du fonds, tandis que cela est permis au propriétaire.

Il a été jugé que l'emphytéote ne peut pas dessécher un étang (1). Cela est trop absolu. La cour pose en principe que si le propriétaire a usé d'une partie du fonds pour son agrément, l'emphytéote est tenu de lui conserver cette destination. Sans doute, si telle est la volonté des parties contractantes, et dans l'espèce il paraît qu'il en était ainsi. Mais si le bail ne contient aucune stipulation à cet égard, il faut s'en tenir au principe : l'emphytéote pourra dessécher s'il en résulte une amélioration pour le fonds, de même que la loi lui permet d'améliorer l'héritage par des défrichements. L'analogie est complète, car le bois peut servir d'ornement comme l'étang peut être destiné à l'agrément du propriétaire.

Si l'emphytéote fait une innovation qu'il n'a pas le droit de faire, le propriétaire a immédiatement action contre lui pour le forcer à rétablir l'état des lieux. La cour de Metz l'a jugé ainsi dans l'arrêt que nous venons de citer, et cela n'est pas douteux, puisque ce n'est que l'application des principes généraux qui régissent les contrats. Si l'abus est grave, le bailleur pourra même demander la résolution du bail, comme nous le dirons plus loin.

380. La jouissance des bois qui se trouvent sur le fonds emphytéotique donne lieu à des difficultés. Dans l'ancien droit, on enseignait que l'emphytéote pouvait faire des coupes de bois, même de haute futaie; il y avait des arrêts en ce sens. Mais il y avait aussi des opinions et des décisions en sens contraire (2). L'ancien droit est si incertain, qu'il est difficile d'y chercher des précédents. Et la loi belge, il faut l'avouer, laisse beaucoup à désirer. Elle dit que l'emphytéote profitera des arbres morts ou abattus par accident, à la charge de les remplacer par d'autres (art. 4). C'est un droit plus étendu que celui de l'usufruitier (art. 592). La loi de 1824 ajoute : « Il pourra également disposer à sa volonté des plantations qu'il aura faites lui-même. » Du reste, pas un mot des coupes ordinaires. Argumentera-t-on du silence de la loi pour refuser à l'emphytéote tout droit aux coupes de bois, soit taillis, soit futaie? Ce serait très-mal raisonner. Car la loi lui accorde la *pleine jouissance* du fonds ; elle dit qu'il exerce tous les droits attachés à la propriété du fonds, elle lui permet même de défricher, si le défrichement constitue une amélioration de l'héritage (art. 1, 3 et 5). Par application de ces principes, il faut décider que l'emphytéote peut faire des coupes conformément à l'aménagement. Son droit est plus étendu que celui de l'usufruitier, parce qu'il a une plus longue durée. On conçoit donc qu'il puisse couper même des bois de haute futaie, pourvu qu'il fasse les coupes de manière que le bois puisse se reproduire, et qu'il rende, à la fin de l'emphytéose, une valeur égale à celle qu'il a reçue lors du bail. Cela est un peu vague, mais la faute en est au législateur qui aurait dû décider un point de cette importance.

381. La loi belge dit que l'emphytéote peut améliorer l'héritage par des constructions et des plantations. Que deviennent ces améliorations à l'expiration du bail? Si le titre oblige l'emphytéote à bâtir et à planter, on suit les stipulations des parties contractantes. Les constructions et plantations seront en ce cas l'exécution d'une obligation, et il va sans dire que l'emphytéote ne pourra pas les enlever ni réclamer une indemnité, puisqu'il n'a fait que ce qu'il était obligé de faire (art. 7). Lorsqu'il a fait des améliorations sans y être obligé, il peut, à l'expiration du bail, enlever les constructions et plantations ; s'il en résulte un dommage pour le fonds, il doit le réparer. La loi ajoute (art. 8) que l'emphytéote ne pourra pas forcer le propriétaire du fonds à payer la valeur des bâtiments, ouvrages, constructions et plantations quelconques qu'il aurait faits. C'est l'application des principes que nous avons exposés au titre de l'*Usufruit* (1). L'emphytéote, n'étant pas tenu d'améliorer, peut faire sur le fonds telles innovations qu'il

_____

(1) Voyez le tome VI de mes *Principes*, p. 604, nᵒˢ 485-491.

veut, pourvu qu'elles ne nuisent pas au propriétaire; or, elles ne lui nuisent pas si, lors de l'extinction de l'emphytéose, l'état des lieux est rétabli sans dommage aucun pour le fonds. Les améliorations nuiraient au propriétaire s'il était forcé de les conserver et de les payer. Mais les principes ne permettent pas d'imposer une pareille obligation au bailleur. Par contre, il n'a pas le droit de conserver les plantations et constructions; vainement dirait-il qu'étant faites sur son fonds, elles lui appartiennent. Cela est vrai quand il n'y a aucun lien juridique entre le propriétaire du fonds et le possesseur qui y construit ou qui y plante (art. 555). Mais, dans l'espèce, il y a un contrat qui donne à l'emphytéote la *pleine jouissance du fonds;* il en jouit comme il veut, et il n'est tenu qu'à une chose, c'est de rendre le fonds non détérioré au bailleur. C'est aussi là le seul droit du propriétaire (1).

CHAPITRE IV.

OBLIGATIONS DE L'EMPHYTÉOTE.

§ Ier. *Du canon.*

382. On appelle ordinairement *canon emphytéotique* la redevance annuelle que l'emphytéote doit payer au bailleur. La loi belge ne se sert pas de ce terme. On a toujours enseigné que le canon est de l'essence du contrat emphytéotique, de sorte que s'il n'y en avait pas, ce ne serait pas une emphytéose (2). Notre loi consacre la doctrine traditionnelle, puisqu'elle comprend l'obligation de

---

(1) Comparez Merlin, *Répertoire,* au mot *Emphytéose,* § I, nos 6 et 7. Argou, *Institution au droit français,* t. II, p. 303 et suiv.; Domat, *Lois civiles,* livre I, tit. IV, sect. X, no 9. Duvergier, *Du louage,* nos 174 et 180; Troplong, *Du louage,* no 48.

(2) Merlin, *Répertoire,* au mot *Emphytéose,* § I, no 2.

payer une redevance dans la définition qu'elle donne de l'emphytéose. Cela est aussi fondé en principe. L'emphytéose tient du bail et de la vente; or, il n'y a pas de bail sans loyer, ni de vente sans prix; donc il n'y a pas d'emphytéose sans canon. Il y a encore analogie entre ces divers contrats quant à l'objet de la redevance. Le prix de vente, bien qu'il consiste régulièrement en argent, peut aussi être stipulé en denrées; cette stipulation est usuelle pour certains baux, et la loi belge décide que le canon peut être payé, soit en argent, soit en nature (art. 1er). Telle est aussi la doctrine de Voet (1).

La loi de 1824 dit que la redevance est payée au bailleur *en reconnaissance de son droit de propriété*. Cette idée vient du droit coutumier ou féodal. D'après les vrais principes, tels qu'on les suivait en droit romain, le canon est dû pour la jouissance; mais comme d'ordinaire les fonds donnés à emphytéose étaient incultes et que l'emphytéote était obligé d'améliorer, le canon était naturellement moins élevé que le fermage; toujours est-il qu'il ne différait pas en substance du prix que le preneur paye pour sa jouissance. C'est quand on imagina la division de la propriété en domaine direct et domaine utile, que le canon changea de nature, et passa pour être la reconnaissance du droit de propriété qui restait au seigneur, à titre d'honneur plutôt qu'à titre de profit (2). Le législateur belge, en consacrant la tradition, a perdu de vue que dans le droit moderne l'emphytéote n'est plus tenu d'améliorer; sa jouissance est donc de même nature que celle du fermier, et partant le canon est identique avec le fermage.

383. Toutefois il y a des différences entre le canon emphytéotique et le fermage; elles tiennent au caractère particulier que prit l'emphytéose sous l'influence du droit féodal. La loi belge dit que l'obligation d'acquitter la redevance emphytéotique est indivisible; elle donne une application du principe en ajoutant que chaque partie du fonds demeure grevée de la totalité de la redevance. Cela

(1) Voet, *Commentar. in Pandectas*, VI, 3, 8.
(2) Troplong, *Du louage*, n° 34, p. 90 de l'édition belge.

suppose la division du fonds emphytéotique ; ce qui peut arriver soit par une aliénation partielle, soit par le partage du fonds en cas de mort de l'emphytéote. Voet, à qui les auteurs de la loi belge ont emprunté cette doctrine, en tire encore cette autre conséquence, que si l'un des héritiers ne paye pas sa part de la redevance, le bailleur peut demander la résolution du contrat pour le tout. Il est évident que la redevance en elle-même n'est pas indivisible, puisqu'elle consiste en une somme d'argent ou en denrées, choses essentiellement divisibles. Pourquoi donc la loi considère-t-elle comme une obligation indivisible l'obligation de payer une redevance divisible? Cela résulte, dit Voet, de l'intention des parties contractantes. Elles n'ont pas stipulé le canon à titre de prix pour une jouissance qui peut se diviser, ce qui entraînerait la divisibilité du canon. Le bailleur perçoit la redevance comme reconnaissance de son droit de propriété ; or, cette reconnaissance est une chose indivisible, en ce sens qu'étant propriétaire pour le tout, l'emphytéote doit aussi reconnaître le droit du maître pour le tout ; l'obligation étant indivisible par la volonté des parties contractantes, elle reste telle à l'égard de leurs héritiers (1).

Notre loi semble aller plus loin ; en disant que chaque partie du fonds demeure grevée de la totalité de la redevance, elle paraît faire de la redevance une charge du fonds, donc une charge réelle, ce qui conduirait à des conséquences très-graves. Il en résulterait, en effet, que l'emphytéote n'étant tenu que comme détenteur du fonds, peut le délaisser et se décharger ainsi des obligations qu'il a contractées. Et si la charge est réelle, le droit du bailleur serait aussi réel, et par suite immobilier, puisqu'il s'exerce dans un immeuble. Est-ce bien là la pensée de la loi? Nous avons de la peine à le croire. Le canon ne diffère pas en essence du fermage, il n'en diffère que quant à l'objet, dans la théorie coutumière ou féodale. Mais cette théorie n'est plus celle du droit moderne ; nous ne connaissons plus de seigneurie directe ni de domaine utile. Reste

(1) Voet, *Commentarius in Pandectas*, VI, 3, 37, p. 449.

donc un contrat en vertu duquel l'emphytéote s'oblige à payer un canon au bailleur; le droit au canon est un droit de créance, donc aussi une obligation personnelle. Seulement cette obligation ne se divise pas, parce que, par la volonté des parties contractantes, elle est indivisible. En ce sens, la loi dit que chaque détenteur d'une partie du fonds emphytéotique peut être forcé à payer tout le canon. Mais cela ne prouve pas que le canon soit une charge du fonds.

384. Quels sont les droits du bailleur quand l'emphytéote ne paye pas le canon? Aux termes de l'article 10, l'emphytéote peut être contraint au payement par exécution parée. Voilà, nous semble-t-il, une nouvelle inexactitude. Sans doute si le bailleur a un acte authentique, il peut le mettre à exécution par les voies de la saisie. En disant, en termes absolus, que le propriétaire a ce droit, la loi suppose que le bail se fait et doit se faire par acte authentique. Mais telle ne peut être la pensée du législateur. En effet, il en résulterait que l'emphytéose est un contrat solennel, contrairement à la tradition et en opposition avec les principes. Il faudrait au moins un texte pour admettre cette grave dérogation au droit commun; on ne crée pas un contrat solennel par voie d'induction. Notre conclusion est que l'article 10 suppose, à la vérité, qu'il y a un acte authentique, mais qu'il ne l'exige pas.

Le bailleur a encore un autre droit lorsque l'emphytéote ne paye pas le canon; il peut demander la résolution du contrat. Nous reviendrons sur ce point en traitant de l'extinction de l'emphytéose (nos 396 et suiv.).

385. Il y a une seconde différence entre le canon et le fermage. Lorsque, pendant la durée d'un bail à ferme, la totalité ou la moitié d'une récolte au moins est enlevée par des cas fortuits, le fermier peut demander une remise du prix de sa location (art. 1769-1771). La loi de 1824 porte au contraire (art. 11) : « L'emphytéote n'a droit à aucune remise de la redevance, soit pour diminution, soit pour privation entière de jouissance. Néanmoins si la privation totale de jouissance a duré pendant cinq années consécutives, remise sera due pour le temps de la privation. »

Quelle est la raison de cette disposition qui, à première vue, paraît d'une dureté extrême? C'est une règle traditionnelle, qui s'explique par la nature particulière du canon. Il n'est pas payé, disait-on, pour tenir lieu des fruits, c'est une reconnaissance de la seigneurie directe (1) ; donc il doit être payé aussi longtemps que l'emphytéose dure, et quels que soient les cas fortuits qui frappent l'emphytéote. Si la loi belge fait exception pour le cas où l'emphytéote est privé de la jouissance entière pendant cinq années de suite, c'est pour un motif d'humanité.

Cette théorie suppose que le canon est stipulé, comme le dit la définition, en reconnaissance du droit de propriété du maître (art. 1er). Que faut-il décider si la redevance emphytéotique est calculée d'après le produit ordinaire du fonds? Dans ce cas, il ne diffère plus en rien du fermage ; l'emphytéose devient un véritable bail, et ne se distingue plus du louage ordinaire que par la réalité du droit de l'emphytéote ; mais la réalité du droit n'a rien de commun avec la question de l'indemnité pour privation totale de jouissance. C'est sur l'équité et non sur le droit strict qu'est fondée l'indemnité que le fermier peut réclamer ; or, l'équité plaide pour l'emphytéote aussi bien que pour le fermier. C'est ce que Voet enseignait dans l'ancien droit, et il nous semble que cette opinion si équitable doit encore être suivie dans notre droit moderne. L'article 11 ne s'y oppose pas, car il ne doit pas être isolé de l'article 1er dont il est une conséquence ; or, la loi permet de déroger à toutes ses dispositions, sauf celle qui concerne la durée de l'emphytéose. Et c'est déroger implicitement à l'article 11, quand les parties dérogent à l'article 1er, c'est-à-dire quand elles stipulent que le canon ne sera pas dû simplement pour reconnaître le droit de propriété du bailleur, qu'il est payé pour la jouissance du fonds (2). Le contrat tient du bail, dans ce cas, plus que de l'emphytéose ; ce qui décide la question.

(1) Merlin, *Répertoire*, au mot *Emphytéose*, § I, n° 6.
(2) Voet, *Comment. in Pandect.*, VI, 3, 16 et 19, p. 442 et suiv. Comparez Troplong, *Du louage*, n° 43, p. 94. En sens contraire, Duvergier, *Du louage*, n° 165, p. 148.

§ II. *Charges de l'emphytéote.*

386. L'usufruitier ne peut entrer en jouissance qu'après
avoir fait dresser un état des immeubles sujets à l'usufruit ; il doit donner caution de jouir en bon père de famille. Aucune de ces obligations n'est imposée à l'emphytéote. D'un autre côté, le propriétaire qui donne des biens
à emphytéose ne jouit pas du privilége que la loi accorde
au bailleur, car il n'est pas bailleur, quoique dans l'usage
on lui conserve ce nom. Il n'y a donc aucune garantie
légale à charge de l'emphytéote. Les causes qui ont donné
naissance au contrat emphytéotique expliquent cette apparente anomalie. Les grands propriétaires ne trouvaient
plus de fermiers, et ils n'auraient pas trouvé d'emphytéotes
s'ils leur avaient voulu imposer les dures conditions que
la loi établit pour l'usufruitier. Quant au privilége que la
loi refuse au propriétaire du fonds emphytéotique, tandis
qu'elle le donne au bailleur, nous croyons qu'il n'y a pas
de raison qui justifie cette différence ; c'est sans doute un
oubli du législateur, et l'oubli s'explique par le peu d'importance qu'a le droit d'emphytéose.

387. De ce que l'emphytéote ne doit pas caution de
jouir en bon père de famille, faut-il conclure qu'il ne contracte aucune obligation concernant la jouissance ? Non,
certes ; dans le principe, il devait améliorer le fonds, ce
qui constituait une obligation plus étendue que celle de
l'usufruitier. D'après la loi belge, il n'est plus obligé d'améliorer ; il est néanmoins obligé de jouir en bon père de
famille. Est-ce une obligation analogue à celle de l'usufruitier et du fermier ? Il y a des nuances qui distinguent
ces droits divers. L'obligation de l'usufruitier paraît la
plus sévère : l'usufruit peut cesser par l'abus qu'il fait de
sa jouissance, et il y a abus, non-seulement lorsqu'il commet des dégradations sur le fonds, mais encore quand il
le laisse dépérir faute d'entretien (art. 618). Quant au preneur, il doit aussi user de la chose en bon père de famille,
et s'il manque à cette obligation, le bailleur peut, suivant
les circonstances, faire résilier le bail (art. 1728 et 1729).

En disant, *suivant les circonstances*, la loi donne une grande latitude au juge, comme il l'a toujours en cas de condition résolutoire tacite. La loi belge ne dit pas que l'emphytéote doit jouir en bon père de famille ; cette formule dépasserait, en effet, l'étendue de l'obligation qui lui incombe. Celui qui dégrade le fonds, celui qui abuse de sa jouissance ne jouit certes pas en bon père de famille ; cependant cela ne suffit pas, comme nous le dirons plus loin, pour que l'emphytéote puisse être déclaré déchu de son droit ; il faut que la dégradation soit *notable* et que l'abus soit *grave*. C'est donc l'emphytéote qui est traité avec le plus d'indulgence. Cela ne veut pas dire qu'il puisse mésuser impunément. Si par sa mauvaise jouissance il cause un dommage au propriétaire, il doit le réparer, en ce sens qu'à l'expiration de l'emphytéose, le propriétaire a contre lui une action en dommages-intérêts pour les dégradations occasionnées par la négligence et le défaut d'entretien du fonds (art. 13). Le propriétaire ne peut donc pas agir pendant la durée du contrat, à moins que les dégradations ne soient assez graves pour autoriser une demande en déchéance ; tandis que le nu propriétaire peut agir contre l'usufruitier dès que le dommage est causé(1). Nous dirons plus loin que, même en cas d'abus graves, le législateur témoigne une indulgence singulière à l'emphytéote. Il n'y a pas de raison juridique de cette différence de principes qui régissent l'usufruit, le louage et l'emphytéose. Peut-être l'esprit de l'emphytéose primitive s'est-il maintenu dans la tradition ; on voulait attirer des cultivateurs sur des fonds déserts ; il fallait donc leur prodiguer les faveurs et se garder surtout de la sévérité qui préside à l'interprétation du bail à ferme ou de l'usufruit.

388. D'après la loi belge (art. 5), « l'emphytéote est obligé d'entretenir l'immeuble donné en emphytéose et d'y faire les réparations ordinaires. » Nous venons de dire que le défaut d'entretien donne lieu à une action en dommages-intérêts à la fin du bail. Que faut-il entendre par réparations *ordinaires?* L'expression diffère de celles dont

(1) Voyez le tome VI de mes *Principes,* p. 664, n° 533.

la loi se sert en matière de bail et d'usufruit : le preneur est tenu des réparations *locatives,* et l'usufruitier des réparations d'*entretien* (art. 1754 et 605). Comme la loi ne qualifie pas l'emphytéose de bail, on ne peut assimiler les réparations *ordinaires,* que l'emphytéote doit supporter, aux réparations locatives ou de menu entretien qui incombent au preneur. Les droits de l'emphytéote se rapprochent plus de ceux de l'usufruitier; les interprètes le mettent sur la même ligne que le propriétaire. Aussi dans l'ancien droit, décidait-on que l'emphytéote était tenu de toutes les réparations tant grosses que menues (1). Toutefois la loi ne se servant pas du terme de réparations d'*entretien,* on ne peut pas appliquer en matière d'emphytéose la définition que les articles 605 et 606 donnent de ces réparations. La difficulté est donc abandonnée à l'appréciation du juge : si les articles 605 et 606 ne sont pas applicables de plein droit à l'emphytéote, le juge peut du moins y puiser des arguments d'analogie. Nous allons voir que pour d'autres charges la loi se montre plus sévère pour l'emphytéote que pour l'usufruitier.

389. L'article 9 de la loi belge porte : « Il supportera toutes les impositions établies sur le fonds, soit ordinaires, soit extraordinaires, soit annuelles, soit à payer en une fois. » Tandis que l'usufruitier n'est tenu que des charges annuelles qui dans l'usage sont censées charge des fruits; quant aux contributions extraordinaires, elles se partagent entre l'usufruitier et le nu propriétaire. La loi donnant à l'emphytéote tous les droits attachés à la propriété du fonds, il était naturel de mettre à sa charge toutes les contributions. Mais le même principe aurait dû conduire aussi à lui imposer toutes les réparations. Il y a là une véritable anomalie.

Le législateur belge a été plus sévère que le législateur français, en ce qui concerne les impôts. Une loi du 1er décembre 1790 (titre II, art. 6) autorise l'emphytéote à faire sur le payement annuel du canon une retenue proportionnelle à la contribution foncière; cette retenue fut ensuite

(1) Merlin, *Répertoire,* au mot *Emphytéose,* § I, n° 6.

fixée, d'abord au quart, ensuite au cinquième (1). Rien de plus juste. Le propriétaire du fonds emphytéotique prend une partie du revenu sous le nom de canon ; et en fait, sinon de droit, le canon ne diffère en rien du fermage. Or, les contributions se payent sur les fruits ; donc la justice exige qu'elles soient réparties entre le propriétaire et l'emphytéote. La loi belge ne reproduit pas ce droit de retenue, et les termes absolus de l'article 11 ne permettent pas de soutenir que la législation française est restée en vigueur. C'est donc une aggravation de charges que la loi de 1824 impose à l'emphytéote. La raison en est probablement que le canon n'est pas considéré comme un revenu. C'est là une pure fiction, fiction dont la loi ne tient même pas compte quand il s'agit des réparations ; si l'emphytéote doit tous les impôts, pourquoi ne doit-il pas supporter toutes les réparations ? L'anomalie nous paraît évidente, et elle conduit à une véritable injustice. Nous la signalons à ceux qui rédigent les actes emphytéotiques, afin qu'ils appellent l'attention des parties contractantes sur ce point ; c'est un de ceux sur lesquels le plus souvent il conviendra de déroger à la loi, comme l'article 17 en donne le droit.

390. Aux termes de l'article 614, l'usufruitier est tenu de dénoncer au nu propriétaire les usurpations que les tiers commettent sur le fonds, ainsi que tous les faits qui portent atteinte aux droits du propriétaire. La loi de 1824 reproduit implicitement cette obligation, en disposant que l'emphytéote est responsable de la perte des droits qu'il a laissé prescrire par sa faute (art. 11). Il faut donc appliquer par analogie à l'emphytéote ce que nous avons dit de l'usufruitier (2).

(1) Lois des 3 frimaire an VII, 11 frimaire an VIII, et avis du conseil d'État du 4 janvier 1809. Merlin, *Répertoire*, au mot *Contributions*, § V (t. VI, p. 313). Troplong, *Du louage*, n° 39, p. 93.
(2) Voyez le tome VI de mes *Principes*, p. 656, n° 528.

CHAPITRE V.

DES DROITS ET OBLIGATIONS DU PROPRIÉTAIRE.

§ Ier. *Des droits du propriétaire.*

391. Les lois romaines donnent au propriétaire des droits qu'il n'a plus d'après notre législation : il n'a plus le droit de préférence en cas de vente, il n'a plus le *laudemium* en cas de mutation. A s'en tenir au texte de la loi belge, il faudrait dire que les droits du propriétaire sont purement honorifiques pendant la durée de l'emphytéose : s'il perçoit une redevance, c'est moins un revenu qu'une reconnaissance de son droit de propriété. En fait il n'en est pas ainsi ; il a des droits plus étendus que le nu propriétaire des biens grevés d'usufruit. Celui-ci ne reçoit régulièrement aucune redevance, parce que le plus souvent l'usufruit est constitué à titre gratuit ; le propriétaire mérite donc le nom de *nu* propriétaire qu'on lui donne. Tandis que le propriétaire des fonds donnés en emphytéose est plutôt dans la position du bailleur. On voit que les contrats de bail et d'emphytéose tantôt se rapprochent, tantôt se séparent ; il ne faut ni les confondre, ni les considérer comme des contrats tout à fait distincts : il y a des nuances dont on doit tenir compte à chaque pas, soit pour procéder par voie d'analogie, soit pour repousser l'interprétation analogique.

392. Le bailleur, comme on appelait jadis celui qui donne ses biens à emphytéose, reste propriétaire. Quels droits exerce-t-il à ce titre pendant la durée de l'emphytéose ? Les lois romaines lui donnent les actions réelles directes, et il va sans dire qu'il a le même droit sous notre législation, bien qu'elle ignore la terminologie des actions directes et utiles. Que le propriétaire puisse aliéner, cela est également hors de doute. Pouvant aliéner, il a par cela même le droit d'hypothéquer. Mais que peut-il hypothéquer? Le fonds emphytéotique; cela est encore certain. Peut-il aussi hypothéquer la redevance? Merlin le dit (1). Cette opinion tient à l'ancienne doctrine sur le caractère de l'emphytéose; on admettait que l'emphytéote devenait propriétaire, ce qui semblait impliquer que le bailleur cessait de l'être. Il conservait néanmoins le domaine direct, et pour expliquer cette double propriété, on supposait que lors du contrat le bailleur se réservait une partie du domaine représentée par la redevance. Le canon prenait ainsi la nature du fonds dont il était un démembrement; donc il était immobilier, et partant il pouvait être hypothéqué. Toute cette théorie reposait sur une fiction que le législateur révolutionnaire a abolie jusque dans sa racine, en abolissant la féodalité et par suite la distinction féodale du domaine direct et du domaine utile. Il suffit de lire le code civil, et notre loi hypothécaire, conforme en ce point à la législation française, pour se convaincre que Merlin s'est trompé. Sont seuls susceptibles d'hypothèque les biens immobiliers, c'est-à-dire les immeubles corporels et certains droits immobiliers; d'après le code Napoléon, il n'y a que l'usufruit qui puisse être hypothéqué; la loi belge y a ajouté les droits d'emphytéose et de superficie. Nulle part il n'est dit que des prestations, telles que les rentes dites foncières ou les redevances emphytéotiques, soient susceptibles d'être hypothéquées; la raison en est bien simple. Dans le droit moderne, il n'y a plus de prestations immobilières; les rentes foncières sont meubles (art. 539), et à plus forte raison les redevances emphytéotiques. En effet, la rente foncière est établie comme prix de la vente d'un immeuble, ou comme condition de la cession à titre onéreux d'un fonds immobilier; la rente foncière permettait donc la fiction de la réserve d'une partie du fonds aliéné. Tandis que dans l'emphytéose, il n'y a aucune aliénation de la propriété, le bailleur reste propriétaire; le canon lui est payé en recon-

(1) Merlin, *Questions de droit*, au mot *Emphytéose*, § VII (t. VI, p. 295 et suiv.).

---

naissance de ce droit de propriété. Conçoit-on qu'il y ait là deux immeubles, l'immeuble corporel qui continue à appartenir au bailleur, et la redevance qui lui est payée pour constater son droit? Que la loi puisse établir une fiction pareille, nous ne le contestons pas. Mais où est le texte qui l'établit? Inutile d'insister; si nous avons relevé cette erreur d'un grand jurisconsulte, c'est pour tenir nos jeunes lecteurs en garde contre l'autorité qui s'attache à son nom; elle est méritée, mais il faut se défier de ses opinions dans les matières traditionnelles; il est homme de tradition avant tout : c'est une qualité tout ensemble et un défaut.

393. Le propriétaire du fonds emphytéotique conserve-t-il un droit de jouissance pendant la durée de l'emphytéose? D'après les principes, il ne faut pas hésiter à répondre négativement. Quand un bien est grevé d'usufruit, il ne reste au propriétaire aucun droit sur les fruits ou sur les produits de la chose; c'est pour ce motif que l'on dit qu'il n'a que la *nue* propriété. Or, les droits de l'emphytéote sont plus étendus que ceux de l'usufruitier; dès lors il faut dire à plus forte raison que le bailleur n'est que nu propriétaire. C'est dire qu'il n'a aucun droit de jouissance.

Il y a cependant des fruits et des produits auxquels l'usufruitier et l'emphytéote n'ont aucun droit : tels sont les bois de haute futaie non aménagés, tels sont les produits des carrières et des mines non ouvertes lors de l'établissement de l'usufruit ou de l'emphytéose. Est-ce à dire que le nu propriétaire y ait droit? En matière d'usufruit, il n'y a pas de doute; le nu propriétaire ne pourrait pas abattre un bois de haute futaie; quant aux mines, le gouvernement en peut autoriser l'exploitation pendant la durée de l'usufruit, à charge par le concessionnaire d'indemniser l'usufruitier de la perte de jouissance qu'il éprouve. Faut-il suivre d'autres principes en cas d'emphytéose? Nous ne le croyons pas. La question n'est pas même douteuse en ce qui concerne les mines : il n'y a pas de raison de faire une différence entre l'emphytéote et l'usufruitier. Quant aux futaies, il a été dit, lors de la discussion préparatoire du projet de loi sur l'emphytéose, que le propriétaire avait le droit de faire toute espèce de coupes de bois; le gouvernement qui fit cette réponse aux sections, invoque l'article 4, aux termes duquel l'emphytéote profite des arbres morts ou abattus par accident. De là on concluait *a contrario* que l'emphytéote n'avait pas d'autres droits sur les bois, que par suite les coupes devaient appartenir au propriétaire. A notre avis, cette interprétation est erronée. Nous avons dit quels sont les droits de l'emphytéote sur les bois, et d'après la tradition, et d'après le texte et l'esprit de la loi belge. Tout ce que l'on pourrait soutenir, c'est que le bailleur peut faire les coupes de haute futaie auxquelles l'emphytéote n'a aucun droit. Nous lui contestons ce pouvoir. Il est certain que le nu propriétaire ne l'a pas, parce qu'il ne peut pas diminuer la jouissance de l'usufruitier; or, la jouissance de l'emphytéote est plus étendue que celle de l'usufruitier, donc *a fortiori* le propriétaire ne peut rien faire qui l'entrave ou la diminue. Cela est décisif. Quant à l'opinion contraire énoncée par le gouvernement, ce n'est qu'une simple opinion; elle n'a aucune valeur alors qu'elle est en opposition avec les principes.

393 *bis.* Le propriétaire peut avoir des droits à exercer contre l'emphytéote à l'expiration de l'emphytéose, soit du chef de la redevance emphytéotique, si elle n'a pas été payée intégralement, soit pour dommages-intérêts dus pour dégradation. Si l'emphytéote a fait des constructions ou plantations, le propriétaire a un droit de rétention jusqu'à l'acquittement de ce qui lui est dû (art. 7). Par conséquent il peut s'opposer à ce que l'emphytéote enlève les plantes et détruise les bâtiments. La loi lui accorde cette garantie parce qu'il n'en a pas d'autre; et le plus souvent le droit de rétention sera encore une garantie illusoire. Où sont les emphytéotes qui fassent des plantations et des constructions? La plupart sont de pauvres cultivateurs qui, pour se procurer des moyens d'existence, prennent à bail des biens dont personne ne veut comme fermier.

§ II. *Obligations du propriétaire.*

394. La loi ne parle pas des obligations du bailleur ; si donc il en a, elles doivent résulter de la nature du contrat. Comme le contrat emphytéotique tient tout ensemble du bail et de la vente, il en résulte que celui qui donne un bien à emphytéose est tenu des obligations qui sont communes à ces deux contrats. Ce sont des contrats à titre onéreux ; par suite le bailleur et le vendeur sont tenus à la garantie. On objectait, dans l'ancien droit, que l'emphytéose devait plutôt être considérée comme un contrat à titre gratuit, et on pourrait dire qu'il en est de même d'après la loi belge, puisque le propriétaire ne reçoit rien, sinon une modique redevance en reconnaissance de son droit de propriété. Nous avons répondu d'avance à l'objection ; le canon, quelque modique qu'on le suppose, n'en est pas moins une prestation annuelle, une rente que l'emphytéote doit payer au bailleur ; elle représente au moins une partie des fruits ; donc il y a titre onéreux, et par conséquent le propriétaire doit garantie à l'emphytéote contre les troubles et évictions (1). Il faut lui appliquer par analogie ce que nous dirons de l'obligation de garantie qui incombe au vendeur et au bailleur, aux titres de la *Vente* et du *Louage*.

395. Le propriétaire n'est tenu d'aucune des charges que le code civil impose au nu propriétaire des biens grevés d'usufruit. Aux termes de l'article 605, les grosses réparations demeurent à la charge du nu propriétaire, tandis que la loi de 1824 dit formellement que le propriétaire n'est tenu à aucune réparation. D'après l'article 609, les charges qui sont imposées à la propriété pendant la durée de l'usufruit se partagent entre l'usufruitier et le nu propriétaire ; en matière d'emphytéose, au contraire, toutes les impositions, de quelque nature qu'elles soient, sont payées par l'emphytéote. Nous en avons dit la raison. En

---

(1) Domat, *Lois civiles*, livre I, tit. IV, sect. X, n° 7. Duvergier, *Du louage*, n° 176, p. 52.

faut-il conclure que les autres obligations et charges que le nu propriétaire doit supporter ne peuvent pas être étendues à l'emphytéose?

L'article 599 dit que le propriétaire ne peut, par son fait, ni de quelque manière que ce soit, nuire aux droits de l'usufruitier. Nous croyons que cette disposition est applicable à l'emphytéose. En effet, la définition même dit que l'emphytéote a la pleine jouissance ; nous venons de dire que le propriétaire doit le garantir contre tous troubles et évictions. A plus forte raison lui-même ne peut-il pas troubler l'emphytéote dans sa jouissance.

Si un procès s'élevait concernant le fonds emphytéotique, il faudrait appliquer également les principes qui découlent de l'article 613. Il y a même motif de décider, donc il doit y avoir même décision.

L'emphytéose testamentaire n'est qu'une théorie ; en théorie aussi, elle pourrait comprendre tous les biens ; on appliquerait en ce cas, par analogie, les dispositions de l'article 612 sur le mode de contribution de l'emphytéote et du propriétaire aux dettes de la succession.

CHAPITRE VI.

EXTINCTION DE L'EMPHYTÉOSE.

§ Ier. *De la commise emphytéotique.*

396. D'après le droit romain, l'emphytéote était déchu de plein droit s'il cessait de payer la redevance pendant trois ans. Il en était de même lorsque l'emphytéote vendait son tenement sans avoir offert la préférence au propriétaire (1). C'est ce qu'on appelait la commise emphytéotique. Ni l'une

---

(1) L. 2 et 3, C., *de jure emphyt.* (IV, 66).

ni l'autre de ces commises n'étaient reçues en France, au moins de droit commun. Loyseau le dit de la commise encourue pour cessation de payement du canon emphytéotique. Elle n'est pas observée, dit-il, à moins qu'il n'y ait une stipulation expresse; c'est ce que nous appelons pacte commissoire. Il y a plus : alors même qu'il y avait une clause expresse de résolution, elle n'était pas pratiquée à la rigueur. On poussait l'indulgence à ce point que si le seigneur s'était mis en possession, en vertu du pacte commissoire et d'une sentence du juge, l'emphytéote pouvait encore rentrer dans le fonds, après trente ans, en payant le canon (1). La commise, quoique écrite au contrat, était donc purement comminatoire.

397. La loi belge ne place pas la commise parmi les causes qui entraînent l'extinction de l'emphytéose. Il suit de là que les parties restent sous l'empire du droit commun. En France, la commise romaine étant tombée en désuétude, on admet le même principe. Mais quand il s'agit de l'appliquer, l'accord cesse. Il y a un véritable chaos d'opinions en cette matière. Pour apprécier ces opinions discordantes, il faudrait commencer par exposer la théorie de la condition résolutoire tacite et du pacte commissoire. Nous traiterons ce sujet au titre des *Obligations*; pour le moment, nous nous bornons à rappeler les principes en les appliquant à l'emphytéose.

La condition résolutoire tacite est sous-entendue dans les contrats synallagmatiques pour le cas où l'une des deux parties ne satisfait pas à ses engagements (art. 1184). Si donc l'emphytéote ne paye pas le canon, le propriétaire peut demander la résolution du contrat. Dans l'opinion que nous avons enseignée sur le contrat emphytéotique, cela ne fait pas de doute, puisque ce contrat est bilatéral aussi bien que la vente et le bail, avec lesquels il a une incontestable analogie. Mais la condition résolutoire tacite n'opère pas de plein droit. La résolution doit être demandée en justice; et selon les circonstances, le juge peut accor-

(1) Voyez les témoignages rapportés par Merlin, *Répertoire,* au mot *Commise emphytéotique,* n° 1. Comparez Troplong, *Du louage,* n° 46, p. 95; Duvergier, *Du louage,* n° 166, p. 48.

der un délai au défendeur. Une fois la résolution prononcée, la déchéance est définitive, puisqu'il y a chose jugée : on ne permettrait donc plus à l'emphytéote de rentrer dans le fonds en payant les canons échus.

Les parties peuvent aussi stipuler que l'emphytéose sera résolue si l'emphytéote ne paye pas la redevance. Est-ce là une condition résolutoire expresse qui opère de plein droit, c'est-à-dire sans que le propriétaire ait manifesté la volonté de demander la résolution? C'est une question d'intention, puisqu'il s'agit d'interpréter le sens d'une clause. Quand les parties ont formellement déclaré leur volonté, et qu'elles ont dit que l'emphytéose prendrait fin de plein droit sans qu'il faille un acte quelconque de la part du propriétaire, dans ce cas, le pacte commissoire produira les effets de la condition résolutoire expresse, parce que les conventions tiennent lieu de loi à ceux qui les ont faites (art. 1134). Mais si les parties ont seulement dit que le bail emphytéotique sera résolu de plein droit, cette clause n'équivaut pas à une condition résolutoire expresse. Le propriétaire a deux droits, il peut demander l'exécution du contrat, et il en peut demander la résolution; ayant le choix, il doit déclarer quelle est sa volonté. Dès qu'il l'aura manifestée, l'emphytéose sera résolue. C'est ce que l'article 1656 dit en cas de vente, et en cela il ne fait qu'appliquer les principes généraux qui régissent le pacte commissoire. Il n'y déroge qu'en un point, c'est qu'il exige une sommation; d'après le droit commun, une manifestation quelconque de volonté suffit. C'est ce droit commun qui reçoit son application à l'emphytéose. Nous appliquons donc l'article 1656 à l'emphytéose en tant qu'il consacre le droit commun, nous ne l'appliquons pas en tant qu'il y déroge (1).

398. S'il s'agit d'un bail emphytéotique fait avant la publication du code civil, faudra-t-il appliquer les principes de l'ancien droit ou les principes du droit moderne? La différence est grande; dans l'ancien droit, la résolution,

(1) Comparez Merlin, *Questions de droit,* au mot *Emphytéose,* § III. n° 2 (t. VI, p. 269); Duvergier, *Du louage,* p. 48, n°s 167 et suiv.; Troplong, *Du louage,* n° 46, p. 95. Liége, 9 août 1841 (*Pasicrisie,* 1842, 2, 49).

même stipulée dans les termes les plus exprès, était une simple menace ; l'emphytéote pouvait toujours, même après un jugement, se relever de la déchéance en payant le canon. Tandis que, d'après le code civil, la résolution est sérieuse, et elle est exécutée avec sévérité, si telle est la volonté des parties. Il est de doctrine et de jurisprudence que l'exécution des contrats se règle par la loi nouvelle. Nous avons combattu cette opinion en traitant de la rétroactivité (1) ; l'application que l'on en fait à l'emphytéose donne, nous semble-t-il, une confirmation éclatante à notre manière de voir. Un bail emphytéotique passé avant le code stipule la résolution dans les termes les plus formels : cela n'empêche pas ce pacte d'être purement comminatoire ; dans l'intention des parties, la clause est considérée comme n'étant pas écrite. Et l'on veut que sous l'empire du code cette même clause soit exécutée à la lettre? La rétroactivité serait évidente. Le principe d'où l'on part est donc faux. Cependant telle est l'incertitude qui règne en cette matière, que Troplong admet le principe et repousse l'application que l'on en fait à l'emphytéose. Il faut être plus logique ; si le principe est vrai, on doit l'appliquer à tous les cas, comme fait M. Duvergier. Que si l'application prouve que le principe implique rétroactivité, il faut rejeter le principe (2).

§ II. *Du déguerpissement.*

399. L'emphytéote peut-il abandonner le fonds pour se décharger des obligations que le contrat ou la loi lui imposent? Dans l'ancien droit, la faculté de déguerpir était généralement reconnue à l'emphytéote. On lit dans Merlin que le tiers acquéreur d'un bien grevé d'une rente emphytéotique peut se libérer par le déguerpissement : cela n'est contesté par personne (3), dit-il. A vrai dire, il n'y a pas lieu à déguerpir, du moins dans l'opinion que nous avons enseignée. On suppose que l'emphytéote vend

(1) Voyez le tome Ier de mes *Principes*, p. 291, nos 223-226.
(2) Troplong, *Du louage*, no 46, p. 96. Duvergier, *Du louage*, n° 168, p. 49.
(3) Merlin, *Répertoire*, au mot *Déguerpissement*, § II.

son droit. L'acquéreur est-il obligé de payer la redevance ? Il est obligé envers son vendeur, mais non à l'égard du propriétaire. Donc il ne peut être question de déguerpir, à l'égard du propriétaire. A l'égard de l'emphytéote son auteur, l'acquéreur est lié par un lien d'obligation ; or, il est de principe qu'on ne peut, par le déguerpissement, se libérer de charges personnelles. Ainsi l'acheteur ni le fermier ne peuvent déguerpir pour se décharger de l'obligation de payer leur prix. Cela décide la question, même à l'égard de l'emphytéote primitif ; il ne peut pas plus déguerpir que l'acheteur et le fermier, parce que, comme eux, il est obligé personnellement.

Cette dernière question était très-controversée entre les interprètes du droit romain, et elle l'est encore. Merlin n'hésite pas à enseigner que, la rente emphytéotique étant due par le fonds et non par la personne, l'emphytéote doit être admis à déguerpir. Nous avons déjà combattu cette opinion ; dans l'espèce, il donne une très-mauvaise raison qui suffirait pour faire rejeter toute sa théorie. L'anéantissement total du fonds baillé en emphytéose, dit-il, décharge le preneur de la rente ; ce n'est donc pas la personne du preneur qui doit cette rente ; l'abandonnement de la chose doit par conséquent la faire cesser. On pourrait appliquer à la lettre cette argumentation au fermier : est-ce à dire que le fermage soit dû par le fonds et que le fermier puisse déguerpir ? C'est une hérésie juridique ; et si c'en est une pour le fermier, c'en est une pour l'emphytéote. Voet admet aussi le déguerpissement par des raisons qui ne valent guère mieux que celles de Merlin. On permet à l'usufruitier d'abandonner le fonds pour se décharger des obligations dont il est tenu ; on permet au propriétaire du fonds servant d'en faire l'abandon, bien qu'il se soit obligé de supporter la dépense des travaux nécessaires pour l'usage de la servitude ; pourquoi ne donnerait-on pas le même droit à l'emphytéote (1) ? Nous répondons que c'est confondre des droits essentiellement différents. La servi-

(1) Voet, *Comment. in Pandect.*, VI, 3, 17. Dans le même sens, Glück, *Pandekten*, t. VIII, p. 532 et suiv.; Arndts, dans Weiske, *Rechtslexikon*, t. III, p. 878 et suiv.

tude est due par le fonds, et non par le possesseur du
fonds; la loi étend ce principe à l'obligation que le propriétaire du fonds contracte de supporter la dépense, parce
que c'est une obligation accessoire à la charge principale
qui est purement réelle. Donc le propriétaire d'un fonds
grevé d'une servitude ou d'un usufruit n'est tenu que comme
détenteur du fonds; dès lors il doit avoir le droit de déguerpir. Mais si un fonds est grevé d'emphytéose, est-ce le
fonds qui est tenu? L'emphytéose n'est pas une servitude ;
les jurisconsultes romains l'assimilaient, les uns au bail,
les autres à la vente, ce qui implique que l'emphytéote est
personnellement obligé au payement du canon; et là où il
y a un lien personnel, il ne peut être question de s'en
dégager en déguerpissant.

Domat invoque en faveur de l'emphytéote des considérations d'équité qui sont très-puissantes, mais dont l'interprète ne peut pas tenir compte; elles s'adressent au législateur. D'après lui, le déguerpissement est fondé, non pas
sur le caractère réel du canon, mais sur les pertes ou
diminutions du fonds qui peuvent arriver. Serait-il juste
que l'emphytéote dût payer une rente excessive, alors que
les revenus du fonds n'y suffisent pas (1)? Nous avons fait
la part de l'équité, en tant qu'elle se concilie avec le droit,
en permettant à l'emphytéote de demander une remise de
la redevance lorsqu'il y a perte totale de jouissance. En
dehors de ce cas, pour lequel il y a une analogie légale,
on reste sous l'empire des principes généraux. Est-il nécessaire de prouver que le fermier ne pourrait demander
la cessation du bail pour des motifs d'équité? L'emphytéote
ne le peut pas davantage. Les contrats sont des lois, et
quand la loi a parlé, l'équité doit se taire (2).

§ III. *De l'abus de jouissance.*

400. L'article 15 de la loi de 1824 porte : « L'emphytéote pourra être déclaré déchu de son droit pour cause de
dégradations notables de l'immeuble et d'abus graves de

---

(1) Domat, *Lois civiles*, livre I, tit. IV, sect. X, n° 7.
(2) Duvergier, *Du louage*, n° 175, p. 51. Pepin Le Halleur, p. 75 et suiv.

jouissance, sans préjudice des dommages-intérêts. » C'est l'application à la jouissance de la condition résolutoire tacite. Il est de la nature de l'emphytéose, dit Domat, que l'emphytéote ne peut détériorer le fonds ; s'il le détériore, il manque à ses engagements ; dès lors le propriétaire a le droit de demander la résolution de l'emphytéose. Quant aux dommages-intérêts, ils sont de droit, s'il y a dommage causé par faute. L'emphytéote peut être tenu de dommages-intérêts sans qu'il y ait lieu à la résolution du contrat. En effet, tout dommage n'autorise pas la déchéance de l'emphytéote. La loi veut que la dégradation soit *notable* et que l'abus soit *grave*. C'est la doctrine de Voet (1). Le législateur montre une indulgence extrême à l'emphytéote ; nous en avons déjà dit la raison. L'article 16 de la loi belge ajoute : « L'emphytéote pourra *empêcher* la déchéance pour cause de dégradation ou d'abus de jouissance, en rétablissant les choses dans leur ancien état et en donnant des garanties pour l'avenir. » Cela se comprend tant que la déchéance n'est pas prononcée ; la réparation du dommage et les garanties données pour l'avenir concilient les droits et les intérêts des deux parties. Mais l'article 16 a encore une portée plus grande. Une section de la deuxième chambre des états généraux proposa, lors de la discussion préparatoire, de remplacer le mot *empêcher* par celui de prévenir ; c'était limiter formellement le droit de l'emphytéote au cas que nous venons de supposer. Le gouvernement répondit que l'on s'était servi à dessein du mot *empêcher*, pour marquer que l'emphytéote pouvait être maintenu dans son droit, même après la déchéance prononcée par le juge. Cela est tellement exorbitant que nous avons de la peine à l'admettre ; conçoit-on que l'on revienne sur une décision judiciaire, et que le défendeur ait la faculté d'anéantir le jugement qui le condamne ? Toutefois la déclaration est officielle ; c'est le commentaire authentique de la loi ; il faut l'interpréter telle que le législateur l'a entendue. Cette indulgence est d'ailleurs de tradition (n° 396).

(1) Voet, *Comment. in Pandect.*, VI, 3, 46. Domat, *Lois civiles*, livre I, tit. IV, sect. X, n° 9.

401. Suivrait-on les mêmes principes si l'acte d'emphytéose contenait une clause formelle de déchéance pour le cas d'abus? Il a été jugé que ces clauses de résolution ne sont que comminatoires (1). Cela nous paraît trop absolu. Les contrats forment la loi des parties; les conventions sont donc chose sérieuse et doivent être exécutées sérieusement. Dans l'ancien droit, on ne voyait que des menaces dans les clauses résolutoires. Cette règle d'interprétation ne peut plus être admise dans notre droit moderne. Les contrats doivent être interprétés d'après l'intention des parties contractantes (art. 1156). C'est donc d'après la volonté des parties que le juge décidera la question. La véritable difficulté est celle-ci : la résolution pour cause d'abus, prévue par les articles 15 et 16 de la loi belge, produira-t-elle les mêmes effets si elle est écrite dans l'acte? On ne peut pas répondre d'une manière absolue, tout dépendant de l'intention des parties. Elles peuvent déroger à la loi (art. 17); il faut donc voir si elles ont voulu y déroger et quelle est la portée de ces dérogations. La loi se montre très-indulgente pour l'emphytéote; mais rien n'empêche les parties d'être plus sévères. Le juge décidera d'après les termes de l'acte et d'après les circonstances de la cause.

402. Les clauses résolutoires donnent encore lieu à une autre difficulté. Il a été jugé que la résolution pouvait être demandée directement contre un tiers acquéreur ou sous-acquéreur pour des dégradations commises par l'emphytéote (2). Si la cour de cassation a voulu dire que le contrat pouvait être résolu et que la résolution aurait effet contre les tiers, nous sommes d'accord. Mais nous n'admettons pas que l'action en résolution puisse être intentée directement contre les tiers. Elle naît d'un contrat et elle se fonde sur l'inexécution du contrat; donc elle est essentiellement personnelle et ne peut être formée que contre celui qui a manqué à ses engagements. C'est l'emphytéote qui a abusé, c'est lui qui n'a pas rempli les obligations que

---

(1) Metz, 17 décembre 1826 (Dalloz, au mot *Louage emphytéotique*, n° 31).
(2) Arrêt de rejet du 30 août 1827 (Dalloz, au mot *Louage emphytéotique*, n° 31, p. 593).

le contrat lui imposait; c'est donc contre lui que la résolution doit être demandée. Une fois la résolution prononcée, les cessions consenties par l'emphytéote tombent :
c'est l'application du principe qui régit les concessions
faites par celui qui n'a qu'une propriété résolutoire. Mais
de quel droit le propriétaire agirait-il contre des tiers qui
n'ont pas traité avec lui, et qui ne sont pas coupables de
l'abus pour lequel la déchéance est demandée? Nous reviendrons sur la question de principe, au titre des *Obligations*.

§ IV. *De la perte du fonds.*

403. L'emphytéose s'éteint, aux termes de la loi belge,
par la destruction du fonds (art. 18, et loi sur le droit de
superficie, art. 9). Quand la perte est totale, il ne peut
plus être question d'emphytéose; en effet, l'emphytéose est
un droit réel, et il n'y a pas de droit réel sans objet. Le
droit du propriétaire périt par la même raison. Il ne peut
plus exiger de redevance emphytéotique, puisque le payement du canon n'a plus de cause : l'emphytéote le devait
en reconnaissance du droit de propriété de celui qui lui
concédait la jouissance de la chose; or, il n'y a plus ni
propriété ni jouissance.

404. Que faut-il décider si la perte est partielle? C'est
une maison donnée en emphytéose qui périt; l'emphytéose
subsiste-t-elle sur le fonds, ou est-elle éteinte? Merlin
dit que le droit est éteint, que par suite l'emphytéote ne
doit plus payer de redevance (1). Troplong est d'avis que
l'emphytéose subsiste. Nous croyons que c'est cette dernière opinion qu'il faut suivre. L'emphytéose n'est pas limitée à la superficie, elle affecte le fonds et donne à l'emphytéote pleine jouissance de ce fonds; elle doit donc subsister,
bien que la superficie soit détruite. Y aura-t-il lieu, en ce
cas, à une réduction proportionnelle de la redevance? Si
l'on admet les principes que nous avons enseignés plus

---

(1) Merlin, *Répertoire*, au mot *Emphytéose*, § I, n° 8.

haut, il faut distinguer : le canon représente-t-il la jouissance, il devra être diminué si la jouissance diminue : s'il
est payé uniquement en reconnaissance des droits du propriétaire, sans rapport aucun entre le revenu et le montant
du canon, la perte partielle du fonds ne peut avoir aucune
influence sur les obligations de l'emphytéote (1). On demande s'il sera tenu de rebâtir? La question est controversée. Proudhon dit qu'il doit rebâtir parce qu'il est obligé
d'entretenir. Nous préférons l'opinion de Loyseau qui dit
très-bien que l'obligation d'entretenir est distincte de
l'obligation de construire, que l'une n'implique pas l'autre ;
l'usufruitier n'est pas tenu de rebâtir ce qui a été détruit
par cas fortuit, bien qu'il soit obligé d'entretenir (2).

§ V. *De l'expiration du temps.*

405. L'emphytéose ne peut être constituée que pour
un temps limité, dont la loi fixe le maximum et le minimum.
Il suit de là que le bail cesse de plein droit par l'expiration du délai pour lequel il a été établi. C'est le droit commun ; quand un contrat est fait à temps, il expire avec le
temps. Il en était ainsi dans l'ancien droit (3), et la loi
belge consacre la doctrine traditionnelle. L'article 14
porte : « L'emphytéose éteinte par l'expiration du temps
ne se renouvelle pas tacitement, mais elle peut continuer
d'exister jusqu'à révocation. » Il résulte de là une différence notable entre le bail ordinaire et le bail emphytéotique. Comme ce dernier se fait d'ordinaire pour une durée
qui équivaut à trois vies d'homme, le législateur n'a pas
voulu que plusieurs générations fussent liées par un consentement tacite sur lequel il reste toujours quelque incertitude. Cependant si de fait l'emphytéote reste en possession, et si le propriétaire l'y laisse, le bail continuera, en
ce sens que l'emphytéote jouira à charge de payer le canon,

---

(1) Comparez Troplong, *Du louage*, nos 41 et 42, p. 94.
(2) Proudhon, *De l'usufruit*, t. VIII, p. 565, n° 3733 ; Loyseau, *Du déguerpissement*, livre V, ch. VI. Duvergier, *Du louage*, n° 179, p. 52.
(3) Voet, VI, 3, 14. Troplong, *Du louage*, n° 40, p. 93.

mais chacune des parties peut mettre fin à cet état de
choses qui est plutôt un fait qu'une convention.

Les parties peuvent déroger à cette disposition de la loi
comme à toutes les autres, sauf à observer l'article 2 qui
fixe la durée du bail. Si l'acte porte qu'il y aura tacite réconduction, par cela seul que l'emphytéote restera en possession après l'expiration du premier bail, on appliquera
les principes qui régissent la réconduction tacite; nous les
exposerons au titre du *Bail*. S'il résulte de l'acte que c'est
une faculté que l'emphytéote s'est réservée, il faudra qu'il
manifeste sa volonté de profiter de la clause, soit d'une
manière expresse, soit d'une manière tacite. La cour de
cassation a jugé que dans ce cas il y avait seulement un
engagement unilatéral de la part du bailleur, et que cet
engagement ne prenait le caractère d'un contrat synallag-
matique que du jour où le preneur consentirait de son côté
à renouveler le bail (1). Cela n'est pas douteux; c'est l'application des principes élémentaires qui régissent les conventions.

406. Il s'est présenté une difficulté de preuve, qui réellement n'en est pas une. Le bailleur veut disposer du fonds
emphytéotique; il prétend que le bail est expiré. On a
agité devant la cour de Bruxelles la question de savoir si
c'est au bailleur à prouver que le bail est expiré, ou si c'est
l'emphytéote qui doit justifier qu'il a le droit de continuer
sa jouissance? Le texte du code répond à la question (article 1315) : le propriétaire étant demandeur, c'est à lui
d'établir le fondement de sa demande (2).

§ VI. *Des autres causes d'extinction.*

407. Aux termes de l'article 18 de la loi belge, « l'emphytéose s'éteint de la même manière que le droit de superficie. » Et la loi sur la superficie porte (art. 9) : « Le
droit de superficie s'éteint, *entre autres*, par la confusion, par

---

(1) Arrêt de rejet du 14 mars 1860 (Dalloz, 1860, 1, 163).
(2) Bruxelles, 14 novembre 1823 (*Pasicrisie*, 1823, p. 532).

la destruction du fonds, par la prescription de trente ans. »
En disant, *entre autres*, le législateur a voulu s'en rapporter au droit commun pour les causes qui entraînent
l'extinction de l'emphytéose et de la superficie. Il faut donc
appliquer par analogie ce que nous avons dit de l'extinction de l'usufruit et des servitudes, avec une réserve, c'est
que l'emphytéose n'est pas une servitude. Ainsi d'une part
elle ne prend pas fin par la mort de l'emphytéote. D'autre
part il y a une cause d'extinction qui est spéciale aux servitudes, c'est le non-usage. L'emphytéose n'étant pas une
servitude, il faut appliquer les principes de droit commun
qui régissent la prescription, principes auxquels le code
déroge, dans l'opinion générale, en matière de servitudes.
Tout ce qu'il y a d'exceptionnel, au titre des *Servitudes*
ou de l'*Usufruit*, ne peut naturellement être étendu à l'emphytéose, puisque toute exception est d'interprétation rigoureuse. Quand donc l'emphytéose s'éteindra-t-elle par
la prescription? Lorsque, dit Voet, le propriétaire aura
joui du domaine utile et direct, c'est-à-dire de la pleine
propriété, pendant le temps requis par la loi. Ce temps,
d'après le code civil, est de trente ans. Si le propriétaire
vendait le fonds grevé d'emphytéose, l'acquéreur ayant
titre et bonne foi acquerrait la pleine propriété par une
possession de dix ou vingt ans, et par suite le droit d'emphytéose serait éteint. L'emphytéote pourrait-il prescrire
la pleine propriété contre le bailleur? En principe, non,
puisque à l'égard du bailleur il est possesseur précaire, et
il ne peut prescrire contre son titre. Il pourrait prescrire
si son titre était interverti. C'est le droit commun. Telle
est aussi la doctrine de Voet (1).

408. L'expropriation pour cause d'utilité publique
donne lieu à une difficulté sur laquelle la jurisprudence est
divisée. Il va sans dire que l'expropriation éteint l'emphytéose aussi bien que tous les droits réels qui grèvent le
fonds exproprié. On demande comment l'indemnité sera
réglée. En France, on assimile l'emphytéose à l'usufruit;
or, la loi française du 3 mai 1841 décide (art. 39, § 2)

---

(1) Voet, *Comment. ad Pandect.*, VI, 3, 47, p. 453.

qu'une seule indemnité est fixée eu égard à la valeur totale
de l'immeuble ; le nu propriétaire et l'usufruitier exercent
leurs droits sur le montant de l'indemnité, au lieu de l'exercer sur la chose (1). Cela est très-logique. L'expropriation
ne doit rien changer aux droits des parties intéressées ;
comme le fonds entre dans le domaine public de l'Etat, il
cesse d'être assujetti à des droits réels quelconques, mais
ces droits s'exerceront sur l'indemnité quand ils consistent
en un droit de jouissance.

Il n'y a pas dans nos lois de disposition analogue à celle
de la loi française de 1841. La loi du 8 mars 1810 se borne
à dire que les tiers intéressés à titre d'usufruit ou de bail
doivent être mis en cause par le propriétaire, et que leur
indemnité est réglée dans la même forme que celle qui est
due au propriétaire ; ce qui implique qu'ils reçoivent une
indemnité spéciale (art. 18). Cette disposition est reproduite par la loi du 23 avril 1835 (art. 19). Il a été jugé,
par application de ces lois, que l'emphytéote ne pouvait
pas réclamer les intérêts de l'indemnité allouée au bailleur, qu'il avait seulement droit à une quotité de cette indemnité pour la valeur vénale et les plantations. Mais sur
quel pied évaluera-t-on cette quotité ? Dans l'espèce, la
cour a alloué trois septièmes à l'emphytéote et quatre
septièmes au propriétaire (2). L'arrêt ne dit pas d'après
quelles bases ce chiffre a été calculé. Le calcul, en tout
cas, est très-arbitraire, parce qu'il n'y a pas de base légale.
Nous préférons la jurisprudence française, elle est plus
simple et plus juridique.

(1) Arrêt de rejet du 12 mars 1845 (Dalloz, 1845, 1, 105). La doctrine est
dans le même sens. Voyez les auteurs cités par Dalloz, au mot *Expropriation pour cause d'utilité publique*, n° 618.
(2) Bruxelles, 29 avril 1857 (*Pasicrisie*, 1857, 2, 196).

TITRE VI.

———

CHAPITRE PREMIER.

NOTIONS GÉNÉRALES.

———

§ Ier. *Définition.*

409. La loi du 10 janvier 1824 définit le droit de superficie en ces termes : « Le droit de superficie est un droit réel qui consiste à avoir des bâtiments, ouvrages ou plantations sur un fonds appartenant à autrui. » Quelle est la nature de ce droit? Notre loi l'appelle un droit réel, ce qui implique que c'est un simple démembrement de la propriété. Il est certain que le superficiaire n'a aucun droit de propriété dans le sol, puisque la loi dit formellement que le fonds appartient à autrui. Mais la loi ne s'explique pas sur la nature du droit que le superficiaire a dans les bâtiments, ouvrages ou plantations : est-ce un droit de propriété, ou n'est-ce qu'un démembrement de la propriété? La question est controversée, et en droit romain et en droit moderne.

_____

(1) Proudhon, *Traité des droits d'usage, servitudes réelles et du droit de superficie*, édition de Curasson, 2 vol. Paris, 1848. Donelli *Commentarii de jure civili*, lib. IX, cap. 16 et 17 (t. V de l'édition allemande de 1822, p. 393). Les sources romaines sont indiquées dans Weiske, *Rechtslexikon*, au mot *Superficies*, t. X, p. 195, note 1.

Nous nous étonnons que les interprètes du droit romain soient en désaccord sur une question qui ne devrait pas même être agitée. Les Allemands, grands amateurs de théories, en construisent par amour de l'art; ils oublient que notre science est une face de la vie, et la vie réelle est pratique avant tout. Il y a des auteurs qui ont trouvé bon de ressusciter la distinction du domaine direct et du domaine utile, en reconnaissant au superficiaire le domaine utile des constructions et des plantations (1). Nous renvoyons ces amateurs de nouveautés au président Favre; le rude magistrat se fâche contre les légistes féodaux qui revendiquaient le domaine utile au profit du superficiaire; il dit et répète que non-seulement le superficiaire n'a pas la propriété des bâtiments et des plantations, mais qu'il ne peut pas l'avoir (2). Doneau démontre cette proposition jusqu'à la dernière évidence. La nature des choses, dit-il, s'oppose à ces prétentions. Est-ce que l'on conçoit un bâtiment sans sol? et conçoit-on davantage que celui qui serait propriétaire d'une maison ne le soit aussi du sol avec lequel elle ne fait qu'un? Et que nous dit le droit? Que tout bâtiment est l'accessoire du sol, que par suite le propriétaire du sol est propriétaire du bâtiment, alors même qu'il aurait été construit par un tiers possesseur de bonne foi. On dirait que les jurisconsultes romains ont voulu prévenir jusqu'à la possibilité d'une controverse; car ils décident en toutes lettres que les bâtiments qui font l'objet d'un droit de superficie appartiennent au maître du sol. Il est si vrai qu'il n'en peut être autrement, comme le disait Favre, que si l'on convenait que le sol appartiendrait à une personne sans la superficie ou la superficie sans le sol, cette convention serait nulle. Ici on nous arrêtera et on dira que Doneau prouve trop, car il résulte de ce qu'il dit que personne ne peut avoir de maison sur le sol d'autrui, et c'est cependant là l'objet du droit de superficie. Doneau répond à l'objection : d'après le droit strict, en effet, cela

(1) Duroi, *Archiv für civilistische Praxis*, t. VI, p. 386 et suiv. Comparez Büchel, *Civilrechtliche Erörterungen*, I, 3, p. 156 et suiv.
(2) Faber, *De erroribus pagmaticorum*, decad. 64, error 2 ; *Conjecturarum*, lib. XIX, cap. 13, nº 6.

ne serait pas possible ; aussi le préteur a-t-il dû intervenir et donner une action utile au superficiaire (1). C'est dire qu'en définitive le droit de superficie repose sur une fiction.

410. Fiction ou non, dira-t-on, c'est une question de mots. Que le superficiaire ait une action utile ou une action directe, qu'importe? Il a une action utile, donc il est propriétaire. Notre droit moderne ignore les fictions et les subtilités du droit prétorien. C'est le fond des choses qu'il faut voir, d'après notre législation ; or, le superficiaire peut être propriétaire de la superficie sans l'être du sol, et la loi de 1824 consacre cette doctrine. Il est vrai que le code Napoléon admet la séparation entre la superficie et le fonds, que le droit romain et les vrais principes déclarent impossible. L'article 553 dit qu'un tiers, non propriétaire du sol, peut acquérir, par titre ou par prescription, la propriété de tout ou partie du bâtiment d'autrui. Et d'après l'article 664, les différents étages d'une maison peuvent appartenir à divers propriétaires, le sol étant commun. Ce n'est pas là le véritable droit de superficie, mais du moins la séparation entre le sol et la superficie est consacrée par la loi. C'est ce qui explique comment, sous l'empire du code, un excellent jurisconsulte a pu soutenir que le superficiaire est propriétaire non-seulement de la superficie, mais encore en un certain sens du sol, bien que le sol soit propriété d'autrui. Proudhon enseigne que la superficie ne consiste pas dans un droit incorporel, comme les servitudes, qu'elle est un immeuble réel et physique, qu'elle comporte une dominité qui s'applique à des objets matériels, sans être bornée à la faculté d'user ou de jouir. Il en est de la maison superficiaire comme d'une maison dont le rez-de-chaussée est attribué à l'un et l'étage à l'autre : l'étage est une propriété physique et matérielle pour celui à qui il appartient : de même la maison que je possède superficiairement sur le sol d'autrui est une propriété physique et matérielle. Voilà pourquoi on donnait jadis le nom de *domanier* au superficiaire ; la superficie

(1) Donelli *Comment.*, IX, 6 (t. V, 16, p. 395).

est donc une vraie propriété foncière comme tout autre héritage. Proudhon est trop bon jurisconsulte pour ne pas avouer que la séparation du sol et de la superficie est loin d'être conforme à l'ordre naturel des choses, suivant lequel la superficie doit céder au sol. Si la loi l'admet, c'est qu'elle n'a rien de contraire à l'ordre public ni aux bonnes mœurs ; le législateur lui donne force comme à toute autre convention portant sur des intérêts ou des choses qui sont à la libre disposition de l'homme. Il est si vrai que cette séparation, légalement possible, est juridiquement impossible, que Proudhon est obligé de reconnaître au superficiaire une participation à la propriété du sol même. En effet, dit-il, le bâtiment consiste en deux choses, d'après les lois romaines, il se compose du sol et de la superficie ; sans le sol, la superficie ne pourrait exister, ni même être conçue en idée. Proudhon conclut en disant que le superficiaire est associé dans la dominité du fonds (1).

Toute cette théorie est bâtie en l'air. Nous ne nions pas que la séparation de la superficie et du sol soit légalement possible, puisqu'il y a des textes du code qui l'admettent. Mais la question est de savoir si le superficiaire est réellement propriétaire de la superficie et associé à la propriété du sol. Or, en France, il n'y a pas de loi sur la matière ; le code ne prononce pas le nom de droit de superficie. Si donc ce droit existe, il doit être régi par les lois romaines, les seules qui l'aient réglementé. Il suit de là que Proudhon raisonne à faux quand il prend appui sur le code civil pour déterminer les caractères d'un droit que le code civil ignore. Il devait uniquement argumenter d'après le texte des Pandectes. Sur ce terrain, la doctrine de Proudhon doit être répudiée sans doute aucun : c'est une vraie hérésie juridique. En effet, il déclare possible une séparation entre la superficie et le fonds, tandis que le droit romain la déclare impossible. Il donne au superficiaire une part dans la propriété du sol, chose à laquelle jamais un juris-

(1) Proudhon et Curasson, *Traité des droits d'usage*, t. Ier, p. 390, no 373, p. 385, no 368. Voyez, dans le même sens, un arrêt de Besançon du 12 décembre 1864 (Dalloz, 1865, 2, 1).

consulte romain n'a songé. C'est la reproduction de la vieille théorie du domaine utile que dans l'ancien droit on reconnaissait au superficiaire. Cette distinction est inconnue au droit romain ; nous renvoyons à Doneau, dont nous avons exposé la doctrine (n° 344).

411. En Belgique, nous avons une loi, et c'est cette loi qui doit décider la question. Elle est très-controversée parmi les jurisconsultes hollandais (1) ; on ne cite aucun monument de jurisprudence, preuve que la controverse n'a pas dépassé les limites de l'école, mais comme elle touche à un principe fondamental de la loi, nous devons y insister. On a prétendu que la difficulté est tranchée par le texte : aux termes de l'article 1er de la loi de 1824, le droit de superficie consiste à *avoir* des bâtiments sur un fonds appartenant à autrui. Ce mot *avoir* indique la possession et la propriété ; si le possesseur *a* une maison sur le fonds d'autrui, c'est qu'il la possède, qu'il en est propriétaire. L'argument est très-faible ; on peut posséder à divers titres ; ceux qui ont un droit réel dans un immeuble ont la possession et la propriété de ce droit, ils ne sont cependant pas propriétaires de la chose dans laquelle ils l'exercent. Le superficiaire peut donc *avoir* des bâtiments sur le sol d'autrui, et exercer presque tous les droits du propriétaire sans avoir la propriété des bâtiments. Dans le projet de 1820, la question paraissait décidée ; après le mot *avoir*, le projet ajoutait : « et posséder comme propriété (2). » Cette partie de l'article a été retranchée. Elle pouvait faire croire que le nouveau code consacrait la vieille théorie du domaine utile. Cela prouve en tout cas que le mot *avoir*, par lui seul, n'a pas la portée qu'on lui donne ; c'est une expression générale qui s'applique aux démembrements de la propriété aussi bien qu'à la propriété.

L'article 6 de la loi fournit un argument plus spécieux. Il porte qu'à l'expiration du droit de superficie, la *propriété* des bâtiments *passe* au propriétaire du fonds. Il s'opère

(1) Nous empruntons les éléments de cette controverse à Opzomer, *Het burgerlijk wetboek*, 1850, 3 vol.
(2) « *En als eigendom te bezitten.* » C'est l'opinion de M. de Pinto (Opzomer, t. II, p. 109 et suiv.).

donc, dit-on, une transmission de propriété à ce moment; or, pour qu'elle puisse passer de la tête du superficiaire sur celle du propriétaire, il faut que le superficiaire ait le bâtiment dans son domaine, car il ne peut transmettre à d'autres des droits qu'il n'a pas lui-même (1). Faut-il recourir à la fiction du domaine utile pour expliquer cette expression (2)? Il est possible que cette théorie surannée ait eu quelque influence sur les auteurs de la loi belge; toutefois le texte n'en porte aucune autre trace, et ce qui lui ôte tout crédit, c'est que dans l'ancien droit De Groot enseignait la pure doctrine romaine; il niait formellement que le superficiaire eût la pleine, la vraie propriété de la chose grevée du droit de superficie, personne ne pouvant être propriétaire d'un bâtiment quand il n'est pas propriétaire du sol dans lequel le bâtiment est incorporé, avec lequel il ne fait qu'un. Qu'était-ce donc que le droit du superficiaire d'après De Groot? Le droit de construire sur le fonds d'autrui, de garder les constructions et d'en jouir. C'est un quasi-domaine, disait Doneau. Le législateur belge donne le nom de propriété à ce droit tel quel qui lors de l'extinction de la superficie passe au propriétaire du sol (3). Nous allons le prouver par le texte même de la loi.

L'article 6 suppose que les constructions ont été élevées par le superficiaire. Si, lors de la formation du contrat, il se trouvait déjà des bâtiments sur le fonds, ils sont à ce moment la propriété incontestable de celui à qui appartient le sol. Vont-ils devenir la propriété du superficiaire? Dans l'opinion que nous combattons, il faudrait répondre affirmativement. En effet, il n'y a pas deux droits de superficie, l'un portant sur des bâtiments à construire, l'autre établi sur des bâtiments déjà construits; le droit du superficiaire est un, le même dans les deux hypothèses. Eh bien, que dit l'article 7 qui prévoit le cas où des bâtiments existent déjà sur le fonds? Le propriétaire du fonds les *reprendra* à l'expiration du droit; ils n'ont donc jamais cessé de lui

(1) Lipman, *Introduction au titre de la Superficie* (Opzomer, t. II, p. 108).
(2) C'est l'opinion de M. Opzomer, t. II, p. 108 et note 2.
(3) De Groot, *Inleiding op de hollandsche rechtsgeleerdheid*, II, 46, 9.

appartenir. La loi suppose, à la vérité, que le superficiaire, qu'elle appelle l'*acquéreur*, n'a pas payé la valeur des constructions ; mais cette circonstance est étrangère à notre débat ; si la loi en fait mention, c'est pour en conclure que, lors de l'expiration de son droit, le superficiaire ne peut réclamer aucune indemnité, tandis qu'il a droit à une indemnité s'il a payé les travaux au moment où il entre en jouissance.

Il y a dans la loi belge une autre disposition qui paraît donner raison à ceux qui disent que le superficiaire a la propriété des bâtiments : il peut les démolir, dit l'article 5, si c'est lui qui les a construits, ou s'il en a payé la valeur. Conçoit-on que celui qui n'est pas propriétaire d'une chose la puisse démolir ? On répond que s'il avait réellement la propriété des bâtiments, il eût été inutile de dire qu'il les peut démolir, ce droit appartenant à tout propriétaire. Il ne faut pas confondre les facultés attachées au droit de propriété avec le droit d'où elles découlent ; on peut détacher, démembrer toutes ces facultés, et conserver néanmoins le domaine de la chose. Il en est ainsi dans l'emphytéose. L'emphytéote peut exercer tous les droits attachés à la propriété du fonds, il n'est cependant pas propriétaire. Il en est de même du superficiaire. Il peut démolir, non parce qu'il est propriétaire, mais quoiqu'il ne le soit pas (1).

§ II. *Caractères de la superficie.*

112. Doneau dit qu'il y a trois choses essentielles dans la superficie. Il faut d'abord que le sol sur lequel se trouvent des bâtiments appartienne à autrui ; en effet, la superficie implique que le superficiaire n'a pas la propriété du sol. Le droit romain ignore la prétendue participation à la propriété du sol imaginée par Proudhon ; et la loi belge l'ignore également : la définition porte que le superficiaire a le droit d'avoir des bâtiments sur un fonds appartenant à autrui. Il y a un second élément essentiel que le

---

(1) C'est l'opinion d'Opzomer, t. II, p. 110.

nom même du droit indique : une superficie. On entend par
là une construction distincte du sol. Quand un bâtiment est
considéré comme partie du sol, ce n'est plus une superficie, c'est la propriété absolue du sol qui emporte celle
du dessus et celle du dessous. Aussi dans la pureté du
langage juridique ne dit-on pas que le superficiaire a un
droit sur des bâtiments, on dit qu'il a un droit sur une
superficie ou sur des *bâtiments superficiaires,* afin de marquer que le droit ne porte pas sur les bâtiments mêmes,
lesquels ne se conçoivent pas sans le sol, qu'il n'a pour
objet que les constructions considérées superficiairement,
en faisant abstraction du sol. Notre loi, moins correcte, se
sert du mot *bâtiments;* on doit l'entendre dans le sens que
nous venons d'expliquer d'après Doneau : cela ne fait aucun
doute. Enfin, il faut que le superficiaire *ait* ces bâtiments :
c'est aussi l'expression de la loi belge; elle signifie, non
que le superficiaire est propriétaire, mais qu'il peut user
de la chose comme si elle lui appartenait. Il a donc les
droits du propriétaire sans être propriétaire (1).

413. Doneau ne dit pas que le superficiaire doit payer
au propriétaire une redevance en reconnaissance de son
droit de propriété (2). La loi belge, qui établit cette condition pour l'emphytéose, ne la reproduit pas dans la définition du droit de superficie. C'est une différence entre ces
deux droits qui ont une analogie telle, qu'il y a des jurisconsultes qui les confondent; ils semblent croire qu'il n'y
a qu'une différence de dénomination, en ce sens que le droit
d'emphytéose constitué sur un bâtiment prend le nom de
droit de superficie (3). Quelque grande que soit l'analogie,
il y a des différences et elles sont essentielles. Nous venons
d'en signaler une, dont il est assez difficile de se rendre
raison. L'emphytéote doit un canon pour constater qu'il
est possesseur précaire à l'égard du propriétaire. Or, la
même raison existe pour le superficiaire. Cela est si vrai
que Doneau conseille de faire le contrat sous forme de

(1) Donelli *Commentarii,* IX, 16, 2-5 (t. V, p. 394 et suiv.).
(2) Donelli *Commentarii,* IX, 16, 7.
(3) Duranton, t. IV, p. 67, § II : *De l'Emphytéose et du droit de superficie considérés comme droits immobiliers.*

bail, afin que la redevance annuelle soit une reconnaissance des droits du propriétaire du sol. Si l'on admet que
le droit de superficie peut être établi à titre gratuit, c'est
que pour la donation il faut un acte ; or, dès qu'il y a un
écrit, les droits du propriétaire sont sauvegardés, puisque
le nom même du droit qui est donné implique que le donateur reste propriétaire.

Doneau constate une autre différence. L'emphytéose
établie sur un bâtiment porte sur le fonds, puisque le bâtiment ne se conçoit pas sans le sol avec lequel il fait
corps. Tandis que le droit de superficie ne porte pas sur
le fonds ; il n'a pour objet que la superficie. Il ne faut pas
croire que la différence soit nominale. Tant que les bâtiments subsisteront, les droits du superficiaire et de l'emphytéote seront les mêmes quant à la jouissance. Mais si le
bâtiment est détruit par un cas fortuit, le droit du superficiaire s'éteindra, car il n'y a plus de superficie. Le droit
de l'emphytéote, au contraire, subsistera, puisqu'il grève
le fonds (1).

D'après la loi belge, il y a encore une différence quant
à la durée du droit. Nous y reviendrons plus loin.

414. Il y a une grande analogie entre l'usufruit et le
droit de superficie. Proudhon dit que le superficiaire et
l'usufruitier jouissent l'un et l'autre d'un sol qui ne leur
appartient pas ; l'expression n'est pas tout à fait exacte,
l'usufruitier a un droit dans le sol, l'emphytéote n'a qu'un
droit dans la superficie, mais tous les deux ont un droit
réel dans le fonds d'autrui, droit qui leur donne la jouissance des bâtiments qui s'y trouvent ; ce droit s'exerçant
dans une chose immobilière est placé par la loi parmi les
immeubles, et peut par suite être hypothéqué. L'un et l'autre
ont les actions réelles et possessoires.

Proudhon ajoute que l'usufruit n'est qu'une servitude
personnelle, qui s'éteint avec la mort de l'usufruitier, tandis que le droit de superficie est un droit de propriété trans-
missible aux héritiers du superficiaire. Le droit de superficie se transmet, il est vrai, aux héritiers, mais ce n'est

---

(1) Donelli *Commentarii*, IX, 16, 1 (t. V, p. 393).

pas à titre de propriété. Tous les droits réels sont trans-missibles par voie d'hérédité, ils ne sont cependant que des démembrements de la propriété. Il en est de même du droit de superficie (1).

Il y a une différence considérable entre les deux droits quant à l'étendue de la jouissance qu'ils donnent à l'usu-fruitier et au superficiaire. Le premier doit conserver la substance de la chose, par suite il est tenu de jouir en bon père de famille. Proudhon dit que le superficiaire, possé-dant sa propriété en maître, n'est tenu ni de réparer ni d'entretenir, et que c'est pour cette raison qu'il ne doit pas fournir caution (2). Cela est vrai en un certain sens, mais cela manque de précision. Nous verrons en quel sens le superficiaire a le droit d'abuser en détruisant la chose ; ce droit n'est pas absolu. En tout cas il n'y a aucun rapport entre les droits du superficiaire et l'obligation de donner caution. L'emphytéote n'est pas obligé de donner caution ; néanmoins il est tenu des réparations, et il doit jouir en bon père de famille.

Il y a aussi une différence entre le droit du superficiaire et celui de l'usufruitier en ce qui concerne la durée du droit et les causes d'extinction qui en résultent. Nous y reviendrons.

CHAPITRE II.

COMMENT LE DROIT DE SUPERFICIE S'ÉTABLIT.

415. Qui peut constituer le droit de superficie ? Le pro-priétaire seul, car c'est un démembrement de la propriété, donc une aliénation partielle. Il doit aussi avoir capacité d'aliéner, par la même raison. Il y a sous ce rapport une analogie complète entre le droit de superficie et l'emphy-téose ; il faut donc appliquer ce que nous avons dit plus

(1) Proudhon, *De l'usufruit*, t. Ier, p. 142, no 117.
(2) Proudhon et Curasson, *Des droits d'usage*, t. Ier, p. 396, no 383.

haut (n° 362). Les principes sont aussi identiques en ce
qui concerne l'acquisition du droit (n° 363).

416. Quels biens peuvent être grevés du droit de superficie? C'est le sol, puisqu'il ne saurait y avoir de superficie sans sol. Dans les sources romaines, il n'est question
que de bâtiments superficiaires. On en a conclu que l'on
ne pourrait pas avoir des plantations superficiaires; en
effet, le droit de superficie est une pure fiction, et les fictions ne s'étendent pas, fût-ce par motif d'analogie (1).
L'argument est très-logique, mais il ne concerne que le
droit romain. Notre loi dispose que l'on peut avoir sur le
sol d'autrui des bâtiments, ouvrages ou plantations (article 1er).

417. Le droit de superficie peut être établi par donation, par testament ou par un contrat à titre onéreux.
Pourquoi peut-on donner le droit de superficie, tandis que
l'emphytéose ne peut pas être constituée à titre gratuit?
Doneau ne répond pas à la question; les raisons qu'il allègue
s'appliquent à l'un et à l'autre droit: ce qui peut être vendu,
dit-il, peut aussi être donné (2). En règle générale, sans
doute. Mais quand le prix est de l'essence du contrat, la
donation proprement dite devient impossible. Il en est
ainsi de l'emphytéose. La question revient donc à demander
pourquoi le superficiaire ne doit pas nécessairement payer
une redevance? L'origine et la cause des deux institutions
diffèrent. L'emphytéose avait pour objet, dans le principe,
de trouver des cultivateurs pour les immenses propriétés
des grands de l'Empire; ce qui implique une convention
à titre onéreux. Tandis que la superficie se conçoit très-
bien sous forme d'une donation; elle se rapproche alors
du droit d'habitation.

Du reste, ce sont là des questions de théorie. En fait on
ne connaît que des droits de superficie établis par bail,
vente ou partage. Pour que le bail engendre un droit de
superficie, il faut que les parties déclarent formellement
leur volonté; la remarque est de Doneau. En effet, le bail

(1) Heimbach, dans le *Rechtslexikon* de Weiske, t. X, p. 697 et suiv.
(2) Donelli *Commentarii*, IX, 16, 19 (t. V, p. 402).

ordinaire peut être fait aux mêmes conditions, c'est-à-dire
que le preneur jouisse d'un bâtiment construit ou à construire, moyennant une redevance annuelle. La seule difficulté, et elle est essentielle, c'est que le bail est un droit
de créance, partant un droit mobilier, tandis que le droit
de superficie est réel et immobilier. Il faut donc que les
parties déclarent quelle est leur volonté. La vente aussi
peut comprendre ou la propriété du bâtiment, ou le droit
de superficie; il faut naturellement que les parties expliquent quelle est leur intention.

D'après le droit romain, on faisait une différence entre
le bail et la vente du droit de superficie. La vente opérait
une séparation temporaire du sol et de la superficie, et
elle était valable quelque court que fût le temps pour lequel
elle avait été consentie. Pour le bail, au contraire, on
exigeait un temps assez long, plus long que la durée ordinaire des baux; c'était un moyen de distinguer les deux
contrats qui, en apparence, ont tant d'analogie (1). La loi
belge ne maintient pas cette différence; elle se borne à dire
que le droit de superficie ne peut être établi pour un terme
excédant cinquante années, sauf la faculté de le renouveler; il n'y a donc pas de minimum de durée, d'où suit que
le droit peut être constitué pour la durée ordinaire des
baux. Raison de plus pour que les parties déclarent nettement leur intention, afin que l'on sache si la superficie
est louée à titre de droit réel ou à titre de droit de créance.
Il y aura encore cette différence que le droit réel de superficie étant immobilier, le titre constitutif doit être transcrit,
quand même il ne serait consenti que pour un terme de
neuf ans ou au-dessous; tandis que les baux ordinaires ne
doivent être transcrits que lorsqu'ils excèdent neuf années (2). La vente se distingue du bail par la nature du
prix; il consiste dans une somme capitale, au lieu que le
preneur paye une redevance annuelle. C'est pour cette raison que Doneau conseille d'établir le droit de superficie
sous forme de bail, comme nous l'avons dit plus haut. Il

(1) Donelli *Commentarii*, IX, 16, 11-15, et IX, 16, 7 (t. V, p. 396-398).
(2) Loi du 10 janvier 1824, art. 3. Loi hypothécaire du 16 décembre 1851,
art. 1er.

va sans dire que l'acte de vente doit être transcrit; la loi belge ne distingue pas comment le droit de superficie est constitué; il en résulte toujours un droit réel immobilier, dès lors il y a lieu à transcription.

De ce que le titre constitutif du droit de superficie doit être transcrit, il ne faut pas conclure que les parties doivent rédiger un écrit de leurs conventions. Le contraire a été jugé (1). C'est confondre la transcription établie dans l'intérêt des tiers avec la validité du contrat entre les parties. Il n'y a que les contrats ou actes solennels qui exigent un écrit pour leur existence. Si le droit de superficie était constitué par donation ou testament, il est certain qu'il faudrait un écrit. Mais il est tout aussi certain qu'il n'en faut pas quand il est établi par bail ou par vente : ce sont des contrats non solennels, et ils ne changent pas de nature quand ils ont pour objet un droit de superficie.

418. Le droit de superficie peut-il être acquis par usucapion? En droit romain, la question est controversée. Il y a un texte qui paraît exclure l'usucapion en termes absolus; mais il reçoit encore une autre interprétation qui, croyons-nous, est la bonne. Le jurisconsulte romain ne parle pas du droit de superficie; il examine la question de savoir si un bâtiment, une *superficies*, peut être usucapé pour la toute propriété, indépendamment du sol; et naturellement il répond : *Nunquam superficies sine solo capi longo tempore potest* (2). Autre est la question de savoir si le *droit de superficie* peut être usucapé. En principe, l'affirmative n'est pas douteuse. Le droit de superficie peut être vendu, donc il peut aussi s'acquérir par la prescription. Il faudrait un texte pour exclure la prescription : ce qui décide la question en droit français, puisque nous n'avons pas de texte.

---

(1) Jugement du tribunal de Turnhout du 14 mai 1857 (*Pasicrisie*, 1864, 2, 31).
(2) L. 26, D. XLI, 3. Heimbach, dans Weiske, *Rechtslexikon*, t. X, p. 701 et note 28. En sens contraire, Namur, *Cours d'Institutes*, t. Ier, p. 259.

CHAPITRE III.

DROITS ET OBLIGATIONS DU SUPERFICIAIRE.

----

§ Ier. *Droits.*

N° 1. DROIT DE DISPOSITION.

419. Doneau dit que le droit du superficiaire ressemble presque en tout à celui de l'emphytéote. L'un et l'autre exercent les droits qui appartiennent au propriétaire, l'emphytéote dans le sol, le superficiaire dans la superficie(1). La marque de cette quasi-propriété est que le superficiaire a les actions possessoires et réelles. En droit romain, les actions possessoires que le préteur accordait au possesseur portaient un nom spécial. Nous ne connaissons plus cette rigueur ; il n'y a qu'une seule disposition, l'article 23 du code de procédure, pour tous ceux qui ont des droits à faire valoir en vertu de leur possession : ils peuvent intenter les actions possessoires, si depuis une année au moins ils étaient en possession paisible, à titre non précaire. Or, le titre du superficiaire est un titre non précaire, en ce sens qu'il a un droit réel dans la chose, droit d'une telle étendue qu'on l'assimile à la propriété. Voilà pourquoi on lui accorde aussi les actions réelles. Le droit romain, plus exact que le droit français, distinguait soigneusement les actions qui appartenaient au vrai propriétaire, en les appelant directes, de celles que pouvait intenter le superficiaire ou l'emphytéote qui n'avaient qu'un quasi-domaine : Ulpien appelle les actions du superficiaire des actions *quasi réelles*. Nous recommandons l'expression à ceux qui continuent à revendiquer au profit du superficiaire une véritable propriété dans la superficie ; le terme dont le

----

(1) Donelli *Commentarii*, IX, 17, 1 (t. V, p. 403).

jurisconsulte romain se sert est la négation de cette prétendue propriété (1).

420. Doneau dit que le superficiaire peut vendre la
superficie, qu'il peut la donner, la léguer. La loi belge ne
s'exprime pas ainsi ; aux termes de l'article 2, celui qui a
le *droit de superficie* peut l'aliéner. C'est donc son droit
de superficie qu'il peut aliéner, ce n'est pas le bâtiment
qu'il possède à ce titre. Il nous semble qu'ici le langage
de notre loi est plus correct que celui du jurisconsulte
français. Lui-même établit, avec la précision qui le distingue, que le superficiaire n'a point la propriété des constructions ; n'étant pas propriétaire, comment aurait-il le
droit d'aliéner? D'après la rigueur du droit, cela ne se
conçoit pas. Le vrai propriétaire, c'est le maître du sol ;
lui a le droit d'aliéner : or, comprend-on que deux personnes aient le droit d'aliéner une seule et même chose?
Cela ne se comprend pas plus que la propriété appartenant pour le tout à deux propriétaires. Chacun peut disposer de ce qui lui appartient : le propriétaire du sol peut
aliéner la propriété démembrée par la constitution du droit
de superficie, et le superficiaire le démembrement de la
propriété qui est dans son domaine (2).

Nous en dirons autant du droit d'hypothèque. La superficie, dit Proudhon, est un héritage susceptible d'hypothèque (3). Nos lois ne s'expriment pas ainsi ; celle de 1824
porte que le superficiaire peut hypothéquer le *droit* de
superficie ; et notre loi hypothécaire est conçue dans les
mêmes termes (art. 45, n° 2). En droit, on ne conçoit même
pas que la superficie soit hypothéquée. Dès que dans un
contrat un bâtiment est considéré comme distinct et séparé du sol, il devient meuble (4) ; l'hypothèque de la superficie serait donc l'hypothèque d'une chose mobilière.
On voit combien il importe de maintenir la précision du
langage. Puis, celui qui hypothèque ne doit-il pas être

(1) Ulpian., dans la L. 1, D., *de superf.* (XLIII, 18). Donelli *Commentarii,* IX, 17, 3 (t. V, p. 404).
(2) Donelli *Commentarii,* IX, 17, 6. En sens contraire, Opzomer, *Het
burgerlijk wetboek,* t. II, p. 110.
(3) Proudhon et Curasson, *Des droits d'usage,* t. Ier, p. 391, n° 376.
(4) Voyez le tome V de mes *Principes,* p. 530, n° 425.

propriétaire de la chose hypothéquée? Or, le superficiaire n'a pas la propriété, il n'a qu'un *quasi-domaine*, et on n'hypothèque pas une fiction. Dira-t-on que c'est une dispute de mots? En hypothéquant son droit de superficie, le superficiaire n'hypothèque-t-il pas nécessairement les immeubles sur lesquels son droit est établi? Non, ce serait confondre le droit de superficie avec la superficie. Le droit de superficie est un droit réel immobilier, qui à ce titre peut être hypothéqué; quant aux immeubles superficiaires, ils sont un accessoire du sol, et ils ne peuvent pas être hypothéqués séparément du sol; or, le sol appartient-il au superficiaire (1)?

La loi de 1824 s'écarte de la rigueur des principes en permettant au superficiaire de grever de servitudes les biens qui font l'objet de son droit, mais pour la durée de sa jouissance seulement (art. 2). Nous venons de le dire : la superficie séparée du sol est meuble; il faudrait une fiction pour que ce meuble fût considéré comme un immeuble. A vrai dire, toute la théorie des droits du superficiaire, en tant qu'ils portent sur la superficie distincte du sol, est une fiction. Qui peut établir des servitudes? Le propriétaire seul. Et qui est propriétaire? La propriété de la superficie est controversée; nous la laissons de côté. En supposant même que le superficiaire soit propriétaire des bâtiments, cela ne lui donnerait pas le droit d'y établir une servitude, car les servitudes grèvent le fonds; or, il est bien certain que le superficiaire n'a aucun droit sur le fonds. Cela décide la question. Aussi Doneau a-t-il soin de remarquer que le préteur donne des actions utiles pour maintenir la constitution de la servitude, qui d'après le droit pur serait nulle (2).

421. Le superficiaire transmet son droit à ses héritiers. Toute transmission, toute mutation du droit de superficie est frappée du même droit que la transmission de la propriété (3). Il y a sous ce rapport une différence considé-

---

(1) Opzomer, *Het burgerlijk wetboek*, t. II, p. 111 et 112.
(2) Donelli *Commentarii*, IX, 17, 6 (t. V, p. 407).
(3) Championnière et Rigaud, *Traité des droits d'enregistrement*, t. IV, p. 530, n° 3469.

rable entre l'usufruit et le droit de superficie. Elle s'explique, en partie du moins, par le caractère viager du droit de l'usufruitier. En fait cependant cette différence peut ne pas exister. Le droit de superficie ne dure que cinquante ans ; et l'usufruit peut dépasser ce terme. Il y a là une anomalie qu'il faudra effacer quand on revisera la loi sur l'enregistrement.

N° 2. DROIT DE JOUISSANCE.

422. Le droit de superficie réunit en lui tous les attributs de la propriété foncière. C'est en ces termes que Proudhon formule le principe (1) ; et Doneau vient de nous dire la même chose. Bien entendu que ce droit de quasi-propriété est limité à la superficie. Proudhon déduit de là cette conséquence : que le superficiaire a le droit d'user et d'abuser de sa superficie, puisqu'il peut en disposer de toutes manières, et que le droit de disposer en maître contient nécessairement celui d'abuser. Cela est vrai, mais avec une réserve. Si les constructions ont été faites par le superficiaire, ou s'il en a payé la valeur lors de l'établissement du droit de superficie, il peut les démolir pendant la durée de son droit. Mais il n'est pas de l'essence du contrat que le superficiaire paye la valeur des bâtiments qui existent sur le fonds lors de son entrée en jouissance. Dans ce cas, il ne peut pas les démolir, il doit au contraire les conserver pour les rendre au propriétaire, et par suite il devra jouir en bon père de famille ; il ne peut donc plus être question du droit d'abuser (art. 5 et 7 de la loi de 1824). Quant aux bâtiments qu'il a construits ou payés, pouvant les démolir, il en jouit naturellement comme il veut, sauf, à l'expiration de son droit, à subir les conséquences de sa jouissance abusive, en ce sens que le propriétaire ne doit lui rembourser que la valeur actuelle de sa superficie (art. 6).

La loi ne s'explique pas sur les détériorations que le superficiaire commet dans la jouissance des bâtiments qui

_____

(1) Proudhon et Curasson, _Des droits d'usage_, t. Ier, p. 392, n° 378.

existaient sur le fonds et dont il n'a pas payé la valeur ;
elle dit seulement que le propriétaire les reprendra sans
être tenu à aucune indemnité. Mais de là on ne doit pas
conclure, *a contrario*, qu'il n'a droit à aucune indemnité en
cas d'abus. Cela serait contraire à tout principe ; or, la
loi maintient le droit commun, par cela seul qu'elle n'y déroge pas ; il n'y avait d'ailleurs aucune raison d'y déroger.

423. Pouvant abuser, à plus forte raison le superficiaire peut-il jouir comme il l'entend, et profiter de tous
les fruits, de tous les émoluments que produit la chose.
Proudhon lui reconnaît le droit de chasse, parce qu'il a le
droit d'exclusion. Mais il ne faut pas oublier qu'il a à côté
de lui un propriétaire à qui appartient le sol, et que sur
le sol le superficiaire n'a aucun droit. Il n'a donc aucun
droit sur le trésor qui serait découvert dans le fonds, ni
sur les mines qui s'y trouvent. Proudhon assimile le superficiaire à l'usufruitier, et lui attribue en conséquence
le produit des mines qui étaient en exploitation lors de
l'ouverture de son droit. C'est confondre, nous semble-t-il,
l'usufruit et la superficie, deux droits très-distincts. L'usufruitier a un droit dans le fonds, tandis que le superficiaire n'a qu'un droit sur la superficie. N'ayant aucun droit
sur le fonds, à quel titre réclamerait-il les mines et carrières (1)?

424. La jouissance du superficiaire donne lieu à une
difficulté. On suppose que son droit a été constitué par
un bail ; il paye donc une redevance annuelle au propriétaire comme prix de sa jouissance. S'il en est privé par un
cas fortuit, peut-il réclamer une indemnité? Oui, dit Doneau, car il est preneur ; il a les obligations du preneur,
il doit aussi en avoir les droits (2). Cela nous paraît douteux. D'abord pour que la question puisse être débattue,
il faut supposer qu'il s'agit d'un héritage rural, puisque la
remise n'est accordée qu'au fermier. Mais il y a une différence capitale entre le fermier et le superficiaire. Le bailleur contracte l'obligation de faire jouir le fermier, tandis

_____

(1) Proudhon et Curasson, *Des droits d'usage*, t. Ier, p. 392, n° 378, et
p. 393, n° 380.
(2) Donelli *Commentarii*, IX, 17, 9 (t. V, p. 409).

que le propriétaire du fonds grevé d'un droit de superficie
n'est pas tenu de faire jouir le superficiaire. Cette différence permet-elle de raisonner par analogie d'un droit à
l'autre? Nous ne le croyons pas. Il y a d'autres raisons
qui nous paraissent décisives. Le droit de superficie peut
être établi par bail ou par vente ; cela ne change rien aux
droits du superficiaire. S'il est acheteur, certainement il
ne pourra réclamer aucune indemnité, car ici toute analogie fait défaut; dès que la vente est parfaite, tout est
consommé, l'acheteur n'a plus aucun droit contre le vendeur, à moins qu'il ne soit évincé ou troublé. Pourquoi le
superficiaire aurait-il, en cas de bail, un droit qu'il n'a pas
en cas de vente? Le droit de superficie est le même dans
les deux hypothèses; donc les conséquences doivent être
les mêmes. Enfin la loi sur l'emphytéose refuse à l'emphytéote tout droit à une remise pour privation de jouissance;
or, Doneau avoue que l'emphytéose et la superficie se
ressemblent presque en tous points. Voilà une analogie
qui l'emporte sur celle du bail (1).

§ II. Charges du superficiaire.

425. La loi ne dit pas que le superficiaire doit faire
les réparations ; et en apparence il ne peut être question
d'une obligation de réparer, alors que le superficiaire a le
droit d'abuser. En effet, dans les cas où il a le droit de
démolir, il n'est certes pas tenu à réparer. Mais il n'a pas
toujours ce droit. Quand il existe des bâtiments sur le
fonds au moment où le droit de superficie est constitué,
il doit les conserver, et par suite les réparer (n° 422). Il
faut appliquer alors par analogie ce que nous avons dit de
l'emphytéose (n° 388).

426. La loi belge soumet l'emphytéote à toutes les
impositions établies sur le fonds. Elle ne contient pas de
disposition analogue pour le superficiaire. Cependant il
est tenu, sans doute aucun, des charges annuelles qui
pèsent sur l'héritage. Peu importe que le superficiaire n'ait

(1) Voyez, plus haut, n° 385, p. 466.

aucun droit dans le fonds ; en effet, il est de règle que les contributions, même celle que l'on appelle foncière, grèvent la jouissance du fonds et se payent sur les fruits. C'est par application de ce principe que l'usufruitier et l'emphytéote doivent supporter les charges annuelles, et par conséquent aussi le superficiaire. L'étendue de cette obligation varie d'après les divers droits : comme la superficie est presque identique avec l'emphytéose, l'analogie exige que le superficiaire soit tenu comme l'emphytéote plutôt que comme l'usufruitier. Par la même raison, il faut décider que la retenue que la législation française permet à l'emphytéote de faire sur la redevance emphytéotique ne peut pas être faite par le superficiaire, puisque la loi belge n'a pas maintenu ce droit en faveur de l'emphytéote. En un mot, tout ce que nous avons dit des charges de l'emphytéote doit être appliqué au superficiaire (n°s 386-390) (1).

CHAPITRE IV.

DROITS ET OBLIGATIONS DU PROPRIÉTAIRE.

427. Celui qui établit un droit de superficie sur son fonds en conserve la propriété. On dira : A quoi lui sert ce droit purement nominal, puisque tous les avantages attachés à la propriété appartiennent au superficiaire? Le droit n'est pas aussi illusoire qu'on le dit. D'abord le propriétaire a le droit d'aliéner le fonds, bien entendu, démembré par le droit de superficie. Pouvant l'aliéner, il peut aussi le démembrer, toujours en respectant les droits du superficiaire. Il peut donc hypothéquer l'héritage. On

(1) Proudhon et Curasson, *Des droits d'usage*, t. Ier, p. 392, n° 379.

demande si l'hypothèque portera sur la superficie. Il est certain que le propriétaire ne peut pas hypothéquer la superficie séparément du fonds ; cela ne se comprend même pas, puisque la superficie séparée du fonds est meuble, et l'on n'hypothèque pas les choses mobilières. Mais on ne conçoit pas davantage que le propriétaire hypothèque le fonds sans la superficie, puisque le fonds et la superficie se confondent. Il faut toujours faire la réserve des droits du superficiaire. Celui-ci a le droit de démolir les constructions qu'il a faites ou qu'il a payées ; il conserve ce droit sans que le créancier hypothécaire puisse se plaindre qu'on diminue son droit, car il n'a reçu d'hypothèque que sur une propriété démembrée. Il résulte de là que l'héritage grevé de superficie peut être hypothéqué et par le propriétaire et par le superficiaire. Cela n'est-il pas contradictoire? Non ; il en est de même quand un fonds est grevé d'usufruit ou d'emphytéose. A vrai dire, ce n'est pas l'héritage qui est hypothéqué par deux personnes pour le tout, cela ne se concevrait pas : le propriétaire hypothèque un fonds démembré, c'est-à-dire que le créancier hypothécaire n'aura pas de droit sur ce démembrement ; donc rien n'empêche le superficiaire d'hypothéquer ce même démembrement (1).

Le propriétaire a aussi les actions réelles ; en droit romain, on les appelle directes. Il est à regretter que notre langage juridique n'ait pas conservé cette expression ; elle marque bien que le superficiaire, quoiqu'il jouisse de tout l'émolument de la chose, n'en a cependant pas la véritable propriété. Mais si nos lois n'ont plus la rigueur du droit romain, les principes néanmoins sont les mêmes (2).

428. Le propriétaire a aussi un droit de jouissance. D'ordinaire le droit de superficie est établi sous forme de bail. Le propriétaire touche donc une redevance annuelle qui ne diffère du loyer que par le nom : en droit romain, on l'appelait *solarium* ; en droit moderne, elle ne porte pas de nom spécial, pas plus que celle de l'emphytéote. Il a un

---

(1) Comparez Opzomer, *Het burgerlijk wetboek*, t. II, p. 112.
(2) Donelli *Commentarii*, IX, 17, 10 (t. V, p. 409).

droit exclusif aux mines ; le superficiaire n'ayant droit
qu'à la superficie, ne peut rien réclamer de ce qui se trouve
dans le sol. C'est par cette distinction que doit se décider
la question du trésor, que l'on agite à chaque occasion
comme si le monde était rempli de trésors. Si le trésor se
trouve dans la superficie, le superficiaire peut réclamer la
part qui est attribuée à la propriété ; car il faut appliquer
au superficiaire ce que la loi belge dit de l'emphytéote,
c'est qu'il exerce tous les droits attachés à la propriété de
la superficie (n° 377). Mais si le trésor est découvert dans
le fonds, il appartient au propriétaire. Cela ne nous paraît
pas douteux.

429. La loi garde le silence sur les obligations et les
charges du propriétaire. Est-ce à dire qu'il n'en ait aucune?
Quand le droit de superficie est établi à titre onéreux, et
en fait il en est toujours ainsi, le propriétaire doit garantie
au superficiaire contre les troubles et évictions. C'est le
droit commun ; il faut l'appliquer à la superficie, comme
nous l'avons appliqué à l'emphytéose. Il y a aussi certaines charges dont l'emphytéote est tenu, malgré le silence
de la loi, et, par identité de raison, le superficiaire. On
doit donc appliquer ici ce que nous avons dit en traitant
de l'emphytéose (n°s 394 et 395).

CHAPITRE V.

EXTINCTION DU DROIT DE SUPERFICIE.

430. Le droit de superficie est un droit temporaire. Il
ne peut être établi pour un terme excédant cinquante années, d'après l'article 4 de la loi belge. Il s'éteint donc,
de même que l'usufruit (art. 617), par l'expiration du temps
pour lequel il a été accordé (1). Comme le plus souvent il

(1) Donelli *Commentarii*, IX, 18, 3.

est constitué par acte de bail, la question naît de savoir si à l'expiration du bail il y a lieu à la tacite réconduction. La loi prévoit la difficulté pour le bail emphytéotique ; elle décide que l'emphytéose ne se renouvelle pas tacitement, mais qu'elle continue d'exister jusqu'à révocation. A raison de la grande analogie qui existe entre le droit de superficie et l'emphytéose, on peut appliquer, nous semble-t-il, cette disposition au bail superficiaire. La tacite réconduction n'est pas dans l'esprit de la loi quand la durée du contrat dépasse et de beaucoup la vie moyenne de l'homme ; le texte même la repousse. En effet, l'article 2 de la loi de 1824, après avoir dit que le droit ne peut excéder cinquante ans, ajoute : « sauf la faculté de le renouveler. » Il faut donc qu'il soit renouvelé, si telle est la volonté des parties, ce qui implique qu'elles doivent faire une nouvelle convention, semblable à la première, c'est-à-dire expresse. Quant à la prolongation du bail jusqu'à révocation, elle est de droit, en ce sens qu'il faut bien appliquer à la jouissance de fait qui se continue une règle quelconque, et cette règle est naturellement celle du bail primitif.

431. Aux termes de la loi belge (art. 19, n° 2), le droit de superficie s'éteint par la destruction du fonds. La loi entend-elle par *fonds* la *superficie* ou le *sol* sur lequel les bâtiments existent? Comme le superficiaire n'a aucun droit dans le fonds, il est plus naturel d'appliquer la loi à la chose dans laquelle son droit s'exerce, c'est-à-dire aux constructions. C'est la doctrine de Doneau ; il l'expose avec l'admirable rigueur qui le caractérise (1). Nous allons d'abord l'entendre, puis nous écouterons les objections. Le superficiaire n'a qu'un droit dans la superficie ; il faut donc lui appliquer *a fortiori* ce que le code, d'accord avec le droit romain, dit de l'usufruit : « S'il n'est établi que sur un bâtiment, et que ce bâtiment soit détruit par un incendie ou autre accident, ou qu'il s'écroule de vétusté, l'usufruitier n'aura le droit de jouir ni du sol ni des matériaux. » Cela est bien plus vrai du droit de superficie que de l'usufruit, car l'usufruitier a un droit dans le sol, tandis que le

(1) Donelli *Commentarii*, IX, 18, 4-8 (t. V, p. 412 et suiv.).

superficiaire n'y a aucun droit. Donc la superficie périssant, le droit du superficiaire périt.

Il suit de là que le droit de superficie ne revit point, alors même que le propriétaire reconstruirait le bâtiment, de même que l'usufruit reste éteint quoique le bâtiment soit reconstruit. A quel titre le superficiaire réclamerait-il la jouissance du nouveau bâtiment? En vertu de son droit sur le sol? Il n'en a point. En vertu de son droit sur la superficie? Cette superficie n'existe plus. Doneau va plus loin. Il suppose que le superficiaire ait élevé le premier bâtiment et qu'il veuille reconstruire; il lui dénie néanmoins tout droit de jouissance sur la superficie nouvelle. En quoi consiste son droit? A bâtir sur le fonds. Il a bâti, dès lors son droit est consommé, et si le bâtiment périt, son droit périt également. Que l'on n'objecte pas que le superficiaire a loué le sol, et que le sol reste après la destruction des bâtiments. Doneau répond que le superficiaire ne loue pas le sol comme tel, car il n'a aucun droit dans le sol; il le loue pour y bâtir, donc à raison de la superficie; la superficie étant détruite, son droit n'a plus de raison d'être.

Doneau avait contre lui l'opinion des glossateurs. Les jurisconsultes modernes se sont rangés à l'avis de Bartole. Nous croyons qu'il faut distinguer. Si le droit de superficie est établi sur des bâtiments existants, il périt avec ces bâtiments sans qu'il puisse revivre. Sur ce point, il n'y a rien à répondre à Doneau. Mais si le droit est établi sur des bâtiments à construire, nous croyons que la destruction des bâtiments n'éteint pas le droit du superficiaire. Les raisons que Doneau allègue sont par trop subtiles. Il dit que la convention ne donne pas au superficiaire un droit indéfini de bâtir, car ce serait une convention sur une chose incertaine, partant nulle. D'après la subtilité du droit, oui; dans la réalité des choses, non : peut-on dire qu'une convention soit incertaine quand je stipule le droit de bâtir sur un fonds déterminé, en ce sens que si le premier bâtiment s'écroule, j'aurai le droit d'en élever un second, un troisième? La convention n'est pas incertaine pour la première construction; pourquoi le serait-elle pour la seconde ou la troisième? Doneau insiste et dit que la propriété deviendra, en ce cas, un droit illusoire, puisque le superficiaire et ses ayants cause pourront bâtir jusqu'à la fin des siècles. L'objection serait sérieuse et décisive si le droit du superficiaire était perpétuel; elle tombe devant la disposition de notre loi qui limite la durée du droit à cinquante ans. Il y a encore une considération en faveur du superficiaire, qui nous paraît péremptoire. Celui qui stipule le droit d'avoir des bâtiments sur le sol d'autrui pendant cinquante ans, entend certes jouir de son droit pendant ce délai; de quoi jouira-t-il si le bâtiment est détruit la première année du bail? Déclarer son droit éteint, alors qu'il pourrait encore jouir en reconstruisant, c'est violer l'intention des parties contractantes; or, la première règle d'interprétation, celle qui l'emporte sur toutes les subtilités du droit, c'est que la volonté des parties fait leur loi; il faut donc avant tout consulter leur intention (1).

432. Il y a des causes d'extinction qui sont de droit et qu'il suffira de mentionner. L'article 9 de la loi belge dit que le droit de superficie s'éteint, entre autres, par la confusion. C'est l'application d'un principe élémentaire en matière de droits réels; nous renvoyons aux explications que nous avons données sur l'usufruit et les servitudes (2). Le droit de superficie s'éteint encore s'il a été constitué par un propriétaire qui avait une propriété annulable, résoluble ou révocable, en cas d'annulation, de résolution ou de révocation, personne ne pouvant concéder à des tiers plus de droits qu'il n'en a lui-même. Nous avons exposé ailleurs les principes qui régissent cette matière (3). Le droit de superficie lui-même peut être établi sous condition résolutoire, ou l'acte qui le constitue peut être infecté d'un vice qui le rende annulable. C'est toujours le droit commun qui recevra son application.

Le droit du superficiaire peut encore s'éteindre s'il ne

(1) Comparez Gesterding, *Die Lehre vom Eigenthum*, p. 452; Heimbach, dans Weiske, *Rechtslexikon*, t. X, p. 706 et note 58.
(2) Voyez le tome VII de mes *Principes*, p. 70, n°s 57, 58, et plus haut, p. 360-364, n°s 299-303.
(3) Voyez le tome VI de mes *Principes*, p. 139, n°s 104-113.

remplit pas les obligations que le contrat lui impose. Il y a lieu dans ce cas à la condition résolutoire tacite. S'il ne paye pas la redevance, le propriétaire peut demander la résolution du contrat. On applique alors les principes que nous exposerons au titre des *Obligations* sur la condition résolutoire tacite. Les parties peuvent aussi convenir que le contrat sera résolu si le superficiaire ne paye pas le prix stipulé. C'est ce qu'on appelle pacte commissoire; nous y reviendrons là où est le siége de la matière. De même il pourrait y avoir déchéance si le superficiaire commettait des abus de jouissance. Cela suppose naturellement que les bâtiments n'ont pas été construits ni payés par le superficiaire; car alors il a le droit d'abuser; si les bâtiments ont été construits par le propriétaire et si le superficiaire ne les a pas payés, le superficiaire doit jouir en bon père de famille, ce qui l'expose à une action en déchéance quand il ne remplit pas cette obligation. Il faut appliquer ici par analogie ce que la loi belge dit de l'emphytéote. La loi se montre indulgente pour l'emphytéote; le superficiaire peut se prévaloir de la même indulgence, les deux contrats étant à peu près identiques.

433. D'après la loi belge (art. 9), le droit de superficie s'éteint encore par la prescription de trente ans. Quelle est cette prescription? Est-ce le non-usage du droit? ou est-ce la prescription acquisitive, soit au profit du propriétaire, soit au profit d'un tiers? D'après les principes, la question ne serait pas douteuse. Le droit de superficie n'est pas une servitude; le superficiaire a un quasi-domaine; il est donc logique de lui appliquer les principes qui régissent la propriété plutôt que ceux qui régissent les servitudes; or, la propriété ne se perd pas par le non-usage; donc il en doit être de même des démembrements de la propriété, que les lois et la doctrine assimilent au droit de propriété. Nous avons appliqué ces principes à l'emphytéose. Il y a cependant un motif sérieux de douter, c'est la rédaction de la loi belge : elle dit que le droit de superficie s'éteint par la prescription de trente ans. Est-ce la prescription extinctive? On pourrait le croire, puisqu'il est question de l'extinction d'un droit. Mais si on entend la loi en ce sens, on la met en contradiction avec les principes qu'elle-même a consacrés sur l'étendue des droits de l'emphytéote et du superficiaire. Ces principes ont été consacrés par la cour de cassation de France en matière de superficie (1). Il faut donc voir s'il y a moyen de concilier le texte des lois de 1824 avec les principes. Il y a une différence de rédaction entre la loi belge et les dispositions du code civil qui traitent de l'extinction des servitudes par la prescription. L'article 617 porte que l'usufruit s'éteint par le *non-usage du droit pendant trente ans;* et l'article 706 s'exprime dans des termes identiques en parlant des servitudes. Ainsi le législateur français ne se sert pas même du mot de prescription. Le législateur hollandais a conservé le langage du code Napoléon (art. 754) en parlant des servitudes, et en traitant de l'extinction de l'usufruit il définit le mot de prescription dont il se sert, en ajoutant : si l'usufruitier n'a pas usé de son droit pendant trente ans (art. 854), tandis qu'en parlant des droits de superficie et d'emphytéose, il emploie l'expression générale de prescription trentenaire (art. 765, et art. 9 de la loi de 1824). On peut donc dire que la prescription n'est pas le non-usage, que c'est la prescription de droit commun, ce qui permet de maintenir les principes généraux.

Observation générale.

434. Les contrats de superficie, très-fréquents jadis, sont devenus très-rares. Bien qu'il y ait une loi belge sur la matière, nous n'avons pas trouvé un seul arrêt dans les recueils de jurisprudence. En France, il s'est présenté des cas où la propriété est divisée; nous en avons donné des exemples (2). Proudhon en cite d'autres. Le propriétaire d'un fonds accorde au superficiaire le droit d'y couper le bois qui y croîtra et se réserve pour lui le droit d'y exercer le pâturage. On voit assez fréquemment, dit Proudhon, en

---

(1) Besançon, 12 décembre 1864 (Dalloz, 1865, 2, 1) et arrêt de rejet du 5 novembre 1866 (Dalloz, 1867, 1, 32).
(2) Voyez le tome VI de mes *Principes,* p. 111, nᵒˢ 85 et suiv.

pays de montagnes, des mélanges de cette nature : ce sont des partages dans lesquels, sans s'occuper de la division du sol, on attribue exclusivement à l'un des frères le droit de couper perpétuellement le bois qui croîtra dans un pré-bois, et à l'autre celui d'y faire pâturer ses bestiaux en tout temps de l'année. Il y a aussi des partages dans lesquels la superficie est cédée à l'un et le sol abandonné à l'autre (1). Voici un exemple emprunté à la jurisprudence française : l'acte date de 1660. Une commune vend un bois, en remplissant les formalités prescrites par les lois de l'époque ; elle se réserva expressément la propriété du fonds ainsi que le pâturage ; elle aliénait seulement le droit de couper à perpétuité les bois crus ou à croître. La cour de Besançon décida que ce droit était un droit de superficie (2).

Ce n'est pas là le véritable droit de superficie, tel que le droit romain le connaissait, tel que notre loi le consacre. Mais cela n'empêche pas ces contrats de vente ou de partage d'être valables. Seulement on peut demander quelles règles on appliquera. Il faudra procéder par analogie, en recourant aux principes qui régissent les droits de superficie et d'emphytéose ; bien entendu dans le silence de l'acte, car on doit consulter avant tout les stipulations des parties contractantes. Cette règle d'interprétation est en harmonie avec nos lois. Celle de 1824 sur le droit de superficie permet aux parties de déroger aux dispositions qu'elle établit. Elle fait cependant une exception : la durée du contrat ne peut excéder cinquante années. Nous avons vu que le délai est de quatre-vingt-dix-neuf ans quand il s'agit d'une emphytéose. Ce point est important. Les contrats superficiaires, dont nous trouvons des exemples dans les auteurs ou dans la jurisprudence, sont tous faits à perpétuité. Nos lois modernes ne permettent plus de contrats perpétuels qui aliènent la jouissance totale ou partielle de la chose. Quelle serait donc la valeur des contrats faits à perpétuité ? Nous renvoyons à ce qui a été dit plus haut, à l'occasion de l'emphytéose.

(1) Proudhon et Curasson, *Des droits d'usage*, t. Ier, p. 386 et suiv., no 369.
(2) Besançon, 12 décembre 1864 (Dalloz, 1865, 2, 1).

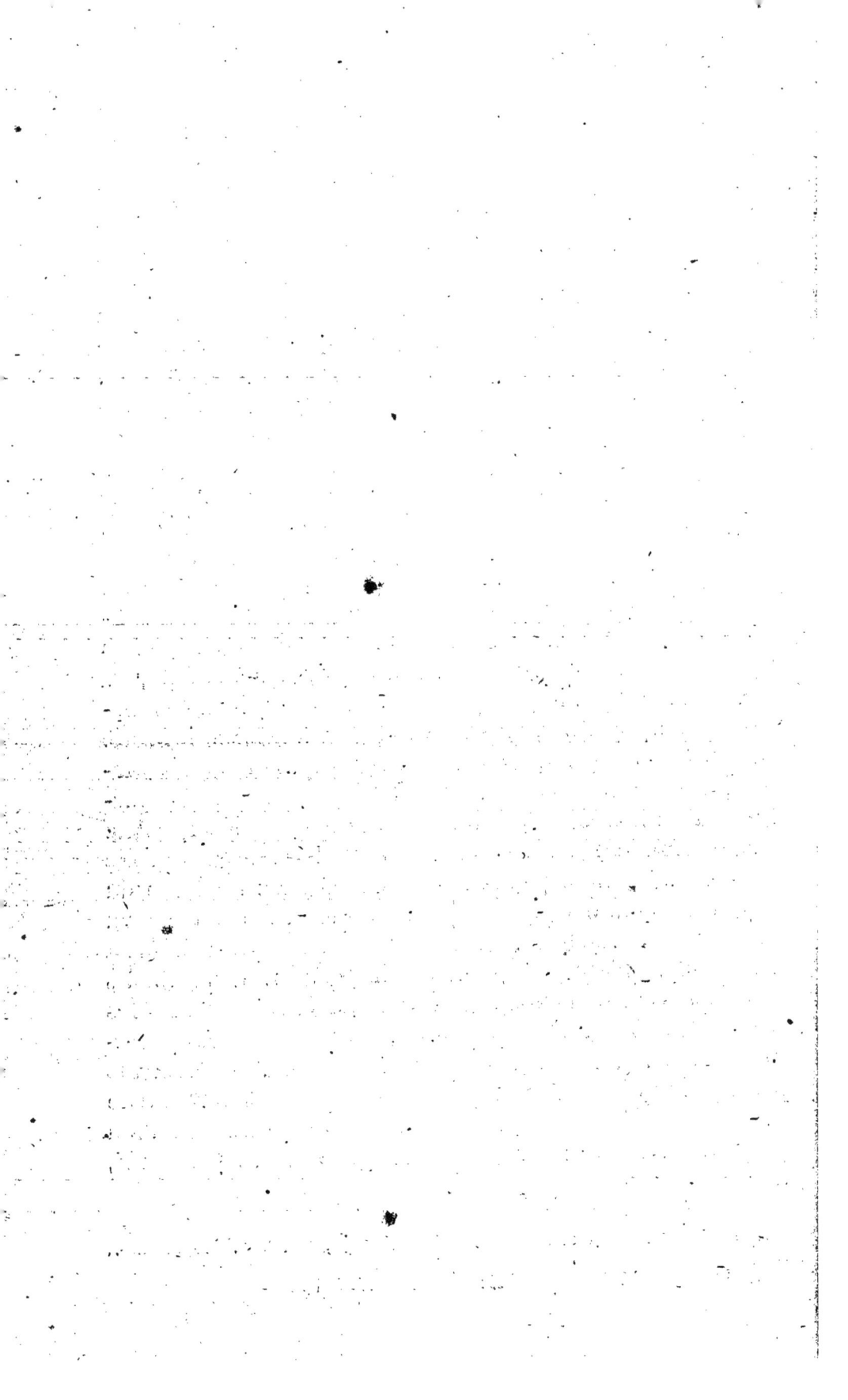

LIVRE III.

DES DIFFÉRENTES MANIÈRES DONT ON ACQUIERT LA PROPRIÉTÉ.

DISPOSITIONS GÉNÉRALES.

435. On commence d'ordinaire l'explication du livre III par une critique de la classification que les auteurs du code civil ont adoptée. Il est certain qu'elle présente des défauts. Toutefois nous la suivrons, d'abord par respect pour la loi, puis parce que nous n'attachons pas une grande importance à ces critiques. Le code n'est pas un manuel. Autre est la mission du législateur, autre est celle de l'enseignement. Cela n'empêche pas, sans doute, le législateur de suivre un ordre rationnel dans ses dispositions. Mais quand on examine la prétendue classification rationnelle qu'un de nos meilleurs auteurs, Zachariæ, a substituée à celle de la loi, on se réconcilie avec les défauts que l'on reproche au code Napoléon; nous préférons mille fois le désordre du code à l'ordre du jurisconsulte allemand. Peu importe, après tout, l'ordre que l'on suit dans un ouvrage comme le nôtre. S'il s'agissait d'un manuel destiné à l'enseignement, la classification aurait plus d'importance. Encore est-il bon de ne pas trop bouleverser l'ordre légal, afin d'habituer ceux qui étudient le droit à manier le code, au lieu de se borner à l'étude de leur manuel ou de leurs cahiers. Cela suffit pour notre excuse.

436. Aux termes de l'article 711, « la propriété des

biens s'acquiert et se transmet par succession, par donation entre-vifs ou testamentaire et par l'effet des obligations. » L'article 712 ajoute que « la propriété s'acquiert
aussi par accession ou incorporation, et par prescription. »
Il est inutile d'entrer ici dans des explications sur les divers modes d'acquérir et de transmettre la propriété que la
loi énumère dans les articles 711 et 712, puisqu'ils font l'objet
de titres particuliers. Pour le moment il suffit de constater que l'énumération est incomplète. La *loi* n'y figure pas;
cependant il est des cas où la propriété est acquise en vertu
de la loi, sans que la volonté de l'homme y intervienne:
tel est l'usufruit que l'on appelle légal, pour marquer qu'il
a son principe dans la loi : telle est l'attribution faite par
l'article 563 de l'ancien lit d'une rivière qui abandonne son
cours aux propriétaires par les fonds desquels la rivière
s'est creusé un lit nouveau. On a encore signalé une autre
lacune (1). Le code ne mentionne pas la *tradition,* qui
jouait un si grand rôle dans l'ancien droit. Toullier pose
comme principe que la propriété des meubles se transmet
par la tradition. Ainsi formulé, le prétendu principe est
une erreur, comme nous le prouverons au titre des *Obligations.* M. Demolombe dit que dans les obligations de
genre, la propriété ne saurait être transmise que par la
tradition, parce que la tradition est nécessaire pour déterminer l'objet dont la transmission s'opère (2). Cela aussi
n'est pas exact, comme nous le dirons ailleurs. Nous croyons
que les auteurs se seraient épargné bien des erreurs s'ils
s'étaient astreints à ne poser les principes que là où est le
siége de la matière. Ajournons donc toutes ces questions
aux divers titres où il est question de la transmission des
meubles.

437. Pothier place l'*occupation* en première ligne parmi
les modes d'acquérir la propriété. Il la définit comme suit:
« C'est le titre par lequel on acquiert le domaine de propriété d'une chose qui n'appartient à personne, en s'en

_____

(1) Demolombe, t. XIII, p. 17, n° 15. Marcadé, t. III, p. 2, article 712,
n° I.
(2) Toullier, t. II, 2, p. 34, n° 61 (édition de Duvergier). Demolombe,
t. XIII, p. 19, n° 16.

emparant dans le dessein de l'acquérir (1). » A entendre
l'un des auteurs du code Napoléon, l'occupation n'existe-
rait plus en droit français ; en exposant les motifs du titre
de la *Propriété,* Treilhard dit (2) : « Vous avez érigé en
loi la maxime que les biens qui n'ont pas de maître appartiennent à la nation ; conséquence nécessaire de l'abolition du droit du premier occupant, droit inadmissible dans
une société organisée. » En effet, le texte semble exclure le
droit d'occupation. Pothier dit qu'il s'exerce sur les choses
qui n'appartiennent à personne. Or, nous lisons dans l'article 539 que « *tous* les biens *vacants* et *sans maître* et
ceux des personnes qui décèdent sans héritiers, ou dont
les successions sont abandonnées, appartiennent au domaine public. » Et l'article 713 répète que « les biens
qui n'ont pas de maître appartiennent à l'État. » Que res-
terait-il donc pour le premier occupant? Aussi le code ne
prononce-t-il pas ce mot. Il est certain qu'il n'y a pas un
seul cas dans lequel un immeuble puisse être acquis par
l'occupation. Dans les cas prévus par les articles 539 et
713, l'État est propriétaire, ce qui nous place déjà en
dehors de l'occupation, laquelle suppose que les choses
que l'on occupe n'appartiennent à personne. On dira que
si ces articles excluent l'occupation des immeubles, ils
excluent également l'occupation des meubles, car ils sont
conçus dans les termes les plus généraux : *tous biens,* donc
les meubles aussi bien que les immeubles ont un maître ;
et partant il ne peut être question de les acquérir par droit
d'occupation.

Malgré ces arguments qui paraissent décisifs, il est
certain que le droit d'occupation existe encore en droit
français. D'abord les travaux préparatoires prouvent que
le législateur n'a pas entendu abolir le droit d'occupation.
Le projet primitif élaboré par la commission le rejetait
décidément. Il portait : « La loi civile ne reconnaît pas
le droit de simple occupation. Les biens qui n'ont jamais
eu de maître et ceux qui sont vacants comme abandonnés

---

(1) Pothier, *Traité du domaine de propriété,* n° 20.
(2) Treilhard, Discours, n° 19 (Locré, t. IV, p. 31).

par leurs propriétaires, appartiennent à la nation; nul ne peut les acquérir que par une possession suffisante pour opérer la prescription. » Cette disposition fut critiquée par le tribunal d'appel de Paris : « Nous n'approuvons pas qu'on dise, d'une manière si crue et si générale, que la loi civile ne reconnaît pas le droit de simple occupation, et que les biens qui n'ont jamais eu de maître appartiennent à la nation. Il y a des choses qui n'appartiennent à personne, et que les jurisconsultes appellent *res communes, res nullius* : entend-on soustraire aux particuliers la faculté d'acquérir ces choses pour les donner exclusivement à la nation? Est-ce qu'un particulier qui va puiser de l'eau à la rivière n'acquiert pas le domaine de l'eau qu'il y a puisée? Les pierres, les coquillages qu'on ramasse sur le bord de la mer n'appartiennent-ils pas à celui qui s'en saisit (1)? » On fit droit à cette critique en retranchant la disposition qui abolissait le droit d'occupation. De fait, le code, sans prononcer le mot, consacre le droit d'occupation dans ses applications (art. 714-717). Reste cependant une chose qui paraît singulière : pourquoi le code ne range-t-il pas l'occupation parmi les modes d'acquérir la propriété? L'orateur du Tribunat répond à notre question : « Quant aux choses mobilières, quoique par leur nature elles soient, même dans l'ordre social, susceptibles de l'occupation et de la détention continuelle, la société a dû régler aussi la manière dont on les acquerrait. C'est pour cela que l'*occupation simplement et proprement dite* n'est pas mentionnée, même à leur égard. L'état social ne permet pas que la chasse, la pêche, les trésors, les effets que la mer rejette, les choses perdues soient, comme dans l'état de nature, au premier occupant. L'usage des facultés naturelles, les faveurs du hasard et l'avantage de la primauté ne doivent pas être en contradiction avec une propriété préexistante et mieux fondée en droit (2). »

On voit que ce débat repose sur une espèce de malentendu. Les jurisconsultes distingués qui rédigèrent le

(1) Fenet, *Travaux préparatoires*, t. II, p. 124 et 212. Comparez Toullier, II, 2, p. 3, n° 5.
(2) Siméon, Discours, n° 4 (Locré, t. V, p. 130).

projet de code civil savaient certes ce que tout le monde
sait, que l'on acquiert par occupation le gibier que l'on
tue et les poissons que l'on pêche. Aussi ne niaient-ils que
le droit de simple occupation, c'est-à-dire le fait matériel
de l'appréhension non réglé par la loi, tel qu'il se prati-
quait dans ce que Siméon appelle l'état de nature. C'est
pour écarter cette occupation brutale que le code attribue
tous les biens sans maître à l'Etat. Mais l'Etat permet que
quelques-uns de ces biens deviennent là propriété du premier occupant, sous les conditions déterminées par la loi.
Zachariæ a donc raison d'enseigner, quoi qu'en dise
M. Demolombe, que le gibier appartient à l'Etat avant de
devenir la propriété du chasseur (1). C'est une singulière
théorie, mais c'est celle de la loi. C'est pour ce motif que
nous avons insisté sur un point de doctrine qui ne paraît
pas mériter ces longs développements; à notre avis, il
vaut toujours la peine d'éclaircir et de préciser les idées.

(1) Zachariæ, édition d'Aubry et de Rau, t. Ier, p. 353 et 419. Demolombe,
t. XIII, p. 22, no 18.

TITRE PREMIER.

DE L'OCCUPATION.

————

438. Le code civil reconnaît trois sortes d'occupation : la chasse (art. 715), la pêche (art. 716) et l'invention (art. 716 et 717). On y ajoute une quatrième, l'occupation du butin par la guerre (1). Nous laissons de côté ce dernier mode ; d'abord parce que le code n'en parle pas, puis il nous répugne de traiter, à titre de droit, d'un moyen d'acquérir la propriété qui trouverait mieux sa place dans le code des bêtes sauvages. Nous n'admettons pas le droit de conquête (2). Qui dit conquête dit force brutale ; or, la force et le droit s'excluent. Par la même raison nous répudions le droit de butin, plus brutal encore. La conquête, au moins, est sanctionnée par les traités auxquels le vaincu consent ; tandis que le butin est la violence dans toute sa nudité.

————

CHAPITRE PREMIER.

DE LA CHASSE.

439. Aux termes de l'article 715, la faculté de chasser est réglée par des lois particulières. La dernière loi qui ait été portée en France est celle du 3 mai 1844, et

(1) Voyez Duranton qui en traite assez longuement, t. IV, p. 285, nᵒˢ 335-343.
(2) Voyez mes *Études sur l'histoire de l'humanité.*

en Belgique, celle du 26 février 1846. En renvoyant aux lois spéciales sur la matière, le code marque suffisamment que cette législation est étrangère au droit civil. On pourrait nous opposer que la chasse est un attribut de la propriété. En effet, les lois que nous venons de citer posent en principe que nul n'a la faculté de chasser sur la propriété d'autrui sans le consentement du propriétaire. Mais il faut ajouter que l'exercice de ce droit est subordonné à des conditions et touche à des intérêts qui n'ont rien de commun avec le droit privé : l'agriculture est en cause ainsi que l'ordre public. La matière rentre donc dans le droit de police, en prenant ce mot dans sa plus large acception, c'est-à-dire dans le droit administratif. Quant au droit privé, il ne traite de la chasse qu'au point de vue de l'acquisition du gibier par voie d'occupation. Comment le chasseur devient-il propriétaire du gibier? Les lois spéciales sur la chasse ne s'occupent pas de cette question; elle est du domaine du droit civil.

440. Qu'entend-on par gibier? Pothier répond que ce sont les animaux sauvages, soit quadrupèdes, soit volatiles, tant qu'ils sont *in laxitate naturali*, c'est-à-dire vivant dans leur état de liberté naturelle. Cela résulte de la notion même de l'occupation; elle suppose des biens n'appartenant à personne. Tels sont les animaux sauvages; on ne peut pas dire qu'ils appartiennent au maître du fonds sur lequel ils se trouvent, car il ne les possède pas; n'appartenant à personne, ils deviennent la propriété du chasseur qui les tue. Il suit de là que la chasse ne s'applique pas aux animaux qui, bien qu'étant de nature sauvage, vivent dans une sorte de domesticité. Tels sont les pigeons des colombiers; la loi les déclare immeubles, et partant en attribue la propriété au maître du fonds sur lequel ils ont l'habitude de se tenir. Dès lors la chasse ne peut pas s'appliquer aux pigeons (1). Toutefois il faut remarquer que les règlements locaux déterminent une époque où les pigeons doivent être enfermés dans les colombiers; s'il est contrevenu à ces règlements, toute personne est en

_____

(1) Pothier, *Du domaine de propriété*, n° 24. Toullier, t. II, 2, p. 4, n° 6.

droit de tuer les pigeons qu'elle trouve sur son terrain. Alors même qu'il n'y aurait pas de règlements, les pigeons peuvent être tués lorsqu'ils causent du dommage aux semences ou aux récoltes (1).

Il y a encore des animaux à moitié sauvages et à moitié domestiques, ce sont les abeilles. Le propriétaire du fonds sur lequel vient s'abattre un essaim d'abeilles a le droit de s'en emparer, lorsque le propriétaire ne les poursuit pas ; elles cessent alors d'être une dépendance du fonds sur lequel elles se tenaient jusque-là, reprennent leur nature sauvage et leur liberté naturelle ; par suite elles peuvent faire l'objet du droit d'occupation (2).

441. Quand le gibier devient-il la propriété du chasseur ? La question est controversée. Il n'y a pas de loi ; il faut donc recourir aux principes qui régissent l'occupation. Le chasseur acquiert la propriété du gibier *dont il s'empare* : c'est la définition de Pothier. Mais quand peut-on dire qu'il s'en est *emparé ?* Il fait lever le gibier et il le poursuit ; pendant que les chiens suivent le gibier, un autre chasseur survient et le tue : le premier peut-il réclamer ? Barbeyrac répond qu'il suffit que je sois à la poursuite d'un animal, pour que je sois censé, tant que je suis à sa poursuite, être le premier occupant, en ce sens qu'il n'est pas permis à un autre de s'en emparer pendant ce temps. Pothier dit que ce sentiment est approuvé dans l'usage ; il ajoute qu'il est plus civil que celui des jurisconsultes romains, lesquels exigent que le gibier soit au pouvoir du chasseur. Pothier remarque que l'usage des chasseurs est conforme à un article de l'ancienne loi des Saliens (3). Il y a un jugement d'un juge de paix en ce sens (4). Le magistrat invoque les usages de chasse, loi

(1) Loi des 4 août-11 septembre 1789. Loi des 28 septembre-6 octobre 1791, tit. II, art. 12, et les autorités citées par Aubry et Rau, t. II, p. 235, note 2.
(2) Loi des 28 septembre-6 octobre 1791, tit I, section III, art 5.
(3) Titre XXXV, art. 5 : « *Si quis aprum lassum quem alieni canes moverunt, occiderit et paraverit,* D. C., *denarios culpabilis judicatur.* » Pothier, *De la propriété*, n° 26.
(4) Tribunal de paix de Schirmeck (Vosges), du 10 octobre 1859 (Dalloz, 1860, 3, 80). En sens contraire, arrêt de rejet du 29 avril 1862 (Dalloz, 1862, 1, 449).

d'équité qui n'a pas besoin d'être écrite pour être observée ; or, il est d'usage constant et général de regarder *en
quelque sorte* comme la propriété du chasseur le gibier
qu'il a levé, tant qu'il est couru par lui et que ses chiens
n'en ont pas abandonné la poursuite. Il est vrai que, dans
le silence de la loi, le juge est un ministre d'équité ; les
auteurs du code ont eux-mêmes proclamé cette maxime (1).
Mais il faut avant tout que les juges consultent les principes
de droit tels que la tradition les a établis. L'occupation est
une matière traditionnelle ; la définition que Pothier en
donne implique que l'occupation n'existe que lorsque celui
qui l'invoque *s'est emparé* de la chose : or, peut-on dire
que le chasseur se soit emparé du gibier qu'il a levé et
qu'il poursuit? Il est encore incertain s'il l'atteindra, incertain s'il le blessera, incertain si, quoique blessé, l'animal
ne s'échappera pas ; est-ce là une occupation? Non, certes.
Aussi Pothier n'approuve-t-il pas précisément l'opinion de
Barbeyrac, il la trouve plus civile ; il ne dit pas qu'elle
est plus juridique. Nous allons plus loin ; si le législateur
était appelé à décider la difficulté, nous croyons qu'il devrait le faire dans ce sens ; car il doit tenir compte des
usages et de l'équité ; et même en droit, on peut dire que
le fait de lever le gibier et de le poursuivre est le premier
élément de l'occupation. Sans doute l'occupation peut ne
pas se consommer, mais du moins un tiers n'a pas le droit
d'intervenir pour l'empêcher en tuant le gibier, alors qu'il
y a un commencement d'occupation par un autre chasseur. Mais pour faire toutes ces distinctions il faudrait
une loi ; dans le silence de la loi, l'interprète doit s'en tenir
aux principes traditionnels ; or, ces principes nous disent
que le gibier ne devient la propriété du chasseur que lorsqu'il est en son pouvoir.

412. Est-ce à dire que le chasseur doive avoir mis la
main sur le gibier pour qu'il puisse invoquer le droit d'occupation. Pothier répond que pour qu'un chasseur soit
censé s'être emparé de l'animal et en avoir acquis le domaine, il n'est pas précisément nécessaire qu'il ait mis la

_____

(1) Voyez le tome Ier de mes *Principes,* p. 328, n°s 256 et suiv.

main dessus; il suffit que, de quelque façon que ce soit, l'animal ait été en son pouvoir, de manière à ne pouvoir s'échapper. Le principe est certain, mais l'application fait naître une nouvelle difficulté. Je blesse l'animal ; est-il dès lors en mon pouvoir? et si, pendant que je poursuis l'animal blessé, un autre s'en empare, aurai-je une action contre lui? La question était déjà controversée en droit romain. Cujas la décidait négativement : l'animal blessé n'est pas au pouvoir du chasseur, dit-il, parce qu'il peut arriver qu'il échappe; donc il n'y a pas d'occupation. Pufendorf distingue : si la blessure était considérable et qu'il fût vraisemblable que le chasseur aurait atteint l'animal, il n'est pas permis à un autre de s'en emparer pendant que le chasseur qui l'a blessé le poursuit; si la blessure est légère, l'animal demeure au premier occupant (1). La jurisprudence a consacré cette distinction, qui découle de la notion même de l'occupation. Il a été jugé que si la blessure est légère et n'empêche pas l'animal blessé de s'échapper, le chasseur n'y a aucun droit; d'où suit que si l'animal se réfugie sur une propriété où le chasseur n'a pas le droit de chasser, le maître de ce terrain a le droit de le tuer. La décision est juridique, bien que peu conforme aux usages de chasse ; la délicatesse est d'accord avec les usages des chasseurs, mais l'équité n'est pas écoutée quand elle est en opposition avec le droit; et, dans l'espèce, la rigueur du droit ne laisse aucun doute : il n'y a point d'occupation tant que l'animal peut s'échapper. Le législateur seul pourrait et devrait intervenir pour défendre à un tiers de s'emparer de l'animal blessé, quand même il le tuerait sur un terrain à lui appartenant. Dans le silence de la loi, le droit strict doit l'emporter. Mais lorsque l'animal a été blessé mortellement, il est en réalité au pouvoir du chasseur, car l'animal ne peut plus lui échapper ; celui-ci est donc sûr de mettre la main dessus, d'après l'expression de Pothier. Il a été jugé en ce sens qu'un loup mortellement blessé est devenu la propriété du chasseur qui

---

(1) Pothier, *De la propriété*, n° 26. Pufendorf, *Le droit naturel et des gens*, livre IV, chap. VI, n° 10.

continue sa poursuite, que par conséquent le chasseur qui
survient fortuitement et achève l'animal doit en faire la
restitution (1).

443. Reste une dernière difficulté. Le chasseur poursuit le gibier qu'il a fait lever, qu'il a blessé sur une propriété où il n'a pas le droit de chasser : s'il s'en empare,
en acquerra-t-il la propriété? ou l'animal appartiendra-t-il
au maître du terrain si celui-ci s'en empare? On suppose
naturellement que l'occupation n'était pas encore consom-
mée d'après les principes que nous venons d'exposer. Cujas
décide que le chasseur n'en devient pas propriétaire; il se
fonde sur une loi romaine qu'il a, paraît-il, mal interprétée (2). Nous n'entrons pas dans ce débat, pour ne pas
compliquer une controverse de droit français par une controverse de droit romain. Vinnius a rétabli les vrais principes. Que fait le chasseur qui, contre la défense du propriétaire de l'héritage, y poursuit le gibier? Il viole le
droit de propriété : de ce chef il est responsable, et le
propriétaire a contre lui une action en dommages-intérêts.
Puis il tue le gibier : a-t-il, en cela, lésé un droit du propriétaire? Celui-ci n'a aucun droit sur le gibier qui se trouve
sur son terrain, sinon par l'occupation; or, ce n'est pas lui
qui s'est emparé de l'animal, c'est le chasseur, il appartient donc au chasseur par droit du premier occupant (3).

444. C'est d'après ces principes qu'il faut décider la
question de savoir si le propriétaire du terrain sur lequel
l'animal poursuivi se réfugie peut s'en emparer par droit
d'occupation. La circonstance qu'il est propriétaire du terrain n'a aucune influence sur la décision de la question.
Comme le dit très-bien Vinnius, le gibier ne change pas
de nature d'après les lieux où il se trouve. Il n'appartient à
personne, jusqu'à ce que quelqu'un s'en soit emparé. Donc
il faut voir si le gibier est devenu la propriété du chasseur
qui le poursuit. D'après les principes que nous venons de

(1) Arrêt de rejet du 29 avril 1862 (Dalloz, 1862, 1, 449).
(2) Tribunal de paix de Bulgnéville (Vosges), du 28 mars 1860 (Dalloz, 1860, 3, 80).
(3) Cujas, Observat., IV, 2. Bugnet sur Pothier, *Du domaine de propriété,* n° 24.

poser, le fait de poursuivre le gibier, le fait même de le blesser légèrement ne suffit pas pour en donner la propriété au chasseur; il faut que le gibier soit blessé mortellement. De là suit que le propriétaire du terrain où l'animal poursuivi se réfugie ne peut pas s'en emparer s'il est mortellement blessé, tandis qu'il a le droit strict de le tuer s'il est seulement poursuivi ou blessé légèrement. En deux mots, le propriétaire resté dans le droit commun; le premier chasseur venu a le même droit que lui (1).

CHAPITRE II.

DE LA PÊCHE.

445. La faculté de pêcher est réglée par des lois particulières (art. 717). On distingue la pêche maritime et la pêche fluviale. Sur la pêche maritime, il y a un grand nombre de décrets et de règlements en France et en Belgique, il serait trop long de les énumérer; on peut les voir dans les tables de matières des collections de lois. La pêche fluviale est réglée, en France, par des lois du 15 avril 1829 et du 6 juin 1840. En Belgique, il n'y a que des règlements particuliers; tel est celui du 26 août 1825 concernant la pêche dans l'Escaut. Cette matière, comme celle de la chasse, appartient au droit de police en ce qui concerne le droit de pêcher.

446. Les poissons, n'appartenant à personne, deviennent la propriété du premier occupant. Par sa nature même, la pêche ne donne pas lieu aux questions que présente la chasse. Il y a cependant une de ces difficultés qui se reproduit. Si je pêche sans droit dans une rivière, le poisson devient-il ma propriété? D'après le droit français,

(1) Aubry et Rau, t. II, p. 236 et notes 6 et 7. Demolombe, t. XIII, p. 30, n° 23.

il faut répondre négativement. Aux termes de la loi de 1829 (art. 5), celui qui pêche sans la permission de la personne à laquelle droit de pêche appartient est tenu de restituer le prix du poisson pêché; c'est dire qu'il n'en acquiert pas la propriété (1). Comme, en Belgique, il n'y a point de loi spéciale, nous restons sous l'empire des principes généraux; or, en principe, il n'y a pas de raison de faire une différence entre les poissons et le gibier. Il faut donc appliquer par analogie ce que nous venons de dire de la chasse (n° 443). En droit français il y a une différence, mais qui, au point de vue du droit, ne s'explique pas.

--oo◦o◦oo--

CHAPITRE III.

DE L'INVENTION.

§ Ier. Du trésor.

N° 1. A QUI APPARTIENT LE TRÉSOR?

447. Aux termes de l'article 716, le trésor est toute chose cachée ou enfouie sur laquelle personne ne peut justifier sa propriété et qui est découverte par le pur effet du hasard. A qui appartient le trésor? La loi distingue : si le propriétaire d'un fonds y trouve un trésor, il lui appartient pour le tout: si le trésor est trouvé dans le fonds d'autrui, il appartient pour moitié à celui qui l'a découvert, et pour l'autre moitié au propriétaire du fonds. Pourquoi la loi n'attribue-t-elle pas, dans tous les cas, le trésor en entier à l'inventeur? Il s'agit de l'acquisition de la propriété par droit d'occupation; or, l'inventeur seul peut invoquer le droit d'occupation, et il peut naturellement l'invoquer

---

(1) Demolombe, t. XIII, p. 36, n° 29.

pour le tout. Pourquoi donc la loi ne lui donne-t-elle que
la moitié du trésor quand il le découvre dans le fonds d'autrui? C'est qu'il y a une différence entre le trésor et les
autres choses qui font l'objet du droit d'occupation; celles-
ci n'appartiennent réellement à personne; voilà pourquoi
le chasseur acquiert la propriété du gibier, alors même
qu'il s'en empare sur le terrain d'autrui, malgré le maître.
Le trésor appartient à celui qui l'a caché ou enfoui; si le
véritable propriétaire se présente et justifie de son droit,
le trésor lui est restitué. Pour mieux dire, il n'y a de trésor que lorsque personne ne peut justifier sa propriété.
Mais de ce que personne ne peut justifier sa propriété, il
ne suit pas qu'il n'y ait pas de propriétaire; il y a un maître
inconnu. Eh bien, le législateur tient compte des droits
de ce maître ignoré; il se dit que c'est probablement un
ancêtre du propriétaire actuel du fonds qui y aura déposé
le trésor : à cette propriété présumée il attribue la moitié
du trésor. C'est à peine si l'on peut dire que la présomption s'appuie sur une probabilité. Pour que la chose fût
probable, il faudrait que les biens restassent toujours dans
les mêmes familles. Jadis il en était ainsi, au moins pour
les propres, comme nous le dirons au titre des *Successions,*
l'esprit du droit français étant que les biens restent dans
les familles, et n'en sortent ni par succession, ni par donation, ni par testament, ni même par aliénation entre
vifs. Mais tel n'est plus l'esprit de notre droit moderne, et
les faits ont changé bien plus encore que les lois. Il y a
une mobilité extrême dans la propriété même immobilière;
donc il arrive bien rarement que le propriétaire actuel soit
un parent de celui qui a déposé le trésor. On donne encore
une autre raison : c'est le fonds, dit-on, qui a gardé et
conservé le trésor; il y a là une sorte d'avantage du fonds
lui-même; on en est venu à dire que le propriétaire acquiert, à certains égards, le trésor par droit d'accession (1).
Des mots et des paroles! Nous les citons pour dégoûter
nos jeunes lecteurs de ce genre d'argument.

448. La loi partageant le trésor entre le propriétaire

_____

(1) Demolombe, t. XIII, p. 54, n° 43.

et l'inventeur, il faut déterminer d'une manière précise qui est propriétaire, qui est inventeur? Il faut être propriétaire du fonds pour avoir droit à la partie du trésor que la loi attribue à la propriété. D'après ce principe, il faudrait décider que tous ceux qui ne sont pas propriétaires n'ont aucun droit au trésor; le code applique ce principe à l'usufruitier (art. 598); ce qui prouve qu'il ne suffit pas d'avoir un droit réel de jouissance pour réclamer le trésor. Toutefois les lois spéciales qui régissent l'emphytéose et la superficie ont dérogé à la rigueur de ce principe. Nous renvoyons à ce qui a été dit plus haut (n°ˢ 377 et 428).

Par application de ce principe, il a été jugé que celui qui achète une maison pour la démolir et qui trouve un trésor dans un mur n'en acquiert pas la propriété, sauf la part réservée à l'inventeur (1). La décision est très-juridique. En effet, la vente d'un bâtiment pour être démoli est une vente mobilière (2); l'acheteur n'a droit qu'aux matériaux, il n'a aucun droit dans le fonds; or, l'article 716 dispose que la moitié du trésor appartient au *propriétaire du fonds :* cela est décisif.

449. L'inventeur est celui qui trouve le trésor, c'est-à-dire, comme le dit l'article 716, celui qui découvre un trésor dans le fonds d'autrui par le pur effet du hasard. Nous dirons plus loin que cette définition ne s'applique pas au propriétaire qui trouve un trésor dans son propre fonds. Quant au tiers inventeur, il n'a droit au trésor qu'à titre de don de la fortune. De là suit, dit Pothier, que si quelqu'un fait, sans le consentement du propriétaire, des fouillements dans un champ, pour y chercher un trésor, et qu'il en trouve réellement un, il n'y aura aucune part (3). C'est la décision d'une constitution impériale, et le code civil la consacre implicitement, en exigeant que le trésor ait été découvert par le pur effet du hasard. Le législateur déroge ici aux principes qui régissent l'occupation. Quand une chose n'appartient à personne, elle devient la propriété

(1) Paris, 26 décembre 1825 (Dalloz, au mot *Propriété,* n° 200).
(2) Voyez le tome V de mes *Principes*, p. 531, n° 426.
(3) Pothier, *De la propriété*, n° 65. L. un. C. *De thesauris* (X, 15).

du premier occupant, n'importe où il l'appréhende : celui qui, malgré le propriétaire, chasse sur son fonds, n'en acquiert pas moins la propriété du gibier. S'il n'en est pas de même pour le trésor, c'est que le trésor n'est pas *res nullius,* il a un maître, et la loi présume que c'est le propriétaire du fonds : elle ne donne une part à l'inventeur que si la fortune le lui fait découvrir ; hors de là, le droit du propriétaire du fonds l'emporte.

450. Un ouvrier trouva, en démolissant une maison, un vase contenant des pièces d'or du règne de Philippe le Bel. Le propriétaire contesta à l'ouvrier la part que la loi attribue à l'inventeur. Il prétendit que l'ouvrier avait travaillé en son nom, pour lui et en sa présence, parce qu'il avait des raisons de croire, par tradition de famille, qu'il y avait de l'argent caché dans la maison qu'il faisait démolir. La cour adjugea la moitié du trésor à l'ouvrier (1). En effet, la loi est formelle, elle donne la moitié du trésor à l'inventeur, sans distinguer si celui qui le découvre travaille pour son propre compte, comme possesseur ou fermier, ou s'il travaille pour le compte d'autrui. Et il n'y avait pas à distinguer. On ne pouvait pas dire, dans l'espèce, que l'ouvrier était employé et payé pour chercher un trésor, la découverte du vase était donc un fait complétement étranger à son travail, donc une invention dans le sens légal, une découverte due à la fortune. Si les travaux se faisaient dans le but de découvrir un trésor, si tel était du moins en partie l'objet des excavations faites par un propriétaire, si les fouilles étaient faites sur ses indications, on devrait attribuer le trésor au maître du fonds. La cour d'Orléans l'a jugé ainsi et avec raison. Dans l'espèce, le propriétaire avait déjà trouvé des pièces d'or et d'argent cachées dans sa maison ; il cherchait à la lettre un trésor, bien que les travaux ne fussent pas faits uniquement dans ce but. Or, dès que l'on cherche un trésor, il n'y a plus de trésor, il n'y a plus de découverte faite par le pur effet du hasard. Dès lors les choses que l'on trouve

(1) Bruxelles, 15 mars 1810 (Dalloz, au mot *Propriété,* n° 205).

doivent appartenir au propriétaire du fonds (1). Dans une autre espèce, il a été jugé, au contraire, que la moitié du trésor appartenait à l'ouvrier, bien que le propriétaire prétendît lui avoir recommandé de donner son attention aux choses précieuses qu'il pourrait trouver. Mais cette allégation n'était pas prouvée. Rien ne constatait donc que l'on eût cherché un trésor : c'est là le fait décisif (2). Dès que l'on ne cherche pas de trésor, la fortune le donne à l'inventeur.

451. Faut-il que l'inventeur mette la main sur la chose pour en acquérir la propriété? C'est bien là le principe général en matière d'occupation; nous avons vu les difficultés qu'il présente en cas de chasse. La loi y déroge quand il s'agit d'un trésor; elle dit et répète qu'une partie du trésor appartient à celui qui le *trouve*, qui le *découvre*; c'est à l'*invention* qu'elle attribue cette part, ce n'est pas à l'occupation proprement dite. Et cela est très-logique. Une chose était enfouie depuis des siècles; elle était perdue pour son maître, perdue pour la société; le hasard la fait découvrir; voilà le don de la fortune; c'est à celui qu'elle a favorisé que le trésor doit appartenir (3). Ce principe sert à vider un conflit qui peut se présenter assez souvent. C'est d'ordinaire par un ouvrier que le trésor se découvre. Mais que décider quand il y en a plusieurs employés à faire des déblais? Les uns piochent, les autres transportent la terre; l'un de ceux qui sont employés à piocher découvre un trésor. Tous y réclament leur part. La cour d'Angers a très-bien jugé qu'il fallait d'abord écarter les prétentions de ceux qui transportaient la terre. Vainement disaient-ils qu'ils étaient associés, et que le trésor était un bénéfice commun qui devait être partagé entre tous; associés ils l'étaient, mais pour le déblayement, non pour la découverte d'un trésor; étrangers à l'invention, ces ouvriers ne pouvaient réclamer aucune part dans le don que la fortune faisait à l'inventeur. Restaient les

---

(1) Orléans, 10 février 1842 (Dalloz, au mot *Propriété*, n° 203).
(2) Rouen, 3 janvier 1853 (Dalloz, 1854, 2, 117).
(3) Demante, *Cours analytique*, t. III, p. 10, n° 12 *bis* I. Comparez Demolombe, t. XIII, p. 71, n° 54.

ouvriers piocheurs. Parmi eux aussi la fortune avait fait son choix : c'est à celui qui par un coup de pioche avait révélé le trésor, qu'appartenait la part qui constitue le don de la fortune (1).

452. Il arrive parfois que l'inventeur cache sa trouvaille, afin de s'approprier la part du trésor que la loi attribue au propriétaire. Une chose est certaine, c'est que celui qui trouve un trésor dans le fonds d'autrui est obligé d'en remettre la moitié au maître du fonds. En effet, il n'a le droit de s'approprier ce qu'il trouve qu'à titre de trésor ; or, il sait que le trésor doit être partagé entre lui et le propriétaire ; il est donc obligé de l'appeler au partage. Mais s'il ne le fait pas? Que le propriétaire ait une action contre lui pour réclamer la moitié du trésor, cela n'est pas douteux; mais quelle est la durée de cette action? On a prétendu qu'elle naît d'un délit, qu'elle se prescrit par conséquent par le laps de trois ans. Cela n'est pas exact. Il peut y avoir délit : si celui qui trouve un trésor le cache dans l'intention de se l'approprier pour le tout, il commet un vol (2). Est-ce à dire que l'action du propriétaire en réclamation de la moitié du trésor naisse d'un délit? Non, elle a son principe dans la découverte du trésor, et dans l'obligation que l'inventeur contracte à son égard; c'est donc une action civile ordinaire qui dure trente ans (3). On demande si l'inventeur, coupable de vol, ne doit pas être privé de sa part dans le trésor? La négative est évidente; ce serait une peine, et il n'y a pas de peine sans loi ; or, aucune loi ne prive l'inventeur de ce qui lui appartient. A-t-il commis un délit, qu'on le punisse. A-t-il causé un dommage au propriétaire, celui-ci aura une action en dommages-intérêts. On ne peut pas aller au delà sans violer le droit de propriété (4).

Nº 2. QUAND Y A-T-IL TRÉSOR?

453. Aux termes de l'article 716, le trésor est toute

(1) Angers, 25 mai 1849 (Dalloz, 1849, 2, 169).
(2) Aubry et Rau, t. II, p. 242 et note 37, et les autorités qui y sont citées.
(3) Angers, 15 juillet 1851 (Dalloz, 1852, 2, 36).
(4) Aix, 17 mai 1859 (Dalloz, 1859, 2, 114).

chose *cachée* ou *enfouie*; il faut ajouter avec la première partie de l'article : *dans un fonds*. Il suit de là que si la chose n'est pas cachée ni enfouie, si elle se trouve à découvert sur le sol, ce n'est pas un trésor; par suite il n'y a pas lieu d'en faire le partage entre l'inventeur et le propriétaire du terrain. C'est une chose perdue; on doit appliquer par conséquent les principes qui régissent les épaves; nous les exposerons plus loin. Il résulte encore du texte de l'article 716 qu'une chose trouvée dans un meuble, tel qu'un secrétaire, n'est pas un trésor. On enseigne cependant le contraire, en appuyant sur le mot *caché* qui est général et s'applique à un meuble aussi bien qu'à un immeuble (1). Mais il ne faut pas isoler la seconde partie de l'article 716 de la première; la loi exige que la chose cachée ait été trouvée dans un fonds, ce qui veut bien dire qu'elle doit avoir été cachée dans ce fonds; et est-ce qu'un meuble est un fonds? Mais si la chose cachée dans un meuble n'est pas un trésor, qu'est-ce donc et à qui appartiendra-t-elle? Ce sera une chose trouvée, et on appliquera les règles sur les épaves.

454. L'article 717 dit que *toute* chose cachée ou enfouie est un trésor. Peu importe donc la nature de la chose; il n'y a pas à distinguer si elle est plus ou moins précieuse. A s'en tenir à la lettre de la loi, il faudrait même l'appliquer aux vieux tombeaux que l'on découvrirait dans un terrain. Nous préférons l'interprétation que la cour de Bordeaux a donnée au code, bien que nous n'approuvions pas les motifs. Elle part du principe que le trésor ne peut comprendre que les choses qui ont une valeur commerciale, et que le possesseur cache pour s'en assurer la conservation. Il est évident que les cadavres ne peuvent pas être considérés comme un trésor; mais le tombeau lui-même et les choses précieuses qu'il renferme ont certes une valeur commerciale. On peut dire qu'après des siècles il ne reste rien des dépouilles mortelles de l'homme, et que par suite il n'y a plus que des choses mobilières tombant sous l'application de la loi qui dit :

(1) Demolombe, t. XIII, p. 42, n° 34, et les auteurs qu'il cite.

toute chose. Nous répondons que le tombeau est, de son essence, une chose soustraite au commerce, puisqu'il est destiné à rester enfoui. Dans l'intention de ceux qui déposent un tombeau dans le sol, il doit y rester à perpétuité; il se confond donc avec le sol, et par conséquent se transmet avec lui. Le trésor, au contraire, est déposé dans le fonds à titre de dépôt temporaire pour en être retiré. Il est donc impossible de considérer un tombeau comme un trésor (1).

455. Faut-il que le dépôt soit ancien? Le droit romain l'exigeait (2). On a soutenu que le code civil reproduit cette doctrine implicitement, bien qu'il ne répète pas le mot. En effet, dit-on, il exige que personne ne puisse justifier de sa propriété, ce qui certainement n'a pas lieu lorsque le dépôt est moderne. La cour de Bordeaux, admettant cette interprétation, a décidé qu'on ne saurait donner le nom de trésor à des pièces d'or d'effigie récente (3). Cela est trop absolu. En droit, il y a même erreur, car on ajoute à la loi. Le législateur français avait sous les yeux la définition romaine et il n'a pas reproduit l'expression de dépôt ancien; nous ne pouvons pas exiger une condition que la loi ne prescrit pas. Sans doute, si les pièces de monnaie sont d'une date récente, il sera d'ordinaire facile à celui qui a fait le dépôt de justifier sa propriété. Mais supposons qu'il ne le puisse pas; on rentre alors dans les termes de la loi, et par suite il faut attribuer la chose à l'inventeur et au propriétaire du fonds. La question de l'ancienneté du dépôt est donc une difficulté de fait plutôt que de droit. On trouve dans une maison des couronnes de France portant le millésime de 1786; il est établi que la maison n'a pas cessé d'être habitée par celui qui, propriétaire avant 1786, a dû nécessairement faire ce dépôt, par sa veuve et par ses enfants; la cour de Bruxelles a très-bien jugé que ce n'était pas là un trésor, en ce sens que les circonstances

---

(1) Bordeaux, 6 août 1806 (Dalloz, au mot *Propriété,* n° 189). En sens contraire, Demolombe, t. XIII, p. 44, n° 37, et les autorités qu'il cite.
(2) « *Vetus quædam depositio.* » L. 31, D., *de acquir. rer. dom.*
(3) Bordeaux, 22 février 1827 (Dalloz, au mot *Propriété,* n° 192, 2°).

démontraient que l'argent caché appartenait à la famille du déposant (1).

456. L'article 716 exige pour qu'il y ait trésor que personne ne puisse justifier sa propriété. Ce principe est de toute évidence. Le trésor n'est pas une chose sans maître ; il y a un propriétaire, c'est celui qui a pris soin de cacher la chose et ses héritiers. C'est parce que le véritable propriétaire ne se montre pas que la loi attribue la chose à titre de trésor à l'inventeur. Donc s'il réclame sa chose, il ne peut plus être question de trésor. Si, lors de l'invention, personne ne se présente pour revendiquer la chose trouvée, elle sera attribuée à l'inventeur, et, s'il y a lieu, au propriétaire du fonds. Cette attribution est-elle définitive? Non certes. Le propriétaire a une action contre ceux qui se sont emparés de sa chose. En effet, quel est leur titre? L'occupation, fondée sur ce que la chose est un trésor, c'est-à-dire que l'on ne sait à qui elle appartient. Or, ce titre tombe du moment que le vrai propriétaire réclame.

Quelle sera la durée de l'action qui appartient au propriétaire? Il peut agir pendant trente ans contre ceux qui ont trouvé la chose ; en la trouvant, ils contractent l'obligation de la rendre au propriétaire ; celui-ci a donc contre eux une action personnelle, c'est-à-dire une action qui dure trente ans. Cela répond d'avance à l'objection que les possesseurs de la chose pourraient opposer au propriétaire, en invoquant la maxime qu'en fait de meubles possession vaut titre. Le propriétaire ne revendique pas, il agit contre les possesseurs en vertu d'une action personnelle ; or, la maxime de l'article 2279 ne peut pas être opposée à l'action née d'une obligation. Si la chose était entre les mains d'un tiers acquéreur, il y aurait lieu d'appliquer la disposition de l'article 2279 concernant les choses trouvées, que nous expliquerons plus loin (2).

Reste à savoir comment le demandeur justifiera sa pro-

---

(1) Bruxelles, 5 avril 1823 (Dalloz, au mot *Propriété*, n° 192, 1°). Comparez Aubry et Rau, t. II, p. 240, note 29, et les auteurs qui y sont cités.
(2) Aubry et Rau, t. II, p. 242 et note 39. Demolombe, t. XIII, p. 47, n° 38 *bis*.

priété. Si c'est un héritier du déposant qui réclame, il
pourra, sans doute aucun, invoquer la preuve testimoniale
et par suite les présomptions que la loi abandonne à la
prudence du magistrat. En effet, la preuve testimoniale
est indéfiniment admissible pour établir les faits purs et
simples, les faits qui par eux-mêmes n'engendrent ni droit
ni obligation; or, le fait de déposer des pièces de monnaie
dans un fonds n'engendre aucun lien entre le déposant et
des tiers; c'est donc un fait matériel qui pourra être prouvé
par témoins. Le déposant lui-même pourrait invoquer ce
principe; à plus forte raison ses héritiers peuvent-ils s'en
prévaloir; ils sont dans la position du créancier qui n'a
pas pu se procurer une preuve littérale de l'obligation contractée envers lui (art. 1348)(1). Et quand la preuve testimoniale est admissible, les présomptions le sont aussi
(art. 1353).

457. Aux termes de l'article 716, la chose qui n'est
pas découverte par le pur effet du hasard n'est pas un trésor. Nous avons fait l'application de ce principe au cas où
un tiers ferait des feuilles dans un fonds qui ne lui appartient pas pour y chercher un trésor (n° 449). Bien que la
loi ne distingue pas entre le propriétaire et les tiers, tout
le monde admet que le propriétaire est libre de faire dans
son fonds telles fouilles qu'il juge convenables. Cela est
de toute évidence, puisque c'est l'exercice du droit de propriété. Mais si le propriétaire cherche un trésor et s'il en
trouve un, la chose deviendra-t-elle sa propriété à titre de
trésor? D'après le texte de l'article 716, il faut répondre
négativement; car la définition même du trésor exige que
la chose ait été découverte par le pur effet du hasard. Il
est de l'essence du trésor qu'il soit un don de la fortune;
celui qui cherche un trésor et qui le trouve, ne doit rien
au hasard; donc ce n'est pas un trésor. A qui appartiendra
la chose ainsi cherchée et trouvée? Elle deviendra la propriété de celui qui l'a cherchée, si personne ne se présente
pour la réclamer. Mais à quel titre? Ce n'est pas une

---

(1) Bordeaux, 22 février 1827, et Amiens, 19 janvier 1826 (Dalloz, au mot
Propriété, n°ˢ 194 et 195). Comparez Demolombe, t. XIII, p. 47, n° 39;
Aubry et Rau, t. II, p. 242 et note 38.

épave, dit-on, puisqu'elle était enfouie et cachée. Ce n'est pas un trésor, puisque ce n'est pas un don de la fortune. Il ne reste qu'un titre, celui de l'accession; mais peut-on dire que des pièces de monnaie soient une dépendance du sol? Nous préférerions appliquer par analogie les principes qui régissent les épaves. Il n'est pas requis, pour qu'il y ait épave, que la chose soit sur la surface du sol, il n'est pas requis qu'elle soit trouvée par hasard; donc c'est une chose trouvée. Nous allons voir à qui appartiennent les épaves (1).

§ II. *Des choses qui n'ont pas de maître.*

458. On cite en premier lieu, parmi les choses qui n'ont pas de maître et qui par suite appartiennent au premier occupant, les coquillages et les pierres que l'on trouve sur les rivages de la mer et sur les bords des rivières. Certes si l'on ne consulte que le fait, rien ne paraît plus évident. Qui de nous n'a ramassé un coquillage ou un caillou? Et en les ramassant nous en sommes devenus propriétaires. Voilà bien l'occupation dans toute sa simplicité. Oui, mais cette prise de possession si naturelle est en même temps une image de l'incertitude du droit. L'occupation n'est plus un pur fait sous l'empire de notre code; il faut qu'elle trouve sa justification dans un texte de loi. Où est la loi qui autorise le premier venu à s'emparer des coquillages et des pierres que l'on trouve sur les rivages de la mer et des fleuves? Il n'y a pas de loi postérieure au code. Les auteurs qui s'occupent un instant de cette matière si élémentaire invoquent le droit romain. En effet, Pothier enseigne, conformément à une loi du Digeste, que ces choses étant restées dans l'état de communauté négative, c'est-à-dire n'appartenant à personne, chacun a le droit d'en acquérir la propriété en les ramassant : le jurisconsulte romain dit que cela est de droit naturel (2). Les

---

(1) En sens contraire, Demolombe, t. XIII, p. 50, n° 41.
(2) L. 3, D., *de rer. divis.* (I, 8). Pothier, *De la propriété,* n° 58. Demolombe, t. XIII, p. 73, n° 56.

auteurs modernes qui citent le droit romain, invoquent donc le droit naturel et ce que Pothier appelle la communauté négative; ils oublient que, sous l'empire de notre législation positive, il n'y a plus de droit naturel; quant à la communauté négative, elle n'existe pas davantage, les articles 539 et 713 attribuant à l'Etat la propriété de tous les biens qui n'ont pas de maître. Donc les coquillages appartiennent à l'Etat, et il nous faut une loi qui permette aux particuliers de s'emparer de cette partie du domaine public. Y a-t-il une loi antérieure au code civil? Pour la Belgique, nous n'en connaissons d'autre qu'un édit de 1547 adressé aux Etats de Flandre, donc une loi qui n'a qu'une autorité locale, puisqu'elle n'a pas été publiée dans les autres provinces (1). Ce serait une loi générale, que nous n'en serions pas plus avancés. En effet, les édits et ordonnances antérieurs au code Napoléon sont abrogés aussi bien que le droit romain; pour qu'ils restent en vigueur, il faut que le code les maintienne en y renvoyant; or, le code garde le silence sur les coquillages et les pierres plus ou moins précieuses que l'on trouve sur les bords de la mer et des rivières. Il ne reste d'autre loi que les articles 713 et 539, d'après lesquels ces choses sont propriété de l'Etat. C'est donc avec l'autorisation tacite de l'Etat que l'occupation des coquillages s'exerce. Reste à savoir si l'Etat a le droit d'abdiquer sa propriété, et la négative est évidente. En définitive, il y a lacune dans notre législation, et il en résulte qu'en droit strict l'occupation, que les Romains déclaraient de droit naturel, est devenue une usurpation. Or, dans une société bien réglée, il ne doit pas y avoir d'usurpation. Notre conclusion est un appel au législateur pour qu'il comble les lacunes qui existent dans le code.

459. En Belgique surtout ces lacunes sont nombreuses. Sous l'ancien régime, il n'y avait guère de lois générales applicables à toutes les provinces. Après la réunion à la France, on publia un grand nombre d'anciennes lois fran-

---

(1) Jugement du tribunal de Bruxelles du 23 décembre 1865 (*Belgique judiciaire,* 1866, p. 126).

çaises, mais la publication ne se fit qu'au fur et à mesure des besoins pratiques. C'est ainsi que l'on se contenta de publier partiellement l'ordonnance de 1681 qui prévoit divers cas d'occupation. Mais précisément ces dispositions ne furent pas publiées en Belgique. Voilà comment il se fait que nous sommes sans loi sur ce que l'on appelle épaves maritimes.

L'article 717 dit que les droits sur les plantes et herbages qui croissent au bord de la mer sont réglés par des lois particulières. En France, on suit l'ordonnance de 1681, et il y a de plus des décrets récents (1). L'ordonnance sur la marine, nous venons de le dire, n'a pas été publiée en Belgique ; il y a, il est vrai, un arrêté du 18 thermidor an x qui autorise les préfets à déterminer par des règlements *conformes aux lois* tout ce qui concerne les plantes ou herbages appelées *varech*. Cela suppose qu'il y a des lois ; or, les anciennes lois françaises ne sont devenues obligatoires en Belgique que par leur publication ; on ne peut donc pas se prévaloir des dispositions de l'ordonnance de 1681 qui n'ont pas été publiées. Partant nous sommes sans loi. Il en est de même pour tout ce qui est du cru de la mer, comme ambre, corail, poissons à lard et autres semblables ; l'ordonnance porte (liv. IV, tit. IX, art. 29) que ces choses et autres semblables, qui n'auront appartenu à personne, demeurent à ceux qui les auront tirées du fond de la mer ou pêchées sur les flots ; s'ils les ont trouvées sur les grèves, ils n'en auront que le tiers ; les deux autres tiers devaient être partagés entre le domaine et l'amiral (2). En l'absence de lois, que fait-on? On pratique le droit d'occupation comme s'il existait toujours avec la même étendue qu'il avait quand il n'y avait pas de lois. C'est une lacune nouvelle que nous signalons à l'attention du législateur.

460. On compte encore parmi les choses qui n'appartiennent à personne celles dont le propriétaire a abdiqué la propriété ; elles n'ont plus de maître ; donc, dit Pothier, celui qui s'en empare en acquiert la propriété par l'occu-

---

(1) Voyez les décrets cités par Aubry et Rau, t. II, p. 238, notes 12 et 13.
(2) Duranton, t. IV, p. 262, nos 305 et 306. Demolombe, t. XIII, p. 74, nos 57 et 58.

pation(1). Donc, disons-nous, elles appartiennent à l'Etat,
en vertu des articles 539 et 713; il faudrait une loi qui
les attribuât au premier occupant. De lois, nous n'en connaissons pas d'autres que les lois romaines invoquées par
Pothier. Or, le droit romain est abrogé, le code ne le
maintient pas en ce qui concerne les choses abandonnées,
il ne prononce pas même ce mot. L'article 717 prévoit
seulement le cas d'effets jetés à la mer, ou d'objets que la
mer rejette, de quelque nature qu'ils puissent être ; il dit
que le droit sur ces choses est réglé par des lois particulières. En France, on a l'ordonnance de 1681 ; elle n'a
pas été publiée en Belgique. Y a-t-il des lois belges antérieures au code? La question s'est présentée devant le tribunal de Bruxelles. L'équipage d'une chaloupe de pêche
du port d'Anvers trouva dans la mer du Nord une quantité considérable de suif et de graisse, qu'il vendit à Fles-
singue pour près de cinq mille francs. De retour à Anvers,
les pêcheurs furent menacés de poursuites du chef de vol;
ils remirent le prix entre les mains du commissaire maritime, qui le déposa chez le receveur des domaines. Aucune
réclamation des anciens propriétaires n'ayant été faite, les
pêcheurs demandèrent la restitution des cinq mille francs
par eux déposés. L'Etat refusa de les restituer. Comme
dépositaire, l'Etat devait rendre la chose déposée au déposant, à moins qu'il n'y eût droit lui-même à titre de propriétaire. De là la question de savoir : y a-t-il une loi qui
attribue à l'Etat les effets jetés à la mer et trouvés en
pleine mer? L'article 717, en disant que les droits sur ces
choses sont réglés par des lois particulières, décide par
cela même qu'elles n'appartiennent pas à l'Etat. Car l'Etat
ne peut pas invoquer les articles 539 et 713, qui supposent que les biens réclamés par lui se trouvent sur le territoire belge; or, dans l'espèce, il était constant que les
effets avaient été recueillis en pleine mer. Il fallait donc
trouver une loi qui en attribuât la propriété à l'Etat. On
va voir quel est l'embarras des juges en cette matière.
L'Etat invoqua l'ordonnance française de 1681 ; le tribunal

(1) Pothier, *De la propriété*, n° 60. L. 2, D., *pro derel*. (XLI, 7).

décida que les dispositions de l'ordonnance relatives aux épaves maritimes n'ayant pas été publiées en Belgique, n'y avaient aucune force obligatoire. L'Etat cita l'édit de 1476; il était spécial à la Hollande et à la Zélande, donc sans application en Belgique. Quant à l'édit de 1547, nous avons déjà dit qu'il n'était adressé qu'aux états de Flandre, donc il n'était pas obligatoire dans le Brabant. L'Etat invoquait encore l'édit du 15 mai 1574, mais le texte prouve qu'il était spécial à la Hollande et à la Frise, et il n'a pas été publié dans le Brabant, donc il n'y avait aucune force. L'édit du 16 octobre 1663, que l'on citait dans l'intérêt de l'Etat, se borne à recommander aux fiscaux l'observation des lois existantes, mais ne crée pas un droit d'épaves maritimes; quant à l'édit du 2 décembre 1663, il émanait des états de Hollande et de Frise, et par conséquent il était étranger à la Belgique. Bref il n'y avait pas de loi. Donc on ne pouvait attribuer les épaves maritimes à l'Etat. Elles n'appartiennent pas davantage à ceux qui les trouvent; car les effets jetés à la mer ou naufragés ne sont pas des biens sans maître. Celui qui les trouve est dans la même position que celui qui trouve des choses perdues; il a la détention des choses et la garde, et il est tenu de les rendre au propriétaire qui les réclame dans les trente ans. Restait à savoir qui dans l'espèce était détenteur et gardien. Evidemment les pêcheurs. Le tribunal condamna l'Etat à leur restituer le dépôt qu'ils avaient fait entre ses mains(1).

§ III. *Des épaves.*

461. Dans l'ancien droit, on appelait *épaves* ou choses *gayves* les choses perdues ou égarées dont on ne connaît point le propriétaire. Elles appartenaient, selon le lieu où elles avaient été trouvées, au roi ou au seigneur haut justicier, lorsque, dans le délai prescrit par les coutumes, le propriétaire ne les avait pas réclamées. C'est ce qu'on ap-

(1) Jugement du tribunal de Bruxelles du 23 décembre 1865 (*Belgique judiciaire*, 1866, p. 126).

pelait *droit d'épave* (1). Ce droit fut aboli par la loi du 13 avril 1791 (tit. Ier, art. 7). Le code civil dit que les droits sur les choses perdues dont le maître ne se représente pas seront réglés par des lois particulières (art. 717). Nous citerons plus loin quelques lois spéciales sur certains objets perdus, égarés ou non réclamés. De loi générale, il n'y en a pas. De là doute et controverse. On n'est d'accord que sur un point, c'est que les choses perdues n'appartiennent pas au propriétaire du fonds sur lequel elles se trouvent (2). A quel titre les réclamerait-il? Comme trésor? Les choses qui sont sur la surface du sol ne sont pas un trésor. Comme un accessoire du fonds? Il n'y a aucun lien juridique entre le fonds sur lequel on laisse tomber par accident une chose quelconque et cette chose. On ne peut pas même dire que le possesseur du fonds a la garde de la chose; c'est l'inventeur qui en a la détention et la garde. Y a-t-il exception à ce principe quand la chose est trouvée dans une maison? On lit dans un arrêt de la cour de cassation qu'il n'en est pas des choses que l'on trouve sur le parquet d'un appartement comme de celles que l'on trouve sur un chemin public; que les premières, si elles sont égarées, ne deviennent cependant pas des objets perdus et sans maître; que tout ce qui existe dans une maison y demeure sous l'autorité et doit être réputé en la possession du chef, et que rien n'en peut être détourné sans son consentement (3). Il y a du vrai dans cette proposition, mais elle est trop absolue. Dans l'espèce, un commis avait trouvé sur le parquet des billets de banque; il s'en empare sans en prévenir son chef. Le plus simple devoir d'honnêteté l'obligeait sans doute de faire part à son patron de sa trouvaille. Est-ce à dire que le dépôt en appartînt au patron? Non, puisque le propriétaire du fonds, maison ou champ, n'a absolument aucun droit sur les choses égarées qui s'y trouvent par hasard. L'inventeur les détient, et c'est à lui de les garder. Il nous faut voir s'il en a aussi la propriété.

(1) Merlin, *Répertoire,* aux mots *Epaves* et *Choses gayves.*
(2) Duranton, t. IV, p. 273, n° 323. Demolombe, t. XIII, p. 86, n° 70.
(3) Arrêt de cassation de la chambre criminelle du 7 septembre 1855 (Dalloz, 1855, 1, 384).

462. On a soutenu que les choses perdues appartenaient à l'Etat. Il est certain que l'Etat ne peut pas invoquer les articles 539 et 713, car les épaves ne sont pas des choses sans maître, elles ont un propriétaire, ignoré, il est vrai, mais qui peut se représenter d'un instant à l'autre. L'Etat n'en pourrait réclamer la propriété que si une loi spéciale la lui attribuait. Or, il n'y a pas de loi postérieure au code civil. Quant au droit antérieur, il a été abrogé par la loi de 1791. C'est cependant ce droit antérieur que l'on invoque. L'Etat a succédé, dit-on, aux seigneurs hauts justiciers; si les épaves leur appartenaient, c'était, d'après Pothier, en récompense des frais qu'ils faisaient pour rendre la justice; la charge ayant passé à l'Etat, n'est-il pas juste qu'il profite du bénéfice qui y était attaché? Mauvaises raisons. L'Etat remplit un devoir en rendant la justice, et il n'a point d'indemnité à réclamer de ce chef. Il est inutile d'insister, parce qu'il y a un texte qui repousse les prétentions de l'Etat, c'est l'article 717, lequel, en disant que des lois spéciales régleront les droits sur les choses perdues dont le maître ne se représente pas, suppose que ces choses ne deviennent pas propriété de l'Etat. En l'absence de loi, l'Etat est sans droit (1).

463. Il ne reste plus que l'inventeur. Devient-il propriétaire des choses perdues qu'il trouve? Par le fait seul de son invention, non. En effet, l'invention est un mode d'occupation; or, l'occupation suppose des biens qui n'appartiennent à personne. Telles ne sont pas les épaves. Celui qui les a perdues n'en a pas abdiqué la propriété; il a seulement perdu la détention, mais il en reste le maître; l'article 717 le dit, et les principes qui régissent la propriété ne laissent aucun doute. Vainement l'inventeur invoquerait-il la maxime qu'en fait de meubles possession vaut titre. Ce principe suppose que le possesseur possède en vertu d'un titre translatif de propriété; ceux qui possèdent en vertu d'un lien d'obligation ne peuvent pas se

(1) Merlin, au mot *Epaves;* Favard de Langlade, au mot *Propriété,* section I, nº 11. En sens contraire, Aubry et Rau, t. II, p. 244, nº 46, et les autorités qu'ils citent.

prévaloir de l'article 2279, le titre même de leur possession prouvant qu'ils sont obligés de restituer. Telle est la
position de l'inventeur; l'invention lui donne la détention
d'une chose qui ne lui appartient pas, qu'il doit par conséquent restituer au maître qui la réclamera ; étant tenu
de restituer, il est bien évident que sa possession ne le
rend pas propriétaire. L'article 2279 lui-même le prouve.
Si l'inventeur vend la chose, le maître peut la revendiquer
pendant trois ans entre les mains du tiers acquéreur ; donc
le tiers acquéreur n'est pas devenu propriétaire, partant
le vendeur, c'est-à-dire l'inventeur ne l'était pas. La chose
continue donc à appartenir à son maître. Il peut la réclamer, mais toute action se prescrit par trente ans; le possesseur sans titre ni bonne foi peut opposer cette prescription au propriétaire qui revendique, et elle peut aussi
être opposée à celui qui agit en vertu d'un lien d'obligation. Donc après trente ans, l'inventeur ne peut plus être
tenu à restituer la chose trouvée; en ce sens il en devient
propriétaire (1).

464. L'application de ces principes donne lieu à quelques difficultés. Dans l'ancien droit, plusieurs coutumes
faisaient un devoir à celui qui trouvait une épave d'en faire
la déclaration à l'autorité locale, sous peine d'amende :
telle était la coutume d'Orléans (art. 176). Cette obligation
existe-t-elle encore dans notre droit moderne? Les coutumes sont abolies, de loi il n'y en a pas. Les autorités
municipales ont essayé de combler la lacune. A Paris, il
y a des ordonnances qui enjoignent de remettre au bureau
de police les objets trouvés. La légalité de ces règlements a été contestée. Nous avons dit ailleurs que la cour
de cassation de Belgique a jugé que le règlement fait
par le conseil communal de Liége sur les objets trouvés
est illégal, et cela ne nous paraît pas douteux (2). En
France, il y a des décisions dans le même sens rendues

---

(1) Duranton, t. IV, p. 271, n° 318, et p. 280, n°ˢ 329 et 330. Demolombe,
t. XIII, p. 89, n° 71. Il y a une décision du ministre des finances (France)
en ce sens, mais assez mal motivée (Duranton, t. IV, p. 274, n° 326. Comparez Dalloz, au mot *Propriété*, n° 212, et Mourlon, t. II, p. 7).
(2) Voyez le tome VI de mes *Principes*, p. 155, n° 118.

par des tribunaux de police (1); la question n'a pas encore été portée devant la cour suprême.

465. Est-ce à dire que le fait de s'emparer des objets trouvés, sans en faire aucune déclaration, soit licite? La question de savoir si c'est un vol est controversée. Nous n'entrons pas dans ce débat, puisqu'il est étranger à notre sujet. La jurisprudence s'est prononcée pour l'affirmative, toutefois avec une distinction. Si celui qui trouve une chose prend immédiatement la résolution de se l'approprier, il la soustrait frauduleusement au propriétaire, par conséquent il commet un vol. Si donc il ne fait aucune déclaration à la police, aucune démarche pour découvrir le maître, s'il cache sa trouvaille, s'il la nie, il y a soustraction frauduleuse (2).

466. De là naît une nouvelle difficulté. Quelle est la durée de l'action du maître contre l'inventeur? Est-ce la durée de toute action civile, trente ans, ou est-ce la durée exceptionnelle de trois ans que les lois pénales établissent pour les actions qui naissent d'un délit? L'action du maître ne naît pas d'un délit, elle lui appartient en vertu de l'obligation que contracte l'inventeur de rendre la chose au propriétaire; elle dure donc trente ans (3). Si l'inventeur la vend, le maître a, par exception, contre le tiers possesseur, une action en revendication que l'article 2279 limite à trois ans. Nous reviendrons sur ce point au titre de la *Prescription*.

467. Il y a des lois spéciales sur certains objets trouvés, égarés ou non réclamés. Nous avons déjà dit que les ordonnances françaises qui régissent les épaves maritimes n'ont pas été publiées en Belgique. Il en est de même des édits sur les épaves fluviales (4). En l'absence de lois particulières, il faut appliquer les principes généraux que nous venons d'exposer.

---

(1) Dalloz, *Recueil périodique*, 1868, 3, 106.
(2) Nous nous bornons à citer le dernier arrêt de la cour de cassation du 30 janvier 1862 (Dalloz, 1862, 1, 442 . Comparez Aubry et Rau, et les autorités qu'ils citent, t. II, p. 245, note 48.
(3) Comparez ce qui a été dit plus haut, p. 536, n° 452.
(4) Sur la législation française, voyez Duranton, t. IV, p. 272, n° 321; Demolombe, t. XIII, p. 81, n°ˢ 66-68.

En vertu d'une loi du 11 germinal an iv, les effets mobiliers déposés dans les greffes et conciergeries des tribunaux, qui ne sont pas réclamés quand le procès est terminé, sont vendus; le propriétaire conserve une action en restitution du prix, mais limitée à un an. L'ordonnance française du 22 février 1829 (art. 2) a rétabli la prescription de trente ans.

Un décret du 13 août 1810 dispose que les effets quelconques confiés aux messageries sont vendus, si on ne les réclame pas, dans les six mois. Le propriétaire a un délai de deux ans pour en réclamer le prix. Une loi belge du 28 février 1860 déclare ces dispositions applicables aux chemins de fer, soit de l'État, soit des concessionnaires, ainsi qu'aux objets oubliés ou abandonnés dans les stations, les salles d'attente, les voitures et autres dépendances de ces exploitations. Il y a des lois analogues pour les sommes confiées à la poste (1).

De même les marchandises qui ont été abandonnées dans les bureaux des douanes sont vendues au bout d'un an; le propriétaire a une année pour réclamer la restitution du prix (2).

---

(1) En France, loi du 31 janvier 1833. En Belgique, loi du 22 août 1849, art. 5.

(2) Loi du 4 août 1791, titre IX, art. 5 (publiée en Belgique).

TITRE II.

DES SUCCESSIONS.

———

INTRODUCTION.

———

CHAPITRE PREMIER.

LES SUCCESSIONS SONT-ELLES DE DROIT NATUREL ?

468. La question que nous posons paraît oiseuse pour l'interprétation d'un code de lois positives. Cependant les auteurs la traitent et avec raison. La mission de l'interprète n'est pas seulement d'expliquer des textes ; il doit inspirer le respect de la loi. Or, les lois n'ont d'autorité morale que lorsqu'elles sont en harmonie avec le droit que l'on appelle naturel, pour marquer qu'il est l'expression de la nature de l'homme et des sociétés civiles. Un de nos vieux auteurs dit qu'il ne suffit pas qu'une coutume soit écrite, qu'elle doit aussi être fondée en raison, à laquelle il convient que toute chose raisonnable se rapporte, autrement, ajoute Bouteiller, elle serait corruptible et non pas coutume tolérable (1). Il en est surtout ainsi des lois qui régissent les successions. Elles tiennent intimement

———

(1) Bouteiller, *Somme rural*, ou le *Grand Coutumier général de pratique*, titre LXXII, p. 425.

au droit de propriété. Ebranler le fondement du droit de succession, c'est ruiner le droit de domaine, l'un ne se concevant pas sans l'autre. La propriété a été attaquée et par la doctrine et par l'insurrection ; si elle n'a pas ses racines dans la création même, c'est-à-dire dans le droit que Dieu a donné à ses créatures, ce n'est qu'une usurpation ; or, contre l'usurpation l'insurrection paraît légitime à des générations conçues dans la révolution et nourries de l'esprit révolutionnaire. Il faut rétablir les fondements de l'ordre social, profondément ébranlés ; quand l'ordre sera rétabli dans le domaine des idées, le monde réel aussi se rassoira sur ses bases. Or, la propriété, avec le droit de succession qui en dépend, est une de ces bases ; il importe de la fortifier contre les attaques incessantes dont elle est l'objet.

469. Nous avons un motif spécial de discuter la question. C'est que les auteurs du code civil s'accordent à représenter le droit de succession comme étant l'œuvre du législateur. C'est une erreur, à notre avis ; donc il faut la combattre, afin de lui enlever une aussi grande autorité. Le rapporteur du Tribunat proclame cette erreur comme une vérité incontestable, et en confondant la succession avec la propriété, ce qui du reste est très-logique, l'une étant la conséquence de l'autre : « Avant l'établissement des sociétés civiles, dit Chabot, la propriété était plutôt un fait qu'elle n'était un droit. La nature a donné la terre en commun à tous les hommes ; elle n'en a point assigné à chacun d'eux telle ou telle portion. La propriété particulière ne pouvait donc avoir d'autre origine que le droit du premier occupant ou le *droit du plus fort;* elle ne durait que par la possession, et la *force* aussi pouvait la détruire. La *société civile* est la seule et véritable source de la propriété : c'est elle qui garantit à chaque individu ce qu'il possède à juste titre ; et cette garantie est elle-même le *but principal de la société;* elle est un des premiers éléments de son *existence,* de sa *conservation* et de sa *prospérité.* Mais si l'homme, dans l'*état de nature,* n'avait pas le droit de propriété, il ne pouvait le transmettre lorsqu'il mourait ; car on ne peut transmettre, on ne peut donner ce qu'on n'a pas. La transmission des biens par succession n'est donc pas du droit naturel, mais du droit civil. Partout, en effet, l'ordre des successions a été réglé par des lois positives, et cet objet important a trouvé sa place dans le code de tous les peuples (1). » L'orateur du Tribunat s'exprime dans le même sens. « Aussitôt que nous mourons, dit Siméon, tous les liens qui tenaient nos propriétés dans notre dépendance se rompent; la loi seule peut les renouer. Sans elle les biens destitués de leurs maîtres seraient au premier occupant. Chaque décès ramènerait l'*incertitude* et les *désordres* que l'état social a fait cesser. La succession est donc une institution civile, par laquelle la loi transmet à un propriétaire nouveau et désigné d'avance la chose que vient de perdre le propriétaire précédent (2). »

470. Il y a dans ces théories une erreur ou un malentendu qui leur ôte toute autorité. Les organes du Tribunat sont imbus du préjugé qui régnait au dix-huitième siècle, et que Rousseau contribua tant à répandre, sur un prétendu état de nature antérieur à l'état social. Cet état de nature est une chimère, et toutes les conséquences que l'on en déduit sont également chimériques. L'homme ne se conçoit pas en dehors de la société; être essentiellement sociable, il né pourrait pas vivre en dehors de l'état social, condition de son existence. Sans doute la société se développe comme tout ce qui tient à la vie de l'humanité. La société n'était pas, au berceau du genre humain, ce qu'elle est aujourd'hui, mais elle existait en essence, ce qui suffit pour ruiner la conception d'un état de nature extrasocial. Dès lors on ne peut plus dire que la force ait jamais régné à titre de droit, et que la possession et la propriété aient leur principe dans le droit du plus fort. Si, comme l'avouent les organes du Tribunat, la propriété est la base de l'ordre social ; si, comme ils le disent, la société sans elle ne pourrait ni *exister,* ni *se conserver,* ni *prospérer,* il faut dire que la propriété est dans la nature de l'homme, car l'homme et la société sont inséparables.

---

(1) Chabot, Rapport sur le titre des *Successions,* n° 3 (Locré, t. V, p. 104).

(2) Discours de Siméon au Corps législatif, n° 8 (Locré, t. V, p. 131).

Qu'importe que la société doive intervenir pour régler la transmission des biens à la mort du propriétaire actuel? Cela prouverait-il que la succession n'est pas de droit naturel? Alors rien ne serait de droit naturel, car la société intervient en toutes choses. On n'a pas encore nié que le mariage soit de droit naturel; ce qui n'empêche pas la société d'intervenir pour en régler les conditions et pour assurer l'exécution des obligations qui en découlent. Il en est de même des successions; c'est précisément parce que l'*existence*, la *conservation* et la *prospérité* de la société, c'est-à-dire de l'humanité, dépendent de la propriété et de sa transmission par voie d'hérédité, que les lois règlent cette matière avec tant de sollicitude.

471. Le préjugé que nous signalons était général au dernier siècle. Il faut le combattre en signalant les funestes conséquences que les meilleurs esprits en dérivaient. Ecoutons Montesquieu : « La loi naturelle ordonne aux pères de nourrir leurs enfants; mais elle n'oblige pas de les faire héritiers. Le partage des biens, les lois sur ce partage, les successions après la mort de celui qui a eu ce partage, tout cela ne peut avoir été réglé que par la *société*, et par conséquent par des lois politiques ou civiles. » Nous dirons plus loin s'il est vrai que le père ne doive rien à ses enfants que la nourriture. Il est certain que des lois sont nécessaires pour régler la transmission des biens qui se fait à la mort du propriétaire; est-ce à dire que la loi crée le droit de succession? C'est dire qu'elle crée le mariage en l'organisant. Nous disions que chez les organes du Tribunat il y avait malentendu autant qu'erreur. Chez Montesquieu, le danger de ce malentendu éclate et l'erreur devient dangereuse. Si les lois font le droit de succession, elles peuvent aussi le défaire. Montesquieu l'avoue. « Il est vrai, dit-il, que l'ordre politique ou civil demande *souvent* que les enfants succèdent aux pères; mais ils ne l'exigent *pas toujours* (1). » Si cela est vrai de la succession, cela est vrai aussi de la propriété. Le législateur pourra donc abolir la propriété, ce qui aboutit à l'attribuer à

(1) Montesquieu, *De l'Esprit des lois*, XXVI, 6.

l'Etat : nous voilà en plein socialisme. Ce n'était certes pas la pensée de Montesquieu. Cela prouve l'importance des principes; sont-ils faux, les conséquences funestes qu'ils recèlent se feront nécessairement jour. L'insurrection contre la propriété est au bout de la doctrine enseignée par l'auteur de l'*Esprit des lois*. Il faut donc insister pour rétablir les vrais principes.

472. Le dix-huitième siècle, en construisant ses théories sur l'état de nature et la communauté qui y régnait, ne se doutait pas que ces spéculations allaient devenir une terrible réalité. En 89, les élèves des philosophes se mirent à l'œuvre; nous applaudissons à la destruction qu'ils accomplirent et à la régénération qu'ils inaugurèrent, mais, il faut le reconnaître, ils semèrent aussi des germes de nouvelles révolutions. Après la mort de Mirabeau, on lut à la tribune son discours sur les successions; nous y trouvons ces paroles grosses d'orages : « Puisque le droit de propriété sur la plupart des biens dont les hommes jouissent est un avantage qui leur est conféré par les *conventions sociales*, rien n'empêche, si l'on veut, que l'on ne regarde ces biens comme rentrant de droit, par là mort de leurs possesseurs, dans le *domaine commun*, et retournent ensuite de fait, par la volonté générale, aux héritiers que nous appelons légitimes. » Rien n'empêche aussi, dit quelques années plus tard Babeuf, le tribun du peuple, que les biens ne restent dans le domaine commun et que la sainte égalité ne règne sur la terre. Et la sainte égalité, c'est la gamelle commune, comme le pâturage commun pour les bestiaux. Nous avons vu de nos jours ces égalitaires à l'œuvre. Ils ne pouvaient pas loger aux Tuileries, donc périssent les Tuileries! Ils ne jouissaient pas des tableaux du Louvre et du Luxembourg, donc périssent les chefs-d'œuvre de l'art! La sainte égalité devient décidément l'égalité des troupeaux (1).

473. Ici nous rencontrons un préjugé qui a de profondes racines dans la race française et dans le dogme

---

(1) Sur les doctrines de la Révolution concernant la propriété, voyez mes *Etudes sur l'histoire de l'humanité*, t. XIII, p. 215 et suiv.

catholique : l'égalité de fait considérée comme un idéal.
Cet idéal conduit à l'abolition de la propriété individuelle,
au rétablissement de la prétendue communauté qui régnait
dans l'état de nature. Domat, tout en repoussant la communauté, semble y voir un type de perfection : « Elle est
si pleine d'inconvénients, dit-il, qu'on voit bien qu'elle est
impossible. Il serait injuste que toutes choses fussent toujours en commun aux·bons et aux méchants, à ceux qui
travaillent et à ceux qui ne feraient rien, à ceux qui sauraient faire un bon usage des biens et à ceux qui ne feraient
que les consumer et les dissiper. De sorte que l'état d'une
communauté universelle, qui aurait pu être juste entre des
hommes parfaitement équitables, et qui eussent été dans
l'innocence et sans passions, ne saurait être que chimé-
rique, injuste et plein d'inconvénients entre des hommes
faits comme nous sommes (1). »

Le prétendu idéal est faux, parce qu'il est en opposition
avec ce qu'il y a de plus essentiel dans la nature de
l'homme, son individualité. Chaque homme est doué de
facultés intellectuelles et morales qui constituent son être,
sa personnalité et qu'il a pour mission de développer. Il
ne peut vivre et se perfectionner que dans l'état de société ;
la société doit être organisée de façon que tout être
humain puisse atteindre le degré de perfection auquel il
est destiné en ce monde. Voilà l'égalité qu'à juste titre on
peut appeler sainte, parce que c'est une loi de Dieu. Nous
l'appelons égalité de droit, pour la distinguer de l'égalité
de fait, que Domat déclare avec raison impossible : les facultés étant inégales, comment l'égalité de fait pourrait-
elle exister entre des êtres profondément inégaux? Si l'égalité de droit est une loi divine, l'inégalité de fait est une
loi également divine. On croit la condamner et la flétrir
en l'appelant un privilége de la naissance. Il y a bien
d'autres de ces priviléges de naissance, et tous ont un seul
et même principe, Dieu. Quelle est la raison de cette inégalité qui a fait le tourment des penseurs ? Mystère, que la
foi peut essayer de pénétrer, que le législateur doit se con-

_____

(1) Domat, *Des lois civiles*, II⁰ partie, livre I, Préface, p. 324, n° II.

tenter d'accepter. Les hommes naissent riches ou pauvres : voilà le fait divin, providentiel, qu'aucune puissance humaine ne peut détruire. On établirait l'égalité de fait aujourd'hui, que l'inégalité reparaîtrait demain.

Quelles sont les conséquences de cette inégalité nécessaire? Est-il vrai, comme le dit Montesquieu, que le père ne doit rien à ses enfants que la nourriture? Il ne leur devrait que les aliments, qu'il serait obligé de leur transmettre une partie au moins de son patrimoine. S'il vient à mourir, laissant des enfants mineurs, ne doit-il pas assurer leur vie après sa mort? Si Dieu lui a donné des enfants simples d'esprit, incapables de gagner leur vie, le père ne leur doit-il rien après sa mort? Le père est riche, il a des filles qu'il a élevées dans le luxe, dans l'oisiveté. Leur dira-t-il en mourant : Je ne vous dois plus rien? Montesquieu a mal posé la question du droit d'hérédité. Les pères ne demandent pas mieux que de transmettre leurs biens à leurs enfants ; c'est pour leur laisser quelque fortune qu'ils travaillent, qu'ils économisent, qu'ils s'imposent les plus dures privations. Il s'agit de savoir si c'est là de l'égoïsme, ou si c'est un sentiment légitime. Qu'on l'appelle égoïsme si l'on veut, il est certain que tel est le mobile de l'homme ; c'est pour cela qu'il tient à la propriété. Abolissez le droit de succession, il n'y aura plus de propriétaires. Voulez-vous qu'il y ait une propriété, attachez-y le droit de transmettre les biens par hérédité (1). Nous avons essayé, après tant d'autres, de justifier la propriété (2); par cela même nous avons justifié le droit de succession. Il nous reste à voir si notre doctrine trouve quelque appui dans la tradition juridique et dans l'esprit de notre législation.

474. Domat est le guide habituel des auteurs du code civil ; c'est chez lui que l'on trouve l'esprit, et, si l'on peut parler ainsi, la philosophie de notre droit moderne. Pothier est exclusivement légiste, il ne quitte presque jamais le domaine du droit positif, tandis que Domat aime à chercher la raison des choses. Il distingue, ainsi que fait le

(1) Massé et Vergé sur Zachariæ, t. II, p. 228, note 1.
(2) Voyez le tome VI de mes *Principes*, p. 115, nos 87 et suiv.

code, trois ordres d'héritiers, les descendants, les ascendants et les collatéraux. Quant au premier de ces ordres, dans lequel les enfants sont appelés à succéder à leurs parents, Domat n'hésite pas à dire qu'il est *tout naturel* : c'est, dit-il, comme une suite de l'ordre divin qui donne la vie aux hommes par la naissance qu'ils tiennent de leurs parents. Car la vie rend nécessaire l'usage des biens temporels ; le don de la vie emporte donc le don de ces biens ; quoi de plus naturel dès lors que de faire passer les biens des parents aux enfants comme un bienfait qui doit suivre celui de la vie? A l'époque où Domat écrivait, la société était encore tout aristocratique, et elle paraissait reposer sur une base inébranlable, celle de la monarchie de droit divin. Si Domat avait entendu les cris de révolte de la démocratie contre l'inégalité qui résulte de l'hérédité, il aurait rappelé les insurgés au respect de la volonté de Dieu. Qui nous donne la vie? Dieu. Qui nous fait naître au sein d'une famille pauvre ou riche? Dieu. De qui donc tenons-nous les biens qui sont un accessoire de la vie? De Dieu. Nous révolter contre l'inégalité qui préside à notre naissance, c'est nous révolter contre les décrets de Dieu. Acceptons donc l'inégalité de fait comme une condition de la vie. Nous dirons plus loin quelles sont les obligations attachées à la richesse que Dieu nous donne avec la vie.

Domat dit que le second ordre qui appelle les ascendants à la succession des descendants n'est pas naturel. En quel sens? C'est qu'il est contre l'ordre de la nature que les parents survivent à leurs enfants. Est-ce à dire que, lorsque cela arrive, il ne soit pas conforme au droit naturel que les parents succèdent à leurs enfants? Domat répond : « La même raison qui lie au bienfait de la vie celui des biens temporels, et qui fait que les enfants reçoivent l'un et l'autre de leurs parents, demande aussi que les ascendants ne soient pas privés des biens que laissent leurs enfants; en effet, les enfants tenant la vie de leurs parents, les biens des enfants sont naturellement destinés pour les nécessités de la vie de ceux de qui ils tiennent la leur. » En ce sens, la succession des ascendants est de droit naturel aussi bien que celle des descendants; l'une et l'autre sont une suite de la liaison si étroite de ces personnes et des devoirs que Dieu forme entre eux. Un des principaux effets de cette liaison et de ces devoirs est l'usage réciproque que la nature donne aux enfants des biens de leurs parents et aux parents de ceux de leurs enfants, *les leur rendant en quelque sorte communs*. En définitive, la succession des ascendants remonte à la volonté de Dieu comme celle des descendants ; car en nous donnant la vie, il nous rattache non-seulement à ceux de qui nous tenons notre naissance, mais encore à la famille de nos parents, à ceux avant tout auxquels nos parents doivent le jour. C'est dire que Dieu, en nous faisant naître dans telle famille plutôt que dans telle autre, nous donne des droits et nous impose des devoirs : un de ces droits et de ces devoirs, c'est l'hérédité.

Reste l'ordre des collatéraux. Ce que nous venons de dire suffit déjà pour prouver que la succession des collatéraux a le même fondement que celle des descendants et des ascendants. Les collatéraux ne se rattachent-ils pas à un seul chef de qui ils tiennent la vie? Ils ont donc droit aussi aux biens, qui sont un accessoire de la vie. Ainsi, dit Domat, on peut dire en général de ces trois sortes de successions, des descendants, ascendants et collatéraux, que toutes les personnes qui sont liées par la naissance dans l'un de ces ordres sont considérées comme une famille à laquelle Dieu avait destiné les biens de ceux qui la composent, pour les faire passer successivement de l'un à l'autre, selon le rang de leur proximité.

Nous touchons ici au principe fondamental du droit de succession, tel que Domat le conçoit, et Domat n'a fait, en cette matière, qu'écrire la théorie des coutumes que le code civil reproduit en substance. Quand Domat dit que la succession des descendants, des ascendants et des collatéraux est de droit naturel, il entend par là qu'elle découle de la volonté de Dieu qui a organisé les familles, et qui fait naître les hommes dans telle ou telle famille suivant les décrets de sa Providence. En laissant les biens à ceux qui sont appelés à les recueillir, nous obéissons donc à la volonté de Dieu ; c'est dire que nous remplissons un devoir. Car, dit Domat, la liaison que fait la naissance entre les ascendants, les descendants et les collatéraux étant la première que Dieu a formée entre les hommes pour les unir en société et les attacher aux *devoirs de l'amour mutuel*, chacun doit considérer dans le choix qu'il fait d'un héritier les personnes envers qui Dieu l'engage par ce premier lien plus qu'envers les autres, et ne les pas priver de ses biens sans de justes causes. Il y a donc une loi divine qui attribue les biens de chaque famille aux membres qui la composent. C'est sur ce devoir, dit Domat, que sont fondées nos coutumes qui affectent tellement les biens aux familles, qu'elles ne permettent pas de disposer de tous les biens au préjudice des collatéraux même les plus éloignés, comme nous le dirons plus loin (1).

475. Voilà une tout autre théorie que celle de Montesquieu et de Mirabeau. Reste à savoir si les auteurs du code se rattachent à Domat ou à la philosophie du dix-huitième siècle. Les orateurs du Tribunat, dont nous avons reproduit les paroles, n'expriment que des opinions individuelles. Leur sentiment était sans doute bien répandu, mais nous ne croyons pas que ce soit là l'esprit du code civil. Le code est avant tout une œuvre traditionnelle, et cette tradition est celle des coutumes. Or, Domat vient de nous le dire, sa théorie est au fond celle du droit coutumier ; nous allons le démontrer quand nous aurons entendu les auteurs du code civil, la commission qui rédigea le projet primitif. Portalis exposa l'esprit du nouveau code dans un discours préliminaire ; écoutons ce qu'il dit du droit de succession. L'orateur pose nettement la question : « Le droit de succéder a-t-il sa base dans le droit naturel ou simplement dans les lois positives ? » Portalis répond à la question en établissant que la propriété est de droit naturel : « Personne n'aurait semé, planté ni bâti, si les domaines n'avaient été séparés et si chaque individu n'eût été assuré ds posséder paisiblement son domaine. Le droit de propriété en soi est donc *une institution directe de la*

(1) Domat, *Des lois civiles*, IIᵉ partie, Préface, nᵒ III, p. 324 et suiv.

nature. » On le voit, Portalis rompt décidément avec l'école philosophique du dix-huitième siècle; il se garde bien de dire que la propriété procède du droit du plus fort; il lui trouve une origine plus rationnelle et plus vraie dans les besoins de l'homme. C'est au fond la théorie que nous avons exposée ailleurs. Si la propriété est de droit naturel, il en doit être de même de la manière dont elle s'exerce; c'est un accessoire, un développement, une conséquence du droit lui-même. N'est-ce pas dire que la succession est aussi de droit naturel? Ici cependant Portalis semble hésiter. Il avoue que de puissants motifs de convenance et d'équité commandent de laisser les biens à la famille du propriétaire; mais, à parler exactement, dit-il, aucune membre de la famille ne peut les réclamer à titre rigoureux de propriété. Cela veut-il dire que les successions sont une création de la loi? Ce n'est pas ainsi que Portalis l'entend. Le législateur doit intervenir pour organiser le droit de succession; c'est à lui de décider dans quel ordre les parents succéderont, et quelle part leur sera accordée. En attendant que ce partage se fasse, que deviendront les biens rendus vacants par le décès du propriétaire? Le bon sens, répond Portalis, la raison, le bien public ne permettent pas qu'ils soient abandonnés. En ce sens, ils appartiennent à l'Etat. Portalis se hâte d'ajouter que l'on ne doit pas se méprendre sur le droit de l'Etat : ce n'est pas, ce ne peut être un droit d'hérédité, c'est un simple droit d'administration et de gouvernement. L'Etat ne succède pas, il n'est établi que pour régler l'ordre des successions. Il est nécessaire qu'un tel ordre existe, comme il est nécessaire qu'il y ait des lois. La conclusion de Portalis est que le droit de succéder est d'institution sociale; ce qui signifie qu'il existe par cela seul qu'il y a des sociétés. Portalis ajoute, ce qui complète sa pensée, que le mode de partage dans les successions n'est que de droit politique ou civil (1).

Le langage de Portalis n'est pas aussi clair, aussi net que celui de Domat; on dirait qu'il subit malgré lui l'in-

_____

(1) Portalis, Discours préliminaire, nᵒˢ 92-94 (Locré, t. Iᵉʳ, p. 181).

fluence d'une doctrine philosophique qui fait du droit une création de la loi. Toutefois l'énergie qu'il met à repousser le droit d'hérédité qu'on réclamait pour l'Etat témoigne que la vraie pensée de Portalis est conforme à celle de Domat. On la trouve reproduite dans l'Exposé des motifs du titre des *Successions*. Treilhard dit comme Domat que la nature a en quelque manière établi une communauté de biens entre les pères et les enfants, et que la succession n'est pour eux qu'une jouissance continuée. L'orateur du gouvernement ajoute qu'il n'en est pas de même entre collatéraux; pour justifier leur droit, il fait appel à l'affection que le défunt porte à ses plus proches parents (1) : c'est, en d'autres termes, la loi d'amour et de devoir que Domat a si bien établie en la rapportant à notre naissance, c'est-à-dire à Dieu.

476. Dieu ne figure plus dans les discours que les orateurs du gouvernement et du Tribunat prononçaient devant le Corps législatif. Il y a des libres penseurs qui tiennent à ce qu'on le bannisse des lois; ils craignent la dangereuse ambition de l'Eglise catholique qui demande que Dieu reprenne sa place dans les lois et dans tout l'ordre social, afin de dominer en son nom, et comme son organe, sur les individus et sur les peuples. Nous avons passé notre vie à combattre les prétentions de l'Eglise, mais s'il faut repousser les usurpations de ceux qui se disent les vicaires de Dieu, est-ce une raison pour bannir Dieu de nos lois et de nos doctrines? Que l'on compare la théorie de Domat et celle de Portalis : laquelle est la plus vraie? C'est certes celle du jurisconsulte, disciple de Port-Royal. Portalis aussi était chrétien; mais on dirait qu'il a peur de prononcer le nom de Dieu devant une assemblée où se trouvaient réunis les débris de la Révolution, tous plus ou moins imbus de l'incrédulité du dix-huitième siècle. Eh bien, sa pensée y a perdu en netteté et en précision. Répétons donc avec Domat que c'est Dieu qui nous rattache à la famille dans laquelle il nous fait naître; que le lien de

---

(1) Treilhard, Exposé des motifs du titre des *Successions*, n° 2 (Locré, t. V, p. 90).

famille engendre des droits et des devoirs, et que le droit de succession n'est autre chose qu'un droit fondé sur un devoir.

En ce sens, la succession est de droit naturel. Mais il est vrai aussi de dire qu'il y a un élément arbitraire dans l'ordre de succession. Qu'est-ce que la famille? jusqu'où s'étend-elle? quels sont les droits des membres qui la composent? A ces questions les diverses législations répondent d'une manière diverse, donc plus ou moins arbitraire. Est-ce à dire qu'il n'y a pas, en cette matière, d'idéal vers lequel le législateur doive tendre, et vers lequel il tend souvent sans en avoir conscience? Quand l'homme parle de droit naturel, il entend par là le vrai absolu ; or, la vérité absolue n'existe pas pour des êtres bornés et imparfaits, ils n'en aperçoivent jamais qu'une face ; il suffit à leurs aspirations que les doctrines et les institutions aillent sans cesse en se perfectionnant, à mesure que l'homme, organe du progrès, avance dans la voie du perfectionnement intellectuel et moral. Notre conception du droit naturel reste donc toujours imparfaite ; c'est dire que les lois sur les successions ont nécessairement quelque chose d'imparfait. L'idéal est bien la loi d'amour et de devoir que Dieu a établie entre les membres d'une même famille. Mais quels sont les parents qui font partie de la famille? En un certain sens, tous les hommes sont parents, et le lien d'affection existe entre tous ceux qui font partie du genre humain. Mais il est évident que le droit de succéder ne peut pas s'étendre aussi loin que les liens de la parenté humaine. Il faut une limite. Sur ce point nous avons un reproche à faire aux auteurs du code civil, c'est d'avoir donné une trop grande extension à la notion de la famille. On succède jusqu'au douzième degré. Des parents aussi éloignés sont toujours des parents inconnus : peut-il être question d'une affection de famille là où l'existence même de ceux que nous devons aimer nous est inconnue? Ils se confondent en réalité dans le genre humain. A notre avis, la succession collatérale ne devrait pas s'étendre au delà des cousins germains.

Restreindre le droit de succession en limitant la notion

de famille, n'est-ce pas aboutir à donner un droit d'hérédité à l'Etat? Telle n'est pas notre pensée. La vie que Dieu nous donne est un droit tout ensemble et un devoir. C'est la notion du devoir qui joue le grand rôle dans notre destinée ; si nous avons des droits, c'est afin que nous puissions remplir nos devoirs. Ce que nous disons de la vie est vrai aussi des biens qui sont un accessoire de la vie, selon l'expression de Domat. Noblesse oblige, disait-on jadis. Il faut dire aussi : Richesse oblige. C'est Dieu qui nous donne les biens avec la vie, et il nous les donne comme instrument de perfectionnement intellectuel et moral. En ce sens l'idéal est que tout homme soit propriétaire. Mais nous ne naissons pas seulement pour nous ; le lien de la fraternité nous attache à notre famille d'abord, puis à la grande famille humaine. Quand nous n'avons plus de famille dans le sens légal du mot, il reste toujours la grande famille ; nous lui devons consacrer notre vie, nous lui devons aussi consacrer nos biens. Que les biens délaissés par ceux qui n'ont pas de famille légale soient destinés aux institutions qui ont pour objet l'amélioration matérielle, intellectuelle et morale de la classe la plus nombreuse et la plus pauvre. Voilà un fonds de charité qui ne saurait être trop riche.

Pourquoi, dira-t-on, ne pas s'en rapporter à l'initiative individuelle? Nous ne l'écartons pas, loin de là, puisque nous admettons le droit de propriété et la faculté d'en disposer librement. La loi qui destinerait à la charité, telle que nous venons de la définir, les successions de ceux qui ne laisseraient pas de parents au delà du quatrième degré, serait le testament de ceux qui ne trouveraient pas de meilleur emploi à faire de leurs biens; et y en a-t-il un meilleur? Le législateur donnerait l'exemple aux particuliers. Combien y en a-t-il qui manquent des lumières suffisantes pour disposer de leurs biens en remplissant les devoirs que Dieu leur impose envers leurs semblables! Combien y en a-t-il qui seraient heureux de laisser ce soin à l'Etat, une fois qu'ils sauraient que leurs biens serviront à la grande cause de la civilisation!

CHAPITRE II.

DE LA SUCCESSION LÉGITIME ET TESTAMENTAIRE.

———

477. Il nous faut voir maintenant si la théorie de Domat est bien celle du code civil. On lit dans tous les auteurs
que les successions sont déférées par la volonté de l'homme
ou par la disposition de la loi. La succession est la transmission des biens et des charges d'une personne morte à
une ou plusieurs autres personnes qui prennent sa place,
et que l'on désigne sous le nom d'héritiers. Cette transmission se fait par la volonté de l'homme, lorsque le défunt a
disposé de ses biens par testament ou par contrat de mariage : il y a alors succession testamentaire ou contractuelle. Lorsque le défunt n'a pas institué d'héritiers, les
successions sont déférées par la loi aux personnes qu'elle
désigne ; on les appelle *légitimes* parce qu'elles sont réglées
par la loi seule. On les appelle encore successions *ab
intestat* parce que, en droit romain, elles n'avaient lieu que
lorsqu'il n'existait pas de testament (1).

Tel est le langage de la doctrine ; ce n'est pas celui du
code. Le code ne dit pas qu'il y a deux ou trois espèces
de succession ; il ne donne le nom de succession qu'à la
transmission qui se fait en vertu de la loi ; quant aux dispositions faites par le défunt, il les appelle donations ou
testaments suivant que le défunt a disposé de ses biens
par acte entre-vifs ou par acte de dernière volonté. C'est
ainsi que l'article 711 porte que la propriété des biens
s'acquiert et se transmet par succession, par donation
entre-vifs ou testamentaire. Jamais la loi ne donne le nom
de succession à la transmission qui se fait par donation ou
par testament. De même elle réserve le nom d'héritiers

———

(1) Chabot, *Commentaire sur la loi des successions*, t. Ier, p. 1 et suiv.

aux personnes qu'elle appelle à succéder au défunt, et elle
appelle donataires ou légataires ceux qui reçoivent les
biens par la volonté de l'homme. Donc, dans la théorie du
code, il n'y a qu'une seule espèce de succession, celle que
les auteurs appellent légitime ou *ab intestat* : la loi ignore
cette dénomination ; elle implique, en effet, qu'il y a d'autres
successions ; or, nous le répétons, le code n'en connaît
qu'une seule, à laquelle il réserve le nom de succession
par excellence.

478. Le langage du code est celui des auteurs anciens
qui écrivaient dans les pays de droit coutumier. Lebrun
dit que le mot de *successions* se doit entendre des successions *ab intestat* et non des successions testamentaires,
parce que les institutions d'héritier sont abolies par la
plupart des coutumes, excepté les contractuelles qui tiennent plus des donations entre-vifs que des testaments. Le
mot de *successions*, continue Lebrun, signifie donc, dans
notre droit, des successions que la loi, et non pas la volonté du défunt défère à quelqu'un, qui se doivent à la prévoyance d'une coutume, et non à la libéralité d'un testateur ; où l'on vient par proximité et par droit du sang, et
non par choix ni par prédilection. Aussi les auteurs qui
voulaient user d'un langage rigoureux prétendaient-ils que
l'on ne devait pas se servir de l'expression de succession
ab intestat, et ils avaient raison ; peut-on dire que quelqu'un
laisse sa succession *ab intestat* alors qu'il ne lui est pas
permis de faire de testament ? Comme l'on n'avait pas en
pays coutumier de véritables testaments, l'on n'y avait pas
non plus de successions *ab intestat* (1).

Le langage du droit coutumier était l'expression d'une
doctrine qui remonte aux plus anciens usages des populations de race germanique. Tacite nous apprend que les
Germains ne connaissaient pas de succession testamentaire ; les biens passaient aux héritiers du sang d'après la
proximité du degré. La prohibition de tester subsista longtemps dans les pays purement germaniques (2). Quand le

---

(1) Lebrun. *Traité des successions*, Préface.
(2) Laboulaye, *De la condition civile et politique des femmes*, p. 99.

testament s'introduisit dans les pays coutumiers, il n'y eut jamais l'autorité ni le nom de succession. Ce n'est qu'à regret, par indulgence pour la faiblesse humaine, que les coutumes permettent de tester ; l'ordre régulier de succéder est celui qui procède de la nature, l'ordre du sang, dit Lebrun, l'ordre divin, dit Domat. Seulement la loi indulgente, c'est l'expression de Bourjon, laisse à l'homme, à sa mort, *une espèce d'empire* sur ses biens, en lui permettant d'intervertir cet ordre ; c'est une exception au principe, mais imparfaite : c'est *legs limité* et non vraie succession. Bourjon a soin d'ajouter dans quel esprit les coutumes permettent à l'homme de disposer de ses biens. La loi est plus sage que l'homme, dit-il ; que l'homme se garde donc d'user de la faculté que la loi lui donne pour dépouiller l'héritier que la loi lui donne également ; il n'en doit faire usage que pour récompenser la vertu et remplir les devoirs de gratitude, autrement ce serait s'écarter du motif de la loi et abuser de sa disposition (1).

De là ces maximes caractéristiques du droit coutumier : *Institution d'héritier n'a point lieu. On naît héritier, on ne le devient pas. Dieu seul peut faire un héritier, l'homme ne le peut* (2). Cette dernière règle exprime en termes simples et énergiques l'esprit des coutumes, et c'est cet esprit qui a dicté la théorie de Domat, c'est cet esprit qui a passé dans notre code. L'homme transmet son sang à ses enfants et descendants, mais ce n'est pas lui qui crée, ce n'est pas lui qui donne la vie, c'est Dieu. En donnant la vie, Dieu donne aussi les biens qui en sont l'accessoire. Il les donne inégalement, comme il donne inégalement les facultés intellectuelles et morales ; mystère pour nous, ordre providentiel pour lui. Donc par cela seul que Dieu fait naître un enfant dans telle famille, il lui donne part aux biens qu'elle possède : en ce sens, c'est lui qui fait les héritiers. L'homme viendra-t-il troubler cet ordre divin ? La loi est plus sage que lui, parce que la loi est l'expression de l'ordre divin ; elle permet à l'homme de disposer

(1) Bourjon, *Le droit commun de la France*, titre XVII, chapitre préliminaire, nᵒˢ 7 et 8 (t. Iᵉʳ, p. 677).
(2) Voyez les témoignages dans Demolombe, t. XIII, p. 101, nᵒ 80.

de ses biens, mais dans des limites qu'elle-même trace et sans qu'il puisse mettre sa volonté à la place de celle de Dieu : *Institution d'héritier n'a point lieu.*

479. Un magistrat distingué a écrit que dans notre droit moderne les qualifications différentes que l'on donne aux divers ordres de succéder, selon qu'ils ont leur principe dans la loi ou dans la volonté de l'homme, n'ont plus guère d'importance : les choses, dit-il, ont pris la place des mots (1). Dans l'ancien droit déjà, Domat avait fait une remarque analogue : il n'y a, d'après lui, qu'une différence de nom entre les héritiers et les légataires (2). Et l'on pourrait croire qu'il en est à plus forte raison ainsi dans notre droit moderne. En effet, que lisons-nous dans le code ? « Les dispositions testamentaires sont ou universel'es, ou à titre universel, ou à titre particulier. Chacune de ces dispositions, soit qu'elle ait été faite sous la dénomination *d'institution d'héritier,* soit qu'elle ait été faite sous la dénomination de legs, produira son effet suivant les règles ci-après établies pour les legs universels, à titre universel ou à titre particulier (art. 1002). » N'est-ce pas abolir la maxime coutumière : *Institution d'héritier n'a point lieu?* Le code va plus loin, il déroge décidément aux coutumes, en accordant la saisine au légataire universel quand il n'est pas en concours avec un héritier réservataire (art. 1006). Qu'importe après cela que le code ne donne pas le nom d'héritier au légataire universel? Lui-même nous dit que les dénominations sont indifférentes. Le légataire ayant le même droit que l'héritier, il ne reste en définitive qu'une différence de nom.

Il est très-vrai que dans le droit moderne les dénominations ont perdu de leur valeur. Mais il n'est pas exact de dire que la loi confond la succession légitime et la succession testamentaire; ici les mots conservent leur importance, quoi qu'en dise le code lui-même (art. 1002). L'orateur du Tribunat se demande pourquoi le code traite des successions avant de parler des donations, des testaments et des

---

(1) Nicias Gaillard, dans la *Revue critique de jurisprudence*, 1852, p. 352. Demolombe (t. XIII, p. 104, n° 80) est du même avis.
(2) Domat, *Lois civiles*, IIe partie, livre I, titre I, p. 332.

contrats. Siméon répond que c'est parce que les successions sont réglées et déférées par la loi. Il faut statuer sur ce qu'elle *veut,* dit-il, avant d'en venir à ce qu'elle *permet.* La succession est une espèce de *continuation du domaine du défunt en faveur de ses proches.* Elle opère une moindre mutation de propriété que les donations entre-vifs, testamentaires, ou que les obligations (1). Voilà bien l'ordre d'idées des coutumes et de leurs interprètes, Domat et Bourjon. Le legs se fait par *permission,* par indulgence du législateur ; tandis que la volonté de la loi est que l'héritier du sang recueille les biens dont il avait déjà une espèce de propriété du vivant de celui auquel il succède. Aussi la loi donne-t-elle une préférence signalée aux héritiers légitimes ; sont-ils réservataires, la loi leur accorde la saisine, quand même il y aurait un légataire universel. Voilà la loi, ou le sang, ou l'héritier de Dieu, en face de l'homme et de sa volonté. Qui l'emporte ? L'héritier de Dieu. Le code fait une concession au pouvoir que l'homme a de disposer de ses biens. S'il ne laisse pas de réservataire, le légataire universel sera saisi. Mais si le défunt n'a institué que des légataires à titre universel, le principe coutumier reprend son empire : les héritiers légitimes seront saisis, bien que le testateur les ait exclus. On dirait que la loi, organe des droits du sang, proteste contre l'arbitraire de l'homme.

480. La qualité d'héritier du sang a donc de l'importance, même au point de vue du droit positif. Voilà pourquoi, malgré la règle d'interprétation établie par l'article 1002, le code conserve une différence dans les dénominations : il ne donne jamais le nom d'héritier aux légataires, et il ne leur accorde la saisine que par exception. C'est la formule d'un principe fondamental de notre système de succession. La succession déférée par la loi est la règle, la succession déférée par la volonté du défunt est l'exception. Dans le droit coutumier, cette différence était bien plus marquée qu'elle ne l'est aujourd'hui. Presque toutes les coutumes limitaient le pouvoir de tester en ne

---

(1) Siméon, Rapport, n° 6 (Locré, t. V, p. 131).

permettant pas de disposer de tous les biens par testament. Il y en avait qui restreignaient la puissance de tester pour toutes sortes de biens. Les autres, c'était le grand nombre, ne mettaient de limite que pour les héritages propres, laissant au testateur la pleine liberté des meubles et des conquêts; la plupart ne permettaient de disposer que de la cinquième partie des propres (1). Ces restrictions sont remarquables; elles révèlent l'esprit du droit coutumier. Les propres sont précisément ces biens que Domat appelle les accessoires de la vie, ils appartiennent à la famille plutôt qu'à celui qui en a la détention actuelle; l'enfant y a donc droit par cela même qu'il naît dans telle famille; c'est Dieu qui l'y fait naître, et l'homme ne peut pas contrevenir à la loi divine.

Ces restrictions ont disparu; le code ne limite la faculté de disposer que lorsque le défunt laisse des enfants ou des descendants. Mais l'esprit qui inspirait les coutumes est toujours celui du code. Domat, tout en disant que les droits des héritiers et ceux des légataires sont à peu près identiques, établit des différences entre les deux espèces de successions; la première et la plus importante, selon lui, c'est que la loi qui permet les testaments est comme une exception à la loi naturelle et générale qui appelle les proches aux successions. Domat assigne à cette différence une origine qui la place au-dessus de toute contestation comme de tout changement, c'est l'autorité de Dieu. L'ordre des successions *ab intestat*, dit-il, est si juste et si naturel qu'il a été établi par la loi divine; au lieu que celui des testaments n'a d'autre origine que la volonté des hommes. C'est dans le même esprit que les coutumes ne reconnaissent pas d'autres héritiers que ceux de la famille. Domat en déduit cette règle qui domine le système de succession : c'est que les successions testamentaires sont comme des exceptions de la loi naturelle des successions légitimes, et que la liberté de disposer de ses biens par un testament en faveur d'autres personnes que des héritiers du sang, et surtout le pouvoir de faire d'autres héritiers,

---

(1) Guy Coquille, *Institution au droit français, des Testaments*, p. 96.

est comme une dispense de la règle commune et universelle qui appelle les héritiers légitimes à succéder(1).

En ce point, Domat est d'accord avec l'orateur du Tribunat. Si la succession déférée par la loi est la règle, c'est
que la loi l'a instituée, et elle l'a fait en se conformant à
la volonté de Dieu, qui donne les biens en même temps
que la vie à ceux qu'il fait naître dans le sein des diverses
familles. La loi est plus sage que l'homme, dit Bourjon.
Il convient donc que l'homme respecte l'ordre de succéder
que la loi a établi. A quoi bon alors les testaments? dira-
t-on. Bourjon a répondu d'avance à notre question : les
legs ne doivent pas être l'abolition de la loi naturelle qui
appelle les héritiers du sang à succéder, ils n'en doivent
être qu'un supplément. Voilà pourquoi les coutumes ne
comprenaient pas qu'il y eût un légataire universel, c'est-à-
dire un héritier institué par testament ; elles n'admettaient
que des legs particuliers, à titre de récompense et comme
marques d'affection ou de bienfaisance. La maxime coutumière que la succession déférée par la loi est la règle
étant aussi celle du code, il faut dire que dans l'esprit du
code, comme dans celui des coutumes, le sang fait les héritiers, la volonté de l'homme ne fait que des légataires ;
donc c'est Dieu qui fait les vrais héritiers.

481. Il y a une théorie des successions légitimes qui
paraît procéder d'un principe tout à fait contraire. La succession, dit-on, est le testament présumé du défunt, en ce
sens que la loi défère les biens comme le défunt lui-même
l'aurait fait s'il avait testé. Cette théorie remonte à Grotius. Il part de ce principe que toute transmission de propriété dépend de la volonté de l'homme. La volonté est
expresse dans les contrats et les testaments ; elle est *présumée* dans les successions *ab intestat;* le défunt n'ayant
certes pas entendu laisser ses biens au premier occupant,
on doit supposer qu'il a voulu les laisser à ceux que la loi
appelle, ce qui revient à dire que le législateur doit les
attribuer à celui à qui il y a plus d'apparence que le dé-

(1) Domat, *Des lois civiles,* IIe partie, livre I, Préface, n° VIII, p. 328,
et livre II, au commencement. p. 380.

funt voulait qu'ils appartinssent après sa mort. Or, la volonté expresse l'emporte toujours sur la volonté présumée; donc c'est le testament qui est la règle. Est-ce à dire que, dans la pensée de Grotius, ce soit la volonté arbitraire de l'homme qui dispose de ses biens? Non, certes. Quand le défunt n'a pas testé, il n'a pas exprimé de volonté; que suppose-t-on en ce cas? Que chacun est censé avoir voulu ce qui est le plus juste et le plus honnête (1). Cela donne un tout autre sens à la doctrine de Grotius. Pufendorf l'a développée et expliquée en disant que le législateur, en présumant la volonté du défunt, la présume moins telle qu'elle a été que telle qu'elle devait être. C'est donc, non d'après la *volonté* de l'homme que la loi défère les successions, mais d'après ses *devoirs* (2). Ainsi interprétée, la théorie de Grotius est identique avec celle de Domat et du droit coutumier. La loi est plus sage que l'homme, disent les interprètes des coutumes; elle distribue les biens d'après la vocation de la nature, c'est-à-dire conformément à la justice éternelle. L'homme plie sous cette justice qui n'est que la volonté de Dieu; voilà comment, malgré la faculté de tester, la succession légitime est, en fait, la règle, et la succession testamentaire l'exception. C'est dire, en dernière analyse, que l'ordre des successions est fondé sur les devoirs de l'homme (3).

482. Est-ce que telle est aussi la théorie du code civil? Avant de répondre à la question, il faut que nous interrogions le droit romain. On sait, et nous le dirons plus loin, que le système de succession consacré par le code est une transaction entre le droit coutumier et le droit romain. Nous connaissons la tradition coutumière, il faut encore entendre les jurisconsultes de Rome; alors seulement nous pourrons décider si les auteurs du code se sont inspirés de l'une des traditions plutôt que de l'autre. Le droit héréditaire des Romains diffère entièrement de celui des coutumes : on dirait deux droits en tout contraires. Ouvrons

(1) Grotius, *De jure belli,* II, 6, 13.
(2) Pufendorf, *Droit de la nature,* traduction de Barbeyrac, t. II, p. 344.
(3) Comparez Toullier, II, 2, n°s 128 et 129, édit. de Duvergier.

les Douze Tables; nous y trouvons cette formule impérieuse : « Ce que le père de famille aura disposé dans son testament fera droit. » C'est la volonté de l'homme qui fait la loi ; il a un pouvoir illimité, absolu, d'instituer héritier qui il veut (1). Voilà. en apparence, le contre-pied des coutumes : la succession n'est plus fondée sur un devoir, ce n'est plus la loi qui, à raison de sa sagesse, l'emporte sur la volonté de l'homme ; la volonté du père de famille fait loi. A défaut de testament, il y a, à la vérité, une succession *ab intestat*; mais cette succession même dépend de la volonté du père de famille, c'est toujours une dérivation de sa puissance absolue. Quels sont les premiers héritiers appelés à succéder? Ce sont les héritiers *siens*; on les nomme ainsi pour marquer qu'ils sont sous la puissance immédiate du père de famille au moment de sa mort : ce n'est donc pas la famille naturelle, celle du sang, que Dieu institue, c'est une famille factice qui s'étend ou se restreint par la volonté de son chef qui en est le maître; les enfants adoptifs y sont compris, tandis que les enfants émancipés en sont exclus. Et si les enfants succèdent, ce n'est pas parce que la nature le veut, c'est parce que tel est le bon plaisir du père de famille. Nous disons son bon plaisir; en effet, il dépend de lui d'exhéréder ses enfants : il pouvait les tuer, dit le jurisconsulte Paul, à plus forte raison pouvait-il les exhéréder (2).

Le droit primitif de Rome se modifia; l'équité, la nature y pénétrèrent, mais jamais on ne put dire que la succession légitime était la règle et le testament l'exception : le texte des Douze Tables subsistait. C'était donc l'homme qui faisait les héritiers, ce n'était pas Dieu. Dans cet ordre d'idées, la succession *ab intestat* était une exception qui n'avait lieu, comme le dit le mot, que lorsque le défunt ne testait pas. Dès lors cette succession devait être réglée conformément à la volonté du testateur; on pouvait par

_____

(1) Ulpianus, XI, 14. L. 120, D., *de verb. sign.* « *Verbis legis XII Tabularum his :* UTI LEGASSIT SUÆ REI ITA JUS ESTO, *latissima potestas tributa videtur, heredes instituendi.* »

(2) « *Licet eos exheredare, quos et occidere licebat.* » Paul, L. 11, D., *de lib. et post.* (XXVIII, 2).

conséquent dire à la lettre que la succession légitime était
le testament présumé du défunt.

483. La doctrine du droit romain a fait illusion. On
est si habitué à y voir la raison écrite! Domat, grand
admirateur des lois romaines, crut que l'hérédité des héritiers siens reproduisait la règle coutumière qui considère
les enfants comme copropriétaires des biens auxquels ils
succèdent. « Les biens des parents, dit-il, étaient propres
à leurs enfants, et ceux des enfants propres à leurs parents; par suite ils regardaient leur hérédité réciproque
non tant comme une hérédité qui leur acquière un nouveau droit, que comme une continuation de celui qui paraissait les rendre maîtres des biens les uns des autres(1). »
Cela se lit, en effet, dans le Digeste (2), et à première vue
on croirait que c'est la copropriété du droit germanique.
Mais quelle différence dans l'esprit des deux droits! C'est
un abîme. A Rome, c'est l'idée de puissance qui domine
dans la famille comme dans l'Etat. Chez les Germains,
c'est l'idée du devoir qui est le fondement du droit de succession comme il est le lien de la famille. Le devoir implique un droit de l'héritier, et il n'y en a pas de plus
sacré, puisqu'il a sa source en Dieu. Un écrivain moderne
s'est laissé tromper par les apparences. Taulier écrit que
le secret du *despotisme testamentaire* des Douze Tables lui
paraît être dans la valeur individuelle de l'homme que les
premiers Romains exaltaient jusqu'au plus haut degré (3).
Etrange erreur, et que partagent néanmoins tous les admi-
rateurs de Rome! L'individualité est la plus haute expression de ce que nous appelons liberté, et comment la *liberté*
procéderait-elle du *despotisme?* Domat, bien qu'il ait une
certaine prédilection pour le droit romain d'après lequel
il écrit, l'a mieux apprécié.

Domat nie que l'homme ait un pouvoir absolu de disposer de ses biens, puisque l'équité naturelle appelle les

---

(1) Domat, *Lois civiles*, IIᵉ partie, livre I, Préface, nº 4, p. 324.
(2) L. 11, D., *de lib. et post.* (XXVIII, 2) : « *In suis heredibus evidentius
apparet continuationem dominii eorem perducere, ut nulla videatur
hereditas fuisse, quasi olim hi domini essent, qui etiam vivo patre quo-
dammodo domini existimantur.* »
(3) Taulier, *Théorie du code civil*, t. III, p. 37 et suiv.

proches aux successions. Il faut donc tenir comme r
générale que l'on doit donner les biens du défunt aux hé -
tiers, à moins qu'il n'y ait une juste cause de les en priver. Ainsi Domat maintient la succession *ab intestat* comme
règle, la succession testamentaire ne devant être que l'exception. Il en conclut que si le législateur consacre le droit
de tester, ce n'est pas qu'il entende laisser une liberté
indiscrète de faire toutes sortes de dispositions justes ou
injustes. Le droit de tester n'est accordé que sous la condition que les clauses d'un acte aussi sérieux seront rai-
sonnables. Seulement comme il est impossible d'apprécier
avec exactitude les motifs que le testateur a pu avoir de
s'écarter de l'ordre légal des successions, il a fallu valider
les testaments alors même qu'ils paraîtraient contraires à
l'équité naturelle qui doit régner dans la transmission des
biens par voie d'hérédité. Toujours est-il que, dans l'esprit de la loi, le droit de tester n'est juste que s'il est exercé
conformément à cette maxime d'équité.

Domat constate ensuite que les deux droits qui de son
temps régnaient en France ont organisé les successions
d'une manière diverse; le droit romain laisse à chacun la
liberté entière de régler ses dispositions par sa propre
volonté; les coutumes, au contraire, ne laissent pas aux
particuliers la liberté de n'avoir aucun égard à l'équité
naturelle qui appelle les proches aux successions; elles
ont borné la faculté de disposer pour toutes sortes de personnes indistinctement, pensant, comme le dit Bourjon,
que la loi est plus sage que les hommes. Laquelle de ces
jurisprudences est la meilleure? Domat juge admirable-
ment l'esprit des lois romaines. « Il semble, dit-il, que
cette liberté générale et indéfinie de disposer de tous ses
biens ait été une suite de cet esprit de *domination* dont
on voit tant d'autres marques dans toute la conduite des
Romains dès leur origine, soit à l'égard des autres peuples
qu'ils s'étaient soumis, soit à l'égard même de leurs propres
familles, où ils s'étaient donné un droit absolu de vie et
de mort non-seulement sur leurs esclaves, mais sur leurs
enfants. Selon cet esprit, ils s'étaient donné la liberté de
disposer à leur gré de tous leurs biens et d'en priver non-

seulement leurs proches, mais leurs enfants mêmes sans aucune cause (1). »

484. Ainsi la prétendue *liberté* n'était autre chose que la puissance absolue du père de famille, c'est-à-dire le *despotisme*. L'esprit des coutumes était de conserver les biens dans les familles. Domat dit de quelles manières différentes elles cherchaient à atteindre ce but. L'étude assidue des lois romaines lui a donné le goût de l'unité, il voudrait une même règle pour toutes les provinces, et s'il avait eu à la formuler, il aurait certainement donné la préférence au droit coutumier. Cette révolution que Domat n'osait pas espérer s'est accomplie en 89. Il nous reste à voir si l'esprit du code civil est celui de Rome ou celui des coutumes. Nous avons d'avance répondu à la question. Notre code ignore l'idée de puissance; ceux qui l'ont écrit se sont inspirés de l'équité coutumière, et non de la rigueur romaine. Nous avons constaté cette filiation en traitant de la puissance paternelle (2). Nous la retrouvons dans le système des successions. Et d'abord quel est le principe dominant de notre ordre de successions? Est-ce la succession *ab intestat* qui est la règle, ou est-ce la succession testamentaire?

L'orateur du gouvernement qui a exposé les motifs du titre des *Successions* parle comme Grotius, et nous avons vu que la doctrine de Grotius est au fond celle de Domat, c'est-à-dire des coutumes : « Le législateur appelé à tracer un ordre de successions doit se pénétrer de toutes les affections *naturelles* et *légitimes* : il dispose pour tous ceux qui meurent sans avoir disposé. La loi présume qu'ils n'ont eu d'autre volonté que la sienne, elle doit donc prononcer comme eût prononcé le défunt lui-même au dernier instant de sa vie, s'il eût pu ou s'il eût voulu s'expliquer (3). » En disant que la succession *ab intestat* est le testament présumé du défunt, Treilhard n'entend pas dire que le législateur doive se plier aux caprices et aux pas-

---

(1) Domat, *Des lois civiles*, IIᵉ partie, livre I, Préface, nᵒˢ VI et VII, p. 326 et suiv.
(2) Voyez le tome IV de mes *Principes*, p. 343, nᵒˢ 257-259.
(3) Treilhard, Exposé des motifs, nᵒ 2 (Locré, t. V, p. 90).

sions de l'homme. Cela est même une chose impossible ; car la loi est une règle générale, et les passions humaines varient à l'infini. Domat dit aussi que la loi d'amour doit régner dans la famille, mais c'est l'amour réglé par la raison, inspiré par le sentiment du devoir, ou, comme le dit Treilhard, l'affection *naturelle* et *légitime* du défunt pour ses proches, les héritiers du sang, que Dieu même lui a donnés. Chabot, le rapporteur du Tribunat, s'exprime dans le même sens (1). Sous l'ancien régime, et par suite de l'esprit aristocratique qui régnait dans l'ordre politique, les affections naturelles et légitimes s'étaient singulièrement altérées : l'aîné des enfants, le mâle, emportait presque toute l'hérédité, les filles étaient reléguées dans un couvent quand elles ne trouvaient pas à se marier avec leur faible dot, et les puînés entraient dans l'armée. Est-ce que le législateur va respecter cet esprit d'inégalité qui persistait dans bien des familles? Il bannit, au contraire, tout privilége de l'ordre de successions ; il le règle non d'après les passions des hommes, mais d'après la *nature* et la *justice :* ce sont les paroles de Chabot.

Le législateur français n'est pas toujours resté fidèle à cet esprit de justice naturelle. On lui a vivement reproché d'avoir relégué le conjoint survivant parmi les successeurs irréguliers; nous reviendrons sur cette critique, à laquelle nous nous associons. Mais ce n'est là qu'une exception, une tache, si l'on veut, pour mieux dire, un malentendu, comme nous le verrons. Toujours est-il que le code suit généralement l'ordre des affections naturelles, tel que Domat l'entendait. L'on a dit que les auteurs du code avaient transigé entre les deux jurisprudences qui régnaient en France; nous dirons à l'instant dans quel sens cela est vrai. Ce qu'il importe de remarquer, c'est que la transaction s'est faite sous l'influence de la tradition coutumière. Quel est le caractère distinctif de notre système de successions? C'est la division par lignes de toute succession échue aux ascendants et aux collatéraux ; les pays

(1) Rapport de Chabot au Tribunat, nᵒˢ 12 et 24 (Locré, t. V, p. 107 et 115).

de droit écrit ignoraient ce principe, il leur a été imposé par la législation nouvelle. Et d'où procède-t-il? Des coutumes. Toullier dit que cette division par lignes ainsi que l'exclusion des femmes prouvent à l'évidence que la succession *ab intestat* ne repose pas sur l'affection présumée du défunt (1). Non, certes, si l'on entend par là l'amour du défunt pour ses proches. Oui, si par cette loi d'amour on comprend la loi du devoir comme l'expliquait Domat. Les biens appartiennent aux héritiers du sang : c'est Dieu qui les y appelle, et la loi du devoir domine les affections particulières. Tel est le principe fondamental de notre ordre de successions. C'est donc une idée morale qui y domine, celle du devoir, et par là elle l'emporte sur le droit romain qui ne connaît que l'idée de puissance. Toutefois il est vrai de dire que les auteurs du code ont aussi fait des emprunts à la législation romaine; nous allons les constater. Pour le moment, nous nous bornons à remarquer que le code ne reproduit pas les restrictions que les coutumes avaient apportées au droit de tester. Sauf le droit des réservataires, la liberté du testateur est illimitée. C'est le principe romain. Si on le pousse à bout, il est incompatible avec le droit des héritiers du sang qui domine dans la succession *ab intestat*. La conciliation n'est possible que si l'on admet avec Domat que la succession *ab intestat* est la règle et la succession testamentaire l'exception. C'est la conciliation du devoir et du droit. Le devoir avant tout, le droit ne doit être qu'un moyen de remplir le devoir.

(1) Toullier, 11, 2, n° 152, p. 94, édit. de Duvergier.

CHAPITRE III.

LA SUCCESSION ROMAINE ET LA SUCCESSION COUTUMIÈRE.

---

485. Jusqu'à la publication du code civil, la France se partageait en pays de droit écrit et en pays de droit coutumier. Dans les premiers, on suivait le droit romain, et en ce qui concernait les successions, le système établi par Justinien dans la Novelle 118. Dans les autres, on suivait les coutumes; elles variaient, en matière de succession comme en toutes choses, d'une province, d'une ville à l'autre. Il y avait cependant des traits communs, tous empreints de l'esprit germanique, mais profondément modifié par la féodalité et le régime aristocratique qui dominait en France avant la Révolution. Les auteurs du code civil firent des emprunts au droit romain et aux coutumes : de là une œuvre de transaction que l'on ne peut comprendre que si l'on connaît au moins les traits généraux des deux systèmes de succession qui régissaient l'ancienne France.

§ Ier. *Le système romain.*

486. La Novelle de Justinien appelle successivement à l'hérédité trois classes de parents : les descendants, les ascendants et les collatéraux. Tel est aussi le principe du code civil : les successions se défèrent par ordres, et ces ordres sont ceux du droit romain (art. 731). C'est la loi de la nature qui donne les biens du défunt à ses enfants, à leur défaut aux ascendants, puis aux collatéraux. Dans le sein de chaque ordre, la proximité du degré décide de la préférence : le plus proche exclut le plus éloigné, sans distinguer la ligne à laquelle ils appartiennent. On ne distingue pas davantage la nature ni l'origine des biens : il n'y a pas de lien de parenté entre les choses, disait-on, il n'y en a qu'entre les personnes. Tous les biens que possédait le défunt, meubles ou immeubles, acquêts ou biens héréditaires, ne formaient qu'une seule masse, un seul patrimoine; et le parent le plus proche, selon l'ordre auquel il appartenait et d'après son degré de parenté, recueillait le patrimoine sans aucun privilége de sexe ni d'âge.

487. Rien de plus simple que cet ordre de successions. Portalis en a fait un grand éloge en déclarant que la Novelle de Justinien était entièrement rédigée dans des vues de convenance et d'équité naturelle (1). Il oublie les justes prétentions des familles dont le droit romain ne tenait aucun compte. Si le défunt décède ne laissant dans son hérédité que des biens provenant de sa famille paternelle, qui succédera? A défaut de descendants et d'ascendants, ce sera le collatéral le plus proche. Si ce collatéral est un parent maternel, il acquerra tous les biens qui viennent exclusivement de la famille paternelle. Celle-ci n'est-elle pas en droit de réclamer? Ce n'est certes pas là un ordre équitable qui remonte jusqu'à Dieu même : les parents qui appartiennent à la famille paternelle y ont trouvé des biens accessoires de la vie, selon l'expression de Domat, et voilà qu'un étranger vient les leur enlever! Le droit romain méconnaissait les intérêts des familles; nous allons voir que les coutumes leur donnaient une entière satisfaction.

§ II. *Le système coutumier.*

N° 1. LE PRINCIPE.

I. *Les droits de la famille.*

488. On lit dans les *Institutes coutumières* de Loysel : « *Tant que la tiche a souche, elle ne se fourche.* Est-ce pas, dit Loysel, tant que la ligne directe dure, la collatérale n'a point lieu (2)? » L'ordre des descendants est si naturel, qu'il n'y a guère de différence entre le droit romain et les coutumes, en ce qui le concerne; les enfants recueil-

(1) Portalis, Discours préliminaire, n° 95 (Locré, t. Ier, p. 182).
(2) Loysel, *Institutes coutumières*, livre II, titre V, règle 7.

lent l'hérédité tout entière, sans distinguer la nature ni l'origine des biens; ces distinctions n'avaient pas de raison d'être à leur égard, puisqu'ils appartiennent aux deux familles. Il y avait d'autres distinctions résultant des priviléges d'aînesse et de masculinité; ces inégalités, si contraires à l'esprit du droit romain, avaient aussi pénétré dans les pays de droit écrit : preuve qu'elles étaient dues à des causes politiques et sociales d'une puissance irrésistible. Nous les exposerons plus loin.

489. Quand il n'y avait pas de descendants, la succession était déférée aux ascendants et aux collatéraux, non d'après la proximité de la parenté, mais d'après la nature des biens, et de manière que les immeubles retournaient toujours à la famille d'où ils étaient arrivés au défunt. On distinguait à cet effet les biens en meubles et immeubles, et les immeubles en conquêts et propres. La grande préoccupation des coutumes était de conserver les immeubles dans les familles; on faisait peu de cas des meubles : nous en avons dit la raison ailleurs (1). D'après une règle universellement admise par les coutumes, les immeubles que le défunt avait reçus de sa famille paternelle étaient déférés aux parents paternels; et on attribuait aux parents maternels ceux que le défunt avait hérités de la famille maternelle. Tel est le sens de cette maxime célèbre : *paterna paternis, materna maternis*. La maxime ne s'appliquait qu'aux *propres*. Les *propres*, dit Pothier, sont les héritages de nos ancêtres ou autres parents qu'ils nous ont transmis par succession ou par quelque titre équivalent à succession. Les héritages qui ne sont pas propres sont appelés *acquêts*, de quelque manière que nous les ayons acquis. C'était une question diversement décidée par les diverses coutumes, que de savoir à quels parents il fallait attribuer les propres paternels et maternels : les unes, que l'on appelait *souchères*, remontaient jusqu'à celui qui le premier avait acquis l'immeuble, et elles l'affectaient à ceux qui descendaient de ce premier acquéreur : d'autres, c'était le plus grand nombre, les attribuaient non-seule-

(1) Voyez le tome II de mes *Principes*, p. 236, n° 179.

ment aux descendants, mais à tous les parents du premier acquéreur; on les appelait coutumes *de côté et de ligne*, pour marquer qu'il suffisait d'être parent collatéral pour succéder aux propres (1).

490. Loysel dit dans ses *Institutions coutumières* : « Les propres ne remontent pas, mais retournent aux plus prochains parents du côté dont ils sont venus au défunt (2). » On conclut de là que les ascendants ne succédaient pas aux propres. Cela est trop absolu. Il en était ainsi dans l'ancien droit coutumier; la coutume d'Auvergne allait jusqu'à dire que les ascendants ne succèdent point aux descendants. « Aujourd'hui, dit Pothier, cette règle ne signifie autre chose, sinon que l'héritage propre d'une famille ne remonte point aux ascendants d'une autre famille; que le père et autres ascendants paternels sont en conséquence exclus de la succession des propres maternels par les parents collatéraux de la famille à qui ces propres sont affectés, en quelque degré éloigné qu'ils soient; et que, réciproquement, la mère et les ascendants maternels sont exclus de la succession des propres paternels par les parents collatéraux de la famille paternelle (3). » Toujours est-il que, par application de cette règle, un parent collatéral, très-éloigné et inconnu du défunt, recueillait les biens de préférence à son père ou à sa mère. Cela prouve que ce n'est pas l'affection du défunt qui était le fondement du droit de succession, c'était plutôt le devoir, les parents, quoique éloignés, ayant droit aux biens de la famille dans laquelle ils entrent, comme à l'accessoire de la vie; or, le devoir l'emporte sur l'affection.

491. Quant aux meubles et acquêts, on ne les considérait pas comme biens de la famille, les meubles parce qu'ils passent trop facilement d'une main à l'autre, les immeubles parce qu'ils venaient seulement d'entrer dans la famille par une vente ou un autre contrat, et ils en pouvaient sortir de nouveau; entre les mains du premier héritier, ils étaient réputés *propres naissants;* c'est à la seconde géné-

---

(1) Pothier, *Introduction aux coutumes*.
(2) Loysel, *Institutions coutumières*, livre II, titre V, règle 16.
(3) Pothier, *Traité des successions*, chap. II, art. 2.

ration seulement qu'ils prenaient racine dans la famille. Avant cela on les attribuait, ici aux ascendants, là aux ascendants en concours avec les frères et sœurs du défunt. La succession aux meubles et acquêts, déférée d'après le principe romain de la proximité de parenté, donnait satisfaction à un autre devoir du défunt, celui de pourvoir aux besoins de ses proches. Il y avait toutefois cette différence entre la succession romaine et la succession coutumière, c'est que celle-ci tenait compte de l'intérêt des deux familles, alors même qu'elle partageait les meubles et acquêts entre les plus proches parents : généralement la division se faisait par moitié entre la ligne paternelle et la ligne maternelle du défunt.

II. *Les privilèges.*

492. Les privilèges en matière de succession dérivent tous de l'esprit féodal ou aristocratique. On conçoit qu'un privilège soit accordé à certains héritiers, afin de conserver les grandes fortunes, base inébranlable qui semblait donner aux familles nobles la même solidité qu'au sol. Mais on est d'abord étonné en voyant d'autres coutumes attacher un privilège, c'est-à-dire une succession spéciale aux biens nobles : on se demande si une motte de terre peut être noble ou roturière. C'est que le caractère distinctif du régime féodal était précisément d'attacher la souveraineté à la possession du sol ; quand la féodalité politique disparut, l'esprit qui l'animait persista dans la féodalité civile. De là cette singulière division des biens en nobles et roturiers, division qui donnait lieu à une succession particulière, de même qu'il y avait une succession particulière pour la noblesse et la roture. Mais il faut se garder de croire qu'il y eût des règles générales, partout les mêmes, pour les privilèges qui découlaient de la qualité des personnes ou des biens. Ce qui distingue, au contraire, la féodalité et toutes les institutions politiques et civiles qui s'y rattachent, c'est une diversité infinie. Tandis que telle coutume voulait que les biens possédés noblement se partageassent d'une manière et ceux en roture d'une manière différente, d'autres confondaient les biens en roture et les biens nobles. Les unes n'accordaient qu'aux nobles le droit d'aînesse, les autres le donnaient aussi aux roturiers. Même diversité dans les détails : il y avait des coutumes qui n'admettaient le droit d'aînesse qu'en ligne directe, d'autres l'étendaient à la ligne collatérale, et ainsi de suite (1).

493. Les coutumes variaient aussi à l'infini sur l'exclusion des filles. Voilà une inégalité qui est en opposition complète avec le droit que la naissance donne à tout enfant aux biens de la famille où Dieu le fait naître. Ce n'est pas davantage l'affection qui explique l'exclusion des filles, pas plus qu'elle n'explique le privilége de l'aîné. Constatons d'abord les faits, nous verrons ensuite quelle a été leur raison d'être. La tendance générale des coutumes était d'exclure les filles dans l'intérêt des mâles, pour mieux dire dans l'intérêt des familles qui se perpétuent par les mâles, tandis qu'elles s'éteignent par les femmes. Il y avait du reste une foule de différences dans les détails. Ici le père noble avait seul le droit d'exclure sa fille : tel était sans doute le droit primitif. Le privilége finit par s'étendre aux roturiers. Mais le principe de l'égalité se maintint jusque dans le sein de l'inégalité : on exigeait pour que la fille fût exclue qu'elle eût reçu une dot. Qui devait doter? Le père seul? ou les père et mère? la dot excluait-elle aussi des successions collatérales? quelle était la quotité de la dot? Sur ce dernier point malheureusement la plupart des coutumes s'accordaient en se contentant de la dot la plus modique, fût-ce « un chapel de roses. » Ne dédaignons pas le chapel de roses. C'est une protestation en faveur de l'égalité; elle finira par l'emporter sur les préjugés aristocratiques.

494. Il y avait une autre succession privilégiée qui dépendait uniquement de la volonté du défunt; chose étrange dans un ordre d'idées qui excluait l'arbitraire de l'homme, en le subordonnant à la sagesse de la loi. C'étaient les sub-

---

(1) Chabot, Rapport fait au Tribunat, n° 34 (Locré, t. V, p. 114).

stitutions fidéicommissaires perpétuelles. Le chef de famille immobilisait son patrimoine, il le rendait inaliénable pour les générations futures, afin d'assurer la splendeur de sa maison contre la mobilité des passions humaines. En apparence, ce n'est plus la loi qui fait l'héritier, c'est l'homme. En réalité, si l'homme impose sa volonté même à l'avenir, c'est pour garantir d'autant mieux la conservation du patrimoine dans le sein des familles. En ce sens, les substitutions étaient en harmonie avec l'esprit du droit coutumier.

N° 2. APPRÉCIATION.

I. *De la copropriété de famille.*

495. Tels sont les traits généraux de la succession coutumière. Quel est le principe sur lequel elle repose? Elle doit avoir ses racines dans les mœurs germaniques, puisqu'elle est particulière aux peuples de race germanique. Un écrivain allemand, dont l'autorité est grande en France, Zachariæ, répond que la succession coutumière était fondée sur l'idée d'une copropriété de famille qui se trouvait dans l'ancien droit germanique et qui de là passa dans les coutumes. Voici comment il définit cette copropriété. Les différents membres d'une même famille étaient considérés comme copropriétaires pour le tout des immeubles que chacun d'eux avait recueillis dans les hérédités de leurs parents communs. Cette copropriété n'était pas un droit actuel, en ce sens que chaque parent eût le droit de disposer et de jouir de la chose; il se réalisait lors du décès de celui qui possédait les propres de famille à titre d'héritier; et il ne se réalisait qu'au profit des parents appelés à l'hérédité d'après l'ordre légal des successions (1).

Nous reviendrons sur cette idée de copropriété en traitant de la saisine. Zachariæ lui donne une trop grande extension et lui attribue une influence exagérée. Cependant on peut l'accepter telle que nous venons de la définir.

_____
(1) Zachariæ, édition d'Aubry et Rau, t. IV, § 588, p. 156.

Domat, bien qu'étranger aux études germaniques, interprète la saisine dans le même sens. On connaît la maxime coutumière, formulée par Loysel en ces termes : « Le mort saisit le vif, son plus prochain héritier habile à lui succéder (1). » « Les enfants et autres descendants, dit Domat, sont considérés comme en quelque façon maîtres des biens de leur père ou mère, ayeul ou ayeule, même avant leur mort. Et quand elle arrive, ce n'est pas tant une succession acquise aux enfants que la continuation d'un droit qu'ils avaient déjà, avec cette différence entre ce droit et l'hérédité, qu'au lieu que pendant la vie de l'ascendant auquel ils succèdent ils avaient comme en part ses biens avec lui, et que sa possession les leur conservait, ils ont seuls le droit entier aux biens après cette mort (2). »

Il faut bien qu'il y ait quelque chose de vrai dans l'idée d'une copropriété de famille, du moins entre proches parents, tels que sont les ascendants et les descendants ; car on la trouve chez les jurisconsultes romains auxquels Domat l'a empruntée. Avec leur rigueur habituelle, ils ne disent pas que les héritiers siens étaient déjà du vivant de celui auquel ils succèdent copropriétaires des biens qu'ils héritent, ils disent que c'est une quasi-continuation du domaine qui appartenait au défunt (3). Ce droit aux biens qui se continue après la mort du défunt au profit de ses plus proches parents, n'est-il pas l'expression matérielle de la solidarité qui unit les membres d'une même famille ? Que le sang soit un lien, on ne l'a jamais contesté. Ceux qui reconnaissent une cause première et une Providence ne nieront pas davantage que le lien du sang qui unit les membres d'une famille se rattache à Dieu. Se borne-t-il à la parenté ? ou la parenté doit-elle avoir des conséquences en ce qui concerne les biens matériels ? Ici encore la voix de l'humanité répond avec Domat que Dieu donne les biens comme accessoires de la vie, nous dirions aujourd'hui comme instrument de développement intellectuel et moral.

---

(1) Loysel, *Institutions coutumières*, livre II, titre V, règle 16.
(2) Domat, *Des lois civiles*, IIe partie, livre I, sect. II, n° 13.
(3) § 3, Instit., *de heredit. quæ ab intest.* (III, 1); L. 21, D., *de lib. et post.* (XXVIII, 2).

496. Chez les peuples de race germanique, la copropriété de famille se manifestait déjà du vivant du possesseur actuel des propres, et elle a eu un long retentisse-
ment dans les diverses institutions coutumières qui se
rattachent à l'hérédité. La base même de la famille est
toute différente chez les Germains et chez les Romains.
A Rome, la famille se concentre dans son chef, elle repose
sur sa toute-puissance : il étend la famille par l'adoption,
il la détruit par l'émancipation. Les Germains reconnaissent aussi une grande autorité au chef, mais ce n'est plus
l'idée de puissance qui est la base de la famille, c'est le
sang, c'est la naissance : l'élément providentiel prend la
place de l'arbitraire humain. Le chef ne peut plus enlever
à l'enfant, en l'émancipant, les droits qu'il tient de la nature ; de même il ne peut pas le priver des biens auxquels
la naissance dans le sein de la famille lui donne droit ; il
ne lui est même pas permis de disposer de ses biens par sa
seule volonté, il ne peut les aliéner qu'avec le consentement de ses futurs héritiers (1). Les enfants figurent dans
les anciens diplômes comme parties nécessaires, lors de
l'aliénation des propres ; et quand ils n'y étaient pas appelés, ils avaient le droit d'agir en nullité. Nous en citerons
un exemple, curieux à bien des égards, de la fin du dixième
siècle. Un baron fonde un monastère pour le remède de
son âme, c'était la formule ; il le dote largement, comptant
que les libéralités qu'il faisait à l'Eglise rachèteraient ses
péchés. Le fondateur plaça l'une de ses filles à la tête du
monastère comme abbesse. Mais il en avait une autre ;
celle-ci, n'ayant pas consenti à la donation, en demanda et
en obtint la nullité, personne ne pouvant, d'après la loi
saxonne, disposer de ses biens sans le concours des siens.
Les collatéraux mêmes, au moins les plus proches, les
frères et les sœurs, devaient concourir à l'acte (2).

497. On trouve encore ce vieil usage germanique dans

(1) *Lex Saxon.*, tit. XVII; Rotharis, lib. CLXXIII; *Lex Ripuar.*,
tit. LIX.
(2) Laboulaye, *Recherches sur la condition civile et politique des femmes*,
p. 105 et suiv. Comparez Guérard, *Cartulaire de Saint-Jere*, t. Ier, p. 103
de la Préface et p. 222 et suiv.

les plus anciens coutumiers. La propriété des immeubles ne se transférait que moyennant certaines solennités; on y faisait intervenir les *hoirs*, et cela au même titre que le possesseur actuel. Tous devaient se présenter devant le seigneur en sa cour; les hoirs abdiquaient leur droit au profit de l'acheteur, et figuraient par conséquent comme vendeurs (1). Cette intervention des héritiers dans les actes d'aliénation des propres n'existait plus lors de la rédaction des coutumes. Elle s'était transformée en *retrait lignager*; l'héritier avait le droit de retraire le propre vendu, en offrant un prix égal à celui que l'acheteur avait promis. Le *retrait* implique que le parent qui l'exerçait avait dans le bien vendu un droit de domaine dont le possesseur de l'héritage ne pouvait pas le dépouiller (2) : c'était le quasi-domaine par lequel Domat explique la saisine. Lors de la rédaction du code civil, l'idée d'une copropriété de famille s'était complétement effacée ou, si l'on veut, transformée, mais elle avait laissé des traces profondes dans le droit de succession consacré par les coutumes : Treilhard, l'orateur du gouvernement, dit que le désir de conserver les biens dans les familles avait fait admettre la distinction des propres, c'est-à-dire des biens immeubles advenus par succession. Il rattache encore à ce même désir les restrictions que les lois mettaient à la faculté de disposer des propres. « Le testateur, dit Treilhard, ne pouvait pas transmettre ses propres, ou ne pouvait en transmettre qu'une faible partie; la loi lui assignait un héritier qu'il n'était pas en son pouvoir d'écarter. Il y avait des coutumes plus sévères qui interdisaient la disposition, même entre-vifs, des biens échus par succession. Telle était enfin la tendance à conserver les propres dans les familles, que la disposition de ces biens à titre onéreux n'était pas entièrement libre : un parent pouvait exercer le retrait sur un acquéreur (3). » De là encore les renonciations que l'on arrachait aux filles par leur contrat de mariage : « La rai-

(1) Voyez l'*Ancien Coutumier d'Artois*, cité par Laboulaye, *Histoire du droit de propriété foncière en Occident*, p. 137 et suiv.
(2) Guy Coquille, *Institution au droit français* (*Du retrait lignager*, p. 89).
(3) Treilhard, Exposé des motifs, n° 11 (Locré, t. V, p. 92).

son, dit Pothier, qui a fait établir ces renonciations a été pour conserver les biens dans la famille de celui à la succession de qui on fait renoncer les filles au profit des mâles, et soutenir, par ce moyen, la splendeur du nom (1). » Enfin Domat explique très-bien que la règle en vertu de laquelle les propres ne remontaient pas avait le même fondement ; et cet écrivain si judicieux, et d'une morale si sévère, n'hésite pas à justifier cette espèce d'exclusion. La règle qui affecte les propres à la famille de laquelle ils viennent, règle qui s'oppose à ce que les propres remontent, a son fondement et sa justice dans le même droit naturel qui affecte les biens aux proches. « Car, dit Domat, cette affectation des biens aux héritiers du sang regarde naturellement ceux qui sont de la famille d'où les biens sont venus. Ce qui rend juste la règle qui prive les ascendants de la propriété des propres d'un descendant venus d'un autre estoc, afin que les biens venus d'une famille ne passent pas à un autre (2). » L'explication de Domat nous fait pénétrer plus profondément dans l'esprit du droit coutumier que ce que les auteurs du code civil appellent le désir de conserver les biens dans les familles. C'est plus qu'un désir, c'est un droit, et le plus sacré de tous, puisqu'il tient au sang et à la naissance ; ce qui le fait remonter à Dieu même. C'est donc aux coutumes que Domat a emprunté sa théorie d'un droit appartenant à celui qui naît dans une famille sur les biens qu'elle possède : le droit aux biens accessoires de la vie.

II. *Des priviléges.*

498. Les anciens auteurs sont très-embarrassés quand ils recherchent l'origine des règles qui caractérisent la succession coutumière. Elevés dans l'étude et dans le culte du droit romain, ils tenaient à donner aux coutumes l'autorité qui s'attachait au droit romain, droit qui passait pour la raison écrite. Lebrun n'hésite pas à dire que la

(1) Pothier, *Traité des successions*, chap. I, sect. II, § III.
(2) Domat, *Lois civiles*, IIe partie, livre I, Préface, n° IV.

célèbre règle *paterna paternis* était empruntée au droit romain (1). C'est une erreur évidente, car les Romains ne savaient pas ce que c'étaient que des propres et des acquêts. Charles Dumoulin, l'oracle du droit coutumier, dit que la règle *paterna paternis* vient des Francs et des Bourguignons, et qu'elle a été étendue par une ordonnance de Charlemagne au pays des Saxons (2). Jadis on aimait à rapporter les institutions célèbres à quelque grand législateur ; nous savons aujourd'hui que l'on a grandement exagéré le rôle législatif de Charlemagne ; le droit germanique était essentiellement coutumier, les lois mêmes n'étaient que des recueils de coutumes. Il y a cependant un instinct très-juste dans l'explication de Dumoulin, c'est que les coutumes étant d'origine germanique, c'est chez les Germains qu'il faut chercher la tradition coutumière et non à Rome. D'autres écrivains, et des plus autorisés, tels que Basnage, rapportaient les singularités des successions coutumières à l'influence du régime féodal (3). Il y a aussi du vrai dans cette opinion, et elle se concilie très-bien avec celle de Dumoulin ; car la féodalité a ses racines dans les forêts de la Germanie, comme l'a dit Montesquieu. Ce n'est pas à dire que le droit féodal reproduise le droit germanique dans toute sa pureté ; les influences de la conquête et du régime aristocratique qui en résulta modifièrent profondément les coutumes primitives des peuples du Nord. De là les priviléges qui nous sont si odieux aujourd'hui, tandis qu'ils étaient vus avec faveur dans l'ancien droit.

499. Argou traite dans un seul et même chapitre *Du droit d'aînesse et de la succession des fiefs*. Ces matières, dit-il, ont tant de rapport ensemble que nous n'avons pas jugé à propos de les séparer. En effet, c'est principalement dans les fiefs que les aînés prennent leur droit d'aînesse, qui n'est autre chose qu'une portion plus avantageuse que

---

(1) Lebrun, *Des successions,* livre II, chap. I, sect. II, n° 8, p. 151.
(2) Dumoulin, conseil VII, n° 48.
(3) Basnage, *Sur la coutume de Normandie,* et Pontanus, *Sur la coutume de Blois,* cités par Merlin, au mot *Paterna paternis,* section II, § I (*Répertoire,* t. XXII, p. 384).

celle des autres héritiers dans la succession qui est à partager (1). Il est certain que les lois des Barbares ignoraient le droit d'aînesse, et Chabot remarque qu'il en fut ainsi jusqu'à l'avénement de la troisième race, celle des Capétiens ; c'est à vrai dire l'époque où le régime féodal s'introduisit, et avec la féodalité le privilége des aînés mâles. Dans le principe, c'était moins un privilége qu'une nécessité politique. Les fiefs différaient du tout au tout de la propriété telle que les Romains l'organisèrent, et telle que nos lois la consacrent.

Le possesseur du fief était un souverain : chaque baron, dit Beaumanoir, est roi dans son domaine. Il s'agissait donc, après la mort du baron, de savoir si sa souveraineté serait divisée. Les Barbares partageaient les royaumes comme on partage les fermes ; on voit encore de ces partages sous les descendants de Charlemagne. Si l'on avait partagé les fiefs, petites souverainetés limitées souvent à l'horizon de la vallée, que serait devenue la puissance des seigneurs féodaux? Elle se serait morcelée à l'infini, c'est-à-dire qu'elle eût cessé d'exister. De là la nécessité de concentrer les biens féodaux dans les mains du fils aîné. Portalis se plaint de cette influence que la loi politique exerce sur l'ordre des successions. « La loi politique, dit-il, se conduit plutôt par la raison d'Etat que par un principe d'équité ; tandis que la loi civile incline plutôt vers l'équité, parce que son office principal est de régler les droits et les convenances entre particuliers, alors que la loi politique se guide par des vues d'intérêt général. » C'est ainsi, dit Portalis, que le droit politique inspira les anciennes coutumes françaises, toutes relatives à l'esprit de la monarchie, qui veut partout des distinctions, des priviléges et des préférences (2). Portalis se trompe en imputant à la monarchie les priviléges en matière de succession. Ils se sont établis sous le régime féodal, et à cette époque la monarchie n'existait encore qu'en germe. Après tout, si la loi politique domine la loi civile, c'est nécessité ; conçoit-on

(1) Argou, *Institution au droit français*, t. Ier, p. 466.
(2) Portalis, Discours préliminaire, n° 95 (Locré, t. Ier, p. 182).

que sous le régime féodal on ait maintenu l'égalité dans le partage des fiefs, alors que la propriété était devenue une espèce de souveraineté? Le droit civil subit nécessairement l'influence de la raison d'Etat, parce que c'est la raison d'Etat qui constitue la société, et le droit civil n'existe que dans l'état social. Tout ce que l'on pourrait reprocher à la monarchie, c'est d'avoir maintenu et même étendu des priviléges nés avec la féodalité et qui auraient dû disparaître avec elle. Mais ce reproche même serait injuste. L'ancienne France était monarchique; or, si l'on veut une monarchie, on doit vouloir aussi les institutions sans lesquelles la monarchie n'a pas de racine dans les mœurs. Tels sont les priviléges de l'aîné des héritiers : c'était une nécessité, d'abord sous le régime féodal, puis sous le régime aristocratique qui en procède. Chabot dit, non sans dédain, dans son rapport au Tribunat : « A l'imitation des grands, les roturiers voulurent aussi faire des avantages considérables aux aînés dans l'espoir de relever leurs familles; et le droit d'aînesse fut établi pour les biens en roture, comme il l'avait été pour les fiefs (1). » Cette vanité nobiliaire que l'organe du Tribunat flétrit est, comme Chabot l'avoue, de l'essence des monarchies. Aujourd'hui que nos mœurs se démocratisent, personne ne songe à des préférences qui n'auraient plus de raison d'être.

500. Il en est de même de l'exclusion des filles. Nous verrons plus loin que celle-ci remonte aux lois barbares; mais ce n'était pas esprit d'inégalité, il importe de le constater, c'était encore par une nécessité politique, et la plus légitime de toutes, la nécessité de la défense nationale. Chez les Germains déjà, comme plus tard sous la féodalité, la propriété imposait le service des armes; comment les femmes auraient-elles hérité d'un fief, alors qu'elles ne pouvaient pas remplir les obligations qui y étaient attachées? Si la féodalité s'était organisée dans toute sa rigueur, les femmes auraient été entièrement exclues des successions, puisqu'elles ne pouvaient remplir les devoirs

(1) Chabot, Rapport, n° 24 (Locré, t. V, p. 114).

attachés à la possession du sol. La voix de la nature fut plus forte que les nécessités politiques. De bonne heure, les femmes furent admises à succéder aux fiefs, ce qui entraîna la dissolution du régime féodal (1). L'esprit aris-tocratique, la vanité nobiliaire prirént la place de la féodalité politique, et, il faut le dire, l'aristocratie dégénérée fut plus tenace que la raison d'Etat féodale. Chabot a des accents de colère quand il parle de l'inégalité qui régnait dans la succession coutumière. « L'orgueil féodal avait corrompu, dit-il, toutes les sources de la morale, il avait étouffé tous les sentiments de la nature ; et cet orgueil se communiquant aux roturiers, qui n'étaient que trop souvent les serviles imitateurs des grands, avait brisé dans toutes les classes du peuple tous les liens des familles(2). » L'esprit du tribun est l'esprit révolutionnaire, démocratique. Dans l'ancien droit, l'exclusion des filles jouissait d'une faveur marquée ainsi que le droit d'aînesse. Lebrun en prend la défense, en se plaçant sur le terrain, non des préjugés nobiliaires, mais du droit traditionnel. « Les mâles, dit-il, sont l'appui d'une famille et la perpétuent, au lieu que les femmes sont la fin de la leur et le commencement d'une famille étrangère (3). » Il y a donc autre chose dans la succession coutumière que l'inégalité féodale ; jusque dans les priviléges dérivant de l'âge et du sexe, il y a le désir de conserver les biens dans les familles, et ce désir tient à une conception de la famille bien plus juste que celle du droit romain, car elle repose sur le sang, et le sang vient de la naissance, c'est-à-dire de Dieu. Seulement le droit de succession des coutumes était vicié par l'esprit nobiliaire. La révolution de 89 proclama l'égalité dans l'ordre politique, et elle introduisit l'égalité dans l'ordre civil. Ce qui témoigne pour les coutumes, c'est qu'à bien des égards les lois révolutionnaires restèrent fidèles à la tradition coutumière, en écartant les abus de la féodalité pour s'en tenir à l'esprit du droit germanique.

(1) Voyez mes *Etudes sur l'histoire de l'humanité*, t. VII, p. 550 et suiv.
(2) Chabot, Rapport au Tribunat, n° 24 (Locré, t. V, p. 114).
(3) Lebrun, *Des successions*, livre II, chap. II, sect. I, n° 2, p. 174.

CHAPITRE IV.

LÉGISLATION RÉVOLUTIONNAIRE.

---

§ 1er. *L'égalité.*

501. L'orateur du gouvernement dit dans l'Exposé des motifs du titre des *Successions* que le vœu de tous les hommes éclairés appelait depuis longtemps une réforme : on voulait surtout dans les lois, dit Treilhard, cette unité qui semble être de leur essence, puisqu'elles sont l'image de l'ordre éternel. On trouve, en effet, quelques vœux timides chez les légistes en faveur de l'unité, mais, hommes de tradition, ils ne songeaient guère à une réforme des principes, et en cela ils étaient les organes des populations. Les provinces du midi étaient très-attachées au droit romain, et dans les provinces du nord on n'avait guère moins d'attachement pour les coutumes; on y disait que « la disposition des coutumes était le testament des sages; » on croyait que la loi civile était l'expression de la loi naturelle, et que l'ordre des successions était puisé dans le cœur même de l'homme (1). Cela explique comment la réforme des lois civiles fut plus lente et moins radicale que celle de l'ordre politique. Il suffit d'une nuit d'enthousiasme pour détruire la féodalité politique, mais les décrets du 4 août 1789 la laissèrent subsister dans l'ordre civil. La première loi qui mit la hache au chêne antique, dont les racines séculaires plongeaient jusque dans les forêts de la Germanie, fut celle du 15 mars 1790, qui supprima les droits d'aînesse et de masculinité; ils tenaient à la noblesse, à l'esprit aristocratique de l'ancienne France; or, la révolution de 89 s'était faite surtout en haine de la noblesse; et vainement l'eût-on abolie,

---

(1) Lebrun, *Des successions*, Préface; Bourjon, *Le droit commun de la France*, titre XVII, *des Successions*, chapitre I, n° 1 (t. I, p. 677).

elle aurait conservé son influence si elle avait conservé ses immenses domaines en les concentrant dans quelques familles puissantes : l'abolition des droits d'aînesse et de masculinité était la conséquence forcée de l'abolition de la noblesse comme corps politique. Voilà comment la révolution sociale amena une révolution dans l'ordre civil. Certes, il faut se féliciter ici de l'influence que la loi politique exerce sur la loi civile; pour réformer le droit privé, il ne fallait rien moins, comme le dit Treilhard, qu'un de ces grands événements qui déracinent les empires et changent la face du monde; il fallait qu'un grand peuple conspirât tout entier pour établir le règne de l'égalité sur la ruine des distinctions et des priviléges. Pouvait-il y avoir des terres nobles alors qu'il n'y avait plus de noblesse? pouvait-il exister un privilége en faveur des aînés mâles alors qu'on ne voulait plus de nobles (1)?

502. Cependant les préjugés nobiliaires existaient même en dehors de la noblesse; la bourgeoisie riche tenait à ses priviléges de naissance, pour le moins autant que l'aristocratie féodale. L'inégalité dans les partages persista après l'abolition de la noblesse et de ses priviléges. C'est un homme de race noble, l'aîné d'une antique famille, c'est Mirabeau qui dans le dernier discours qu'il écrivit, et que la mort l'empêcha de prononcer, demanda l'égalité des partages dans toutes les familles. On y lit ces belles paroles : « Que les Français donnent l'exemple et ne reçoivent la loi que de la raison et de la nature. Si la nature a établi l'égalité d'homme à homme, à plus forte raison de frère à frère (2). » L'Assemblée nationale fit droit au vœu du grand révolutionnaire en portant la loi du 8 avril 1791, dont l'article 1er porte : « Toute inégalité ci-devant résultante, entre les héritiers *ab intestat*, des qualités d'aînés ou de puînés, de la distinction des sexes ou des exclusions coutumières, soit en ligne directe, soit en ligne collatérale, est abolie; tous héritiers en égal degré succéderont par

(1) Treilhard, Exposé des motifs du titre *des Successions*, n° 13 (Locré, t. V, p. 93).

(2) *Moniteur* du 5 avril 1791 : Discours de Mirabeau sur l'égalité des partages.

portions égales aux biens qui leur sont déférés par la loi...
En conséquence, les dispositions des coutumes ou statuts
qui excluaient les filles ou leurs descendants du droit de
succéder avec les mâles ou descendants des mâles sont
abrogées. »

Cette révolution dans l'ordre civil était aussi une révolution morale. Les lois qui violent la nature portent fa-
talement le trouble dans les relations de famille ; c'était
attaquer et ruiner le sens moral jusque dans le foyer que
la nature lui a donné comme asile. La totalité des successions appartenait aux mâles, et parmi les mâles les aînés
emportaient presque tout, et les puînés étaient traités à
peu près comme les filles. Que devenaient tous ces enfants
déshérités? Le rapporteur du Tribunat répond qu'ils
n'avaient le plus souvent d'autre ressource que de s'ense-
velir dans les cloîtres, où ils gémissaient pendant leur vie,
victimes innocentes de la barbarie des lois et de la dureté
des parents. Quelles devaient être les relations de ces
frères et de ces sœurs, dont la plupart étaient dépouillés
des biens que Dieu même leur accordait en même temps
que la vie? La discorde et la haine, dit Chabot, régnaient
là où auraient dû régner l'amour et la paix (1). En rétablissant l'égalité dans la famille, la loi rétablissait la base
de l'ordre moral.

503. La loi du 8 avril 1791 ajoute (art. 1er) : « Sont
pareillement abrogées les dispositions des coutumes qui,
dans le partage des biens d'un même père ou d'une même
mère, établissent des différences entre les enfants nés de
divers mariages. » C'est ce qu'on appelait le droit de *dévolution.* En vertu de ce droit, les biens du survivant des
époux qui se remariait étaient affectés aux enfants du premier lit, à l'exclusion des enfants du nouveau mariage.
Le conjoint remarié ne pouvait plus disposer de ses biens,
pas même à titre onéreux. La dévolution coutumière existait surtout dans les provinces belgiques ; elle était inconnue dans l'intérieur de la France (2). C'était encore un

(1) Chabot, Rapport au Tribunat, n° 24 (Locré, t. V, p. 113).
(2) Merlin, *Répertoire*, au mot *Dévolution coutumière*, § II (t. VIII,
p. 57 et suiv.)

privilége, bien qu'il n'eût rien de commun avec la féodalité ni avec la noblesse. On voulait dédommager les enfants du premier lit du préjudice qu'ils souffrent presque
toujours d'un second mariage ; mais en favorisant les enfants du premier lit, on lésait les droits des enfants qui
naissaient du second mariage ; enfants du même père ou
de la même mère, pourquoi les traitait-on inégalement?
L'égalité est une loi de justice, elle doit régner dans toutes
les relations civiles.

§ II. *La loi de nivôse.*

504. La copropriété de famille n'avait rien de commun avec la féodalité. On aurait donc pu maintenir toutes
les institutions qui s'y rattachaient. Tel était le retrait
lignager : il n'avait d'autre but que de conserver les biens
dans les familles. Toutefois ce droit fut un des premiers
que l'Assemblée constituante abolit. Merlin, le rapporteur,
est assez embarrassé pour trouver des raisons qui justifient cette abolition. Il dit que le retrait a son origine dans
les mœurs germaniques ; le droit de guerre privée régnait
dans les familles, et elles imposaient à chaque parent
l'obligation d'épouser les querelles de tous. Les guerres
privées ayant cessé depuis des siècles, on ne concevait
guère que le droit de retrait leur eût survécu. Cette explication a été trouvée singulière (1). Merlin avait cependant
raison de dire que l'origine du retrait se trouvait dans le
lien de solidarité qui unissait tous les membres de la famille chez les Germains ; de là l'idée d'une copropriété
des parents, qui se transforma au moyen âge et devint un
trait caractéristique du droit français : l'esprit de notre
droit, disait Pothier, est de conserver les biens dans les
familles. Le retrait était en harmonie avec cet esprit traditionnel ; s'il fut aboli, c'est sans doute que le législateur
révolutionnaire voulait briser les grandes familles qui

(1) Laferrière, *Histoire des principes, des institutions et des lois de la
révolution française,* p. 239 et suiv.

auraient pu profiter de ce droit pour maintenir leur influence territoriale. La Révolution poursuivait un double but, morceler là grande propriété, tout en favorisant l'esprit de famille. De là des mesures qui parfois semblent contradictoires.

505. La succession coutumière n'était pas atteinte par les décrets de l'Assemblée qui abolirent les priviléges. En effet, les priviléges n'étaient qu'un accident, un principe étranger aux vieilles coutumes germaniques. Ce qui caractérise les coutumes en matière d'hérédité, c'est la distinction de la nature et de l'origine des biens. Or, voici la Convention nationale qui décrète que « la loi ne reconnaît aucune différence dans la nature des biens ni dans leur origine pour en régler la transmission. » C'était abolir la règle *paterna paternis*, base de la transmission des biens par voie d'hérédité. La révolution paraît radicale et digne d'une assemblée qui ne reculait devant aucune ruine, parce que sur les débris du monde ancien elle voulait élever un édifice nouveau, la société démocratique. Aussi a-t-on comparé la loi du 17 nivôse an II aux décrets de la fameuse nuit du 4 août 1789 (1). Il y a de l'exagération dans ce parallèle. La loi de nivôse est à moitié révolutionnaire, à moitié conservatrice ; l'élément traditionnel qu'elle a consacré, en le transformant, est devenu l'une des bases de l'ordre des successions adopté par le code civil. Chose remarquable, la Convention, que l'on accuse de vouloir tout démolir, a au contraire inauguré le système de transaction que les auteurs du code civil ont maintenu, et elle a emprunté le principe de cette transaction à ces mêmes coutumes qu'elle abolissait en apparence. La loi de nivôse est certes une des œuvres les plus remarquables de cette grande époque, qui a eu l'ambition de jeter les fondements d'une société nouvelle. Elle a démoli d'une main et reconstruit de l'autre, sous une autre forme, ce qu'elle venait de démolir. C'est ainsi que se font les révolutions durables ; elles ne détruisent pas, elles transforment. La loi de nivôse abrogea la règle *paterna paternis*,

(1) Laferrière, *Essai sur l'histoire du droit français*, t. II, p. 253.

et elle mit à sa place la division par lignes, qui a le même esprit et la même tendance.

Le droit romain établissait l'unité du patrimoine et de l'hérédité; il ne comprenait pas que les biens divers eussent des héritiers différents. Tandis que les coutumes admettaient autant de successions que de biens : des héritiers pour les meubles, d'autres pour les acquêts, d'autres pour les propres. La loi de nivôse emprunta au droit romain l'unité de patrimoine. Mais en consacrant le principe, elle rejeta la conséquence que le droit romain en tirait. La Novelle de Justinien transmettait la succession unique, comprenant tout le patrimoine du défunt, au parent le plus proche, sans considérer si les biens qui composaient ce patrimoine étaient advenus au défunt de sa famille paternelle ou de sa famille maternelle. Les coutumes divisaient les propres en paternels et maternels, et les attribuaient au parent le plus proche de la famille dont ils procédaient. Sur ce point capital, la loi de nivôse abandonna la tradition romaine et adopta le principe coutumier, en disposant que toute succession échue à des ascendants ou à des collatéraux serait divisée en deux parts, l'une pour la ligne paternelle, l'autre pour la ligne maternelle. La division par lignes avait le même objet que la règle *paterna paternis*, c'est de conserver les biens dans les familles; mais elle simplifiait le partage en ne formant de tous les biens qu'une seule masse, qu'elle répartissait également entre les deux familles : on supposait que les deux familles avaient contribué à former le patrimoine du défunt. Ce principe a passé dans le code, et il forme l'une des bases de notre système de successions.

506. On reproche à la loi de nivôse d'avoir eu pour but de niveler les fortunes, en divisant les propriétés entre le plus grand nombre possible d'héritiers, afin de diminuer l'influence des familles puissantes. Que tel fût le but de la Convention, on n'en saurait douter (1). Cambacérès, qui présida la section de législation, en fit l'aveu au con-

---

(1) Toullier, t. II, 2, n° 140. Laferrière, *Histoire des principes de la révolution française*, p. 330.

seil d'Etat lors de la discussion du projet de code civil.
L'esprit de la loi éclate d'ailleurs avec évidence dans les
dispositions qu'elle contient sur le droit de tester et sur
le droit de représentation. La Convention avait déjà, par
son décret du 7 mars 1793, aboli la faculté de disposer de
ses biens en ligne directe; elle voulait que tous les descendants eussent un droit égal dans la succession de leurs
ascendants. Cette prohibition fut étendue à la ligne collatérale par la loi de nivôse. Il ne devait plus y avoir que
des successions *ab intestat;* le droit de donner ou de tester
fut restreint à la faculté de disposer à titre particulier :
celui qui avait des enfants pouvait disposer du dixième de
ses biens en faveur d'un non successible : celui qui laissait des parents collatéraux pouvait disposer du sixième
de ses biens, pourvu que ce ne fût pas en faveur de l'un
de ses héritiers. Entre héritiers donc l'égalité était absolue. C'est une application exagérée et fausse, dit Laferr-
rière, du principe de l'égalité. L'historien français oublie
que, d'après la coutume de Paris, le défunt ne pouvait
disposer que du cinquième de ses propres, et que, d'après
d'autres coutumes, toute disposition des propres était prohibée : le principe est le même, les différences de détail
importent peu. Voilà donc le principe, que les coutumes
consacraient dans un esprit de conservation, qui devient,
dans les mains de la Convention, un principe révolutionnaire! Une chose est certaine, c'est que rien n'est moins
révolutionnaire qu'un principe qui tend à conserver les
biens dans les familles. Ce n'est pas que nous approuvions
l'incapacité de recevoir dont la loi de nivôse frappait les
héritiers; nous reviendrons sur ce point au titre des *Donations et Testaments.* Toujours est-il que la loi de nivôse,
même dans ses dispositions taxées d'exagération, restait
fidèle à la tradition coutumière : la succession par excellence est celle que la loi défère, parce que la loi est plus
sage que l'homme : pas d'institution d'héritier, rien que
des legs à titre particulier.

507. Il en est de même d'une autre disposition de la
loi de nivôse qui étend le bénéfice de la représentation en
ligne collatérale à tous les degrés. Portalis critique cette

disposition avec une sévérité excessive. « La représentation des collatéraux, dit-il, poussée trop loin, *est une chose
contraire au bon sens*. Elle appelle des inconnus au préjudice des plus proches; elle étend les relations de libéralité au delà de tous les rapports présumés d'affection; elle
entraîne des litiges interminables sur la qualité des personnes, et des *morcellements ridicules* dans le partage des
biens; *elle blesse toutes les idées de justice, de convenance
et de raison* (1). » Portalis n'a pas réfléchi que ces amers
reproches pouvaient se rétorquer contre le système du code
qui appelle à la succession les collatéraux du douzième
degré : ne sont-ils pas inconnus du défunt? cela ne donne-
t-il pas lieu à des litiges sur la qualité des personnes? et
n'est-ce pas une chose contraire au bon sens, à la justice
et à toute convenance qu'un collatéral du douzième degré
prenne la moitié des biens au préjudice des ascendants du
défunt? Si on limitait la succession des collatéraux au
quatrième degré, la plupart des inconvénients que Portalis signale disparaîtraient. Portalis oubliait encore que
la représentation à l'infini était empruntée aux coutumes,
et qu'elle est dans l'esprit du droit coutumier. N'est-ce pas
Dieu qui fait les héritiers? Donc il est juste que les descendants obtiennent les biens que la naissance assurait à
leurs père et mère. On peut encore invoquer en faveur de
la loi de nivôse l'esprit démocratique qui demande précisément que les fortunes soient morcelées, afin que tout
homme devienne propriétaire; mais la démocratie n'était
plus en faveur sous le consulat. De là les critiques pas-
sionnées que l'on a faites de la loi de nivôse. Nous dirons
avec Siméon, l'orateur du Tribunat, que cette loi fut sage
et louable à beaucoup d'égards : il n'y a qu'un reproche à
lui adresser, ce sont ses dispositions rétroactives (2).

(1) Portalis, Discours préliminaire, n° 98 (Locré, t. Iᵉʳ, p. 183).
(2) Siméon, Discours, n° 16 (Locré, t. V, p. 133).

CHAPITRE V.

----

508. Lors de la discussion du projet de code civil au conseil d'Etat, Cambacérès proposa de rétablir la règle *paterna paternis*, en la limitant à un degré de parenté assez proche pour que l'origine des biens ne fût enveloppée d'aucune incertitude. Le seul motif qu'il donna, c'est que cette disposition serait très-propre à maintenir la paix dans les familles. C'était assèz mal motiver une proposition très-importante. Bigot-Préameneu l'appuya de raisons plus sérieuses. Quelles sont les considérations qui ont toujours déterminé l'ordre de succéder? La loi règle cet ordre d'après les divers degrés d'affection qu'elle a dû supposer dans celui qui est décédé; or, dans tous les cœurs on trouve le désir que les biens d'une famille ne passent pas à l'autre. On reproche à la succession coutumière la complication qui fait naître des procès; la proposition de Cambacérès, dit Bigot, les préviendra en limitant les effets de la règle *paterna paternis* à des degrés assez proches pour que l'origine des biens ne puisse être contestée. Berlier combattit la proposition. Il rappela que la règle *paterna paternis* ne se bornait pas à assurer les biens paternels et maternels à la famille dont ils provenaient, qu'elle entravait encore la faculté de disposer des propres, ce qui était en opposition avec le droit de propriété, tel que le code le consacrait. Le système romain était bien plus simple et plus en harmonie avec les affections présumées du défunt. Il faisait à la vérité sortir les biens des familles; pour remédier à cet inconvénient, le projet maintenait la division par lignes que la loi du 17 nivôse an II établissait. C'était un moyen terme propre à concilier l'ordre de succession de la Novelle et celui des coutumes. Berlier dit que la proposition de Cambacérès ne préviendrait pas les contestations, puisque, même en limitant la règle *paterna paternis* aux cousins issus de germain, il fallait remonter jusqu'au bisaïeul, c'est-à-dire à près d'un siècle, ce qui compliquerait singulièrement les partages et ferait naître des difficultés et des procès. Berlier répéta le reproche que l'on faisait d'habitude à la succession coutumière, c'est qu'elle blessait l'ordre naturel des affections en déférant les propres à des collatéraux souvent très-éloignés, et cela au préjudice des parents plus proches du défunt. Mais le même reproche ne s'adresse-t-il pas à la division par lignes? Il y a un autre vice dans le système de la loi de nivôse : les biens provenus d'une famille passent dans une autre lorsque les propres sont pour le tout, ou pour la majeure partie, paternels ou maternels. Berlier répond que le remède sera dans la liberté accordée au défunt de disposer de ses biens par testament. On pouvait faire la même réponse aux critiques que l'on faisait de la succession coutumière. Celle-ci avait un avantage incontestable : elle atteignait le but que l'on se proposait, en conservant les biens dans les familles. Tandis que la transaction de la loi de nivôse reposait sur une supposition très-chanceuse, qui, à vrai dire, ne se réalisait presque jamais. La donnée la plus commune, dit Berlier, est que l'une et l'autre ligne ont à peu près contribué également à former le patrimoine du défunt. Dans cette supposition, le partage par lignes rend à chaque famille ce qui lui appartient. Il nous semble que l'on serait plus près de la vérité en affirmant que le fait allégué par Berlier est l'exception. Et base-t-on des règles générales sur des faits exceptionnels (1)?

Le conseil d'Etat rejeta la proposition de Cambacérès. Ce qui le décida, c'est que la loi de nivôse avait en sa faveur une expérience de neuf années, et l'assentiment de presque tous les tribunaux qui avaient été consultés sur le projet de code. On pourrait répondre que les tribunaux ainsi que les assemblées législatives préfèrent toujours les idées les plus simples, et ils n'ont pas tort, pourvu que la

---

(1) Séance du 25 frimaire an xi, n° 17 (Locré, t. V, p. 47).

simplicité soit d'accord avec la justice. Mais nous n'admettons pas que l'on sacrifie la justice au désir de prévenir les contestations. Tout le monde paraissait d'accord sur le principe : on voulait conserver les biens dans les familles. Dès lors il fallait consacrer la règle coutumière *paterna paternis;* c'est la seule qui atteigne le but que l'on avait en vue. Les systèmes transactionnels manquent presque toujours leur but. Il faut dire plus, les transactions ne valent rien en droit : on transige sur des faits, sur des intérêts, on ne transige pas sur des principes, car les principes doivent être l'expression de la vérité éternelle. Conçoit-on qu'il y ait des demi-principes, des quarts de vérité?

509. Le code civil maintient donc la transaction de la loi de nivôse. C'est au fond le système coutumier, mais illogique, inconséquent comme toutes les transactions. Il suffit de lire les discours des orateurs du gouvernement et du Tribunat pour s'en convaincre. Treilhard répète l'éternelle critique que la distinction des biens et de leur origine, en établissant plusieurs successions dans une seule, et en créant des héritiers différents, suivant l'origine des biens, entraînerait de nombreuses contestations. Nous venons de répondre à ce reproche; il a perdu toute valeur depuis que les lois nouvelles portées en Belgique et en France ont établi le principe de la publicité pour les actes translatifs ou déclaratifs de droits réels immobiliers. Treilhard insiste sur l'opposition que la règle *paterna paternis* créait entre la délation des propres et la volonté présumée du défunt. On voulait que l'ordre des successions fût en harmonie avec l'affection du défunt pour ses parents. Est-ce qu'un ordre de successions qui exclut les parents les plus proches, un père, une mère, au profit de collatéraux souvent inconnus du défunt, est en harmonie avec la volonté présumée du défunt? Treilhard ne voit pas que le même reproche s'adresse aussi à la division par lignes. Les auteurs du code l'ont senti; et pour remédier à cet inconvénient, ils ont donné au père ou à la mère en concours avec des collatéraux l'usufruit du tiers des biens auxquels ils ne succèdent pas en propriété (art. 754). Certes, le remède ne répond pas au mal et l'inconséquence subsiste.

Si l'on voulait suivre comme principe l'ordre des affections naturelles, il fallait écarter, et la loi de nivôse, et la succession coutumière, et revenir au système romain. Mais ce système ne tenait aucun compte du droit des familles, puisqu'il dépouillait les unes pour enrichir les autres; il violait donc la loi de justice, la première de toutes. La loi de l'affection naturelle n'est pas celle de l'affection aveugle, c'est, comme Domat l'a expliqué, la loi du devoir, la loi de Dieu qui, en faisant naître un enfant dans une famille, lui donne un droit sur les biens qu'elle possède. Tel était le vrai esprit de la règle *paterna paternis*.

L'orateur du gouvernement prétend que le partage par lignes pourvoit à l'intérêt des familles, en empruntant ce qu'il y avait de bon dans les usages des pays coutumiers. « Toute succession, dit-il, déférée à des ascendants et à des collatéraux sera partagée en deux portions égales, l'une pour la branche paternelle, l'autre pour la branche maternelle : ce n'est pas seulement une espèce de biens, c'est la totalité de la succession qui sera ainsi partagée. Deux familles s'étaient unies par un mariage; elles resteront encore unies dans le malheur commun qui aura enlevé les fruits de cette union. C'est ainsi que se concilie le vœu de la nature, qui semble appeler les parents les plus proches, avec l'intérêt de deux familles dont le défunt tirait son origine (1). » La conciliation n'est qu'apparente. Quand la succession est déférée aux collatéraux ou aux ascendants, le lien qui unissait les deux familles est brisé; il n'y avait pas d'enfants, ou ils sont prédécédés. Que reste-t-il à faire? A tenir compte des droits et des intérêts de chacune de ces familles. C'est ce que faisait la règle *paterna paternis*; elle allait droit au but. La conciliation du code le manque le plus souvent.

510. Il nous est facile maintenant de répondre à la question que les interprètes du code se font : Quel est le principe dominant de notre ordre de successions (2)? On répond d'ordinaire que c'est d'après l'affection présumée du

---

(1) Treilhard, Exposé des motifs, n⁰ˢ 11 et 12 (Locré, t. V, p. 93).
(2) Comparez Toullier, t. II, 2, p. 90, n⁰ˢ 146-148. Maleville, t. II, p. 183 et suiv.

défunt pour ses parents les plus proches que la loi règle
la transmission de ses biens. Il faut dire, au contraire,
que dans un système de transaction il n'y a pas de principes, précisément parce que c'est une transaction. De
quelque manière que l'on entende cet ordre d'affections,
il est certain que le code y déroge. Sont-ce les parents que
le défunt a aimés de préférence que le code appelle à lui
succéder? Il y a d'abord le conjoint que les auteurs du
code ont oublié; certes, si quelqu'un avait droit à l'hérédité à titre d'affection, c'est le conjoint; et la loi l'exclut,
elle ne lui donne rang que parmi les successeurs irréguliers, après les enfants naturels! Les coutumes que l'on
accuse de méconnaître l'affection du défunt avaient plus de
sollicitude pour la veuve. Nous reviendrons sur ce point.
La division par lignes aussi bien que la règle *paterna paternis* a l'inconvénient de transmettre les propres à des
parents éloignés au préjudice des plus proches, du père ou
de la mère. Mais on se fait une fausse idée de cette loi
d'affection. L'ordre des successions n'est point basé sur
les sentiments du défunt, le devoir va avant les prédilec-
tions; or, le devoir et la justice demandent que le défunt
rende à chaque famille les biens qu'il en a reçus, lorsqu'il
ne laisse pas de descendants. La succession coutumière
observe la loi d'affection ainsi entendue; elle en est l'expression la plus exacte. Tandis que la division par lignes
est une chance, chance qui le plus souvent sera en opposition avec les droits des familles, sauf dans les cas très-
rares où chacune des deux familles aura contribué également à former le patrimoine du défunt.

TITRE II.

CHAPITRE PREMIER.

DE L'OUVERTURE DES SUCCESSIONS (1).

SECTION I. — Quand s'ouvrent-elles ?

511. Aux termes de l'article 718, les successions s'ouvrent par la mort naturelle et par la mort civile. La mort civile étant abolie en Belgique et en France, il ne reste que la mort naturelle, comme cause d'ouverture des successions. Il résulte de la notion même de l'hérédité, qu'il ne peut pas y avoir de succession d'un homme vivant. Quand une personne est absente, dans le sens légal du mot, la loi prescrit des mesures qui ont quelque analogie avec celles qui suivent la mort ; mais il n'y a jamais ouverture de succession en cas d'absence, car quelque longue qu'elle soit, la mort n'est jamais présumée (2). La mort seule, en mettant fin à la vie, met aussi fin aux droits que l'homme a sur les biens qui sont un accessoire de la vie. Mais aussi dès l'instant de la mort, la transmission des biens doit s'opérer. Le défunt cesse de posséder et d'avoir des droits au moment où il expire. Que vont devenir ses biens et ses droits? Si l'on admet le droit d'hérédité, il faut répondre : Les héritiers prennent la place du défunt, et ils la pren-

---

(1) Sources : Lebrun, *Traité des successions,* 1 vol. fol.; Pothier, *Traité des successions;* Chabot, *Commentaire sur la loi des successions,* édition de Belost-Jolimont, 2 vol. (1839); Malpel, *Traité élémentaire des successions ab intestat,* 1 vol. (1825 ; Poujol, *Traité des successions,* 2 vol. (1837); Vazeille, *Résumé et conférence des commentaires du code civil sur les successions, donations et testaments,* 3 vol. (1837).
(2) Voyez le tome II de mes *Principes,* p. 155, n° 122.

nent naturellement quand elle devïent vacante. C'est ce
qu'exprime énergiquement ce vieil adage : « Le mort saisit
le vif et son hoir le plus proche. » Les biens et les droits
ne restent donc pas un instant en suspens ; le défunt est
remplacé au moment où il décède, dit l'Exposé des motifs :
pour mieux dire, c'est lui-même qui met son héritier à sa
place, en le saisissant de la propriété et de la possession de
tout ce qui lui appartient. De là cette conséquence importante que le défunt a pour héritier celui qui, à l'instant de
sa mort, se trouve appelé par la loi. Il importe donc beaucoup de préciser cet instant, puisqu'il détermine la vocation héréditaire.

§ Ier. *Preuve de la mort.*

N° 1. LE DROIT COMMUN.

512. La loi veille à ce que le décès des personnes soit
constaté authentiquement. D'abord l'officier de l'état civil
doit se transporter auprès de la personne décédée, pour
s'assurer du décès. Puis l'acte de décès est dressé sur la
déclaration de deux témoins. Ces témoins sont les deux
plus proches parents ou voisins, et, si la personne est décédée hors de son domicile, la personne chez laquelle elle
sera décédée (art. 77-79). La loi n'enjoint pas à l'officier
de l'état civil de marquer le jour et l'heure du décès ; il
importe cependant beaucoup de connaître le moment précis de la mort, puisque ce sont les parents les plus proches
à cet instant qui succèdent, et il suffit d'un instant de
survie pour succéder. Si l'acte de décès ne constate pas
le moment de la mort, la question reste entière, et elle se
décide par le droit commun ; la preuve testimoniale sera
admissible et par suite les présomptions. C'est l'application des principes qui régissent les preuves ; nous les exposerons au titre des *Obligations.* Si l'acte de décès énonce
le jour et l'heure de la mort, comme cela se fait d'ordinaire,
quelle sera la force probante de cette énonciation? Nous
avons examiné la question au titre des *Actes de l'état civil* (1).

(1) Voyez le tome II de mes *Principes,* p. 87, n° 62. Comparez Duranton,
t. VI, p. 36, n° 42; Demolombe, t. XIII, p. 115, n° 88, et p. 117, n° 91.

513. Un décret du 3 janvier 1813 porte que si des ouvriers périssent dans une mine et qu'il y ait impossibilité de parvenir jusqu'au lieu où se trouvent les corps, les directeurs seront tenus de faire constater cette circonstance par le maire ou autre officier public qui en dressera procès-verbal ; ils le transmettront au procureur impérial, à la diligence duquel, et sur l'autorisation du tribunal, cet acte sera annexé au registre de l'état civil. On applique le décret par analogie aux autres événeménts dans lesquels des hommes périssent sans que l'on puisse constater régulièrement leur décès. Bien entendu que le procès-verbal prescrit par le décret n'est pas l'unique preuve de la mort. Il est possible qu'il n'y ait pas de procès-verbal, il est possible que les énonciations du procès-verbal soient contestées, et dès qu'il y a contestation, l'on se trouve sous l'empire des principes généraux : la preuve testimoniale et les présomptions serviront au juge à déterminer le moment du décès (1).

N° 2. DES COMOURANTS.

514. Deux personnes périssent dans un même événement, un naufrage, un incendie ; elles sont appelées respectivement à la succession l'une de l'autre, et elles ont des héritiers différents. Dans ce cas, il importe de savoir quelle est celle qui est décédée la dernière, car c'est elle qui a recueilli l'hérédité de l'autre, et elle la transmet avec sa propre hérédité à ses héritiers. Voici l'exemple que l'on donne d'habitude. Pierre et Paul, frères utérins, périssent dans un naufrage ; ils n'ont ni descendants, ni ascendants, ni frères ni sœurs, ni descendants de frères et sœurs. Ils sont donc appelés à succéder l'un à l'autre. Si Pierre est décédé le dernier, il aura recueilli la succession de Paul, il transmet cette succession avec la sienne à ses héritiers ; les collatéraux maternels prendront une moitié de son hérédité ; ces parents sont aussi ceux de Paul, puisque les deux frères ont la même mère ; mais l'autre moitié de l'hérédité sera dévolue aux parents paternels de

---

(1) Demolombe, t. I, n° 308 et t. XIII, n° 89.

Pierre, et ces parents sont tout à fait étrangers à Paul, puisque les deux frères n'ont pas le même père. Si, au contraire, Paul a survécu, sa succession, qui comprendra celle de Pierre, appartiendra par moitié à son plus proche parent maternel qui est aussi le parent de Pierre ; l'autre moitié sera dévolue à son plus proche parent paternel, lequel n'est pas parent de Pierre. Ainsi, dans le premier cas, le parent paternel de Paul n'aura aucune part dans l'hérédité ; tandis que, dans le second, le parent paternel de Pierre sera exclu. Il importe donc de savoir lequel des deux frères a survécu (1).

C'est la célèbre question des comourants ; elle est célèbre, parce qu'elle a exercé la sagacité de tous les jurisconsultes qui ont traité des successions. L'orateur du Tribunat dit que la loi a dû décider ce cas, parce que les voyages d'outre-mer et mille accidents le rendent commun (2). Il serait plus vrai de dire qu'il est très-rare. Les accidents ne manquent point. Mais toute mort accidentelle ne donne pas lieu à la question des comourants : il faut que deux parents périssent dans le même événement, il faut que ces parents soient respectivement appelés à la succession l'un de l'autre, et il faut qu'ils aient des héritiers différents. Cela arrive-t-il si souvent? Ce qui est certain, c'est que les articles 720-722 ne donnent guère lieu à des débats judiciaires. Depuis la publication du code, il n'est intervenu que deux arrêts sur la matière : encore dans l'une et l'autre espèce, il ne s'agissait pas de parents, mais du mari et de la femme ; aussi a-t-il été décidé qu'il n'y avait pas lieu d'appliquer les dispositions du code civil. Si la jurisprudence ignore ces débats, par contre ils retentissent dans tous les ouvrages, même ceux qui s'intitulent élémentaires. Il nous semble que c'est un défaut de logique et d'harmonie. Il y a tant de débats d'un intérêt sérieux, qu'il nous paraît inutile de donner de longs développements à des controverses qui sont tout à fait oiseuses. Nous ne nous arrêterons qu'aux principes.

515. L'article 720 porte : « Si plusieurs personnes,

(1) Chabot, t. Ier, p. 15, art. 720, n° I.
(2) Siméon, Discours, n° 10 (Locré, t. V, p. 132.)

respectivement appelées à la succession l'une de l'autre,
périssent dans un même événement, sans que l'on puisse
reconnaître laquelle est décédée la première, la présomption de survie est déterminée par les circonstances du
fait. » Jusqu'ici nous sommes dans le droit commun. Il
faut donc avant tout voir si la preuve du prédécès de l'une
des personnes peut se faire d'après les règles générales
sur les preuves, c'est-à-dire par témoins, au besoin, ou
par les présomptions appelées présomptions de l'homme,
parce que la loi les abandonne aux lumières et à la prudence du magistrat. D'après l'article 1353, le juge peut
se décider par des présomptions dans les cas où la preuve
testimoniale est admissible ; or, les faits matériels peuvent
toujours se prouver par témoins, comme nous le dirons
au titre des *Obligations*, et un accident dans lequel plusieurs personnes trouvent la mort est certainement un
fait matériel. Les auteurs ont imaginé plusieurs de ces circonstances ; ce sont toujours les mêmes, un incendie, un
naufrage, une bataille, et il se trouve que jamais aucune
de ces hypothèses ne s'est réalisée. Nous préférons citer
comme exemple un événement réel, auquel un nom illustre
dans la science du droit a donné une triste célébrité.

La nuit du 19 février 1572, la fille de Charles Dumoulin, mariée à Simon Bobé, fut assassinée dans sa maison
avec deux de ses enfants, âgés l'un de huit ans, l'autre de
vingt-deux mois. Bobé et les héritiers collatéraux de la
femme se disputèrent la succession mobilière des défunts :
le premier la réclamait comme héritier de ses enfants qu'il
prétendait avoir survécu, et conséquemment avoir succédé à leur mère : les collatéraux soutenaient que la femme
devait être réputée morte la dernière, conformément à une
loi romaine aux termes de laquelle si une femme périt
dans un naufrage avec son fils impubère, celui-ci est réputé mort le premier. La cour pensa qu'avant de recourir
aux présomptions fondées sur l'âge et la force des comourants, il fallait consulter les circonstances du fait,
preuve plus directe et par conséquent moins incertaine que
des présomptions. Or, l'assassinat avait été commis par
des voleurs ; on ne pouvait pas présumer que ces scélé-

rats eussent commencé par tuer deux enfants d'un âge
aussi tendre : ç'aurait été donner à la mère le temps d'appeler du secours. On devait donc croire que les premiers
coups avaient frappé cette infortunée. La cour adjugea en
conséquence à Simon Bobé la succession mobilière de sa
femme, comme héritier de ses enfants. Cette décision était
appelée au palais l'arrêt de Bobé (1). « Voilà, dit Lebrun,
par quel horrible crime la postérité de maître Charles Dumoulin fut éteinte; ce qui nous fit perdre les dernières
traces d'un sang qui pouvait encore profiter au public,
puisque la source lui en avait été si salutaire (2). »

516. L'article 720 ajoute que si la preuve directe du
décès ne peut se faire, c'est-à-dire s'il n'y a pas de témoignages, et si les circonstances du fait n'offrent aucune probabilité, la présomption de survie est déterminée par la
force de l'âge et du sexe. Cela ne signifie pas que le juge
puisse décider la question d'après les probabilités résultant, dans chaque espèce, de la force de l'âge et du sexe; le
législateur a établi lui-même des présomptions fondées sur
des probabilités de force. Voici quelles sont ces présomptions (art. 721 et 722) :

« Si ceux qui ont péri ensemble avaient moins de quinze
ans, le plus âgé sera présumé avoir survécu » (art. 721).
Pendant les quinze premières années de la vie, les forces
de l'enfant vont en croissant; le plus âgé a donc plus de
force, il a pu lutter plus longtemps contre le danger, partant il est probable qu'il a survécu. Il y a, il est vrai, une
probabilité en théorie, mais que les faits démentiront bien
souvent! Si l'un des comourants a quatorze ans et l'autre
quinze, celui-ci est présumé avoir survécu ; or, il se trouve
que c'est un enfant chétif, tandis que celui qui n'a que
quatorze ans est plein de vie : la présomption sera certes
contraire à la réalité, et cependant elle liera le juge!

« Si ceux qui ont péri ensemble étaient tous au-dessus
de soixante ans, le moins âgé sera présumé avoir survécu. » C'est l'âge où les forces de l'homme commencent
à décroître et où elles vont toujours en diminuant, c'est

(1) Merlin, *Répertoire,* au mot *Mort,* § I, art. 1er (t. XX, p. 411).
(2) Lebrun, *Des successions,* chapitre I, sect. 1, n° 16, p. 5.

donc le moins âgé qui probablement aura lutté le plus longtemps dans un accident commun, et aura survécu. La probabilité générale est vraie, mais, en fait, que d'exceptions !
Donc, encore une fois, une chance et le droit fondé sur une
espèce de loterie.

« Si ceux qui ont péri ensemble avaient moins de quinze
ans, et les autres plus de soixante, les premiers seront
présumés avoir survécu. » La loi présume, ce qui est dans
l'ordre de la nature, que les plus jeunes sont morts les
derniers. C'est ici que l'on voit tout ce qu'il y a d'incertain
et de purement conjectural dans ces présomptions de survie : un enfant d'un jour sera présumé avoir survécu dans
un naufrage, dans un incendie, à un homme de soixante
et un ans, qui, fût-il sur son déclin, est néanmoins capable
de lutter contre la mort, tandis que l'enfant qui vient de
naître doit immédiatement succomber.

« Si ceux qui ont péri ensemble avaient quinze ans ac-
complis et moins de soixante, et s'ils étaient du même
sexe, le plus jeune est présumé avoir survécu au plus
âgé. » Le législateur dit lui-même qu'il suit, dans ce cas,
la présomption de survie qui donne ouverture à la succession dans l'ordre de la nature. Comme les forces physiques
entre personnes du même sexe sont à peu près égales dans
cette période de la vie, il n'y avait d'autre base pour établir une présomption que la différence d'âge. Probabilité
qui fait tous les jours défaut ; donc toujours une règle générale sujette à mille exceptions. Cependant le juge est
lié par la règle !

Le législateur n'admet qu'une exception, également générale, découlant de la différence de sexe ; le mâle, dans
la période de quinze ans à soixante, est toujours présumé
avoir survécu, lorsqu'il y a égalité d'âge, ou si la différence qui existe n'excède pas une année. L'homme a en
général plus de force, plus d'énergie que la femme, cela est
vrai ; mais quand il s'agit de lutter pour la vie, le courage
individuel l'emporte sur la force physique. Le législateur
n'a pas pu tenir compte de toutes ces considérations (1).

(1) Chabot, t. Ier, p. 28-32.

517. Voilà les présomptions que le législateur a établies pour décider la question des comourants. Puisqu'elles sont si incertaines et si chanceuses, pourquoi la loi y a-t-elle eu recours? Les orateurs du gouvernement et du Tribunat répondent qu'il fallait y recourir, puisque c'est le seul moyen de décider lequel a survécu, et on doit le savoir, puisque de fait l'un des comourants aura survécu, et recueilli par conséquent l'hérédité des autres, de sorte qu'il transmettra à ses héritiers sa succession, grossie des biens qui appartenaient aux premiers décédés. A défaut de preuves directes de la survie, il a bien fallu se contenter de probabilités(1). Ce n'est pas seulement nécessité, c'est aussi justice, dit-on (2). Dès que l'un des comourants survit, il recueille l'hérédité de celui qui est mort avant lui; il serait injuste de priver les héritiers du dernier mourant d'un droit qu'ils tiennent de la loi. Nous croyons qu'il n'y avait ni nécessité, ni justice à établir des présomptions de survie.

De nécessité absolue il ne peut pas être question; car les principes généraux suffisaient pour décider à qui les biens délaissés par les comourants seront transmis. Le législateur lui-même a posé les principes au titre de l'*Absence*. Aux termes de l'article 135, celui qui réclame un droit échu à un individu dont l'existence ne sera pas reconnue, devra prouver que ledit individu existait lorsque le droit a été ouvert; jusqu'à cette preuve, il sera déclaré non recevable dans sa demande. L'article 136 applique ce principe à l'acquisition d'une succession : « S'il s'ouvre une succession à laquelle soit appelé un individu dont l'existence ne soit pas reconnue, elle sera dévolue exclusivement à ceux avec lesquels il aurait eu le droit de concourir, ou à ceux qui l'auraient recueillie à son défaut. » Ces principes suffisent pour décider le débat qui s'élève lorsqu'il y a des comourants. Les héritiers de Pierre prétendent que leur auteur a survécu, qu'il a recueilli la succession de Paul et qu'il la leur a transmise; c'est à eux à

_____

(1) Treilhard, Exposé des motifs, n° 5 (Locré, t. V, p. 91). Siméon, Discours, n° 10 (Locré, t. V, p. 132).
(2) Toullier, t. II, 2, p. 47, n° 78 *bis*. Comparez Demolombe, t. XIII, p. 140, n° 40. Malpel, p. 45.

prouver la survie, car la survie est la condition sous laquelle ils ont droit à l'hérédité de Paul; s'ils ne parviennent pas à faire cette preuve, ils seront déclarés non recevables. Que deviendra la succession de Paul? Elle passera à ses héritiers. Ici on nous arrête au nom de la justice; il est injuste, dit-on, que les biens de Paul soient recueillis par d'autres héritiers alors que Pierre était appelé à lui succéder. Sans doute Pierre doit hériter de Paul, mais à une condition, c'est que l'on prouve qu'il a survécu; si on ne le prouve pas, où est l'injustice de ne pas déférer une succession à celui qui ne peut pas prouver qu'il vivait au moment où elle s'est ouverte? Dira-t-on qu'il y a des probabilités de survie? Nous répondrons que des probabilités ne sont pas une preuve, que des probabilités peuvent tromper, qu'elles tromperont même très-souvent, et alors la prétendue justice deviendra une injustice. Au milieu de toutes ces incertitudes, qu'y avait-il de mieux à faire? Dans le doute, on s'abstient et on laisse le cours aux principes (1).

518. Naît maintenant la question de savoir si les présomptions de survie établies par les articles 721 et 722 sont applicables dans les cas que le législateur n'a pas prévus. Peut-on les étendre par voie d'analogie? Un de nos meilleurs auteurs répond affirmativement, et sans hésiter, comme s'il s'agissait d'une vérité évidente. Il suffit, dit Toullier, que la loi ait posé une fois des règles générales pour qu'on doive les appliquer à tous les cas semblables où se trouve la même raison de décider, sans qu'il soit nécessaire de répéter ces règles (2). C'est l'argumentation par analogie qui est de droit commun. Toullier et ceux qui le suivent oublient que ces prétendues règles générales sont des présomptions établies par la loi; or, n'est-il pas de principe élémentaire que les présomptions légales sont de la plus stricte interprétation? Cela résulte du texte même du code civil. Que dit l'article 1350? « La présomption légale est celle qui est attachée par une *loi spéciale* à certains actes ou à certains faits. » Il faut donc une *loi*

---

(1) Ducauroy, Bonnier et Roustain, t. II, p. 278 n° 401; Toullier, t. II, 2, p. 46, n° 78 *bis*; Vazeille, t. Ier, p. 4.
(2) Toullier, t. II, 2, p. 42, n° 78. Malpel, p. 40. Vazeille, t. Ier, p. 10.

spéciale pour qu'il y ait présomption, donc pas de présomption sans texte. Et rien de plus naturel. La nature même
des présomptions prouve qu'elles ne peuvent pas être étendues d'un cas à un autre, fût-ce par analogie. En effet,
qu'est-ce qu'une présomption? C'est, dit l'article 1349, une
conséquence que la loi tire d'un fait connu à un fait inconnu. Donc un simple raisonnement fondé sur des probabilités, et ce simple raisonnement fait preuve, la présomption légale tenant lieu de preuve à celui au profit duquel
elle existe. Que fait donc l'interprète qui applique une
présomption par voie d'analogie? Il met son raisonnement
sur la même ligne que celui du législateur, il crée une
présomption; un simple raisonnement de l'interprète suffira donc pour dispenser de la preuve celui à qui elle
incombe! Les présomptions légales sont des exceptions, et
parmi toutes les exceptions, les lois qui établissent des
présomptions sont les plus exceptionnelles, car elles dérogent aux principes les plus fondamentaux, en dispensant
de la preuve celui qui, d'après le droit commun, doit la
fournir, et en remplaçant la preuve directe par un simple
raisonnement. Notre conclusion est que les présomptions
ne peuvent pas s'étendre d'un cas à un autre, alors même
qu'il y aurait identité de motifs. Ce principe est admis par
la plupart des auteurs (1); malheureusement ils ne l'appliquent pas avec la rigueur qui est une nécessité de notre
science. Nous avons dit bien des fois combien la doctrine
est hésitante en matière de présomptions; nous allons en
voir une nouvelle preuve dans les présomptions de survie.

519. Nous avons insisté sur le principe; si on l'admet,
les applications seront faciles. Mais aussi il faut un principe. On n'a qu'à lire Chabot, un de nos bons écrivains,
pour voir à quelles déplorables inconséquences les meilleurs esprits sont entraînés quand ils marchent à l'aven-
ture, sans avoir de boussole qui les dirige dans cette mer
de doutes que l'on appelle la science du droit. Les auteurs

---

(1) Demante, *Cours analytique*, t. III, p. 19, n° 22 *bis* III. Duranton,
t. VI, p. 52, n° 48. Marcadé, t. III, p. 17 et suiv. (art. 722, n° 3). Zachariæ,
édition de Massé et Vergé, t. II, p. 236, note 2. Demolombe, t. XIII,
p. 144, n° 111. Vazeille, t. 1ᵉʳ, p. 12, n° 6.

mêmes qui établissent le principe que nous venons de formuler, semblent l'oublier d'une page à l'autre, tellement ils sont habitués à décider les questions d'après des motifs qu'ils imaginent pour le besoin de leur cause, comme on fait au palais. Nous disons cela, non par esprit de critique ou de dénigrement, mais pour notre excuse. C'est parce que nous tenons à rétablir les vrais principes et à les maintenir avec une rigueur de fer, que nous sommes obligé d'entrer dans bien des détails ; de là vient que notre travail acquiert une étendue qu'il n'était pas dans notre intention de lui donner.

Il y a deux hypothèses que la loi ne prévoit pas : parmi ceux qui ont péri ensemble, les uns étaient âgés de moins de quinze ans, et les autres de plus de quinze ans et de moins de soixante : ou les uns avaient plus de quinze ans et moins de soixante, tandis que tous les autres avaient plus de soixante ans. Puisque la loi ne prévoit pas ces cas, il faut appliquer notre principe : pas de texte, pas de présomption légale. Nous rentrons donc dans les principes généraux tels que le code les formule dans les articlee 135 et 136. Une fois le principe admis, la conséquence est évidente. Néanmoins M. Demolombe, qui établit le principe avec une grande netteté, décide que dans ces deux hypothèses il est *évident* que l'individu âgé de plus de quinze ans et de moins de soixante sera *présumé* avoir survécu. Une *présomption évidente*, alors qu'il n'y a pas de texte ! c'est une hérésie juridique tout ensemble et une inconséquence inexcusable. Que dit-on pour la pallier ? On avoue que la loi ne prévoit pas *explicitement* nos deux hypothèses, mais elle s'y applique *implicitement* et même *a fortiori*. Une présomption *implicite*, alors qu'il n'y a pas de texte *explicite*, une présomption établie *a fortiori*, cela se comprend dans la doctrine de Toullier qui voit dans les présomptions une règle générale ; cela ne se comprend pas quand on commence par poser en principe que « les présomptions légales ne peuvent pas être étendues à un autre fait que celui auquel elles s'appliquent déterminément, » que « les étendre, ce serait les créer, et qu'il n'appartient qu'au législateur de créer une présomption légale. » Toutes ces contradictions se trouvent à quelques pages de distance. Marcadé pose le même principe, et il tombe dans la même inconséquence; et que dit-il pour justifier cette étrange façon de procéder? C'est que cela allait sans dire (1)! Ainsi il y a des présomptions qui s'établissent *sans dire*, d'elles-mêmes!

520. Deux personnes périssent dans le même événement; mais elles ne sont pas appelées respectivement à la succession l'une de l'autre : Pierre est héritier de Paul, mais Paul n'est pas héritier de Pierre. Y a-t-il lieu d'appliquer les présomptions légales de survie? Non, certes, si l'on veut rester fidèle au principe d'interprétation qui restreint les présomptions légales aux cas prévus par la loi (2). Duranton est d'avis, comme nous, que les présomptions n'exercent leur empire que dans les cas pour lesquels elles ont été spécialement établies, c'est ce qu'il démontre fort bien à la page 52, n° 48. Puis il étend les présomptions des articles 721 et 722 au cas où les comourants ne sont pas héritiers l'un de l'autre, bien que la loi limite expressément les présomptions de survie au cas où les personnes qui périssent dans un même événement sont appelées à la succession l'une de l'autre; cela se lit à la page 44, n° 45. Qu'est-ce donc qu'un principe? n'est-ce pas une règle qui est l'expression du vrai et du juste? et ce qui est vrai à la page 52 peut-il ne pas être vrai à la page 44? Qu'on rejette le principe, à la bonne heure! Que l'on rejette même tout principe et que l'on vogue au gré des vents, soit encore! Mais que l'on pose un principe et qu'on ne l'applique pas, cette façon d'interpréter les lois fait qu'une science, logique par essence, devient une science essentiellement illogique. S'il en est ainsi, nous ne voyons pas pourquoi il y a des lois, et pourquoi on enseigne le droit, et pourquoi l'on écrit sur le droit!

521. On va voir ce que deviennent la loi et la science du droit quand on n'a pas de principes certains. Chabot est

(1) Demolombe, t. XIII, p. 132, n° 102. Marcadé, t. III, p. 17 (art. 722, n° II).

(2) Demolombe, t. XIII, p. 138, n° 109 et p. 147, n° 112. Ducaurroy, Bonnier et Roustain, t. II, p. 279, n° 402.

un des esprits les plus clairs, les plus nets que nous connaissions. Son Commentaire sur la loi des successions est, à bien des égards, un ouvrage hors ligne; mais les principes lui font défaut, et son admirable bon sens ne tient pas lieu de principes. On demande si les présomptions légales de survie sont applicables au cas où deux personnes, respectivement appelées à la succession l'une de l'autre, périssent, non pas dans le même événement, mais le même jour? Si l'on avait un peu de respect pour le texte, on ne poserait pas même la question, puisque la loi dit et répète que les comourants doivent périr ensemble, dans le même événement, pour que la survie s'établisse par voie de présomption. Il y a plus, on ne peut même plus invoquer d'analogie quand la mort arrive dans des événements différents; Chabot l'avoue. « Il est bien évident, dit-il, que les différences de force, d'âge et de sexe, bonnes à considérer lorsqu'il s'agit de deux personnes qui, dans le même événement, avaient à se défendre contre un danger commun, deviennent indifférentes et nulles, lorsqu'il s'agit de deux personnes dont chacune a succombé, ou par maladie, ou par un accident qui lui était particulier. » La conclusion, quelle est-elle? Il faut bien, dit Chabot, admettre une présomption quelconque; puis il se met à en créer une : celle qui résulte de l'ordre de la nature, c'est-à-dire que le plus jeune « *doit être présumé* avoir survécu au plus âgé. » Si l'on demandait à Chabot de quel droit, lui interprète, crée des présomptions? car il en crée une, il l'avoue. Et pourquoi? C'est qu'il en faut une (1). Et où est-il dit qu'il faille une présomption? Les présomptions sont des exceptions; et n'avons-nous pas une règle écrite dans les articles 135 et 136?

522. Peut-on appliquer les présomptions des articles 720-722 aux successions testamentaires ou contractuelles? Vazeille trouve les présomptions mauvaises, il préférerait qu'il n'y en eût point; c'est, dit-il, une raison de plus de ne pas les étendre. Cela se lit à la page 12, n° 6; et à la page 11, n° 5, il n'hésite pas à les étendre

_____

(1) Chabot, t. Ier, p. 17, n° 5.

aux successions testamentaires et contractuelles. Nous
disons qu'il les étend. En effet, les articles 720-722 sont
placés au titre des *Successions ab intestat,* on ne peut donc
pas les appliquer aux donations et aux testaments. En
disant que la loi établit les présomptions de survie pour
les successions *ab intestat,* nous nous exprimons mal : le
titre Iᵉʳ est intitulé *Des successions;* le code ne connaît pas
trois espèces de successions, il n'en connaît qu'une seule;
voilà pourquoi il l'appelle *succession,* sans ajouter *ab
intestat.* Donc les donations et les testaments ne donnent
pas ouverture à une succession proprement dite. Cela décide notre question. Nous n'insistons pas, la jurisprudence
étant d'accord avec la plupart des auteurs pour répondre
comme nous venons de le faire. Nous citerons l'arrêt de la
cour de Bordeaux, parce qu'il établit nettement le principe
que nous avons défendu (1). « Les présomptions légales,
dit la cour, ne sont en elles-mêmes que de simples con-
jectures sujettes à faillir, et qui tirent de la loi toute leur
autorité; il est donc de leur nature, ainsi qu'il résulte
d'ailleurs des articles 1350 et 1352, de n'avoir qu'une valeur relative, limitée aux cas spéciaux dans lesquels le
législateur leur a accordé force de preuve. Or, par la place
qu'ils occupent, comme par les motifs qui les ont dictés,
les articles 720-722 se rapportent exclusivement à l'ordre
des successions établies par la loi, par conséquent, en ce
qui concerne les libéralités faites par testament ou par contrat de mariage, la règle générale conserve son empire, et
c'est à celui qui se prévaut du prédécès du disposant de
prouver qu'il est en effet prédécédé. »

523. Qui peut invoquer les présomptions de survie?
Les présomptions sont une preuve, donc tous ceux qui
peuvent exercer les droits du dernier mourant peuvent par
cela même se prévaloir des moyens de preuve que la loi
établit. C'est le droit commun, et la loi n'y déroge pas. On
demande si les créanciers peuvent invoquer les présomptions. La question ne devrait pas même être posée. En

(1) Bordeaux, 29 janvier 1849 (Dalloz, 1850, 2, 180). Dans le même sens,
Paris, 30 novembre 1850 (Dalloz, 1851, 2, 108). Demolombe, t. XIII, p. 157,
nº 117, et les auteurs qu'il cite.

effet, il s'agit d'un droit purement pécuniaire, du droit d'hérédité ; or, les créanciers peuvent exercer tous les droits pécuniaires de leur débiteur, et par suite ils profitent des présomptions qui servent de preuve. Il en est de même de tous les ayants cause du dernier mourant, tels que donataires ou légataires. Pour les légataires, il faut cependant faire une restriction. S'ils sont légataires universels, ils se trouveront en conflit avec les héritiers légitimes des comourants ; si ces héritiers n'ont pas droit à la réserve, le légataire universel sera saisi de toute l'hérédité, c'est donc lui l'héritier du dernier mourant ; or, nous avons vu que les présomptions ne s'appliquent qu'aux héritiers appelés par la loi. Donc le légataire universel ne peut pas s'en prévaloir. Il le pourrait s'il était en concours avec des réservataires, car, dans ce cas, ceux-ci ont la saisine et sont héritiers ; le legs universel n'est, à vrai dire, qu'un legs à titre universel, et celui qui le réclame devient un simple ayant cause du dernier mourant (1).

SECTION II. — Où les successions s'ouvrent-elles?

524. Aux termes de l'article 110, la succession s'ouvre au domicile du défunt. C'est devant le tribunal du lieu où le défunt était domicilié à sa mort que doivent être portées les actions concernant l'hérédité. Il importe donc beaucoup de savoir quel est ce domicile. La question se décide d'après les principes que nous avons exposés au premier livre du code civil, titre III. Nous y avons examiné la question de savoir si un Français peut avoir un domicile à l'étranger, tout en conservant l'esprit de retour, c'est-à-dire en conservant sa nationalité. L'affirmative n'est pas douteuse. Il suit de là que sa succession ainsi que celle de sa femme s'ouvriront, à l'étranger, au lieu où le défunt était domicilié, et par suite les tribunaux français seront incompétents (2). Si le Français a conservé son domicile

---

(1) Chabot, t. Ier, p. 18, no 6. Duranton, t. VI, p. 50, no 47. Ducaurroy, Bonnier et Roustain, t. II, p. 280, no 403.
(2) Arrêt de rejet du 21 juin 1863 (Dalloz, 1865, 1, 418).

en France, on applique naturellement l'article 110, et les conséquences qui en découlent (1). Quand le Français réside à l'étranger, et qu'il a conservé son domicile en France, il se présente des difficultés sur la compétence des tribunaux quant aux biens que le défunt possède à l'étranger. Nous les examinerons en traitant de la capacité requise pour succéder. Il en est de même de la succession d'un étranger résidant en France ou y possédant des biens. Régulièrement il sera domicilié à l'étranger, et c'est là que s'ouvrira sa succession; mais s'il y a des Français appelés à son hérédité, les tribunaux français ont compétence pour sauvegarder les intérêts des Français, conformément aux lois qui règlent les droits héréditaires des Français en concours avec des héritiers étrangers (n° 568).

Si l'étranger a un domicile en France, sa succession s'ouvrira au lieu où il est domicilié, d'après le droit commun. L'étranger peut-il avoir un domicile en France, et quel est ce domicile? Nous avons examiné la question en traitant du domicile (2). A notre avis, il faut appliquer à l'étranger les principes qui régissent le domicile des indigènes. La jurisprudence est hésitante et sans principe arrêté. Tandis que la cour de cassation juge que l'étranger ne peut acquérir de domicile en France que s'il s'y établit avec l'autorisation du gouvernement (3), la cour de Bordeaux décide que l'étranger conserve, même dans ce cas, son domicile à l'étranger (4). Nous avons un autre reproche à faire à la jurisprudence de la cour de cassation, c'est qu'elle confond deux questions essentiellement diverses. En supposant que l'étranger soit domicilié en France, il ne s'ensuivrait pas que sa succession fût régie par la loi française. Ceci est une question de statut. Nous renvoyons aux développements que nous avons donnés ailleurs sur cette difficile matière (5).

525. La compétence des tribunaux est déterminée par le lieu où la succession s'ouvre. D'après l'article 822 com-

---

(1) Toulouse, 7 décembre 1863 (Dalloz, 1864, 2, 41).
(2) Voyez le tome II de mes *Principes*, p. 94, n° 68.
(3) Cassation du 12 janvier 1869 (Dalloz, 1869, 1, 294).
(4) Bordeaux, 16 août 1845 (Dalloz, 1847, 2, 45).
(5) Voyez le tome Ier de mes *Principes*, p. 127, n° 87.

biné avec l'article 59 du code de procédure, il y a diverses distinctions à faire. Devant quel tribunal doivent être portées les actions que l'un des héritiers ou cosuccesseurs universels intente contre ses consorts? Il faut distinguer si l'action est formée pendant l'indivision ou après que le partage a été fait.

L'article 59 dit que les demandes entre héritiers, jusqu'au partage inclusivement, seront portées devant le tribunal du lieu où la succession s'est ouverte. Telles sont les demandes en rapport (1), en reddition de compte (2) et toutes les contestations sur les opérations du partage, soit préliminaires, soit définitives. La licitation de certains biens héréditaires est d'ordinaire une des opérations qui ont pour objet la formation de la masse; elle rentre donc dans les termes de la loi. Cette règle s'applique aux successeurs universels qui ne sont pas héritiers, tels que les successeurs irréguliers, donataires ou légataires : il n'y a aucune raison de faire une différence entre les divers successeurs; les motifs qui déterminent la compétence s'appliquent à tous. La loi a donné compétence au tribunal du lieu où la succession s'ouvre, pour toute espèce d'actions, personnelles ou réelles, afin d'éviter que des tribunaux différents ne soient saisis de demandes concernant une seule et même succession, soit à raison du domicile différent des divers successeurs, soit à raison de la situation des biens. C'est d'ailleurs au lieu où la succession s'ouvre que l'on connaît le mieux les biens et les affaires du défunt.

Lorsque le partage est fait, chacun des copartageants est devenu propriétaire exclusif des biens compris dans son lot; les procès qui s'élèvent entre eux ne concernent plus la masse; par suite, il n'y a plus de motif pour déroger aux régles générales sur la compétence. Toutefois l'article 822 veut que les demandes relatives à la garantie des lots entre copartageants et celles en rescision du partage soient portées devant le tribunal de l'ouverture de la succession. Ces actions sont une conséquence du partage,

_____

(1) Rejet, 16 février 1842 (Dalloz, au mot *Succession*, n° 1670).
(2) Rejet, 1er juillet 1817 (Dalloz, au mot *Compétence*, n° 259).

les unes ayant pour objet som exécution, les autres tendant
à le faire annuler afin de procéder à un partage nouveau;
il était donc convenable de, maintenir la compétence du
tribunal de l'ouverture de la succession, puisque les intérêts généraux des successeurs sont engagés dans le débat (1).

526. Les héritiers, en faisant le partage, ont laissé
quelques immeubles indivis. On demande devant quel tribunal doit être portée l'action en licitation de ces immeubles. Il a été jugé que le tribunal de l'ouverture de l'hérédité
n'est plus compétent, parce qu'il ne s'agit plus du partage
de la succession, mais seulement de quelques immeubles
restés indivis (2); l'action devra être portée devant le tribunal de la situation des biens. Cela suppose qu'il ne s'agit
pas d'un partage partiel, mais d'un partage définitif; dans
ce cas, il est vrai de dire, avec la cour de Paris, que l'indivision qui subsiste quant à quelques biens n'est plus une
indivision entre cohéritiers; après le partage, il n'y a plus
de cohéritiers; si les copartageants sont convenus de posséder quelques immeubles en commun, ils les possèdent à
titre de communistes; dès lors l'article 822 est hors de
cause (3). Mais il devrait être appliqué si le premier partage n'avait été que partiel; il faudra alors un second
partage, lequel tombe aussi bien que le premier sous
l'application de l'article 822 (4).

Il ne faut pas confondre ce cas avec celui où, postérieurement au partage, un tiers, qui prétend avoir la qualité
d'héritier, forme une demande en pétition d'hérédité contre
les copartageants. Cette action doit être portée au tribunal de l'ouverture de la succession. En effet, il ne s'agit
pas d'une demande née du partage, le partage est étranger au demandeur, puisqu'il n'y a pas été partie; à son
égard, la succession est donc encore indivise, et par suite

(1) Chabot, t. II, p. 259 et suiv. (art. 822, n°s 1 et 2). Duranton croyait
que le code de procédure avait dérogé en ce point au code civil. Voyez, en
sens contraire, Demolombe, t. XV, p. 616, n° 632, et les auteurs qu'il cite.
Comparez Dalloz, au mot *Succession*, n° 1665.
(2) Arrêt de rejet du 11 mai 1807 (Dalloz, au mot *Compétence*, n° 75).
(3) Paris, 22 novembre 1838 (Dalloz, au mot *Compétence*, n° 57).
Ducaurroy, Bonnier et Roustain, t. II, p. 454, n° 660. Demante, t. III,
p. 233, n° 154 *bis* I.
(4) Demolombe, t. XV, p. 618, n° 633.

il se trouve dans les termes ccomme dàns l'esprit de l'article 59 du code de procédure. Ill peut même invoquer l'article 822 du code civil, puisques son action tend à annuler le partage. La cour de cassatiom l'a jugé ainsi, et la question n'est pas douteuse (1).

527. Quant aux actions ddes créanciers du défunt, il faut également distinguer. Si elles sont formées avant le partage, elles doivent être poortées devant le tribunal du lieu où la succession s'est ouverte. Après le partàge, on suit les principes généraux quii règlent la compétence. Les raisons de la distinction sont lles mêmes que pour les héritiers. Il faut ajouter que les ccréanciers ignorent souvent quels sont les héritiers. De plus, il peut y en avoir un grand nombre; la liquidation des dettes serait alors singulièrement compliquée si les créanciers devaient poursuivre les divers héritiers devrant le tribunal du domicile. Il est vrai que si les dettes nee sont pas payées avant le partagé, l'inconvénient subsisste; mais d'ordinaire on le prévient en chargeant les diwers héritiers du payement intégral des dettes héréditaires (2).

La loi ne déroge aux règles générales sur la compétence que pour les demandes des ccréanciers, c'est-à-dire pour les actions personnelles. Quaant aux actions réelles, on suit le droit commun. Ainsi lles poursuites en expropriation forcée sont portées devamt le tribunal de la situation des biens. Les motifs pour lesquels le législateur a dérogé à la compétence ne s'appliquemt pas aux actions réelles; elles restent donc sous l'empires des principes généraux (3).

528. Ces règles reçoivent exception lorsque les parties contractantes ont élu un dlomicile pour l'exécution de leurs conventions. Les contrats font la loi des parties, en dérogeant aux principes qui régissent la compétence, la loi n'a pas entendu rompre les engagements des parties intéressées; bien loin de les rompre, elle leur donne la

---

(1) Arrêt de rejet du 25 février 1860 ((Dalloz, 1860, 1, 94).
(2) Orléans, 11 novembre 1845 (Dalloz, 1846, 2, 113). Comparez Demante, t. III, p. 235, n° 154 *bis* II.
(3) Voyez les autorités dans Aubry et Rau, t. IV, p. 165, n° 6. La question est controversée. Voyez la jurisprudence dans Dalloz, au mot *Compétence*, nos 92-94.

sanction de l'autorité publique. Il suit de là que les règles spéciales établies en matière de succession ne reçoivent leur application que lorsque les parties restent sous l'empire du droit commun (1).

Il a été jugé que les règles de compétence établies en matière de succession reçoivent encore exception lorsqu'il n'y a qu'un seul héritier. En effet, le texte même du code de procédure ne peut plus recevoir d'application dans ce cas. Il suppose qu'il y a plusieurs héritiers, que le créancier peut ne pas connaître; ce motif tombe quand il n'y a qu'un seul héritier. Le code veut prévenir la division des actions; or, quand il n'y a qu'un seul héritier, il n'y a pas de division. Il est dit dans l'article 59 que les actions intentées *avant le partage* doivent être portées devant le tribunal du lieu où la succession s'est ouverte; or, il n'y a pas de partage lorsqu'il n'y a qu'un seul héritier. Ainsi le texte et l'esprit de la loi veulent que l'on applique les règles générales sur la compétence (2).

529. Le code de procédure (art. 59) ajoute que le tribunal du lieu où la succession s'est ouverte est encore compétent sur les demandes relatives à l'exécution des dispositions pour cause de mort jusqu'au jugement définitif. Quel est le motif de cette règle? Les demandes relatives à l'exécution des legs ont pour objet la délivrance des choses léguées, que le légataire doit demander à l'héritier saisi; la délivrance est pour le légataire ce que l'action en partage est pour l'héritier; de là suit que les motifs pour lesquels les demandes des héritiers doivent être portées devant un tribunal unique s'appliquent par voie d'analogie aux actions des légataires. Il y a cependant une différence; la loi dit que le tribunal du lieu où la succession s'est ouverte est compétent *jusqu'au jugement définitif.* Quel est ce jugement? La question est controversée. On prétend que c'est le jugement qui homologue le partage; d'où suivrait qu'après le partage l'action des légataires n'est plus régie par l'article 59. Cette interpréta-

---

(1) Poitiers, 22 mai 1856 (Dalloz, 1856, 2, 191).
(2) Orléans, 11 novembre 1845 (Dalloz, 1846, 2, 113). C'est l'opinion générale (Dalloz, au mot *Compétence*, nos 85 et 86).

tion est contraire au texte et à l'esprit de la loi. Le code ne dit pas *jusqu'au partage;* il dit jusqu'au *jugement définitif,* ce qui implique un débat entre les légataires et les héritiers. Peu importe que ce débat naisse après le partage. Le partage ne regarde pas les légataires, et ne peut jamais leur être opposé. Leur demande a pour objet l'exécution des legs, la délivrance des choses léguées, ce qui pour eux tient lieu de partage ; donc d'après l'esprit comme d'après le texte de la loi, l'action doit toujours être portée devant le tribunal du lieu où la succession s'est ouverte, peu importe qu'il y ait ou non partage, et quand même il n'y aurait pas lieu à partage, ce qui arrive quand il n'y a qu'un seul héritier (1).

CHAPITRE II.

DES QUALITÉS REQUISES POUR SUCCÉDER.

530. Quelles sont les qualités requises pour succéder? Domat répond que la capacité résulte de ce qu'il n'y a point d'incapacité. Pour savoir qui peut être héritier, il faut donc savoir quelles personnes ne peuvent l'être; car hors ceux-là, toute autre peut l'être. Il y a deux catégories de personnes qui ne peuvent pas être héritiers : ceux qui en sont incapables et ceux qui s'en sont rendus indignes (2). Telle est la réponse de Domat à notre question; il la décide négativement plutôt qu'affirmativement. Le code civil pose le même principe et dans les mêmes termes. Sa décision est aussi négative, en ce sens que l'article 725 dé-

---

(1) Les auteurs sont divisés et la jurisprudence est hésitante. Voyez les autorités citées dans Dalloz, au mot *Compétence,* nos 97-101. Comparez Demolombe, t. XV, p. 623, nos 685 et 686.
(2) Domat, *Des lois civiles,* IIe partie, livre I, titre I, sect. II, no 1, p. 335 et 336.

clare quelles sont les personnes *incapables* de succéder, et
l'article 726 dit quelles sont les personnes *indignes* de
succéder. Quelles personnes ont donc les qualités requises
pour succéder? Ce sont celles qui ne sont ni incapables ni
indignes. La rédaction de la loi n'est pas sans importance,
comme nous le dirons en traitant des effets de l'indignité.

531. Les règles concernant l'incapacité ou l'indignité
sont-elles générales en ce sens qu'elles s'appliquent à toute
espèce de successions? Il a été jugé qu'elles s'appliquent
aux successions testamentaires ; nous reviendrons sur la
question au titre des *Donations*. Autre est la question de
savoir si les causes d'incapacité et d'indignité sont applicables aux successions irrégulières. L'affirmative n'est
guère douteuse. En effet, les termes de la loi sont généraux. Le chapitre II est intitulé : « Des qualités requises
pour *succéder*; » l'article 525 dit : « Sont incapables de
succéder; » et l'article 626 porte : « Sont indignes de *succéder* et comme tels exclus des *successions*. » Or, les successeurs irréguliers succèdent ; ils peuvent même recueillir tous les biens qui composent l'hérédité, et ils en
acquièrent la propriété au même titre que les héritiers légitimes, c'est-à-dire, en vertu de la loi, au moment du
décès, et de plein droit ; il faut donc qu'ils aient qualité de
succéder. On n'a qu'à lire les dispositions qui établissent
les causes d'incapacité et d'indignité pour se convaincre
que les successeurs irréguliers, tels que l'enfant naturel
et le conjoint, ne peuvent pas recueillir les biens quand
ils sont incapables ou indignes. Quant à l'Etat, il ne saurait être question pour lui d'incapacité ni d'indignité (1).

532. Qui peut opposer les causes d'incapacité ou d'indignité? La loi ne pose aucune règle à cet égard ; c'est
dire qu'elle s'en rapporte au droit commun. Donc tous ceux
qui ont intérêt peuvent opposer au possesseur d'une hérédité qu'il n'a pas les qualités requises pour succéder. Il a
été jugé que le débiteur poursuivi par un héritier peut lui
opposer qu'il n'a pas les qualités requises pour succéder,
parce qu'il n'était pas conçu à l'époque de l'ouverture de la

---

(1) Demolombe, t. XIII, p. 236, n° 164.

succession. Dans l'espèce, le parent incapable avait été admis au partage par les véritables héritiers; mais cette reconnaissance ne lui donnait aucun titre à l'égard des tiers : il restait sans qualité aucune, donc incapable, et par suite sans droit aucun d'exiger le payement des créances héréditaires (1). Il en serait de même si un indigne se mettait en possession de l'hérédité, ou était admis au partage par ses cohéritiers : les débiteurs pourraient le repousser, la loi à la main, puisque l'article 527 *exclut* les indignes de l'hérédité. Et ce que nous disons des débiteurs est vrai de toutes les parties intéressées.

SECTION I. — Des personnes incapables de succéder.

533. Aux termes de l'article 725, sont incapables de succéder : « celui qui n'est pas encore conçu, l'enfant qui n'est pas né viable, celui qui est mort civilement. » L'article 526 ajoute que l'étranger est, en principe, incapable de succéder. Cette dernière incapacité est abolie en France et en Belgique, comme nous le dirons plus loin ; la mort civile est également abolie, de sorte qu'il ne reste que l'incapacité des enfants non conçus à l'époque de l'ouverture de l'hérédité, et de ceux qui naissent non viables. Ces deux incapacités n'en font réellement qu'une seule, puisque, dans la théorie du code, l'enfant non viable est assimilé à l'enfant mort-né, c'est-à-dire à un être non existant. D'où suit que le défaut d'existence est la seule incapacité qui paraisse subsister dans le droit moderne (2). Cela est cependant trop absolu. Il reste une certaine incapacité frappant l'étranger qui concourt avec des héritiers français, en ce sens que ceux ci exercent un prélèvement à son préjudice, comme nous l'expliquerons plus loin ; on peut donc encore, en un certain sens, le ranger parmi les incapables.

534. Dans l'ancien droit, les religieux étaient incapables de succéder. Pothier en dit les raisons. D'abord ils

---

(1) Nîmes, 16 janvier 1850 (Dalloz, 1851, 2, 126).
(2) Demolombe, t. XIII, p. 240, nos 171-173.

perdaient l'état civil en faisant profession; en effet, la profession consistait à mourir au monde, ils étaient donc morts en ce qui concernait les relations civiles. La seconde cause était le vœu de pauvreté qui les rendait incapables d'acquérir des immeubles, et par conséquent de recueillir aucune espèce de succession, fût-elle mobilière, l'acquisition à titre universel de meubles étant assimilée à l'acquisition d'immeubles. Cette seconde raison était la raison décisive. Le religieux pouvait être restitué à la vie civile par l'épiscopat, il demeurait néanmoins incapable de succéder. D'un autre côté, le religieux, quoique dispensé de ses vœux par le pape, demeurait incapable de recueillir une hérédité; car, dit Pothier, la puissance du pape, qui est toute spirituelle, ne peut lui rendre la vie civile qu'il a perdue (1).

Cette incapacité n'existe plus dans notre droit moderne, bien que les raisons qui l'avaient fait établir subsistent. Le religieux est toujours censé mourir au monde, c'est la formule de la profession qu'il fait; et le vœu de pauvreté est un des vœux qui distinguent le clergé régulier. Puisque les causes de l'incapacité subsistent, pourquoi l'incapacité ne subsiste-t-elle plus? C'est que le lien qui jadis unissait l'ordre civil et l'ordre religieux est rompu; il est surtout rompu là où, comme en Belgique, l'Eglise est séparée de l'Etat. Sous le nouveau régime, les actes religieux n'ont plus d'effet civil. Il en est surtout ainsi des vœux, puisque la loi n'en reconnaît plus. Toujours est-il qu'il résulte de là une opposition choquante entre l'ordre civil et l'ordre moral. Il y a toujours des hommes qui déclarent solennellement qu'ils meurent au monde; mais ils ressuscitent dès qu'il s'ouvre une succession à laquelle la loi ou le défunt les appelle. Comment, faisant vœu de pauvreté, viennent-ils recueillir des héritages? Le vœu de pauvreté, dans l'ordre civil, est un mensonge. Jadis on disait en France qu'il fallait se défier des jésuites, gens qui avaient une conscience ultramontaine à Rome, et une conscience gallicane à Paris. Aujourd'hui tout religieux a une double

---

(1) Pothier, *Traité des successions,* chapitre I, sect. II, § IV.

conscience : il est mort au monde, et il n'est pas mort au monde : il fait vœu de pauvreté, et il ne fait pas vœu de pauvreté. Peut-il y avoir un sens moral là où il y a deux consciences?

§ Iᵉʳ. De ceux qui n'existent pas.

Nᵒ 1. DE L'ENFANT NON CONÇU.

I. Principe.

535. L'article 725 porte : « Pour succéder, il faut nécessairement exister à l'instant de l'ouverture de la succession. » De là la loi conclut : « Ainsi, est incapable de succéder celui qui n'est pas encore conçu. » Pourquoi faut-il exister au moment où la succession s'ouvre pour succéder? Pothier répond, parce que succéder c'est acquérir la propriété des biens délaissés par le défunt; or, le néant ne peut avoir aucune propriété (1). Cela est de toute évidence. Mais là n'est pas la vraie difficulté que l'article 725 décide. On demande pourquoi il faut exister précisément à l'instant de l'ouverture de l'hérédité. C'est parce que les biens du défunt se transmettent à ce moment; comme le dit le vieil adage français, *le mort saisit le vif.* C'est à l'instant même où le défunt meurt qu'il saisit son héritier, celui-ci doit donc exister; s'il n'est pas conçu, aucune transmission de propriété ne peut se faire à son profit, quand même il serait conçu plus tard; car au moment où il sera conçu, la succession a été transmise à l'héritier qui existait lors de son ouverture; il ne peut plus s'agir de transmettre une succession qui est déjà transmise.

Le cas se présente assez souvent. Un homme meurt laissant pour héritiers ses enfants et descendants. Après sa mort, il naît un enfant qui n'était pas conçu lors de l'ouverture de la succession : aura-t-il une part dans l'hérédité de son aïeul? Non, car il n'existait pas lorsqu'elle s'est ouverte; elle a donc été transmise et acquise définitive-

_____
(1) Pothier, *Des successions,* chapitre I, sect. II, art. 1ᵉʳ. Duranton, t. VI, p. 85, nᵒ 67.

ment par les enfants et descendants qui existaient à ce
moment. Cela est très-juridique, mais cela est dur. Aussi,
en fait, comme nous venons de le dire, arrive-t-il que l'on
donne une part dans les biens aux posthumes, mais c'est
sans droit aucun, par pure équité ou humanité. La question s'est présentée dans l'ancien droit, alors qu'il n'y avait
pas de loi positive, et elle a été décidée en ce sens sur les
conclusions de d'Aguesseau. Serres rapporte un arrêt
contraire du parlement de Toulouse, fondé sur de mauvaises raisons, dit Merlin. Toutefois d'Aguesseau pensait
que l'on pourrait préférer le petit-fils à l'Etat, moins
comme un véritable héritier que comme étant de la famille, et comme étant, à ce titre, plus favorable que le
fisc. Ces dérogations au droit, pour des motifs d'humanité,
ne sont plus admissibles sous l'empire d'une loi qui tranche
la question (1).

536. En disant que l'enfant qui n'est pas encore conçu
à l'ouverture de la succession est incapable de succéder,
la loi dit implicitement que l'enfant conçu à ce moment
est capable. Le code ne pose nulle part le principe que
l'enfant conçu est censé né, et par conséquent capable
d'exercer les droits qui s'ouvrent en sa faveur. En droit
romain, on admettait la fiction non pas d'une manière absolue, mais dans certains cas. On a dit qu'en droit français toute fiction était inutile, la loi établissant comme
principe que l'existence suffit pour que l'on soit un être
capable de droit; or, l'enfant conçu existe (2). C'est mettre
l'enfant conçu sur la même ligne que l'enfant né; la loi ne
dit pas cela, elle dit plutôt le contraire, l'enfant né et viable est une personne, et jouit d'une pleine capacité; tandis
que l'enfant conçu n'existe pas encore comme personne; s'il
peut succéder, c'est, dit l'article 725, à condition qu'il naisse
viable. C'est en ce sens que le rapporteur du Tribunat
explique la loi. « Il n'est pas nécessaire, dit-il, que l'enfant soit né pour être habile à succéder : il suffit qu'il soit

(1) Merlin, *Répertoire,* au mot *Succession,* sect. I, § II, art. 1er (t. XXXII,
p. 267).
(2) Ducaurroy. Bonnier et Roustain, t. II, p. 288, n° 416. Comparez
Demolombe, t. XIII, p. 243, n° 174.

conçu, parce que l'enfant existe réellement dès l'instant de la conception, et qu'il est réputé né *lorsqu'il y va de son intérêt*, suivant les lois romaines. Cette *présomption* de naissance, qui équivaut à la naissance elle-même pour déférer le droit d'hérédité, cesse d'avoir lieu si l'enfant ne naît pas, et s'il ne naît pas viable (1). » Ainsi c'est bien dans le sens romain, en vertu d'une fiction ou d'une présomption, que l'enfant conçu est considéré comme capable de succéder. Le principe est donc que l'enfant conçu est censé né quand il y va de son intérêt.

II. *Preuve de la conception.*

537. La capacité ou l'incapacité de succéder dépendant du moment précis de la conception, il importerait beaucoup de le déterminer avec certitude. Mais la chose est impossible; et c'est à raison de cette impossibilité que la loi établit des présomptions au titre de la *Paternité*. L'enfant né le 180e jour du mariage est réputé conçu pendant le mariage, et partant légitime; l'enfant qui naît dans les 300 jours de la dissolution du mariage est également présumé conçu pendant le mariage, donc légitime. Lorsque le mari a été dans l'impossibilité de cohabiter avec sa femme, l'enfant sera légitime, si le mari ne prouve qu'il n'a pu cohabiter avec sa femme depuis le 300e jour jusqu'au 180e avant la naissance de l'enfant (art. 314, 315 et 312). Ces présomptions, établies en faveur de la légitimité de l'enfant, peuvent-elles être invoquées lorsque l'enfant se présente pour recueillir une succession? Il règne une incertitude extrême sur cette question; chaque auteur à peu près a son système. La jurisprudence s'est prononcée pour l'application des présomptions. Si nous devions choisir entre les hésitations de la doctrine et l'opinion consacrée par les arrêts, nous préférerions la jurisprudence, elle a au moins l'avantage de posséder un principe certain qui met fin à toute contestation, et elle a encore cet avantage que le moment de la conception est établi

(I) Chabot, Rapport, n° 14 (Locré, t. V, p. 107).

d'une manière identique, soit qu'il s'agisse de la légitimité de l'enfant, soit qu'il s'agisse de son droit à l'hérédité. Nous allons d'abord exposer ce système très-simple et par conséquent très-pratique.

Un enfant naît neuf mois et vingt-neuf jours après le décès de sa sœur utérine. Peut-il lui succéder? Il le peut si on applique la présomption de l'article 315; né moins de trois cents jours après la dissolution du mariage, il est légitime. Etant légitime, il succède à ses père et mère; partant il doit aussi être habile à succéder à sa sœur; la successibilité est, en effet, une conséquence immédiate de la légitimité. Ce sont les termes d'un arrêt de rejet qui approuve hautement l'arrêt de la cour de Paris, en disant que la cour s'est *sagement* conformée aux principes généraux qui régissent la successibilité tout ensemble et la légitimité. Dans une autre espèce, la cour d'Orléans a admis à la succession de sa sœur un enfant né 296 jours après l'ouverture de l'hérédité, en invoquant le principe consacré par la cour de cassation; la qualité d'héritier est une conséquence de la légitimité; donc les mêmes règles doivent servir à déterminer l'une et l'autre. Sur le pourvoi, il intervint un arrêt de rejet, moins formel cependant que le premier (1). Depuis lors, la question n'a plus été portée devant la cour suprême. Mais les cours d'appel continuent à juger dans le même sens.

La cour de Grenoble a admis à la succession un enfant né 292 jours après l'ouverture de l'hérédité. D'après l'article 315, la légitimité de cet enfant n'aurait pu être contestée. Il faut aussi le considérer comme légitime, c'est-à-dire comme né avant la mort du défunt, en matière de succession, parce que, dit l'arrêt, il existe une corrélation intime et nécessaire entre les lois qui régissent l'état des personnes et celles qui déterminent la successibilité; si, pour mettre fin aux incertitudes de la science, le législateur a établi des présomptions qui fixent d'une manière invariable l'époque de la conception, les mêmes raisons

---

(1) Arrêts de rejet du 8 février 1821 et du 28 novembre 1833 (Dalloz, au mot *Succession*, n° 851).

existent pour la transmission de l'hérédité, et là où il y a
même raison de décider, ill doit y avoir même décision (1).

La jurisprudence applique aussi les présomptions contre
l'enfant. Il a été jugé que l'enfant né plus de 300 jours
après l'ouverture d'une succession ne peut y prétendre
aucun droit. Le législateur ayant établi une limite qui
fixe la durée de la grossesse pour prévenir les incertitudes,
la même présomption doit être appliquée en matière de
succession, parce qu'il importe aussi d'éviter, en cette matière, les incertitudes qu'aucun moyen de preuve ne pourrait faire disparaître. Le silence que le législateur a gardé
à cet égard dans l'article 725 ne peut s'expliquer que par
l'intention de s'en référer aux dispositions de l'article 315.
Ce sont les termes d'un arrêt de la cour de Poitiers (2).

538. Si nous avions une loi à faire, nous la ferions à
peu près dans le sens de la jurisprudence. Mais il y a une
loi, il s'agit de l'interpréter. La question est de savoir
comment l'enfant qui réclame une succession prouvera
qu'il était conçu au moment où la succession s'est ouverte.
Peut-il invoquer, à titre de preuve, les présomptions que
le code établit en matière de légitimité? Telle est la difficulté, et, chose singulière, les arrêts gardent le silence
sur ce point, qui forme cependant le nœud de la question.
Placée sur ce terrain, la jurisprudence ne saurait se justifier. Nous venons de rappeler les principes qui régissent
les présomptions légales ; ils sont admis et par les auteurs
et par les arrêts ; pour mieux dire, c'est la loi elle-même
qui les consacre en disant que la présomption légale est
celle qui est attachée par une *loi spéciale* à certains actes
ou à certains faits (art. 1350).

Les articles 312, 314 et 315 établissent-ils des présomptions? Cela n'a jamais été contesté, bien que le mot ne s'y
trouve pas ; tout le monde avoue que le législateur a dû
recourir à des présomptions pour déterminer le moment
de la conception, parce qu'il ne peut être établi par les
preuves ordinaires. Il faut ajouter qu'il n'y a pas de pré-

---

(1) Grenoble, 20 janvier 1853 (Dalloz, 1855, 2, 39).
(2) Poitiers, 24 juillet 1865 (Dalloz, 1865, 2, 129). Comparez Aubry et Rau,
t. IV, p. 167, note 2. Duranton, t. VI, p. 92, n° 72.

somptions plus spéciales que celles qui fixent l'époque de
la conception ; elles sont créées uniquement dans l'intérêt
de la légitimité ; il y a des cas où évidemment elles sont
en dehors de la vérité ; le législateur s'est contenté d'une
fiction, parce que, comme le disait le premier consul, l'État
n'est pas intéressé à ce qu'il y ait des bâtards adultérins.
Des présomptions, qui ne sont que des fictions contraires
à la réalité des choses, peuvent-elles être étendues à des
cas non prévus par la loi? Non, certes. On nous arrête et
l'on dit que la légitimité et la capacité de succéder sont
liées par un lien nécessaire, puisque le droit de succéder
est attaché à la qualité d'enfant légitime. Nous répondons
que l'objection ou l'argument confond deux ordres d'idées
très-différents. Sans doute, la légitimité donne le droit de
succéder, mais suffit-il d'être légitime pour être capable
de succéder? L'article 725, qui détermine les qualités requises pour succéder, ne parle pas même de la légitimité,
il la suppose, puisqu'il traite de la succession, et qu'en
général les parents légitimes seuls succèdent; mais les enfants naturels succèdent aussi ; et ils doivent également
être conçus lors de l'ouverture de l'hérédité. Il est cependant de toute évidence que les enfants naturels ne peuvent
pas se prévaloir des présomptions établies, au titre de la
Paternité, en faveur des enfants légitimes. Donc la capacité de succéder ne se confond pas avec la légitimité.

Dira-t-on que les deux questions sont au moins con-
nexes et inséparables quand il s'agit d'enfants légitimes?
Il y a ici une nouvelle confusion. On confond les *droits*
qui résultent de la légitimité avec la *preuve* que la loi
admet pour établir la qualité d'enfant légitime. Suffit-il que
l'enfant soit légitime pour qu'il succède? Non, il doit prouver qu'il était conçu au moment de l'ouverture de la succession. La question est de savoir comment il fera cette
preuve. Quand il s'agit de prouver sa légitimité, la loi lui
permet d'invoquer les présomptions qu'elle a créées. Mais
lorsque l'enfant se présente à une succession, il n'est plus
question de sa légitimité : il est légitime, reconnu comme
tel ; il doit prouver qu'il était conçu à l'ouverture de l'he-
rédité ; or, il peut être légitime, sans contestation aucune,

et cependant être conçu postérieurement à l'ouverture de la succession. Les deux questionss sont, en ce cas, absolument distinctes, et nous prouveroons à l'instant qu'en droit strict elles le sont toujours. Restte la difficulté de preuve. En matière de légitimité, le moment de la conception se prouve par des présomptions ; lla même preuve est elle admissible lorsqu'il s'agit de prrouver que l'enfant était conçu lors de l'ouverture de l'hérédité? Il y a même motif de décider, dit la jurisprudence. SSupposons qu'il y ait analogie complète, cela ne suffirait pas pour étendre des présomptions légales ; elles ne s'étendent jamais. Est-il bien vrai d'ailleurs qu'il y ait analogie? Sans doute la preuve directe de la conception est impossible, qu'il s'agisse d'hérédité ou de légitimité. Mais il y a une différence, et elle est capitale, c'est que la légitimité concerne l'ordre public ; il importe à la société que les enffants soient légitimes ou réputés tels. Tandis que l'ouverture d'une succession met en présence des intérêts pécuniaires : il y a un héritier capable de succéder qui veut éloigner de la succession un parent que l'on prétend n'avoir pas existé, lorsque la succession s'est ouverte. La société est-elle intéressée à établir des fictions pour assurer les droits incertains de l'enfant qui se dit conçu au moment de l'ouverture de l'hérédité, contre le successible, dont le droit est certain? D'après le droit strict, la décision est très-simple : le droit certain doit prévaloir sur le droit incertain. Ce que le droit décide est aussi fondé en raison. Les présomptions que l'on invoque sont des fictions très-souvent contraires à la vérité ; est-il juste que l'on donne une hérédité à un enfant parce qu'il est *présumé* conçu lors de l'ouverture, alors que, en réalité, cet enfant n'était pas conçu? est-il juste de dépouiller l'héritier dont le droit est certain au profit de l'enfant dont le droit est plus qu'incertain? Quand il s'agit d'intérêts pécuniaires, la justice exige aussi bien que le droit strict que celui qui ne parvient pas à prouver ses prétentions succombe.

539. L'opinion rigoureuse que nous soutenons n'a aucune chance d'être accueillie. Voyons donc ce que disent les auteurs. Leurs hésitations et leurs inconséquences

donnent une force nouvelle à l'opinion qui se fonde sur la
rigueur du droit. La plupart distinguent : ils admettent
les présomptions lorsque la question de légitimité est liée
à la question de successibilité, ils les rejettent quand la
question de savoir si un enfant était conçu lors de l'ouverture de l'hérédité est indépendante de la question de légitimité. Dans ce dernier cas, ils sont donc d'accord avec
nous contre la jurisprudence (1).

Quels sont les cas où, selon les auteurs, la question de
légitimité étant engagée dans la question de successibilité, l'une et l'autre doivent se décider par les présomptions
légales qui fixent l'époque de la conception ? L'enfant naît
moins de trois cents jours après le décès du mari de sa
mère ; il est habile à lui succéder, car la légitimité de cet
enfant ne peut pas être contestée ; il est donc présumé
conçu pendant le mariage, donc avant la mort du mari ;
or, par cela seul qu'il est légitime, dans l'espèce, il peut
succéder, car il n'est considéré comme légitime que parce
que la loi le présume conçu pendant le mariage. Si on ne
l'admettait pas à succéder, on déciderait par cela même
qu'il n'était pas conçu à la mort de son père, ce qui im-
pliquerait qu'il n'est pas légitime, alors que la loi le déclare
légitime. Force est donc de le déclarer capable de succéder. Nous disons que, même dans ce cas, le plus favorable
de tous, les deux questions sont distinctes. L'enfant qui
naît 299 jours après la mort du mari de sa mère est légitime ; lorsqu'il se présente à la succession du défunt, les
parents qui veulent l'écarter ne contestent pas sa légitimité ; ils se bornent à soutenir que cet enfant n'était pas
conçu à l'ouverture de l'hérédité, que partant il ne peut
pas succéder. L'enfant dirait-il : Je suis présumé conçu
pendant le mariage, donc avant la mort du défunt? On lui
répondra : Cette présomption établit votre légitimité, nous
ne la contestons pas, mais cette présomption ne prouve
pas d'une manière absolue l'époque de votre conception,
parce que la loi n'établit pas cette présomption absolue,

---

(1) Ducaurroy, Bonnier et Roustain, t. II, p. 288, n° 418 ; Marcadé, t. III,
p. 37 (art. 725, n° II) ; Zachariæ, édition de Massé et Vergé, t. II, p. 240,
note 2. Demolombe, t. V, p. 103, n° 100.

et celle qu'elle établit, vous ne pouvez pas l'étendre. L'enfant criera à l'absurdité : Puis-je être présumé conçu pour être légitime, et ne pas être présumé conçu pour succéder à celui dont je suis l'enfant légitime? En fait, sans doute, il y aura une contradiction regrettable, et voilà pourquoi nous voudrions que la loi décidât la question en faveur de l'enfant. Mais le code civil l'a-t-il décidée en sa faveur? Non. Il a créé une fiction dans l'intérêt de la légitimité. Dans l'espèce, ce sont des droits pécuniaires que l'on se dispute; une preuve aussi incertaine que les présomptions a bien pu être admise pour favoriser la légitimité, mais de là ne suit pas, légalement parlant, qu'on doive l'admettre pour vider un conflit pécuniaire.

L'on admet encore les présomptions légales lorsque l'enfant, né moins de 300 jours après le décès du mari de sa mère, se présente à la succession d'un collatéral décédé postérieurement. On convient cependant que, dans ce cas, il s'agit d'une pure question de succession. Les collatéraux ne contestent pas la légitimité de l'enfant; celui-ci, on le suppose, présumé enfant légitime, a recueilli comme tel la succession de son père; lorsqu'il est en conflit avec des collatéraux, il s'agit uniquement de savoir si, né 290 jours après l'ouverture de l'hérédité, il était conçu à cette époque; pourquoi donc les auteurs décident-ils que l'enfant peut invoquer les présomptions? L'un répond, parce qu'il serait absurde que l'enfant, après avoir été admis à la succession de son père, comme présumé conçu à sa mort, fût écarté d'une succession collatérale, comme n'étant pas conçu à ce moment. Un autre dit qu'en écartant l'enfant, on déshonorerait la mère (1). Excellentes raisons pour engager le législateur à généraliser les présomptions concernant la conception ; mais très-mauvaises pour autoriser l'interprète à étendre des présomptions spéciales. Même au point de vue législatif, il y aurait bien des choses à dire. Quand l'enfant naît près de dix mois après la mort du mari de sa mère, il est presque toujours conçu après la dissolution du mariage : c'est un enfant naturel que,

_____

(1) Mourlon, d'après l'enseignement de Valette (t. II, p. 20).

dans un intérêt social, la loi présume être légitime. Mais la présomption doit-elle aller jusqu'à dépouiller des héritiers d'un droit héréditaire pour l'accorder à cet enfant? Le législateur le peut faire; mais l'interprète certes ne le peut pas.

540. Lorsque la question de successibilité est indépendante de la question de légitimité, l'enfant ne peut pas, dans l'opinion générale des auteurs, invoquer les présomptions légales. L'enfant naît dans le cours d'un mariage sans qu'il existe aucune cause de désaveu. Sa légitimité est donc certaine et incontestée. Il s'agit de savoir s'il peut recueillir une succession ouverte six ou dix mois avant sa naissance. Il ne peut pas se prévaloir des présomptions, car sa légitimité n'est pas en cause, et l'honneur de la mère ne sera pas en jeu. Reste à savoir comment l'enfant prouvera le moment de sa conception? Nous répondons : D'après le droit commun, puisque le code n'y déroge pas. La preuve pourra être très-difficile si l'enfant prétend que l'accouchement a été prématuré ou tardif; mais la décision sera très-simple si l'enfant ne fait pas la preuve qui lui incombe; par cela seul qu'il ne prouve pas qu'il était conçu lors de l'ouverture de la succession, il ne succédera pas.

Ce résultat qui paraît rigoureux, bien qu'il soit juste au fond, a engagé la plupart des auteurs à imaginer de nouvelles présomptions. Marcadé, après avoir établi avec une grande force le principe restrictif qui régit les présomptions, finit par en établir à sa guise : il admet le minimum de 180 jours pour les grossesses les plus courtes et le maximum de 300 jours pour les grossesses les plus longues. Il en déduit des présomptions que nous croyons inutile de répéter (1). Si nous les mentionnons, c'est pour constater l'inconséquence des auteurs, inconséquences nécessaires dès que l'on s'écarte de la rigueur des principes. Un jurisconsulte qui est bien supérieur à Marcadé tombe dans le même écueil. Nul doute, dit Demante, que pour déterminer, sinon précisément, au moins approximativement, l'époque de la conception, on ne doive s'aider des présomptions établies

_____

(1) Marcadé, t. III, p. 41, art. 725, n° V.

à cet effet au titre de la *Paternité*. Mais il est tout aussi *évident* qu'elles ne sauraient avoir ici indistinctément et dans tous les cas force de présomptions légales. Voilà la porte ouverte à l'arbitraire, c'est l'interprète qui décidera quand les présomptions auront force de loi, et quand elles aideront seulement le juge dans la détermination de l'époque de la conception (1) : comment un esprit aussi juste a-t-il pu admettre des présomptions qui sont tout ensemble légales et non légales? Enfin M. Demolombe est venu systématiser cet arbitraire (2); à notre avis, en voulant le réduire en système, il lui a donné le coup de grâce. Les présomptions des articles 312 et 315, dit-il, n'auront pas, en matière de succession, la force d'une preuve irréfragable; mais l'enfant pourra les invoquer, sauf à la partie adverse à faire la preuve contraire. C'est imaginer un nouveau genre de présomptions, des demi-présomptions. De quel droit? On répond qu'il faut *de toute nécessité* recourir à une présomption. Il y aura donc des présomptions à titre de *nécessité*. Partant le juge pourra créer des présomptions aussi souvent qu'il le croira nécessaire. C'est lui qui décidera s'il faut recourir à des présomptions, et c'est lui qui les créera. Sur quoi repose cette étrange doctrine? Voici la première raison alléguée par M. Demolombe; nous la donnons comme exemple : Puisque la loi a admis telle présomption en matière de filiation, elle n'a évidemment rien de contraire à l'ordre de la nature; il est possible, dès lors, que l'enfant qui l'invoque ait été conçu à l'instant de l'ouverture de la succession. Voici donc l'argument : cela est possible, donc cela est! Voilà à quoi aboutit l'interprète quand il se fait législateur !

N° 2. DE L'ENFANT MORT-NÉ.

541. « Les enfants mort-nés, dit Domat, ne peuvent pas succéder quoiqu'ils fussent vivants dans le sein de leur mère; car on peut dire qu'ils n'ont jamais été au monde

---

(1) Demante, *Cours analytique*, t. III, p. 31, n°ˢ 32 et 32 *bis* I.
(2) Demolombe, t. XIII, p. 265 et suiv., n° 185.

et qu'ainsi ils n'ont pu y avoir droit à rien (1). » Le code
ne parle pas des enfants mort-nés, mais il les déclare implicitement incapables, en posant le principe que, pour
succéder, il faut nécessairement exister à l'instant de l'ouverture de l'hérédité; or, les enfants mort-nés n'ont jamais
été, légalement parlant, au nombre des vivants, puisque
jamais ils n'ont vu le jour. C'est la décision des lois romaines, et la décision du bon sens (2). On pourrait dire que
ces enfants ont existé, puisqu'ils ont vécu dans le sein de
leur mère; or, l'enfant conçu est censé né, donc, dira-t-on,
il a pu succéder. On répond, et la réponse est péremptoire, que si l'enfant conçu est censé né, c'est par une fiction de la loi (n° 536), mais pour que cette fiction puisse
être invoquée, il faut, aux termes de l'article 725, n° 2,
que l'enfant *naisse viable*. Or, l'enfant qui meurt en naissant ne naît point, donc la condition sous laquelle la loi le
déclare habile à succéder n'est pas remplie; il est placé
parmi les incapables. Cela est aussi fondé en raison; les
biens ne sont nécessaires et utiles qu'à ceux qui vivent;
or, l'enfant qui naît mort ne vit pas, il n'est pas une personne et n'a jamais été une personne, donc il ne peut recueillir les biens destinés aux personnes.

542. Ce principe sert à décider une question qui s'est
présentée devant la cour de Cologne. Un enfant est découvert dans le sein de sa mère après le décès de celle-ci. Les
témoins déclarent que l'on a procédé au baptême; en faut-
il conclure qu'il est né vivant et par suite habile à succéder? Il a été jugé que cet enfant, décédé avant d'avoir été
séparé du corps de la mère, n'était réellement pas né, parce
qu'il était mort en naissant. Peu importe qu'il ait été vivant
dans le sein de sa mère, car, n'ayant pas été séparé vivant
du corps de sa mère, il n'a pas vécu d'une vie propre et
indépendante. Il est donc mort-né, et comme tel incapable
de succéder (3).

Nous croyons que la cour de Cologne a bien jugé. On
pourrait opposer un passage de Domat. « Il faut, dit-il,

---

(1) Domat, *Lois civiles*, partie II, livre I, titre I, sect. II, n° 4, p. 336.
(2) Toullier, II, 2, p. 57, n° 93. Duranton, t. VI, p. 94, n° 74.
(3) Cologne, 14 mars 1853 (Dalloz, 1855, 2, 338).

mettre au nombre des enfants capables de succéder celui qu'on tire du ventre de sa mère après qu'elle est morte, quand il n'aurait vécu que quelques moments. On peut même dire qu'il lui a succédé avant sa naissance. » Mais Domat suppose que l'enfant a vécu après avoir été tiré du ventre de sa mère ; on ne peut donc pas dire qu'il est mort-né ; partant, il succède comme étant conçu au moment de l'ouverture de l'hérédité : en ce sens Domat a raison de décider que l'enfant a succédé à sa mère avant sa naissance (1). Peu importe qu'il soit mort quelques instants après être né : il suffit d'un moment de vie pour succéder.

543. On voit que quelques moments de vie peuvent changer la transmission d'une succession. Si l'enfant a vécu, il a hérité, et, mourant ensuite, les biens qu'il a recueillis passent à ses héritiers, à son père, à sa mère. Il importe donc grandement de savoir s'il a vécu réellement. Qui doit prouver que l'enfant a vécu ? et comment la preuve se fait-elle ? Sur la première question, on applique le droit commun, puisque le code n'y déroge pas. Dans l'espèce jugée par la cour de Cologne, si l'enfant avait survécu à sa mère, il lui aurait succédé, et il aurait ensuite transmis cette succession à son père. Si celui-ci la réclame, il faut qu'il prouve que l'enfant a recueilli l'hérédité de sa mère ; car c'est là le fondement de sa demande. On prétend que la capacité étant la règle et l'incapacité l'exception, la vie doit se présumer ; d'où l'on conclut que c'est à ceux qui soutiennent que l'enfant est mort-né à le prouver. C'est mal raisonner. En effet, celui qui réclame une succession, comme lui ayant été transmise par un enfant dont il est héritier, doit prouver que l'enfant a recueilli cette succession. Or, pour que l'enfant ait hérité, il faut qu'il ait vécu, donc le demandeur doit prouver la vie de l'enfant. Vainement dirait-il que la vie se présume. C'est là une de ces présomptions que la loi ignore, et que l'on doit rejeter par conséquent, puisqu'il n'y a pas de présomption sans loi. C'est à peine si l'on peut dire qu'il y ait une probabilité de fait ; car il s'agit d'un enfant qui est mort quelques instants

(1) Domat, *Lois civiles*, partie II, livre I, tit. I, sect. II, n° 6, p. 338.

après l'accouchement : n'est-il pas probable qu'il est mort
en naissant? En tout cas une probabilité n'est pas une présomption. On reste donc sous l'empire du droit commun (1).

544. Comment se fait la preuve de la vie de l'enfant?
Régulièrement, dit-on, cette preuve résultera de l'acte de
naissance (2). En effet, l'enfant doit être présenté à l'officier
de l'état civil (art. 55); s'il fait mention de cette présentation dans l'acte de naissance qu'il dresse, il y aura une
preuve authentique de la vie. Mais rarement l'acte de
naissance pourra être invoqué ; car lorsqu'il s'élève un
débat sur la vie de l'enfant, il est bien évident que cet enfant n'a pas été présenté à l'officier de l'état civil, il sera
mort quelques moments après sa naissance.

Si l'enfant est présenté sans vie à l'officier de l'état civil,
on applique le décret du 3 juillet 1806, aux termes duquel
l'officier public se borne à dresser procès-verbal de cette
présentation. La question de savoir si l'enfant a vécu reste
entière, dans ce cas, quand même le comparant aurait
déclaré que l'enfant est né vivant. Cette déclaration ne fait
aucune foi, elle ne doit pas même être reçue (3). La preuve
de la vie se fera donc d'après le droit commun, avant tout
par le témoignage des gens de l'art, et, à leur défaut, par
les déclarations de ceux qui ont assisté à l'accouchement :
preuve très-chanceuse, mais que le juge appréciera (4).

Nº 3. DE L'ENFANT NON VIABLE.

725

545. L'article ~~525~~ porte que l'enfant qui n'est pas né
viable est incapable de succéder ; et la loi en dit la raison,
c'est que, pour succéder, il faut exister à l'instant de l'ouverture de la succession. Ainsi l'enfant non viable est considéré par la loi comme n'ayant jamais existé. C'est une
théorie générale du code : l'article 314 décide que l'enfant

---

(1) Demolombe, t. XIII, p. 267, nº 186. En sens contraire, Massé et Vergé
sur Zachariæ, t. II, p. 241, note 3.
(2) Demolombe, t. XIII, p. 268, nº 186. Dalloz, au mot *Succession*, nº 91.
(3) Angers, 25 mai 1822 (Dalloz, au mot *Acte de l'état civil*, nº 410).
(4) Toullier, II, 2, p. 58, nº 96. Limoges, 12 janvier 1813 (Dalloz, au mot
Succession, nº 97, 3º).

né le cent quatre-vingtième jour du mariage ne pourra être désavoué par le mari, s'il n'est pas déclaré viable, parce que, n'étant pas viable, il n'est pas regardé comme une personne. Qu'entend-on par viable? et pourquoi la viabilité est-elle une condition de l'exercice de tout droit?

Ces questions ne sont pas sans difficulté. Le texte de la loi ne définit pas la viabilité, et les travaux préparatoires ne nous fournissent pas de grandes lumières. On lit dans le rapport de Chabot : « Lorsque l'enfant n'est pas né viable, il est réputé n'avoir jamais vécu, au moins pour la successibilité : en ce cas, c'est la même chose que l'enfant soit mort ou qu'*il naisse pour mourir.* » L'enfant non viable est donc celui qui naît pour mourir. Mais quand peut-on dire que l'enfant naisse pour mourir? Chabot répond que, d'après les lois romaines, l'enfant doit avoir atteint le terme auquel il est possible qu'il vive. Cela ne répond pas à notre question : Quel est ce terme? Chabot explique pourquoi le code ne fixe pas de règles sur l'époque de la viabilité; il ne pourrait en donner qui fussent assez sûres et précises, les secrets de la nature étant impénétrables. Le législateur a préféré de laisser les difficultés qui pourront s'élever sur cette matière au jugement des tribunaux, qui se décideront d'après les faits et les circonstances particulières (1).

Jusqu'ici nous ne savons pas encore ce que c'est qu'un enfant non viable. Les décisions des auteurs ne sont pas beaucoup plus précises. D'après Duranton, la viabilité est l'aptitude à vivre : l'enfant, dit-il, est viable quand il a les conditions nécessaires pour vivre : il n'est pas viable quand en le voyant on peut dire que sa conformation est telle, qu'il n'est né que pour mourir de suite et non pour vivre (2). Cela est très-vague. Un enfant naît vivant, il meurt quelques instants après sa naissance : est-il capable de succéder? Oui, s'il est viable; non, s'il n'est pas viable. La viabilité est donc autre chose que la vie. Mais quels sont les caractères auxquels on peut reconnaître la viabilité?

(1) Chabot, Rapport, n° 14 (Locré, t. V, p. 108).
(2) Duranton, t. VI, p. 95, n° 75.

Dans le silence du code, le juge doit décider d'après les faits et les circonstances; sans doute, mais il lui faut des règles, et nous les demandons vainement. M. Demolombe développe la définition de Duranton, et en la développant, il en montre toute l'incertitude. « La viabilité, dit-il, est l'aptitude à vivre pendant le cours d'une vie de durée moyenne; on doit donc considérer comme non-viable l'enfant qui ne naît, *en quelque sorte,* que pour mourir *presque immédiatement,* parce que la nature lui a refusé les conditions nécessaires pour vivre (1). » Les *en quelque sorte* et les *presque* ne seront pas d'un grand secours au juge. Quand l'enfant naît vivant et qu'il meurt presque immédiatement, sera-ce une preuve qu'il n'est pas né viable? Dans la théorie du code, non, puisqu'il distingue entre la vie et la viabilité. Notre embarras subsiste donc. Voilà deux enfants qui meurent l'un et l'autre quelques moments après leur naissance : l'un succédera parce qu'il est viable, l'autre ne succédera pas parce qu'il n'est pas viable. Et comment savoir si l'enfant est viable ou non? Il n'y a qu'une réponse à faire : Les gens de l'art décideront. Et s'il n'y a pas de gens de l'art?

546. Nous insistons sur la question, parce que, à notre avis, la théorie du code est fausse. C'est l'avis de Domat et de Savigny. Dans l'ancien droit, l'on admettait que les enfants nés à terme étaient capables de succéder, bien qu'ils fussent incapables de vivre, soit par l'effet de l'accouchement dont le travail leur ôtait la vie, soit par quelque infirmité ou défaut de conformation ou autre cause qui leur rendait la vie impossible; ils ne laissaient pas de succéder, il suffisait qu'ils fussent nés vivants. Domat soutient qu'il en devrait être de même des enfants nés avant terme, puisqu'il y avait même raison de décider; et cela est de toute évidence (2). On opposait des lois romaines qui semblent exiger la viabilité comme une condition distincte de la vie. Nous ne suivrons pas Domat dans la discussion de ces textes; il nous suffit de dire que Savigny lui a

---

(1) Demolombe, t. XIII, p. 250, n° 180.
(2) Domat, *Lois civiles,* II⁰ partie, livre I, tit. I, sect. II, p. 337 et suiv.

donné raison (1). Le droit romain n'exige qu'une condition, la vie ; là où il y a vie, il y a un être humain, donc une personne, donc capacité juridique. Exiger plus que la vie est une chose très-arbitraire ; car cela aboutit à reconnaître le droit de succéder à l'un et à le refuser à l'autre, sans qu'il y ait un signe certain de différence. L'un et l'autre naissent pour mourir ; aucun des deux n'a besoin des biens de la vie. Il faudrait donc les déclarer incapables l'un et l'autre. Cela serait injuste au point de vue du droit, et en fait l'iniquité est encore plus grande. Comme le dit Domat, ce n'est pas l'intérêt des enfants qui est en jeu : ils ne naissent que pour mourir. Mais ils ont un père, une mère : l'équité ne demande-t-elle pas que les parents succèdent de préférence à des héritiers plus éloignés? Domat insiste sur cette considération d'équité, et en effet elle est décisive. Le code a donc innové en cette matière; il s'est écarté de la doctrine de Domat, son guide habituel, sans que l'on en sache les motifs.

547. Qui doit prouver la non-viabilité? Sauf le dissentiment de Duranton et de Malpel, la doctrine et la jurisprudence s'accordent à décider que la viabilité se présume, tandis que, dans l'opinion générale, la vie ne se présume pas. Il y a là, nous semble-t-il, inconséquence tout ensemble et erreur. L'inconséquence est palpable. Pourquoi celui qui réclame une succession, au nom de l'enfant, doit-il prouver que celui-ci a vécu? Parce que c'est la condition sous laquelle l'enfant a succédé. Or, il ne suffit pas que l'enfant naisse vivant pour recueillir les biens, il faut aussi qu'il naisse viable. C'est une seule et même disposition qui prescrit cette double condition; aux termes de l'article 725, est incapable de succéder « l'enfant qui n'est pas *né viable*. » Le texte met la viabilité sur la même ligne que la vie, il ne distingue pas, et il n'y avait pas lieu de distinguer. Sans doute, la vie et la viabilité sont la règle, mais ce n'est pas une raison pour les présumer, alors que l'enfant meurt après l'accouchement : la probabilité est, dans ce

(1) Savigny, *System des römischen Rechts*, t. II, p. 355 et suivants (Annexe III). Dans le même sens, Vangerow, *Leitfaden für Pandektenvorlesungen*, t. Ier, p. 55, note.

cas, contre la vie et contre la viabilité. Pourquoi donc le législateur présumerait-il la viabilité, alors qu'il ne présume pas la vie? A vrai dire, il ne présume ni l'une ni l'autre. Faut-il répéter qu'il n'y a pas de présomption sans texte? Le silence de la loi suffit pour écarter les présomptions que les auteurs imaginent. On objecte que la non-viabilité est une exception, et que la viabilité est la règle; et en termes plus généraux, que l'incapacité de succéder est une exception et que la capacité est la règle. Or, dit-on, celui qui invoque la règle n'a rien à prouver; c'est à celui qui allègue l'incapacité à en faire la preuve. Nous répondons avec l'article 1315 que c'est au demandeur à prouver le fondement de sa demande; et quel est ce fondement dans l'espèce? La capacité de l'enfant. Et en quoi consiste cette capacité? A être vivant et viable; donc le demandeur doit prouver la vie et la viabilité (1).

548. Comment se prouve la viabilité ou la non-viabilité? Le code gardant le silence sur ce point, l'on aurait dû en conclure, nous semble-t-il, qu'il s'en rapporte au droit commun. C'est d'ailleurs ce que dit le rapporteur du Tribunat dans le passage que nous avons cité plus haut (n° 545). Tel n'est pas l'avis des auteurs. La plupart recourent aux présomptions que le code établit en matière de filiation. Cette opinion a quelque fondement dans la tradition, mais en cette matière la tradition, au lieu d'éclairer, égare. Ainsi Bourjon pose comme principe que l'enfant qui naît avant le septième mois de grossesse n'est pas réputé viable; de là il conclut que cet enfant ne recueille ni ne transmet à d'autres aucune succession : « il n'a jamais été la vraie espérance d'un homme, puisque, suivant sa nature, cette espérance ne pouvait jamais se réaliser (2). » D'après le code aussi, l'enfant qui naît le cent quatre-vingtième jour du mariage est présumé illégitime; ce qui a fait dire à Toullier et aux auteurs qui l'ont suivi, que le

---

(1) Duranton, t. VI, p. 100, n° 78. Malpel, p. 66, n° 25. En sens contraire, Demolombe, t. XIII, p. 269, n° 187, et les auteurs qu'il cite. Arrêts de Bordeaux, 8 février 1830, et Limoges, 12 janvier 1813 (Dalloz, au mot *Succession*, n°s 97, 2° et 3°).

(2) Bourjon, *Le droit commun de la France*, titre XVII, Ire partie, chapitre III, section I, n°s 7 et 9 (t. Ier, p. 687).

code regarde comme viable l'enfant qui naît le cent quatre-vingtième jour de sa conception, et que s'il naît avant ce terme, la loi ne le reconnaît plus viable. A la vérité, on pourrait dire que cet enfant a été conçu avant le mariage et que par suite il est bâtard ; mais l'honneur de la mère, dit Toullier, et la morale publique exigent qu'on le déclare non viable plutôt qu'illégitime (1).

Il nous semble que c'est confondre deux ordres d'idées tout à fait distincts, la légitimité et la viabilité. Pour que l'enfant soit légitime, il faut qu'il soit conçu pendant le mariage ; mais alors même que cela serait certain, il n'en résulterait pas que cet enfant est viable. L'enfant qui naît dix mois après la célébration du mariage est certainement conçu pendant le mariage, et cependant il peut ne pas être viable. De même l'enfant peut être viable, quand même il naîtrait moins de cent quatre-vingts jours depuis le mariage. Le réputer non viable afin de sauver l'honneur de la mère, c'est établir une présomption que la loi ignore. Il y a plus, on comprend que la loi crée des présomptions pour déterminer l'époque de la conception de l'enfant et par suite sa légitimité ; mais on ne comprend pas que la viabilité s'établisse par voie de présomption. En effet, la viabilité ne dépend pas exclusivement de la durée de la grossesse, elle dépend de la conformation de l'enfant ; or, il est absurde d'établir la conformation de l'enfant par des présomptions. Parfois, il est vrai, la non-viabilité sera la suite de la naissance prématurée de l'enfant, et la naissance prématurée peut aussi avoir pour conséquence son illégitimité. C'est ce rapport accidentel entre la légitimité et la viabilité qui a induit en erreur les anciens auteurs, et la confusion s'est perpétuée jusque sous l'empire du code civil. Les principes ne laissent aucun doute (2) ; il n'y a de difficulté que pour la preuve : faut-il répéter que cette difficulté n'autorise pas l'interprète à créer des présomptions?

On pourrait dire que les auteurs du code Napoléon, en

(1) Toullier, II, 2, p. 59 et suiv., n°ˢ 97 et 98. Chabot, t. Iᵉʳ, p. 48 (art. 725, n° 11). Comparez Merlin, *Répertoire*, au mot *Vie*, et *Questions de droit*, au mot *Vie*, § I.

(2) Voyez la dissertation précitée ce Savigny sur la viabilité. Comparez Vazeille, t. Iᵉʳ, p. 16 (art. 725, n°ˢ 4-6); Demolombe, t. XIII, p. 270, n° 187.

consacrant la théorie de la viabilité, ont reproduit l'erreur des anciens interprètes, et par suite la confusion de la viabilité et de la légitimité. Cela est vrai, mais cela ne prouve pas qu'il faille appliquer à la viabilité les présomptions que la loi établit pour prouver la légitimité. La question de viabilité a donné lieu à d'assez longues discussions au sein du conseil d'Etat, à l'occasion de l'article 314. Nous allons les résumer; l'on y voit à chaque pas cette confusion entre la viabilité et la légitimité que nous venons de signaler; mais on y voit aussi que le législateur n'a pas entendu décider la viabilité par des présomptions. Le premier consul, qui aimait les idées claires et nettes, demanda que l'on définît ce que l'on entendait par *viable*, et à quels signes la viabilité se reconnaissait. Bérenger répondit qu'un enfant non viable était un avorton, et non un enfant. C'était limiter la non-viabilité à la naissance avant terme, comme on le faisait dans l'ancien droit; mais l'enfant peut aussi être non viable, bien qu'il soit né à terme. Tronchet dit que l'esprit du projet était que l'enfant né à terme est viable. Définissez alors, reprit le premier consul, quel enfant est réputé né à terme. Tronchet répliqua, en restant dans l'ordre d'idées de l'ancien droit, qu'un enfant n'est pas viable à sept mois. La question changea de face par une proposition de Bouley. D'après lui, l'enfant est viable quand il a vécu assez longtemps pour qu'il soit certain qu'il est conformé pour vivre. Il proposa de déclarer que l'enfant né le cent quatre-vingtième jour du mariage, et qui vit pendant dix jours, peut être désavoué. Le premier consul approuva cette rédaction, parce qu'elle établissait une règle fixe. On revint encore sur le délai de dix jours que l'on voulait réduire à un seul; le délai de dix jours fut maintenu (1). Le Tribunat demanda la suppression de tout délai, parce que tout délai était dangereux; en effet la mère, pour ne pas être déshonorée, avait intérêt à la mort de son enfant. Le délai fut supprimé (2). Qu'en

(1) Séance du 14 brumaire an x, nos 9, 10, 11 et 14, et du 29 fructidor an x, no 5 (Locré, t. III, p. 23 et 71).
(2) Observations du Tribunat, no 6 (Locré, t. III, p. 77); Discours de Duvergier, no 16 (Locré, t. III, p. 128).

résulte-t-il? Que la viabilité se prouve, non par des présomptions, mais par le témoignage des médecins, et, à leur défaut, par celui des personnes qui ont assisté à l'accouchement ou qui ont vu l'enfant. C'est ce que dit Bigot-Préameneu, l'orateur du gouvernement (1).

§ II. *Des étrangers.*

Nᵒ 1. L'ANCIEN DROIT ET LA LÉGISLATION NOUVELLE.

549. Dans l'ancien droit, les étrangers étaient frappés d'une double incapacité. On partait du principe que pour transmettre une succesion et pour recueillir une hérédité, il fallait jouir de l'état civil et des droits de citoyen. Les étrangers, dit Pothier, n'ayant pas le droit de citoyen, n'ont pas le droit de transmettre leur succession : leurs biens sont dévolus au roi par un droit que l'on nomme droit d'aubaine. Par la même raison, les étrangers n'étaient pas capables de recueillir une succession (2). Domat approuve cette incapacité : elle est fondée, dit-il, non-seulement sur le droit romain, mais sur l'ordre naturel qui distingue la société des hommes en divers Etats, royaumes ou républiques. Car c'est une suite naturelle de cette distinction que chaque nation règle par ses lois propres ce qu'il peut y avoir dans les successions et dans le commerce des biens qui dépende des lois arbitraires. Les étrangers ne succèdent à personne et personne ne leur succède, de même qu'on les exclut des charges publiques (3). Domat confond l'ordre civil et l'ordre politique ; la division de l'humanité en nations a une influence nécessaire sur les droits politiques ; elle n'en a aucune sur les droits privés. C'est ce que nous avons déjà démontré en traitant de la jouissance des droits civils (4).

(1) Bigot-Préameneu, Exposé des motifs du titre de la *Paternité*, nᵒ 11 (Locré, t. III, p. 87).
(2) Pothier, *Coutume d'Orléans*, Introduction au titre des *Successions*, nᵒˢ 3 et 10; *Traité des Successions*, chap. I, sect. I, § I.
(3) Domat, *Des lois civiles*, IIᵉ partie, titre I, Préface, nᵒ 13, p. 330.
(4) Voyez le tome Iᵉʳ de mes *Principes*, p. 530, nᵒˢ 422 et suiv.

550. Les jurisconsultes sont dominés par la tradition ; c'est une qualité qui dégénère facilement en défaut. Heureusement il se trouve des esprits qui secouent le joug du passé. Montesquieu n'était pas d'humeur révolutionnaire ; ce qui ne l'empêcha pas de flétrir le droit d'aubaine comme un droit insensé. Sous son inspiration, l'Assemblée constituante abolit le droit d'aubaine, comme contraire à la fraternité qui fait de tous les peuples une seule famille. La loi du 6 août 1790 porte : « Le droit d'aubaine et celui de détraction sont abolis pour toujours. » Cette loi ne concernait que le droit d'aubaine proprement dit, l'incapacité de transmettre les biens par voie d'hérédité. Par un décret postérieur du 28 avril 1791, les étrangers furent reconnus capables de recueillir en France les successions de leurs parents, même Français. L'Assemblée espérait que les autres peuples suivraient l'exemple que leur donnait la France. Elle se trompait. Il en résulta que les Français n'étaient pas admis à succéder à l'étranger, tandis que les étrangers étaient admis à succéder en France. Cela parut injuste au gouvernement consulaire. Le code civil ne rétablit pas le droit d'aubaine, comme on l'en a accusé ; car il ne déclare pas les étrangers incapables de transmettre leurs biens par hérédité (1) ; mais, comme il les déclare incapables de succéder, et que les étrangers n'ont d'ordinaire d'autres héritiers que des étrangers, il en résultait que de fait l'Etat recueillait les successions des étrangers, par droit de déshérence. Le système du code est celui de la réciprocité : les étrangers succèdent en France, à condition que les Français succèdent à l'étranger (art. 726 et 11). Il fallait d'abord une réciprocité de nation à nation, établie par des traités (2). Il fallait ensuite une réciprocité d'individu à individu ; c'est-à-dire qu'un étranger n'était admis à recueillir une succession en France que dans le cas où un Français était admis dans le pays de cet étranger, et d'après les lois de ce pays, à une succes-

---

(1) Demante, t. III, p. 34, n° 33 *bis* I. Duvergier sur Toullier, t. II, 2, p. 64, note.
(2) Chabot, t. Ier, p. 56, art. 726, n° 2). La jurisprudence est conforme (Dalloz, au mot *Succession*, n° 110).

sion *de même ordre;* et qu'un étranger ne pouvait avoir, dans une succession ouverte en France, que les mêmes droits, quant à la *quotité* et à l'*espèce* de biens, que ceux qui étaient accordés à un Français dans le pays de cet étranger. C'est dans ce sens que la doctrine et la jurisprudence interprétaient l'article 726 (1).

551. En France, l'incapacité de succéder dont le code Napoléon frappait l'étranger fut abolie par la loi du 14 juillet 1819, qui porte, article 1er : « Les articles 726 et 912 du code civil sont abrogés; en conséquence, les étrangers auront le droit de succéder, de disposer et de recevoir de la même manière que les Français. » C'est le système de l'Assemblée constituante. Il paraît assez étrange, au premier abord, que la Restauration revînt à un principe proclamé par la révolution de 89. Le gouvernement eut soin de déclarer qu'il proposait l'abrogation du système d'incapacité, non par des motifs de générosité, mais par calcul. « Il a été vérifié, dit le garde des sceaux, que nous ne gagnons rien à exclure les étrangers du droit de succéder et de disposer. La déshérence qui résulte quelquefois de leur incapacité, offre un produit tellement modique qu'il ne saurait être pris en aucune considération. L'étranger ne se hasarde pas à acquérir des biens dont il ne pourrait disposer à sa mort et que ses parents ne recueilleraient pas. Si l'on aplanit cet obstacle, il acquerra, et ses acquisitions, les capitaux qu'il y emploiera, en augmentant la masse et la valeur des nôtres, nous seront mille fois plus avantageux que les vains profits de la déshérence et le principe stérile et nuisible, en cette occasion, de la réciprocité. » On a tort de répudier les sentiments généreux qui animaient l'Assemblée constituante : c'était la fraternité, et n'est-ce pas là un sentiment chrétien aussi bien que philosophique? Ce n'est pas que l'Assemblée constituante ignorât les principes d'économie politique que l'on invoqua en 1819; Necker les avait déjà développés avant 89. Lors de la discussion du projet de code civil, ils furent répétés

(1) Chabot, t. Ier, p. 60 et suiv. Voyez la jurisprudence dans Dalloz, no 111).

à satiété par les tribuns (1). Le gouvernement persista dans son système de réciprocité. Ce principe est juste, en général, mais dans l'espèce l'intérêt, d'accord avec la justice, demandait que l'étranger fût admis à succéder en France, alors même que les États étrangers, méconnaissant leur intérêt, et ne tenant aucun compte de la fraternité chrétienne, s'obstineraient à maintenir l'incapacité qui frappait les Français.

552. En Belgique, une loi du 20 mai 1837 dérogea au principe de la réciprocité tel qu'il était consacré par le code civil. L'article 11 exigeait que la réciprocité fût établie par des traités. On ne voulait pas que la France fût liée par des lois étrangères auxquelles elle n'avait pas concouru ; ces lois n'offraient d'ailleurs aucune garantie aux Français, parce qu'elles pouvaient être abrogées d'un jour à l'autre ; tandis que les traités assuraient tout ensemble l'indépendance de la France et les droits des Français. Mais ce système avait un désavantage : un traité suppose des relations diplomatiques entre les parties contractantes ; or, il se peut que ces rapports soient brisés ou suspendus par des révolutions ou des guerres. Est-il juste que les droits des individus dépendent des événements politiques? La Belgique se trouva dans cette situation après la révolution de 1830. C'est pour remédier à cet inconvénient que la loi du 20 mai 1837 disposa que la réciprocité pouvait être constatée par des loi ou des coutumes. Il n'y eut donc d'aboli que la réciprocité diplomatique. Une loi du 27 avril 1865 alla plus loin ; elle consacra le principe établi par l'Assemblée constituante, et reproduisit les dispositions de la loi française de 1819. La législation de la Belgique étant, sur ce point, la même que celle de la France, il en résulte que la jurisprudence française peut être invoquée comme interprétation de la loi belge.

553. Le principe fondamental de la nouvelle législation est qu'elle assimile l'étranger au Belge. Il résulte de là que l'étranger succède en Belgique d'après le code Napoléon et non d'après la loi de son pays. L'article 3 de la

_____

(1) Voyez le tome Iᵉʳ de mes *Principes*, p. 536, nᵒˢ 427 et 428.

loi de 1865 le dit implicitement : il porte que les étrangers ont le droit de succéder *de la même manière* que les Belges, par conséquent d'après les mêmes règles et par application de la même loi. Peu importe que la loi belge soit favorable ou défavorable à l'étranger. Il succédera en Belgique, lors même qu'il ne succéderait pas dans son pays; il y jouira donc du bienfait de l'égalité, alors que l'inégalité et les priviléges régneraient encore dans sa patrie. Par contre, l'étranger ne peut pas invoquer le privilége ou le droit que lui donne la loi de son pays, lorsque le code civil ne reconnaît pas ce droit ni ce privilége (1). Il a été jugé, par application de ce principe, que le père étranger ne peut pas réclamer en France la totalité de la succession, en excluant l'aïeul maternel, quand même, d'après la loi de son pays, il aurait le droit de l'exclure (2). Cela est aussi fondé en raison. Les lois nouvelles n'ont pas pour objet de créer au profit de l'étranger un droit d'hérédité exceptionnel, d'où il résulterait qu'il y aurait deux espèces de successions en France et deux lois différentes, l'une pour les indigènes, l'autre pour les étrangers; il n'y a qu'une loi, c'est le code Napoléon, elle régit toutes les successions qui s'ouvrent en France. Nous verrons plus loin si ce principe s'applique aux successions mobilières, lorsqu'il y a concours de parents étrangers et de parents français.

N° 2. DISPOSITION EXCEPTIONNELLE DE LA LOI DE 1865.

554. L'article 4, conforme à l'article 2 de la loi française, porte : « Dans le cas de partage d'une même succession entre des cohéritiers étrangers et belges, ceux-ci prélèvent sur les biens situés en Belgique une portion égale à la valeur des biens situés en pays étranger, dont ils seraient exclus, à quelque titre que ce soit, en vertu des lois et coutumes locales. » Si les biens de la succession à laquelle sont appelés tout ensemble des étrangers et des

(1) Demolombe, t. XIII, p. 280, n° 196.
(2) Arrêt de rejet du 21 juillet 1851 (Dalloz, 1851, 1, 266).

Belges, sont tous situés en Belgique, on reste dans le droit
commun, tel que nous venons de le supposer : l'hérédité
se partagera d'après le code civil. Mais il se peut que les
biens soient situés, partie en Belgique, partie à l'étranger,
et que les Belges soient exclus en tout ou partiellement
des biens situés en pays étranger. Si l'on procédait, dans
ce cas, au partage d'après le droit commun, qu'arriverait-
il? Les héritiers étrangers partageraient avec les héritiers
belges les biens situés en Belgique, et ils excluraient les
Belges des biens situés à l'étranger. De là une inégalité
contraire à nos lois; pour rétablir l'égalité, la loi veut que
les parents belges prélèvent sur les biens situés en Belgique une valeur égale à celle des biens dont ils sont exclus à l'étranger. On a dit que cette exception détruit le
principe même de la loi, puisque la loi, après avoir mis
l'étranger sur la même ligne que le Belge, lui enlève ensuite
une partie de ses droits au profit du Belge. Cela n'est pas
exact. La loi n'a pas voulu assurer à l'étranger tous les
droits qui lui sont accordés par la loi de son pays : elle
l'admet à succéder en Belgique, mais d'après la loi belge.
Il est juste que sur une succession ouverte en Belgique, les
indigènes aient tous les droits que le code leur donne; le
concours de parents étrangers ne doit pas diminuer ces
droits. On insiste et l'on dit que le législateur belge ne
peut pas modifier la loi étrangère au préjudice des étrangers et dans l'intérêt des Belges. M. de Serre, qui présenta
la loi de 1819, a répondu d'avance à ces objections : « La
loi étrangère aura tout son effet à l'étranger; mais nous
ne sommes pas tenus de lui donner effet chez nous. A la
rigueur, nous pourrions exclure l'étranger des successions
qui comprennent des biens situés en France; à plus forte
raison avons-nous le droit de le soumettre à une condition;
c'est en définitive protéger nos nationaux contre la rigueur
ou l'inégalité des lois étrangères (1). »

_____

(1) Rapport sur la loi belge de 1865, par M. Elias (*Documents parlemen-
taires*, session de 1864 à 1865, p. 481).

I. *Dans quels cas y a-t-il lieu au prélèvement?*

555. Il va sans dire qu'il y a lieu au prélèvement lorsque les héritiers belges sont exclus à raison de leur qualité de Belges. En est-il de même quand les Belges sont admis à la vérité à succéder avec les étrangers, conformément à la loi étrangère, mais que cette loi établit un principe d'inégalité qui s'applique aux indigènes comme aux étrangers? Tel serait un droit d'aînesse, ou une succession spéciale pour les biens nobles. Nous n'hésitons pas à décider qu'il y a lieu au prélèvement. Le texte est général : dès qu'il y a exclusion, *à quelque titre que ce soit,* les Belges peuvent invoquer le bénéfice de l'article 4. Il en est de même de l'esprit de la loi. L'article 4 est emprunté à la loi française; en la présentant, le garde des sceaux, de Serre, a prévu la difficulté qui est usuelle. Après avoir rappelé que dans l'ancien droit les coutumes variaient d'une province et d'une ville à l'autre, et que de là résultaient fréquemment des inégalités au préjudice de l'un ou de l'autre des héritiers, le ministre dit que l'on n'avait jamais songé à remédier à cet inconvénient, parce qu'un Français gagnait ce que l'autre perdait, mais que l'on ne pouvait avoir la même indifférence pour les avantages d'un étranger sur un Français. Donc s'il y a une cause quelconque d'inégalité au profit d'un étranger, il y faut remédier au moyen d'un prélèvement (1). La jurisprudence est d'accord sur ce point avec les auteurs (2).

556. La loi de 1865 suppose que l'exclusion de l'héritier belge a lieu *en vertu des lois et coutumes locales,* c'est-à-dire des *lois* étrangères. Que faut-il décider si l'exclusion résulte des dispositions faites par le défunt, donations ou testaments? Pour que la question puisse s'élever, il faut supposer que la loi étrangère qui autorise la disposition est contraire à la loi belge; si les deux lois sont d'accord, l'héritier belge ne peut pas invoquer le bénéfice

(1) Ducaurroy, Bonnier et Roustain, t. II, p. 291, n° 420. Demolombe, t. XIII, p. 282, n° 199.
(2) Arrêt de rejet du 18 juillet 1859 (Dalloz, 1859, 1, 325).

de la loi de 1865; car il aurait aussi été exclu en Belgique si tous les biens y étaient situés ; dès lors il n'a pas le droit de se plaindre; car ce n'est pas un privilége que la loi nouvelle a voulu lui accorder, elle a voulu rétablir l'égalité à laquelle il a droit d'après la loi belge, égalité qui serait rompue par suite de l'application d'une loi étrangère.

Mais si la loi étrangère autorise une disposition que la loi belge prohibe, l'héritier belge pourra-t-il réclamer le prélèvement? En France, la doctrine et la jurisprudence admettent l'affirmative (1). Il y a un motif de douter : on peut dire que l'héritier belge est exclu, non par la *loi locale*, mais par la volonté du disposant. On répond que l'exclusion se fait indirectement en vertu de la loi, puisque c'est la loi qui l'autorise, au préjudice de l'héritier belge. Il y a donc un conflit de lois; or, dès que l'héritier belge est exclu par suite d'une loi étrangère contraire à la loi belge, le texte de la loi est applicable. Quant à l'esprit de la loi française, il ne laisse aucun doute, l'Exposé des motifs de la loi de 1819 ayant déclaré positivement qu'il est indifférent que l'exclusion de l'héritier français provienne du fait seul de la loi, ou qu'elle résulte d'une disposition de l'homme autorisée par la loi. Il a été jugé, en ce sens, que si le défunt mineur a légué tous ses biens à sa mère, à l'exclusion des héritiers français, ceux-ci peuvent réclamer le prélèvement, sur les biens situés en France, de la moitié de cette succession. En effet, la *loi* espagnole, sous l'empire de laquelle le testament avait été fait, autorise le mineur à disposer de tous ses biens, tandis que, d'après le code Napoléon, le mineur ne peut donner que la moitié des biens dont la loi permet la disposition au majeur. Ainsi la moitié des biens du mineur appartient en vertu de la loi française aux héritiers du sang; ceux-ci sont donc exclus de cette moitié, par le testament conforme à la loi espagnole. L'exclusion ayant son principe dans la loi étrangère, il y a lieu au prélèvement (2).

Faut-il interpréter la loi belge dans le même sens? Il y

_____

(1) Demolombe, t. XIII, p. 284, n° 200. Massé et Vergé sur Zacharie, t. II, p. 241, note 6.

(2) Arrêt de cassation du 29 décembre 1856 (Dalloz, 1856, 1, 471).

a eu sur cette question une discussion longue et confuse au sein des Chambres belges (1). Le ministre de la justice a déclaré à plusieurs reprises qu'à son avis la loi n'était applicable que s'il y avait des réservataires belges, que les héritiers non réservataires devaient respecter les dispositions faites par le défunt. Cette interprétation a été soutenue par les uns et combattue par les autres. Il nous semble que la question a été mal posée. On ne supposait pas une opposition entre la loi étrangère et la loi belge ; dans cette hypothèse, le ministre avait raison de dire que le défunt pouvait disposer librement ; il n'y a pas, en ce cas, d'exclusion prononcée ni autorisée par une loi étrangère. Mais quand il y a opposition entre la loi étrangère et la loi belge, il n'est pas nécessaire que les héritiers belges soient réservataires pour avoir le droit d'agir. Dans l'espèce que nous venons de rapporter, il n'y avait pas d'héritier à réserve, c'était, au contraire, l'ascendant qui avait été institué légataire universel ; néanmoins les héritiers du sang furent admis au prélèvement, parce qu'ils étaient exclus des biens auxquels ils avaient droit d'après la loi française. Au Sénat, le ministre de la justice admit cette restriction à l'opinion trop absolue qu'il avait énoncée dans la Chambre des représentants. « Si, dit-il, la disposition que fait l'étranger est conforme aux lois belges, elle doit sortir ses pleins et entiers effets. Si elle heurte certains principes admis par notre législation, elle ne doit pas être exécutée en ce point. » Cette explication est en harmonie avec la doctrine et la jurisprudence françaises.

557. Lorsqu'il y a des héritiers réservataires, la réserve et le disponible sont fixés par la loi belge, quant aux biens situés en Belgique. Sur ce point, il n'y a aucun doute ; par suite, il y a lieu au prélèvement, si le réservataire belge n'a pas à l'étranger la part qui lui revient d'après le code Napoléon. Il s'est présenté une autre difficulté. Le réservataire français était en même temps donataire par préciput. La donation, valable d'après les lois françaises, était nulle d'après la loi étrangère, comme n'ayant

---

(1) La discussion est reproduite dans la *Pasinomie*, 1865, p. 112, note 1.

pas été homologuée par les tribunaux du pays. Il en résultait que le donataire français ne pouvait pas réclamer l'exécution de sa donation sur les biens situés à l'étranger. Etait-ce là une *exclusion* dans le sens de la loi de 1819 ? et par suite le donataire pouvait-il prélever sur les biens situés en France la partie de la donation qu'il ne pouvait toucher à l'étranger? La cour de cassation a jugé qu'il n'y avait pas lieu au prélèvement (1). En effet, le donataire n'était pas exclu en vertu de la *loi* étrangère, car la loi étrangère lui permettait de réclamer sa donation préciputaire, à la condition que la donation fût valable en la forme. Si donc la donation ne recevait pas d'exécution à l'étranger, ce n'est pas parce que la loi s'y opposait, c'est parce que le donataire avait négligé de remplir les formalité prescrites par la loi étrangère. Or, dès que l'exclusion ne résulte pas de la loi, il n'y a pas lieu au prélèvement.

558. Les héritiers étrangers peuvent-ils exercer le prélèvement sur les biens situés en Belgique? Si tous les héritiers sont étrangers, la question ne peut pas même être posée. La loi de 1865 contient deux dispositions très-différentes. La première, faite en faveur des étrangers, les appelle à succéder, en Belgique, de la même manière que les Belges; il est satisfait à cette disposition dès qu'ils sont admis à l'hérédité qui s'ouvre en Belgique. La seconde concerne exclusivement les Belges; elle ne peut donc pas être invoquée quand tous les héritiers sont étrangers. Il en est de même lorsque des étrangers sont en concours avec des Belges; *ceux-ci*, dit le texte, prélèveront sur les biens situés en Belgique une portion égale à la valeur des biens situés à l'étranger, dont ils seraient exclus par la loi étrangère. L'esprit de la loi nouvelle est aussi évident que son texte. Quel est le but du législateur? Il se préoccupe de l'intérêt des regnicoles que la loi étrangère exclut d'une hérédité à laquelle le code Napoléon les appelle. N'ayant aucune action sur la loi étrangère, ni sur les biens situés à l'étranger, il permet à l'héritier indigène d'exercer sur les biens situés en Belgique les droits que celui-ci ne

(1) Arrêt de rejet du 27 août 1850 (Dalloz, 1850, 1, 257).

peut faire valoir à l'étranger. Mais le législateur belge n'a pas à se préoccuper des intérêts de l'étranger, régi par la loi de son pays, loi dont il recueille les avantages et à laquelle il reste soumis si elle lui est désavantageuse. La question a été jugée en ce sens par la cour de cassation de France (1).

559. Que faut-il décider si tous les héritiers sont Belges? La succession s'ouvre à l'étranger, sous l'empire d'une loi qui diffère du code Napoléon; elle exclut, en ligne collatérale, les femmes au profit des agnats : l'héritier exclu peut-il demander le prélèvement sur les biens situés en Belgique? Nous n'hésitons pas à répondre négativement, bien que la doctrine et la jurisprudence françaises soient dans un sens contraire. Le texte est formel; il suppose le concours d'héritiers étrangers et d'héritiers indigènes. « Dans le cas de partage, dit l'article 4, d'une même succession *entre des cohéritiers étrangers et belges.* » L'esprit de la loi n'est pas plus douteux. Quel est l'objet de la loi de 1865? De donner aux étrangers la faculté de succéder. S'il n'y a pas d'étrangers appelés à la succession, nous ne sommes plus dans l'hypothèse que le législateur a en vue. C'est dire que nous rentrons dans le droit commun. Le législateur a voulu rétablir l'égalité entre les héritiers belges et les héritiers étrangers, alors que l'égalité serait rompue par la loi étrangère au préjudice des héritiers belges et à l'avantage des héritiers étrangers. Il ne peut plus être question ni d'avantage, ni de préjudice, ni d'égalité, alors qu'il n'y a pas de parents étrangers appelés à la succession.

On objecte, en France, que le rapporteur de la loi de 1819 a formellement déclaré que, lorsque les Français sont copropriétaires, par droit de succession, en France et à l'étranger, il est fait une masse du tout et que le partage s'opère suivant les lois françaises (2). Nous répondons qu'un rapport n'est pas une loi; la loi de 1819 ne dit pas ce que le rapporteur lui fait dire, elle est complète-

(1) Arrêt de rejet du 29 juin 1863 (Dalloz, 1863, 1, 419).
(2) Demolombe, t. XIII, p. 289, n° 203 *bis.* Comparez Demante, t. III, p. 35, n° 33 *bis* III.

ment étrangère aux successions dévolues à des Français. Le prélèvement qu'elle autorise est une disposition exceptionnelle, qui n'a sa raison d'être que dans le concours de Français et d'étrangers. On insiste et l'on dit que le principe de l'égalité des partages tient à l'ordre public; que, dans aucun cas et sous aucun prétexte, il ne peut être atteint, en France, par des lois étrangères qui tendraient à en modifier les effets. Ce sont les termes d'un arrêt de la cour de cassation qui annule un arrêt de la cour de Besançon (1). On abuse singulièrement de cette expression d'*ordre public*. Le code défend de déroger aux lois d'ordre public. Est-il par hasard défendu de déroger à la succession *ab intestat* quand il n'y a pas d'héritiers réservataires? L'égalité dont parle la cour de cassation n'est après tout que l'ordre de succéder consacré par le code civil; il ne concerne que les biens situés en France. Sans doute le législateur pourrait autoriser un prélèvement sur ces biens dans le cas où il y aurait des biens situés à l'étranger, et étendre ainsi indirectement le système du code à toute la succession. Mais pour cela il faut un texte; car le prélèvement est à tous égards une mesure exceptionnelle; donc le législateur seul peut l'ordonner, s'il le juge convenable. Pour l'interprète, le silence de la loi décide la question.

II. *Dans quelles successions le prélèvement s'exerce-t-il?*

560. Le prélèvement se fait sans difficulté aucune quand la succession est purement immobilière. En effet, « les immeubles, même ceux possédés par des étrangers, sont régis par la loi française. » Ce sont les termes de l'article 3 qui consacre le principe du statut réel. Le principe, emprunté à l'ancien droit, s'applique aux successions immobilières. Donc le droit commun assujettit ces successions à la loi du lieu où les immeubles sont situés (2). La loi de 1865 donne une nouvelle confirmation à la règle

_____

(1) Arrêt de cassation du 27 avril 1868 (Dalloz, 1868, 1, 302).
(2) Voyez le tome Ier de mes *Principes,* p. 170 et suiv., n°s 108 et 109.

du statut : elle permet aux héritiers belges d'exercer un prélèvement sur les *biens situés en Belgique*. Or, les immeubles sont, par excellence, des biens situés en Belgique : donc, quand une succession est purement immobilière, elle est régie, quant aux biens situés en Belgique, par la loi belge.

561. Lorsque la succession est purement mobilière, deux questions se présentent. On demande d'abord si la succession est régie par le statut réel. D'après le principe traditionnel du droit français, que le code a maintenu implicitement (art. 3), il faut répondre que la succession mobilière est régie par le statut personnel, c'est-à-dire par la loi du pays auquel l'étranger appartient (1). Nous avons dit ailleurs que le statut est déterminé par la nationalité et non par le domicile (2). Si le défunt était Belge, sa succession mobilière sera régie par la loi belge, quand même il aurait été domicilié à l'étranger. Les héritiers belges exerceront donc, sans doute aucun, le prélèvement sur les meubles qui se trouvent en Belgique aussi bien que sur les immeubles. L'application de la loi de 1865 ne souffre aucune difficulté dans ce cas, puisque la succession s'ouvre et se défère d'après la législation belge. Si le défunt était étranger, on appliquera la loi étrangère en ce qui concerne l'ordre de succession; mais quand des héritiers belges concourront avec des héritiers étrangers, les premiers auront droit au prélèvement établi en leur faveur par la loi de 1865. Cette loi déroge au statut personnel en ce sens que les héritiers belges, s'ils sont exclus par la loi étrangère d'une partie des biens auxquels ils auraient droit d'après la loi belge, sont indemnisés en prélevant la même valeur sur le mobilier qui se trouve en Belgique (3). Le texte est général; il dit que le prélèvement se fait sur les *biens* situés en Belgique, il ne dit pas sur les *immeubles*; or, les meubles ainsi que les immeubles ont une situa-

---

(1) Voyez le tome Ier de mes *Principes*, p. 187, no 120.
(2) Voyez le tome Ier de mes *Principes*, p. 127, no 87.
(3) Demante, t. III, p. 36, no 33 *bis* IV. Demolombe, t. XIII, p. 290, no 206. Arrêts de cassation du 27 août 1850 (Dalloz, 1850, 1, 257) et du 29 décembre 1856 (Dalloz, 1856, 1, 471).

tion réelle en Belgique. Il n'y a d'ailleurs aucune raison pour ne pas permettre le prélèvement sur les objets mobiliers ; ce sera souvent le seul moyen d'établir l'égalité entre les héritiers belges et étrangers ; la loi devait donc autoriser les héritiers belges à exercer leur recours sur toute espèce de valeurs mobilières. Il y a cependant des valeurs qui donnent lieu à un doute ; ce sont les créances, obligations ou actions étrangères, dont les titres se trouvent à la vérité en Belgique, mais qui se payent à l'étranger. Peut-on dire de ces valeurs qu'elles sont *situées* en Belgique? Non certes, mais elles ne sont pas davantage *situées* à l'étranger. Le texte n'étant pas applicable, si l'on s'en tient à la lettre, il faut recourir à l'esprit de la loi. Or, le but que le législateur a en vue ne laisse aucun doute. Il veut donner à l'héritier belge toutes les garanties dont il dispose : il a les titres sous la main, il les distribue aux héritiers belges. La garantie pourra être inefficace si à l'étranger on refuse de délivrer les fonds aux détenteurs des titres (1). A cet inconvénient il n'y a d'autre remède que des conventions diplomatiques, comme dans toutes les difficultés qui touchent au droit civil international (2).

562. L'application de ces principes a donné lieu à une difficulté très-sérieuse. Un Français naturalisé aux Etats-Unis décède laissant un testament olographe par lequel, après avoir légué à son épouse son mobilier et un tiers de tous ses biens, il institue légataire universelle sa sœur, demeurant en France et restée Française. La veuve, usant d'un droit que lui donne la loi locale, renonce au legs et opte pour son douaire. Elle vient exercer ce droit sur le mobilier existant en France. La légataire universelle peut-elle se prévaloir de la loi de 1819 pour prélever sur ce mobilier la part des biens dont elle est exclue en vertu de la loi locale? Il a été jugé qu'elle n'avait pas droit au prélèvement (3). Nous croyons que la cour de Paris a bien

(1) Arrêt de rejet du 21 mars 1855 (Dalloz, 1855, 1, 137). Demolombe, t. XIII, p. 292, n° 207.
(2) Voyez le tome Ier de mes *Principes*, p. 210, n° 140.
(3) Paris, 6 janvier 1862 (Dalloz, 1862, 2, 73).

jugé, mais il importe de préciser les motifs de la décision.
Ce n'est pas parce que la veuve avait droit au douaire en
vertu de son statut personnel; car le statut personnel
n'empêche pas, comme nous venons de le dire, l'application de la loi de 1819. Mais pour que cette loi soit applicable, il faut que l'héritier français soit exclu par un statut
local, contraire à la loi française. Y avait-il exclusion dans
l'espèce? Le motif de douter est que la loi française ne
connaît plus de douaire. En apparence donc, il y avait
cette opposition de la loi étrangère et de la loi française
qui justifie le prélèvement. Mais la condition essentielle
manquait : il n'y avait pas concours d'héritiers. La cour
de Paris prend soin de remarquer que le douaire constitue
en faveur de la veuve, sur les biens du mari qui y sont
affectés, un droit de propriété préexistant au décès. Ainsi
la veuve agissait, non comme héritière, mais comme propriétaire en vertu d'un contrat tacite.

563. Quand la succession se compose de meubles et
d'immeubles situés en pays étranger et en Belgique, l'application de la loi de 1865, d'après ce que nous venons
de dire (n°s 560 et 561), n'est pas douteuse. Reste à savoir
comment s'exerce le prélèvement. C'est ce que nous allons
examiner.

III. Comment s'exerce le prélèvement.

564. Nous empruntons au rapport de Boissy d'Anglas
sur la loi de 1819 un exemple qui montrera comment se
fait le prélèvement. Un Anglais meurt en laissant un fils
établi en Angleterre, et des petits-enfants nés en France
d'une fille mariée à un Français. Il y a des biens situés
dans les deux pays. Le droit d'aubaine existe toujours en
Angleterre, tandis qu'il est aboli en France. Si les petits-
enfants du défunt se présentent à l'hérédité de leur aïeul,
en Angleterre, on les repoussera comme sujets du roi
de France. En vertu de la loi de 1819, l'Anglais sera
admis à succéder aux biens que son père possède en
France, mais les enfants de sa sœur commenceront par

prélever sur ces biens la moitié de la valeur des biens situés en Angleterre, et dont ils sont exclus par la loi anglaise. A cet effet, on fait une masse des biens composant la succession, les enfants français recevront la moitié de toute l'hérédité, et le surplus sera abandonné à l'héritier étranger (1).

565. On procède ainsi lorsque l'exclusion prononcée par la loi étrangère contre les héritiers français profite indistinctement à tous leurs cohéritiers étrangers; le prélèvement se fait alors sur tous les biens qui sont en Belgique. Ces biens, disait Boissy d'Anglas, seront pour eux un véritable gage, sur lequel ils exerceront une sorte de privilége. Mais on ne peut plus procéder de même quand le bénéfice de la loi étrangère ne profite qu'à un seul ou à quelques-uns des héritiers étrangers, les autres étant exclus aussi bien que les héritiers belges. La loi de 1865 veut l'égalité; rompue à l'avantage des héritiers étrangers par l'exclusion des héritiers belges, elle doit être rétablie, mais naturellement contre ceux qui profitent de l'inégalité; lors donc que l'exclusion ne profite qu'à quelques héritiers étrangers, le prélèvement ne doit s'exercer que sur la part de ces héritiers, et non sur celle des héritiers étrangers qui sont également exclus; sinon une loi d'égalité deviendrait une loi d'inégalité. La cour de cassation a jugé en ce sens (2). On objecte qu'en limitant le prélèvement à la part de l'héritier étranger qui est privilégié, il pourra arriver que, même en épuisant sa part dans les biens situés en Belgique, les héritiers belges ne soient pas remplis de la part qui leur revient dans l'hérédité d'après le code Napoléon. Cela est vrai, mais le législateur n'aurait pu leur donner une action sur la part des étrangers exclus qu'en violant la justice; or, la justice doit l'emporter sur l'égalité.

566. Les héritiers étrangers exclus prendront donc leur part sur les biens situés en Belgique. On a prétendu qu'il faut aller plus loin, et leur permettre d'exercer le prélève-

---

(1) Comparez arrêt de rejet du 16 février 1842 (Dalloz, au mot *Succession*, n° 116). Grenoble, 25 août 1848 (Dalloz, 1849, 2, 248).
(2) Arrêt de cassation du 27 août 1850 (Dalloz, 1850, 1, 257).

ment sur ces biens, afin de rétablir l'égalité entre tous les héritiers. La cour de cassation a rejeté cette opinion. A quel titre les étrangers prélèveraient-ils la part dont ils sont exclus sur les biens situés en Belgique? Ils ne peuvent pas invoquer la loi étrangère, puisque c'est précisément celle-là qui les exclut. Invoqueraient-ils la loi belge? On leur répondra, comme nous l'avons fait (n° 558), que la loi de 1865 a accordé une protection spéciale aux héritiers belges, mais elle n'a ni voulu ni dû étendre sa sollicitude aux héritiers étrangers. Il est vrai que ceux-ci seront lésés, mais ils ne peuvent pas se plaindre, puisque le préjudice qu'ils éprouvent résulte de la loi à laquelle ils sont soumis, et dont, dans d'autres circonstances, ils profitent (1).

IV. *Compétence.*

567. De droit commun, la succession s'ouvre au lieu du domicile du défunt, et c'est le tribunal de ce lieu qui est compétent pour décider les contestations qui s'élèvent entre les héritiers jusqu'au partage (n° 525). La loi de 1865 déroge à ce principe. Puisque les héritiers belges sont autorisés à exercer un prélèvement sur les biens situés en Belgique, il s'ensuit que les contestations auxquelles ce prélèvement donne lieu doivent être portées devant les tribunaux belges. Il n'y a pas à distinguer si la succession est mobilière ou immobilière. A la vérité, les successions mobilières sont régies par le statut personnel de l'étranger. Mais le but de la loi de 1865 a été précisément de déroger à ce statut, dans l'intérêt des héritiers belges. Qui sauvegardera leurs droits en cas de contestation? Il va de soi que ce sont les tribunaux de Belgique. Cela est de jurisprudence (2).

568. Si un étranger mourait en Belgique, ne laissant aucun héritier belge, les tribunaux belges seraient-ils compétents? Oui, si l'étranger était domicilié en Belgique;

---

(1) Arrêt de rejet du 29 juin 1863 (Dalloz, 1863, 1, 419).
(2) Arrêt de cassation du 29 décembre 1856 (Dalloz, 1856, 1, 471).

dans ce cas l'article 110 serait applicable. On ne pourrait pas objecter la qualité d'étranger des plaideurs ; en effet, la loi leur donnant le droit de succéder en Belgique, elle leur donne implicitement le droit de porter les contestations concernant la succession devant les tribunaux belges. Mais si l'étranger, décédé en Belgique, avait son domicile à l'étranger, les tribunaux belges ne seraient plus compétents ; l'article 110 ne serait plus applicable, puisque la succession s'ouvre à l'étranger ; et la loi de 1865 ne le serait pas, puisqu'il n'y a pas d'héritiers belges (1).

Ces principes reçoivent une exception si la contestation concerne des immeubles situés en Belgique. Il y aurait lieu d'appliquer en ce cas l'article 3, aux termes duquel les immeubles possédés en France par des étrangers sont régis par la loi française. C'est ce que la cour de cassation a décidé dans l'espèce suivante : le prince Ghyka, hospodar de Moldavie, en se mariant en secondes noces, avait reconnu dans le contrat de mariage que les apports de la future consistaient dans le château de Mée, situé dans le canton de Melun, le mobilier garnissant ledit château, une somme de 200,000 francs et deux inscriptions de rente de 4,054 francs. Après sa mort, les enfants du premier lit formèrent contre la veuve une action en restitution de ces apports qu'ils soutenaient être purement fictifs. La cour de Paris se déclara incompétente, puisqu'il s'agissait de la succession d'un étranger, ouverte à l'étranger. Sur le pourvoi, la cour de cassation maintint l'incompétence en ce qui concernait les valeurs mobilières, mais elle cassa l'arrêt en ce qui concernait le château de Mée. Quant aux meubles, la cour suprême jugea qu'il fallait suivre l'ancienne règle, toujours subsistante, d'après laquelle ils suivent la personne de leur propriétaire et sont réputés exister au lieu de l'ouverture de sa succession, sauf le cas prévu par la loi du 14 juillet 1819 ; cette loi était hors de cause, puisqu'il n'y avait pas d'héritiers français. Quant au château de Mée, l'article 3 donnait compétence aux tribunaux français, puisque c'est un immeuble situé en France (2).

(1) Paris, 13 mars 1850 (Dalloz, 1852, 2, 79).
(2) Arrêt de cassation du 22 mars 1865 (Dalloz, 1865, 1, 127).

TABLE DES ·MATIÈRES.

APPENDICE AU LIVRE II DU CODE CIVIL.

TITRE V. — DE L'EMPHYTÉOSE.

CHAPITRE Ier. — NOTIONS GÉNÉRALES.

§ Ier. *Origine de l'emphytéose.*

§ II. *Caractères de l'emphytéose.*

§ III. *L'emphytéose et le bail.*

§ IV. *L'emphytéose et l'usufruit.*

CHAPITRE II. — COMMENT L'EMPHYTÉOSE S'ÉTABLIT.

§ Ier. *Qui peut établir une emphytéose?*

FIN DU TOME HUITIÈME.

www.ingramcontent.com/pod-product-compliance
Lightning Source LLC
Chambersburg PA
CBHW031440210326
41599CB00016B/2064